# INTERMEDIATE CAMBODIAN READER

This book is a sequel to the author's *Cambodian System of Writing and Beginning Reader.* It is intended to develop the student's ability to the point of reading unedited Cambodian texts with the aid of a dictionary. Part One consists of thirty-seven reading selections in Cambodian, graded in length and difficulty, from publications by Cambodia's leading writers and scholars. It includes articles on Cambodian history, culture, and geography; Cambodian folktales; newspaper articles and editorials; and modern Cambodian fiction. Each selection is followed by a list of the vocabulary items not previously introduced, along with their definitions.

Part Two consists of a final alphabetical Cambodian-English glossary containing not only the 4000 vocabulary items introduced in this volume but also the 2000 vocabulary items in the preceding *Cambodian System of Writing and Beginning Reader.*

This is the only textbook available for intermediate Cambodian reading.

# ឧប្ជៅខេមរភាសា

# INTERMEDIATE CAMBODIAN READER

*edited by Franklin E. Huffman*

*with the assistance of Im Proum*

*Southeast Asia Program*
*120 Uris Hall*
*Cornell University, Ithaca, NY 14853*

Library of Congress catalog care number: 72-179474.
ISBN: 0-300-01551-8 (cloth), 0-300-01552-6 (paper).
ISBN 978-0-877-27522-0

This work has developed uunder a contract with the U.S. Office of Education, Department of Health, Education, and Welfare, under PL 85-864, Title VI, Sec. 602, as amended. However, the content does not necessarily reflect the position or policy of that agency, and no official endorsement of these materials should be inferred.

Reprinted 1988 by
Cornell University, Southeast Asis Program
Ithaca, New York 14853

# បញ្ជីរឿង

[CONTENTS]


PREFACE vii

PART ONE: Reading Selections 1

១– ជំនឿនៃពេលវេលា 1

២– សេចក្ដីណែនាំផ្លូវទៅអង្គរ 4

៣– រកស៊ីខុសទម្លាប់ 8

៤– រឿងហោរនឹងតាចាស់ជួនចាស់ 11

៥– ស្ដេចមុនីវង្ស 16

៦– ភ្នំបាក់ខែង 21

៧– ទិញកើតខាត 26

៨– រឿងចៅសុកនឹងចៅសៅរ៍ 29

៩– ល្បែងប្រណាំងទូកង 34

១០– ប្រាសាទបាពួន 38

១១– រឿងបុរសកំសត់នៅជិតផ្ទះសេដ្ឋី 41

១២– សច្ចាប្រណិធានក្នុងសម័យបុរាណ 45

១៣– អង្គរធំ 50

១៤– រឿងបុរសមានប្រពន្ធគ្រប់លក្ខណ៍ 55

១៥– បាយ័ន 61

១៦– រឿងអន្ទង់វែងខ្លាំងវែង 67

១៧– រឿងបុរសមានកូន ៤ នាក់ រៀនវិជ្ជាបួនបទ 70

១៨– រឿងចោរលួចព្រះមកុដ 84

១៩– ក្រុងឧត្តុង្គមានជ័យ 92

២០– រឿងស្រីស្មោះត្រង់នឹងស្វាមី 98

២១– រឿងភ្នំប្រុស ភ្នំស្រី 104

២២– រឿងសុភាទន្សាយ 109

២៣– រឿងព្រះរាជវិនិច្ឆ័យក្តីទាំងបួន 132

២៤– រឿងអាល្ងៅ 141

២៥– គន្ធវេត 189

២៦– ការឈប់សម្រាកក្នុងឆ្នាំ ១៩៦៩ 211

២៧– ការដឹកប្រឡាយទឹកខេត្តកំពង់ធំ 216

២៨– រថយន្តរអិលធ្លាក់លើសាឡាង 222

២៩– រាត្រីសិល្បៈរបាំថ្វាយព្រះរាជកិត្តិយស ចំពោះព្រះចៅអធិរាជអេត្យូពីនៅសាលសន្និសីទចតុមុខ 225

៣០– ព្រះពិធីច្រត់ព្រះនង្គ័លនៅខេត្តស្ទឹងត្រែង 229

៣១– សេចក្តីព្រាងច្បាប់ ដែលក្រុមប្រឹក្សាព្រះរាជាណាចក្របានអនុម័ត 234

៣២–ត្រូវធ្វើឱ្យមានមនុស្សនៅលើដីទំនេរយ៉ាងឆាប់រហ័ស 240

៣៣–ការស្មោះត្រង់នឹងធ្វើឱ្យបានចំរើនដល់ជាតិ 255

៣៤–កិច្ចការនៅក្រុងនឹងខេត្តនានាជាប្រយោជន៍ជាតិ 264

៣៥–ព្រះទស្សនកិច្ចនៃសម្តេចឪនៅខេត្តពោធិសាត់ 273

៣៦– សេចក្តីប្រកាសសាធារណរដ្ឋខ្មែរ ដោយលោក អ៊ិន-តាំ ប្រធានរដ្ឋសភា 283

៣៧— សូរាត 295

PART TWO: Cambodian-English Glossary 395

BIBLIOGRAPHY 501

# PREFACE

This book is a sequel to the author's Cambodian System of Writing and Beginning Reader (New Haven: Yale University Press, 1970). It is intended to serve as an intermediate reader to develop the student's ability to the point of reading unedited Cambodian texts with the aid of a dictionary.

Part One of the book consists of thirty-seven readings, graded in length and difficulty and selected to provide a wide range of style and content. The readings are unedited and are cited in their entirety, in order to preserve the cohesiveness of the original texts and to expose the student to actual written Cambodian as it appears in modern vernacular publications. Readings 1, 3, 5, 7, and 9 are folktales and didactic essays on various aspects of Cambodian culture, taken from /səc-kdəy sɑmraŋ/ [Selected Readings] by C. Chhum, former Directeur de l'Ecôle Doudart de Lagrée in Phnom Penh (Bibliography Item 3). Readings 2, 6, 10, 13, 15, and 25 are historical and descriptive essays on the major monuments of Angkor, from /qɑmpii praasaat klah nɨw qɑŋkɔɔ/ [On Some Monuments at Angkor] by Professor Huot Tath, Rector of the Buddhist University in Phnom Penh (Bibliography Item 6). Readings 4, 8, 11, 14, and 16-24 are well-known folktales and cultural and historical essays from the seven-volume /prɑcum rɨəŋ preeŋ kmae/ [Collection of Cambodian Folktales] compiled by the Cambodian Culture Commission and published by the Buddhist Institute in Phnom Penh (Bibliography Items 1 and 2). Readings 26, 27, and 29-35 are news stories and editorials from various issues of the weekly Neak Cheat Niyum [The Nationalist] (Bibliography Item 7), published before the coup of March 18, 1970, in which Prince Sihanouk was overthrown. Reading 36, also from Neak Cheat Niyum, concerns the establishment of the Khmer Republic in October, 1970, and was inserted to bring the newspaper section more up-to-date, but of course newspaper articles are of necessity dated and must be read in the context of social and political conditions at the time of writing. Reading 28 is a news story from the now defunct /socciiwəthɔə/ [Savoir-vivre] (Bibliography Item 5). The 37th and final reading is the entire modern novel Sophat, by Rim Kin, one of the first and best contemporary Cambodian novels, and studied as literature at the secondary level in Cambodian schools (Bibliography Item 4).

Each reading selection is followed by all vocabulary items not previously encountered in this volume or in the preceding Beginning Reader, along with grammatical notes where necessary.

Part Two of the book consists of a final alphabetical Cambodian-English Glossary containing not only the some 4,000 vocabulary items introduced in this volume, but also the some 2,000 vocabulary items contained in the preceding Cambodian System of Writing and Beginning Reader. This rather comprehensive glossary, besides rendering the book useful independently of the preceding volume, is particularly important in view of the present lack of a satisfactory Cambodian-English dictionary for students to use.

This book was brought to completion under a contract between the U. S. Office of Education and Yale University, which is hereby gratefully acknowledged. Gratitude is especially due to Mr. and Mrs. Im Proum, without whose assistance with the selection, glossing, testing, and typing of these materials this book could not have been completed. Much credit is also due to Mr. Dik Keam, Librarian of the Buddhist Institute in Phnom Penh, for his invaluable assistance and advice in the choice of type styles and in the composition of the Cambodian portions of the book. Finally, the compiler wishes to express his gratitude to the authors and publishers of all the readings contained in this volume for their kind permission to reproduce them in the interest of promoting a greater appreciation of Cambodian language, literature, and culture among western students.

F. E. H.

New Haven
January 1972

# PART ONE

# READING SELECTIONS

# ១- ដំឡៃនៃពេលវេលា

មានជនានុជនដោយច្រើន មិនសូវនឹកគិតរលឹកដល់ពេលវេលាដ៏មានដំឡៃរបស់ខ្លួន ដែលកន្លងរំលងទៅរាល់ៗថ្ងៃ ដោយឥតបានធ្វើប្រយោជន៍អ្វី ។ ប្រសិនបើឃើញ មុខជានឹកស្ដាយក្រោយច្រើន ។ អ្នកខ្លះបណ្ដោយខ្លួនឱ្យធ្លាក់ទៅក្នុងអបាយមុខ គិតតែខាងស៊ីផឹកដើរលេងសប្បាយទៅតាមរោងមហោស្រពផ្សេងៗ រាល់ថ្ងៃ ។ ប្រសិនបើគេគិតថា គេកើតមកគិតតែខាងសប្បាយមួយមុខ ឥតគិតដល់កេរ្តិ៍ឈ្មោះកិត្តិយសសេចក្ដីចំរើន ឬវិនាស ក៏លើកទុកទៅចុះ ព្រោះមនុស្សចំពូកនេះបើមានភាគច្រើនក្នុងលោក មុខជាធ្វើលោកទាំងមូលឱ្យទៅជាសត្វលោកមិនមែនជាមនុស្សលោកដូចសព្វថ្ងៃនេះទេ ។ ប៉ុន្តែមនុស្សយើងគ្រប់រូបរមែងមានខួរក្បាលសម្រាប់ហាត់រៀន ប្រើការជាប្រយោជន៍បានគ្រប់ខណៈ ហើយអត្ថប្រយោជន៍នេះ កាលបើកាន់តែលូតលាស់ចំរើនឡើងៗ នឹងជួយបំពេញសេចក្ដីខ្វះខាតរបស់ប្រទេសជាតិបានជាអនេកប្រការ ។ អ្នកដែលបានកសាងសេចក្ដីចំរើនដល់ប្រទេសជាតិកិត្តិយសនឹងកេរ្តិ៍ឈ្មោះក៏មានចារិកជាប់នៅក្នុងប្រវត្តិសាស្ត្ររបស់ជាតិអស់កាលដ៏យូរអង្វែង ។ ហេតុដូចនេះ ទើបយើងត្រូវតែចេះប្រើពេលទំនេររបស់យើងឱ្យបានសម្រេចជាអត្ថប្រយោជន៍ដល់ខ្លួនយើងដរាបដល់វង្សត្រកូលប្រទេសជាតិរបស់យើង ។

( ច. ឈុំ , សេចក្ដីសំរាំង , ទំព័រ ១៤ )

ដំឡៃ value

ដោយច្រើន many, in great number

រំលង to pass by

ប្រសិនបើ if

ស្ដាយ to be sorry for, to regret

ស្ដាយក្រោយ to regret (afterward)

ទឹកស្ដាយក្រោយ to regret (afterward)

បណ្ដោយខ្លួនឲ្យ to allow oneself to

អបាយមុខ /qabaayəmuk/ vice

រោងមហោស្រព /rooŋ-məhaosrɑɑp/ places of entertainment

កើតមក to be born

គិតតែពី to think only of

មួយមុខ only, exclusively

សេចក្ដីចំរើន prosperity, success

លើកទុក to set aside, except

ទៅចុះ go ahead, do

ពពួក category

ភាគច្រើន majority

លោក world

ទៅជា to become, change to

សត្វលោក /sat-look/ animal world, animal

| | |
|---|---|
| មនុស្សលោក | human world, human beings |
| មនុស្សយើង | we humans |
| ខួរក្បាល | brain |
| ខណៈ | /khənaq/ moment, time |
| អត្ថប្រយោជន៍ | /qatthaq-prɑyaoc/ usefulness |
| បំពេញ | to fill, fulfill |
| សេចក្តីខ្វះខាត | lack, need, deficiency |
| ប្រទេសជាតិ | nation, country |
| ប្រការ | way, kind, point (of argument) |
| ជាអនេកប្រការ | in many ways |
| ចារិក | inscription; to inscribe |
| យូរអង្វែង | extremely long time |
| អស់កាលជាយូរអង្វែង | for an extremely long time |
| ត្រូវតែ | absolutely must |

# ២- សេចក្ដីនាំផ្លូវទៅកាន់ទីអង្គរ (នគរ)

### អំពីដំណើរទៅអង្គរ

ដំណើរដែលទៅអង្គរសព្វថ្ងៃនេះ ជាដំណើរងាយស្រួលមិនមានលំបាកអ្វីឡើយ ព្រោះផ្លូវដែលទៅអង្គរនោះ មាន ២ យ៉ាងគឺ :

១- ផ្លូវគោកទៅដោយរថយន្ត គឺរទេះឡាន ទៅនោះបំនួន ៩ ឬ ១០ ម៉ោង ក៏ដល់ទៅសៀមរាប ផ្លូវគោកនេះ ទៅបានគ្រប់រដូវ ។

២- ផ្លូវទឹកទៅដោយកប៉ាល់ ទៅនោះបំនួន ២២ ឬ ២៣ ម៉ោង ក៏ដល់ទៅកន្លែងសម្រាប់បុះពីកប៉ាល់ ហើយត្រូវទៅដោយរថយន្តតាមផ្លូវបំនួន ១៤ គីឡូម៉ែត្រ ក៏ដល់ទៅសៀមរាប ផ្លូវទឹកនេះ ទៅបានតែក្នុងរដូវទឹកឡើង តាំងពីខែអាសាធ ដរាបដល់ខែមាឃ ។

កាលបើដល់ទៅទីប៉ុស្តិ៍សៀមរាប នៅទីសៀមរាប មានផ្ទះហោតិលរបស់អ្នកស្រុកអាយ គឺផ្ទះសម្រាប់ជួលសំណាក់អាស្រ័យ និងសម្រាប់លក់អស់ទាំងអាហារភោជន បណ្ដាជាតិ ខ្មែរ សៀម លាវ និងយួន បិន ដែលទៅពីស្រុកឆ្ងាយ ដើម្បីនឹងទៅមើលអង្គរ អាចនឹងចូលទៅជួលសំណាក់អាស្រ័យនៅផ្ទះហោតិលនោះបាន ។

មួយ៉ាងទៀត នៅសៀមរាបនោះ មានអ្នកនាំផ្លូវ ដែលរាជការបានតាំងទុកសំរាប់នឹងនាំអ្នកដំណើរទៅមើលទីអង្គរ អ្នកនោះចេះរឿងអង្គរ ហើយនិងរឿងពង្សាវតារខ្មែរ អាចពន្យល់ដល់អ្នកដំណើរ

ទាំងពួង ឲ្យដឹងរឿងរ៉ាវក្នុងទីអង្គរដោយសព្វគ្រប់បាន ដោយភាសាខ្មែរនិងភាសាសៀម ។

បើអស់អ្នកដំណើរ ត្រូវការនឹងឲ្យអ្នកនាំផ្លូវនោះជូនទៅមើលអង្គរ ក៏ត្រូវទៅជំរាបលោក ឡឺរេស៊ីដង់សៀមរាប លោកឡឺរេស៊ីដង់ នឹងចាត់ឲ្យអ្នកនាំផ្លូវនោះជូនទៅមួយរំពេចដោយឥតថ្លៃ ។

ដែលនឹងទៅពីសៀមរាប ចំពោះទៅមើលទីអង្គរនោះ បើទៅដោយរថយន្ត ត្រូវទៅតាមផ្លូវថ្នល់ចំនួន៦.២០០ម៉ែត្រ ក៏នឹងដល់ទៅផ្លូវថ្ម ដែលបែកត្រង់ជាប់ទៅប្រាសាទអង្គរវត្ត ត្រូវបញ្ឈប់រថយន្តនៅទីនោះ ហើយចូរដើរទៅមើលប្រាសាទអង្គរវត្ត រួចហើយចូរត្រឡប់ទៅមើលប្រាសាទដទៃៗ តាមសេចក្តីត្រូវការចុះ ។

បើអស់អ្នកដំណើរមិនមានពេលច្រើន គួរទៅមើលតែអង្គរវត្ត បាយ័ន ទីព្រះលានស្តេច ព្រះខាន់និងនាគព័ន្ធ ហើយចូរត្រឡប់មកវិញដោយរថយន្តតាមផ្លូវវង់ធំ ចំពោះទៅសៀមរាប បើមានពេលច្រើនក៏ចូរអញ្ជើញទៅមើលប្រាសាទដទៃៗ តាមសេចក្តីត្រូវការ ។

(ហ. តាត, អំពីប្រាសាទខ្លះនៅអង្គរ, ទំព័រ ២៨-២៩)

| | |
|---|---|
| សេចក្ដីនាំផ្លូវ | guide, manual |
| នគរ | /nɔkɔɔ/ (alternate form of /qaŋkɔɔ/) city (here: Angkor) |
| សេចក្ដីនាំផ្លូវទៅកាន់អង្គរ | Guide to Angkor |
| ងាយ | easy |
| ផ្លូវគោក | land route |
| ផ្លូវទឹក | water route |
| រដូវទឹកឡើង | flood season |
| ខែអាសាឍ | June-July (lunar system) |
| ខែមាឃ | January-February (lunar system) |
| ទីប៉ុស្តិ៍ | /tii-poh/ post office |
| ហោតិល | /haotəl/ hotel |
| អាយ | nearby |
| អ្នកស្រុកអាយ | local residents |
| ជួល | to rent, to hire |
| អាស្រ័យ | to take shelter, to depend on |
| សំណាក់អាស្រ័យ | to stay temporarily |
| អាហារភោជន | /qahaa-phoocuǝn/ food (elegant) |
| បណ្ដា | among, including, the various |
| អ្នកនាំផ្លូវ | guide, leader |
| រាជការ | /riəcckaa/ royal government |
| តាំងទុក | to employ |

| | |
|---|---|
| ពង្សាវតារ | /pŭəŋsaawədaa/ chronicles, history |
| ពន្យល់ | to explain |
| ទាំងពួង | all, all together |
| រឿងរ៉ាវ | story, legend, history |
| ដោយសព្វគ្រប់ | completely |
| ឡឺរេស៊ីដង់ | /ləɨ-reeziidɑŋ/ governor (Fr. le résident) |
| ១រំពេច | immediately |
| បែកត្រង់ជាប់ទៅ | breaks off and leads straight to |
| បាយ័ន | /baayŏən/ the Bayon, center of Angkor Thom |
| ទីព្រះលានស្តេច | /tii-prĕəh-liən-sdac/ the Royal Terrace |
| ព្រះខាន់ | Preah Khan (the royal sword) |
| នាគព័ន្ធ | /niəq-pŏən/ Neak Pean (the encircling naga) |
| វង់ធំ | the large circuit |

# ៣- រកស៊ីខុសទម្លាប់

មានក្អែកគោកមួយ អាស្រ័យនៅក្នុងដងព្រៃ មួយអន្លើដោយក្អែកមេជាភរិយា ។ ថ្ងៃមួយចៅបក្សាលានាងភរិយាចេញទៅស្វែងរកអាហារបរិភោគតាមដោយមាត់បឹង ។ លុះទៅដល់បឹងមួយបានឃើញហ្វូងក្អែកទឹកនូវស្មោញទាំងឡាយ ហែលមុជចាប់ត្រីបរិភោគតាមដោយភាសាដូច្នោះ ក្អែកគោកនោះគិតថា ក្អែកទឹកអស់នេះគេក៏ជាជាតិបក្សីដូចអញដែរ ហេតុអ្វីគេក៏មុជចាប់ត្រីអាស្រ័យបាន អញសោតជាក្អែកដូចគេដែរគួរខ្មាសគេណាស់ បើដូច្នេះគួរតែបុះមុជចាប់ត្រីនឹងគេអាស្រ័យកុំឲ្យពួកក្អែកទឹកនោះមើលងាយបាន គិតហើយក្អែកគោកក៏សម្លបស្លាបបុះមុជទឹក ធ្វើអាការឲ្យដូចក្អែកទឹកខំប្រឹងមុជទៅប៉ះលើសារាយណែនណាន់ សារាយនោះក៏រ័ណ្ឌាកក្អែកស្រោបរួបរឹតទាំងកាយជិតជុំព័ទ្ធព័ន្ធប្រាណ ក្អែករើខ្លួនពុំបានក៏ឈ្លក់ទឹកដល់នូវមរណកាលកណ្ដាលគង្គាក្នុងគ្រានោះទៅ ។

ឧកញ៉ាសុត្តន្តប្រីជាឥន្ទ

(ច. ឈុំ, សេចក្ដីសំរាំង, ទំព័រ ១២៩-១៣០)

ទម្លាប់ custom, tradition

ខុសទម្លាប់ against tradition

ក្អែក crow

ក្អែកគោក land crow

អន្លើ /qɑnləə/ place, section

ក្អែកមេ female crow

ភរិយា /pheə̆qriyiə/ wife (elegant)

បក្សា /baqsaa/ a male bird

ចៅបក្សា Master Crow

ស្វែង to search for

ហ្វូង /wouŋ, fouŋ/ flock

ក្អែកទឹក water crow, cormorant

ស្មោញ a kind of fishing bird

តាមដោយភាសា each in his own way (lit.: each according to his own language)

ឯសោត whereas, while

មើលងាយ to belittle, look down on, scorn

សម្ងប to fold, bring together

អាការ action, situation, condition

ប៉ះ to touch, come in contact with; to patch

សារាយ seaweed

ណែនណាន់ full, thick, dense

| | |
|---|---|
| វ័ណ្ឌ | /wŏən/ to encircle, entangle |
| ស្រោប | to enclose, envelop |
| រួបរឹត | tight; to tighten, squeeze |
| កាយ | body |
| ជិតជុំ | all over, completely |
| ព័ទ្ធព័ន្ធ | /pŏət-pŏən/ entangled, enmeshed |
| ប្រាណ | body, self |
| រើ | to pick out, extract |
| រើខ្លួន | to escape, get free, free oneself |
| ឈ្លក់ | to choke, strangle |
| មរណកាល | /mɔɔrənaqkaal/ death (elegant) |
| គង្គា | water (elegant, literary) |

# ៤- រឿងហោរ និងតាចាស់ជួនចាស់

កាលពីព្រេងនាយ មានហោរម្នាក់ជាអ្នកទាយគន់គូរមើលធុតណាស់ ហោរនោះ នៅស្រុកជាមួយនឹងតាចាស់យាយចាស់ ។ មានកាល ១ ថ្ងៃ តាចាស់ជួនចាស់គាត់នាំគ្នាទាំងពីរនាក់ទៅនេសាទត្រីនៅបឹង ក្បែរភូមិគាត់ ។ ពេលនោះ គាត់រកបានត្រីរ៉ស់ ១ ហើយនិងបានទន្សាយលង់ទឹក ១ ដល់ល្ងាចគាត់ត្រឡប់មកផ្ទះវិញ គាត់យកទន្សាយគ្របនឹងអង្រុតទុកនៅកណ្ដាលប្បារបន្លែ ខាងមុខផ្ទះគាត់ ត្រីរ៉ស់គាត់ដាក់ទ្រុងប្រោះទុក ក្នុងត្រពាំងនៅជិតប្បារបន្លែគាត់ ក្បែរកន្លែងទុកទន្សាយ ។ ដល់ព្រឹកឡើង តាចាស់យាយចាស់គិតគ្នាថា «យើងទៅរកហោរទាយមើលថា ព្រឹកនេះយើងបានម្ហូបអ្វីស៊ី? បើហោរនោះទាយត្រូវសឹមជឿថា ពូកែមែន ព្រោះយើងចាប់បានត្រីរ៉ស់ ១ ទន្សាយ ១ បម្រុងទុកនឹងធ្វើម្ហូបអាហារស៊ីព្រឹកនេះហើយ» ដល់ព្រមព្រៀងគ្នាស្រេចហើយ ក៏ដើរទៅ លុះដល់ទៅមុខផ្ទះហោរនោះ តាចាស់ក៏ស្រែកសួរទៅម្ចាស់ផ្ទះថា «អើអ្នកអើយ! លោកគ្រូនៅ ៗ ហ្នឹងឬ?» ។ ម្ចាស់ផ្ទះក៏ប្រាប់មកតាចាស់ជួនចាស់ថា «គាត់នៅនេះ មានការអ្វីតា យាយ អញ្ជើញចូលមក» ។ តាចាស់យាយចាស់ នាំគ្នាចូលទៅបន្តិច

ហោរដណ្ដឹងសួរមកតាយាយថា «ចុះអញ្ជើញមកនេះមានការអ្វី?» ។ តាចាស់យាយចាស់ជំរាបទៅហោរវិញថា « ខ្ញុំមកនេះ មានការបន្តិចសូមលោកគ្រូមេត្តាករុណាចុះ» ។ ហោរសួរថា «មានការអ្វីចូរថាមកចុះ» ។ តាចាស់យាយចាស់ថា «ឱលោកគ្រូអើយ ! យើងខ្ញុំទាំងពីរនាក់នេះ អត់ម្ហូបអាហារទទួលទានពីរបីថ្ងៃហើយ តើព្រឹកនេះនឹងបានអ្វីទទួលទានខ្លះឬទេ?» ។ ហោរតាំងចាប់ក្ដារឈ្ននទៀងទាយលេខមើលឲ្យតាយាយ» មើលរួចស្រេចក៏ជំរាបតាយាយថា «ព្រឹកនេះតាយាយឯងមុខជាលិទ្ធប្រហុកក្នុងពាង...» ។ តាយាយឮហោរថាដូច្នោះ ក៏នឹកក្នុងចិត្តថា «ហោរនេះគ្មានពូកែទេ ទាយផ្ដេសផ្ដាសសោះយើងកុំជឿ» គិតតែប៉ុណ្ណោះ ក៏នាំគ្នាលាហោរមកផ្ទះវិញហើយយាយចាស់ក៏ប្រើតាឲ្យទៅចាប់យកត្រីពីទ្រុង ទៅធ្វើក្បែរត្រពាំងជិតផ្ទះ តាលូកចាប់ត្រីយកមកក្រៅ ត្រីវាបម្រះរួចលោតចុះត្រពាំងទៅ។ តាក៏ស្ទុះទៅយកអង្រុតដែលគ្របទន្សាយមកដេញរុតត្រី ។ ឯទន្សាយនៅក្នុងអង្រុតនោះក៏ផ្អើលរត់បាត់ទៅទៀត ។ យាយមើលពីលើមកឃើញទន្សាយរត់ចូលទៅក្នុងព្រៃក៏ស្រែកប្រាប់ថា „តាៗទន្សាយរួចទៅហើយ” ។ តាប្រាប់ទៅវិញថា „យាយអើយ ! ត្រីវាបម្រះរួចពីដៃទៅហើយដែរ” ។ យាយក៏បន្ទោសតាថា „តាឯងសមតែស៊ី

ប្រហុកក្នុងពាងដូចគេទាយពីព្រឹកមិញនោះឯង» ។ តាឮយាយថា ដូច្នោះនឹកឃើញថា «គ្រូនេះទាយធុតមែន» ដល់ពេលបាយព្រឹក តាចាស់ដូនចាស់ក៏នាំគ្នាស៊ីប្រហុកក្នុងពាង ដូចហោរទាយឲ្យនោះឯង ។ ទើបតាចាស់ដូនចាស់នោះជឿថា «ហោរនេះដឹងត្រឹមត្រូវតាមក្បួនតម្រាប្រាកដមែន» ។

កុំអាងអួតអាត្មា គួរតម្រាប្រាជ្ញព្រេងនាយ

(ប្រជុំរឿងព្រេងខ្មែរ, ភាគ ២ ទំព័រ ២៧៣ — ២៧៦)

ហោរ fortune teller, astrologer

ទាយ to predict, foretell

គន់គូរ to figure out, calculate (by writing)

ធុត accurate, effective

រុត to fish with a conical basket

ត្រីរស់ /trəy-rɑh/ a kind of fresh-water fish, trout

ទន្សាយ hare

លង់ទឹក to sink in the water

អង្រុត a conical fishing basket

ប្រោះ to keep alive in water

ត្រពាំង pond

សឹម then

| | |
|---|---|
| បម្រុង | to intend |
| ម្ចាស់ផ្ទះ | master or mistress of the house, owner |
| អ្នក | you (between intimates, or superior to inferior) |
| អ្នកអើយ | you, you there |
| ហ្នឹង | /nɨŋ, nəŋ/ (colloquial variant of /nih, nuh/) |
| ដណ្តឹង | to ask, inquire |
| មេត្តា | to have pity on, have mercy on, please |
| ករុណា | /kaqrunaa, kənaa/ to have pity on, have mercy on, please |
| តាំង | to begin to |
| ក្តារឈ្នួន | writing slate |
| ទាយលេខ | to predict by numbers |
| លិទ្ធ | to lick, to lap (here: to eat) |
| ប្រហុក | fermented fish, preserved salted fish |
| ពាង | a big storage jar |
| ធ្វេសធ្វាស | careless, irresponsible |
| ប្រើ | to use (here: to send, commission) |
| ធ្វើ | to make, to do (here: to clean [the fish]) |
| លូក | to reach |
| បម្រះ | to struggle, to wiggle |
| បម្រះរួច | to escape, to free oneself |

| | |
|---|---|
| ស្ទុះ | to jump up |
| ផ្អើល | to be startled, surprised, frightened |
| បន្ទោស | to scold |
| សមតែ | /sɑm-tae/ deserving of, appropriate that |
| ព្រឹក | morning |
| ព្រឹកមិញ | this morning (past) |
| ក្បួន | manual, textbook |
| តម្រា | textbook |
| អួតអាង | to brag, to boast |
| អាត្មា | oneself |
| ត្ម់ះ | to be ashamed, shamed by (here: proven wrong by) |
| ប្រាជ្ញ | intelligence |

# ៥– ស្ពាន មុនីវង្ស

នៅវេលាដែលរថយន្តបត់វង់ ក្នុងតាមផ្លូវកោងកាត់ភូមិច្បារអំពៅសំដៅទៅទីក្រុងភ្នំពេញ បើអ្នកដំណើរ ងាកមើលទៅខាងលិចនឹងជាប់ភ្នែកនៅលើតួរាងរបស់មួយសទទុង ដែលលេចចេញផុតពីចុងព្រឹក្សាទាំងឡាយ ។ របស់នោះហាក់កាន់តែរីកនឹងខ្ពស់ឡើងនៅវេលាដែលគេកាន់តែទៅជិត ។ អ្នកដំណើរដែលពុំសូវធ្លាប់ស្គាល់ទីក្រុងមិនសូវធ្លាប់ឃើញរបស់ចំឡែកថ្មី កើតមានសេចក្ដីរំភើបក្នុងចិត្ត ត្បិតឆ្ងល់នឹងតួចំឡែកនោះ ជួនកាលលេចឡើងជាសណ្ឋានដំបូលស្រួចខ្លី ជួនកាលវែងរពើតរពើង ឧបមាដូចជានាគមួយធំសម្បើម ។ សេចក្ដីសង្ស័យរលត់បាត់មួយរំពេច ដោយយល់ជាក់ថាជាស្ពាន គឺស្ពានមុនីវង្ស ដែលរាជការបានសង់រួចមកជាងម្ភៃឆ្នាំហើយ ។ ស្ពាននេះវែងបណ្ដោយបីរយម៉ែត្រសង់កាត់ឆ្លងទន្លេទប់ទល់តនឹងទឹកហូរខ្នាញ់ក្លួបត្របាញ់ក្នុងរដូវវស្សា ។ ស្ពាននេះកោងទ្រនុងកណ្ដាល មានភាពជាស្នាមួយធំក្រៃលែងដែលយឺតកោងមកហើយដោយដៃព្រានព្រៃដ៏មានឫទ្ធិ ។ ដំបូលកណ្ដាលខ្ពស់លលៃហាក់នឹងសង្កត់ស្ពានទាំងមូល ទំលាក់ទម្ងន់ទៅលើចុងសងខាងឲ្យជ្រែងជាប់នៅ ។ របស់ទាំងអស់ដែលកាត់ខ្វាត់ខ្វែងទាញទង់យឹតយោងទប់កម្លាំងគ្នាទៅវិញទៅមក ។ បណ្ដោយស្ពានបែកជាបី

សង្កាត់ កណ្ដាលធំទូលាយសំរាប់ឲ្យយានជំនិះផ្សេងៗ បើកបរ សង ខាងជាផ្លូវសំរាប់ឲ្យអ្នកថ្មើរជើងអាចបង្កាន់ដៃជារបាំង ។ គេនឹក អស្ចារ្យនឹងទម្ងន់ផ្នែកដែកធំម្ល៉ឹង ៗ ដែលអាចលើកដាក់ផ្គងផ្គុំគ្នាឡើង ជាតួស្ពានមួយយ៉ាងសម្បើមយ៉ាងល្អឯកនៅស្រុកខ្មែរ ។ គឺដោយ ហេតុតែស្ពាននេះហើយ ដំណើរទៅមក នៃអ្នកស្រុកខាងត្រើយ ភ្នំពេញ និងអ្នកខាងត្រើយផ្សេងនៃទន្លេបាសាក់ធ្វើបានដោយស្រួល។ ស្ពាននេះ ជារបស់មានប្រយោជន៍យ៉ាងសំខាន់ដល់ការដឹកនាំផល ប្រយោជន៍ក្នុងស្រុក ឬក្រៅស្រុកចូលទៅទីក្រុងភ្នំពេញ ។

( ច. ឈុំ , សេចក្តីសំរាំង , ទំព័រ ១៦៥- ១៦៦ )

មុនីវង្ស /mɔniiwŭəŋ/ Monivong (King of Cambodia, 1927-1941)

វង់ a circle

កុង curving, bent

កោង curved, bent

សំដៅ toward

ជាប់ភ្នែក to be attracted by, to notice

តួ body, form

រាង shape, form

ទទុង large and indistinct, looming

លេច to extend, project, emerge

ផុត free of, clear of; clearly

ព្រឹក្សា trees, forest

ហាក់កាន់តែ increasingly

រីក to expand

ពុំសូវ not so very

រំភើប excited, moved, impressed

សេចក្តីរំភើប emotion, excitement

ត្បិត since, because (alternate spelling of /tbət/)

ឆ្ងល់ to wonder, be surprised

សណ្ឋាន shape, aspect

ដំបូល roof, top

រពើតរពើង rolling, undulating

ឧបមា /qoppəmaa, quppəmaa/ example, like

ឧបមាដូចជា like, as if

សម្បើម grand, awesome, impressive

សង្ស័យ /sɑŋsay/ to doubt, suspect

សេចក្តីសង្ស័យ doubt, suspicion

រលត់ to be extinguished

ទប់ទល់តនឹង opposing, against (here: in spite of)

ខ្លាញ់ turbulent

កួប to swirl, revolve

ក្រហ៊ាញ់ to twist, spin

បំកោង to bend, arch

ទ្រនុង fin

ស្នា crossbow

យឺត to stretch

ព្រាន hunter

ព្រានព្រៃ hunter (of the forest)

ឫទ្ធិ /rɨt/ magical power

ហាក់នឹង as if to

លលៃ towering

សង្កត់ to push down, depress

ទំលាក់ to put down, set down, cause to fall

ទ្រែង to support, hold up

ទ្រែងជាប់នៅ to be firm, stable

ទាញទង់ to pull back and forth

យឺតយោង to stretch and pull

ទប់កំឡាំងគ្នា to counteract each other's strength, be stalemated, in balance

ទាញទង់ឃឹតយោងទប់-

    កំឡាំងគ្នាទៅវិញទៅមក reinforce each other

ជំនិះ vehicle

អ្នកថ្មើរជើង pedestrian

បង្កាន់ដៃ railing, bannister

របាំង screen

ម្ល៉ឹងៗ such, so, to such an extent

ផ្គង់ផ្គុំ crossed, crisscrossed

# ៦- ភ្នំបាក់ខែង

ដែលនឹងទៅពីអង្គរវត្ត ទៅភ្នំបាក់ខែងនោះ ត្រូវទៅតាមផ្លូវថ្នល់ត្រង់ទៅខាងជើង បំពោះទៅអង្គរធំ ផ្លូវនោះល្អត្រជាក់ស្រួល ដោយម្លប់ឈើនៅសងខាងផ្លូវ នៅតែ ៤០០ ម៉ែត្រទៀត នឹងដល់ទៅទ្វារអង្គរធំខាងត្បូង នឹងឃើញភ្នំបាក់ខែងនោះ ស្ថិតនៅជាខាងឯលិចផ្លូវ ។

ភ្នំនេះ កាលពីដើមឈ្មោះថា ឥន្ទ្រាទ្រិ គឺភ្នំរបស់ព្រះឥន្ទ្រ ឬភ្នំជាធំ ដល់មកក្នុងរាជ្យស្ដេចឈ្មោះយសោវរ្ម័ន គេបានសាងត្បូប្រាង្គណ៍ និងប្រាសាទនៅលើភ្នំនោះ ដើម្បីឧទ្ទិសថ្វាយដល់ព្រះឥសូរ ទើបឱ្យឈ្មោះទីនោះថា យសោធរេស្វរៈ ។

ដែលនឹងឡើងទៅលើភ្នំនោះ ត្រូវទៅដោយផ្លូវ ២ យ៉ាង ផ្លូវ ១ ជាផ្លូវចោត ពិបាកឡើងទៅណាស់ ផ្លូវនោះកាលពីដើមជាផ្លូវល្អ មានកាំជណ្ដើរសំរាប់ឡើងទៅស្រួល តែឥឡូវនេះបាក់បែកខូចអស់ហើយ នៅតែដីនឹងថ្ម ឃើញនៅសល់តែរូបសត្វសីហ ២ នៅត្រង់មាត់ជណ្ដើរខាងក្រោម ផ្លូវ ១ ទៀតជាផ្លូវជ្រាល គេអាចឡើងទៅដោយជើង ឬបរសេះដំរីឡើងទៅក៏បាន ផ្លូវនោះគេធ្វើបត់បុះបត់ឡើង ទើបនឹងធ្វើក្នុងកាលជាខាងក្រោយ ។

កាលបើឡើងតាមផ្លូវចោត ដល់ទៅខាងលើកំពូលភ្នំត្រូវដើរទៅតាមផ្លូវរៀបថ្ម ត្រង់ទៅខាងលិច នឹងឃើញសិវលិង្គ គឺលិង្គព្រះឥសូរ

២-៣ នៅនាផ្លូវនោះ ដើរតពីនោះទៅនឹងឃើញប្រាសាទពីរតូច ៗ ធ្វើដោយថ្ម តែឥតមានក្បាច់ចម្លាក់អ្វីទេ ដើរបន្តិចទៅទៀតនឹងដល់ទៅទីប្រាង្គណ៍ៗនោះមាន៥ថ្នាក់ មានជណ្តើរឡើងទៅគ្រប់ថ្នាក់ នៅក្បាលជណ្តើរ សុទ្ធតែមានរូបសីហ ហើយមានប្រាសាទតូច ៗ ជាច្រើននៅគ្រប់ថ្នាក់ នៅទីខាងលើប្រាង្គណ៍ មានប្រាសាទ៥ ប្រាសាទ១នៅត្រង់កណ្តាល ប្រាសាទតូចៗបួន នៅគ្រប់ជ្រុងទាំង៤ទិស ឯប្រាសាទកណ្តាលនោះ គេទើបនឹងឃើញក្នុងរវាង២ឆ្នាំមុននេះទេ ព្រោះកាលពីដើមប្រាសាទនោះ មានថ្មស្រោបជុំវិញ បិទជិតតាំងពីខាងក្រោម រហូតដល់ខាងលើ ថ្មដែលស្រោបនោះ មានសណ្ឋានជាបល្លង្កព្រះ ហើយមានព្រះពុទ្ធរូបគេធ្វើដំកល់លើថ្មនោះ តែមិនទាន់ស្រេច ទើបនឹងបានត្រឹមព្រះភ្នែន ឯថ្មដែលស្រោបប្រាសាទ នឹងព្រះពុទ្ធរូបត្រឹមព្រះភ្នែននោះ ប្រហែលជាគេទើបនឹងធ្វើក្នុងរវាង ៤-៥ រយឆ្នាំមុននោះទេដឹង តែឥឡូវនេះ គេរើយកចេញអស់ហើយ នៅតែប្រាសាទកណ្តាល ៗ នោះ ក៏បាក់បែកជាច្រើន តែនៅឃើញមានក្បាច់ខាងក្រៅល្អណាស់ដែរ ។

ភ្នំបាក់ខែងនោះ ជាភ្នំគេដើរមើលលេងលើកំពូលសប្បាយណាស់ បើដើរមើលលេងក្នុងវេលាដែលព្រះអាទិត្យហៀបនឹងអស្តង្គត

នោះ រឹងរឹតតែសប្បាយ ព្រោះតិតមានកំដៅព្រះអាទិត្យ កាលបើឈរខាងលើភ្នំ ហើយក្រឡេកមើលទៅជុំវិញនឹងបានឃើញសព្វព្រៃព្រឹក្សាល្អមើលណាស់ ទាំងទីអង្គរវត្តក៏មើលទៅឃើញ ព្រោះភ្នំនោះ ខ្ពស់ជាងដើមឈើទាំងឡាយដែលមាននៅក្នុងទីនោះ ។

កាលណារៀបនឹងចុះពីភ្នំបាក់ខែងនោះមកវិញ គួរទៅមើលស្នាមព្រះពុទ្ធបាទ ឬស្នាមព្រះបាទព្រះពុទ្ធ ១ ដែលស្ថិតនៅខាងកើតទីប្រាង្គណ៍ ព្រះបាទនោះ គួរឲ្យចង់មើលណាស់ ព្រោះគេសាងបង្កងចុះជំរៅចំនួន ៥០ សង្ទីម៉ែត្រ បណ្ដោយចំនួន ២ ម៉ែត្រ ២០ សង្ទីម៉ែត្រ ហើយមានកុដិប្រក់ក្បឿងតូច ១ គ្របពីលើ កុដិនោះ លោកសង្ឃយួនទើបនឹងធ្វើ ក្នុងកាលជាខាងក្រោយនេះ ។

លុះដល់ចុះពីភ្នំនោះមកវិញ ត្រូវទៅតាមផ្លូវដូចបាននិយាយ ពីខាងលើហើយ លុះទៅតាមផ្លូវនោះទៅ ក៏ដល់ទៅទ្វារអង្គរធំខាងត្បូង ។

( ហ្វូត តាត, អំពីប្រាសាទខ្លះនៅអង្គរ, ទំព័រ ៥១ - ៥៤ )

| | |
|---|---|
| ភ្នំបាក់ខែង | Mt. Bakheng (site of a 9th-century Angkor temple) |
| ដែលនឹងទៅ | in order to go |
| ឥន្ទ្រាទ្រិ | /qəntriət/ Indra's mountain |
| ព្រះឥន្ទ្រ | /prĕəh-qən/ Indra |
| យសោវរ្ម័ន | /yasaowααrəman/ Yasovarman (King of Angkor, 889-900) |
| សាង | to build |
| ប្រាង្គណ៍ | /praaŋ/ stupa, tapering monument |
| ឧទ្ទិស | /quttɨh/ to dedicate, devote |
| ព្រះឥសូរ | /prĕəh-qəysou/ Siva |
| យសោធរេស្វរៈ | /yasaothəreeswaraq/ Yasodharesvara (another name for King Yasovarman) |
| កាំ | step (of stairs) |
| បាក់ | to break |
| បាក់បែក | broken up |
| សីហ | /səyhaq/ lion |
| ជ្រាល | to slope gently, to incline |
| បត់ចុះបត់ឡើង | to zigzag |
| កាលជាខាងក្រោយ | recently |
| រៀប | to arrange |
| ផ្លូវរៀបថ្ម | stone walkway |
| លិង្គ | /lɨŋ/ linga, phallus |

សិវលិង្គ /səywəlɨŋ/ Siva linga

នា at

បល្ល័ង្ក /ballaŋ/ pedestal, throne

ដំកល់ to set up, to put on a pedestal

ស្រេច /srac/ to finish

ភ្នែន cross-legged sitting position

ទេដឹង perhaps

ព្រះអាទិត្យ the sun

ហៀបនឹង just about to, almost, nearly

អស្តង្គត /qɑhsdɑŋkuə̆t/ to set (of the sun)

រឹងតែតែ increasingly

ក្រឡេក to glance

រៀបនឹង nearly, almost, about to

ស្នាម trace, mark, print

ព្រះពុទ្ធបាទ /prĕəh-puttəbaat/ the foot of the Buddha

ព្រះបាទ foot (sacred)

បង្ខង to inset, make a depression

ជំរៅ depth

# ៧- ខឹងកើតខាត

មានពពែពីរតួដើរមកទល់ជួបគ្នា នៅកណ្ដាលស្ពានមួយ ពពែមួយថាស្ពាននេះបំពោះដើរបានតែតួមួយ ៗ និងបៀសគ្នាពុំបានបើដូចនេះ ត្រូវតែអ្នកឯងថយទៅក្រោយសិន ចាំយើងដើរទៅដល់ចុងស្ពានកាលណាសឹមអ្នកឯងដើរទៅចុះ ។

ឯពពែមួយទៀតក៏ថា យើងឯងមានការជាបន្ទាន់ ត្រូវតែអ្នកឯងថយទៅក្រោយសិន ចាំយើងដើរទៅដល់ចុងស្ពានកាលណាសឹមអ្នកឯងដើរទៅហោង ពពែទាំងពីរសឹងពុំព្រម ថយក្រោយដូចគ្នា កាន់មានះរៀងខ្លួន ងក់ក្បាលបង្ហាញស្នែងអួតទន្ទាំរកគ្នា ក៏បោលសំរុកជល់គ្នារុញទៅរុញមកប្រឹងបំកោងខ្នងស្ទួរសន្ទុគ្រឹប ៗ ដោយកំឡាំងទោសោ មោហោ បាំងបិទ ឥតបញ្ញានឹងសម្របគ្នា ជល់គ្នាទាល់តែធ្លាក់ពីលើស្ពានទៅក្នុងទឹកទាំងពីរតួបានក្ដីវេទនា ដោយធ្លាក់ឈ្លក់ទឹកមានអាការផ្សេង ៗ ខំប្រឹងត្រដរហែលទឹកស្ទើរតែពុំរួចដល់មាត់ព្រែក ។

(ច. ឈុំ, សេចក្ដីសំរាំង, ទំព័រ ១៥៧)

| | |
|---|---|
| ខឹង | to be angry |
| ខាត | to lose, to lose money |
| ខឹងកើតខាត | anger causes grief |
| ពពែ | goat |
| ថយ | to back up, to withdraw |
| សឹម | then, and then |
| យើងឯង | I |
| មានការ | to have business |
| បន្ទាន់ | urgent |
| ងក់ | to nod, lower the head |
| ស្តែង | power |
| ក្អេត | to brag, to boast, to draw oneself up |
| ខ្ទាំ | arrogant(ly) |
| បោល | to gallop, to run (of animals) |
| សំរុក | to thrust |
| ជល់ | to collide, to butt |
| រុញ | to push |
| សូរសព្ទ | /sou-sap/ to make a noise, to sound |
| គ្រឹប | sound of knocking together |
| ទោសោ | anger |
| មោហោ | state of being blinded by an emotion |

ចុំឆើបិទ to be overcome, overwhelmed

បញ្ញា /paññaa/ intelligence

សម្រប to reconcile, to agree

ក្តី affair, situation, case

ស្ទើរតែ on the point of

# ៨ រឿងចៅសុក្រ និងចៅសៅរ៍

កាលពីព្រេងនាយ មានបុរសពីរនាក់ជាសំឡាញ់គ្នា មួយឈ្មោះចៅសុក្រ មួយឈ្មោះចៅសៅរ៍ បានបួសនៅវត្តមួយជាមួយគ្នា។ បួសយូរបន្តិចទៅក៏សឹកមកវិញ សឹកមកហើយក៏ជាសំឡាញ់នឹងគ្នាទៀត សន្យានឹងគ្នាថា «បើនរណាក្រត្រូវជួយគ្នា» ហើយបុរសទាំងពីរនាក់ក៏មានប្រពន្ធកូននៅរកស៊ីទីទៃពីគ្នា ។ ចៅសុក្ររកស៊ីទៅមានទ្រព្យរបស់ច្រើន ។ ឯចៅសៅរ៍ល្ងង់ខ្លៅក្រលំបាក ហើយប្រពន្ធក៏មានសហាយផង ។ ចៅសុក្រដឹងថា ប្រពន្ធចៅសៅរ៍មានសហាយហើយក្រលំបាកដូច្នោះ ទៅសួរចៅសៅរ៍, ទៅដល់ឃើញចៅសៅរ៍ក្រលំបាកណាស់មែន ក៏បបួលចៅសៅរ៍ទៅរកស៊ី ហើយនិយាយថា «ត្រូវឯងតាមពាក្យអញ» ។ ចៅសៅរ៍ក៏ព្រមតាមពាក្យចៅសុក្រ ។ ចៅសុក្របបួលចៅសៅរ៍ទៅកាប់ឈើធ្វើក្តារមឈូសលក់ ។ ចៅសៅរ៍តាមពាក្យចៅសុក្រក៏ព្រមទៅជាមួយគ្នា ។ ឯកូនសេដ្ឋីដែលសហាយនឹងនាងប៊ិច ជាប្រពន្ធចៅសៅរ៍ ឃើញចៅសៅរ៍មិននៅផ្ទះ ក៏ទៅដេកនឹងប្រពន្ធចៅសៅរ៍ រួចហើយវិលទៅផ្ទះវិញ ។ ចៅសុក្រនឹងចៅសៅរ៍ធ្វើក្តារមឈូសបាន ១ ក៏យកមកដាក់ក្នុងផ្ទះ ហើយទៅធ្វើក្តារមឈូសទៀត ។ កូនសេដ្ឋីក៏ទៅដេកនឹងនាងប៊ិចទៀត ។ ដល់ពាក់កណ្តាលអធ្រាត្រចៅសុក្រនឹងចៅសៅរ៍មកផ្ទះ

វិញ ។ ចៅសុក្រទំដើរប្រញាប់មកមុន ស្រែកហៅប្រពន្ធចៅសៅរ៍ឱ្យបើកទ្វារ ។ ឯកូនសេដ្ឋីក៏ភិតភ័យរត់ពុំរួច ។ នាងប៊ិចឱ្យសហាយចូលដេកក្នុងក្តារមឈូស ហើយទៅបើកទ្វារឱ្យចៅសុក្រចៅសៅរ៍ចូលទៅក្នុងផ្ទះ ។ នាងប៊ិចសួរថា «ដូចម្តេចក៏បានជាវិលមកវិញ?» ។ ចៅសៅរ៍ប្រាប់ថា «ចៅសុក្រឈឺក្បាលហៅវិលមកវិញ» ហើយចៅសៅរ៍ប្រាប់ទៅនាងប៊ិចឱ្យដណ្តាំបាយស៊ី ស៊ីបាយរួចហើយ ដោយចៅសុក្រដឹងថាសហាយនាងប៊ិចដេកនៅក្នុងក្តារមឈូស ក៏ប្រាប់ទៅចៅសៅរ៍ថា «រកផ្តៅមកចងក្តារមឈូសទុក ក្រែងចោរលួច» ចៅសៅរ៍ក៏យកផ្តៅទៅចងរួចស្រេច ហើយយកដែកគោលបោះថែមទៀត ។ ឯចៅសៅរ៍ពុំដឹងជាប្រពន្ធមានសហាយ ក៏ធ្វើតាមពាក្យចៅសុក្របង្គាប់ ។ លុះព្រឹកឡើង ចៅសៅរ៍ប្រើប្រពន្ធឱ្យទៅទិញអីវ៉ាន់ ហើយនាងប៊ិចហួសទៅប្រាប់សេដ្ឋីថា «ឱ្យឪពុកម្តាយចាំទិញមឈូស ត្បិតកូនសេដ្ឋីទៅដេកនឹងខ្ញុំ ប្តីខ្ញុំមកទាន់ បានរត់ចូលដេកក្នុងមឈូស ឥឡូវនេះប្តីខ្ញុំសែងយកមកដល់ព្រឹកនេះហើយ» ។ ប្រាប់ហើយនាងប៊ិចក៏ត្រឡប់ទៅផ្ទះវិញ ។ លុះចៅសុក្រនឹងចៅសៅរ៍ស៊ីបាយរួច ក៏សែងមឈូសយកទៅលក់ ។ សេដ្ឋីឱ្យខ្ញុំមួយនាក់ចាំមើលផ្លូវផ្តាំថា «បើឃើញអ្នកណាសែងក្តារមឈូសមកលក់ឱ្យរត់ទៅហៅយើង» ។ចៅសុក្រនឹងចៅសៅរ៍សែងក្តារមឈូសទៅដល់ផ្ទះសេដ្ឋី

ស្រែកពពាយតាយថា "អ្នកណាទិញក្តារមឈូសទេ?,, ។ សេដ្ឋីឮ សួរថា "លក់តម្លៃប៉ុន្មាន?,, ។ ចៅសុក្រប្រាប់ថា "ឲ្យដាក់ប្រាក់ពីដី ឡើងស្មើនឹងមឈូស,, ។ សេដ្ឋីសុំតម្លៃ ចៅសុក្រមិនព្រម ។ សេដ្ឋី ក៏ប្រើខ្ញុំកុំដរឲ្យទៅយកប្រាក់មកដាក់ស្មើនឹងមឈូស ហើយចៅសុក្រ នឹងចៅសៅរ៍យកប្រាក់ទៅផ្ទះបែកគ្នា ។ សេដ្ឋីគាស់មឈូសយកកូន ចេញ ។ ក្រោយមក ចៅសៅរ៍យកនាងប៊ុបជាប្រពន្ធដូចដែលវិញ ។

*អូសទូកមិនឲ្យល្អាន ចាប់ត្រីបានមិនឲ្យល្អក់ទឹក*

(ប្រជុំរឿងព្រេងខ្មែរ, ភាគ ១, ទំព័រ ៧០ - ៧៣)

| | |
|---|---|
| បុរស | /borɑh/ man (literary form of /proh/) |
| សំឡាញ់ | friend |
| សឹក | to leave the monkhood |
| សន្យា | /sɑnnəyaa/ to promise |
| ទីទៃ | different, separate |
| ល្ងង់ | ignorant, stupid |
| ខ្លៅ | stupid |
| ក្រលំបាក | to be poor, destitute |
| សហាយ | lover |
| ត្រូវឯងធ្វើតាមពាក្យអញ | you must do as I say |

មឈូស coffin

សេដ្ឋី /saetthəy/ wealthy merchant, millionaire

ប៉ិច Pech (personal name)

វិល to turn around, rotate

អធ្រាត្រ /qatriət/ night (literary)

ពាក់កណ្ដាលអធ្រាត្រ in the middle of the night, midnight

ភិតភ័យ to be frightened, in terror, frozen with fear

ដូចម្ដេច why?

ឈឺ to be ill

ឈឺក្បាល to have a headache

ដណ្ដាំ to cook

ផ្ដៅ cane, rattan

ដែកគោល nail(s)

បោះ to drive (a nail)

ថែម to add, increase; in addition

លុះព្រឹកឡើង the next morning

ទាន់ to catch, to arrive in time

សែង to carry between two persons

ខ្ញុំ servant, slave

ផ្ដាំ to warn, instruct

ពពាយនាយ to advertise by shouting, to shout one's wares

| | |
|---|---|
| ពីដីឡើងស្មើនឹង | up as high as, level with |
| សុំ | to ask for |
| សុំតថ្លៃ | to bargain |
| ខ្ញុំកំដរ | servant, attendant |
| គាស់ | to pry open, to dig out |
| ដូចដែល | as formerly |
| អូស | to drag |
| ល្អាន | disturbance, trace, mark |
| ល្អក់ | to be muddy |
| អូសទូកកុំឲ្យល្អាន | drag a boat without leaving a trace; |
| ចាប់ត្រីបានកុំឲ្យល្អក់ទឹក | catch a fish without muddying the water |

# ៩– ល្បែងប្រណាំងទូក

ល្បែងប្រណាំងទូកនេះ ជាល្បែងលេងកំសាន្តមួយ យ៉ាងឧឡារិក របស់ជនជាតិខ្មែរចាស់-ក្មេង-ប្រុស-ស្រី គេទុកជាទំនៀមទម្លាប់ ខាងល្បែងមួយដ៏ប្រសើររបស់ជនជាតិខ្មែរ តាំងពីបុរាណសម័យរហូតមកដល់សព្វថ្ងៃនេះ ក៏មាននិយមលេងជាច្រើនរាល់ខេត្តរាល់ស្រុក ក្នុងដែនកម្ពុជានេះ ។ មិនតែប៉ុណ្ណោះសោត សូម្បីជនជាតិដទៃ ដូចយ៉ាងជនជាតិ ពាមង្វា ជាដើម ក៏ចូលចិត្តលេងប្រណាំងទូកដូចខ្មែរយើងដែរ ។

ឯការលេងប្រណាំងទូកនេះ ជនជាតិខ្មែរច្រើនតែប្រណាំងភ្ជាល់គ្នានៅរដូវវិស្សា ដែលទឹកឡើងលិចល្ហាចល្ហឹមសព្វទីភូមិឋាន ។

ក្នុងថ្ងៃបុណ្យភ្ជុំបិណ្ឌម្តង ៗ មហាជនជាតិខ្មែរ ទាំងក្មេង-ចាស់-ប្រុស-ស្រី គេដើរប្រមូលរើសរកទូកប្រណាំងយ៉ាងលឿន ហើយហៅគកនដាក់បំណាះឱ្យស្មើគ្នា បើទូកម្ខាងមានថ្លៃនាក់ ទូកម្ខាងទៀតក៏ត្រូវឱ្យមានគ្នាថ្លៃដែរ ឬលើសខ្វះពីគ្នាបន្តិចបន្តួចក៏សុខចិត្តព្រមព្រៀងលេង តែគេច្រើនឱ្យពួកកុមារីនៅក្រមុំពេញជំទង់ អង្គុយខ្ចង់ទូកខាងមុខ ពួកកុមារាអង្គុយខ្ចង់ទូកខាងក្រោយ ហើយអ្នកកាច់ចង្កូតទូកប្រណាំងនោះ គេច្រើនយកប្រវាធំដងវែងមកកាច់ចង្កូតទូកផង ។ ឯអ្នកក្រៅពីនោះ កាន់ប្រវាគ្រប់ដៃរៀង ៗ ខ្លួនហើយមានម្នាក់ទៀត

ហៅថាគ្រូបង់បត់ ឬអ្នកមានសំដី ប្ដីមាត់គ្រាន់បើ អង្គុយលុត ជង្គង់ប្រកក្បាលទូក អ្នកនេះកាន់ប្រវាលនយ៉ាងល្អ ហើយជួត ក្បាលផង សម្រាប់ស្រែកយកជ័យឬស្រែកថា មួយយ៉ូៗ ក្នុង កាលដែលកំពុងប្រណាំងគ្នា ។

(ច.ឈុំ, សេចក្ដីសំរាំង, ទំព័រ ១៨០ - ១៨១)

| | |
|---|---|
| ង | curved |
| ទូកង | long boat with curved prow and stern |
| ទុកជា | to consider as |
| បុរាណសម័យ | /boraanəsamay/ the old days, ancient times |
| ផែន | land, country |
| មិនតែប៉ុណ្ណោះសោត | not only that, but |
| សូម្បី | even, even to the extent of |
| ដទៃ | other, foreign |
| ជ្វា | Malay, Javanese |
| ភ្នាល់ | to bet, wager |
| ល្ហាបល្ហឹម | spread all over, continuous |
| មហាជន | /məhaacŭən/ the general public |
| ប្រមូល | to gather, to find |

| | |
|---|---|
| គូកន | friend |
| ចំណុះ | load, capacity |
| លើស | to exceed, go beyond |
| ខ្វះ | to lack |
| លើសខ្វះពីគ្នា | unequal, out of balance |
| សុខចិត្ត | to be willing to, to agree to |
| ព្រមព្រៀង | to agree, be in accord |
| កុមារី | /komaarəy/ girl (literary) |
| ពេញជំទង់ | of marriageable age |
| ខ្ទង់ | crossbeam; verticle unit of measure |
| កុមារា | /komaaraa/ boy (literary) |
| ចង្កូត | tiller, rudder, steering wheel |
| កាច់ចង្កូត | to guide, to pilot |
| អ្នកកាច់ចង្កូត | pilot, navigator |
| ច្រវ៉ា | oar |
| គ្រូចង់ចត់ | master of the supernatural (here: the (magical) coxswain of the boat |
| សំដី | speech |
| មានសំដី | to be voluble, talkative |
| ឫមាត់ | the power of magical speech |
| លុត | to bend (the knees) |
| ជង្គង់ | knees |

| | |
|---|---|
| លុតជង្គង់ | to kneel |
| ប្រក | to force into, stuff into |
| លទ | painted, lacquered |
| ជួត | to wear a turban |
| ស្រែកយកជ័យ | to exhort to victory |
| មួយយ៉ូ | shout used to mark the rowing cadence |

# ១០- ប្រាសាទបាពួន

ដែលនឹងទៅកាន់ប្រាសាទបាពួននោះ បើទៅតាមផ្លូវថ្មល់ត្រង់ទៅខាងជើង ដល់ទៅទីខាងមុខបាពួន ត្រូវឡើងតាមជណ្តើរហើយដើរត្រង់ទៅខាងលិចទៅក៏បាន ឬទៅកាត់ព្រៃបួលទៅតាមផ្លូវជើងប្រាសាទបាយ័ន ... 

ដែលនៅខាងទិសពាយព្យនៃបាយ័នក៏បាន បើទៅតាមផ្លូវកាត់ព្រៃបួលទៅ បំនួន ៣០០ម៉ែត្រ ក៏ដល់ទៅប្រាសាទបាពួន ។

ប្រាសាទបាពួននេះ គឺស្តេចឈ្មោះជ័យវរ្ម័នទី ៥ បានសង់នៅលើទីទួលតូប ១ ដើម្បីឧទ្ទិសថ្វាយដល់ទេវតាខាងសាសនាព្រាហ្មណ៍ឈ្មោះ ហេមស្រិង្គេស (ទេវតាដ៏ធំប្រកបដោយស្នែងមាស) ប្រាសាទនោះ កាលពីដើមឈ្មោះថា ហិមាទ្រិ (ភ្នំមាស) នៅខាងលិចជិតជើងប្រាសាទនោះ កាលពីដើម ឃើញមានថ្មគេរៀបខ្ពស់ឡើង មានសណ្ឋានជាព្រះពុទ្ធរូបបួលនិព្វាន បាំងទីប្រាសាទខាងលិច ថ្មដែលរៀបដូចនេះ ប្រហែលជាពួកអ្នកកាន់ព្រះពុទ្ធសាសនាខាងហីនយានបានរៀបធ្វើឡើង ក្នុងកាលជាខាងក្រោយ តែឥឡូវនេះ គេកំពុងតែរើថ្មនោះចេញ ។

ប្រាសាទនោះ មានជាន់ ៣ និងប្រកបដោយរោងថែវ មាន

ជណ្តើរសំរាប់ឡើងទៅគ្រប់ទិសទាំង ៤ តែសព្វថ្ងៃនេះឡើងបានទៅស្រួលតែតាមជណ្តើរខាងត្បូង ។

សៀវភៅចិនឈ្មោះចាវ៍-តា-កួន និយាយថា ប្រាសាទនោះជាប្រាសាទធំខ្ពស់ល្អសំខាន់ ១ ក្នុងពួកប្រាសាទដែលមាននៅទីអង្គរធំ ហើយថា ត្រង់កណ្តាលជាន់ទី ៣ មានប្រាសាទ ១ តែសព្វថ្ងៃនេះត្រឡប់ទៅបាក់បែកច្រើនជាងប្រាសាទឯទៀត ។

នៅទីជញ្ជាំងសងខាងទ្វារទាំងអស់ ក្នុងជាន់ទី ២ ឃើញមានក្បាច់រំលេចជាសង្កាត់ៗល្អណាស់ សុទ្ធតែនិយាយពីរឿងអស្ចារ្យខាងបំណែកសាសនាព្រាហ្មណ៍នឹងរឿងរាមាយណ ។

កាលបើចេញមកវិញ ត្រូវដើរមកតាមផ្លូវថ្ម ត្រង់មកខាងកើត ឯផ្លូវនោះ កាលពីដើម ជាថ្មល្អ មានសណ្ឋានដូចជាស្ពាន ព្រោះមានសសរថ្មទល់ទ្រពីក្រោម ឥឡូវនេះ បាក់បែកអស់ហើយ សល់នៅតែសសរ ប៉ុន្តែគេបានរៀបចំលើកដុំថ្មដាក់លើក្បាលសសរតៗគ្នា ល្មមដើរបាន លុះដើរតាមផ្លូវនោះមក ជរាបដល់មកមាត់ជណ្តើរ ក៏ចុះដើរទៅខាងជើង នឹងឃើញទីព្រះលានស្តេច ។

( ហួត តាត, អំពីប្រាសាទខ្លះនៅអង្គរ, ទំព័រ ៦៥-៦៦ )

| | |
|---|---|
| បាពួន | Baphuon, an 11th century temple inside Angkor Thom |
| ពាយព្យ | /piəyoə̆p/ northwest |
| ជ័យវរ្ម័ន | /cɨyyeə̆qwααrəman/ Jayavarman |
| ជ័យវរ្ម័នទី ៥ | Jayavarman V, King of Angkor 968-1001 |
| ទួល | hillock, mound |
| ហេមស្រិង្គេស | /heimaqsrəŋkees/ name of a Brahman devata |
| ហិមាទ្រិ | /heqmatriq/ frosty mountain |
| និព្វាន | /nipiən/ Nirvana |
| ព្រះពុទ្ធរូបបូលនិព្វាន | reclining Buddha image |
| ហីនយាន | /hənnəyiən/ Hinayâna |
| រោងចៃរ | hall, gallery |
| ចៅ-តា-កួន | Chou Ta-Kuan, a 13th century Chinese visitor to Angkor |
| រំលេច | to highlight, put in relief |
| ក្បាច់រំលេច | bas-relief |
| រាមាយណ | /riəmiəyanaq/ Râmâyana |
| សសរ | pillar, post, column |
| ទល់ | to prop, support laterally |
| ទ្រ | to support from underneath |
| ដរាបដល់ | until, all the way to |

# ១១- រឿងបុរសកំសត់នៅក្បែរផ្ទះសេដ្ឋី ស្រង់ក្លិនអាហារសេដ្ឋី

មាននិទានមួយថា: មានបុរសកំសត់ម្នាក់នៅក្បែរខាងផ្ទះសេដ្ឋី បើខ្យល់បក់មកពីខាងលិច វារើខ្លួនទៅសង់ពីខាងកើត បើខ្យល់បក់មកពីខាងកើត វារើខ្លួនទៅសង់ពីខាងលិច បើខ្យល់បក់មកពីខាងជើង វារើខ្លួនទៅសង់ពីខាងត្បូង បើខ្យល់បក់មកពីខាងត្បូង វារើខ្លួនទៅសង់ពីខាងជើង ។ សេដ្ឋីឃើញដូច្នោះប្រើខ្ញុំទៅដណ្ដឹងថា «បុរសនោះចេះតែវារើខ្លួនទៅមកៗ ធ្វើអ្វីដូច្នេះ?» ។ ខ្ញុំទៅដណ្ដឹងបុរសនោះប្រាប់ថា «អ្នកអើយ! អ្នកប្រាប់លោកផងថា «ដែលខ្ញុំវារើខ្លួនទៅមក ដ្បិតខ្ញុំស្រង់ក្លិនបំណាំអាហារលោកនេះឯង» ។ ខ្ញុំក៏វិលមកប្រាប់ដោយដំណើរនោះ ។ សេដ្ឋីគិតថា «បើវារស់ដោយក្លិនអាហារអញ ដូច្នេះអញយកវាជាខ្ញុំអញបានហោង» គិតដូច្នេះហើយក៏នាំបុរសនោះទៅប្ដឹងចៅក្រម ឱ្យជំនុំពិចារណាដោយដំណើរនោះ ។ ចៅក្រមថា «បើដូច្នោះ អ្នកយកជាខ្ញុំបានហោង» ។ បុរសនោះថា «បើដូច្នោះអ្នកនាំខ្ញុំទៅគាល់ព្រះមហាក្សត្រ ខ្ញុំនឹងក្រាបបង្គំទូលសុំព្រះរាជទ្រព្យឱ្យថ្លៃខ្លួនខ្ញុំ» ។ ទើបសេដ្ឋីនាំបុរសនោះទៅគាល់ព្រះមហាក្សត្រ ។ បុរសនោះក្រាបបង្គំទូលថា «ខ្ញុំព្រះបាទអម្ចាស់នៅក្បែរផ្ទះសេដ្ឋីនេះ បើខ្យល់បក់មក

ពីខាងលិច រុះរើខ្លួមទៅសង់ពីខាងកើត បើខ្យល់បក់មកពីខាងកើត ខ្ញុំព្រះបាទអម្ចាស់រុះរើខ្លួមទៅសង់ពីខាងលិច បើខ្យល់បក់មកពីខាងជើង ខ្ញុំព្រះបាទអម្ចាស់រុះរើខ្លួមទៅសង់ពីខាងត្បូង, បើខ្យល់បក់មកពីខាងត្បូង ខ្ញុំព្រះបាទអម្ចាស់រុះរើខ្លួមទៅសង់ពីខាងជើង, ខ្ញុំព្រះបាទអម្ចាស់រុះរើទៅមក ៗ ដូច្នេះ ដើម្បីស្រង់ក្លិនបំណាំអាហាររបស់សេដ្ឋីនេះ, សេដ្ឋីនេះថា «ខ្ញុំព្រះបាទអម្ចាស់រស់ដោយសារក្លិនបំណាំអាហារគាត់» ហើយគាត់ចាប់ខ្ញុំព្រះបាទអម្ចាស់យកទៅប្ដឹងចៅក្រម ៗ បង្គាប់ឱ្យខ្ញុំព្រះបាទអម្ចាស់ទៅជាខ្ញុំសេដ្ឋីនេះ ខ្ញុំព្រះបាទអម្ចាស់មកក្រាបទូលសុំព្រះរាជទ្រព្យឱ្យថ្លៃខ្លួនខ្ញុំព្រះបាទអម្ចាស់» ។ ព្រះមហាក្សត្រទ្រង់ជណ្ដឹងទៅសេដ្ឋីថា «ម្នាលសេដ្ឋី! ដំណើរសេចក្ដីនេះមែនពិតដូច្នេះ ឬ ដូចម្ដេច?» ។ សេដ្ឋីក្រាបបង្គំទូលថា «ដំណើរនេះពិតដូច្នោះមែន» ។ ព្រះមហាក្សត្រទ្រង់ព្រះបិន្ដាពិចារណាយល់ថាចៅក្រមនោះពុំទៀងត្រង់ ទើបព្រះអង្គឱ្យយកសំពត់សមកក្រាលកណ្ដាលថ្ងៃ ឱ្យយកប្រាក់មកដាក់គរលើសំពត់សនោះហើយទ្រង់មានព្រះបន្ទូលថា «ប្ដូរព្រះស្ដែងសេដ្ឋីទៅយកប្រាក់ថ្លៃត្លុបុរសនោះបុះ ។ សេដ្ឋីទទួលព្រះបន្ទូលហើយទៅនឹងឈោងយកប្រាក់អំពីសំពត់សនោះ ព្រះអង្គមានព្រះបន្ទូលថា "បើបុរសនេះបានធំបំណាំអាហារព្រះស្ដែងមែន ៗ ទើបគួរព្រះស្ដែងយក

ប្រាក់លើសំពត់សនោះ  ឥឡូវបុរសនេះស្រង់យកតែក្លិនអាហារទេ
មានតែព្រះស្តែងយកតែស្រមោលប្រាក់នោះ  ទើបល្មមនឹងតម្លៃក្លិន
អាហារព្រះស្តែង,, ។  បុរសនិងសេដ្ឋីនោះ  ចូលចិត្តហើយក្រាប
ថ្វាយបង្គំលាទៅលំនៅអាត្មាទីទៃហោង ។

(ប្រជុំរឿងព្រេងខ្មែរ, ភាគ ៣, ទំព័រ ៥៤ - ៥៧)

ស្រង់ — to smell (tV)

ក្លិន — smell, odor

រុះ — to disassemble

រើ — to disarrange, disassemble, take apart

រុះរើ — to tear down, dismantle

ចេះតែ — always, characteristically

ទៅមកៗ — back and forth

ដែល — the reason that

ដោយ — relating to, according to, about

ដោយដំណើរ — about the situation, relating to the case

ប្តឹង — to bring a complaint, to sue

ចៅក្រម — /caw-krɑm/ judge, magistrate

ជំនុំ — to meet, confer, discuss

| | |
|---|---|
| ពិចារណា | /picaarənaa/ to think, consider |
| ជំនុំពិចារណា | to discuss, consider |
| បើដូច្នោះ | in that case |
| ក្រាបបង្គំទូល | to inform, say respectfully (to royalty) |
| ព្រះរាជទ្រព្យ | /preə̆h-riəccətroə̆p/ royal wealth, royal possessions |
| ឲ្យថ្លៃ | to pay, pay the price |
| សុំព្រះទ្រព្យឲ្យថ្លៃខ្លួនខ្ញុំ | ask the king to pay my price |
| គាល់ | to have an audience (with royalty) |
| ព្រះបាទអម្ចាស់ | /preə̆h-baat qαmməcah/ you (to royalty) |
| ខ្ញុំព្រះបាទអម្ចាស់ | I (to royalty) |
| ម្នាល | term of address used by superior to inferior (literary) |
| ទ្រង់ព្រះចិន្តា | /truə̆ŋ preə̆h-cəndaa/ to think, consider (of royalty) |
| ទៀងត្រង់ | honest, straightforward |
| កណ្ដាលថ្ងៃ | in the open, right in the sun |
| មានព្រះបន្ទូលថា | to say (of royalty) |
| ព្រះស្ដែង | term of address used by superior to inferior (literary) |
| ឈោង | to reach for |
| ឆី | to eat (archaic) |
| ស្រមោល | shadow |
| អាត្មា | /qaatmaa/ self; I (priest to layman) |

## ១២– សច្ចាប្រណិធានក្នុងបុរាណសម័យ

យើងមិនបានសរសើរព្រះរាជកិត្តិយសព្រះមហាក្សត្រិយ៍ណា ក្រៅពីព្រះករុណាជាអម្ចាស់ជីវិតលើត្បូងរបស់យើង ។ យើងមិនទទឹងទាស់នឹងព្រះរាជបំណាង ហើយយើងមិនបានចូលដៃនឹងពួកបច្ចាមិត្តរបស់ព្រះអង្គ យើងមិនបានប្រព្រឹត្តនូវអំពើដែលនាំឲ្យវិនាសដល់ព្រះអង្គ យើងខំប្រព្រឹត្តនូវអំពើដែលជាផលនៃអភិវឌ្ឍន៍ និងកតវេទី បំពោះព្រះករុណា ។ បើមានសង្គ្រាមយើងខំព្យាយាមចូលតស៊ូដោយពលភាពរបស់ចិត្ត ព្រមទាំងមិនគិតដល់ជីវិតសោះឡើយ ដោយអភិវឌ្ឍន៍បំពោះព្រះករុណាជាអម្ចាស់ជីវិតលើត្បូង យើងមិនរត់បេញឲ្យឆ្ងាយពីសមរភូមិ បើមិនមានបំបាំងទេ យើងស៊ូស្លាប់ដោយសារធ្វើឃាតកម្មខ្លួនឯងឬដោយមរណៈភាព។ យើងសូមឲ្យបានរង្វាន់ឬកិត្តិយសបំពោះបុគ្គលដែលមានចិត្តត្រង់និងចៅហ្វាយនាយ យើងនឹងធ្វើការថ្វាយព្រះមហាក្សត្រិយ៍ទាល់តែខ្លួនមរណៈភាព បើសិនណាជាត្រូវស្លាប់ក្នុងពេលដែលធ្វើការនោះ យើងនឹងបំពេញករណីយកិច្ចបំពោះព្រះមហាក្សត្រិយ៍ ឥតមានរួញរាសោះឡើយ បើមានកិច្ចការអ្វីដែលព្រះករុណាចាត់យើងទៅឆ្ងាយដោយមានព្រឹត្តិការណ៍ដែល ព្រះអង្គ បានជ្រាបជាមុន យើងត្រូវខំប្រឹងប្រែងរករឿងនោះដោយពិស្តារ ។

បើបណ្តាយើងទាំងអស់គ្នា មានអ្នកណាមិនព្រមធ្វើតាមសច្ចា

ប្រណិធាននោះ យើងសូមឱ្យព្រះមហាក្សត្រិយ៍ដែលសោយរាជសម្បត្តិតទៅអនាគត ធ្វើព្រះរាជទណ្ឌកម្មដល់អ្នកនោះ បើមានអ្នកណាក្បត់ព្រះអង្គមិនព្រមធ្វើតាមសច្ចាប្រណិធាន សូមឱ្យអ្នកនោះទៅរងទុក្ខលំបាកវេទនានៅមហានគរទាំងសាមសិបពីរ ឱ្យបានយូរអង្វែងស្មើនឹងសេចក្ដីស្ថិតនៅនៃព្រះអាទិត្យ និងព្រះចន្ទ បើបានប្រតិបត្តិដូចពាក្យសច្ចាប្រណិធាន សូមឱ្យព្រះមហាក្សត្រិយ៍មានព្រះរាជតម្រាស់ថា បូជនីយដ្ឋានគ្រប់ទីកន្លែងក្នុងប្រទេស ត្រូវបាត់ឱ្យវង្សត្រកូលយើងមើលថែទាំកិត្តិយស នៃបុគ្គលដែលចិត្តត្រង់បំពោះព្រះមហាក្សត្រិយ៍យើង សូមឱ្យបានសម្រេចចាប់ដើមអំពីលោកនេះ រហូតដល់បរលោក ។

| | |
|---|---|
| សច្ចា | /saccaa/ to promise; a promise |
| ប្រណិធាន | /prɑnethiən/ promise, intention, oath; to promise, to swear |
| សច្ចាប្រណិធាន | oath of allegiance (to the king) |
| ព្រះរាជកិត្តិយស | /prĕəh-riəccəkəttəyŭəh/ honor, glory, greatness (of the king) |
| ព្រះករុណា | term of reference for the king |

| | |
|---|---|
| ត្បូង | head (archaic) |
| ព្រះករុណាជាអម្ចាស់ជីវិតលើត្បូង | the king |
| ទទឹងទាស់ | to oppose, be opposed (to) |
| ព្រះរាជបំណង | the king's wishes |
| ចូលដៃ | to side (with) |
| បច្ចាមិត្ត | /paccaamɨt/ enemy |
| អំពើ | conduct, actions |
| អភិវន្ទន៍ | /qaqphiqwŏən/ respect, veneration; to venerate |
| កតវេទី | /kətaqweetii/ gratitude |
| ស៊ូ | to be determined, persistent |
| តស៊ូ | to fight, to struggle |
| ពលភាព | /pŭəlləphiəp/ power, strength |
| សមរភូមិ | /samɑɑrəphuum/ battlefield |
| ស៊ូស្លាប់ | would rather die |
| ឃាតកម្ម | /khiəttəkam/ murder |
| ធ្វើឃាតកម្មខ្លួនឯង | to commit suicide |
| មរណភាព | /mɔɔrənaqphiəp/ death; to die (elegant) |
| រង្វាន់ | reward, prize |
| បុគ្គល | /bokkŭəl/ person, individual |
| ចិត្តត្រង់នឹង | to be faithful to |

| | |
|---|---|
| ចៅហ្វាយនាយ | superior, leader |
| បើសិនណាជា | if perchance |
| បំពេញ | to fulfill |
| ករណីយកិច្ច | /kaqrənəyyəkəc/ duty |
| រួញរា | to hesitate, vacillate |
| កិច្ចការ | work, business |
| ព្រឹត្តិការណ៍ | /prɨttəkaa/ situation, event |
| ប្រឹងប្រែង | to try hard to |
| រករឿង | to research, get to the bottom of the matter |
| ពិស្ដារ | /pɨhsdaa/ excellent, effective (here: effective) |
| សោយ | to eat (of royalty) |
| រាជសម្បត្តិ | /riəccəsɑmbat/ royal wealth |
| សោយរាជសម្បត្តិ | to reign |
| អនាគត | /qanaakŭət/ future |
| តទៅអនាគត | in the future |
| ទណ្ឌកម្ម | /tŏənnəkam/ punishment |
| ក្បត់ | to betray, deceive |
| មហានគរ | /məhaa-nəkɔɔ/ big power, large country |
| មហានគរទាំងសាមសិបពីរ | all the 32 countries (symbolic of the 32 directions of the cosmos) |

| | |
|---|---|
| សេចក្តីស្ថិតនៅ | permanence |
| ព្រះចន្ទ | /prĕəh-can/ the moon |
| តម្រាស់ | royal speech, royal order |
| មានព្រះរាជតម្រាស់ | to say (of royalty) |
| បូជនីយដ្ឋាន | /boucəniiyəthaan/ altar, offering place |
| វង្សត្រកូលយើង | our families |
| មើលថែទាំ | to preserve, maintain |
| លោក | world |
| បរលោក | /bɑɑrəlaok, bɑɑrəlook/ other world, the world beyond |

# ១៣ – អង្គរធំ (នគរធំ)

អង្គរធំចម្ងាយពីសៀមរាប ៧.៩០០ ម៉ែត្រ ចម្ងាយពីអង្គរវត្ត ១.៧០០ ម៉ែត្រ អង្គរធំនោះ មានស្រះព័ទ្ធជុំវិញ នៅកំពែងនោះមានទ្វារ ៥ គឺទ្វារ ២ ខាងកើត ១ ខាងត្បូង ១ ខាងលិច ១ ខាងជើង ឯទ្វារ ២ ខាងកើតនោះ ទ្វារ ១ នៅបំពាក់-កណ្ដាល ត្រង់ពីបាយ័នទៅ ហៅថា ទ្វារខ្មោច ទ្វារ ១ ទៀត នៅជៀងខាងជើង ត្រង់ពីព្រះលានស្ដេចទៅ ហៅថា ទ្វារជ័យ ដែលនឹងទៅតាមទ្វារមួយៗនោះ ត្រូវទៅតាមផ្លូវដែលឆ្លងកាត់ស្រះចូលទៅរហូតដល់ទ្វារ ផ្លូវនោះ មានរូបនាគថ្ម នៅជាសងខាង កន្ទុយបែរទៅខាងក្នុង ក្បាលចេញមកខាងក្រៅ រូបនាគម្ខាងមាន រូបទេវតាជាច្រើន ដែលប្រដាប់ដោយមកុដ ចាប់ទាញរូបនាគ ម្ខាងទៀត មានរូបអសុរជាច្រើន ដែលមានមុខក្រញូវ ចាប់ទាញ ។

ផ្លូវដែលឆ្លងកាត់ស្រះចូលទៅកាន់ទ្វារទាំងអស់ កាលពីដើម សុទ្ធតែមានរូបនាគនៅសងខាង ហើយមានទេវតា និងអសុរចាប់ទាញ ដូចសេចក្ដីខាងលើនេះ តែសព្វថ្ងៃនេះ បាក់បែកអស់ហើយ ប៉ុន្តែ គេបានរៀបជួសជុលធ្វើផ្លូវដែលទៅតាមទ្វារជ័យ ឲ្យមានរបៀបដូចពីដើមឡើងវិញ ឯទ្វារទាំង ៥ នោះ មានទំហំនិងសណ្ឋានដូចគ្នា មានកំពស់ជាង ៧ ម៉ែត្រ ទ្វារនោះឯង សុទ្ធតែមានក្បាច់ចម្លាក់ទាំងខាងក្នុងខាងក្រៅ ហើយមានរូបក្បាលដំរីនៅសងខាង ត្រង់ជ្រុងទ្វារ ឯខាងលើទ្វារនោះ ប្រដាប់ដោយមុខ ៤ បែរទៅគ្រប់ទិសទាំង ៤ ។

ឯមុខទាំង ៤ ដែលនៅលើទ្វារនោះ គេតែងចូលចិត្តផ្សេងៗគ្នា ខ្លះចូលចិត្តថាមុខព្រហ្ម ខ្លះថាមុខព្រះឥសូរ និងរកឲ្យប្រាកដមិនឃើញ តែឥឡូវនេះ មានអ្នកប្រាជ្ញបារាំង ១ នាក់ ឈ្មោះល្វី-ហ្វីណូត៍ លោកបានទៅសង្កេតមើលសព្វកន្លែងនៅទីអង្គរ ក៏បានឃើញរូបព្រះពោធិសត្វឈ្មោះអវលោកិតេស្វរៈ ជាច្រើននៅទីង

ប្រាសាទទាំង ៤ ដែលមាននៅត្រង់ជ្រុងកំពែងខាងក្រៅទាំង ៤ នឹងហោជាងប្រាសាទ ក្លោងទ្វារអង្គរធំ តែហោជាងនៅគ្រប់ទ្វារទាំងអស់ជ្រុះបាក់អស់ហើយ ឃើញសល់នៅតែហោជាងខាងក្នុងទ្វារជ័យ ១ ហោជាងនោះ ក៏របេះធ្លាក់ខ្លះ ប៉ុន្តែនៅមានរូបចម្លាក់អាចឲ្យសង្កេតទៅយល់ច្បាស់ប្រាកដបានថាជារូប អវលោកិតេស្វរៈ ទាំងហោជាងប្រាសាទបាយ័ន ក៏លោកហ្វីណូត៍បានសង្កេតទៅឃើញ មានរូបអវលោកិតេស្វរៈ ដែលជាអ្នកគ្រប់គ្រងរក្សា របស់ទាំងអ្នកកាន់ព្រះពុទ្ធសាសនា (តាមលទ្ធិពុទ្ធសាសនាខាងមហាយាន) លោកហ្វីណូត៍បានសង្កេតទៅឃើញដូចនេះ ក៏យល់ចិត្តថាអង្គរធំនេះ ជាទីគឺអ្នកកាន់ព្រះពុទ្ធសាសនាខាងមហាយានបានកសាងឡើងជាមុន ។

ហេតុដូចនេះ គួរតែយល់ចិត្តថា មុខដែលនៅលើទ្វារទាំងអស់ ប្រហែលជាមុខអវលោកិតេស្វរៈ ព្រោះគេធ្វើឲ្យបែរទៅគ្រប់ទិសទាំង ៤ ដូចនេះ ដោយសំដែងឲ្យឃើញថា ព្រះអវលោកិតេស្វរៈ ងាកមើលទៅក្នុងទិសទាំង ៤ ដើម្បីនឹងជួយអភិបាលរក្សាអស់ទាំងអ្នកកាន់ព្រះពុទ្ធសាសនា ដែលនៅក្នុងទិសទាំង ៤ ។

គ្រប់ទ្វារទាំងអស់ ត្រង់កន្លែងផ្លូវទ្វារទាំងសងខាង មានជណ្តើរ ៣-៤ កាំសំរាប់ឡើងទៅកាន់បន្ទប់ទាំងសងខាង ។

កាលណាបើគេចូលតាមទ្វារទាំងនោះទៅ ក៏ដល់ទៅខាងក្នុងទីក្រុងអង្គរធំៗ នេះ ជាទីក្រុងចាស់ឈ្មោះថា យសោធរបុរៈ ដែលស្តេចឈ្មោះថា យសោវរ្ម័ន ទ្រង់សោយរាជ្យ ទីក្រុងនោះមិនបានស្ថិតនៅមាំមួនជានិច្ចទេ ជួនកាលគេលះបង់ចោលទីនោះ ហើយទៅតាក់តែងកន្លែងដទៃជាទីក្រុង ជួនកាលត្រឡប់មកយកទីអង្គរធំនេះ ជាទីក្រុងវិញ លុះយូរៗមកដល់មកស្តេចជាន់ក្រោយ ក៏បោះបង់

ពោលទីក្រុងអង្គរធំនេះមែនទែន ដោយហេតុកើតសឹកសង្គ្រាម មានសត្រូវលុកលុយចូលមក ។

តាមសៀវភៅរបស់ចិនឈ្មោះ ចាវ-តា-កួន គេនិយាយថា អង្គរធំជាទីក្រុងធំណាស់ បរិបូណ៌ដោយទ្រព្យសម្បត្តិ ទងកុះករដោយប្រាសាទល្អៗជាច្រើន ។

កាលបើចូលទៅតាមទ្វារខាងត្បូង ហើយទៅតាមផ្លូវថ្នល់តទៅចំនួន ១.៥០០ ម៉ែត្រ ក៏ដល់ទៅទីវិហារដ្ឋានបាយ័ន ។

(ហួត តាត, អំពីប្រាសាទខ្លះនៅអង្គរ, ទំព័រ ៥៥-៥៨)

| | |
|---|---|
| ចម្ងាយ | distance; to be distant (from) |
| ស្រះ | man-made pond |
| កំពែង | wall, enclosure, rampart |
| ទ្វារខ្មោច | Spirit Gate |
| ងៀង | to go off at an angle, turn aside |
| ងៀងខាងជើង | toward the north |
| ទ្វារជ័យ | Victory Gate |
| កន្ទុយ | tail |
| ប្រដាប់ដោយ | provided with, decorated with |
| មកុដ | /məkot/ crown |
| អសុរ | /qasoraq/ ogre, giant, demon |

ក្រញូវ to frown, scowl

កាន់ toward

ដំរី elephant

តែង usually, customarily

ចូលចិត្ត to understand (that), to interpret (as)

ព្រហ្ម /prum/ Brahma

ល្វី-ហ្វីណូត៍ /lwii fiinou/ Louis Finot

ព្រះពោធិសត្វ /preə̆h-poothisat/ bodhisatva (reincarnation of the Buddha)

អវលោកិតេស្វរៈ /qawəlookəteeswaraq/ Avalokitesvara

ហោជាង lintel, eaves

ក្លោងទ្វារ portal, entrance, doorway, gateway

ជ្រុះ to fall off, come loose

របេះ to come loose, crumble, shed

ច្បាស់ clear

គ្រប់គ្រង to regulate, govern

អ្នកគ្រប់គ្រង overseer, supervisor

ព្រះពុទ្ធសាសនា /preə̆h-puttəsahsnaa/ Buddhism

មហាយាន /məhaayiən/ Mahâyâna

សំដែង to show, to demonstrate

អភិបាល to govern, to regulate

ទ្រង់ frame, shape, facing

កាលណាបើ if, whenever

យសោធរបុរៈ /yasaotharĕəqboraq/ Yasodharapura (the original city of Angkor)

មាំមួន firm, solid, permanent

ជានិច្ច always

លះបង់ចោល to abandon

តាក់តែង to settle, establish

លុះយូរៗមក much later on

បោះបង់ចោល to abandon

សឹក war; army

លុកលុយ to invade

បរិបូណ៌ /baaribou/ plentiful, full, complete (with)

ទីវិហារស្ថាន temple site

# ១៤-រឿងបុរសកំជិលមានប្រពន្ធគ្រប់ល័ក្ខណ៍

មានរឿងព្រេង១ដំណាលថា : មានបុរសកំជិលម្នាក់មានប្រពន្ធគ្រប់លក្ខណ៍ មានកិរិយាមារយាទល្អ គោរពប្រណិប័តន៍ប្ដី ។ តាំងពីបានគ្នាជាប្ដីប្រពន្ធមកបុរសកំជិលចេះតែពីដេក ដល់ឃ្លានបាយបានក្រោកឡើងស៊ីៗ រួចដេកទៅវិញ សូម្បីថ្នាំជក់ក៏ឲ្យប្រពន្ធមូរដែរ ។ ប្រពន្ធជាមនុស្សគោរពប្រណិប័តន៍ប្ដី មិនមានពាក្យអាក្រក់ទៅលើប្ដីសោះ លើកបាយទឹក និងរបស់អ្វីឲ្យប្ដីសុទ្ធតែសំពះ ដល់នៅយូរទៅមានសេចក្ដីក្រីក្រខ្លាំងណាស់ នាងនោះរកអ្វីចិញ្ចឹមពុំបានសោះ ហើយថ្ងៃ១នាងរៀបស្លា៥មាត់ បារី៥ ចូលទៅក្រាបសំពះប្ដីថា "ខ្ញុំសុំទោសអ្នកប្ដី ត្បិតយើងសព្វថ្ងៃក្រណាស់ យើងមិនបានរកស៊ី គ្មានអ្វីទទួលទានទេ សុំឲ្យអ្នកទៅកាប់ឈើធ្វើនង្គ័ល រនាស់ធ្វើស្រែនឹងគេ ត្បិតដល់រដូវធ្វើស្រែហើយ" ។ ប្ដីថា "បើដូច្នោះ ឲ្យនាងដាំបាយវេចជាសំណុំចុះ ប្ដីនឹងរកឈើធ្វើនង្គ័ល រនាស់" ។ ប្រពន្ធក្រោកពីយប់ដាំបាយវេចជាកញ្ចប់មានទាំងដឹង ពូថៅ ទៅផង ។ បុរសកំជិលដេកទាល់តែថ្ងៃរះ ប្រពន្ធពុំហ៊ានដាស់ ចាំឲ្យក្រោកខ្លួនឯង ដល់ក្រោកហើយ ប្រពន្ធដងទឹកទៅឲ្យលុបមុខ រួចស្រេច នាងក៏ហុចស្លាបារីទៅឲ្យប្ដី និងបាយកញ្ចប់ ព្រមទាំងគ្រឿងប្រដាប់ ។ បុរសនោះក៏ចុះពីលើផ្ទះទៅ ចូលក្នុងព្រៃរកឈើ ឃើញឈើ១ដើម បែកមែកសាខា ម្លប់ត្រជាក់ ក៏ដាក់បាយសំណុំ ដឹង ពូថៅ ហើយដេកគងអន្ទាក់ខ្លា មើលទៅលើ និយាយតែម្នាក់ឯងថា "មែកនេះត្រូវធ្វើជាកៀងនង្គ័ល មែកនេះត្រូវធ្វើជាយាម មែកនេះត្រូវធ្វើជាដង មែកនេះត្រូវធ្វើជាទឹម មែកនេះត្រូវធ្វើជារនាស់ គ្រាន់តែដេកថាប៉ុណ្ណឹង ពេលឃ្លានបាយក្រោកឡើងស្រាយបាយសំណុំស៊ីៗ រួចដេកថាដូចមុនទៀត ថ្ងៃរសៀល

ត្រឡប់មកផ្ទះវិញ ។ ប្រពន្ធឃើញរត់ទៅទទួលយកគ្រឿងប្រដាប់នាំប្តីឡើងទៅលើផ្ទះ យកទឹកលាងជើងឲ្យប្តី ហើយសួរថា "អ្នកទៅបានការដូចម្តេចខ្លះ ?" ។ ប្តីថា "មិនទាន់បានទេនាង ចាំស្អែកបានទៅទៀត" ។ ព្រឹកឡើងប្រពន្ធរៀបចំដូចមុន ។ បុរសនោះទៅទៀត ដល់កន្លែងដើមឈើនោះ រុក្ខទេវតាអាស្រ័យនៅទីនោះ ឮបុរសកំជិលថាដូច្នោះ ក៏ភ័យខ្លាចខូចលំនៅនោះ រកកន្លែងនៅគ្មាន ក៏គិតគ្នាតាមទៅរាយសម្លាប់បុរសកំជិលនេះឲ្យស្លាប់នៅមាត់ជណ្តើរផ្ទះ កុំឲ្យវាមកកាប់ឈើនេះបាន ។ បុរសនោះក៏ត្រឡប់មកផ្ទះវិញ ។ រុក្ខទេវតាតាមមកដល់មាត់របងឃើញប្រពន្ធរត់ទៅទទួលប្តីដល់មាត់ជណ្តើរ យកទឹកលាងជើងប្តី ។ ដោយសិរីសួស្តីប្រពន្ធនោះ ទេវតាចូលមិនចុះ មិនហ៊ានរាយ ។ បុរសនោះរួចពីអន្តរាយក៏ឡើងលើផ្ទះ ។ ប្រពន្ធសួរ និយាយដូចមុនទៀតថា "បានសព្វគ្រប់អស់ហើយព្រឹកនឹងទៅកាប់" ។ ទេវតាភ័យណាស់ថា "បុរសនោះមុខជាកាប់ហើយព្រឹកនេះ" ក៏នាំគ្នាមកនិយាយអង្វរថា "សុំកុំកាប់ឈើនោះ" ។ បុរសថា "អញមិនព្រមទេ ព្រឹកនេះអញទៅកាប់ហើយ" ។ ទេវតាភ័យណាស់ ក៏គិតគ្នានិយាយសូកប្រាប់ទីកន្លែងកំណប់មាសប្រាក់ឲ្យបុរស ។ សួរថា "ឲ្យកំណប់ប៉ុន្មានកន្លែង" ។ ទេវតាថា "ពីរកន្លែង" ។ បុរសថា "មិនព្រមទេបើ ៤ កន្លែងបានព្រមហើយឲ្យដាក់ឈើសំគាល់ឲ្យផង" ។ ទេវតាក៏ព្រមធ្វើតាម កុំឲ្យតែកាប់ដើមឈើនោះ ។ បុរសថា "បើដូច្នោះខ្ញុំលែងកាប់តែព្រឹកនេះខ្ញុំទៅគាស់កំណប់នោះហើយ" ។ ទេវតាថា "ទៅចុះ ខ្ញុំដោតឈើសំគាល់ឲ្យ" ។ ព្រឹកឡើងប្តីប្រពន្ធនាំគ្នាទៅគាស់កំណប់ដែលទេវតាឲ្យក្នុងកំណត់មួយ ៗ ជញ្ជូនបីថ្ងៃពីរនាក់ប្តីប្រពន្ធ សុទ្ធតែមាសនិងប្រាក់ដាក់គរពេញ

ផ្ទះ ។ នាងនោះក៏រៀបចំដាក់ហិប ដាក់ឡាំង មិនឲ្យអ្នកណាឃើញ ហើយ
ក៏ជួលជាងឲ្យធ្វើគ្រឿងប្រដាប់លក់ ជាជំនួញ រឹតតែមានឡើងៗ បានជាសេដ្ឋី
មានមនុស្សក្រុះក្រមូលមកនៅពឹងពាក់ជាច្រើន រាប់មិនអស់ ។

ទ្រព្យគង់ត្បិតស្រី បេះសំបៃទុក
ផ្ទះធំស្រណុក ត្បិតល័ក្ខណ៍ស្រីជា

(ប្រជុំរឿងព្រេងខ្មែរ, ភាគ ១, ទំព័រ ១៧១ - ១៧៥)

| | |
|---|---|
| កំជិល | laziness; to be lazy |
| ល័ក្ខណ៍ | /leə̆q/ virtue, quality |
| គ្រប់ល័ក្ខណ៍ | virtuous, exemplary (of a woman) |
| ដំណាល | to relate, repeat, recite (events) |
| មារយាទ | /miəyiət/ conduct, behavior |
| កិរិយាមារយាទ | conduct, behavior |
| ប្រណិប័តន៍ | /prɑnebat/ to respect |
| បានគ្នា | to take each other (as husband and wife) |
| បេះតែ...ដេកទៅវិញ | gets up only to eat |
| ជក់ | to smoke, puff |
| មូរ | to roll up (tV) |
| ក្រីក្រ | poor, miserable |

| | |
|---|---|
| ស្លា | betel-nut |
| ម៉ាត់ | mouthful, plug, chew |
| ស្លា ៥ ម៉ាត់ | five chews of betel |
| នង្គ័ល | /neə̆ŋkŏəl, nəŋkŏəl, ŋkŏəl/ plow (N) |
| រនាស់ | harrow, rake (N) |
| វេច | to wrap up |
| សំណុំ | small wrapped package |
| ពីយប់ | while dark, very early |
| ដឹង | woodcutter's ax |
| ដាស់ | to wake someone up |
| លុប | to wash (the face); to erase |
| ស្រេច | /srac/ to finish, complete |
| រួចស្រេច | completely, completely finished |
| ហុច | to hand |
| មែក | branch, limb |
| សាខា | spread out, bushy; branch, limb |
| គង | to cross, put across |
| អន្ទាក់ | trap, snare (N) |
| ខ្លា | tiger |
| គងអន្ទាក់ខ្លា | cross-legged |
| ភ្នៀង | plow base |

ងាម plow handle

ផន plow tongue

នឹម a yoke

ប៉ុណ្ណឹង only, that's all, only to that extent

ស្រាយ to untie, unwrap, undo

លាង to wash (hands, dishes, etc.)

បានការ to achieve, get results

រុក្ខ /rukkhaq/ trees, vegetation, forest

រុក្ខទេវតា /rukkhaq-teewədaa/ spirit of the forest

ខូច broken, ruined, spoiled

មាត់របង gateway

សិរីសួស្តី /serəy-suəsdəy/ blessing, good fortune
(here: goodness)

ចូលមិនចុះ unable to approach

អន្តរាយ /qɑntəraay/ danger

ដោត to stick into the ground

សូក to bribe, entice with gifts

កំណប់ a cache

កុំឲ្យតែ so long as one doesn't

ហិប box, chest, trunk

ឡាំង crate

| | |
|---|---|
| រឹតតែ | increasingly |
| កុះករ | in great numbers |
| មូលមក | to come together, convene |
| ពឹងពាក់ | to depend on, solicit help from |
| រាប់មិនអស់ | uncountable, innumerable |
| គង់ | to remain, endure |
| សំចៃ | to save, be frugal |
| ស្រណុក | comfortable, convenient, easy |
| ជា | good, proper |

# ១៥- បាយ័ន

ទីបាយ័ននេះ ស្ថិតនៅចំពាក់កណ្ដាលក្រុងបាយ័ននេះ ប្រហែលជាទីចាស់ជាងប្រាសាទដទៃៗ ក្នុងអង្គរធំ កាលបើក្រឡេកមើលទ្រង់ទ្រាយ តាំងពីក្រោមដរាបដល់ទៅកំពូល ឃើញមានទ្រង់សណ្ឋានដូចជាភ្នំ ព្រោះហេតុនេះបានជាពីដើមគេឲ្យឈ្មោះបាយ័ននោះថា យសោធរគិរី គឺភ្នំទ្រទ្រង់នូវយស ។

ទីបាយ័ននេះ អស់ពួកមេការបារាំង នឹងពួកអ្នកប្រាជ្ញបារាំង បានមកពិនិត្យសង្កេតមើលបែបផែន នឹងទំនងការកសាង ឃើញថាបាយ័ននេះ មិនមែនគេកសាងតែម្ដងទេ គឺធ្វើច្រើនលើក ច្រើនដង បានជាឃើញមានថ្មស្ថិតនៅជាសង្កាត់ៗ ជាជាន់ៗ រដិបរដុបច្រើន ត្រង់ជាន់ទី ៣ លុះដល់គេរើអស់ទាំងថ្ម ដែលដំរួតលើគ្នានោះខ្ទះចេញទៅ ក៏ឃើញរូបចម្លាក់ អវលោកិតេស្វរៈ នៅទីខាងក្នុង កាលបើឃើញដូចនេះហើយ ក៏គេនឹកស្មានថាទីបាយ័ននេះ កាលពីដើមប្រហែលជាពួកអ្នកកាន់ព្រះពុទ្ធសាសនា ខាងមហាយានគេបានកសាង លុះដល់មកជាន់ក្រោយ ទំនងជាពួកអ្នកកាន់សាសនាព្រាហ្មណ៍ មកនៅថែរក្សាទីបាយ័ននេះ ក៏យកដុំថ្មទៅដាក់ខ្ទប់បិទរូបអវលោកិតេស្វរៈនោះ មិនឲ្យគេមើលទៅឃើញ មិនតែប៉ុណ្ណោះឡើយ គេបានសង្កេតមើលនៅសសរ ឃើញរូបចម្លាក់ ចំណែកខាងព្រះពុទ្ធសាសនា តែមិនច្បាស់ ដោយមានស្នាមគោសលុបរូបនោះចេញ ហើយឆ្លាក់រូបចំណែកខាងសាសនាព្រាហ្មណ៍ឡើងវិញ ត្រង់កន្លែងនោះ ។

បាយ័ននេះ ប្រកបដោយជាន់ ៣ មានទ្វារសំរាប់ចូលទៅបានគ្រប់ទិសទាំង ៤ តែទ្វារធំនៅជាខាងកើត ហេតុនោះ គួរតែនឹងចូលទៅតាមទ្វារខាងកើត បើចូលទៅតាមទ្វារខាងកើតមុនដែលនឹងចូលទៅ នឹងឃើញទីផ្លូវថ្ម ១ ខ្ពស់ពីដែនដី

ស្មើគ្នានឹងផ្ទៃជាន់ទី ១ ក្នុងបាយ័ន ទីផ្ទៃថ្មនោះ វែងត្រង់មកខាងកើត មានជណ្តើរចំនួន៧-៨ កាំ សំរាប់ចុះឡើងពីខាងកើត កាលបើឡើងតាមជណ្តើរនោះ ដល់ទៅខាងលើទីផ្ទៃថ្ម នឹងឃើញរូបសត្វសីហ ត្រង់ក្បាលជណ្តើរខ្លះ នឹងរូបនាគជាបង្កាន់ដៃ នៅត្រង់ក្បាលនាគនោះ ឃើញមានរូបគ្រុឌជិះលើក្បាលនាគរូបសត្វដែលជាគ្រឿងប្រដាប់នៅទីនោះ ឃើញមានភាពទំនងជារបស់ខ្មែរ ហើយឃើញមានកន្លែងស្រះ ២ នៅជាសងខាងទីផ្ទៃនោះ លុះដើរតាមទីផ្ទៃថ្មនោះទៅ ក៏ដល់ទៅជាន់ទី ១ ។

ជាន់ទី១– ជាន់ទី ១ នេះ ត្រង់កន្លែងដែលចូលទៅ ឃើញមានកន្លែងទ្វារ ២-៣ សង្កាត់ នៅទ្វារនោះ កាលពីដើមប្រហែលជាគេធ្វើមានដំបូលជាយ៉ជាប់គ្នា ពីពីកេងថែវជាន់ទី ១ មក តែឥឡូវនេះ បាក់បែកខ្ទេចអស់ហើយ ឃើញនៅតែសសរៗ តាំងនោះ មានក្បាច់ចម្លាក់ជារូបល្ខោនល្អណាស់ ទៅពីកន្លែងទ្វារបន្តិចទៅ ក៏ដល់ទៅកន្លែងកេងថែវៗនោះ កាលពីដើម មានដំបូលជុំវិញ តែឥឡូវនេះ បាក់បែកអស់ហើយ ឃើញនៅតែសសរនឹងជញ្ជាំង ឯសសរកេងថែវជុំវិញនោះ ឃើញមានក្បាច់ចម្លាក់ជារូបល្ខោន ដូចសសរទ្វារខាងក្រៅ ឯជញ្ជាំងជុំវិញនោះ ឃើញមានក្បាច់ចម្លាក់រំលេច និយាយពីរឿងរ៉ាវផ្សេងៗ ហើយនឹងរឿងពង្សាវតារ ជាក្បាច់រំលេចល្អណាស់ ក្នុងរឿងទាំងអស់នោះ សង្កេតមើលទៅឃើញគ្រឿងប្រដាប់ធ្វើការ គ្រឿងក្មេងនឹងគ្រឿងប្រដាប់អ្នកទេសាទ ក៏ឃើញដូចគ្នានឹងគ្រឿងប្រដាប់ដែលគេប្រើប្រាស់សព្វថ្ងៃនេះដែរ ហើយឃើញអស់ទាំងមនុស្សជាតិផ្សេងៗ មានសម្លៀកបំពាក់តាមទំលាប់របស់ជាតិនោះៗផង ។ល។

កាលបើមើលក្បាច់រលេចនៅជញ្ជាំងថែវជាន់ទី ១ រួចហើយ ត្រូវឡើងទៅកាន់ជាន់ទី ២ នៅត្រង់ទីផ្ទៃថ្មជាបន្ទោះជាន់ទី ១ នឹងទី ២ មានបណ្ណាល័យ ២ មួយនៅត្រង់ជ្រុងទិសឦសាន មួយទៀត នៅត្រង់ជ្រុងទិសអគ្នេយ៍ ។

ជាន់ទី ២ — ជាន់ទី ២ នេះ មានពេងថែវព័ទ្ធជុំវិញ នៅពេងថែវនោះ គេធ្វើជាប្រាសាទមានកំពូលខ្ពស់ឡើង ចំនួន ១៦ ប្រាសាទ នៅត្រង់ជ្រុងទាំង ៤ នៃពេងថែវខាងក្នុង មានពេងថែវជារំពត់ញោចតាមជ្រុង នៅពេងថែវជ្រុងមួយ ៗ មានប្រាសាទខ្ពស់ឡើងបី ៗ កំពូលប្រាសាទទាំងអស់នោះ សុទ្ធតែប្រដាប់ដោយមុខ ៤ ។ នៅជញ្ជាំងពេងថែវជុំវិញ មានក្បាច់រលេច និយាយពីរឿងអស្ចារ្យខាងចំណែកសាសនាព្រាហ្មណ៍ ។

ជាន់ទី ៣ — ជាន់ទី ៣ នេះ មានទីផ្ទៃថ្មខ្ពស់ឡើងជាងជាន់ទី ២ ត្រង់កណ្ដាលទីផ្ទៃនោះ មានប្រាសាទ ១ ខ្ពស់ នឹងធំជាងប្រាសាទទាំង ២០ ដែលមាននៅដោយជុំវិញ ឯកំពូលប្រាសាទកណ្ដាល ព្រមទាំងប្រាសាទទាំង ២០ នោះ សុទ្ធតែប្រដាប់ដោយមុខ ៤ ទាំងអស់ ខាងក្នុងប្រាសាទកណ្ដាល កាលពីដើម មានទីកន្លែងសំរាប់ដំកល់លិង្គព្រះឥសូរ នៅក្នុងបន្ទប់ខ្វះ ដែលមាននៅនឹងប្រាសាទកណ្ដាលនោះ ឃើញមានព្រះពុទ្ធរូបខាងលទ្ធិហីនយាន តែព្រះពុទ្ធរូបទាំងនោះ គេទើបនឹងយកទៅដាក់ក្នុងកាលជាខាងក្រោយទេ ។

បណ្ដាក្បាច់ចម្លាក់ ដែលមាននៅទីអង្គរធំ ឃើញមានក្បាច់ចម្លាក់នៅប្រាសាទនោះ ត្រង់ទីអមសងខាងទ្វារ បង្អួចនិងខាងលើ ខាងក្រោមទ្វារបង្អួច ជាក្បាច់ចម្លាក់ល្អសំខាន់ដោយបែប ១ យ៉ាងដែរ ។

ទីបាយ័ននោះ បើឡើងទៅដល់ជាន់ទី ៣ ក្នុងវេលាដែលព្រះអាទិត្យហៀបនឹងអស្តង្គតនោះ ល្អមើលណាស់ ព្រោះប្រាសាទទាំងអស់ ឃើញហាក់ដូចជាផុសលេចចេញពីក្នុងព្រៃ កាលណារស្មីព្រះអាទិត្យចាំងមក ក៏ឃើញអស់ទាំងមុខ ៤ ដែលនៅនឹងកំពូលប្រាសាទទាំងអស់ ដូចជាញញឹមគ្រប់មុខទាំងអស់ ។

កាលបើចុះពីបាយ័នមក ត្រូវដើរទៅតាមផ្លូវថ្នល់ខាងត្បូងវង់ទីបាយ័ននោះ នឹងឃើញចេតិយ មានសណ្ឋានជាប្រាសាទតូច ១ នៅប្របផ្លូវ ដែលគេទើបនឹងធ្វើ ដើម្បីទុកជាគ្រឿងរឭកដល់លោក កុម្មែ ដែលជាអ្នកគ្រប់គ្រងថែរក្សាទីអង្គរនោះមុនគេ លុះដល់មកខាងទិសពាយព្យនឹងឃើញវិហារថ្មី ១ គេទើបនឹងសាងនៅជិតផ្លូវថ្នល់ ក្នុងវិហារនោះមានព្រះពុទ្ធរូបចូលនិព្វាន ១ ព្រះអង្គល្អណាស់ ជាព្រះពុទ្ធរូបខាងលទ្ធិហីនយាន គេសាងប្រហែលជាក្នុងរវាង ៤-៥ រយឆ្នាំមុននេះ តែព្រះពុទ្ធរូបនោះសព្វថ្ងៃនេះ គេលើកដាក់ដំកល់លើបល្ល័ង្កជាមួយគ្នានឹងព្រះពុទ្ធរូបថ្មី ដែលគេទើបនឹងសាង ។

នៅខាងទិសពាយព្យនៃបាយ័ន មានប្រាសាទជាច្រើន មានប្រាសាទបាពួនជាដើម ទីត្រង់នោះហើយ ដែលជាទីបរមរាជវាំងពីដើម ។

(ហួត តាត អំពីប្រាសាទខ្លះនៅអង្គរ ទំព័រ ៥៩-៦៤)

ទ្រង់ shape

ទ្រង់ទ្រាយ shape, form

យសោធរគិរី /yasaothəreə̆qkirii/ another name for the Bayon

ទ្រទ្រង់ to support, enhance

ទ្រទ្រង់នូវ to represent, symbolize

យស /yŭəh/ honor, glory, fame

មេការ supervisor (here: chief of reconstruction work)

ពិនិត្យ to oversee, examine

ផែន sheet, disc, flat surface

បែបផែន overall plan

ទំនង way, manner, method

ទំនងការ procedure

ទំនងការកសាង method of construction

ពាសផ្ទាត់ៗ in various sections

រដិបរដុប rough, heterogeneous

ដំរួត stacked up

ស្មាន to guess, assume, consider

ទំនងជា looks as if, seems that

ខ្ទប់ to stop up, cover up

បិទ to close

| | |
|---|---|
| កោស | to scratch out, dig out |
| ផែនដី | ground |
| ក្បាលជណ្ដើរ | head of the balustrade |
| គ្រុឌ | garuda |
| យ៉ | porch, balcony |
| ខ្ទេច | shattered, smashed |
| រូបល្ខោន | dancing figures, performers |
| រំពត់ | to follow, deviate, bend |
| ញោប | to extend into, jut out |
| បីៗ | by threes |
| ដោយឡែក១ យ៉ាងដែរ | in one respect |
| ផុស | to emerge, spring up |
| រស្មី | /rĕəqsməy, rĕəhsməy/ light, brilliance |
| ចាំង | to shine on, reflect |
| ញញឹម | to smile |
| ប្រប | near |
| កុម្មៃ | /kommay/ (Jean) Commaille, first Conservator of Angkor |
| បរមរាជវាំង | /barommeriəccəwĕəŋ/ palace, royal residence |

# ១៦- រឿងអន្ទង់វែងឆ្នាំងវែង

ក្នុងកាលកន្លងទៅហើយ មានមនុស្សពីរនាក់ជាប្ដីប្រពន្ធ ។ ថ្ងៃមួយប្ដីចេញទៅរកអន្ទង់ដើម្បីជាអាហារ បានអន្ទង់១ មកប្រគល់ឲ្យប្រពន្ធប្រាប់ថា "ចូរឯងយកអន្ទង់នេះទៅស្លស៊ី" ។ ប្រពន្ធឆ្លើយថា "ចុះបើអន្ទង់វែងម៉្លេះ បានឆ្នាំងវែងពីណាទឹងស្ងោរអន្ទង់នេះបាន?" ។ ប្ដីឮហើយនឹកក្នុងចិត្តថា "ប្រពន្ធអញល្ងង់អីម៉្លេះ" ហើយប្រាប់ប្រពន្ធថា "បើឯងរកឆ្នាំងវែងពុំបានទេ ឯងយកអន្ទង់នេះទៅព្យួរទុកទៅ" ។ ប្រពន្ធក៏យកអន្ទង់ទៅព្យួរទុក ហើយគេចទៅដេកបំបៅកូនក្នុងមុង ។ ប្ដីក៏យកអន្ទង់នោះមកកាប់ចិញ្ច្រាំ ហើយយកឆ្នាំងមកដាក់ស្លកកូរ លុះឆ្អិនក៏ដោះដួស រួចហៅប្រពន្ធឲ្យមកស៊ី ៗ រួចលាងចានទុក តែសម្លអន្ទង់នោះសល់បន្តិចនៅបាតឆ្នាំង ប្ដីមិនលាងឆ្នាំងទេ ហើយចេញទៅភ្ជួរស្រែបាត់ទៅ ។ ឯប្រពន្ធដឹងថាប្ដីចេញទៅបាត់ ហើយនឹកដល់សម្លកកូរអន្ទង់ដែលឆ្ងាញ់ ក៏ស្ទុះក្រោកឡើងទៅយកឆ្នាំងនោះមកលិទ្ធ ខំលិទ្ធណាស់ទៅ ក្បាលនាងនោះចូលទៅក្នុងឆ្នាំង ៗ គ្រប់ជាប់ពីលើមិនដឹងធ្វើដូចម្ដេចនឹងយកឆ្នាំងចេញបាន ក៏វារទៅពួនក្នុងមុង ។ លុះប្ដីត្រឡប់មកពីភ្ជួរស្រែវិញ រកប្រពន្ធពុំឃើញ ក៏ស្រែកហៅឮសូរឆ្លើយសំឡេងពងក្រហួរ ៗ វល់ ៗ ចំឡែកណាស់ក៏រកមើលមិនឃើញ នឹកសង្ស័យណាស់ ក៏ចូលទៅបើកមុងមើល បានឃើញប្រពន្ធជាប់ក្បាលនៅក្នុងឆ្នាំង ទើបរកដំបងវាយឆ្នាំងនោះបំបែកទៅ ។ ប្រពន្ធលាន់មាត់ស្រែកថា "យ៉ាះ! អញពួនទឹងគាត់ឯងសោះ" ។ ប្ដីនឹកអស់សំណើចក៏ដើរចេញទៅ ។

អន្ទង់វែង កុំបាច់រកឆ្នាំងវែង

(ប្រជុំរឿងព្រេងខ្មែរ, ភាគ ២, ទំព័រ ១៦២ - ១៦៤)

| | |
|---|---|
| អន្ទង់ | eel |
| ស្ងោរ | to boil; boiled soup |
| ល្ងង់អីម្ល៉េះ | why so stupid? |
| គេច | to sneak, shirk, avoid |
| បំបៅ | to nurse (offspring) |
| មុង | mosquito net |
| កកូរ | to stir, to beat |
| ស្លកកូរ | to make a kind of vegetable soup |
| ឆ្អិន | done, cooked |
| ដោះដួស | to serve, spoon out |
| ភ្ជួរ | /pcuə, pyuə/ to plow |
| វារ | to crawl on hands and knees |
| ពួន | to hide |
| ឆ្លើយ | to answer |
| ហាក់ | as if |
| ក្រហួរ | muffled, indistinct |
| វល់ | to go around (here: reverberate) |
| ដំបង | stick, club |
| បំបែក | to break (tV) |
| លាន់មាត់ | to exclaim |

យ៉ាះ /yah!/ ouch!

ពួនទឹង to hide from

គាត់ឯង you

ទឹកអស់សំណើច to feel like laughing

កុំភ្ជាប់ not necessary, don't insist on

# ១៧- រឿងបុរសមានកូន ៤ នាក់រៀនវិជ្ជា ៤ បទ

មានបុរសម្នាក់មានកូនប្រុស ៤ នាក់ បានសិក្សាវិជ្ជា ៤ បទស្ទាត់ជំនាញរៀងខ្លួន គឺម្នាក់ចេះស៊ី ម្នាក់ចេះដេក ម្នាក់ចេះកាត់ក្តី ម្នាក់ទៀតចេះបង់ស្រី ។ ឪពុកក៏យកកូនទាំង ៤ នាក់ទៅថ្វាយស្តេច ក្រាបទូលអំពីវិជ្ជាកូនទីមួយៗ ក្នុងខណៈដែលថ្វាយនោះ ។ ស្តេចទ្រង់ទទួលរក្សាទុក ។ ថ្ងៃ ១ ស្តេចទ្រង់ពិសោធបុរសម្នាក់ដែលចេះស៊ីជាមុន ឲ្យរៀបភោជនាហារជាច្រើនមុខ ស្តេចដួសទឹកនោម ១ ក្របកដាក់ទៅក្នុងចានសម្ល ១ ហើយទ្រង់ប្រាប់បុរសនោះថា "ឲ្យស៊ីភោជនាហារគ្រប់មុខ" ។ បុរសនោះក៏បរិភោគតាមព្រះរាជបញ្ជា ដល់ទៅសម្ល ១ មុខដែលស្តេចដាក់ទឹកនោម ១ ក្របកក្នុងនោះ បុរសនោះមិនបរិភោគ ។ ស្តេចសួរបុរសនោះថា "ហេតុម្តេចបានជាចៅឯងមិនបរិភោគសម្លនេះ ?" ។ បុរសក្រាបទូលថា "សម្លនេះមានទឹកនោម ១ ក្របកនៅក្នុងនោះបានជាទូលព្រះបង្គំជាខ្ញុំមិនទទួលព្រះរាជទាន" ។ ស្តេចនឹកក្នុងព្រះទ័យថា "បុរសនេះចេះវិជ្ជាខាងស៊ីស្ទាត់មែន„ ។ អំពីនោះទៅ ស្តេចទ្រង់ពិសោធបុរសចេះដេកទៀត ទ្រង់ឲ្យរៀបទីកន្លែងយ៉ាងស្អាត មានពូកកម្រាលក្រាលពីលើ ។ ស្តេចយកសក់មួយសរសៃ ទៅដាក់ក្រោមកម្រាលលើពូកនោះ ដល់ពេលយប់ទ្រង់ហៅបុរសនោះឲ្យទៅដេក ។ បុរសប្រុះដេកទៅក្រោកឡើងវិញភ្លាម ។ ស្តេចទ្រង់សួរថា "ហេតុម្តេចបានជាដេកហើយក្រោកវិញ„ ? ។ បុរសនោះក្រាបទូលថា "មានសក់ ១ សរសៃនៅក្នុងដំណេកនោះ បានជាទូលព្រះបង្គំជាខ្ញុំក្រោក„ ។ ស្តេចទ្រង់នឹកសរសើរក្នុងព្រះទ័យថា "បុរសនោះស្ទាត់ខាងវិជ្ជាដេកប្រាកដមែន" ។ ថ្ងៃ ១ មានបុរសម្នាក់ស្លាប់ នៅកណ្តាលវាល គ្មានគិនភាគស្នាកស្នាមអ្វីនៅរូបកាយនោះសោះ ។ ស្តេច

ទ្រង់បង្គាប់ឲ្យតុលាការមុខក្រសួងស៊ើបសួររកហេតុនោះ ក៏ពុំឃើញ ទ្រង់ព្រះវិតក្កក្នុងព្រះរាជហឫទ័យ ទ្រង់នឹកឃើញបុរសដែលចេះវិជ្ជាខាងផ្លូវតុលាការនោះក៏មានព្រះរាជឱង្ការឲ្យហៅចូលមក ហើយទ្រង់ចាត់ប្រើឲ្យទៅស៊ើបរកពិរុទ្ធរឿងនោះ ។ បុរសនោះសូមព្រះរាជានុញ្ញាតអំណាច ក្នុងវេលាដែលស៊ើបសួរយកការណ៍នោះ ។ ស្ដេចក៏ព្រះរាជទានពរតាមសុំ ។ បុរសនោះចេញទៅដល់ទីកន្លែងដែលបុរសនោះស្លាប់ ចាត់ការហៅអ្នកស្រុកមកប្រជុំមិនឲ្យសល់ម្នាក់, ហើយបុរសនោះហាមប្រាមថា “ក្នុងវេលាថ្ងៃស្អែកនេះ មិនឲ្យទៅណាមកណា ក្រៅពីភូមិខ្លួនទេ ឲ្យចូលទៅទាំងអស់គ្នាមើលគេធ្វើបុណ្យរំលាយសពបុរសអនាថា ដែលស្លាប់នៅកណ្ដាលវាលស្រែ លើកតែមនុស្សខ្វាក់ខ្វិនមិនត្រូវឲ្យទៅមើល ក្រៅពីនោះទាំងប្រុសទាំងស្រីចាស់ក្មេងត្រូវចូលទៅមើលទាំងអស់” ។ ខណៈដែលរៀបចំរំលាយសពនោះបុរសជាអ្នកស៊ើបសួរ បានចាត់មនុស្សជាច្រើននាក់ ដែលបានពន្យល់ពីកិច្ចហេតុដែលយកការណ៍ក្នុងរឿងនោះ បើឃើញឈ្មោះណាប្រកបទឹងកិច្ចដែលបានពន្យល់នោះ ឲ្យយកឈ្មោះនោះមកប្រគល់ឲ្យបុរសជានាយ ១ រំពេច ។ ពេលភ្លើងឆេះពេញកំឡុងមានស្រីក្រមុំម្នាក់ ស្រក់ទឹកភ្នែកប្រោក ។ បុរសជាអ្នកគយគន់មើលហេតុ ក៏នាំយកខ្លួននាងនោះប្រគល់ឲ្យនាយខ្លួន ។ បុរសជានាយយកខ្លួននាងក្រមុំទៅស៊ើបសួរដំណើរដែលនាងយំនោះ ដោយយោបល់ដ៏ល្អិត ។ នាងក្រមុំរកផ្លូវគេចកែដោះសាទៅពុំបាន ក៏ប្រាប់បុរសនោះតាមត្រង់ថា “ខ្ញុំនាងក្រមុំ បានសហាយនឹងបុរសដែលស្លាប់ទើបនឹងបានគ្នាក្នុងយប់ដែលស្លាប់នោះថាដំណើរដែលស្លាប់នោះ គ្មានអ្នកណាវាយដំធ្វើបាបអ្វីទេ គឺវេលាចូលដំណេក បុរសនោះប្រើនាងឲ្យទៅរកទឹកឲ្យផឹក នាងក្រមុំមិនហ៊ានចេញទៅដងទឹកឯក្រៅ ខ្លាច

ឪពុកជើង ក៏យកផ្តិលត្រងទឹកភ្លៀងដែលហូរធ្លាក់តាមស្លាបប្រក់ផ្ទះនោះឲ្យផឹក លុះផឹកហើយក៏បណ្តាលឲ្យដល់នូវមរណៈក្នុងខណៈនោះទៅ ។ បុរសដែលជាអ្នកស៊ើបសួរក៏យល់ច្បាស់ក្នុងចិត្តថា “នាងក្រមុំនេះមិនមានសន្តានចិត្តជាទុច្ចរិតនឹងបុរសដែលស្លាប់នោះទេ ព្រោះទើបស្រឡាញ់គ្នាបានជួបគ្នា ក្នុងខណៈនេះប្រាកដជាមានសត្វអាសិរពិសអ្វី នៅលើដម្បូលផ្ទះនោះ បានជាបណ្តាលឲ្យបុរសនោះស្លាប់”។ បុរសជានាយទើបចាត់ឲ្យទៅមើលលើដម្បូលផ្ទះនោះ ឃើញពស់នាគរាជ ១ នៅចំពីលើល្វែងដែលនាងក្រមុំនោះដេក ។ បុរសជានាយក៏ឲ្យវាយពស់នាគរាជនោះយកមកថ្វាយស្តេច ក្រាបទូលតាមដំណើរហើយដោះលែងនាងក្រមុំនោះទៅដោយវិនិច្ឆ័យថា „ហេតុដែលបណ្តាលឲ្យបុរសនោះស្លាប់ មកអំពីផឹកទឹកភ្លៀងលាយដោយពិសពស់នាគរាជ ដែលនាងក្រមុំនោះត្រងមកឲ្យផឹក ដោយឥតចេតនា ។ ស្តេចក៏ទ្រង់សរសើរថា „បុរសជានាយចេះស្ទាត់ក្នុងការស៊ើបសួរខាងផ្លូវតុលាការមែន” ។

ថ្ងៃមួយក្រោយមក មានសេដ្ឋីម្នាក់ស្លាប់ សេដ្ឋីនោះមានប្រពន្ធក្មេងល្អ ។ នាងនោះប្តេជ្ញាថា „មិនយកប្តីទៀតទេ” ។ ដំណឹងនោះជ្រាបដល់ស្តេច ។ ទ្រង់ឲ្យនាហ្មឺនសព្វមុខមន្ត្រីទៅចង់នាងមេម៉ាយជាប្រពន្ធក្មេងសេដ្ឋីនោះ ។ នាហ្មឺនទាំងអស់ទៅចង់មិនបាន ។ ស្តេចទ្រង់គិតថា „នាងនេះប្រហែលជាមិនយកប្តី ដូចដំណឹងដែលទ្រង់ជ្រាបនោះមែន” តែទ្រង់គិតក្នុងព្រះរាជហឫ-ទ័យ ថា នាហ្មឺនសព្វមុខមន្ត្រីទាំងនោះប្រហែលជាមិនពេញសេចក្តីប្រាថ្នានាងមេម៉ាយទេ បើអង្គអញប្រហែលជានាងនេះព្រម” ក៏ទ្រង់យាងទៅកាន់ផ្ទះនាងមេម៉ាយនោះ ហើយទ្រង់ឲ្យប្រាប់នាងថា „ល្ងាចនេះយើងមកផ្ទំនឹងនាង ឲ្យ

នាងរៀបចំទីកន្លែងចាំទទួល" ។ នាងមេម៉ាយក៏ទទួលព្រះរាជឱង្ការ ។ ពេល ល្ងាចនាងរៀបក្រឡាព្រះបន្ទំ ហើយតែងស្រីបម្រើម្នាក់ ដែលមានកើតស្រែងនៅ ខ្លួន រចនាដោយគ្រឿងប្រដាប់សម្រាប់តាក់តែងរូបកាយស្រី គឺគ្រឿងមាសពេជ្រ និងគ្រឿងក្រអូបគ្រប់ប្រដាប់ ហើយឲ្យនាងនោះចូលទៅក្នុងក្រឡាព្រះបន្ទំ ដែល រៀបចំទទួលស្ដេចតាមព្រះរាជឱង្ការ ។ ដល់ស្ដេចយាងមកដោយទ្រង់មិនបានគិត ពិនិត្យសព្វគ្រប់ ក៏ទ្រង់យល់ថា "ទីនេះ ជាទីសម្រាប់នាងមេម៉ាយមែន បានជា មនុស្សទាំងឡាយមិនហ៊ានមកនៅទីនេះ" ក៏ទ្រង់ដាក់ព្រះអង្គគង់ឯបដោយសំគាល់ ថានាងមេម៉ាយ ហើយទ្រង់ផ្ដុំជាមួយនាងនោះរួចហើយ ទ្រង់កំណត់ព្រះចិន្ដាថា "អញមកបង់នាងនេះបានហើយ" ។ ដើម្បីឲ្យឃើញជាកស្ដុតាងដល់អ្នកអ្នកទាំង ពួងផង ស្ដេចក៏ទ្រង់ខាំថ្ពាល់នាងនោះជាសំគាល់ រួចទ្រង់យាងមកព្រះបរមរាជវាំង វិញ ទ្រង់មានព្រះរាជឱង្ការផ្ដាំថា "ព្រឹកស្អែកនេះឲ្យនាងចូលទៅគាល់ស្ដេចកុំ ខាន" ។ ទ្រង់យាងដល់ព្រះបរមរាជវាំង ក៏ទ្រង់មានព្រះរាជឱង្ការប្រាប់អស់ នាហ្មឺនសព្វមុខមន្ត្រី "ព្រះអង្គយាងទៅបង់នាងនោះបាន មានទាំងសំគាល់ស្នាម ព្រះទន្តនៅថ្ពាល់នាងនោះផង ហើយទ្រង់បានប្រាប់ឲ្យចូលមកគាល់ព្រឹកនេះ ឲ្យ នាហ្មឺនសព្វមុខមន្ត្រីទាំងអស់ចាំមើល" ។ ដល់នាងមេម៉ាយចូលមកគាល់យក ទាំងស្រីបម្រើ ដែលតាក់តែងកាយទទួលស្ដេចពីយប់នោះមកជាមួយផង លុះចូល មកគាល់ក៏អង្គុយតាមមុខក្រោយ នាងមេម៉ាយអង្គុយមុខស្រីបម្រើអង្គុយក្រោយ ។ ស្ដេចឲ្យនាហ្មឺនទៅពិនិត្យមើល នៅកន្លែងសំគាល់ដែលទ្រង់បានប្រាប់ហើយ នោះ ។ លុះភ្នាក់ងារដែលទទួលព្រះរាជឱង្ការទៅពិនិត្យ ត្រឡប់មកទូលស្ដេច វិញថា នាងអង្គុយក្រោយនោះមានស្នាមនៅថ្ពាល់ ជាសំគាល់ដោយធ្មេញ ឯ

នាងមេម៉ាយគ្មានស្នាមអ្វីជាសំគាល់ទេ ,, ។ ស្ដេចក៏តូចព្រះរាជហឫទ័យដោយសេចក្ដីធ្វេសមិនបានពិនិត្យជាមុនក៏ទ្រង់ព្រះចិន្ដាត្រិះរិះទៅឃើញ ឯនាងនេះជាស្រីមានប្រាជ្ញា ទីងរកអ្នកឯណាទៅបង់នាងពុំបាន ,, ក៏ទ្រង់នឹកដល់បុរសដែលជាអ្នកស្ទាត់ខាងវិជ្ជាបង់ស្រី ក៏មានព្រះរាជឱង្ការឲ្យចូលមកគាល់ ។ ស្ដេចក៏មានព្រះរាជឱង្ការ សួរទៅបុរសនោះថាឯងទៅបង់នាងមេម៉ាយជាប្រពន្ធសេដ្ឋីបានឬទេ ? បើឯងត្រូវការវត្ថុអ្វីទ្រង់ព្រះរាជទានទាំងអស់ ,, ។ បុរសក្រាបទូលថា "ទទួលតាមព្រះបន្ទូលដោយមិនបាច់យកវត្ថុជាឧត្តមៈទៅទេ សុំ តែសំពត់ផាឌឹបសចាស់យកទៅស្លៀកពាក់ហើយនិងឆ្អឹងគោមួយថោ វេចខ្ចប់ជាប់នឹងខ្លួនទៅប៉ុណ្ណោះ" ។

ឯនាងមេម៉ាយជាប្រពន្ធខ្មោចសេដ្ឋី វេលាដែលត្រឡប់មកពីគាល់ស្ដេចទៅវិញក៏រៀបសាលាធ្វើបុណ្យខ្មោចសេដ្ឋីជាប្ដី រំលាយសពរួចស្រេច រើសធាតុយកមកខ្ចប់តម្កល់លើសាលាធ្វើបុណ្យផង ។ វេលាយប់នោះបុរសដែលទទួលព្រះរាជឱង្ការ បានទៅដល់លើសាលា ដែលនាងមេម៉ាយធ្វើបុណ្យខ្មោចប្ដី ដែលទើបស្រេចនៅវេលាព្រឹកស្អែកនោះ ដល់ហើយធ្វើជាយំសោកនឹកខ្មោចប្រពន្ធស្លាប់ដែលមានធាតុស្ពាយជាប់នឹងខ្លួន ជាសំគាល់ផង ដោយសេចក្ដីទុក្ខយ៉ាងខ្លាំង ។ បណ្ដាអ្នកជាពួកក្រុមនាងមេម៉ាយ ដែលនៅលើសាលានោះទាំងប៉ុន្មាន មានសេចក្ដីឆ្ងល់ក៏ទន្ទាំងគ្រប់គ្នា សួរទៅបុរសនោះថា "ហេតុអ្វីក៏អ្នកមកយំសោកបោកប្រាណនៅលើទីនេះខ្លាំងម្ល៉េះ ? " ។ បុរសនោះប្រាប់ទៅអ្នករក្សាសាលានោះថា "ខ្ញុំឃើញគេធ្វើបុណ្យខ្មោចលោកសេដ្ឋីនោះ ខ្ញុំនឹកដល់ខ្មោចប្រពន្ធខ្ញុំដែលស្លាប់ដោយសង្វេគ និងទុក្ខវេទនាដែលព្រាត់ប្រាសជាថ្មី១ជាន់ទៀត ខ្លួនខ្ញុំតាំងពីប្រពន្ធស្លាប់ទៅជាយូរហើយ លះបង់ការងារចោលអស់ ស្ពាយតែធាតុប្រពន្ធ

ដើរ ដោយសេចក្ដីអាឡោះអាល័យ” ហើយបុរសនោះសុំអ្នកចាំសាលាស្នាក់ ១ យប់ ។ បុរសដែលចាំសាលាមិនហ៊ានសម្រេចដោយខ្លួនឯង ក៏យកសេចក្ដីនោះទៅជំរាបនាងមេម៉ាយ ជាចៅហ្វាយ តាមដំណើរដែលបុរសនោះអធិប្បាយអំពីសេចក្ដីកំសត់របស់ខ្លួន ហើយសុំសាលាស្នាក់ ។ នាងមេម៉ាយមានចិត្តអាណិតដល់បុរសកំសត់ ដែលមានទុក្ខព្រាត់ប្រាសប្រពន្ធនោះ ក៏យល់ព្រមឲ្យស្នាក់ហើយបង្គាប់ទៅមនុស្សបម្រើឲ្យរៀបអាហារភោជនឲ្យទានបុរសនោះផង ។ លុះយប់នាងមេម៉ាយទៅស្ដាប់ធម៌ទេសនាក្នុងបុណ្យខ្មោចប្ដី នៅលើសាលាដែលតម្កល់ធាតុទុកនៅនោះ ។ ឯបុរសចង់ស្រីក៏សម្ងំធ្វើជាដេកលក់ទៅ ។ នាងមេម៉ាយស្ដាប់ធម៌ទេសនាចប់ត្រឡប់មកផ្ទះវិញ ។ បុរសជាអ្នកចង់ស្រីឃើញឱកាសស្ងាត់ល្អក៏លួចយកធាតុប្រពន្ធខ្លួនទៅដាក់ប្របធាតុសេដ្ឋីជាប្ដីនាងមេម៉ាយ ។ លុះដល់ព្រឹកឡើង នាងមេម៉ាយចូលដល់សាលា បុរសនោះក៏ស្រែកយំជាខ្លាំងថា “អ្នកណាលួចធាតុប្រពន្ធខ្ញុំទៅបាត់ ? ” ។ នាងមេម៉ាយឆ្ងល់ក៏សួរបុរសនោះថា “ហេតុអ្វីក៏អ្នកឯងយំខ្លាំងម្ល៉េះ ? ” ។ បុរសនោះប្រាប់ទៅនាងមេម៉ាយវិញថា “អ្នកណាលួចធាតុប្រពន្ធខ្ញុំទៅបាត់” ហើយចោទប្រកាន់ទៅលើនាងមេម៉ាយថាខ្មោចប្ដីនាងមេម៉ាយលួចធាតុប្រពន្ធខ្លួនទៅ ។ នាងមេម៉ាយមានសេចក្ដីអន់ចិត្តនឹងបុរសនោះប្រកាន់ដល់ខ្មោចប្ដីថា លួចធាតុប្រពន្ធខ្លួន ក៏នាំបុរសនោះឲ្យទៅមើល ឃើញនៅជិតគ្នាមែន ។ បុរសក៏ចោទប្រកាន់ ដល់ខ្លួននាងមេម៉ាយថា “ប្ដីនាងយកប្រពន្ធគាត់ទៅធ្វើជាប្រពន្ធខ្លួនហើយ លុះតែនាងព្រមធ្វើជាប្រពន្ធគាត់វិញ ទើបព្រមសុខចិត្ត” ។ សេចក្ដីចោទដល់ខ្លួននាងមេម៉ាយនោះ ជាដំណាំច្រើនខណាស់ ដោយឧបាយយ៉ាងល្អិត ។ នាងមេម៉ាយរកផ្លូវដោះសា

គ្មានក៏ចាញ់កលនោះជាទម្ងន់  ថែមទាំងមានសេចក្តីអន់ចិត្តនឹងខ្មោចប្តីខ្លួនដែលស្លាប់នោះថា  ជាមនុស្សគ្មានសប្បុរសដល់ប្រពន្ធ  កំពុងកើតទុក្ខនឹងខ្លួន  ហ៊ានទៅលួចប្រពន្ធគេមកបញ្ចោនៅមុខ  ក៏ទទួលព្រមយកបុរសនោះធ្វើជាប្តី  ជាសេចក្តីតបទៅនឹងខ្មោចប្តីខ្លួន  ដែលលួចប្រពន្ធបុរសនោះទៅវិញ ។ ចំណែកបុរសនោះ  ដល់បាននាងមេម៉ាយជាប្រពន្ធ ៣-៤ ថ្ងៃក៏បបួលគ្នាទៅគាល់ស្តេច ។ នឹងនាហ្មឺនសព្វមុខមន្ត្រីបានទតឃើញក៏មានសេចក្តីសរសើរ  ដល់បុរសនោះថា ជាអ្នកមានវិជ្ជាចេះចង់ស្រីប្រាកដមែន ។

ម៉្វៃនឹងចេះឲ្យគេកោត  ម៉្វៃនឹងឆោតឲ្យគេអាណិត

(ប្រជុំរឿងព្រេងខ្មែរ, ភាគ, ១ , ទំព័រ ១៧៥ - ១៨១)

| | |
|---|---|
| ស្ទាត់ | skilled (at) |
| ជំនាញ | to be expert (in), skilled (at) |
| កាត់ក្តី | to settle an issue, judge a case |
| ចង់ស្រី | to desire, court, seduce a woman |
| ខណៈ | /khanaq/ time, period |
| ភោជនាហារ | /phoocəniihaa/ food (literary) |
| ដួស | to ladle out, serve |
| ឆៅ | raw, uncooked |
| ទឹកឆៅ | unboiled water |
| ក្រចក | fingernail |

| | |
|---|---|
| ទឹកឆៅ ១ ក្របក | a drop of unboiled water |
| ព្រះរាជបញ្ជា | /prĕəh-riəccəbañciə/ royal command |
| ហេតុអ្វីបានជា | why is it that...? |
| ចៅឯង | you (addressing much younger person) |
| ទូលព្រះបង្គំជាខ្ញុំ | I (addressing royalty) |
| កម្រាល | cover, spread, blanket, sheet |
| ប្រះ | to spring, dash, jump |
| ភ្លាម | immediately |
| ភិនភាគ | mark, trace, appearance |
| ស្លាកស្នាម | trace, mark, scar |
| តុលាការ | court, justice |
| តុលាការមុខក្រសួង | the court concerned |
| ស៊ើប | to investigate |
| ស៊ើបសួរ | to investigate |
| ព្រះវិតក្ក | /prĕəh-witɑq/ to worry (of royalty) |
| ព្រះរាជហឫទ័យ | /prĕəh-riəccəhaqrɨtɨy/ royal heart, mind |
| ព្រះរាជឱង្ការ | /prĕəh-riəccəqaoŋkaa/ to say (of royalty); royal speech |
| ពិរុទ្ធ | /pirut/ blame, wrong; truth |
| ព្រះរាជានុញ្ញាត | /prĕəh-riəciənuññaat/ royal permission |

| | |
|---|---|
| ការណ៍ | /kaa/ affair, case, story, situation |
| ព្រះរាជទាន | /preăh-riəccətiən/ to give (of royalty) |
| ហាម | to prohibit |
| ហាមប្រាម | to prohibit, forbid |
| រំលាយ | to melt, dissolve |
| បុណ្យរំលាយសព | cremation ceremony |
| អនាថា | derelict, vagabond |
| លើកតែ | except |
| ពន្យល់ | to explain |
| កិច្ច | affair |
| កិច្ចហេតុ | facts |
| ប្រកបនឹងកិច្ច | to fit the facts |
| ទឹកភ្នែក | tears |
| ព្រោក | to burst forth |
| ស្រក់ទឹកភ្នែកព្រោក | to burst into tears |
| គយគន់ | to observe |
| យោបល់ | idea, opinion |
| ដោយយោបល់ដ៏ល្អិត | in great detail |
| គេចកែដោះសា | to make excuses, extricate oneself |
| ដំ | to pound, to beat |
| ធ្វើបាប | to do wrong; to mistreat |

ផ្តិល /ptəl/ metal drinking bowl

ត្រង to catch, collect; to strain, filter

ស្បូវ thatching grass

បណ្តាល to lead to, cause

សន្តានចិត្ត /sɑndaan-cət/ intention

ទុច្ចរិត /tuccərət/ dishonest, evil

អាសិរ /qaasei/ fangs

ពិស poison, venom

អាសិរពិស /qaseirəpɨh/ poison fangs

ពស់ snake

នាគរាជ /niəkəriəc/ king of the dragons

ល្វែង compartment, section

ដោះលែង to set free

វិនិច្ឆ័យ /winɨcchay/ to justify, rationalize

ប្ដេជ្ញា /pdacñaa/ to swear (that), resolve (that)

ដំណឹង news, information

នាម៉ឺន /niəməɨn/ mandarin, official

នាម៉ឺនសព្វមុខមន្ត្រី all the officials

មេម៉ាយ widow

ខ្មោចសេដ្ឋី the late merchant

អង្គអញ /qɑŋ qañ/ I myself (royalty)

| | |
|---|---|
| យាង | to go (royalty) |
| យើង | I (king to inferior) |
| ផ្ទំ | to sleep (royalty) |
| គ្រឡាព្រះបន្ទំ | royal bed |
| តែង | to adorn, prepare |
| ស្រែង | skin disease |
| រចនា | /raccənaa/ to decorate |
| គ្រឿងប្រដាប់ | things, accessories, equipment |
| តាក់តែង | to decorate, adorn |
| ក្រអូប | sweet-smelling |
| គង់ | to stay, remain (royalty) |
| ឯប | /qaep/ to stay close to, get along-side |
| សំគាល់ | to understand (that) |
| កំណត់ | to fix, decide, set |
| ព្រះចិន្តា | /prĕəh-cəndaa/ royal heart, mind; to think (royalty) |

| | |
|---|---|
| កំណត់ព្រះចិន្តា | to decide, conclude |
| ភស្តុតាង | /phŏəh-taaŋ/ proof, evidence |
| ថ្ពាល់ | cheek |
| សំគាល់ | sign, indication, symbol |

| | |
|---|---|
| ព្រះទន្ត | /prĕəh-tŏən/ royal tooth |
| មុនក្រោយ | one after the other |
| ភ្នាក់ងារ | agent, person designated |
| ធ្មេញ | tooth |
| តូចព្រះរាជហឫទ័យ | disappointed, angry (of royalty) |
| ធ្វេស | to be careless |
| ត្រិះរិះ | to think, reason |
| វត្ថុ | /wŏətthoq/ thing, artifact |
| បន្ទាល់ | witness, proof |
| ទទួលតាមបន្ទាល់ | accept the challenge |
| ឧត្តម | /qotdɑm/ expensive, significant, high |
| ផាឌឹប | broadcloth |
| ឆ្អឹង | bone |
| ថោ | pottery urn |
| ខ្ចប់ | to wrap, envelop |
| ធាតុ | /thiət/ cremated remains, ashes |
| បុណ្យឆ្លង | final rites for the dead |
| សោក | to grieve, mourn |
| ស្ពាយ | to carry suspended from the shoulder |
| បណ្តា | all |
| ឆ្ងល់ | to be surprised, to wonder |

| | |
|---|---|
| ភ័ន្តភាំង | /phŏən-phĕəŋ/ bewildered, stunned, dazed |
| បោក | to hit, to beat |
| ប្រាណ | body, self |
| យំសោកបោកខ្លួនប្រាណ | to weep violently |
| សង្វេគ | grief |
| ព្រាត់ប្រាស់ | to be bereaved, deprived of |
| ជាថ្មី ១ ជាន់ទៀត | once again |
| ភារ | duty, function |
| អាឡោះអាល័យ | to grieve for, to miss desperately |
| ស្នាក់ | to stay temporarily |
| ភោជន | /phoocŭən/ food (literary) |
| ស្ងំ | to be quiet, still |
| ធ្វើជា | to pretend that |
| លក់ | to fall asleep |
| ដេកលក់ | to be asleep |
| ឱកាស | /qaokaah/ chance, opportunity, occasion |
| ស្ងាត់ | quiet, calm |
| ចោទ | to warn, accuse |
| ប្រកាន់ | to accuse |
| ចោទប្រកាន់ | to accuse |
| អន់ចិត្ត | to have hurt feelings |

| | |
|---|---|
| គាត់ | his (here: author's narration) |
| លុះតែ | only if, only when |
| ដំណំ | serious |
| ខ | point, aspect, respect |
| ឧបាយ | trick, stratagem, device |
| កល | /kɑl/ trick, ruse |
| ចាញ់កល | to be deceived by a trick |
| ជាទម្ងន់ | seriously |
| ថែមទាំង | while in addition |
| សប្បុរស | /sɑpbɔrɑh/ kindness, generosity |
| បង្អួត | to flaunt, show off |
| សេចក្តីតប | revenge, retaliation, response |
| ទតឃើញ | to see (royalty) |
| ម្យ៉ែ | if it happens that (literary) |
| ឆោត | stupid, naive |

# ១៨– រឿងពានរលួចព្រះមកុដ

មាននិទានមួយដំណាលថា : មានព្រះមហាក្សត្រមួយព្រះអង្គ តែងស្តេចយាងទៅប្រពាតព្រៃឧទ្យាន ហើយដោះមកុដទុកក្នុងប្រអប់មាស ឲ្យស្រីម្នាក់ថែរក្សានៅព្រះពន្លាភាក់ ហើយព្រះអង្គស្តេចចេញទៅបរបាញ់ ជាមួយនឹងសេនាយោធាផង ។ ស្រីចាំរក្សាព្រះមកុដនោះងុយដេកក៏ដេកលក់ទៅ ។ កាលនោះមានពានរមួយចុះពីលើដើមឈើមក ឃើញស្រីនោះដេកលក់ពុំដឹងខ្លួនប្រាណ ក៏លួចបើកប្រអប់យកព្រះមកុដទៅពាក់ពំបន្ទួតគ្នាលេងលើមែកឈើ រួចលាក់ទុកទៅ ។ ស្រីនោះភ្ញាក់ឡើងឃើញប្រអប់បើក បាត់ទាំងព្រះមកុដផង ក៏កើតភ័យក្រៃពេក គិតថា " ខ្លួនមុខជាស្លាប់ដោយព្រះរាជអាជ្ញាជាប្រាកដ ក៏ខំរត់រកព្រះមកុដពុំឃើញឡើយ ហើយស្រែកទ្រហោយំ ។ ព្រះមហាក្សត្រស្តេចមកអំពីបរបាញ់ ស្រីនោះក៏ក្រាបបង្គំទូលដោយដំណើរ អំពីងងុយដេក ៗ លក់ទៅមានចោរលួចព្រះមកុដបាត់ ។ ព្រះអង្គឲ្យសេនាយោធាមាត្យដើររកសព្វអន្លើ ស្រាប់តែប្រទះឃើញចៅនេសាទម្នាក់ កាន់ស្នាដើរបាញ់សត្វដើម្បីលក់ចិញ្ចឹមជីវិត ។ សេនាយោធាមាត្យក៏ចាប់ចៅនេសាទនោះ នាំបណ្តើរមកក្រាបបង្គំទូលព្រះរាជាថា " អានេះជាចោរលួចព្រះមកុដ " ហើយដាក់ឲ្យចៅក្រមជំនុំជំរះ ។ ចៅក្រមពិចារណា សួរចៅនេសាទនោះ ៗ ឆ្លើយថា " ខ្ញុំពុំបានលួចព្រះមកុដទេ ខ្ញុំស្វែងរកបាញ់សត្វក្នុងព្រៃទេតើ ខ្ញុំពុំបានមកជិតព្រះពន្លានេះឡើយ " ។ ចៅក្រមក្រាបបង្គំទូលព្រះមហាក្សត្រថា " អានេះឯងជាចោរកំណាច ឥតមាននរណាមួយហ៊ានមកជាន់ព្រៃនេះទេ, រឿងនេះចាំបាច់ជំនុំអ្វី គ្រាន់តែគាបវាសួររកព្រះមកុដឲ្យឃើញប៉ុណ្ណោះបានហើយ " ។ ព្រះអង្គបង្គាប់ឲ្យគាបចៅនេសាទនោះ ។

ចៅទេសាចនោះពុំមែនជាចោរលួចទេ តែឈឺណាស់ អត់ទ្រាំពុំបាន ក៏ស្រែកថា “ម្ចាស់ខ្ញុំអើយ! ខ្ញុំជាចោរលួចព្រះមកុដមែន ខ្ញុំយកទៅឲ្យមហាសេដ្ឋី ត្បិតមហាសេដ្ឋីប្រើខ្ញុំឲ្យមកលួច គាត់នឹងឲ្យរង្វាន់ខ្ញុំ” ។ ព្រះមហាក្សត្របានជ្រាប ឲ្យទៅចាប់មហាសេដ្ឋីយកមកពិចារណា ។ មហាសេដ្ឋីឆ្លើយថា “ខ្ញុំព្រះបាទអម្ចាស់ពុំបានប្រើចៅទេសាចនេះឲ្យលួចព្រះមកុដទេ” ។ ពួកចៅក្រមក្រាបបង្គំទូលឲ្យគាបមហាសេដ្ឋី ។ លុះមហាសេដ្ឋីត្រូវឃ្នាបឈឺខ្លាំងពេក អត់ទ្រាំពុំបាន ក៏ឆ្លើយថា “ម្ចាស់ខ្ញុំអើយ! ខ្ញុំប្រើចៅទេសាចឲ្យលួចព្រះមកុដនេះមែន តែខ្ញុំយកទៅឲ្យរង្វាន់ចៅបុរោហិតទៅហើយ” ។ ចៅក្រមក្រាបបង្គំទូលឲ្យចាប់បុរោហិតនោះពិចារណាទៀត ។ បុរោហិតឆ្លើយថា “ម្ចាស់ខ្ញុំអើយ! មហាសេដ្ឋីនេះពុំបានយកព្រះមកុដមកឲ្យខ្ញុំទេ” ។ ចៅក្រមក៏ក្រាបបង្គំទូលឲ្យគាបបុរោហិតនោះទៀត ។ បុរោហិតពុំដឹងខ្លួនសោះ តែលុះត្រូវឃ្នាបឈឺខ្លាំងពេក អត់ទ្រាំពុំបាន ក៏ស្រែកថា “សូមឲ្យម្ចាស់បន្ធូរបន្តិច” ហើយឆ្លើយថា “ម្ចាស់ខ្ញុំអើយ! មហាសេដ្ឋីយកព្រះមកុដមកឲ្យខ្ញុំមែន តែខ្ញុំយកទៅទុកឯព្រៃឧទ្យានទៅហើយ” ។ ព្រះមហាក្សត្រទ្រង់បង្គាប់ឲ្យទៅរកឯព្រៃឧទ្យាន ក៏ឥតនរណារកឃើញសោះ ទ្រង់ឲ្យគាបទៀត ។

គ្រានោះ ព្រះពលទេពសេនាបតីឡើងទៅក្រាបបង្គំគាល់ឮសំរែកបុរោហិត មហាសេដ្ឋី និងចៅទេសាចស្រែកយំរំពងដូច្នោះ ក៏រំពឹងគិតដោយប្រាជ្ញាថា “បើទៅតែឲ្យគាបដូច្នេះបុរោហិត មហាសេដ្ឋី និងចៅទេសាចនេះមុខជាស្លាប់មិនខាន ឯព្រះមកុដក៏បាត់ពុំឃើញ” ទើបក្រាបបង្គំទូលសូមយកសេចក្ដីនោះទៅពិចារណា ។ ព្រះមហាក្សត្រទ្រង់ព្រះកជានុញ្ញាតឲ្យព្រះពលទេពសេនាបតីយក

រឿងនោះទៅជុំនុំពិចារណា ជាមួយនឹងពួកសេនាបតី ព្រះពលទេពសេនាបតីក៏នាំជនទាំង ៣ នាក់ទៅឃុំក្នុងរោងមួយមានជញ្ជាំងជិត លុះវេលាយប់ ឲ្យស្មៀនម្នាក់ទៅលបលាក់ខ្លួនពួនចាំស្តាប់ពីក្រៅជញ្ជាំង កុំឲ្យអ្នកទាំង ៣ នាក់ដឹង ។ គ្រានោះ មហាសេដ្ឋីនិយាយ « ហេតុដែលអញត្រូវឃ្នាបឈឺដល់ម្ល៉េះព្រោះតែចៅនេសាទនេះឯង អើចៅនេសាទ ! ចុះអញប្រើចៅឲ្យលួចព្រះមកុដពីអង្កាល់បានជាចៅឆ្លើយដាក់អញ នាំឲ្យលោកធ្វើក្តីលំបាកដល់អញដូច្នេះ ? ” ។ ឯចៅនេសាទឆ្លើយថា “ លោកអើយ ! ខ្ញុំពុំបានលួចព្រះមកុដមកឲ្យលោកទេ តែគេគាបខ្ញុំឈឺណាស់ អត់ទ្រាំពុំបានទើបខ្ញុំឆ្លើយដាក់លោកឲ្យតែបានរួចខ្លួនមួយគ្រាសិនទៅ » ។ បុរោហិតក៏និយាយទៅនឹងមហាសេដ្ឋីថា “ អ្នកឯងបានយកព្រះមកុដទៅឲ្យអញពីអង្កាល់ បានជាឆ្លើយដាក់អញ? ” ។ មហាសេដ្ឋីឆ្លើយថា “ ម្ចាស់ខ្ញុំអើយ ! គេគាបខ្ញុំឈឺណាស់អត់ទ្រាំពុំបាន ទើបខ្ញុំឆ្លើយដាក់លោក ” ហើយសួរទៅបុរោហិតវិញថា “ ចំណែកខាងលោក ខ្ញុំពុំបានឲ្យព្រះមកុដទេម្តេចក៏លោកថាឲ្យ ហើយថាយកទៅទុកឯព្រៃឧទ្យាន ឲ្យគេទៅរកពុំឃើញដូច្នេះ? ” ។ បុរោហិតឆ្លើយថា “ អ្នកអើយ ! លោកពុំជំនុំពិចារណាឲ្យអស់សេចក្តី ស្រាប់តែឲ្យគាបឈឺណាស់ ខ្ញុំចេះតែថាឲ្យរួចតែពីមាត់ទៅ ឲ្យតែលោកបន្ធូរជម្ងឺបន្តិចប៉ុណ្ណោះទេ ” ។

ស្មៀនស្តាប់ឮជាក់ ក៏កត់ពាក្យចៅនេសាទ មហាសេដ្ឋី និងបុរោហិត យកជូនព្រះពលទេពសេនាបតី ៗ ជំនុំជម្រះយល់ថា “ ចៅនេសាទ មហាសេដ្ឋី និងបុរោហិតនោះពុំមែនជាចោរឡើយ „ ហើយព្រះពលទេពសេនាបតីឲ្យជាងធ្វើព្រះមកុដមាសមួយដូចព្រះមកុដពីមុនយកទៅថ្វាយព្រះមហាក្សត្រ ហើយយាង

ស្តេចទៅប្រពាតព្រៃឧទ្យានម្តងទៀត ទុកព្រះមកុដនៅទីដដែលឲ្យស្រីដដែលនោះថែរក្សា ផ្តាំថា "ឲ្យធ្វើជាដេកលក់ហើយមើលបំណាំ កាលណាមានចោរមកលួចព្រះមកុដម្តងទៀត ឲ្យស្រែកអាក្រោសឡើង" ។ ផ្តាំស្រីនោះស្រេច ព្រះ-ពលទេពសេនាបតីក៏ឲ្យសេនាយោធាមាត្យពួនចាំឃ្លាំមើល ហើយព្រះមហាក្សត្រចេញទៅបរបាញ់ដូចមុន ។

ពានរដដែលនោះ ចុះអំពីចុងឈើទៅគន់មើលស្រីនោះ យល់ជាដេកលក់ពុំកំរើក ក៏បើកប្រអប់លួចយកព្រះមកុដយកទៅពាក់ពំបន្តួតគ្នានៅលើចុងឈើ ទើបស្រីនោះស្រែកថា "ពះអាស្វាលួចព្រះមកុដ" ។ អស់សេនាយោធា-មាត្យដែលចាំយាមក៏ប្រញាប់គ្រប់គ្នា ស្រែកថា "ស្វាលួចព្រះមកុដទៅលាក់ក្នុងរូងឈើ" ។ លុះព្រះមហាក្សត្រយាងដល់ព្រះពន្លាភាក់ស្រីនូវអស់សេនាយោធាមាត្យ ក្រាបបង្គំទូលតាមដំណើរនោះសព្វគ្រប់ ។ ព្រះមហាក្សត្រទ្រង់បង្គាប់ឲ្យឡើងមើលរូងឈើឃើញព្រះមកុដទាំងចាស់ទាំងថ្មីយកមកថ្វាយព្រះអង្គ ។ ព្រះអង្គមានព្រះបន្ទូលថា "នុស្វានេះទេតើ ដែលលួចព្រះមកុដនេះ សេចក្តីនេះបើកុំបានព្រះពលទេពសេនាបតីមកជំនុំពិចារណា សមចៅក្រមរកពុំឃើញឡើយ មុខជាឲ្យគាបបុរោហិត នូវមហាសេដ្ឋី និងចៅនេសាទត្រាតែស្លាប់ពុំខាន ឯព្រះមកុដអញក៏នឹងបាត់អសារបង់" ។

ព្រះអង្គមានព្រះបន្ទូលដូច្នោះហើយ ទ្រង់ព្រះរាជទានពរសព្វសាធុការដល់ព្រះពលទេពសេនាបតី ជាអស្ចារ្យ នាកណ្តាលជំនុំហោង ។

(ប្រជុំរឿងព្រេងខ្មែរ, ភាគ ៣, ទំព័រ ១៥១-១៥៧)

ពានរ /piənɔɔ/ monkey (literary)

ព្រះមកុដ /prĕəh-məkot/ royal crown

ប្រពាស to enjoy oneself, relax (royalty)

ឧទ្យាន /qaotyiən, qotyiən/ park, garden

ប្រអប់ box

ព្រះពន្លា royal camp

ព្រះពន្លាភាក់ royal camp

បរបាញ់ /bαα-bañ/ to hunt (animals)

សេនា army, military

យោធា army, military

ងុយដេក to be sleepy

ពុំដឹងខ្លួនប្រាណ to be unconscious, unaware

បង្អួត to show off

លាក់ to hide (tV)

របើក to open (iV), be opened

ក្រៃពេក extremely, excessively

ព្រះរាជអាជ្ញា /prĕəh-riəc-qaacñaa/ royal judgement, penalty, order

ទ្រហោ /trɔhoo/ to yell, shout

ងងុយដេក to be sleepy

| | |
|---|---|
| ចោរ | thief |
| សេនាយោធាមាត្យ | /seinaa-yoothiəmaat/ members of the king's entourage |
| អន្លើ | /qɑnləə/ place, location |
| ស្រាប់តែ | suddenly, unexpectedly, just |
| ចោម | to surround, crowd around |
| បណ្តើរ | to walk (tV), cause to walk |
| អានេះ | this person |
| ដាក់ | to subject someone to |
| ជំរះ | to clean; to resolve |
| ទេតើ | only, that's all (see Glossary) |
| កំណាច | wicked; wickedness |
| ជាន់ | to step on, tread on |
| ចាំបាច់ | to be necessary, imperative (that) |
| ចាំបាច់...អ្វី | why is it necessary to...? |
| គាប | to pinch |
| ទ្រាំ | to withstand, to endure |
| អត់ទ្រាំ | to withstand, endure, hold up |
| មហាសេដ្ឋី | /məhaa-saetthəy/ wealthy man, millionaire |
| ប្រើ | to persuade |
| ឃ្នាប | pincers, press |

| | |
|---|---|
| បុរោហិត | /boraohət/ Brahman priest |
| បន្ធូរ | to relax, release, loosen |
| ព្រះពលទេពសេនាបតី | /prĕəh-pŭəl-teep-seinaapadəy/ military commander |
| សំរែក | cry, shout, scream (N) |
| រំពង | tumult; tumultuous |
| រំពឹង | to think, reflect |
| សេនាបតី | /seinaapadəy/ military official |
| ឃុំ | to put under guard, to emprison |
| លប | to creep, sneak, steal |
| ព្រោះតែ | just because of |
| អង្កាល់ | when (in the future)? |
| ពីអង្កាល់ | when (in the past)? |
| ឆ្លើយដាក់ | to implicate, put the blame on |
| ឲ្យអស់សេចក្តី | thoroughly, completely |
| ថាឲ្យរួចតែពីមាត់ | to say without thinking |
| ជម្ងឺ | disease, pain, illness |
| ជាក់ | clearly |
| កត់ | to put down, jot down, record |
| ជាង | artisan, craftsman |

| | |
|---|---|
| មើលចំណាំ | to watch critically |
| អាក្រាស | coarse, crude, loud (here: loudly) |
| ឃ្លាំមើល | to watch secretly |
| គន់មើល | to observe |
| កំរើក | to move |
| ពះ | hey! (archaic) |
| យាម | to guard |
| នូវ | and |
| ទេតើ | really? (see Glossary) |
| សម | /sɑm/ likely that |
| ត្រាតែ | until |
| អសារបង់ | to lose; needlessly, uselessly |
| សាធុការ | good wishes |
| ពរសព្វសាធុការ | /pɔɔ-sɑp-saathukaa/ every good wish |

# ១៩ – រឿងក្រុងឧត្តុង្គ

នៅខែត្រកំពង់ស្ពឺ

ទីក្រុងឧត្តុង្គចាប់ផ្ដើមកសាងឡើងក្នុងសតវត្សទី ១៧ នៃគ្រិស្ដសករាជ ក្នុងរជ្ជកាលព្រះបាទសម្ដេចព្រះជ័យជេដ្ឋាទី ២ ដូចមានចែងក្នុងព្រះរាជពង្សាវតារប្រទេសកម្ពុជាតទៅនេះ :

ក្នុងពុទ្ធសករាជ ២១៦៤ គ្រិស្ដសករាជ ១៦២០ ព្រះបាទសម្ដេចព្រះជ័យជេដ្ឋាជាអម្ចាស់ជីវិតលើត្បូង ស្ដេចគង់នៅព្រះរាជវាំងល្វាឯម ទ្រង់នាំព្រះអគ្គមហេសី ព្រះស្នំក្រមការ សេនាបតី និងនាម៉ឺនសព្វមុខមន្ត្រី ខ្ញុំរាជការទាំងពួង ចុះព្រះរាជទីនាំងនាវាស្ដេចយាងទៅប្រពាតនៅតំបន់អូរក្រងណាយ ក្នុងខែត្រសំរោងទង ទ្រង់ប្រថាប់នៅព្រះពន្លាជាយូរថ្ងៃ រួចស្ដេចយាងទៅក្រសាលនៅទីតាជុន យាយជ័យ ទ្រង់ទតឃើញទីទួលមួយនៅតំបន់ស្រះកែវ ជាទីមានទេសភាពល្អ ក៏ទ្រង់ចាប់ព្រះរាជហឫទ័យ ហើយទ្រង់មានព្រះតម្រាស់នឹងមន្ត្រីខ្ញុំរាជការទាំងពួង មានលោកធិបតីជាដើមថា "យើងចង់សាងព្រះរាជវាំងគង់នៅទីនេះ តើអស់អ្នកទាំងពួងយល់ថាម្ដេច ?" ។ ឧកញ៉ាលោកធិបតី មុំ គន់គូរពិនិត្យមើលទីដីនោះដោយក្បួនហោរាសាស្ត្រ ហើយក្រាបបង្គំទូលថា "ទីនេះជាទីជយភូមិល្អណាស់ ត្រូវតាមក្បួនទាយថា នឹងមានឫទ្ធិតបៈតេជះឈ្នះអស់សត្រូវទាំង ៨ ទិស" ។

ព្រះរាជាទ្រង់ជ្រាបដូច្នោះ ទ្រង់ចាត់ឧកញ៉ាក្រឡាហោម កែវ ឲ្យជានាយកចាត់ការកសាងព្រះរាជវាំងនៅតំបន់ស្រះកែវនោះ ទ្រង់ចាត់ហើយ ស្ដេចត្រឡប់មកព្រះបរមរាជវាំងល្វាឯមវិញ ។

លំដាប់ពីនោះ ឧកញ៉ាក្រឡាហោម កែវ ក៏បង្គាប់ទៅចៅហ្វាយស្រុក ឲ្យកេណ្ឌបណ្ដារាស្ត្រកាប់ឈើមកធ្វើជាព្រះរាជវាំង តាមព្រះរាជបញ្ជា ។ លុះ

ប្រមូលគ្រឿងសម្ភារៈបានសព្វគ្រប់ហើយ ឧកញ៉ាក្រឡាហោមកែវ បង្គាប់មេការឲ្យចាប់ផ្តើមចាត់ការលើកដីធ្វើជាបន្ទាយ យាមល្បាតជុំវិញ សង់ជាព្រះរាជវាំង ព្រះរាជមន្ទីរ ព្រះរាជដំណាក់ធំតូច និងបុងព្រះរាជពេង ប្រមាណ ១០ ខែ ទើបរួចស្រេច ហើយយកសេចក្តីក្រាបបង្គំទូលសូមទ្រង់ជ្រាបសព្វគ្រប់ប្រការ ។

លុះទ្រង់ជ្រាបហើយ ព្រះបាទសម្តេចព្រះជ័យជេដ្ឋាជាអម្ចាស់ជីវិតលើត្បូង ស្តេចចេញចាកព្រះបរមរាជវាំងល្វាឯម ទ្រង់ឡើងគង់ព្រះទីនាំងនាវាធ្វើព្រះរាជដំណើរតាមទន្លេសាប មួយអន្លើដោយព្រះអគ្គមហេសី ព្រះស្នំក្រមការ ព្រះរាជវង្សានុវង្ស សេនាបតី នាហ្មឺនសព្វមុខមន្ត្រីខ្ញុំរាជការគ្រប់ក្រុមជារាជបរិវារ, ដល់កំពង់តាដុង យាយជ័យ ទ្រង់ប្រថាប់នៅទីនោះ ៣ រាត្រី ទ្រង់ព្រះរាជបញ្ញត្តិឲ្យហៅទីនោះថា "កំពង់ហ្លួង" ហើយទ្រង់ព្រះរាជបញ្ជាភ្នាក់ងារមុខក្រសួង ឲ្យរៀបចំធ្វើព្រះរាជពិធីឡើងព្រះរាជវាំងថ្មី និមន្តព្រះសង្ឃរាជាគណៈចម្រើនព្រះបរិត្ត ៣ ថ្ងៃ ចូលព្រះរាជពិធីនៅថ្ងៃ ៥ កើត ខែផល្គុន ឆ្នាំវកទោស័ក ពុទ្ធសករាជ ២១៦៤ គ្រិស្តសករាជ ១៦២០ ហើយព្រះរាជវង្សានុវង្ស ព្រះអគ្គមហេសី ព្រះស្នំ ក្រមការ សេនាបតី មន្ត្រីខ្ញុំរាជការជារាជបរិវារហែស្តេចឡើងពីកំពង់ហ្លួងចូលទៅគង់ក្នុងព្រះរាជវាំងថ្មី រួចទ្រង់ឲ្យរៀបធ្វើព្រះរាជពិធីសម្ពោធព្រះនគរ ៣ ថ្ងៃទៀត ដោយមានល្បែងមហោស្រពគ្រប់បែបជាឧឡារិកអធិកអធមក្រៃពេក ទើបទ្រង់តាំងព្រះនាមព្រះនគរ (ទីក្រុង) ថ្មីនោះថា "ព្រះបរមរាជវាំងមហានគរ ឧត្តុង្គមានជ័យបុរីរម្យឧត្តមរាជនិវេសនដ្ឋាន" ដែលហៅខ្លីថា "ក្រុងឧត្តុង្គមានជ័យ" ។

(ប្រជុំរឿងព្រេងខ្មែរ, ភាគ ៥, ទំព័រ ៤៧-៤៩)

| | |
|---|---|
| ឧត្តុង្គ | /qutdoŋ/ Oudong (capital of Cambodia, 1620-1867) |
| ជ័យជេដ្ឋាទីពីរ | /cɨy-ceetthaa tii-pii/ Chey Chettha II (king of Cambodia, 1618-1624) |
| ចែង | set out, inscribed, written |
| ជាអម្ចាស់ជីវិតលើត្បូង | /ciə qɑmmcah ciiwɨt ləə tbouŋ/ honorary title for a king (literally: who is the lord of life over our heads) |
| ល្វាឯម | Lovea Êm (a village in Kandal province) |
| ព្រះអគ្គមហេសី | /prĕəh-qakĕəq-məhaesəy/ first or official queen |
| ស្នំ | concubine |
| ព្រះស្នំក្រមការ | /prĕəh-snɑm-krɑmməkaa/ the king's concubines |
| ខ្ញុំ | slave, servant |
| ខ្ញុំរាជការ | servants of the realm |
| ព្រះរាជទីនាំង | royal conveyance |
| នាវា | boat, ship (literary) |
| ព្រះរាជទីនាំងនាវា | royal barge |
| ប្រពាស | go for an outing (royalty) |
| តំបន់ | place, region |
| អូរក្រងលាយ | name of a village |
| សំរោងទង | a former province |
| ប្រថាប់ | to stay, put up (royalty) |
| ក្រសាល | to play, amuse oneself (royalty) |

| | |
|---|---|
| ទីតាដង់យាយជ័យ | a place name (literally: the place of Grandfather Dong and Grandmother Chey) |
| ដីទួល | mound, elevated site |
| ស្រះកែវ | Glass Pond |
| ចាប់ព្រះរាជហឫទ័យ | to like, be attracted by (royalty) |
| ព្រះតម្រាស់ | royal speech |
| មានព្រះតម្រាស់ | to say (royalty) |
| ហោរាធិបតី | /haoraathɨppədəy/ chief astrologer |
| ឧកញ៉ា | /qokñaa/ title for official of ministerial rank |
| ហោរាសាស្ត្រ | /haoraasaah/ astrology |
| ជ័យភូមិ | /ceə̆qyeə̆qphuum, cɨyyəphuum/ victorious site, auspicious site |
| ឫទ្ធិតបៈតេជះ | /rɨtthiqtəpaq-dacceə̆h/ magical power |
| ឈ្នះ | win, succeed, defeat |
| ឧកញ៉ាក្រឡាហោម | Minister of the Navy |
| កែវ | common personal name (literally: glass, precious stone, precious) |
| នាយកចាត់ការ | /niəyuə̆q-cat-kaa/ chief, supervisor |
| លំដាប់ពីនេះ | after that, following that |
| ចៅហ្វាយស្រុក | district chief |
| កេណ្ឌ | /kaen/ to conscript, draft |
| ព្រះរាជបញ្ជា | /preə̆h-riəc-bañciə/ royal command |

សម្ភារៈ /sɑmphiəreə̆q/ things, provisions

មេការ boss, foreman

ល្បាត to patrol

បន្ទាយយាមល្បាត defensive fortification

ព្រះរាជមន្ទីរ royal offices

ព្រះរាជរោង royal hall, throne hall

សព្វគ្រប់ប្រការ in every detail, exhaustively

ព្រះរាជដំណើរ royal journey

ធ្វើព្រះរាជដំណើរ to take a trip, travel (royalty)

អន្លើ /qɑnləə/ phase, stage (of a journey, etc.)

បរិពារ /bɑɑripiə/ entourage

រាជបរិពារ royal entourage

រាត្រី night

ព្រះរាជបញ្ញត្តិ /preə̆h-riəccəbaññat/ to decree, order (royalty)

ទ្រង់ព្រះរាជបញ្ជា to order, command (royalty)

ព្រះរាជពិធី royal ceremony

និមន្ត /nimŭən/ to invite (clergy)

រាជាគណៈ /riəciəkənaq/ Buddhist Council, Council of Priests

ចម្រើន to increase, prosper

ចម្រើនព្រះបរិត្ត /cɑmraən preə̆h-bɑrət/ to bless, hold a ceremony of benediction

ថ្ងៃ ៥ កើត 5th day of the waxing moon

ផល្គុន /phαlkun, phəkun/ February-March (lunar system)

វក year of the monkey (of the 12-year cycle)

ទោស័ក 2nd year (of the 10-year cycle)

ឆ្នាំវកទោស័ក 2nd year of the monkey (of the 60-year cycle)

ព្រះរាជវង្សានុវង្ស /prĕəh-riəccəwŭəŋsaanuwŭəŋ/ royal family

សម្ពោធ to dedicate, inaugurate

ព្រះនគរ royal city

មហោស្រព /məhaosrααp/ music

អធិកអធម /qathɨk-qathɔɔm/ grand, festive, gay

ព្រះនាម royal name

មហានគរ great city

ឧត្តុង្គមានជ័យ Oudong the Victorious

បុរីរម្យ /borəyrum/ delightful city

រាជនិវេសនដ្ឋាន /riəccəniweehsənatthaan/ royal residence

ព្រះបរមរាជវាំងមហានគរ-ឧត្តុង្គមានជ័យបុរីរម្យឧត្តម-រាជនិវេសនដ្ឋាន Royal Palace of the Great City Oudong the Victorious, A Delightful and Excellent Royal Residence

# ២០ – រឿងស្រីស្មោះត្រង់នឹងស្វាមី

មាននិទានមួយដំណាលថា : នៅក្នុងនគរ ១ នោះ មានសេដ្ឋី ២ នាក់ ។ សេដ្ឋីម្នាក់មានកូនស្រី សេដ្ឋីម្នាក់ទៀតមានកូនប្រុស ។ សេដ្ឋីទាំង ២ នាក់ផ្សំផ្គុំកូនប្រុសស្រីរបស់ខ្លួនឲ្យបានជាស្វាមីភរិយា ។ គាប់ជួនជានគរនោះកើតចលា-ចលបះបោរ ហើយសេដ្ឋីទាំង ២ នាក់ ក៏បែកខ្ញែកខ្ចាត់ខ្ចាយចេញទៅនៅកន្លែងទីទៃៗពីគ្នា ។ តមក សេដ្ឋីមានកូនស្រីក៏ផ្សំផ្គុំកូនស្រីនោះឲ្យមានប្ដីនឹងបុរសដទៃទៅ កូនស្រីក៏ព្រមយកប្ដីនោះមិនប្រកែក ។ នាងនោះបានទៅនៅនឹងប្ដីហើយប្រាប់ប្ដីថា “ឪពុកខ្ញុំបានផ្សំផ្គុំខ្ញុំឲ្យមានប្ដីពីមុនរួចម្ដងហើយ តែមិនទាន់ទាំងបាននៅរួមគ្នាផង ស្រាប់តែអ្នកមកបានខ្ញុំជាភរិយា ដោយខ្ញុំមិនទាន់បានដោះពាក្យប្ដេជ្ញានឹងប្ដីមុននោះនៅឡើយ ឥឡូវនេះ ខ្ញុំសូមលាអ្នកទៅដោះពាក្យប្ដេជ្ញានឹងប្ដីដើមនោះសិន តែបើអ្នកបើកឲ្យទៅ ទើបខ្ញុំហ៊ានទៅ បើអ្នកពុំបើកឲ្យទៅទេ ខ្ញុំក៏មិនហ៊ានទៅដែរ” ។

ប្ដីនោះឆ្លើយថា “យើងស្មានថានាងនៅទំនេរ ឥតប្ដីទេ, បើនាងមានស្វាមីអំពីមុនរួចមកហើយដូច្នោះ ចូរនាងទៅដោះប្ដេជ្ញានឹងប្ដីដើមឲ្យជ្រះស្រឡះសិនចុះ យើងមិនឃាត់ទាំងនាងឡើយ” ។ លុះនាងបានអនុញ្ញាតពីប្ដីដូច្នោះហើយ ក៏តាក់តែងស្អិតស្អាងកាយ ដោយគ្រឿងប្រដាប់សម្រាប់អាត្មារួចស្រេចហើយ ក៏លីលាចេញទៅ សំដៅទៅរកកូនសេដ្ឋីជាប្ដីដើមនោះ ស្រាប់តែពេបពះប្រទះនឹងខ្លាធំដែលអត់អាហារ ៧ ថ្ងៃមកហើយ ។ ខ្លាលោតទៅប្រុងនឹងចាប់នាងធ្វើចំអែតពោះអាត្មា ។ នាងក៏យករឿងនាងឲ្យខ្លាស្ដាប់សព្វគ្រប់ ខ្លាក៏បើកលែងនាងឲ្យត្រាច់ទៅដោយស្រួល ។ ឯនាងខំស្រូតដើរទៅអំពីនោះ បន្តិច

ទៅ បានជួបប្រទះនឹងចោរ ៧ នាក់ ។ ចោរឃើញនាងនោះមានគ្រឿងប្រដាប់សម្រាប់អាត្មា សុទ្ធតែជារបស់មានតម្លៃ ក៏គិតគ្នានឹងទៅចាប់នាងយកអីវ៉ាន់អស់នោះ ។ នាងក៏និយាយសាស័ព្ទប្រាប់ចោរតាមដំណើរសព្វគ្រប់ ។ ពួកចោរបានស្តាប់ដូច្នោះ មិនយកទ្រព្យទាំងនោះឡើយ បើកឲ្យនាងទៅដោយស្រួលៗ កាលនាងបានរបូតពីកណ្តាប់ដៃចោរនោះហើយ ក៏ខំដើរត្រាច់រង្គាត់ទៅរហូតដល់ទីលំនៅប្តីដើមៗ នោះស្គាល់ច្បាស់ សួរថា "នាងមកមានការអ្វី?" ។ នាងអង្គុយប្រណិប័តន៍ក្នុងទីស្ងាត់ ជំរាបថា "សេដ្ឋីឪពុកខ្ញុំ បានផ្សំផ្គុំខ្ញុំឲ្យជាភរិយាអ្នកអំពីមុនរួចមកហើយ ឥឡូវនេះ ឪពុកខ្ញុំលើកខ្ញុំឲ្យមានប្តីនឹងបុរសផងទៀត, ឯខ្ញុំមិនទាន់បានជំរាបលាពាក្យព្រេងរបស់អ្នកជាស្វាមីដើម ឲ្យបានជ្រះស្រឡះដូច្នេះ បើស្វាមីបើកឲ្យខ្ញុំទៅ ខ្ញុំក៏ទៅ បើស្វាមីមិនព្រមបើកឲ្យខ្ញុំទៅទេ ខ្ញុំក៏ពុំហ៊ានទៅដែរ" ។ ចៅនោះឆ្លើយឡើងថា "នាងមានចិត្តស្មោះចំពោះមកដល់ខ្ញុំៗ អរណាស់រកអ្វីប្រៀបពុំបាន, តែឥឡូវនេះ បើឪពុកនាងលើកនាងឲ្យមានប្តីហើយ ខ្ញុំនឹងទៅតវ៉ាប្រាថ្នានាងជាប្រពន្ធពុំបានឡើយ ចូរនាងទៅកាន់ប្តីនាងចុះ"។ នាងសំពះលាចៅនោះត្រឡប់ទៅផ្ទះវិញ ។ កាលនាងដើរតាមផ្លូវមក គាប់ជួនជាតើបពះប្រទះនឹងចៅម្នាក់ កំពុងដើរទេសរកប្រពន្ធ បានឃើញនាងមានរូបឆោមលោមពណ៌ល្អស្អាត មានទាំងគ្រឿងប្រដាប់ដ៏ល្អនៅខ្លួនផង ក៏និយាយចែចង់ប្រាថ្នានឹងយកធ្វើប្រពន្ធ ។ នាងបានថ្លែងប្រាប់ដោយដំណើររឿងតាំងពីដើមរៀងមក ។ ចៅនោះក៏ពុំដែលតវ៉ាប្រាថ្នានាងនោះឡើយ ។ លុះនាងទៅដល់លំនៅប្តីហើយ ក៏នៅរួមគ្នាជាសុខក្សេមក្សាន្តតរៀងទៅ ។

រឿងនេះ ជារឿងពិសោធន៍ចិត្ត បើអ្នកណាសរសើរចិត្តប្តីរបស់នាងនោះ

គឺអ្នកនោះជាមនុស្សច្រើនប្រច័ណ្ឌ, បើអ្នកណាសរសើរចិត្តខ្លា គឺអ្នកនោះជាមនុស្សគាប់ចិត្តបៀតបៀនបំបាត់ជីវិតគេ, បើអ្នកណាសរសើរចិត្តចោរទាំង៧នាក់ គឺអ្នកនោះជាមនុស្សមានចិត្តលោភចង់បានតែទ្រព្យគេ, បើអ្នកណាសរសើរចិត្តបុរសដើរទេសរកប្រពន្ធ គឺអ្នកនោះជាមនុស្សចូលចិត្តប្រព្រឹត្តបរទារកម្មនឹងភរិយាគេ, បើអ្នកឯណាវៀរចាកអំពើទាំង ៤ ពពួកនេះបាន អ្នកនោះនឹងបានស្ថានសួគ៌ពិតប្រាកដហោង ។

(ប្រជុំរឿងព្រេងខ្មែរ, ភាគ ៣, ទំព័រ ១២២-១២៦)

| | |
|---|---|
| ស្មោះ | honest, sincere |
| ស្មោះត្រង់ | honest, sincere, faithful |
| ស្វាមី | husband (elegant) |
| កូនស្រី | daughter |
| កូនប្រុស | son |
| ផ្សំផ្គុំ | to match up, put together, marry off |
| កូនប្រុសស្រី | son and daughter |
| ឲ្យបានជា | to become |
| គាប់ជួនជា | it happened that, incidentally |
| ចលាចល | /cəlaacɑl/ unrest, uprising, trouble |
| បះ | to go on strike |
| បះបោរ | to revolt |

| | |
|---|---|
| បែកខ្ញែក | to be separated |
| ខ្ចាត់ | to separate, leave |
| ខ្ចាយ | scattered |
| បែកខ្ញែកខ្ចាត់ខ្ចាយ | separated, dispersed (here: got separated) |
| តមក | afterwards, later on |
| ពីមុន | before, formerly |
| រួម | to combine, put together |
| មិនទាន់ទាំងបានទៅរួមគ្នាផង | never yet consummated the marriage |
| ពាក្យប្ដេជ្ញា | promise, oath |
| ដោះពាក្យប្ដេជ្ញា | free oneself from a promise |
| បើកឲ្យទៅ | allow to go |
| ជ្រះ | clear, clean |
| ជ្រះស្រឡះ | clearly, completely |
| ឃាត់ឃាំង | to oppose, object |
| ស្អិតស្អាង | to beautify, decorate |
| រាងកាយ | body, self |
| អត្តា | body, self |
| គ្រឿងប្រដាប់សម្រាប់អត្តា | clothing, jewelry |
| លាលា | to take leave, say goodby |
| សំដៅ | toward, directly toward |
| ពើប | to meet |

| | |
|---|---|
| តើបពះ | to meet by accident |
| តើបពះប្រទះ | happen to meet, run into |
| ប្រុង | intend (to), ready (to) |
| ឆី | to eat (literary) |
| បំអែត | to fill, satisfy |
| រ៉ាយរ៉ាប់ | to tell, relate |
| ត្រាច់ | to go (literary) |
| ស្រូត | to hurry |
| បន្តិចទៅ | a little later |
| ជួបប្រទះ | to meet, happen to meet |
| សាស័ព្ទ | to tell, relate |
| របូត | get loose, get free |
| កណ្ដាប់ | grasp, grip |
| កណ្ដាប់ដៃ | grasp, clutches |
| រសាត់ | to wander about |
| ពៅ | young man |
| ឆ្លើយឡើង | answer, speak up |
| រកអ្វីប្រៀបពុំមាន | nothing can compare; incomparably, extremely |
| តវ៉ា | /tαα-waa/ to contest, protest |
| ប្រាថ្នា | /praatnaa/ to wish, desire, intend |
| សំពះលា | to bow out, bow and take leave |

| | |
|---|---|
| រេស | to drift about, look around prospectively |
| រូបឆោមលោម | /ruup-chaom-loom/ form, shape, figure |
| ចែចង់ | to court (a woman) |
| ថ្លែង | to say |
| រៀងមក | continuously, up to the present |
| ក្សេមក្សាន្ត | /ksaem-ksaan/ peaceful, tranquil |
| តរៀងទៅ | forever after |
| ពិសោធន៍ចិត្ត | to test one's character or disposition |
| ប្រច័ណ្ឌ | jealous |
| គាប់ចិត្ត | like to |
| បៀតបៀន | to harm, mistreat, oppress |
| បំបាត់ | cause to disappear |
| បំបាត់ជីវិត | to destroy life |
| មានចិត្តលោភ | greedy |
| បរទារកម្ម | /bɑɑrətiəkam/ adultery |
| រៀរចាក | to be free of, without |
| ឋានសួគ៌ | /thaan-suə/ heaven, paradise |

# ២១- រឿងភ្នំប្រុស ភ្នំស្រី

នៅខេត្តកំពង់ចាម

បើយើងធ្វើដំណើរចេញពីក្រុងភ្នំពេញទៅកំពង់ចាម តាមផ្លូវជាតិលេខ ៧ ដល់ទៅគោលគីឡូម៉ែត្រទី ១១៦ ហើយបោលក្អែកទៅទិសឦសាន ដែលនៅជាខាងឆ្វេងដៃ ចម្ងាយពីថ្នល់ជាតិទៅ ប្រមាណជាមួយគីឡូម៉ែត្រ, យើងនឹងឃើញភ្នំ ២ នៅទន្ទឹមគ្នា, ១ ខាងកើតខ្ពស់ ១ ខាងលិចទាប ៗ ភ្នំខ្ពស់ឈ្មោះភ្នំស្រី, ភ្នំទាបឈ្មោះភ្នំប្រុស ៗ

រឿងព្រេងប្រចាំភ្នំនោះ មានដូចតទៅនេះ :

កាលពីព្រេងនាយ មានស្តេចស្រីមួយព្រះអង្គព្រះនាម "ស្រីអយុធ្យា" សោយរាជ្យនៅនគរខ្មែរ ៗ ដោយព្រះនាងជាស្តេចសោយរាជ្យ គ្មានបុរសណាមួយហ៊ានដណ្តឹងយកជាភរិយាឡើយ ម្ល៉ោះហើយ ព្រះនាងរកដណ្តឹងបុរសដ៏មានរូបជាទីគាប់ព្រះទ័យមកធ្វើជាព្រះស្វាមីវិញ ហើយដោយហេតុព្រះរាជិនីស្រីអយុធ្យាដណ្តឹងប្រុសជាព្រះស្វាមីដូច្នោះ ស្រីៗដែលនៅក្រោមព្រះរាជោវាទព្រះនាងក៏ដណ្តឹងប្រុសៗធ្វើជាស្វាមីតាមដែរ ៗ

ក្នុងរជ្ជកាលនោះ មុខគួរឲ្យវេទនានឹងស្រីខ្លះដែលមានរូបអន់ៗ ទៅរកដណ្តឹងប្រុសៗ គេនាំគ្នាប្រកែកមិនយក គេរើសតែស្រីៗមានរូបល្អៗ ទើបយកធ្វើជាភរិយា ៗ ធ្វើដូច្នេះអស់មួយរាជ្យស្តេចស្រីនេះ ៗ លុះមកដល់រាជ្យស្តេចក្រោយៗទៀត ពួកស្រីៗជំនុំគ្នាថា "ឥឡូវនេះ ដូចជាមិនសមសោះ ខ្លួនយើងជាស្រីហើយដើរដណ្តឹងប្រុសៗធ្វើជាប្តី, បើដូច្នេះ យើងនឹងនាំគ្នាលើកដីចាក់ពូនជាភ្នំភ្នាល់ជាមួយនឹងពួកប្រុសៗ គឺប្រុសលើកដីធ្វើជាភ្នំមួយ យើងស្រីធ្វើជាភ្នំមួយ ភ្នាល់គ្នា ៗ បើប្រុសៗចាញ់យើង ត្រូវឲ្យប្រុសៗដណ្តឹងយើងជាស្រី

វិញ" ។ លុះគិតដូច្នេះហើយ ក៏នាំគ្នាទៅបបួលពួកប្រុសធ្វើកំ ចុះខសន្យាក្នាល់គ្នា ដូចពោលមក ហើយគេក៏បានចាត់មេកំណែន កេណ្ឌមនុស្សស្រីឲ្យបានច្រើន,ខាងប្រុសមានមេកំណែនខាងប្រុសដើរកេណ្ឌខាងស្រីមានមេកំណែនខាងស្រីដើរកេណ្ឌ, លុះកេណ្ឌបានគ្នាច្រើន គ្រប់ចំនួនខាងប្រុស-ខាងស្រី រួចហើយក៏និយាយនឹងគ្នាថា "យើងទាំងអស់គ្នា ត្រូវជញ្ជូនដីដកបដល់ផ្កាយព្រឹករះ ទើបឈប់ទាំងអស់គ្នា, បើផ្កាយព្រឹកមិនទាន់រះ មិនត្រូវឈប់ទេ" ។ គិតព្រមគ្នាដូច្នេះហើយ ក៏នាំគ្នាជញ្ជូនដី វែកទូលតាមថាមកាតរៀងខ្លួនទៅ ។

ពេលនោះ ជាពេលរាត្រី ពួកស្រីៗមានប្រាជ្ញា ជញ្ជូនដីអស់វេលា ៣-៤ ម៉ោង ក៏នាំគ្នាបង្ហូតគោមតូចមួយយ៉ាងខ្ពស់នៅជ្រុងឦសានកំ, ពួកប្រុសៗ ក្រឡេកមើលទៅលើឃើញគោម ដែលស្រីបង្ហូតនឹងឫស្សីមួយដើមនោះ ស្មានថាផ្កាយព្រឹករះ ក៏បបួលគ្នាឈប់ធ្វើការនាំគ្នាទ្រោលក់អស់ទៅ គ្មានសល់ម្នាក់, ពួកស្រីៗ ក៏នាំគ្នាជញ្ជូនដីដកបដល់ផ្កាយព្រឹករះមែនទែន ទើបឈប់ ។

ដល់មាន់រងាវគឹត ប្រុសៗភ្ញាក់ឡើងឃើញផ្កាយព្រឹករះ ក៏លាន់មាត់ថា "យើងទាំងអស់គ្នាខុសហើយ ផ្កាយព្រឹកមែនទែនទើបតែនឹងរះសោះ", ហើយនាំគ្នាក្រឡេកមើលទៅកំស្រីមានទំហំធំខ្ពស់ជាងកំរបស់ខ្លួន ក៏មានសេចក្តីអៀនអន់ក្នុងចិត្ត ដោយចាញ់កលស្រីៗ ។

តាំងពីកាលនោះមក ប្រុសៗក៏ដណ្តឹងស្រីៗ ធ្វើជាភរិយាដកបដល់សព្វថ្ងៃនេះ ។

(ប្រជុំរឿងព្រេងខ្មែរ, ភាគ ៥, ទំព័រ ១៣០-១៣២)

| | |
|---|---|
| ផ្លូវជាតិលេខ ៧ | National Route No. 7 |
| គោលគីឡូម៉ែត្រ | kilometer marker |
| ចោលភ្នែកទៅ | glance at, look at |
| ទិសឦសាន | /tɨh-qəysaan/ northeastern direction |
| ប្រចាំ | attached to, relating to |
| ស្ដេចស្រី | queen |
| ព្រះនាម | name, be named (royalty) |
| ស្រីអយុធ្យា | /srəy-qayuttyiə/ proper name (literally: peaceful lady) |
| ព្រះនាង | she, her (royalty) |
| គ្មានបុរសណាមួយ | there is no man (who) |
| រកដណ្ដឹង | to search for (a mate) |
| ជាទីគាប់ព្រះទ័យ | satisfying, pleasing |
| ដោយហេតុ | because |
| ព្រះរាជិនី | /prĕəh-riəcinii/ queen |
| ព្រះរាជោវាទ | /prĕəh-riəcoowiət/ royal influence |
| តាមដែរ | following, in like manner |
| មុខគួរឲ្យវេទនានឹង | must have been difficult for |
| អន់ | mediocre |
| អស់មួយរាជ្យ | throughout the reign (of) |
| ជំនុំគ្នាថា | meet and decide that |

ពូន to hill up, mound

ចាក់ពូន to pile up, make a mound or hillock

ភ្នាល់ to compete

ត្រូវឲ្យ to require

ចុះ put down, work out, formalize

ខសន្យា /khαα-sαnnəyaa/ contract, agreement; to contract, promise

ពោល to say

ដូចពោលមក as stated

កំណែន conscription, forced labor, corvée

មេកំណែន corvée chief

គ្រប់ចំនួន the full number

ដរាប until

ផ្កាយ star

ផ្កាយព្រឹក morning star

រះ to rise (of sun, moon, stars)

ទូល carry on the head

ថាមភាព /thaaməphiəp/ strength, power

បណ្ដោត to draw out, let out on a string or pole

គោម paper lantern

| | |
|---|---|
| និទ្រា | /niqtriə, nɨntriə/ to sleep (literary) |
| និទ្រាលក់ | to sleep (literary) |
| កឺត | onomatopoetic of a rooster's crow |
| ទើបតែនឹងរះសោះ | has just risen |
| អៀន | embarrassed, shy |
| អៀនអន់ក្នុងចិត្ត | ashamed, embarrassed |
| តាំងពីកាលនោះមក | ever since that time |

# ២២ – រឿងសុភាទន្សាយ

ពាក្យរាយតពីពាក្យកាព្យ

ដំណាលពីរឿងទន្សាយ កាលដែលរត់ពីអណ្តូងទៅនោះ ទៅឈប់នៅជិតភូមិ១ មានយាយចាស់ម្នាក់ទូលចេកទៅលក់ ទន្សាយឃើញគិតថា "ឥឡូវអញអស់កម្លាំងម៉្លេះ ធ្វើម្តេចនឹងបានចេកនោះស៊ី មានតែធ្វើស្លាប់" គិតហើយក៏លួនដេកនៅផ្លូវ ។ ឯយាយចាស់នោះទូលចេកដើរមកដល់ឃើញទន្សាយ គិតស្មានថាជាស្លាប់មែន ហើយលាន់មាត់ថា "អេះអញមកលក់ចេកថ្ងៃនេះ ហៅពេញជាមានលាភពន់ពេក អញនឹងយកអាទន្សាយនេះទៅស្ងោរស៊ីបានម្តង ហើយក៏លើកទន្សាយនោះដាក់ក្នុងល្អីដើរទៅ ។ ទន្សាយនោះ កាលបើយាយចាស់ដាក់ទៅលើល្អីចេកហើយ ក៏បកស៊ីៗ ។ លុះយាយចាស់នោះដល់ទៅផ្ទះគេៗហៅទិញចេក គាត់ដាក់កញ្ជើចេកពីលើក្បាលមក ទន្សាយវាលោតចោលទៅ មើលទៅចេកនៅសល់តែសម្បក ។ យាយចាស់នោះថា "វ៉ៃ! អាទន្សាយនេះវារស់ទេតើ អញស្មានថាវាងាប់" ។ ចេកនោះក៏អស់ខាតលក់ ទន្សាយនោះក៏វាចោលរួចទៅ ។

ឯទន្សាយ កាលចោលពីភូមិនោះចូលទៅក្នុងព្រៃ ចុះទៅក្នុងត្រពាំងមួយប្រុងនឹងផឹកទឹក ។ កាលនោះ មានខ្យងក្នុងត្រពាំងនោះវាឃាត់ថា "អាទន្សាយឯងម្តេចក៏មកផឹកទឹកអញ" ។ ទន្សាយឆ្លើយថា "ថ្វីបើអញផឹកទឹកផង ទឹកម៉ែឪអាណា?" ។ ខ្យងថា "អើទឹកផងអញ" ។ ទន្សាយឆ្លើយថា "បើដូច្នោះ ឯងបោលគ្នាល់នឹងអញ អញបោលលើគោក ឯងហែលក្នុងទឹក បើឯងហែលលឿនជាងអញៗខានផឹកទឹកត្រពាំងនេះ បើអញបោលលឿនជាងឯង អញផឹកទឹកត្រពាំងនេះ" ។ ខ្យងក៏ព្រមគ្នាល់ ទើបខ្យងវាគិតគ្នាវាថា "យើងបណ្តាក់គ្នាឲ្យជុំវិញតែមាត់ត្រពាំង

នេះ បើទន្សាយវាស្រែកហៅ កុំឲ្យអ្នកឯក្រោយឆ្លើយឡើយ ឲ្យអ្នកណាដែលនៅឯមុខនោះឆ្លើយឡើង" ។ គិតគ្នារួចស្រេចហើយស្រែកប្រាប់ទៅទន្សាយថា "ទន្សាយបោលទៅចុះ" ។ ទន្សាយបោលទៅៗ ស្រែកហៅទៅខ្យងៗ ឯមុខនោះវាឆ្លើយថា "កូក" ។ ទន្សាយថា "ម៉ែ! អានេះហែលលឿនទៅឆ្ងាយណាស់" ។ ទន្សាយបោលទៅទៀត ហើយហៅទៀត ខ្យងមុខនោះឆ្លើយឡើងទៀត បោលពុំបេះទាន់ឡើយ ទន្សាយទទួលចាញ់ប្រាជ្ញខ្យង ពុំហ៊ានផឹកទឹកត្រពាំងបឹងបួឯណាឡើយ ផឹកតែទឹកសន្សើមតាំងពីនោះមក ។

ឯទន្សាយបោលពីនោះទៅទៀត គិតនឹងឆ្លងទៅត្រើយម្ខាង ពុំដឹងគិតធ្វើដូចម្ដេចនឹងឆ្លងទៅបាន ។ កាលនោះ មានក្រពើមួយហែលចុះហែលឡើង ។ ទន្សាយឃើញហើយគិតថា "អញធ្វើដូចម្ដេចនឹងបានអាក្រពើនេះចម្លងអញទៅដាក់ត្រើយនាយ គិតហើយធ្វើជាសួរថា "បងក្រពើ បងឯងកើតអ្វីបានជាគគ្រាតអស់ទាំងខ្លួន? " ។ ក្រពើនោះប្រាប់ទៅវិញថា "គេហៅកើតស្រែង" ។ ឯទន្សាយថា "បងឯងចម្លងតែអញទៅដល់ត្រើយនាយចុះ អញនឹងមើលស្រែងបងឯងឲ្យជា" ។ ឯក្រពើឮគេថានឹងមើលស្រែងឲ្យជាដូច្នោះ ក៏អរណាស់ មកឡើងបង្អើលខ្លួនលើគោកហើយថា "អញចម្លងអ្នកឯងទៅ អ្នកឯងមើលតែស្រែងខ្ញុំឲ្យជាចុះ" ។ ទន្សាយថា "អើ! កុំភ័យ" ។ ទន្សាយវាខ្ទើមខ្លួនក្រពើវាកាប់ស្លឹកឈើទ្រាប់អង្គុយ ។ ក្រពើសួរថា "ចាំទ្រាប់ស្លឹកឈើធ្វើអី? " ។ ទន្សាយថា "បងឯងមានគុណនឹងខ្ញុំ ក្រែងវាបាបខ្ញុំ" ។ ហើយទន្សាយឡើងជិះលើក្បាលក្រពើនោះ ។ ឯក្រពើជឿស្មោះបំពោះថាជាគ្រន់ពិតមែន ខំហែលចម្លងបានដល់ទៅត្រើយនាយ ។ ទន្សាយចុះពីលើក្បាលក្រពើបោលឡើងទៅលើគោក ហើយស្រែកថា "ស្រែងអាឯងកើតតាំងតែពីដូនជីតាអាឯងមក

អាណាមើលថា" ។ ក្រពើខឹងណាស់គិតថា "អាទន្សាយនេះ វាបញ្ឆោតអញដល់ខ្នាតហើយ ពុំដឹងធ្វើដូចម្តេចនឹងទាំវាបាន" គិតហើយធ្វើដូចគល់អណ្តែតទឹករសាត់ចុះឡើង ។ ទន្សាយនោះវាបោលទៅ បោលមក ឃើញក្របីមួយងាប់នៅមាត់ត្រពាំង ត្មាតវារូងពោះក្របីនោះ ក៏ទន្សាយវាទៅចូលលេង ដល់ត្រូវថ្ងៃក្តៅគូថក្របីនោះវាខ្ទឹបជិត ទន្សាយចេញមកវិញពុំរួច វិលវល់នៅក្នុងពោះក្របីនោះទាល់តែល្ងាច ។ លុះល្ងាចមានមនុស្សមកដងទឹក ទន្សាយថា "ឱអស់លោកអ្នកស្រុកអាណិតដងទឹកមកស្រោចគូថក្របីនេះឲ្យទាន មេត្តាប្រោសយកតែបុណ្យទៅចុះ លោកបានបុណ្យច្រើនណាស់" ។ អ្នកដងទឹកគេឮច្រើនដង គេក៏ដងទឹកទៅស្រោច គូថក្របីនោះក៏រីកចេញ ។ ទន្សាយវាចេញមកខាងក្រៅរួចហើយ វាបោលទៅវាស្រែកថា „គ្មានបានគុណប្រយោជន៍អ្វីទេ អញបញ្ឆោតឲ្យតែរួចខ្លួនអញទេ" ។ ទន្សាយវាបោលទៅទៀត ឃើញក្រពើបណ្តែតខ្លួន ក៏មន្ទិលក្នុងចិត្តគិតថា "នេះជាក្រពើ ឬមួយជាគល់ទេអេះ?" ។ ទន្សាយគិតដូច្នោះហើយទើបស្រែកទៅថា "បើជាក្រពើទេ ឲ្យអណ្តែតបណ្តោយទឹក បើជាគល់ឲ្យអណ្តែតប្រាសទឹកឡើងទៅវិញ" ។ ឯក្រពើឮគេថាដូច្នោះហើយ គិតថា "អញថាធ្វើជាគល់ ឥឡូវគេថា បើគល់ ឲ្យអណ្តែតប្រាសទឹក„ បើដូច្នេះអញធ្វើជាប្រាសទឹកទៅវិញចុះ" គិតហើយក៏ហែលប្រាសទឹកទៅវិញ ។ ទន្សាយឃើញហើយវាថា "យើ! មើលនែអាក្រពើ អាឯងមកបញ្ឆោតអញ កុំអាបញ្ឆោតមិនបានទេ" ។ ក្រពើឮហើយគិតថា "អញចាញ់ប្រាជ្ញាទន្សាយទៀតហើយ „ទើបគិតទៀតថា „បើដូច្នេះអញឡើងលើគោក ធ្វើជាងាប់វិញទើបស្រួល" គិតដូច្នោះហើយ ក៏ឡើងទៅដេកលើគោក ហាមាត់ដូចជាគេងាប់ ។ ឯទន្សាយដើរទៅដើរមកឃើញក្រពើដេកដូច្នោះ គិតថា "អានេះងាប់ហើយតើ" ។ រួច

ដើរចូលទៅក្នុងមាត់ក្រពើនោះ ហើយក៏អង្អែលចង្កូមលេងថា "អើចង្កូមធំនេះ ធ្វើដងកាំបិតស្នៀតអញ ចង្កូមតូចនេះធ្វើដងកាំបិតស្លាឲ្យប្រពន្ធអញកាត់គាត" ។ កំពុងតែរៀបរាប់ ក្រពើត្របាក់ឃុប ។ ទន្សាយបោលបួចចូលទៅក្នុងពោះ ហើយស្រែកថា "នុ! ជាណាស់ហើយនេះ អញកំពុងតែចង់ស៊ីពោះវៀនបត់បន្ទាសផង ឥឡូវបានដល់មកក្នុងពោះហើយ អញស្រាវពោះវៀនបត់បន្ទាសអាឯងស៊ីឲ្យអស់ ជាហើយក៏ផ្ដាត់ក្រចកក្ដៀរប្រេះៗ ។ ឯក្រពើឮហើយក៏ភ័យណាស់ អង្វរថា "បងទន្សាយអាណិតចេញទៅចុះ ខ្ញុំមិនហ៊ានខាំបងឯងទេ" ។ ទន្សាយថា "អើបើអាឯងអង្វរអញៗ អាណិត អញលែងអាឯង" ។ ក្រពើហាមាត់ឡើងហើយ ទន្សាយនោះបោលចេញទៅ ។

ទន្សាយបោលទៅៗឃើញដង្កត់ឈើមួយនៅមាត់ត្រពាំងឡើងទៅអង្គុយលើដង្កត់ឈើនោះ ។ ដល់ថ្ងៃក្ដៅឡើងរលាយជ័រឈើជាប់ឯគូថទន្សាយនៅដង្កត់ឈើទៅ ។ កាលនោះ មានកូនដំរីមួយមកផឹកទឹកត្រពាំងនោះ ។ ទន្សាយឃើញហើយថា "ហើយឯង! ម្ដេចក៏មកផឹកទឹកអញ? ទេពតាលោកឲ្យអញចាំនៅនេះ" ។ កូនដំរីភ័យណាស់ ក៏បោលទៅប្រាប់មេ មេឮកូនប្រាប់ដូច្នោះ ខឹងណាស់មករកទន្សាយ សួរថា "អាទន្សាយ ឯងម្ដេចក៏មិនឲ្យកូនអញផឹកទឹក?" ។ ទន្សាយថា "អើអញមិនឲ្យផឹក ដ្បិតទេពតាលោកឲ្យអញចាំ" ។ មេដំរីនោះខឹងណាស់ ចាប់ឯទន្សាយនោះចោលទៅ ។ ទន្សាយក៏អរណាស់ ដ្បិតបានរបូតខ្លួនពីជ័រឈើនោះ បោលពីនោះទៅចូលក្នុងចម្ការតាចាស់ម្នាក់ ។ ឯតាចាស់នោះគាត់ដាំត្រសក់ពេញតែចម្ការ ។ ទន្សាយនោះលួចត្រសក់គាត់ស៊ីតែសព្វថ្ងៃ ។ តាចាស់នោះខឹងណាស់ គិតធ្វើអន្ទាក់ដាក់ ដល់មួយយប់នោះ ទន្សាយទៅស៊ី ក៏ត្រូវអន្ទាក់តាចាស់នោះ ។ ទន្សាយភ័យណាស់ក្រែងតាចាស់មកទាន់ ។

ពេលនោះ មានគីង្គក់មួយលោតបុះលោតឡើង ៗ ទន្សាយឃើញហើយក៏អរណាស់ ធ្វើជាសួរថា "អ្នកបងគីង្គក់ អ្នកឯងកើតអ្វី ?" ។ គីង្គក់នោះប្រាប់ទៅវិញថា "ខ្ញុំកើតស្រែង" ។ ទន្សាយថា "ឱអ្នកបង! អ្នកឯងដោះអន្ទាក់ឲ្យខ្ញុំ ៗ នឹងធានាមើលស្រែងបងឯងឲ្យជា កុំឲ្យបងឯងព្រួយចិត្ត" ។ គីង្គក់ឮគេថា "មើលស្រែងឲ្យជា" ក៏អរណាស់ ខំដោះអន្ទាក់ឲ្យទាល់តែរួច ។ ឯទន្សាយបានរួចពីអន្ទាក់ហើយ ក៏និយាយថា "ស្រែងពីដីដូនជីតាអាមក អាណាមើលជា" ។ គីង្គក់ខឹងណាស់ ខំលោតដេញតាមគេ ក៏មិនទាន់ឡើយ ៗ

និយាយពីតាចាស់ គាត់ភ្ញាក់ឡើងពីព្រឹករៀបវេចស្លាម្ហូបហើយ គាត់ដើរទៅជាប្រញាប់ ទៅរកមើលចម្ការត្រសក់គាត់ ហើយចូលទៅមើលឃើញស្នាមដែលត្រូវទន្សាយរួចទៅនោះ តាចាស់ស្តាយណាស់ គក់ទ្រូងគក់ស្មាថា "អញខានស៊ីសាច់ទន្សាយសោះ" ។ គាត់រៀបដាក់ជាថ្មី ដល់យប់ឯក្រោយទៀត ទន្សាយនឹកក្នុងចង់ត្រសក់ ហោលចូលទៅក្នុងចម្ការ ភ្លេចនឹកអំពីអន្ទាក់ ដោយសារឃ្លានចង់ស៊ីត្រសក់ ទៅជាន់លើអន្ទាក់ជាប់ឯជើង ទន្សាយភ័យណាស់ មិនដឹងគិតធ្វើដូចម្តេច នឹងបានរួចពីអន្ទាក់ ។ គីង្គក់មកឃើញទន្សាយជាប់អន្ទាក់ ក៏អរណាស់លោតឡើងទះដៃផ្ទួនថា "ឯងធ្លាប់តែបញ្ឆោតអញ ឥឡូវនេះ មកជាប់អន្ទាក់ក្រញោនធ្វើមុខក្លិះ ៗ ដូចជាមុខខ្មោច នរណានឹងជួយឯងទៀត" ។ ឯទន្សាយឮគីង្គក់ជាន់ផ្ញាផ្ទាល់ នឹកខឹងក្នុងចិត្តណាស់ ប៉ុន្តែជាសត្វមានប្រាជ្ញា ធ្វើជាមិនខឹង និយាយលួងលោមគីង្គក់ថា "ពីមុនខ្ញុំបញ្ឆោតបងឯង ពីព្រោះខ្ញុំទាល់ចំណេះ មិនចេះថ្នាំមើលស្រែងបងឯង ម្តងនេះខ្ញុំយាយប្រាកដប្រជាមែនទែន ដ្បិតខ្ញុំឃើញកូនក្រមុំគេល្អណាស់ មុខកំប៉ុង ៗ ថ្ពាល់ប៉ផូរដូចផ្កាកូឡាប ខ្ញុំនឹងទៅដណ្តឹងឲ្យបងឯង ៗ កុំព្រួយចិត្ត ដ្បិតខ្ញុំបាននិយាយម្តង

រួចហើយ គេថា គេនឹងឲ្យជាប្រពន្ធបងឯង បើបងឯងជួយដោះខ្ញុំឲ្យរួចចេញពីអន្ទាក់ម្ដងនេះ ខ្ញុំទៅដណ្ដឹងឲ្យ កុំព្រួយចិត្ត„ ។ គីង្គក់ហេតុតែជាសត្វឆ្កួតនឹងស្រី បានឮទន្សាយនិយាយពីកូនក្រមុំគេដូច្នោះ អរណាស់អត់មិនបានញញឹមញញែម កខ្ចុះកខ្ចោញចង់បានកូនក្រមុំគេ ហើយនិយាយថា “បងទន្សាយឯងនិយាយឲ្យមែនទែនកុំបញ្ឆោតខ្ញុំដូចពីមុនទៀត„ ។ ទន្សាយឆ្លើយថា “ទេ បញ្ឆោតអីច្រើនដងម៉្លេះ ពីមុនវាតាល់បំណោះខ្ញុំទេ បានជាខ្ញុំកុហក ម្ដងនេះវាឆ្ងាយទេ ដ្បិតអ្នកស្រុកអង្គរមានកូនក្រមុំច្រើនណាស់ តោះបើខ្ញុំមិនទៅ បងឯងទៅដណ្ដឹងខ្លួនឯងក៏គេឲ្យដែរ ដ្បិតឥឡូវក្រមុំថោកណាស់ ក្រមុំដប់មួយស្លឹង” បានជាពាក្យមនុស្សគេប្រៀនថា “ក្រមុំដប់មួយស្លឹង” ដោយសារឃើញ គីង្គក់ហែលទឹកទៅយកប្រពន្ធស្រុកអង្គរៗ គីង្គក់ក៏ដោះអន្ទាក់ឲ្យទន្សាយទៀត ។ ទន្សាយបានរួចពីអន្ទាក់ហើយ ក៏ស្ទុះប្ញោតលោតបោលទៅហើយថា “គីង្គក់ឯងស្រែងគគ្រោតណាស់ នរណាគេនឹងឲ្យកូនក្រមុំគេ អញបញ្ឆោតឯងទេ” ។ គីង្គក់ឮទន្សាយថាដូច្នោះខឹងណាស់ចង់តែលោតទង្គិចក្បាលឲ្យស្លាប់នឹងភ្លឺស្រែ ប៉ុន្តែមកគិតមានៈក្នុងចិត្តចង់បានកូនក្រមុំស្រុកអង្គរហើយក៏ទៅ លុះជួបនឹងសត្វកំពូលអាចម៍ៗ សួរថា “បងគីង្គក់ទៅណា? ” ។ គីង្គក់ប្រាប់ថា “ខ្ញុំទៅយកប្រពន្ធស្រុកអង្គរ” ។ សត្វកំពូលអាចម៍ថា “បងឯងទៅដល់ឬ ថ្ងៃនេះទៅហើយ? ” ។ គីង្គក់នោះ ពីព្រោះតែចិត្តចង់បានប្រពន្ធណាស់ ក៏ប្រាប់ទៅកំពូលអាចម៍ថា „ខ្ញុំទៅហើយ ខ្ញុំត្រឡប់មកស៊ីបាយព្រឹកវិញ” ។ គីង្គក់ឮកំពូលអាចម៍ធ្វើវូនៗ ក៏សួរថា „បងឯងធ្វើ?” ។ កំពូលអាចម៍ប្រាប់ថា “ខ្ញុំក្រឡឹងដុំរទេះ” ។ គីង្គក់សួរថា “ឯងធ្វើដុំរទេះអ្វីខ្លីម៉្លេះ” ។ កំពូលអាចម៍ឆ្លើយថា “មិនខ្វីទេ ខ្ញុំគិតនឹងកាត់ឲ្យបានជាពីរកំណាត់ឲ្យគ្រប់មួយសម្រាប់តែម្ដង” ។ បានជាកំពូលអាចម៍ថាដូច្នេះ ឲ្យទាន់ប្រាជ្ញ

ដែលគង្គក់និយាយដំហរថា ត្រឡប់មកស៊ីបាយព្រឹកវិញ" ។ គង្គក់ក៏ហែលទឹកពី ស្រុកទន្លេធំគិតទៅយកប្រពន្ធស្រុកអង្គរ បើជួបនឹងសត្វឯណាគេសួរសុទ្ធតែប្រាប់ គេថា "ទៅយកប្រពន្ធឯស្រុកអង្គរ" លុះជួបនឹងត្រីទីពោ ក៏វាត្របាក់លេបស៊ីទៅ។

និយាយពីទន្សាយ កាលរួចអំពីអន្ទាក់តាចាស់នោះហើយ ក៏បោលទៅពួននឹងគុម្ពរពាក់មួយ ។ ពេលនោះមានខ្លាមួយវាមកឃើញទន្សាយពួននៅគុម្ពរពាក់នោះ វាលបចង់ខាំទន្សាយស៊ី ។ ឯទន្សាយដឹងថាខ្លាលបចង់ខាំស៊ីខ្លួនហើយ ធ្វើជាគ្រហែមថា "អ៊ឺម! អញស៊ីដំរីប្រាំមិនស្កាំមាត់ ស៊ីគ្រប់ខារតែមួយស្អារបំពង់កដល់ម្ល៉េះ? ធ្វើម្តេចបានថ្មើមខ្លាមកស៊ីសោះវាស្អារបំពង់ក" ។ ខ្លាឮទន្សាយថាដូច្នោះ ក៏គិតខ្លាចមិនហ៊ានខាំ ហើយទៅបបួលស្វា លុះទៅជួបនឹងស្វាហើយ និយាយប្រាប់ស្វាថា "អាសត្វអ៊ីតូចមួយវាថា "ស៊ីដំរីប្រាំមិនស្កាំមាត់ វាស៊ីគ្រប់ខារតែមួយ ស្អារកណាស់ ធ្វើម្តេចនឹងបានថ្មើមខ្លាស៊ី កុំឲ្យស្អារក" ខ្ញុំឮដូច្នោះ ខ្ញុំខ្លាចណាស់ ។ ស្វាឮខ្លានិយាយប្រាប់ ក៏សួរទៅវិញថា "សត្វនោះប៉ុណ្ណា រូបវាដូចម្តេច? ខ្លាប្រាប់ទៅថា "សត្វនោះតូចប៉ុនកដៃខ្ញុំ ហើយមានស្លឹកត្រចៀកវែង កន្ទុយខ្លី ។ ស្វាឆ្លើយថា "ឱ! នេះគេហៅសត្វទន្សាយ អានេះវាដំហរណាស់ បងឯងកុំខ្លាចវា" ។ ខ្លាឮស្វាថាដូច្នោះ ថា "ទេ! បងស្វា ខ្ញុំឃើញកំទេចកុកដែលវាស៊ីដំរីសល់នៅនោះ មានពាសពេញប្របខ្លួនវា" ។ ឯស្វាថា "ទេ មិនមែនទេ បងខ្លាឯងទៅនឹងខ្ញុំៗជូនបងឯងទៅមើលឲ្យច្បាស់មែនទែន" ។ ឯខ្លាប្រកែកថា "ទេខ្ញុំខ្លាចវាណាស់ វាថាបង់ស៊ីថ្មើមខ្ញុំ បើបងឯងជូនខ្ញុំទៅ បើវាដេញមកខាំខ្ញុំ ហើយបងឯងរត់ឡើងដើមឈើបាត់ទៅ វានឹងខាំខ្ញុំយកទៅស៊ីឥតអំពើ" ។ ស្វាថា "ឱបងឯងឆោតអីដល់ម្ល៉េះ បើបងឯងមិនជឿខ្ញុំ បងឯងយកវល្លិមកចងចង្កេះគ្នាឲ្យជាប់តាំងពីរនាក់

ហើយសឹមទៅ» ។ ខ្លាឮស្វាថាដូច្នោះ ក៏បោចវល្លិ៍មកចងចង្កេះទាំងពីរនាក់ជាប់ ហើយបបួលគ្នាដើរទៅ ។ ឯទន្សាយកាលដែលខ្លាទៅវិញ ក៏ទៅអង្គុយលើដំបូក ១ ប្របទីនោះ ។ លុះទន្សាយក្រឡេកមើលទៅឃើញខ្លានឹងស្វាចងចង្កេះជាប់គ្នា ហើយដើរចូលមកដូច្នោះក៏កើតឡើងគ្រហឹមថា «អើម ៗ ! អាស្វាក្រញាំ ជំពាក់បំណុលអញ ២-៣ ឆ្នាំ យកឯអាខ្លាកញ្ចាស់សំគមមួយមកឲ្យអញ» ។ ខ្លាឮទន្សាយថា «ស្វាយកខ្លួនមកផាត់បំណុលឲ្យវាដូច្នោះក៏ភ័យណាស់ ស្ទុះបោលទៅដូបគេគ្រទ្រាក់ស្វាដួលផ្កាប់ផ្ងារហាមាត់ ទឹងស្ដីក៏មិនរួច ខ្លាប្រឹងតែបោលដូចជាគេបោកស្វាទៅលើដង្គត់ឈើស្លាប់មាត់ស្ញេញ ហើយខ្លាបោលទៅឆ្ងាយបែរមើលមកក្រោយឃើញមាត់ស្វាស្ញេញដូច្នោះ គិតស្មានថាជាស្វាសើច ក៏ខំប្រឹងគន្ទ្រាក់ទាញខ្សែបំណងផ្ដាច់ចេញអំពីចង្កេះ ហើយបោលតែម្នាក់ឯងទៅ ។ ឯទន្សាយ លុះដល់ព្រលប់យប់ងងឹតគិតចង់ស៊ីស្រូវសំណាបល្អាស់ខ្ចី ហើយទៅជិតស្រុកគេ ឃើញសំណាបលាស់ខៀវខ្ចី ស្ទុះលោតចូលទៅស៊ីស្រូវសំណាបឆ្អែត ហើយចូលទៅពួនក្នុងព្រៃវិញ ។ ព្រឹកឡើងម្ចាស់សំណាបមកមើល ឃើញស្នាមទន្សាយស៊ីសំណាបខូចអស់ ម្ចាស់សំណាបនោះខឹងណាស់គិតធ្វើអន្ទាក់ដាក់តាមគន្លងផ្លូវដែលទន្សាយចូលទៅស៊ីសំណាបនោះ ។ លុះយប់ទន្សាយចេញមករកស៊ីសំណាបទៀត ក៏ត្រូវអន្ទាក់ដែលដាក់នោះ ។ ទន្សាយជាប់អន្ទាក់ហើយភ័យណាស់ មិនដឹងគិតទៅអង្វរអ្នកឯណាមកជួយដោះ ហើយគិតធ្វើពុតជាងាប់រឹងស្តូក ។ លុះព្រឹកឡើងម្ចាស់អន្ទាក់ភ្ញាក់អំពីព្រលឹម ក្រោកជាប្រញាប់រៀបខ្លួនប្រាណដើរទៅមើលអន្ទាក់ ឃើញទន្សាយជាប់អន្ទាក់ងាប់រឹងស្តូក ។ ម្ចាស់អន្ទាក់អរណាស់ ចូលទៅដោះទន្សាយនោះ ហើយរៀបដាក់អន្ទាក់នោះទៅវិញ ។ ទន្សាយដឹងថាគេដាក់ខ្លួននៅដីហើយ ក៏ស្ទុះចូលទៅ

ក្នុងព្រៃបាត់ទៅ ។ ម្ចាស់អន្ទាក់ស្រាប់តែភ្ញាក់ខ្លួន មើលទៅឃើញទន្សាយបោលចូលទៅក្នុងព្រៃ ហើយក្រោកឡើងគក់ទ្រូងថា “នុអាចោរទន្សាយពុតខ្ចបស់ទេតើ អញស្មានថាវាងាប់ តឡូវវាបោលទៅក្នុងព្រៃព្រងើយ អើអត់ឲ្យម្តង ថ្ងៃក្រោយគង់តែវាភ្លេចត្រចៀកមកត្រូវអន្ទាក់អញទៀតមិនខានទេ” ។ លុះដល់ពីរដល់បីថ្ងៃ ទន្សាយនឹកឃ្លានចង់ស៊ីស្រូវសំណាបទៀត ។ ហើយបោលចូលទៅក្នុងស្រែភ្លេចគិតពីអន្ទាក់នោះ អាល័យតែនឹកចង់ស៊ីសំណាបក៏ទៅជាប់អន្ទាក់នោះទៀត ។ ទន្សាយលុះជាប់អន្ទាក់ហើយភិតភ័យណាស់ មិនដឹងបើនឹងគិតធ្វើដូចម្តេចឲ្យរួច ទាល់ប្រាជ្ញធ្វើមុខស្រមេះៗ ។ លុះព្រឹកឡើងម្ចាស់អន្ទាក់មកឃើញទន្សាយជាប់អន្ទាក់ អរណាស់ស្ទុះម្នីម្នា ចូលទៅដោះទន្សាយចេញពីអន្ទាក់ហើយថា “ឯងធ្លាប់តែមានពុតធ្វើជាងាប់ ម្តងនេះ ឯងធ្វើដូចម្តេចក៏អញមិនលែងឯងទៀត អញទុកគ្រាន់តែនឹងមើលមុខឯង ដ្បិតឯងមានពុតចេះធ្វើជាងាប់” ហើយយកទន្សាយទៅផ្ទះ ។ លុះដល់ផ្ទះហើយក៏យកអង្រុតក្រុងទន្សាយជាប់ ។ ជួនជាព្រឹកនោះ អ្នកបានត្រីសមួយ យកមកព្រោះទុកក្នុងថ្លាង ដាក់ប្រៀបគ្នានឹងទន្សាយ ហើយនឹកក្នុកឡើងថា “លោកសង្ឃនៅវត្តចេះចាប់យាមពូកែ ទាយធុតណាស់ បើដូច្នេះអញនឹងទៅល្បងឲ្យលោកចាប់យាមមើល ជាធុតមែនឬដូចម្តេច ?” ហើយអ្នកនោះផ្តាំប្រពន្ធថា “ឯងមើលទន្សាយនឹងត្រីផងក្រែងវារួច ហើយដើរចូលទៅក្នុងវត្ត ឡើងទៅលើកុដិក្រាបថ្វាយបង្គំលោកពិតពុទ្ធដីកាថា “ខ្ញុំព្រះករុណាឮល្បីថាលោកគ្រូចេះចាប់យាមធុតណាស់” ។ ឯលោកមានពុទ្ធដីកាថា “ចេះ ប៉ុន្តែធុត មិនធុត មិនហ៊ានអួតទេ” ។ អ្នកនោះឆ្លើយឡើងថា „សូមទានមេត្តាប្រោស ទាយឲ្យខ្ញុំករុណាបន្តិច តើក្នុងវេលាព្រឹកនេះឯង នឹងមានលាភអ្វីទទួលទាន ?” ។ លោកនោះឆ្លើយឡើងថា “ទេ

អាចក្តីមិនហ៊ានចាយទេ" ។ អ្នកនោះថា សូមមេត្តាប្រោស ចាយឲ្យទានបន្តិច ខ្ញុំករុណាបង់ជីវិតនឹងបានអ្វីទទួលទានក្នុងវេលាព្រឹកនេះ" ។ លោកសង្ឃរាជឆ្លើយឡើងថា "ទេ ក្រែងញោមអន់ចិត្ត" ។ អ្នកនោះគិតក្នុងចិត្តថា "បើលោកនេះចាយត្រូវ អញឲ្យសាច់ទន្សាយនិត្រីរស់ឆាន់ បើលោកចាយមិនត្រូវ អញមិនឲ្យឆាន់សោះ អញស៊ីតែពីរនាក់នឹងប្រពន្ធអញ" នឹកតែក្នុងចិត្តហើយពិតពុទ្ធដីកាលោកថា "ទេ ខ្ញុំករុណាមិនអន់ចិត្តទេ" ។ លោកយកតម្រាមកមើលហើយចាយថា "ញោមគ្មានលាភអ្វីទេ . . . " ។ អ្នកនោះលាលោកត្រឡប់មកវិញហើយនឹកថា "លោកនេះចាប់យាមមិនផុតទេ អញគិតស្មានក្រែងលោកចាយត្រូវ នឹងប្រគេនសម្លលោកឆាន់ ឥឡូវនេះលោកចាយមិនត្រូវដូច្នេះ អញស៊ីតែពីរនាក់នឹងប្រពន្ធ" គិតដូច្នោះហើយដើរមកដល់ផ្ទះបង្គាប់ប្រពន្ធឲ្យដណ្តាំបាយ ។

ឯទន្សាយនិងត្រីរស់គិតគ្នាថា "បងត្រីឯងធ្វើជាស្លាប់ផ្ទារពោះ បើគេមកចាប់បងឯងទៅកាប់ស្លស៊ី ហើយគេដាក់បងឯងនៅប្របទឹក បងឯងលោតបុះទៅក្នុងទឹកធ្វើជាហែលផែលៗ បន្តិចៗ បើគេលោតទៅចាប់បងឯងៗ ស្ទុះហែលទៅបន្តិចធ្វើជាផ្ទារពោះទៀត ឲ្យគេមកយកអង្រុតដែលគេគ្របខ្ញុំទៅរុតចាប់បងឯងៗ ឃើញគេយកអង្រុតទៅ បងឯងស្ទុះហែលឲ្យបាត់ទៅ" ។ ឯជនទាំងពីរនាក់ប្តីប្រពន្ធ លុះប្រពន្ធដណ្តាំបាយឆ្អិនហើយ ប្តីយកត្រីទៅស្រកានៅប្របមាត់ត្រពាំងនៅមុខផ្ទះ ។ ត្រីធ្វើជាស្លាប់ផ្ទារពោះរឹងស្តូកមិនកម្រើកខ្លួនសោះ ។ បុរសនោះគិតស្មានថាជាស្លាប់ ចាប់យកត្រីទៅប្របមាត់ត្រពាំងជិតមាត់ទឹក ត្រីក៏ស្ទុះបោតលោតបុះទៅក្នុងទឹក ធ្វើតាមពាក្យទន្សាយផ្តាំសព្វគ្រប់ ។ ឯបុរសនោះឃើញត្រីលោតបូលទៅក្នុងទឹកហើយផែលៗ ដូច្នោះក៏លោតទៅចាប់ ។ ត្រីស្ទុះទៅទៀតហើយធ្វើជាផ្ទារពោះផែលៗ ដូច្នេះពីរបីដង អ្នកនោះចាប់មិនបាន

ស្រែកហៅទៅប្រពន្ធឲ្យយកអង្រុតទៅជាប្រញាប់ ៗ ប្រពន្ធមិនបានជាគិតដល់ទន្សាយ ក៏លោតកញ្ឆក់យកអង្រុតទៅឲ្យប្ដីរុតត្រីក្នុងត្រពាំងទាំងពីរនាក់ ប្ដីនឹងប្រពន្ធទទឹកសំពត់អាវអស់ ៗ ត្រីឃើញអង្រុតក៏ស្ទុះហែលទៅក្នុងទឹកជ្រៅបាត់ទៅ ៗ បុរសប្ដីប្រពន្ធខំណាស់ខំរុតរកត្រីពុំឃើញសោះ រងាណាស់ត្រាំមិនបាន ពីព្រោះរដូវខែខ្យល់ពីងដើង ហើយពីព្រឹកព្រហាមផង ញ័រទាំងដៃជើងរណ្ដំទាំងធ្មេញ ៗ ទាំងពីរនាក់ប្ដីប្រពន្ធ រត់ឡើងមកអាំងភ្លើងជើងក្រានដែលដណ្ដាំបាយនោះ អង្គុយប្រហោងទាំងពីរនាក់ទល់មុខគ្នា ក៏នឹកឃើញទំនាយដែលលោកសង្ឃរាជចាប់យាមថា គ្មានលាភអ្វីទេ ... ត្រូវតាមលោកចាប់យាមឲ្យនោះឯង ៗ អ្នកនោះក៏ជឿលោកគ្រូទោះថា ចាប់យាមធុតពូកែមែន ៗ

ត្រីរស់ក៏រួច ទន្សាយក៏រួច
(ប្រជុំរឿងព្រេងខ្មែរ) ភាគ ២, ទំព័រ ១១៩-១៣៨ )

សុភា sage, wiseman, magistrate

ទន្សាយ /tŭənsaay/ hare, rabbit

សុភាទន្សាយ the Wise Hare

ពាក្យរាយ prose

តពី continued from

ពាក្យកាព្យ verse, poetry

ធ្វើស្លាប់ to play dead

លូន crawl (on the stomach)

| | |
|---|---|
| អះ | interjection of surprise |
| លាភ | luck |
| មានលាភ | to be lucky |
| ហៅពេញជាមានលាភ | this is what you call luck |
| ពន់ពេក | extremely, very much, too much |
| ម្ដង | for a change |
| ល្អី | a tightly-woven basket |
| បក | to peel |
| បកស៊ីៗ | to peel and eat one after the other |
| សម្បក | peel (of fruits), bark |
| ប៉ែ | interjection of surprise or annoyance |
| ងាប់ | to die, be dead |
| ...ក៏...ក៏ | both...and... |
| ប្រុងនឹង | to intend to, about to |
| ខ្យង | snail |
| ថ្វីបើ | even though |
| ទឹកម៉ែឪអាណា | it's not your damned water, is it? |
| ផង | of, belonging to |
| ហែលភ្នាល់ | to race |
| បណ្ដាក់គ្នា | to do in relay, pass the buck |
| ស្រែកហៅ | to call out loud |

| | |
|---|---|
| ក្បុក | here!, here I am! |
| ពុំបេះ | never |
| ពោលពុំបេះទាន់ឡើយ | run without ever catching up |
| ទទួលចាញ់ | to concede defeat |
| បឹងបួ | lakes and ponds |
| សនៀម | dew, moisture |
| ត្រើយម្ខាង | the opposite bank |
| ក្រពើ | crocodile |
| ហែលចុះហែលឡើង | swim back and forth |
| ចម្លង | take across, put across |
| នាយ | distant, yonder |
| ត្រើយនាយ | distant shore |
| បងឯង | you (older sibling) |
| កើតអ្វី | what's wrong?, what's the matter? |
| កើតអ្វីបានជា | why is it that, how did it happen that |
| គគ្រាត | rough, scaly, coarse |
| អស់ទាំងខ្លួន | all over the body |
| មើល | to cure |
| បង្អើល | to run aground, to beach |
| អ្នកឯង | you |
| ខ្ពើម | be disgusted by, repelled by (a sight, smell, etc.) |

| | |
|---|---|
| កាច់ | break off |
| ទ្រាប់ | to put under, to cushion |
| ទ្រាប់អង្គុយ | to use as a seat |
| ចាំ | have to |
| មានគុណនឹងខ្ញុំ | good to me |
| ក្រែងជាបាបខ្ញុំ | I'm afraid it would be sinful (to sit directly on you) |
| ស្មោះបំពោះ | directly, straightforwardly (here: ingenuously) |
| អាឯង | you (disrespectful, condescending) |
| ស្រែងអាឯងកើតតាំងតែពី ជីដូនជីតាអាឯងមក | your disease is inherited from your ancestors |
| អកណាមើលជា | nobody could cure it (literally: who could cure it?) |
| បញ្ឆោត | to deceive |
| ដល់ខ្មាតហើយ | to the utmost, maximally, really |
| គល់ | log |
| រសាត់ | to float along |
| រសាត់ចុះឡើង | float back and forth |
| ត្មាត | vulture |
| រូង | make a hole |
| គូថ | anus |

| | |
|---|---|
| ខ្ចីប | /kciip, kcɨp/ to contract, tighten |
| ជិត | closely, tightly |
| វិលវល់ | to go around in circles (literally or figuratively) |
| អស់លោកអ្នកស្រុក | all you villagers |
| ឲ្យទាន | as a favor |
| ប្រោស | to revive |
| មេត្តាប្រោស ... | please... |
| យកតែបុណ្យទៅចុះ | for your own good |
| រីក | expand (iV) |
| មន្ទិល | to doubt, suspect |
| ឬមួយ | or rather |
| អេះ | final question particle (colloquial variant of /rɨɨ/) |
| បណ្ដោយ | along, along with |
| បណ្ដោយទឹក | downstream, along with the current |
| ច្រាស | against, in the wrong direction |
| ច្រាសទឹក | upstream, against the current |
| យើ | Aha! |
| នែ | there, see there |
| អា | you (derogatory) |
| ទើបស្រួល | would be better |
| ហា | to open (the mouth) |

| | |
|---|---|
| អង្អែល | caress, rub |
| ចង្កូម | long canine tooth, fang |
| ស្នៀត | an insert, for inserting |
| កាំបិតស្នៀត | hunting knife |
| កាំបិតស្លា | folding knife |
| គាត | silk thread |
| រៀបរាប់ | lay out, enumerate |
| ត្របាក់ | to snap, bite at |
| ឃុប | snapping sound |
| ប្លុប | with a sudden slipping motion |
| ជាណាស់ហើយទេះ | what good fortune!, how nice! |
| ពោះវៀន | intestines |
| បត់បន្ទាស | crooked, twisted |
| ពោះវៀនបត់បន្ទាស | intestines (figuratively: crooked or dishonest person) |
| ផ្ទាត់ | to thump, flick |
| ក្រចក | fingernail(s) |
| ផ្ទាត់ក្រចក | to snap the fingernails |
| ប្រែះៗ | sharp snapping sound |
| ដង្គត់ | a stump |
| រលាយ | to melt (iV) |

| | |
|---|---|
| ជ័រ | /cɔə/ resin |
| ទេពតា | /teepədaa/ god, angel |
| មេ | mother, female (of animals) |
| ត្រសក់ | cucumber |
| ដាក់ | to set (a trap, etc.) |
| ត្រូវអន្ទាក់ | get caught in a trap |
| គីង្គក់ | toad |
| ព្រួយចិត្ត | sad, worried, anxious |
| ដេញ | to chase, pursue |
| រៀបរើបស្លាម្លូ | prepare chews of betel |
| គក់ | to pound, beat |
| ទ្រូង | chest, breast |
| ស្មា | shoulder |
| ជាថ្មី | again |
| ភ្លឹក | to have a sudden inspiration |
| ជាន់ | to step on |
| ទះដៃ | clap the hands |
| ផ្ដន្ទា | /pdɑntiə/ to curse, wish bad luck |
| ធ្លាប់តែ | used to, always used to |
| ក្រញោន | drawn up, huddled up |
| ធ្វើមុខ | make a face |

| | |
|---|---|
| ង្ងើមុទក្ងឹះ ៗ | with a stupified expression |
| ផ្អាន់ផ្អុញផ្អាល់ | to gloat, take pleasure in another's misfortune |
| លួងលោម | cajole, persuade, entice |
| ទាល់ចំណោះ | at wit's end, nonplussed |
| ប្រាកដប្រជា | surely, truly, definitely |
| កូនក្រមុំគេ | a certain maiden |
| កំប្ងង់ ៗ | very beautiful |
| ថ្ពាល់ | cheek |
| ប៊ធ្បូរ | soft, smooth |
| កូឡាប | rose |
| ឆ្កួត | crazy, idiotic |
| ឆ្កួតនឹងស្រី | crazy about women |
| អត់មិនបាន | unable to resist |
| ញញឹមញញែម | to beam with joy |
| កខ្ទេះកខ្ទាញ | to bubble with enthusiasm |
| បញ្ឆោតអ្វីច្រើនដងម្ល៉េះ | why would I deceive [you] so many times |
| កុហក | to lie, prevaricate |
| ស្លឹង | an old coin worth about 25 cents |
| ផ្លុត | descriptive of a sudden action or movement |
| ទង្គិច | hit, strike against |

| | |
|---|---|
| ភ្លឺស្រែ | ricefield dike |
| អាចម៍ | dung, manure |
| សត្វកំពូលអាចម៍ | dung-beetle |
| ថ្មើរនេះទៅហើយ | at this late hour |
| បាយព្រឹក | breakfast |
| ខ្ញុំទៅហើយត្រឡប់មកស៊ីបាយព្រឹកវិញ | I [have time to] go and come back and eat breakfast |
| ខ្ទរៗ | a low buzzing, murmuring sound |
| ក្រឡឹង | to lathe |
| ដុំរទេះ | cartwheel hub |
| គ្រប់មួយសម្រាប់ | a complete set |
| តែម្ដង | all at once, in one operation |
| ទាន់ប្រាជ្ញ | to outwit, match wits with, call one's bluff |
| ជំហរ | /cumhɔɔ/ to brag, boast |
| ទន្លេធំ | section of the Mekong River between Phnom Penh and Kompong Thom |
| ត្រីទីពោ | a kind of large fish |
| គុម្ព | /kum/ clump, bush |
| រពាក់ | a kind of rattan |
| ក្រហែម | /krɔhɛɛm/ to clear one's throat |

| | |
|---|---|
| អ៊ែម | Ahem! |
| ស្កាំ | to have one's hunger abated |
| មិនស្កាំមាត់ | hunger still not abated, hardly tasted it |
| ត្រប់ | eggplant |
| ខារ | bitter |
| ស្អារ | to irritate, bother (the throat) |
| បំពង់ | pipe, tube |
| បំពង់ក | throat |
| ស៊ីត្រប់ខារតែមួយស្អារ បំពង់កដល់ម្ល៉េះ | why does just one bitter eggplant irritate my throat so much? |
| លោះ | to get rid of, obviate |
| កដៃ | wrist |
| ត្រចៀក | ear |
| កំទេច | debris, bits, remains |
| ភ្លុក | tusks, ivory |
| ឥតអំពើ | pointlessly, in vain |
| ឆោត | naive |
| បោច | to pull on, pull up |
| កាលដែល | while |
| ដម្បូក | hill, mound |

ងើត — to crane the neck

ក្រញ៉ាំ — derogatory appelation

កញ្ចាស់ — old thing, old person; old, pathetic

សំគម — frail, skinny; skinny person

ផាត់ — repay, redeem

កន្ត្រាក់ — to jerk

ដួល — to fall down, fall over

ផ្កាប់ — face down, on the stomach

ផ្ងារ — face up, on the back

ផ្កាប់ផ្ងារ — turning over and over

ស្តី — to talk, speak

ប្រឹងតែ — persist in, keep trying to

ស្ញេញ — /sñəñ/ to grimace, draw the lips back

ចំណង — knot, binding, cord

ផ្តាច់ — to break (tV)

ព្រលប់ — evening, twilight

ស្រូវសំណាប — rice sprouts, seedlings

ល្អាស់ — tender, green

ខ្ចី — tender, green

លាស់ — to sprout

ខៀវ — general term for the spectrum of color from blue to green

| | |
|---|---|
| ឆ្អែត | full, satisfied |
| គន្លង | path, furrow |
| ធ្វើពុតជា | to pretend that, act as if |
| រឹង | hard, stiff |
| ស្ពក | extended, stretched out |
| ភ្ញាក់ខ្លួន | be surprised |
| ព្រងើយ | blithely, unconcernedly |
| អត់ឲ្យម្ដង | I'll forget it this time |
| គង់តែ | surely, inevitably |
| ភ្លេចត្រាបៀក | to forget oneself momentarily |
| អាល័យតែ | preoccupied with |
| ប៉ើទឹង | whether, if |
| ស្របេះ | dejected, resigned |
| គ្រុង | to cage |
| ថ្លាង | a large wide pot |
| ចាប់យាម | to predict, foretell |
| ពិត | to tell, inform (addressing a monk) |
| ពុទ្ធដីកា | /putdəykaa/ words of a monk (literally: teachings of the Buddha) |
| ពិតពុទ្ធដីកា | to say (to a monk) |
| ល្បី | fame, renown |

| | |
|---|---|
| អាចក្ដី | I, me, my (priest speaking) |
| លោកសង្ឃរាជ | /look-sɑŋkhəriəc/ chief priest, abbot of the monastery |
| ញោម | term of address used by a monk to older persons |
| ឆាន់ | to eat (of clergy) |
| ក្រែង | in the (unlikely) event that |
| ផ្ងារពោះ | stomach up (i.e. face up) |
| ថែលៗ | with a slow undulating movement, weakly |
| ស្រកា | to scale (a fish) |
| កញ្ឆក់ | to snatch |
| ទទឹក | wet, soaked |
| ទ្រាំមិនបាន | unable to endure |
| ព្រហាម | /prɔhiəm/ dawn |
| ញ័រ | /ñɔə/ to tremble, shake |
| រណ្ដំ | to rattle |
| រណ្ដំទាំងធ្មេញ | teeth even rattled |
| អាំងភ្លើង | to warm in front of a fire |
| ជើងក្រាន | stove |
| ប្រហោង | to sit on the haunches |
| ទំនាយ | prediction |
| ត្រីរស់ក៏រួច ទន្សាយក៏រួច | a bird in the hand is worth two in the bush (literally: both the trout and the hare got away) |

# ២៣- រឿងព្រះរាជវិនិច្ឆ័យក្តីទាំង ៤

មាននិទានមួយដំណាលថា: មានបុរស ២ នាក់ជាក្លើនឹងគ្នា ។ ថ្ងៃមួយ ក្លើម្នាក់បានទៅខ្ចីគោរបស់ក្លើម្នាក់ ដើម្បីទឹមរទេះទៅលក់ទំនិញ ។ ក្នុងវេលាដែលខ្ចីគោ ម្ចាស់គោនោះជួបជុំគ្នាទាំងប្តីប្រពន្ធ ។ លុះក្លើខ្ចីគោនោះទឹមបរទៅលក់ទំនិញរួចហើយ បាននាំគោទៅជូនក្លើវិញ តែពុំឃើញក្លើ ឃើញតែម្រាក់ ក៏ជូនគោទៅម្រាក់ៗ ទទួលយកគោនោះហើយ ។ ក្រោយពីនោះ គោនោះងាប់ទៅ ។ លុះក្លើម្ចាស់គោត្រឡប់មកដល់ផ្ទះវិញ ឃើញគោនោះងាប់ ក៏ទឹកខឹងហើយទៅប្រាប់ឲ្យក្លើដែលខ្ចីគោសងគោនោះវិញ ។ ឯក្លើខ្ចីគោឆ្លើយថា "កាលអញយកគោទៅសងពុំឃើញក្លើឯង ឃើញតែម្រាក់ៗ ទទួលយកគោនោះជ្រះស្រឡះហើយតក់តវ៉ាអ្វីទេ ម្តេចក៏ក្លើបង្គាប់អញឲ្យសងគោទៀត" ។ ក្លើម្ចាស់គោថា "ម្តេចក៏ក្លើមិនរង់ចាំអញមកដល់ផ្ទះសិន ហើយម្តេចក៏ជូនគោទៅប្រពន្ធអញវិញ ដូច្នេះ ត្រូវតែក្លើសងគោអញខានមិនបានទេ" ។ ក្លើខ្ចីគោឆ្លើយថា "អញបានយកគោទៅជូនម្រាក់ជាជ្រះស្រឡះហើយ បើក្លើបង្ខំអញឲ្យសងទៀត ចាំអញទៅសូមព្រះរាជទ្រព្យឲ្យបានសិនទើបសង" ។ បុរសទាំង ២ នាក់ពុំសុខចិត្តតែរៀងខ្លួន ក៏បណ្តើរគ្នាទៅប្តឹងចៅក្រម លុះដើរបន្តិចទៅ ត្រូវថ្ងៃក្តៅណាស់ ក៏នាំគ្នាចូលទៅជ្រកម្លប់ឈើមួយ ។ គាប់ជួនវេលានោះ មានបុរសជាម្ចាស់នឹងខ្ញុំបណ្តើរគ្នាមកដល់ដែរ ខ្ញុំដឹកសេះដើរមុខ ម្ចាស់សេះដើរពីក្រោយឆ្ងាយ ។ ចៅដឹកសេះបានជួបនឹងបុរស ២ នាក់ ដែលកើតក្តីនឹងគ្នា អង្គុយក្រោមម្លប់ឈើនោះ ក៏និយាយថា ..ចូរចៅដេញសេះឲ្យផង" ។ បុរសនោះដេញហើយ សេះនៅតែមិនព្រមដើរ ក៏និយាយតបថា "ចៅអើយ! សេះឯងមិនព្រមដើរទេ" ។ ទើបចៅដឹកសេះនោះថា "ចូរចៅវាយវាឲ្យផង" ។ បុរសកើតក្តីថា "អញមិន

ហ៊ានបោលទេខ្លាចបាក់ជើងសេះចៅឯង” ។ ចៅដឹកសេះថា “បោល
ចុះមិនអីទេ” ។ បុរសខ្ចីគោគេក៏បោលទៅ ត្រូវជើងសេះនោះបាក់ ។ ចៅ
ម្ចាស់សេះដើរមកទាន់ ក៏សួរថា “ហេតុអ្វីបានជាចៅបោលសេះអញឲ្យបាក់ជើង?
ដូច្នេះត្រូវសងសេះអញវិញ” ។ បុរសខ្ចីគោគេឆ្លើយថា “ចាំអញទៅសូមព្រះ
រាជទានព្រះរាជទ្រព្យបានសិន សឹមអញសងចៅ” ហើយក៏នាំគ្នាដើរទៅដល់ផ្ទះ
របស់បុរសជាក្ដីនឹងបុរសដែលខ្ចីគោនោះ បុរសខ្ចីគោគេក៏ដើរចូលទៅក្នុងផ្ទះក្ដី
នោះ តែមិនបានឃើញក្ដី ឃើញតែប្រពន្ធៗនោះ មានផ្ទៃពោះជាង ៧ ខែ
ហើយបុរសខ្ចីគោគេនោះនិយាយសុំទឹកថា “ម្រាក់អើយ! អញសុំទឹកផឹកផង,, ។
នាងនោះក៏ទៅសិតទឹករួចក៏ចុះជណ្ដើរមក នឹងហុចទឹកឲ្យ ស្រាប់តែកាំជណ្ដើរ
បាក់ធ្លាក់ដល់ដីរលូតកូនទៅ ។ ឯប្ដីមកដល់ឃើញហើយនិយាយថា “ហេតុអ្វី
ក៏ក្ដីប្រើប្រពន្ធអញឲ្យសិតទឹកផឹក ទាល់តែធ្លាក់ពីលើជណ្ដើររលូតកូន, ដូច្នេះក្ដីឯង
ត្រូវសងកូនអញ ។ បុរសខ្ចីគោគេឆ្លើយថា “ចាំអញទៅសូមព្រះរាជទានព្រះរាជ
ទ្រព្យសិន សឹមអញសងឯងវិញ,, ហើយក៏កោះគ្នាបណ្ដើរទៅ ទៅដល់ទី ១
មានដើមឈើច្រើន បុរសខ្ចីគោគេនិយាយថា “ចូរអ្នករង់ចាំអញទៅជុះមួយរំពេច
សិន ហើយគេចទៅឡើងដើមឈើ ១ ដោយនឹកខ្នាញ់ថា “ខ្លួននេះអភ័ព្វណាស់
នឹងលោតទម្លាក់សម្លាប់ខ្លួនចោលទៅ ល្អជាងនៅរស់,, ។ ចួនជានៅខាងក្រោម
ដើមឈើនោះ មានបុរស ២ នាក់ឪពុកនិងកូនកំពុងត្បាញកន្ទេល ។ បុរសនោះ
លោតទៅក៏ធ្លាក់ទៅលើឪពុកដែលកំពុងត្បាញកន្ទេលនោះស្លាប់ទៅ ឯខ្លួនអ្នក
លោតមិនស្លាប់ទេ ។ បុរសជាកូនឃើញឪពុកស្លាប់ក៏ខឹងខ្លាំងណាស់និយាយថា
“ត្រូវចៅឯងសងឪពុកអញវិញ,, ។ បុរសលោតពីចុងឈើឆ្លើយថា “បើចៅ
ឲ្យអញសងឪពុកឯង អញក៏សងដែរ តែចាំអញទៅសូមព្រះរាជទានព្រះរាជទ្រព្យ

បានសិន,, ។ បុរសទាំង៤នាក់ជាគូវិវាទគ្នា ក៏បណ្ដើរគ្នាទៅរកចៅក្រម ហើយប្ដឹងដោយនូវដំណើរទីទៃៗ ពីគ្នា ។

ឯចៅក្រមជំនុំជំរះកាត់សេចក្ដី ថា “ត្រូវឲ្យបុរសខ្ចីគោគេនោះ សងគោគេវិញ, ត្រូវឲ្យបុរសខ្ចីគោដែលបោលបាក់ជើងសេះគេនោះ សងសេះគេវិញ ត្រូវឲ្យបុរសខ្ចីគោដែលប្រើប្រពន្ធគេឲ្យសិតទឹកឲ្យផឹក ជាហេតុឲ្យរលូតកូនគេនោះ សងកូនគេវិញ, ត្រូវឲ្យបុរសខ្ចីគោដែលលោតសម្លាប់ខ្លួន ជាហេតុឲ្យស្លាប់ឪពុកគេនោះ សងឪពុកគេវិញ” ។

បុរសខ្ចីគោ ដែលជាប់ទោទទាំង ៤ រឿងនោះ ពុំសុខចិត្តក៏នាំគ្នាឡើងទៅគាល់ព្រះមហាក្សត្រ ក្រាបបង្គំទូលសូមព្រះរាជទ្រព្យ ។ ព្រះមហាក្សត្រមានព្រះបន្ទូលដណ្ដឹងថា “ហេតុអ្វីក៏ព្រះស្ដែងមកសូមប្រាក់អញដូច្នេះ ?” ។ បុរសខ្ចីគោក្រាបបង្គំទូលថា “សូមទ្រង់ព្រះមេត្តាប្រោស, ខ្ញុំព្រះបាទអម្ចាស់បានខ្ចីគោក្មើនេះទឹមបរជីកនាំទំនិញទៅលក់ រួចនាំយកគោនោះទៅជូនវិញ តែពេលនោះជួបតែនឹងម្រាក់ ពុំជួបនឹងក្មើ បានប្រគល់គោនោះទៅម្រាក់ៗក៏ទទួលយកគោនោះដេះស្រឡះហើយៗវិលមកផ្ទះវិញ” ។ ក្រោយមក ក្មើនេះមកប្រាប់ខ្ញុំព្រះបាទអម្ចាស់ថា “គោនោះងាប់ទៅហើយៗបន្ទោសខ្ញុំព្រះបាទអម្ចាស់ថា “វេលាក្មើទៅសងគោវិញ ម្ដេចក៏មិនរង់ចាំអញសិន ហើយម្ដេចក៏ទៅជាយកគោទៅជូនប្រពន្ធអញវិញ, មិនជូនអញ ? ដូច្នេះត្រូវក្មើឯងសងគោអញ, សូមទ្រង់ជ្រាបដំណើរក្ដីរបស់ព្រះបាទអម្ចាស់ ដូចក្រាបបង្គំទូលនេះ ។ ព្រះមហាក្សត្រត្រាស់ដណ្ដឹងទៅបុរសជាម្ចាស់គោថា “ដំណើរក្ដីនេះ ដូច្នេះមែន ឬពុំមែនទេ ?” ។ បុរសម្ចាស់គោក្រាបបង្គំទូលថា “សូមទ្រង់ព្រះមេត្តាប្រោស ដូច្នេះមែន” ។ ទើបព្រះអង្គត្រាស់សួរទៀតថា “តើព្រះស្ដែងនឹងឲ្យគេសងទៀតឬអ្វី”? ។ ម្ចាស់

គោក្រាបបង្គំទូលថា "ខ្ញុំព្រះបាទអម្ចាស់ឲ្យសង" ។ ទើបព្រះអង្គត្រាស់ថា "បើព្រះស្តែងឲ្យគេសងគោ ត្រូវព្រះស្តែងឲ្យប្រពន្ធទៅកើព្រះស្តែង ទើបព្រះស្តែងបានគោ ដ្បិតប្រពន្ធព្រះស្តែងទទួលយកគោពីគេជ្រះស្រឡះហើយ តើឥឡូវនេះ ព្រះស្តែងសុខចិត្តឲ្យប្រពន្ធទៅកើព្រះស្តែង ឬទេ?" ។ បុរសនោះក្រាបបង្គំទូលថា "សូមទ្រង់ព្រះមេត្តាប្រោស, ខ្ញុំព្រះបាទអម្ចាស់ពុំព្រមឲ្យប្រពន្ធទៅកើនេះទេ" ។ ព្រះអង្គមានព្រះបន្ទូលថា "បើព្រះស្តែងមិនព្រមឲ្យប្រពន្ធទៅគេទេ ព្រះស្តែងក៏មិនត្រូវបានសំណងគោនោះដែរ, ព្រោះប្រពន្ធព្រះស្តែងទទួលយកគោនោះជ្រះស្រឡះហើយ ម្តេចក៏ព្រះស្តែងមកទារសំណងពីគេទៀត?" ។

ព្រះមហាក្សត្រ ទ្រង់ព្រះរាជវិនិច្ឆ័យក្តីរួចហើយ ទ្រង់ជំណុំជំរះរឿងសេះតទៅទៀត ។ ឯបុរសខ្ចីគោជាដើមហេតុ ដែលបោលសេះគេឲ្យបាក់ជើងនោះក្រាបបង្គំទូលថា "សូមទ្រង់ព្រះមេត្តាប្រោស, ខ្ញុំព្រះបាទអម្ចាស់ឈប់នៅក្រោមម្លប់ឈើទី១ គាប់ជួនជាបុរសនេះដឹកសេះមកដល់ទីនោះដែរ បានប្រើខ្ញុំព្រះបាទអម្ចាស់ឲ្យដេញសេះៗ មិនព្រមដើរ ក៏បង្គាប់ខ្ញុំព្រះបាទអម្ចាស់ឲ្យបោល ខ្ញុំព្រះបាទអម្ចាស់ប្រកែកថា "មិនហ៊ានបោលទេ ក្រែងបាក់ជើងសេះ" បុរសដឹកសេះថា "បោលទៅចុះ" ខ្ញុំព្រះបាទអម្ចាស់ក៏បោលទៅត្រូវជើងសេះបាក់" ។ ទើបព្រះអង្គទ្រង់មានព្រះបន្ទូលនឹងអ្នកដឹកសេះថា "ដំណើរក្តីនេះ ដូចេះមែនឬដូចម្តេច?" ។ បុរសនោះក្រាបបង្គំទូលថា "ពិតដូច្នោះមែន" ។ ព្រះអង្គត្រាស់ថា "បើព្រះស្តែងឲ្យគេ សងសេះ ត្រូវព្រះស្តែងប្រគល់ខ្ញុំព្រះស្តែងទៅឲ្យគេ ព្រោះខ្ញុំព្រះស្តែងប្រើគេឲ្យបោល ទាល់តែសេះព្រះស្តែងនេះបាក់ជើង ព្រះស្តែងព្រមឬមិនព្រម?" ។ បុរសម្ចាស់សេះនោះក្រាបបង្គំទូលថា "ខ្ញុំព្រះបាទអម្ចាស់ពុំព្រមឲ្យទេ

ដៀតមានខ្ញុំតែម្នាក់" ។ ព្រះអង្គត្រាស់ថា "បើដូច្នោះមិនត្រូវឲ្យគេសងសេះព្រះស្តេចដែរ ព្រោះព្រះស្តេចមិនព្រមឲ្យខ្ញុំទៅគេ" ។

ព្រះមហាក្សត្រទ្រង់កាត់ក្តីរឿងសេះហើយ ទ្រង់សួររឿងស្រីរលូតកូនតទៅទៀត ។ បុរសខ្ចីគោគេក្រាបបង្គំទូលថា "កាលដែលខ្ញុំព្រះបាទអម្ចាស់ដើរមកតាមផ្លូវនោះស្រេកទឹកខ្លាំងណាស់ បានចូលទៅសូមទឹកនៅផ្ទះក្លើនេះ, ជួនជាថ្ងៃនោះ ក្លើមិននៅ ។ តែម្រាក់ ។ ចុះជណ្តើរទៅសិតទឹក បាក់កាំជណ្តើរធ្លាក់ម្រាក់ទៅដី រលូតកូនទៅ លុះក្លើមកដល់យល់ម្រាក់រលូតកូនដូច្នោះ ក៏ខឹងខ្លាំងណាស់ បង្គាប់ឲ្យខ្ញុំព្រះបាទអម្ចាស់សងកូន" ។ ទើបព្រះអង្គត្រាស់សួរទៅប្តីនោះថា "ដំណើរក្តីនេះ តើពិតដូច្នេះឬពុំមែនទេ?" ។ បុរសប្តីក្រាបបង្គំទូលថា "ពិតដូច្នោះមែន" ។ ព្រះអង្គត្រាស់សួរថា "ព្រះស្តេចនឹងឲ្យគេសងកូននោះឬអ្វី?" ។ "សូមទ្រង់ព្រះមេត្តាប្រោស, ខ្ញុំព្រះបាទអម្ចាស់សុំឲ្យក្លើសងកូននោះវិញ" ។ ប្រពន្ធព្រះស្តេចផើមបានប៉ុន្មានខែ?" ។ សូមទ្រង់ព្រះមេត្តាប្រោស, ផើមបាន ៧ ខែហើយ,, ។ ព្រះមហាក្សត្រទ្រង់ព្រះរាជវិនិច្ឆ័យថា "បើព្រះស្តេចឲ្យគេសងកូននោះ ត្រូវព្រះស្តេចឲ្យប្រពន្ធព្រះស្តេចទៅធ្វើជាប្រពន្ធគេទុកឲ្យផើមបាន ៧ ខែសិន សឹមព្រះស្តេចយកមកធ្វើជាប្រពន្ធព្រះស្តេចវិញចុះ, តើព្រះស្តេចព្រមឲ្យឬទេ? ,, ។ បុរសប្តីក្រាបបង្គំទូលថា "ខ្ញុំព្រះបាទអម្ចាស់មិនព្រមឲ្យទេ ។ ព្រះមហាក្សត្រទ្រង់ត្រាស់ថា "បើព្រះស្តេចមិនព្រមឲ្យប្រពន្ធទៅគេ ចុះឲ្យគេយកកូនពីណាមកសងព្រះស្តេចវិញបាន? " ។

ព្រះមហាក្សត្រត្រាស់សួរដំណើរក្តី រឿងស្លាប់ឪពុកតទៅទៀត ។ បុរសខ្ចីគោក្រាបបង្គំទូលថា "ដើមឡើយខ្ញុំព្រះបាទអម្ចាស់លាអ្នកដើមចោទទាំង ៣ នាក់ថា "សូមទៅបត់ជើងមួយរំពេចសិន លុះចូលទៅក្នុងព្រៃយល់ដើមឈើមួយធំ

ដោយទឹកអន់ចិត្តនឹងភ័ព្វសំណាងរបស់ខ្លួនខ្លាំងពេក ក៏ឡើងទៅលើចុងឈើនោះ ប្រុងនឹងលោតសម្លាប់ខ្លួនបង់ ដល់លោតចុះមកស្រាប់តែត្រូវលើឪពុកបុរសនេះស្លាប់ទៅ ឯខ្ញុំព្រះបាទអម្ចាស់ពុំស្លាប់, វេលាលោតចុះមក ខ្ញុំព្រះបាទអម្ចាស់ពុំបានឃើញបុរសឪពុកនឹងកូន នៅខាងក្រោមដើមឈើនោះទេ បុរសជាកូនឃើញឪពុកស្លាប់ ក៏ប្រចាប់ខ្ញុំព្រះបាទអម្ចាស់ថា "ត្រូវឲ្យសងឪពុកគេវិញ" ដំណើរក្តីនេះប៉ុណ្ណោះ សូមទ្រង់ជ្រាបក្រោមល្អងធូលីព្រះបាទ" ។ ទើបព្រះមហាក្សត្រត្រាស់សួរទៅបុរសជាកូននោះថា "តើព្រះស្តែងនឹងឲ្យគេសងឪពុកព្រះស្តែងវិញឬអ្វី?" ។ បុរជាកូននោះ ក្រាបបង្គំទូលថា "សូមទ្រង់ព្រះមេត្តាប្រោស, សូមឲ្យគេសងឪពុកខ្ញុំព្រះបាទអម្ចាស់វិញ" ។ — "បើដូច្នោះ មានតែព្រះស្តែងឲ្យម្តាយព្រះស្តែងទៅធ្វើប្រពន្ធគេ ដើម្បីឲ្យគេបានជាឪពុករបស់ព្រះស្តែង ជំនួសឪពុកដែលស្លាប់ទៅ តើព្រះស្តែងព្រមទេ ?" ។

— "ខ្ញុំព្រះបាទអម្ចាស់នឹងឲ្យម្តាយទៅធ្វើជាប្រពន្ធបុរសនេះ ដូចម្តេចបាន បើម្តាយខ្ញុំព្រះបាទអម្ចាស់វេលានេះ កំពុងកើតទុក្ខធ្ងន់ផង ខ្ញុំព្រះបាទអម្ចាស់ពុំព្រមទេ" ។ ព្រះមហាក្សត្រទ្រង់ព្រះរាជវិនិច្ឆ័យថា "បើព្រះស្តែងពុំព្រម តើនឹងឲ្យគេយកឪពុកពីណាមកជំនួសឪពុកព្រះស្តែងបាន បើឪពុកព្រះស្តែងស្លាប់ទៅហើយ ដោយផលកម្មរបស់គាត់ នឹងបន្ទោសនរណា" ។

ព្រះពហាក្សត្រទ្រង់ព្រះរាជវិនិច្ឆ័យក្តីទាំង ៤ រឿង ដោយប្រការដូច្នេះហើយ បុរសទាំង ៤ នាក់ ដែលកើតក្តីនឹងគ្នាក៏ចូលចិត្តស្តាប់បាន លែងចោទប្រកាន់គ្នា ហើយក្រាបថ្វាយបង្គំលាទៅកាន់លំនៅអាត្មាទីទៃៗ រៀងខ្លួនហោង ។

(ប្រជុំរឿងព្រេងខ្មែរ, ភាគ ៣, ទំព័រ ១២៧-១៣៨)

| | |
|---|---|
| ព្រះរាជវិនិច្ឆ័យ | /preăh-riəc-wɨnnɨcchay/ to decide, pass judgment, adjudicate (royalty); royal judgment |
| ក្មើ | male friend (archaic) |
| ខ្ចី | to borrow |
| ម្រាក់ | female friend (archaic) |
| នឹកខឹង | to become angry |
| ចាំ | just wait until..., just let... |
| ពុំសុខចិត្តតែរៀងខ្លួន | neither was satisfied |
| បណ្ដើរគ្នា | to walk together, accompany one another |
| ជ្រក | to take shelter under |
| ម្លប់ | shade |
| កើតក្ដីនឹងគ្នា | to have a disagreement |
| ផង | mild imperative: please, will you |
| ចោល | to throw something (at something) |
| មានផ្ទៃពោះ | to be pregnant |
| សិត | to pour out from a jug or small-necked jar |
| រលូត | to slip out |
| រលូតកូន | to have a miscarriage |
| ហៅ | to call, summon |
| ជុះ | to defecate |
| រំពេច | moment, instant |

| | |
|---|---|
| មួយរំពេច | for a moment, awhile |
| ខ្ញាញ់ | disgusted, irritated |
| ទឹកខ្ញាញ់ | to feel irritated |
| ខ្ញុំនេះ | I myself |
| អភ័ព្វ | /qaqphŏəp/ unlucky, unfortunate |
| ទម្លាក់ | to drop, cause to fall |
| សម្លាប់ | to kill |
| គូវិវាទ | protagonists, parties involved, contestants |
| ជំនុំជំរះកាត់សេចក្ដី | to adjudicate a case, judge a case |
| ជាប់ចោទ | be accused |
| សូមទ្រង់ព្រះមេត្តាប្រោស | polite formula used in addressing royalty: If it please Your Majesty... |
| ម្ដេចក៏ទៅជា | why is it that..., why did you |
| សូមទ្រង់ជ្រាប | please know, please be advised |
| សំណង | recompense, payment |
| ទារ | to reclaim |
| ស្រេក | to be thirsty, to thirst for |
| សូម | to ask for, request |
| ធ្លាក់កាំជណ្ដើរ | the stairstep broke (iV followed by its subject) |
| ធ្លាក់ម្រាក់ | the female friend fell (iV followed by its subject) |

| | |
|---|---|
| ផើម | to be pregnant (condescending, vulgar) |
| ដើមឡើយ | at first, first of all |
| អ្នកដើមចោទ | plaintiff |
| បត់ជើង | to relieve oneself (literally: to fold the legs) |
| | |
| យល់ | (here: to see) |
| ភ័ព្វ | /phŏəp/ luck, fate |
| ភ័ព្វសំណាង | luck, fate |
| បង់ | to discard, abandon |
| ប្រចាប់ | to blame, accuse, hold responsible |
| ក្រោមល្អងធូលីព្រះបាទ | most respectfully, very humbly (literally: under the dust of your feet) |
| | |
| ជំនួស | to substitute for, instead of |
| ...ដូចម្ដេចបាន | how would it be possible? |
| កើតទុក្ខ | to grieve (to come upon grief) |
| កម្ម | /kam/ karma, fate |
| ផលកម្ម | /phαlləkam, phαl-kam/ fate, destiny (karma) |
| ក្រាបថ្វាយបង្គំលា | to take leave (from the presence of royalty) |

# ២៤ – រឿងអាឡេវ

កាលពីព្រេងនាយ មានបុរសម្នាក់ឈ្មោះអ្នកង៉េះ ប្រពន្ធឈ្មោះនាងង៉ោះ មានកូនប្រុសម្នាក់ឈ្មោះអាឡេវ ។ កូននោះលុះធំឡើងអាយុ ៧ ឆ្នាំ ជាក្មេងមានប្រាជ្ញា ដឹងថាម្ដាយឪពុកល្ងង់ មិនចេះធ្វើការរកស៊ី ជាអ្នកក្រលំបាក វាក៏និយាយនឹងម្ដាយឪពុកវាថា "ម៉ែអើយ! ឪអើយ! ឥឡូវនេះ យើងគ្មានរបរធ្វើការរកស៊ីនឹងគេ បានជាយើងក្រ បើដូច្នេះខែវស្សាយើងធ្វើស្រែ ខែប្រាំងយើងទៅធ្វើចម្ការ ឯខ្ញុំទៅធ្វើស្រែជាមួយនឹងឪឯង បើយើងអត់សម្លអង្ករម្ហូបចំណីអ្វី សុំខ្ញុំមកយកពីផ្ទះនេះទៅស៊ី" ។ អាឡេវនឹងឪពុកម្ដាយគិតគ្នាព្រមហើយ ក៏រៀបប្រដាប់ប្រដាឡើងទៅធ្វើស្រែ ។ លុះនៅស្រែយូរទៅ អាឡេវនឹកចង់ស៊ីនំ ហើយវាគិតថា បើដូច្នេះ អញនឹងបញ្ឆោតម៉ែឪអញយកនំស៊ី" គិតហើយប្រាប់ឪពុកវាថា "ឪ ៗ ខ្ញុំទៅផ្ទះយកសម្លមកស៊ី" ។ ឪពុកក៏ឲ្យកូនទៅផ្ទះ ។ អាឡេវដើរទៅដល់កណ្ដាលផ្លូវ បានឃើញវត្តលោកសង្ឃ ក៏ចូលទៅថ្វាយបង្គំរកលោកកោរសក់ឲ្យ លុះកោររួចហើយ ក្រាបថ្វាយបង្គំលាលោកទៅ លុះទៅដល់ជិតផ្ទះ អាឡេវយកសំពត់ទទូរក្បាល ហើយធ្វើជាយំចូលទៅក្នុងផ្ទះ ។ ឯម្ដាយឃើញកូនយំដូច្នោះ ក៏សួរទៅកូនថា "ធ្វីក៏កូនយំ?" ។ អាឡេវធ្វើជាយំខ្លាំងឡើងទៀត ។ ម្ដាយឃើញកូនរឹតតែយំខ្លាំងឡើងដូច្នោះ ក៏ស្ទុះទៅឱបហើយបើកសំពត់អំពីក្បាលកូនចេញ ឃើញក្បាលកោររលីងរឹតតែសង្ស័យ ហើយសួរទៀតថា "ហេតុអ្វីក៏បានជាកោរសក់ហើយយំដូច្នេះ?" ។ អាឡេវប្រាប់ម្ដាយថា "ឪគាត់ស្លាប់ទៅហើយ" ។ នាងង៉ោះលុះឮកូនថាដូច្នោះ ក៏គក់ទ្រូងស្រែកទួញយំអាលោះអាល័យ រៀបរាប់ពីកាលចាប់ដៃបានគ្នាជាប្ដីប្រពន្ធរៀងរាបដរាបមក ។ ឯអាឡេវឃើញម្ដាយយំសង្រេងសង្រែដូច្នោះ ក៏អង្វរលួងលោមម្ដាយថា "អ្នកម៉ែអើយ

អ្នកកុំយំ បើអ្នកចេះតែយំ តើធ្វើដូចម្ដេចនឹងបានធ្វើបុណ្យតាមបញ្ជូនទៅឲ្យឪ" ។ នាងនោះជាម្ដាយ ឮអាឡេវជាកូនឃាត់មិនឲ្យយំហើយ សួរទៅអាឡេវថា "បានរៀបចំពោះខ្មោចឪឯងរួចហើយ ឬនៅ ? " ។ អាឡេវប្រាប់ម្ដាយថា "ខ្ញុំបានពឹងអ្នកស្រុកឲ្យគេជួយរៀបចំពោះខ្មោចឪរួចល្អល្អិតហើយ" ។ នាងនោះឮកូនថាដូច្នោះ ក៏មមាញឹករៀបធ្វើអន្សមនំគមចំណីចំណុក ហើយនិយាយនឹងអាឡេវថា "កូនអើយ ! ឯងយកនំចំណីនេះទៅធ្វើបុណ្យឲ្យឪឯងចុះ អញមិនទៅទេ បើអញទៅឃើញស្រែដែលឪឯងធ្វើ គន្លងដែលឪឯងនៅនឹងផ្នូរខ្មោចឪឯងនោះ ម្ដាយរឹងជាកើតទុក្ខច្រើនឡើងទៀត បើដូច្នោះឯងទៅចុះ" ។ អាឡេវឮម្ដាយថាដូច្នោះ ក៏ទឹកអរក្នុងចិត្តណាស់ ដ្បិតត្រូវនឹងគំនិតខ្លួនដែលកុហកម្ដាយនោះ ហើយក៏មមាញឹករៀបសារ៉ែករួចស្រេចក៏រែកទៅ លុះទៅដល់ពាក់កណ្ដាលផ្លូវ ដាក់រម្រែកពីលើស្មា ហើយអង្គុយស៊ីនំ, នឹងចំណីចំណុកលុះត្រាតែឆ្អែត នៅសល់ខ្លះ អាឡេវរៀបទុកយកទៅផ្ញើឪវា លុះទៅដល់ជិតខ្ទមឪវាៗធ្វើជាយំទៀត ។ អ្នកនោះជាឪពុកឃើញកូនយំ ហើយសក់ទើបនឹងកោរថ្មីៗ ដូច្នោះក៏សួរទៅថា "កូនអើយ! ថ្វីក៏ឯងយំហើយកោរទាំងសក់ក្បាលដូច្នេះ ? " ។ អាឡេវប្រាប់ឪពុកថា "ឪអើយ ! ឥឡូវនេះម៉ែគាត់ស្លាប់ទៅហើយ បានជាខ្ញុំកោរសក់ អស់បងប្អូនគេរៀបធ្វើបុណ្យឲ្យម៉ែ បានជាមានទាំងនំ ឥឡូវនេះខ្ញុំយកមកផ្ញើឪពិសា" ។ ឯឪពុកជាមនុស្សឆោតល្ងង់ណាស់ ឮកូនប្រាប់ដូច្នោះ ក៏យំអាណិតប្រពន្ធ ហើយក៏និយាយនឹងអាឡេវថា "កូនអើយ ! អំពីថ្ងៃនេះទៅឪពុកលែងទៅទន្លេទៀតហើយ" ។ អាឡេវឮថាឪពុកលែងទៅស្រុកដូច្នោះ ក៏ទឹកអរក្នុងចិត្តថាត្រូវនឹងគំនិតខ្លួនគិត ។

លុះយូរបន្តិចទៅ អាឡេវនិយាយនឹងអ្នកនោះជាឪពុកថា "ឪអើយ ! ឥឡូវនេះ ឪនៅតែពីរនាក់នឹងខ្ញុំដូចសព្វថ្ងៃនេះលំបាកណាស់ គ្មានអ្នកណានឹងដណ្ដាំ

បាយស៊ី គ្មានអ្នកណានឹងដេរសំពត់អាវស្បៀកដណ្តប់ បើដូច្នោះឪឯងរកដណ្តឹងប្រពន្ធយកមកគ្រាន់នឹងដាំបាយដងទឹកបុកស្រូវ ទើបយើងមិនសូវនឿយហត់ដូចសព្វថ្ងៃពេក" ។ អ្នកនោះជាឪពុកឆ្លើយឡើងថា "ឱកូនអើយ! ម្តាយឯងស្លាប់ទៅពុំទាន់បានមួយខែទេ ឥឡូវនេះឯងឲ្យឪរកប្រពន្ធទៀត កូនមិនអាណិតម៉ែឯងទេឬ? មួយទៀតឪខ្មាសគេ ក្រែងគេថាប្រពន្ធស្លាប់ពុំទាន់បានប៉ុន្មានថ្ងៃប្តីគិតរកប្រពន្ធថ្មី ឪខ្មាសគេណាស់មិនយកប្រពន្ធទៀតទេ" ។ អាឡេវចេះតែអង្វរឪពុកតែសព្វថ្ងៃ ។ ថ្ងៃមួយ អាឡេវឃើញឪពុកមកពីស្រែនឿយហត់ណាស់ វាក៏និយាយថា "ឪអើយ! ឥឡូវនេះឪឯងនឿយណាស់ ព្រោះគ្មានប្រពន្ធនឹងជួយកម្លាំង ។ មួយទៀតពាក្យបុរាណលោកថា "មនុស្សគ្មានប្រពន្ធដូចជាឪឯងនេះបើទៅធ្វើការឯព្រៃ បាត់ការឯផ្ទះ ធ្វើការឯផ្ទះ បាត់ការឯព្រៃ ធ្វើដូចម្តេចនឹងបានប្រាក់ចាយបាយស៊ីនឹងគេ ហើយខ្លួនក៏នឿយណាស់ផង" ។ អ្នកនោះឮកូនអង្វរដូច្នោះក៏សួរទៅថា "បាននរណាគេទៅដណ្តឹងប្រពន្ធឲ្យឪ"? ។ អាឡេវឆ្លើយឡើងថា "ឪកុំព្រួយ សឹមខ្ញុំទៅរកដណ្តឹងជូន ឪនៅចាំតែរៀបរបស់នឹងទៅការចុះ" ។ អ្នកនោះជាឪពុកឮកូនថាដូច្នោះ ក៏ថា "តាមតែកូនគិតចុះ" ។ អាឡេវឮឪពុកព្រមដូច្នោះហើយ ក៏រៀបខ្លួនម្នីម្នាទៅផ្ទះនាងនោះជាម្តាយ នៅបានពីរបីថ្ងៃ ទើបវានិយាយនឹងនាងនោះជាម្តាយថា "ម៉ែអើយ! យើងនៅតែពីរនាក់ ខ្ញុំក៏ក្មេងមិនចេះរកស៊ីធ្វើការ ម៉ែជាស្រី ហើយមេម៉ាយផង ឥឡូវមានគេចង់បានម៉ែ ៗ យកប្តីទៅ គ្រាន់គេនឹងចិញ្ចឹម សោះអត់ឃ្លាន យើងក៏មិនសូវលំបាក" ។ ឯនាងនោះឮអាឡេវជាកូនថាដូច្នោះ ក៏ឆ្លើយថា "កូនអើយ! ឪឯងទើបតែនឹងស្លាប់បាន ៥-៦ ថ្ងៃ ឥឡូវនេះ កូនឲ្យម្តាយយកប្តីទៀតដូច្នេះមិនត្រូវទេ អ្នកផងគេនឹងសើចតិះដៀលនិន្ទាថា "ស្រីចើកអាសប្តីស្លាប់ពុំទាន់បានប៉ុន្មានថ្ងៃ ចង់បានប្តីទៀត" ។ អាឡេវឮម្តាយ

ថាដូច្នោះ ក៏ឆ្លើយឡើងថា "ម៉ែអើយ ! បើទុកជាម៉ែខ្លាចពាក្យអ្នកផងគេនិន្ទាដូច្នោះ គេក៏មិនបានមករកចិញ្ចឹមយើងដែរ គេបានប្រាក់កាសគេមិនឲ្យយើងចាយទេ , កាលខ្ញុំនៅស្រុកស្រែ មានប្រុសម្នាក់មុខមាត់ខ្លួនប្រហាណដូចខ្មោចឆ ហើយគាត់ស្រឡាញ់ខ្ញុំដូចជាកូន គាត់សួរខ្ញុំថា "ឯងមានម៉ែឪដែរឬ? ខ្ញុំប្រាប់គាត់ដែរ "គ្មានឪទេ មានតែម៉ែ" ហើយគាត់និយាយនឹងខ្ញុំថា "ចង់បានម៉ែជាប្រពន្ធ" តើម៉ែឯងព្រមឬដូចម្ដេច ? " បើម៉ែព្រម គាត់នឹងរៀបរណ្ដាប់មកថៃ ចូរមាទអ្នកផ្លូវ ចៅមហា មានខាន់ស្លាក្រយាសំពះ តាមច្បាប់សណ្ដាប់ប្រពៃណីពីបុរាណមក បើម៉ែមិនព្រមខ្ញុំក៏មិនដឹងដែរ តាមតែម៉ែគិតធ្វើការរកស៊ីចុះ" ។ នាងនោះជាម្ដាយឮកូននិយាយអង្វរផ្ចញ់ផ្ចាល់ដូច្នោះ ក៏ឆ្លើយតបទៅវិញថា "តាមតែកូនគិតចុះ" ។ អាឡេវឮម្ដាយថា "តាមតែចិត្តដូច្នោះក៏អរណាស់ គិតថា "អញបានទំស៊ីទៀតហើយ" ។ រៀបចំផ្ទះសម្បែង រួចប្រាប់នាងនោះជាម្ដាយថា "ដ្បិតគេចង់រៀបការឆាប់ ខ្ញុំលាម៉ែទៅស្រែ ដើម្បីរកមាន់ទាបន្ទុបក្ការ ហើយនឹងប្រាប់អ្នកដែលចង់បានម៉ែជាប្រពន្ធនោះផង ដើម្បីឲ្យគេរករណ្ដាប់រៀបការ" ។ អាឡេវក៏ម្នីម្នារៀបខ្លួនទៅស្រែ លុះទៅដល់ហើយ ក៏និយាយប្រាប់អ្នកនោះជាឪពុកថា "ឪអើយ ! ខ្ញុំទៅរកប្រពន្ធឲ្យឪបានហើយ នាងនោះមុខមាត់សំដីសំដៅកំពស់កំពសម្បុរសម្បកដូចម៉ែបេះបិទ ឥឡូវនេះ ខ្ញុំឲ្យគាត់មកនៅលើផ្ទះយើងហើយ បើដូច្នេះឪរៀបរណ្ដាប់ទៅការឲ្យឆាប់" ។ អ្នកនោះឮអាឡេវប្រាប់ថា គេឲ្យរៀបការជាឆាប់ដូច្នោះ ក៏ម្នីម្នាពឹងអ្នកស្រុកផ្ទះជិតខាងឲ្យជួយធ្វើនំនែកចំណីចំណុក ហើយខ្លួនគាត់ទៅរកទិញមាន់ទា បន្ទុបក្ការបានសព្វគ្រប់មុខ ។ ឯអាឡេវចេះតែស៊ីទំពល់ថ្ងៃហើយ និយាយនឹងឪពុកថា "ប្រពន្ធដែលខ្ញុំដណ្ដឹងឲ្យឪនោះ មេបាបើកឲ្យរៀបការតែយប់ "បើមិនព្រមដូច្នោះ

មេបាមិនបើកឲ្យការទេ" ។ អ្នកនោះឮអាឡេវថាដូច្នោះ ហេតុតែជាមនុស្សឆោតល្ងង់តាមតែពាក្យអាឡេវបង្គាប់ដូចម្ដេច ក៏តាមទាំងអស់„ ទើបរកវេលាទៅរៀបការឲ្យត្រូវតែវេលាយប់ ។ ពេលល្ងាចអ្នកនោះក៏ពឹងអស់បងប្អូន ដែលនៅជិតខាងឲ្យជួយដញ្ជូនអស់បណ្ណាការនាំទៅរៀបមង្គលការ លុះទៅដល់កន្លែងការ ក៏រៀបដណ្ដាំបាយស្ល ស្ល អ្នកខ្លះក៏រៀបផ្លែឈើចំណីចំណុកទៅជូនមេបាតាមទំនៀម ។ នាងនោះពឹងអស់បងប្អូនមករៀបបណ្ណាការទទួលតាមច្បាប់ ។ ឯអាឡេវគិតតែស៊ីទំឲ្យឆ្អែត ។ នាងនោះឮមាត់អ្នកនោះក៏ងល់ក្នុងចិត្តថា "មាត់និយាយនោះដូចជាសំឡេងអ្នកនោះប្ដីអញ" ។ អ្នកនោះឮមាត់នាងនោះ ក៏ងល់ក្នុងចិត្តថា "សំឡេងនិយាយនោះដូចជាសំឡេងនាងនោះប្រពន្ធអញ" ។ អ្នកនោះសង្ស័យណាស់ក៏ឡើងទៅលើផ្ទះ ឃើញនាងនោះក៏ថា "នាងនេះដូចជានាងនោះប្រពន្ធអញ" ។ ឯនាងនោះថា "អ្នកនេះដូចជាអ្នកនោះប្ដីអញ" ។ អស់បងប្អូនទាំងអ្នកស្រុកគេថា "អ្នកនោះហើយថាមិនអ្នកនោះ នាងនោះហើយថាមិនមែននាងនោះ" ។ លុះអ្នកនោះនិងនាងនោះឃើញគ្នាជាក់មែនទែនហើយ ទើបដឹងថាអាឡេវបញ្ឆោត ក៏ភៀនរត់ទៅដោយខ្លួនទទេ ៗ ។ អាឡេវដឹងថាម្ដាយឪពុកដឹងដូច្នោះក៏វេះពួន លុះព្រឹកឡើងអាឡេវរត់ទៅនៅវត្តធ្វើជាកូនសិស្សលោក ។ ឯអ្នកនោះនិងនាងនោះក៏នៅជាប្ដីប្រពន្ធនឹងគ្នាដូចដើមទៅ ។ អាឡេវនៅរៀនអក្សរនឹងលោកគ្រូពជ លុះនៅយូរទៅ អាឡេវគិតថា "អញនឹងបញ្ឆោតលោកសង្ឃណា ដែលមានប្រាក់ច្រើនយកទៅឲ្យម៉ែឪអញ" ។ អាឡេវគិតដូច្នោះហើយ ក៏ទៅនិយាយនឹងលោកភិក្ខុកម្លោះមួយអង្គ ដែលមានប្រាក់ច្រើនថា "មានស្រីម្នាក់ស្រឡាញ់លោកគ្រូ ស្រីនោះក្រមុំល្អល្អាប់ណាស់" ។ លោកឮអាឡេវថាដូច្នោះ ក៏អរបន់បាន ហើយនិយាយនឹងអាឡេវថា "បើប្រាកដដូចឯងថាមែនអញនឹងឲ្យប្រាក់ឯងមួយបាទ" ។ អាឡេវថា "ចាំដល់ពេលយប់

ងងឹត លោកគ្រូទៅចាំនៅកន្លែងនោះ ខ្ញុំព្រះករុណានឹងនាំស្រីនោះមក" ហើយវាលាលោកនោះចុះពីលើកុដិ ដើរតម្រង់ទៅផ្ទះចិន គិតទៅនិយាយបញ្ឆោតចិនទៀត លុះទៅដល់ហើយដើរចូលទៅក្នុងផ្ទះ និយាយថា "ចិក ៗ ចង់បានស្រីក្រមុំល្អដែរឬទេ?" ៗ ចិនឆ្លើយថា "អើអញចង់បាន" ៗ អាឡេវថា "បើចិកចង់បាន តើឲ្យប្រាក់អញប៉ុន្មាន?" ៗ ចិនថា "អញឲ្យមួយបាទ" ៗ អាឡេវថា "តិចណាស់ បើឲ្យពីរបាទនោះអញរកស្រីក្រមុំស ៗ ល្អ ៗ ឲ្យចិកឯង" ៗ ចិនថា "អើ" ៗ អាឡេវថា "បើដូច្នោះចាំពេលយប់ងងឹតអញនឹងនាំឲ្យមកចិកឯង" ហើយអាឡេវក៏ត្រឡប់ទៅវត្តវិញ លុះដល់វេលាយប់ងងឹតមើលគ្នាមិនស្គាល់ វាក៏នាំលោកនោះឲ្យទៅអង្គុយចាំក្នុងពេងមួយស្ងាត់ ហើយវានិយាយផ្តាំលោកថា "បើខ្ញុំករុណានាំស្រីនោះមកដល់ លោកយកចីពរទទូរព្រះកេសឲ្យជិត" ៗ អាឡេវផ្តាំលោកនោះរួចហើយ ក៏ដើរចូលទៅក្នុងផ្ទះចិន ហៅចិននោះចេញមក ហើយនិយាយថា "ឥឡូវ អញរកស្រីក្រមុំឲ្យចិកឯងបានហើយ" ៗ អាឡេវវាផ្តាំចិនថា "បើចិកឯង ចូលទៅដេកនឹងស្រីនោះត្រូវទទូរក្បាលឲ្យជិត" ទើបវានាំចិននោះទៅទៀបពេងដែលលោកនៅចាំ ហើយវាខ្សឹបប្រាប់ចិនថា "ស្រីនៅក្នុងនេះហើយ ឲ្យប្រាក់មក" ៗ ចិនមើលទៅក្នុងពេងឃើញលោកអង្គុយទទូរចីពរនៅនោះ គិតស្មានថាជាស្រីមែន ក៏ឲ្យប្រាក់ទៅអាឡេវ ៗ អាឡេវបានប្រាក់ហើយក៏វេះជាប្រញាប់ត្រឡប់ទៅវត្តវិញ ៗ លុះចិននឹងលោកបានជួបគ្នា ហើយចិនគិតថាលោកជាស្រី លោកក៏គិតថាចិនជាស្រី ក៏ប្រចាប់គ្នាប្លុល ៗ ដោយលោកអត់ចង្ហាន់ល្ងាចមិនសូវមានកម្លាំងក៏ដេកដួលទៅ ៗ ចិនពាល់ត្រូវស្មាសលោកក៏ដឹងថាអាឡេវកុហក ៗ ទាំងលោកទាំងចិន លុះដឹងថាអាឡេវបញ្ឆោតក៏អៀនទៅកុដិ ទៅផ្ទះដោយខ្លួនទៅ ៗ អាឡេវចាំលោកឯកុដិនោះ លុះលោកមកដល់

កុដិហើយ វាក៏ទារប្រាក់ពីលោកៗ នោះថា "អាឡេវឯងបញ្ឆោតអញ ហើយឯងមកទារប្រាក់ពីអញទៀត អញមិនឲ្យឯងទេ" ។ អាឡេវថា "បើលោកមិនឲ្យប្រាក់ទេ ខ្ញុំករុណានឹងទៅពិតលោកគ្រូធំថា លោកទៅដេកនឹងស្រី ហើយនឹងទៅប្រាប់អស់ឧបាសក ទាយក អ្នកស្រុក ក្នុងភូមិទាំងអស់ឲ្យគេដឹងទៀត បើគេដឹងហើយគេមិនឲ្យបាយលោកឆាន់ទេ ហើយលោកក៏នឹងខ្មាសគេនៅវត្តជាមួយគេពុំបាន" មួយទៀត បើខ្ញុំករុណាទៅប្តឹងដល់ក្រុមសង្ឃការី មុខជាគេនឹងមកចាប់លោកយកទៅជំនុំជំរះពិចារណា តាមដំណើរដែលលោកជួលខ្ញុំករុណាឲ្យរកស្រី ហើយលោកថាឲ្យប្រាក់ខ្ញុំករុណាមួយបាទ ឥឡូវនេះលោកបានដេកនឹងស្រីហើយ លោកគេចថាមិនឲ្យវិញ ខ្ញុំករុណាមិនលែងទេលោក! មុខជាទៅពិតលោកគ្រូធំហើយ" ។ លោកនោះឮអាឡេវថាដូច្នោះក៏គិតភ័យខ្លាំងណាស់យកប្រាក់មួយបាទឲ្យទៅអាឡេវជាប្រញាប់ ។ អាឡេវមិនព្រមទទួលយក វាថា "កាលណាលោកនិយាយនោះថាឲ្យប្រាក់មួយបាត្រដែលឆាន់បាយសព្វថ្ងៃ" ។ ឥឡូវត្រូវលោកយកប្រាក់វាល់ពេញបាត្រ ទើបខ្ញុំករុណាទទួលយក បើលោកមិនរកឲ្យទេ នឹងទៅពិតលោកគ្រូធំថា "លោកទៅដេកនឹងស្រីពីយប់មិញ លោកគ្រូធំជ្រាបហើយ នឹងចាប់លោកយកទៅវាយបណ្តេញមិនឲ្យនៅក្នុងវត្ត មួយទៀតខ្ញុំករុណានឹងទៅប្តឹងលោកឧកញ៉ាព្រះស្តេចជាធំក្នុងក្រុមសង្ឃការី ឲ្យមកចាប់យកទៅ ពួកសង្ឃការីគេនឹងយកសំពត់បោកក្បាលលោកផ្សឹកចេញពីសង្ឃ ហើយដាក់ជាពលពជនិមន្ត ពុំនោះសោតគេនឹងដាក់ជាពលបោចស្មៅដំរី" ។ លោកឮអាឡេវថាដូច្នោះក៏គិតភ័យណាស់ អង្វរថា "ចាំរកប្រាក់ឲ្យ កុំទៅពិតលោកគ្រូធំ នឹងកុំទៅប្តឹងក្រុមសង្ឃការីឡើយ" ហើយខំរកប្រាក់លក់ទាំងស្បង់ចីពរផ្សេងៗឲ្យអាឡេវ ។ អាឡេវឃើញលោកលក់ស្បង់ចីពរផ្សេងៗ

ប្រាក់ឲ្យដូច្នោះ ក៏និយាយនឹងលោកថា "ណ្ហើយចុះ លោករកប្រាក់ឲ្យខ្ញុំករុណាល្មមតែស្ពាយទៅផ្ទះរួចបានហើយ" ។ លោកឮអាឡេវថាដូច្នោះ ក៏មានចិត្តត្រេកអរណាស់ រៀបវេចប្រាក់មួយសម្ពាយឲ្យអាឡេវហើយ និយាយអង្វរថា "កុំឲ្យនិយាយប្រាប់គេឲ្យដឹង ឯងអាណិតយកតែបុណ្យទៅចុះ" ។ អាឡេវថា "លោកកុំព្រួយព្រះទ័យ ខ្ញុំករុណាមិនប្រាប់គេទេ" ហើយទទួលយកប្រាក់ពីលោកដើរទៅផ្ទះ ។

លុះទៅដល់ផ្ទះជួបនឹងម្ដាយ អាឡេវក៏ស្រែកប្រាប់ម្ដាយថា "ម៉ែដេរថង់ៗ" ។ នាងនោះឮហើយសួរទៅថា "ដេរធ្វើអ្វី?" ។ អាឡេវបង្ហាញប្រាក់ដែលស្ពាយៗ នាងនោះជាម្ដាយឃើញអាឡេវបានប្រាក់មួយសម្ពាយដូច្នោះ ក៏ស្ទុះទៅប្រាប់អ្នកនោះជាប្ដី ។ អ្នកនោះមកឃើញអាឡេវបានប្រាក់មួយសម្ពាយ ក៏បាត់ខឹងនឹងអាឡេវ ដែលបញ្ឆោតអំពីមុននោះ អរនឹងអាឡេវទាំងម្ដាយឪពុក ហើយអ្នកនោះសួរទៅអាឡេវថា "កូនបានប្រាក់នេះពីណា កូនធ្វើដូចម្ដេចបានជាបាន?" ។ អាឡេវប្រាប់ទៅឪពុកថា "ក្រអឺសត្វះបីប្រាក់ គ្រាន់តែបង្ហាញកេរ្ដ៍ខ្នាសឲ្យអ្នកផ្សារមើលគ្រប់គ្នា ខ្លះគេឲ្យមួយបាទ ខ្លះពីរបាទតែកល់គ្នាដូច្នេះទៅ ក៏បានច្រើនហើយ បើឪចង់បានប្រាក់ច្រើន ទៅបង្ហាញកេរ្ដ៍ខ្នាសឲ្យអ្នកផ្សារមើលម្ដងម្នាក់ទៅ ឪយកប្រាក់មិនអស់" ។ អ្នកនោះជាឪពុកឮអាឡេវថាដូច្នោះហើយ ហេតុតែគាត់ជាមនុស្សឆោតល្ងង់ ក៏ទៅធ្វើតាមពាក្យអាឡេវ លុះទៅដល់ផ្សារក៏ឈរនៅមាត់ទ្វារផ្ទះគេបង្ហាញកេរ្ដ៍ខ្នាស អ្នកផ្ទះឃើញដូច្នោះ ក៏អៀនខ្មាស់បបួលគ្នាដេញវាយ ។ អ្នកនោះចេញពីផ្ទះមួយចូលទៅផ្ទះមួយទៀត ហើយបង្ហាញកេរ្ដ៍ខ្នាសគេទៀត គេដេញវាយស្ទើរតែនឹងស្លាប់ អ្នកនោះភ័យក៏រត់ទៅផ្ទះ ។ ឯអាឡេវចាំមើលឪពុកកណ្ដាលផ្លូវ ឃើញឪពុករត់មកពីផ្សារ ហើយដូចជាមានថ្វាស្ពាយទំនិញព្រៃ ហូល ប្រអប់ ប្រាក់ មាស ជា

ច្រើនមកអំពីចម្ងាយ ក៏ប្រាប់ទៅអ្នកនេះជាឪពុកថា "ហ៊ឺឪ! អ្នកផ្សារគេតាមមកវាយឪហើយ បើដូច្នេះឪរត់កាត់វាលនេះទៅទើបរួចខ្លួន" ។ អ្នកនេះឮកូនប្រាប់ដូច្នោះ ក៏ក្រឡេកមើលទៅឃើញមនុស្សដើរអំពីចម្ងាយតម្រង់មកមែន គាត់គិតស្មានថាជាអ្នកផ្សារគេតាមមកវាយទៀត ក៏ភ័យណាស់ រត់តាមពាក្យអាឡេវទៅទៀត ទៅឆ្ងាយលុះតែមើលឃើញ ។ ជ្វាដែលស្ពាយទំនិញនោះក៏មកដល់ ។ អាឡេវគិតបញ្ឆោតជ្វានោះទៀត វានិយាយប្រាប់ថា "បងធម្មអើយ! មានគេដេញក្តាន់បាក់ជើងម្ខាង ប៉ុន្តែអ្នកដេញនោះតែម្នាក់ឯង នឹងខ្ទប់ចាប់ពុំបាន បើដូច្នេះបងធម្មឯងរត់ទៅជួយចាប់ បើបានទើបយកមកចែកគ្នាស៊ី" ។ ជ្វាឮអាឡេវប្រាប់ដូច្នោះ ក៏ក្រឡេកមើលទៅតាមពាក្យអាឡេវ ឃើញមនុស្សរត់គិតស្មានថាជាមនុស្សដេញក្តាន់មែន ក៏យកស្ពាយផ្ញើទុកនឹងអាឡេវទាំងអស់ ហើយបបួលគ្នារត់ទៅតាមអ្នកនេះ ៗ រត់បណ្តើរក្រឡេកមើលមកក្រោយបណ្តើរ ឃើញជ្វារត់តាមក្រោយ គិតស្មានថាជាគេដេញចាប់ខ្លួនក៏ប្រឹងរត់ទៅទៀត ។ ឯអាឡេវបានស្ពាយទ្រព្យរបស់ជ្វាហើយ ក៏ជញ្ជូនយកទៅលាក់ទុកឲ្យម៉ែវា ហើយវាវេះរត់អំពីទីនោះទៅទៀត ។ ឯជ្វាដល់ដឹងថាអាឡេវបញ្ឆោតដូច្នោះ ក៏ត្រឡប់មកវិញ រកស្ពាយទំនិញនឹងអាឡេវពុំឃើញ នឹកស្តាយរបស់នោះណាស់ ទើបរកចាប់អ្នកឯណាពុំបាន ក៏ខំដើរទៅរកអាឡេវ ។

សូមស្ទះត្រឹមនេះសិន ។

សូមថែងពីរឿងអាឡេវដែលរត់ទៅនោះវិញ ។

ឯអាឡេវកាលក្រោយនោះ រត់ទៅដល់ស្រុកមួយឆ្ងាយណាស់ ហើយបានជួបនឹងដូនចាស់ម្នាក់នឹងចៅក្រមុំម្នាក់កំពុងរៀបទូកផ្ទុករបស់ទ្រព្យ ដើម្បីទៅនៅស្រុកឯទៀត ឲ្យជិតជួបជុំនឹងអស់បងប្អូនញាតិសន្តាន ដ្បិតចៅគាត់ក្រមុំល្អមឲ្យមាន

ប្ដីហើយ ។ អាឡេវឃើញចៅដូនចាស់នោះ ក៏មានចិត្តស្រឡាញ់ ហើយជួយជញ្ជូនរបស់ទ្រព្យដាក់ទូក ។ ដូនចាស់ឃើញអាឡេវជួយឈឺឆ្អាលដូច្នោះ គាត់សួរថា "ចៅទៅណា?" ។ អាឡេវប្រាប់ថា "ខ្ញុំសូមដោយសារយាយទៅផង" ។ ដូនចាស់នោះសួរថា "ចៅឯងឈ្មោះអ្វី?" ។ អាឡេវជំរាបថា "ខ្ញុំឈ្មោះដីចៅប្រសា បើយាយទៅណា ខ្ញុំសូមដោយសារទៅផង" ។ យាយចាស់ឮអាឡេវសុំដោយសារដូច្នោះ ក៏មានចិត្តអរទឹកថាបានវាជាគ្នា គ្រាន់នឹងជួយចែវទូកទៅ ។ លុះរៀបរបស់ទ្រព្យរួចស្រេចកាលណា អាឡេវក៏សុំខ្ទួនចែវទូក ។ ឯដូនចាស់អង្គុយអុំក្បាល ចៅក្រមុំអង្គុយកណ្ដាល ។ អាឡេវនឹងចៅក្រមុំចេះតែរំពៃមើលមុខគ្នា ហើយញញឹមទៅមករកគ្នា ។ លុះចែវបន្តិចទៅ អាឡេវធ្វើជាភ្លេចកាំបិត ក៏និយាយថា "នុយាយអើយ! ខ្ញុំភ្លេចកាំបិតចោលនៅលើគោកឯក្រោយនោះ ដ្បិតខ្ញុំរវល់តែជញ្ជូនរបស់យាយ បានជាខ្ញុំភ្លេចកាំបិតខ្ញុំ កាំបិតនោះជារបស់កេរ្ដិ៍កោះពីម៉ែឪជូនតាមក ដូច្នេះខ្ញុំសុំត្រឡប់ទូកទៅយកវិញ ។ ដូនចាស់ក៏ព្រមត្រឡប់ទូកទៅវិញ លុះដល់កំពង់ អាឡេវនិយាយនឹងដូនចាស់ថា "យាយអាណិតឡើងទៅយកកាំបិតឲ្យចៅបន្តិច ខ្ញុំទុកត្រង់គល់ឈើខាងលើច្រាំង នៅប្របផ្លូវដែលយើងជញ្ជូនរបស់មកនោះ" ។ អាឡេវវាបញ្ឆោតយាយចាស់ឲ្យតែគាត់ឡើងទៅផុតកាលណា នឹងចេញទូកអុំរត់យកចៅក្រមុំ ។ លុះដូនចាស់ឡើងដល់មាត់ច្រាំងល្មមកំបាំងភ្នែក អាឡេវក៏ម្នីម្នាថយទូកជាប្រញាប់ចោលដូនចាស់នោះ ហើយខំចែវបណ្ដោយតាមទឹកហូរទៅ ។ យាយចាស់នោះ លុះរកកាំបិតពុំឃើញក៏ត្រឡប់មកទូកវិញ បាត់ទាំងអាឡេវ បាត់ទាំងទូក បាត់ទាំងចៅក្រមុំ ក្រឡេកមើលទៅក្រោមទឹកឃើញអាឡេវវាកំពុងខំមិតចែវទូក ដូនចាស់ក៏យំណាស់យកដៃគក់ទ្រូង ស្រែកទ្រហោយំរត់

តាមទៅ ហើយស្រែកប្រាប់អ្នកស្រុកថា "សូមជួយផង ដ្បិតជីចៅប្រសាពង្រត់យកចៅក្រមុំខ្ញុំទៅ" រត់បណ្ដើរ ស្រែកបណ្ដើរឲ្យអ្នកស្រុកគេជួយតាម ថា "ដ្បិតជីចៅប្រសាវាលួចពង្រត់ចៅក្រមុំទៅ" ។ អស់អ្នកស្រុកគេឮថា ចៅប្រសានាំពង្រត់ចៅក្រមុំដូច្នោះ គ្មាននរណាគេជួយ គេគិតថាប្រពន្ធរបស់អាឡេវ ។ លុះដូនចាស់រត់តាមពុំទាន់ ទើបរាយដំណើរប្រាប់អ្នកស្រុកថា "អាដែលវាលួចចៅក្រមុំខ្ញុំនោះ វាឈ្មោះជីចៅប្រសា វាមិនមែនជាចៅប្រសាខ្ញុំទេ វាលួចពង្រត់ចៅក្រមុំ និងទ្រព្យខ្ញុំទៅទេតើ" ។ ទើបអ្នកស្រុកគេដឹងពល់គ្នាថា អាឡេវវាបញ្ឆោតលួចពង្រត់ចៅក្រមុំ និងរបស់ទ្រព្យយាយដូច្នោះ ក៏គេមិនដឹងធ្វើដូចម្ដេច នឹងទៅតាមក៏មិនទាន់ ដ្បិតវាទៅឆ្ងាយណាស់ហើយ ។ ឯអាឡេវខំបែរ លុះដល់វេលាយប់និយាយលួងលោមនាងក្រមុំនោះថា "បានជាបងខំពង្រត់មក ដ្បិតបងស្រឡាញ់នាងណាស់ ឥឡូវនេះ បងយកនាងធ្វើជាប្រពន្ធ" ។ នាងក្រមុំនោះបេះតែកន្ទក់កន្ទេញរឭកជីដូន ដ្បិតធ្លាប់នៅតែពីរនាក់ ហើយនិយាយប្រាប់អាឡេវថា "ម៉េះសមជីដូនគាត់រកខ្ញុំមិនឃើញ គាត់នឹងលោតទឹកសម្លាប់ខ្លួនក៏មិនដឹង ? មួយទៀត សមគាត់នឹងរឭកខ្ញុំគាត់សង្រេងសង្រែអត់ទាំងបាយ ទៅជាឈឺស្លាប់អសារឥតការ បើដូច្នេះ សូមអ្នកជូនខ្ញុំទៅវិញ បើអ្នកមិនជូនទៅទេ ខ្ញុំនឹងលោតទឹកសម្លាប់ខ្លួន" ។ អាឡេវឮនាងនោះនិយាយដូច្នោះ ក៏វាគទូកចូលក្នុងព្រៃស្ងាត់ លួងលោមនាងនោះថា "បងស្រឡាញ់នាងណាស់ហើយ បានជាបងខំពង្រត់យកមកធ្វើជាប្រពន្ធ បើនាងលោតសម្លាប់ខ្លួនដូច្នោះ តើបងបាននរណាជាប្រពន្ធ" ។ នាងឆ្លើយឡើងថា "បើអ្នកស្រឡាញ់ ម្ដេចក៏អ្នកមិនដណ្ដឹងតាមច្បាប់ ?" ។ អាឡេវឆ្លើយថា "ឱនាងអើយ ! បើចាំដណ្ដឹងតាមច្បាប់ធ្វើម្ដេចនឹងឆាប់បានទាន់ចិត្ត បើគេឲ្យនោះក៏បាន បើគេមិនឲ្យនោះ

នឹងទទេឥតអំពើ ដូច្នេះហើយ បានជាបងនាំពង្រត់នាងសិន ទៅដល់ស្រុកម៉ែឪ ដូនតានឹងរៀបការតាមច្បាប់ នាងកុំតូចចិត្ត បងនឹងជូនទៅសួរដីដូននាងជាប្រញាប់ កុំនាងថប់បារម្ភឡើយ”ៗ នាងក្រមុំក៏ព្រមព្រៀងសុខចិត្ត ធ្វើជាប្រពន្ធអាឡេវទៅៗ

លុះព្រឹកឡើង អាឡេវក៏បែរទូកទៅទៀត ប្រទះនឹងចោរ៥០០នាក់ ៗ ចោរទាំង៥០០នោះតែងទៅចាំប្លន់អ្នកទូក អ្នកដំណើរដែលដើរទៅរកស៊ីតែសព្វថ្ងៃ ៗ លុះឃើញទូកបែរទៅដល់ គិតប្លន់យកទ្រព្យរបស់ ៗ អាឡេវ ដឹងថាចោរចង់ប្លន់យកទ្រព្យរបស់ខ្លួនដូច្នោះ ក៏ចូលទូកទៅក្នុងកណ្ដាលពួកចោរ ហើយឡើងទៅនិយាយនឹងមេចោរថា “អស់អ្នកពល់គ្នាហ៊ានប្លន់តែអ្នកទូក អ្នកដំណើរដែលដើររកស៊ីដាច់ដោច ឆ្ងាយពីស្រុកពីភូមិគេ ហើយលើកគ្នាទៅទាំងហ្វូងៗផង ឯខ្លួនខ្ញុំមិនចេះប្លន់អ្នកដើររកស៊ីដាច់ដោចដូច្នេះទេ ខ្ញុំប្លន់តែអ្នកស្រុកអ្នកនគរ ហើយខ្លួនខ្ញុំតែម្នាក់ឯង បានជាខ្ញុំហ៊ានដូច្នេះដោយខ្ញុំចេះអាគមគាប់មិនមុតដុតមិនឆេះ ហើយចេះទាំងអាគមបបមំបបមុីនប៉ៃតជានសាជាន មហាស្រឡប់ មហាស្រឡាយ នាពយណ៍បែងភាគ នាពយណ៍កាឡា ខ្ញុំចេះអស់មិនសល់ នេះខ្ញុំទើបមកពីប្លន់ស្រុកគេ យកបាននាងកូនក្រមុំគេម្នាក់មកផង បើអ្នកឯងមិនជឿអ្នកសួរស្រីនោះចុះ” ៗ អស់ពួកចោរបានស្ដាប់អាឡេវអួត ប្រាប់ពីសិល្បសាស្ត្រអាគមវិជ្ជាការដូច្នេះហើយ ក៏ចង់រៀន ទើបនិយាយនឹងអាឡេវថា “បើដូច្នោះសូមអ្នកបង្ហាញអាគមសិល្បសាស្ត្រដល់យើងពល់គ្នាផង យើងសុំអ្នកធ្វើជាគ្រូឲ្យបង្ហាញប្រដៅ ហើយនៅរកស៊ីជាមួយគ្នា” ៗ អាឡេវថា “បើអ្នកពល់គ្នាចង់រៀនក៏ខ្ញុំបង្ហាញបាន ប៉ុន្តែការរកទីធ្វើពិធីចូលត្រណាមនោះក្រណាស់ មានតែកោះដាច់ពីស្រុកពីភូមិគេ ហើយនៅកណ្ដាលទន្លេ ឆ្ងាយពីត្រើយនោះទើបធ្វើបាន” ហើយអាឡេវនិងចោរក៏នាំគ្នាទៅរកកោះកណ្ដាលសមុទ្រ

បានឃើញកោះមួយមានផ្ទុកខ្សាច់ល្អ ក៏ឡើងទៅកោះនោះ រកមើលទីកន្លែងសមគួរឆ្ងាយពីកន្លែងចតសំពៅ ។ អាឡេវប្រាប់ថា " បើអ្នកចង់បេះអាគមឲ្យពូកែនោះត្រូវស្តាប់ខ្ញុំ បើខ្ញុំបង្គាប់ឲ្យធ្វើអ្វី ត្រូវធ្វើតាមពាក្យខ្ញុំទាំងអស់នោះ ទើបបានអាគមពូកែផុតឆាប់ " ។ អស់ចោរទាំង ៥០០ ក៏ទទួលព្រមធ្វើតាមទាំងអស់ ហើយអាឡេវបង្គាប់ឲ្យធ្វើពេធពិធី មានបាយសីមានទៀនធូបភ្ញីផ្កា ហើយមានរាជវតិ ឆត្រទង់ សង់ជារាន ៧ ថ្នាក់ ហើយវាឲ្យជីកកាយដីខ្សាច់ជាអណ្តូងធំជ្រៅ ឲ្យមានទឹកល្ហមមុជលិចក្បាល លុះធ្វើស្រេចហើយវាបង្គាប់ចោរទាំង ៥០០ នាក់ ឲ្យគោរសក់ ឲ្យស្រាតសំពត់ចេញទាំងអស់គ្នា ហើយនិយាយបញ្ឆោតចោរទាំង ៥០០ នោះថា "វិអាគមខ្ញុំនេះដែលទិញរៀននោះ ត្រូវមុជទឹកហើយនឹកសូត្រអត់ដង្ហើមនៅក្នុងទឹកបាន ៧ ចប់ទើបពូកែមែនទែន " ។ ពួកចោរក៏នាំគ្នាហាត់មុជទឹកសូត្រអាគម ។ ឯអាឡេវចុះទៅសំពៅ និយាយខ្សឹបប្រាប់ប្រពន្ធឲ្យរៀបខ្លួន ហើយទាញពួរយុថ្កាឲ្យខ្ចី វាផ្តាំប្រពន្ធថា " បើអញរត់ចុះមកពីលើគោក ត្រូវទាញពួរយុថ្កាឡើងជាឆាប់ " ផ្តាំស្រេចហើយក៏ត្រឡប់ទៅវិញ លុះដល់ព្រលប់យប់ង៉ឹតវាឲ្យពួកចោរមុជទឹក ហើយបង្គាប់ថា " បើមុជត្រូវមុជឲ្យព្រមគ្នា បើងើប ៗ ឲ្យព្រមគ្នា ទើបអាគមពូកែ " ។ លុះពួកចោរមុជព្រមគ្នាហើយ អាឡេវក៏រត់ចុះទៅសំពៅ ដកយុថ្កាលាក្តោង ជួនជាខ្យល់ដំនោរមកដល់ អាឡេវបើកក្តោងយោងទាំងសំប៉ានទៅ ចោលចោរទាំង ៥០០ ឲ្យនៅលើកោះនោះ ។ ឯចោរទាំង ៥០០ ងើបអំពីទឹកឡើងរកមើលអាឡេវមិនឃើញ ក៏សួរគ្នាថា " លោកគ្រូទៅណា ? " នាំគ្នារកក្នុងពេធពិធីមិនឃើញ ក៏ចុះទៅមើលឯកំពង់ក៏មិនឃើញ បាត់ទាំងសំពៅទាំងមនុស្ស ។ ពួកចោរទាំង ៥០០ ក៏ដឹងថាអាឡេវបញ្ឆោតហើយ ទើបនាំគ្នារកឈើបុស្សីធ្វើក្បូនធ្ងន់ ។

ឯអាឡេវបើកសំពៅយកទ្រព្យរបស់ចោរទាំង ៩០០ ដែលនៅក្នុងសំពៅនោះទៅតែពីរនាក់ប្ដីប្រពន្ធ លុះបើកគ្នាទៅ អស់មួយយប់មួយថ្ងៃ ក៏បានដល់ស្រុកមួយ ហើយវាកេមើលមនុស្សក្នុងស្រុកនោះ ពុំឃើញមានមនុស្សប្រុស មានតែមនុស្សស្រី ទើបដឹងថាជាស្រុកចោរដែលវាបញ្ឆោតនោះ ហើយវាបោះយុថ្កាឈប់ ។ អស់ប្រពន្ធចោរទាំងនោះនឹងបានដឹងស្គាល់ថាជាសំពៅរបស់ប្ដីក៏ទេ ដ្បិតកាលដែលប្ដីចេញទៅអំពីផ្ទះតែខ្លួនទទេ លុះបានជួបនឹងឈ្នួញសំពៅក៏ប្លន់យក បានជាប្រពន្ធកូនមិនដឹងមិនស្គាល់ ។ លុះអាឡេវបោះយុថ្ការួចស្រេចហើយ ក៏យកដែស និងក្ដារឈ្នួនចេញមកក្រៅហើយធ្វើជាគូសវាសតាប់យាម ។ អស់ប្រពន្ធកូនចៅចោរមើលមកឃើញអាឡេវគូសវាសដូច្នោះ ក៏នឹកស្មានថាវាបេះតាប់យាម ទើបសួរថា "អ្នកអើយ ! អ្នកបេះតាប់យាមអាណិតមើលឲ្យប្ដីខ្ញុំបន្តិច ដ្បិតគាត់ទៅរកស៊ីជាយូរខែហើយ" ។ អាឡេវឮដូច្នោះហើយ ក៏ដឹងច្បាស់ថាស្រីទាំងនេះជាប្រពន្ធចោរ ដែលអញបញ្ឆោតនោះជាប្រាកដហើយវាឆ្លើយឡើងថា "គ្រអីសត្វបើតាប់យាមនោះ ទោះបីសម្ពស្រស្ការក្ដីក អត្ត លេខយន្តអី ខ្ញុំក៏បេះទាំងអស់ អ្នកចង់មើលអំពីរឿងអ្វីយកតែទៀនធូប ស្លាម្លូមកបូជាគ្រូកុំឲ្យសាបអាគមយាមខ្ញុំ តាមគ្រូប្រដៅខ្ញុំមក" ។ ឯប្រពន្ធចោរឮអាឡេវថាដូច្នោះ ក៏មីមាឡើងទៅផ្ទះជាប្រញាប់ប្រាប់ប្រពន្ធចោរឯទៀតៗ ឲ្យរកទៀន ធូប ភ្លី ផ្កា ស្លា ម្លូ បេក អំពៅយកទៅជូនគ្រូ ។ អាឡេវទទួលយកជំនូនហើយ តាំងយកក្ដារឈ្នួនមកគូសវាសធ្វើជាតាប់យាម គិតប្រមាណក្នុងចិត្តឲ្យត្រូវពេលាល្មមពួកចោរទាំង ៩០០ នោះដល់ផ្ទះ គឺវាគិតប្រមាណនេះចម្ងាយផ្លូវហើយប្រាប់ប្រពន្ធចោរថា "ប្ដីអស់អ្នកពល់គ្នានឹងមកដល់ឆាប់ក្នុងថ្ងៃស្អែកនេះ ប៉ុន្តែ ក្នុងវេលាយប់នេះ នឹងមានព្រាយក្បាលត្រដោល អាក្រាតសំពត់រត់ចូលមកក្នុងផ្ទះបង្កើតជាឧត្បាតធំ

ណាស់ បើដូច្នេះ មានតែអ្នកកល់គ្នាគិតរំងាប់ឧត្បាតចេញទើបជា" ។ ឯអស់ប្រពន្ធកូនចោរទាំង ៥០០ ឮអាឡេវថាដូច្នោះ ក៏ភិតភ័យហើយសួរថា "គិតធ្វើដូចម្ដេចនឹងរំងាប់ឧត្បាតចេញបាន ?" ។ អាឡេវឆ្លើយឡើងថា "វាងាយទេការរំងាប់ឧត្បាតនោះ គឺដល់វេលាព្រលប់កាលណា ត្រូវអស់អ្នកកល់គ្នានាំកូនចៅកាន់ដំបងព្រនង់នៅចាំនៅមាត់ទ្វារផ្ទះ បើឃើញព្រាយក្បាលត្រងោលអាក្រាតសំពត់រត់ចូលមកក្នុងផ្ទះ ត្រូវវាយកុំឲ្យវាចូលបាន" ។ ឯពួកចោរទាំង ៥០០ នោះលុះឆ្លងរួចដល់ត្រើយកាលណា ពេលាថ្ងៃពួនព្រៃ យប់នាំគ្នាដើរកាត់តម្រង់មកផ្ទះ ព្រោះគ្មានសំពត់ស្លៀក បានជាមិនចេញដើរពេលថ្ងៃ ។ លុះដល់ថ្ងៃកំណត់ដែលអាឡេវចាប់យាម ក្នុងពេលព្រលប់ពួកចោរក៏មកដល់ផ្ទះខ្លួន ។

ឯកូនប្រពន្ធដែលកាន់ដំបងព្រនង់ចាំនៅមាត់ទ្វារ ឃើញប្ដីរត់ចូលមកក្នុងផ្ទះ គិតស្មានថាជាព្រាយក្បាលត្រងោលមែន ក៏ពិតតែវាយទាល់តែដួលសន្លប់ខ្លះ របួសពិការខ្លះ ក្រោយមកទើបបានដឹងជាប្ដីជាឪពុកខ្លួន ហើយនិយាយតាមដំណើរប្រាប់ប្ដីសព្វគ្រប់ ។ ពួកចោរទាំង ៥០០ ខឹងនឹងអាឡេវខ្លាំងណាស់ តែមិនដឹងគិតធ្វើដូចម្ដេច ព្រោះខ្លួនត្រូវដំបងដំណាំទាំងអស់គ្នា ហើយមិនដឹងជាអាឡេវនៅឯណា ។ វេលានោះ អាឡេវនៅចាំស្ដាប់ប្រពន្ធកូនចោរវាយប្ដីខ្លួន ដល់ឮមាត់ស្រែកទ្រហឹងពេញពាសទាំងស្រុក ក៏បើកសំពៅទៅស្រុកប្រពន្ធវិញ លុះទៅដល់ហើយ អាឡេវនឹងប្រពន្ធឡើងទៅរកជីដូន បានជួបនឹងជីដូនក៏សំពះសូមទោស ហើយប្រគល់របស់ទ្រព្យក្នុងសំពៅទាំងប៉ុន្មានទៗ ជូនជីដូនទាំងអស់ ជីដូនបានឃើញសម្បត្តិអាឡេវពេញសំពៅក៏បាត់ខឹង បែរជាស្រឡាញ់រាប់អានអាឡេវជាចៅប្រសាមែនទែន ។ អាឡេវរៀបសង់ផ្ទះលោះខ្ញុំកំដរពាសពេញក្នុងផ្ទះ ឲ្យបំរើជីដូនក្មេកនឹងប្រពន្ធលុះនៅយូរបន្តិចមកក៏លាជីដូន នឹងប្រពន្ធទៅ

សួរម្ដាយឪពុកវា ។ ដីដូនក្មេកផ្ដាំថា បើចៅទៅកុំនៅយូរពេកឆាប់ត្រឡប់មករកដីដូនវិញ ដ្បិតសព្វថ្ងៃនេះកំព្រាឥតមានអ្នកឯណាជាទីពឹងទេ ។

ឯប្រពន្ធអាឡេវ ចង់តាមអាឡេវទៅដែរ ក៏និយាយថា «ខ្ញុំចង់ទៅជាមួយនឹងអ្នក ឲ្យស្គាល់ម៉ែឪបងប្អូនញាតិសន្តានស្រុកទេសអ្នក មួយទៀតខ្ញុំមិនចង់ឃ្លាតឆ្ងាយពីអ្នកទេ ដ្បិតថា ស្រីប្ដីទៅឆ្ងាយៗហើយកម្រនឹងទុកដាក់រក្សាខ្លួនណាស់ អ្នកផងគេតែងនិន្ទាថា ដូចជាស្រីមេម៉ាយបំណាយមាត់គេ ហេតុដូច្នេះបានជាខ្ញុំមិនចង់នៅ ចង់ទៅតាមអ្នកជាប្ដី» ។ អាឡេវឆ្លើយឡើងថា "នាងអើយ! បងចង់បាននាងទៅជាមួយដែរ ប៉ុន្តែអាណិតដីដូន ដ្បិតគាត់ចាស់ជរាណាស់ហើយ ក្រែងឈឺចាប់យប់ថ្ងៃ គ្មាននរណាថែទាំបីបមរក្សាដុសខាត់ចាំជម្ងឺ នឹងទុកចិត្តលើមនុស្សម្នាក់ក៏ដរមិនបានទេ ដូចកាលយើងនាំគ្នារត់ទៅនោះ គាត់សន្ធឹកសន្ធៃ ឈឺរងរ៉ៃស្គាំងស្គមទើបនឹងបានគ្រាន់បើ ឥឡូវនេះ បើយើងទៅចោលគាត់ទៀត គាត់នឹងឈឺស្លាប់ពុំខានឡើយ ពីមុនបានជាខុសឆ្គាយម្ដងទៅហើយ ឥឡូវនេះ យើងគិតកុំឲ្យខុសឆ្គាយម្ដងទៀត" ។ ឯប្រពន្ធឮប្ដីថាដូច្នោះនឹកអាណិតដីដូន ក៏ព្រមឲ្យប្ដីទៅ ទើបរៀបស្បៀងរៀងទៃសម្រាប់បរិភោគតាមផ្លូវសព្វគ្រប់ហើយ សួរប្ដីថា "អ្នកនឹងយកមនុស្សម្នារទេះសាលីទៅប៉ុន្មាន?" ។ អាឡេវឆ្លើយថា "បងមិនយកទៅទេ បងទៅតែម្នាក់ឯង" ។ ឯគំនិតអាឡេវបានជាមិនចង់យកមនុស្សម្នាទៅ ពីព្រោះគិតចង់បានប្រពន្ធច្រើន បើនឹងយកមនុស្សតាមក្រែងគេដឹងថាខ្លួនមានប្រពន្ធហើយ នឹងទៅដណ្ដឹងកូនគេទៀត ក្រែងគេមិនឲ្យ ហើយវានិយាយនឹងប្រពន្ធថា "បងធ្លាប់ដើរតែម្នាក់ឯង តែមានមនុស្សម្នាក្របីគោរទេះទៅជាមួយផង នឹងធ្វើដំណើរមិនរហ័សទាន់ចិត្ត ហេតុដូច្នេះបានជាបងមិនចង់យកទៅ" ។ អាឡេវរៀបតែប្រាក់ និងស្បៀងគ្រាន់នឹងស៊ី

តាមផ្លូវ ៗ ឯជីដូនផ្តាំហើយផ្តាំទៀតថា "បើចៅទៅដល់ម្តាយឪពុកនៅជាសុខសប្បាយ ចូរចៅឆាប់ត្រឡប់មកវិញណា៎ចៅណា៎ !" ៗ អាឡេវក៏លាជីដូន និងប្រពន្ធហើយចេញដំណើរទៅ លុះទៅដល់ផ្ទះអ្នកនេះ និងនាងនោះជាឪពុកម្តាយហើយ ក៏យកប្រាក់ទៅជូនម្តាយឪពុកៗ មានចិត្តត្រេកអរសួរថា "កូនទៅណាបាត់យូរម្ល៉េះ ? ម្តាយឪពុកចេះតែទន្ទឹងមើលផ្លូវកូនតែសព្វថ្ងៃ" ៗ អាឡេវប្រាប់ថា "ខ្ញុំទៅគិតការរកស៊ី ដ្បិតម៉ែឪឯងមិនគិតរកស៊ីទីងគេ" ៗ អ្នកនេះនិងនាងនោះឆ្លើយថា "តាមតែកូនគិតចុះ បំណែកខាងម្តាយ និងឪពុករកស៊ីគ្រាន់តែមាត់ ហើយនិងរក្សាទ្រព្យទុកឲ្យកូន ចូរកូនគិតរកអម្រស់អម្រេបខ្លួនឯងចុះ" ៗ អាឡេវនៅនឹងម្តាយឪពុកបានពីរបីថ្ងៃ ក៏លាចេញដើរទៅទៀត លុះទៅដល់ស្រុកធំវាចូលទៅមើលកងវាំងសព្វគ្រប់ហើយ ចេញមករកមើលផ្ទះនាហ្មឺនសេដ្ឋី ក៏ឃើញសេដ្ឋីម្នាក់មានផ្ទះធំទ្រនំខ្ពស់ មានទ្រព្យសម្បត្តិច្រើនមានកេងរទេះគោក្របីដំរីសេះមនុស្សម្នាខ្ញុំកំដរពាសពេញ មានច្បារដំណាំជាឧទ្យាន មានផើងផ្កាគ្រប់ចំពូកគ្រប់ពណ៌ ដាក់ហែជាជួរកងសួនច្បារមានត្រីប្រាក់ត្រីមាស មានស្រះដាំដើមឈូកស ឈូកក្រហម ព្រលិតលំចង់ស្បន្កជុះពាសពេញ ហើយមានកូនក្រមុំមិនទាន់មានប្តី ៗ អាឡេវមានចិត្តស្រឡាញ់ចង់បាន ក៏ចូលទៅកាន់ផ្ទះសេដ្ឋីហើយដំរាបសុំខ្លួននៅធ្វើជាកូនក្មួយ ៗ សេដ្ឋីឃើញអាឡេវមកសុំខ្លួននៅធ្វើជាកូនក្មួយដូច្នោះ ក៏មានចិត្តអាណិតស្រឡាញ់ហើយសួរថា "ឯងនៅស្រុកណា ? ម្តាយឪពុកនៅស្រុកណា ?" ៗ អាឡេវដំរាបសេដ្ឋីថាខ្ញុំបាទនៅស្រុកឆ្ងាយណាស់ ឪពុកម្តាយខ្ញុំបាទមានទ្រព្យរបស់ខ្ញុំកំដរ គោក្របីដំរីសេះផ្ទះសម្បែងដូចលោកដែរ ប៉ុន្តែ គាត់មានជម្ងឺ ឈឺស្លាប់អស់ហើយខ្ញុំបាទតូចចិត្តណាស់មិនចង់នៅ ដ្បិតធ្លាប់មានម៉ែឪ ឥឡូវនៅតែម្នាក់ឯង បានជាខ្ញុំ

បាទចោលផ្ទះសម្បែង ទ្រព្យរបស់មកសុំនៅជាមួយនឹងលោក តាមតែលោកប្រើធ្វើការងារអ្វីៗ ខ្ញុំបាទទទួលទាំងអស់ ។ សេដ្ឋីក៏ព្រមទទួលយកអាឡេវឲ្យនៅ ចាប់ដើមតាំងពីថ្ងៃដែលមកនៅនឹងសេដ្ឋី អាឡេវតែងក្រោកអំពីព្រឹកបោសផ្ទះថែទាំរបស់ទ្រព្យ រៀបទុកដាក់តាមទីកន្លែង ហើយខំធ្វើការដូចជារបស់ខ្លួន ។ សេដ្ឋីឃើញអាឡេវឧស្សាហ៍ធ្វើការថែទាំរបស់ទ្រព្យមិនមានឲ្យឃ្នើសចិត្ត ក៏រឹតតែស្រឡាញ់ឡើងឲ្យអាឡេវត្រួតត្រាដាស់តឿនមនុស្សម្នាខ្ញុំកំដរទាំងអស់ ។ រាល់តែវេលាសេដ្ឋីទៅគាល់ស្ដេច បានយកអាឡេវទៅផង លុះទៅជាញឹកញយ អាឡេវស្គាល់ពួកក្រុមការនឹងកូនក្មួយទាំងអស់តមកទៀតវាស្គាល់ដល់នាហ្មឺនធំតូច តាំងពីលោកក្រឡាហោមយមរាជ ចក្រី វាំងនឹងនាហ្មឺនធំតូចឯទៀត ប៉ុន្តែអាឡេវធ្វើចិត្តជា ទុកជានរណាត្មះតិះដៀលដូចម្ដេចក៏មិនចេះខឹងនឹងគេ សូម្បីកូនក្មួយផងគ្នាធ្វើដូចម្ដេចៗក្ដី អាឡេវក៏មិនចេះតបមិនចេះខឹងឡើយ ។ កាលណាអាឡេវតាមសេដ្ឋីទៅគាល់ស្ដេច ហើយមានគេសួរថា "ឈ្មោះអី ?" វាប្រាប់ថាខ្ញុំឈ្មោះ "អាឡេវតេវ" ។ ពួកនាហ្មឺនតែឃើញអាឡេវទៅហើយក៏ហៅថាអាឡេវតេវដូច្នេះឯង ។ វេលាក្រោយមក អាឡេវទៅលេងនៅសាលាជំនុំស្ដាប់ចៅក្រមជំនុំជំរះក្ដីតែសព្វថ្ងៃ ក៏ចេះច្បាប់ទម្លាប់ច្រើន ហើយវារើសកាកសំបុត្រដែលគេបោះចោលមានទាំងស្នាមត្រាបោះនៅនោះផង តាំងពីត្រាលោកក្រឡាហោមយមរាជ នឹងនាហ្មឺនធំតូចទាំងអស់ ដែលមានមាសប្រាក់ច្រើន ហើយវាយកក្រមួនមកសូនធ្វើជាត្រា វាស់ទឹងត្រាកាកសំបុត្រចាស់ហើយឆ្លាក់ឲ្យត្រូវតាមស្នាមត្រាចាស់ រួចវាធ្វើជាសំបុត្រសឹងមានឈ្មោះនាហ្មឺនអស់នោះជំពាក់ប្រាក់ខ្លះ ១០០ ណែន ខ្លះ ២០០ ណែន ខ្លះ ៥០០ ណែន គ្រប់តែនាហ្មឺនធំតូចទាំងអស់ ហើយបត់ទុកក្នុងហិបមួយពេញ បើខ្លួនវាមិននៅទៅធ្វើការ

ទីណាក្តី ឬទៅលេងក្តី វាយកហឹបនោះទៅផ្ញើនឹងប្រពន្ធសេដ្ឋី ហើយផ្តាំថា "កុំឲ្យនរណាបើកឲ្យសោះ" ដល់វាវិលមកក៏ទៅយកហឹបនោះមកវិញ ធ្វើដូច្នេះជារឿយៗ ។

លុះដល់ថ្ងៃក្រោយទៀត អាឡេវរៀបទៅធ្វើការក៏យកហឹបទៅផ្ញើនឹងប្រពន្ធសេដ្ឋី ហើយផ្តាំថា "អ្នកប្រយ័ត្នរក្សាទុកឲ្យល្អកុំឲ្យនរណាបើកមើលលេង" ។ ឯប្រពន្ធសេដ្ឋីទឹកឆ្ងល់នឹងហឹបអាឡេវណាស់ ក៏បើកមើល ឃើញសំបុត្រពេញក្នុងហឹប ហើយលាមើលសំបុត្រអស់នោះ បានឃើញសេចក្តីក្នុងសំបុត្រថា "ពួកនាហ្មឺនជំពាក់ប្រាក់សឹងមានចំនួនគ្រប់គ្នាទាំងអស់" ហើយបោះត្រាផង ។ លុះរើមើលសំបុត្រទាំងអស់ ឃើញសុទ្ធតែនាហ្មឺនជំពាក់ប្រាក់ជាច្រើនណាស់ដូច្នោះ ក៏យកហឹបសំបុត្រទៅបង្ហាញសេដ្ឋីជាប្តី ។ ឯសេដ្ឋីបានឃើញសំបុត្រអាឡេវសព្វគ្រប់ហើយ ក៏និយាយនឹងប្រពន្ធថា "កាលអាឡេវវាមកនៅនឹងយើងនោះ អញបានសួរវាពីម្តាយឪពុកនៅឯណា វាប្រាប់ថា "គ្មានម្តាយឪពុកទេ ស្លាប់អស់ហើយ" ។ វាប្រាប់អញថា "កាលដែលម្តាយឪពុកវានៅរស់នៅឡើយនោះ មានទ្រព្យសម្បត្តិដូចជាយើងនេះដែរ ឥឡូវនេះមកឃើញសំបុត្រ អស់នាហ្មឺនជំពាក់ប្រាក់វាច្រើនម៉្លេះ នេះសឹងត្រូវនឹងពាក្យវានិយាយពីមុននោះប្រាកដមែន គំនិតប្រាជ្ញាវាសមថាមនុស្សមានពូជ មួយទៀត ការងារទាំងអស់ក្នុងផ្ទះយើងសព្វថ្ងៃនេះ ក៏បានវាជួយដាស់តឿនថែទាំមើល រក្សាដឹងបាត់ដឹងគង់ដឹងខូចដឹងជា មានតែវាហ្នឹងហើយទុកដូចជាកូន ឥឡូវ កូនស្រីយើងមួយនេះពេញក្រមុំ ល្មមមានប្តីហើយ ពួកស្តេចនាហ្មឺនមកដណ្តឹងចង់បានជាច្រើនណាស់ហើយ យើងមិនត្រូវចិត្ត បានជាយើងមិនព្រមឲ្យ ឥឡូវនេះបើយើងឲ្យទៅអាឡេវនោះ យើងខ្មាស់គេណាស់ ដ្បិតវាជាមនុស្សកំព្រាក្បាលមួយមកនៅស្រុកអាយ គ្មាន

នរណាស្គាល់ពូជពង្សវង្សាជាល្អអាក្រក់ បើយើងមិនឲ្យកូនយើងជាប្រពន្ធវាដូចជាទឹកស្ដាយ ដ្បិតគំនិតមារយាទវាជាល្អហើយ ជួយឈឺឆ្អាលក្នុងការងារយើងដូចជាការងាររបស់ខ្លួនវាដែរ ដំណើរនេះក្របើគិតណាស់" ។ ឯប្រពន្ធសេដ្ឋីឆ្លើយឡើងថា "ត្រង់កិច្ចដែលធ្វើមិនឲ្យខ្មាស់គេនោះវាងាយទេ យើងនឹងរៀបការក្នុងវេលាយប់ ហើយរៀបបន្តិចបន្តួចសោះតែខានកុំឲ្យខ្មោចព្រៃខឹង យើងផ្សំផ្គុំឲ្យជាប្រពន្ធគ្នាទៅ បើយូរទៅហើយគេដឹងនោះយើងក៏អស់ខ្មាស់គេហើយពីព្រោះវាមានបំណុលវាក៏ច្រើនដែរ" ។ ហេតុតែព្រេងសំណាងរបស់អាឡេវនឹងកូនក្រមុំសេដ្ឋីនោះត្រូវបានគ្នាជាប្ដីប្រពន្ធ, សេដ្ឋីគិតឃើញព្រមដូចពាក្យប្រពន្ធពន្យល់ ក៏ព្រមឲ្យកូនក្រមុំជាប្រពន្ធអាឡេវ ហើយហៅអាឡេវមកប្រាប់ថា "ដ្បិតតាំងពីថ្ងៃដែលឯងមកនៅនឹងអញ ៗ មើលទៅគំនិតមារយាទចិត្តថ្លើមឯង ឈឺឆ្អាលក្នុងការងារអញដូចជាកូនបង្កើត បើដូច្នេះអញឲ្យកូនក្រមុំជាប្រពន្ធឯង" ។ ឯអាឡេវឮសេដ្ឋីប្រាប់ថាឲ្យកូនក្រមុំជាប្រពន្ធដូច្នោះ ក៏មានចិត្តត្រេកអរណាស់ ។ សេដ្ឋីហៅកូនក្រមុំមករៀបសំពះមេបាតាស់ទុំ រៀបសែនព្រេនតាមសណ្ដាប់បុរាណជាប្ដីប្រពន្ធគ្នាទៅ ។

លុះការរួចពីរបីថ្ងៃ ប្រពន្ធអាឡេវគិតទៅគាល់ស្ដេចឯក្នុងវាំង បាននិយាយប្រាប់អាឡេវជាប្ដី ។ ឯអាឡេវក៏និយាយផ្ដាំប្រពន្ធថា "បងទៅចាំនៅសាលាជំនុំ បើនាងឃើញបងបោយដៃហៅ ត្រូវនាងលើកជើងពានស្លាមកលុតជង្គង់ហុចស្លាពាននោះឲ្យបង បងទទួលយកហើយនាងសំពះត្រឡប់ទៅវិញចុះ" ។ លុះនិយាយផ្ដាំប្រពន្ធសព្វគ្រប់ហើយ អាឡេវក៏ស្លៀកសំពត់ចាស់ពាក់អាវចាស់ដូចកាលធ្វើការពីមុន ហើយទៅអង្គុយលេងនៅសាលាជំនុំ ។ ពួកនាហ្មឺនសព្វមុខមន្ត្រី ចៅក្រមសាលា ភ្នាក់ងារ ក្រមការ ឃុន ហ្មឺន មហាតលិកមកពាសពេញ

ឃើញអាឡេវអង្គុយនៅសាលា នាហ្មឺនខ្លះត្បូកក្បាល ខ្លះទះខ្នង ទាញដៃ ខ្លះឲ្យអាឡេវធ្វើត្លុកក្រមាច់លេង ដ្បិតធ្លាប់លេងពីមុនមកដូច្នេះឯង ។ ឯអាឡេវជាមនុស្សមានប្រាជ្ញាចេះក្រមាច់កំប្លែងលេងឲ្យគេចូលចិត្ត មិនចេះខឹងទឹងនរណាទេ ទោះនាហ្មឺនសព្វមុខមន្ត្រី ឃុនហ្មឺន មហាតលិក នូវក្រមការ ភ្នាក់ងារប្រើវាដូចម្តេចក្តី លេងដូចម្តេចក្តី ក៏មិនចេះខឹង មិនចេះប្រកែកឲ្យនរណាអាក់អន់ចិត្ត តាំងតែពីដើមមកដូច្នេះឯង ហើយពួកនាហ្មឺនមិនដឹងថាអាឡេវបានកូនក្រមុំសេដ្ឋី មកធ្វើជាប្រពន្ធផង ស្មានថាអាឡេវជាមនុស្សផ្តេសផ្តាស ដើរសុំទានគេស៊ី រកទីលំនៅគ្មាន បានជានាំគ្នាមាក់ងាយវា ។ លុះដល់កូនសេដ្ឋីជាប្រពន្ធអាឡេវជិះអង្រឹងស្នែង ហើយមានមនុស្សម្នាខ្ញុំកំដរកាន់ប្រអប់មាសប្រាក់ ដើរពេញពាសផ្លូវមក នាហ្មឺនទាំងអស់ក៏និយាយថា "ហ្ន៎! មើលកូនក្រមុំសេដ្ឋីល្អណាស់ ដើរចូលក្នុងវាំង នាហ្មឺនខ្លះលាន់មាត់ថាល្អមែន កូនស្តេចកូននាហ្មឺន ដណ្តឹងជាច្រើនហើយ តែមិនបាន" ។ ឯអាឡេវឮនាហ្មឺននិយាយគ្នាថា "កូនស្តេចកូននាហ្មឺនដណ្តឹងកូនក្រមុំសេដ្ឋីមិនព្រមឲ្យ" ដូច្នោះ ក៏ឆ្លើយឡើងថា "បើអស់លោកថាដណ្តឹងកូនក្រមុំសេដ្ឋីឲ្យកូនលោកមិនបានលោកចាំមើលខ្ញុំបាទវិញចុះ វេលាកូនក្រមុំសេដ្ឋីចេញមក អំពីក្នុងវាំង ខ្ញុំបាទនឹងហៅឲ្យចូលមកហើយឲ្យយកស្លាមកឲ្យខ្ញុំបាទទទួលទាន លោកហ៊ានភ្នាល់ទេ ? " ។ ពួកនាម៉ឺនឮអាឡេវថាដូច្នោះមិនជឿ ដ្បិតមិនដឹងថាសេដ្ឋីឲ្យកូនក្រមុំទៅជាប្រពន្ធអាឡេវសោះ មួយទៀតមិនដឹងថាអាឡេវវាក្រមាច់លេងផ្តេសផ្តាសតែដោយផ្ទះនាហ្មឺន វេលាវាទៅផ្ទះវិញមិនបានលេងផ្តេសផ្តាសទេ បានជាមាក់ងាយវាខ្លាំងណាស់ ហើយមិនដឹងជាអាឡេវមានប្រាជ្ញាច្រើនដល់ម៉្លឹងសោះ ទើបនាំគ្នានិយាយភ្នាល់នឹងវាថា "បើឯងហៅកូនក្រមុំសេដ្ឋីចូលមកយកស្លាម្លូមកឲ្យឯងស៊ីបាន អញហ៊ានភ្នាល់នឹងឯង

ប៉ុន្តែ ឯងគ្មានអ្វីដាក់ភ្នាល់នឹងអញទេ ” ។ អាឡេវឮពួកនាហ្មឺនថាដូច្នោះក៏ឆ្លើយ
ឡើងថា “ លោកកុំព្រួយប្រសាសន៍នឹងខ្ញុំបាទ បើខ្ញុំបាទចាញ់លោក ខ្ញុំបាទ
ធ្វើសំបុត្រនៅបំរើជាខ្ញុំលោកដល់អស់ជីវិត តាមចិត្តលោកប្រើធ្វើអ្វី ខ្ញុំបាទទទួល
ធ្វើទាំងអស់ ” ។ នាហ្មឺនសព្វមុខមន្ត្រីទាំងអស់ ឮអាឡេវថាដូច្នោះក៏អរគ្រប់
គ្នា ដោយចង់បានអាឡេវមកធ្វើជាខ្ញុំ ដ្បិតវាចេះនិយាយកួតករក្រមាប់កំថ្វែង
លេង គ្រាន់សប្បាយដោយសារវា មួយទៀត មាក់ងាយវាថាជាមនុស្សចោល
ម្សៀត ធ្វើម្តេចនឹងហៅកូនសេដ្ឋីឲ្យចូលមកបាន ហើយនិយាយគ្នាថា “ យើង
យកអាឡេវធ្វើជាខ្ញុំ គ្រាន់និយាយកួតករក្រមាប់លេង ហើយយើងចែកគ្នាប្រើលេង
សប្បាយ បើវាចង់បានរបស់ទ្រព្យប្រាក់មាសប៉ុន្មាន យើងឲ្យវាដាក់ក្នុងសំបុត្រ
ភ្នាល់គ្នាតាមចិត្តវាចុះ ដ្បិតវាមុខជាចាញ់យើងហើយ ” ។ អាឡេវនឹងពួកនាហ្មឺន
ធ្វើសំបុត្រ បង្កាន់ដៃភ្នាល់តាមដំណើរសព្វគ្រប់ហើយ ទើបពួកនាហ្មឺនប្រាប់
អាឡេវថា “ ឯងចង់បានមាសប្រាក់ប៉ុន្មាន ? ដំរីចង់កូប សេះចង់អានទាំង
គ្រឿងដែលជិះមកប៉ុន្មាន ចូរដាក់ក្នុងសំបុត្រតាមចិត្តឯងចុះ ” ។ អាឡេវក៏
សរសេរដាក់ក្នុងបង្កាន់ដៃដែលភ្នាល់គ្នាឲ្យតែច្រើន ទាំងមាសទាំងប្រាក់ទាំងដំរី
ទាំងសេះគ្រប់គ្រឿង ហើយជូនទៅពួកនាហ្មឺនឲ្យបោះត្រារួចទទួលយកមកវេច
មួយសម្ពាយក្រវាត់ទុក ហើយទៅអង្គុយចាំនៅមាត់ទ្វារសាលា បន្តិចឃើញកូន
សេដ្ឋីជាប្រពន្ធវាចេញពីក្នុងវាំង វាក៏បោយដៃហៅថា “ នាងយកស្លាមកឲ្យបង
ស៊ី ” ។ កូនសេដ្ឋីឮប្តីហៅឲ្យយកស្លាមកដូច្នោះក៏ម្នីម្នាចុះពីអង្រឹងស្នែង ហើយ
ដាក់ស្លាលើជើងពានយកមកឲ្យប្តី ។ អាឡេវក៏ទទួលយកស្លាស៊ីហើយនាំប្រពន្ធ
នូវខ្ញុំកំដរ ឡើងជិះសេះដំរីដែលតែងគ្រឿងគ្រប់ស្រាប់ទៅកាន់ផ្ទះសេដ្ឋីជាឪពុក
ក្មេក ។ អាឡេវនិយាយផ្តាំថា “ បើលោកឪពុកលោកម្តាយ ឬអ្នកឯណាជា

មនុស្សនៅក្នុងផ្ទះក្តី ក្រៅផ្ទះក្តី ឬអ្នកជិតខាងក្តី គេសួរថាបានសេះដំរីពីណាមក ? " ឲ្យដំរាបឲ្យប្រាប់ថា " ទារបំណុលអំពីគេ " ។ ឯពួកនាហ្មឺនសព្វមុខមន្ត្រីក្រមការភ្នាក់ងារនូវយុទ្ធហ្នឹងមហាតលិកដែលភ្នាល់ចាញ់អាឡេវ ស្រាប់តែភ័យភ្ញាក់សរៀងខ្លួន ស្តាយរបស់ទ្រព្យ នឹងដំរីសេះជាជំនិះធ្លាប់ជិះជាលំអត្រូវចិត្ត សុទ្ធសឹងតែគ្រឿងមាសនឹងប្រាក់ពាន់ពេក ហើយនិយាយគ្នាថា " យើងបង់គំនិតនឹងអាឡេវហើយជាន់នេះ" ។ ឯអាឡេវនឹងប្រពន្ធខ្ញុំក៏ជរជិះដំរីសេះមានកូបមានអាន នូវគ្រឿងប្រដាប់សុទ្ធសឹងតែមាសនឹងប្រាក់ លុះទៅដល់ផ្ទះហើយ សេដ្ឋីជាឪពុកក្មេកម្តាយក្មេក នូវអស់មនុស្សម្នា ភ្នាក់ងារក្នុងផ្ទះ ឃើញដំរីសេះពាសពេញធ្លោះក៏នឹកឆ្ងល់ ហើយសេដ្ឋីប្រើមនុស្សឲ្យទៅសួរអាឡេវ ៗ ក៏ប្រាប់ថា " ទារបំណុលអំពីគេមក " ។ សេដ្ឋីជាឪពុកក្មេកម្តាយក្មេកក៏អរនិយាយគ្នាថា " យើងអស់ខ្វាសគេហើយ " ។ ចាប់ដើមអំពីថ្ងៃនេះមក សេដ្ឋីប្តីប្រពន្ធក៏រឹតតែស្រឡាញ់អាឡេវលើសអំពីមុនទៀត ។ អាឡេវក៏ទៅទារប្រាក់ពីពួកនាហ្មឺនសព្វមុខមន្ត្រីតែសព្វថ្ងៃ ជញ្ជូនយកមក ហើយវាគិតធ្វើការរកស៊ីជួយសេដ្ឋីជាឪពុកក្មេកម្តាយក្មេក មិនឲ្យព្រួយចិត្តគ្រប់ជំពូក ។ នៅយូរមក សេដ្ឋីចាស់ជរាអស់អាយុទៅ អាឡេវក៏បានជាសេដ្ឋីធំក្នុងនគរនោះឯង ។

ត្រុក ៗ អ្នកស្រុកមើលងាយ
រលាស់គូធខ្វាយ មានឧដ្ឋមានភ័ណ្ឌ

(ប្រជុំរឿងព្រេងខ្មែរ, ភាគ ២, ទំព័រ ១៦៤ - ២០៩)

| | |
|---|---|
| អាឡេវ | /qaaleiw, qaleiw/ Alev (name of the principal character of a famous Cambodian folktale) |
| ង៉េះ | /ŋeh/ Ngeh (personal name) |
| ង៉ោះ | /ŋɑh/ Ngah (personal name) |
| ធ្វើការរកស៊ីដូចគេ | to work and make a living like other people |
| ខែវស្សា | the rainy season (the rainy months) |
| ខែប្រាំង | the dry season (the dry months) |
| ចម្ការ | garden, plantation (other than wet rice) |
| ឪ ៗ | /qəw-qəw/ Oh, Dad; Hey, Dad |
| ប្រដាប់ប្រដា | tools, instruments, provisions |
| ថ្វាយបង្គំ | to greet respectfully, to bow (with palms joined) |
| កោរ | to shave |
| កោរសក់ | to shave the head |
| កោរសក់ឲ្យ | to shave his head for [him] |
| ដណ្ដប់ | to cover (part or all of the body) with a cloth |
| ថ្វីក៏ | why, why is it that... |
| ឱប | to hug, embrace |
| រលីង | smooth; completely |
| សង្ស័យ | to wonder |
| ទួញ | to weep loudly |

| | |
|---|---|
| អាឡោះអាល័យ | to grieve for, to miss desperately |
| ចាប់ដៃគ្នាជាប្ដីប្រពន្ធ | to take one another as husband and wife |
| រៀងរាបដរាបមក | continuously up to the present |
| សង្រេងសង្រែ | to grieve (here: with grief, disconsolately) |
| អ្នកម៉ែ | Mother (respectful) |
| ផ្ញើបុណ្យទាន | to confer merit |
| បញ្ជូន | to send |
| បញ្ជូនទៅឲ្យ | to send to, on behalf of |
| បញ្ចុះ | to put down, to lower |
| ខ្មោច | corpse |
| បញ្ចុះខ្មោច | to bury the corpse |
| ពឹង | to solicit help from, to depend on |
| ល្អល្អិត | carefully, properly |
| អន្សម | rice-cake |
| នំគម | a sweet pastry |
| ចំណីចំណុក | food, knickknacks |
| ផ្នូរ | grave (N) |
| រឹងជា | increasingly, all the more |
| ត្រូវនឹង | consistent with |
| គំនិត | thought |
| ដែលកុហក | [about] which he had lied |

សង្រែក a truss for carrying a basket

អង្រែក a shoulder-pole with two suspended baskets

លុះត្រាតែ until

ជ្ងើ for, on behalf of

ទើបនឹងកោរថ្មីៗ newly shaven

កោរទាំងក្បាល have the head completely shaven

មានទាំងនំ have all these cakes

ពិសា to eat (polite, with reference to others)

អំពីថ្ងៃនេះទៅ from this day on

ទន្លេ large river, waterway (here: village on the riverbank)

ឪនៅតែពីរនាក់នឹងខ្ញុំ there remains only you (Father) and I

ដេរ to sew

គ្រាន់នឹង just to

បុក to pound (with a pestle or stick)

បុកស្រូវ to husk rice (with a mortar and pestle)

នឿយហត់ to be tired; tiring

មួយទៀត furthermore

តែសព្វថ្ងៃនេះ every day, incessantly

ជួយកម្លាំង to help out

ពាក្យបុរាណ old saying, proverb

| | |
|---|---|
| លោកថា | they say |
| ពាក្យបុរាណលោកថា | there is an old saying which goes |
| ធ្វាត់ការងផ្ទះ | housework would be neglected |
| តាមតែ | according to, as |
| តាមតែកូនគិតចុះ | whatever you (Child) think |
| គ្រាន់ | in order that, enough to, just for |
| អត់ឃ្លាន | to be hungry, be without food |
| សោះអត់ឃ្លាន | to be without hunger, to eradicate hunger |
| អ្នកផង | others, other people |
| តិះដៀល | to ridicule, make fun of |
| និន្ទា | to criticize, gossip about |
| បើក | wanton, sensuous |
| អាស | shameless |
| ប្រាក់កាស | money |
| មុខមាត់ | facial features |
| រណ្ដាប់ | provisions (for a ceremony) |
| ចែចូវ | to negotiate a wedding (by a go-between) |
| អ្នកផ្សំ | female go-between in a marriage negotiation |
| ចៅមហា | male go-between in a marriage negotiation |
| ខាន់ស្លា | bride-price (sum paid by the boy's parents to the girl's parents) |
| ក្រយាសំពះ | wedding gifts |

| | |
|---|---|
| សណ្ដាប់ | custom, convention |
| ប្រពៃណី | /prɑpɨynii, prɑpɨynəy/ custom(s) |
| ផ្ចញ់ផ្ចាល់ | to embarrass, take advantage of, push to the wall |
| បន្លែបង្ការ | vegetables |
| សំដីសំដៅ | speech, manner of speech |
| កំពស់កំព | height, size |
| សម្បុរសម្បក | /sɑmbao-sɑmbɑɑq, sɑmbol-sɑmbɑɑq/ color, complexion |
| បេះបិទ | exactly, identically |
| ដូចម៉ែបេះបិទ | exactly like Mother |
| នំនែក | confections, cakes, sweets |
| គ្រប់មុខ | all kinds, every kind |
| បើកឲ្យ | to permit, to allow |
| មេបា | spirits of one's ancestors; parents; guardians |
| តែយប់ | only at night |
| តាមតែពាក្យអាឡេវបង្គាប់ ដូចម្ដេចក៏តាមទាំងអស់ | whatever Alev said, [he] went along with it |
| បណ្ណាការ | /bɑnnaakaa, pənnaakaa/ provisions, equipment |
| មង្គលការ | /mŭəŋkŭəl-kaa/ wedding |

| | |
|---|---|
| រៀបមង្គលការ | to have a wedding ceremony |
| ស្ងស្ងុក | to cook, stew |
| មាត់ | (here: voice) |
| អ្នកង៉េះហើយថាមិនអ្នកង៉េះ | of course it's Ngeh! |
| រត់ទៅដោយខ្វែនទីទៃៗ | ran off in different directions |
| វេះ | to sneak away |
| កូនសិស្សលោក | temple boy |
| លោកគ្រូពជ | Teacher Reach |
| ភិក្ខុ | /phiqkhoq, phikhoq/ ordained priest |
| អង្គ | /qɑŋ/ specifier for priests and images of the Buddha |
| ល្អល្អាប់ | pretty, attractive |
| ប្យាម | an old monetary unit |
| ខ្ញុំករុណា | /kñom-kaqrunaa, kñom-kənaa/ I (addressing a monk) |
| ប៉ិក | Uncle (polite term of address to an older Chinese man) |
| យប់ងងឹតមើលគ្នាមិនស្គាល់ | too dark to recognize each other |
| ចីពរ | /cəypɔɔ, cəpɔɔ/ monk's outer garment |
| ព្រះកេស | head (of royalty, clergy, or the Buddha) |
| ជៀប | near, nearly |
| ខ្សឹប | to whisper |
| ប្រហាប់គ្នា | to embrace each other |

| | |
|---|---|
| ផ្ដួល | to knock over, cause to fall over |
| ចង្ហាន់ | food (of clergy) |
| អត់ចង្ហាន់ល្ងាច | to fast in the afternoon |
| ពាល់ | to touch |
| ស្វាស | male sexual organ (literary) |
| លោកគ្រូធំ | head priest, abbot |
| ឧបាសក | /qaobaasɑq, qobaasɑq/ Buddhist layman; the laity |
| ទាយក | /tiəyŭəq/ Buddhist layman; the laity |
| ក្រុមសង្ឃការី | /krom sɑŋkaarəy/ Council on Buddhism |
| បាត្រ | /baat/ monk's begging bowl |
| វាល់ | to measure (here: measuring) |
| មិញ | /mən̄, mɨn̄/ last, past, preceding |
| យប់មិញ | last night |
| បណ្ដេញ | to drive out, expel |
| លោកឧកញ៉ាព្រះស្ដេច | /look-qokn̄aa-prĕəh-sdac/ high-ranking official |
| ផ្សឹក | to excommunicate |
| សង្ឃ | /sɑŋ/ priesthood, Sangha |
| ពលរាជនិមន្ត | /pŭəl-riəc-nimŭən/ royal messenger corps |
| ពុំនោះសោត | if not that, then...; or else |
| ពលបោចស្មៅដំរី | elephant-keepers (those who pull grass for the elephants) |

| | |
|---|---|
| ផ្សែផ្សំ | to combine, scrape together |
| ណ្ហើយចុះ | Oh well; all right; that's enough |
| សម្ពាយ | shoulder-bag |
| មួយសម្ពាយ | one shoulder-bag full |
| ព្រួយព្រះទ័យ | to worry (of clergy, royalty) |
| ដេរ | to sew, make by sewing |
| ថង់ | pouch, purse |
| បាត់ខឹង | [his] anger dissipated |
| ក្រអី | there's no problem with..., don't worry about... |
| សព្វបើ | just, only (disparaging) |
| កេរ្តិ៍ខ្មាស | sexual organs (polite) |
| អ្នកផ្សារ | townspeople |
| តែកល់គ្នា | to all of them |
| យកប្រាក់មិនអស់ | [you'll] get more money than [you] can carry |
| នៅមាត់ទ្វារ | in the doorway, at the door |
| ស្ទើរតែនឹងស្លាប់ | on the point of dying |
| ជ្វា | Malay, Cham, Indonesian (literally: Java) |
| ព្រែ | undyed silk |
| ហូល | patterned silk |
| ណ៎ា | /nɑɑ!/ there!, look there! |
| រួចខ្លួន | to escape |

| | |
|---|---|
| បងធម្ម | /bααŋ-thɔə/ foster brother |
| ក្តាន់ | deer |
| បាក់ជើងម្ខាង | have a broken leg |
| ខ្ទប់ | to corner, shut in |
| ផ្ញើទុកនឹង | to leave with, entrust to, consign to |
| បណ្តើរ...បណ្តើរ | simultaneously, at the same time |
| នឹងរកចាប់អ្នកឯណាពុំបាន | couldn't find anyone to blame |
| ស្ទេះ | to digress, change the subject |
| សូមស្ទេះត្រឹមនេះសិន | let me digress for a moment |
| ផ្ទុក | to load |
| ក្រមុំល្មមមានប្តី | [girl] of marriageable age |
| ឈឺឆ្អាល | be involved, concerned, take an interest |
| ដោយសារ | to go along with, accompany |
| ជី | polite title |
| ប្រសា | son- or daughter-in-law |
| ចៅប្រសា | grandchild-in-law |
| ជីចៅប្រសា | Chi Chau Prasa (personal name, or grandchild-in-law; double meaning intended) |
| បានវាជាគ្នា | have him as company |
| សុំខ្លួន | to volunteer |
| អុំ | to paddle with a loose oar |

| | |
|---|---|
| ក្បាល | bow (of the boat) |
| រំពៃ | to steal glances |
| ទៅមករកគ្នា | back and forth between them |
| រវល់តែ | preoccupied with |
| កេរ្តិ៍កោះ | heritage, legacy |
| ជូនតា | grandparents |
| បេញទូក | to push off, embark |
| ឲ្យតែគាត់ឡើងផុតកាលណា ទឹងបេញទូក | so that as soon as she got out, [he] would leave in the boat |
| គំបាំង | to bar, block, shield |
| គំបាំងភ្នែក | to block the vision; to glance away |
| បាត់ទាំងអាឡេវ បាត់ទាំងទូក បាត់ទាំងចៅក្រមុំ | Alev, her grandchild, and the boat had all disappeared |
| ក្រោមទឹក | downstream |
| បិត | to try hard (to), redouble one's efforts (to) |
| ស្រែកទ្រហោយំ | to cry loudly |
| ពង្រត់ | to abduct |
| រាយ | to relate, tell |
| រាយដំណើរ | to relate the facts |
| អា | derogatory pronoun: the one |

គន្ទក់គន្ទេញ — to importune, repeat petulantly, agitate

ម៉្លេះសម — /mleh sɑm/ must, probably, undoubtedly

សម្លាប់ខ្លួន — to commit suicide

ក៏មិនដឹង — I don't know, perhaps

សមគាត់នឹករឭកខ្ញុំ — she will surely miss me

អត់ចំណីបាយទៅជាឈឺស្លាប់ — even starve to death

អសារឥតការ — needlessly, uselessly, in vain

វាត — to change direction

ដណ្ដឹងតាមច្បាប់ — to ask for her hand in the traditional manner

ទាន់ចិត្ត — to satisfy one's impatience

ទទេ — empty, void; free, gratis

ខូចចិត្ត — disappointed

បារម្ភ — /baarɑm/ to worry

ថប់បារម្ភ — to worry, be anxious

ប្លន់ — to rob, hold up

អ្នកទូក — river people, boatmen

អ្នកដំណើរដែលដើររកស៊ីតែ សព្វថ្ងៃ — wandering tradesmen

ចូលទូក — to dock a boat

មេចោរ — leader of the bandits

| | |
|---|---|
| អស់អ្នកពល់គ្នា | all of you, every one of you |
| ដាច់ដោច | cut off, isolated; destitute; torn, ragged |
| លើកគ្នា | join forces, join together |
| ខ្ញុំមិនចេះប្លន់ | I never rob |
| អ្នកនគរ | townspeople |
| អាគម | /qaakum/ magical formula, incantation; magic |
| មុត | to pierce |
| កាប់មិនមុត | won't pierce, impervious to weapons, invulnerable |
| ឆេះ | to burn, be on fire |
| ដុតមិនឆេះ | won't burn, invulnerable to fire |
| បឋមំបឋមុឹន ប៉ែនដានសារដាន | /pathamaŋ-pathaməɨn.../ magic formula (meaning uncertain) |
| មហាស្រឡប់ មហាស្រឡាយ | the power to put an adversary to sleep |
| នាពយណ៍បែងភាគ | the power to multiply oneself |
| នាពយណ៍កាឡា | the power to change one's form |
| អស់មិនសល់ | all of it, every bit of it |
| សិល្បសាស្ត្រ | /səl-saah/ science of magic |
| អាគមវិជ្ជាការ | /qaakum-wɨcciəkaa/ science of magic |
| ត្រណម | regime, ritual, prescribed conduct |
| ចូលត្រណម | to follow a magic-producing ritual or regime |
| ពិធីចូលត្រណម | ritual productive of magical power |

ក្រណាស់ very difficult

ផ្នក mound, hillock

ផ្នកខ្សាច់ sand dune

សមគួរ /sαm-kuə/ appropriate

សំពៅ sailing vessel

ឆុតឆាប់ effective, efficacious

រោងពិធី ceremonial pavilion

បាយសី an ornamental offering made of the stalk and leaves of the banana tree

ភ្ញីផ្កា garland of flowers

រាជវ័ត្រ /riəccəwoə̆t/ fence, railing

ឆត្រ /chat/ umbrella

ទង់ flag, banner

រាន platform, stage, tier

រាន ៧ ជាន់ seven tiers

ជីក to dig

កកាយ dig out, scrape out

ជីកកកាយ excavate

មុជ to dive in, enter (the water)

លិច to be submerged; to sink

លិចក្បាល to have the head submerged

| | |
|---|---|
| ស្រាត | naked; to take the clothes off |
| ទឹកសូត្រ | to recite mentally |
| ដង្ហើម | breath |
| អត់ដង្ហើម | to hold one's breath |
| ចប់ | completion (of an action) |
| ៧ ចប់ | seven times (completions) |
| រៀបខ្លួន | to get ready |
| ពួរ | rope, cord |
| យុថ្កា | /yuttkaa/ anchor |
| ព្រមគ្នា | in unison, all together |
| ដក | pull out, extract |
| លា | to spread out, unfold |
| ក្ដោង | sail (N) |
| ជំនោរ | breeze |
| ខ្យល់ជំនោរ | breeze, wind |
| បើកក្ដោង | to sail |
| យោង | pull up, pull along |
| សំប៉ាន | sampan, skiff |
| ក្បូន | raft |
| អស់មួយយប់មួយថ្ងៃ | for a full 24 hours |
| បោះយុថ្កា | to drop anchor |

| | |
|---|---|
| ទឹងបានដឹងស្គាល់ថាជា សំពៅរបស់ប្តីគេ | had no way of knowing that it was their husbands' boat |
| តែខ្លួនទទេ | only oneself (without any possessions) |
| ឈ្មួញ | merchant |
| បានជា | result in, is the reason that |
| ដីស | /dəy-saa/ chalk |
| ឈ្នួន | slate |
| ក្តារឈ្នួន | writing slate |
| គូរ | to draw |
| វាស | to scribble, make marks |
| គូរវាស | to draw, mark |
| មើលឲ្យប្តីខ្ញុំ | predict my husband's fortune |
| សម្ពង្ស | /sampŭəŋ/ formula for predicting conjugal success |
| សម្ភាភ្លឹក | /samphiə-plɨk/ magical formula |
| អត្ត | /qattaq/ magical mathematical formula |
| យន្ត | /yŏən/ magical design |
| បូជា | to offer, present |
| សាប | to weaken, dilute |
| ជំនូន | gift, offering |

ប្រមាណ — to guess, estimate; approximately, about

គិតប្រមាណក្នុងចិត្ត — to calculate

ពេលា — time

គ្នេរ — to figure, calculate

ចំងាយ — distance

ព្រាយ — malevolent spirit

ត្រងោល — bald

អាក្រាត — naked

អាក្រាតសំពត់ — divested of clothing, naked

ឧត្បាត — /qottəbaat/ harmful influence

រំងាប់ — to kill, destroy

រំងាប់ចេញ — exorcise, destroy

ព្រនង់ — a stick, club

នៅចាំ — to wait (for), be waiting

ថ្ងៃកំណត់ — fixed date

ពឹតតែ — keep on, persist (in)

សន្លប់ — to faint, lose consciousness

របួស — wounded; a wound

ពិការ — be incapacitated, have a physical defect

ដំណំ — serious (here: seriously)

ទ្រហឹង — /trɔhɨŋ/ clamorously

| | |
|---|---|
| ជីដូន | grandmother |
| តាំងប៉ុន្មានៗ | all that there was, all of it |
| ប្រែជា | change to |
| លោះ | to redeem (here: to purchase by paying their debts) |
| ខ្ញុំកំដរ | servant |
| ជីដូនក្មេក | grandmother-in-law |
| សួរ | to visit |
| កំព្រា | to be an orphan, to be orphaned |
| ទីពឹង | guardian, source of support, refuge |
| ឥតមានអ្នកឯណាជាទីពឹងទេ | has nobody to depend on |
| ទេស | village, hometown |
| ឃ្លាត | to be separated from |
| កម្រ | difficult (to), rarely |
| ទុកដាក់ | to take care of |
| ដូចជា | it seems that, it looks as if |
| បំណាយមាត់គេ | to be talked about, be the subject of rumors |
| ស្រីមេម៉ាយចំណាយមាត់គេ | a widow subject to malicious gossip |
| ជរា | senile, decrepit |
| ចាស់ជរា | old and decrepit |
| ឈឺចាប់ | sick, ill |

| | |
|---|---|
| ក្រែងឈឺចាប់យប់ថ្ងៃ | might get sick at any time |
| បីបម | to provide tender loving care |
| ដុស | to rub, grate |
| ដុសថ្នាំ | to prepare a medicinal solution by grating the medicine into water |
| ចាំជម្ងឺ | to minister to a sick person |
| មនុស្សម្នា | people |
| សន្ទឹកសន្ទៃ | dejected, weary |
| រីងរៃ | thin, wasted away |
| ស្គាំងស្គម | thin, emaciated |
| គ្រាន់បើ | recovered, recuperated, better (of patient) |
| ធ្លោយ | to overstep, do unintentionally or by accident |
| ខុសធ្លោយ | make a mistake, do harm unintentionally |
| ស្បៀង | provisions, food, stores |
| ថៃ | a long narrow sack tied at both ends and suspended from the shoulder |
| រៀបស្បៀងរៀងថៃ | put the provisions in their respective sacks |
| រទេះសាលី | /rəteh-saləy/ a small cart used for personal transportation |
| បង | I (husband to wife, or older to younger sibling) |

| | |
|---|---|
| យកមនុស្សតាម | to take people along |
| រហ័ស | fast, quick |
| ផ្តាំហើយផ្តាំទៀត | to instruct over and over |
| ណា⁺ចៅណា⁺ | hortatory particle: do, Grandson, do! |
| ទៅណាបាត់យូរម្ល៉េះ | where have you been so long? |
| ទន្ទឹង | to await eagerly |
| មើលផ្លូវ | to await (literally: watch the road) |
| ចំណែកខាង | as for, as for the matter of |
| គ្រាន់តែមាត់ | enough to eat, enough to live on |
| អម្រស់អម្រ | occupation, trade |
| ទ្រនំ | a perch; a house |
| ផ្ទះធំទ្រនំខ្ពស់ | a large and impressive house |
| ផើងផ្កា | flower pot |
| ព័ណ៌ | /pɔə/ color |
| ហែ | in succession, one after the other |
| ត្រីប្រាក់ | silver goldfish |
| ត្រីមាស | goldfish |
| ឈូក | lotus |
| ព្រលិត | water lily |
| លំពង់ | an aquatic plant |
| ស្បង្ក័ជ | /sbɑŋkac/ an aquatic plant |

| | |
|---|---|
| សុំខ្លួនទៅធ្វើជាកូនក្មួយ | ask to be an adopted nephew |
| ខ្ញុំបាទ | I (masculine, polite) |
| ចាប់ដើមតាំងពី | beginning from, starting from |
| រៀបទុកដាក់តាមទីកន្លែង | put in their places, put in order |
| ឃ្នើសចិត្ត | to be displeased |
| រឹតតែ . . . ឡើង | increasingly |
| ត្រួតត្រា | to supervise, oversee |
| តឿន | to remind, to importune, to nag |
| ដាស់តឿន | to advise, instruct |
| រាល់តែវេលា | every single time |
| ញឹកញយ | often |
| ក្រមការ | /krɑmməkaa/ palace officials |
| ក្រឡាហោម | /krɑlaahaom/ Minister of the Navy and of Water Transport |
| យមរាជ | /yumməriəc/ Minister of Justice |
| ចក្រី | /cɑɑkrəy, caqkrəy/ Minister of War and of Land Transport |
| វាំង | Minister of Palace Affairs and of Finance |
| ចិត្តជា | goodnatured, patient |
| ធ្វើចិត្តជា | to remain patient |
| ទុកជា | although, even though |
| ត្មះតិះដៀល | to ridicule, to scorn |

| | |
|---|---|
| មិនថេះ | never |
| ផងគ្នា | all together |
| អាឡេវតេវ | /qaaleiw-teiw/ Alev-Tev (a name suggesting a crippled or sottish person) |
| តែ | whenever, upon |
| សាលាជំនុំ | court |
| ច្បាប់ទម្លាប់ | customs, law |
| កាកសំបុត្រ | discarded letters |
| ត្រា | seal, stamp |
| បោះ | to stamp |
| សូន | to mold, shape |
| វាស់ | to measure (lineally) |
| សឹង | almost, just about, approximately, on the point of |
| ណែន | silver bar, ingot |
| គ្រប់តែ | every |
| បត់ | to fold; to turn |
| ប្រយ័ត្ន | be careful (to) |
| លា | to unwrap, to unroll |
| សេចក្តីក្នុងសំបុត្រ | contents of the letter(s) |
| សឹងត្រូវនឹងពាក្យវានិយាយ | corresponds approximately to what he said |

មនុស្សមានពូជ person from a good family, person of good breeding

ដឹងបាត់ដឹងគង់ to be businesslike, be a good manager

ដឹងខូចដឹងជា to be shrewd, be a good judge of character, be circumspect

មានតែគាត់ហ្នឹងហើយ he's the only one

ត្រូវចិត្ត to be satisfied with, to like

ក្បាលមួយ only one, alone

ពូជពង្ស family, lineage

ពូជពង្សវង្សា /puuc-pŭəŋ-wŭəŋsaa/ lineage, background, pedigree

ដូចជានឹកស្តាយ might regret (it)

គំនិតមារយាទ conduct, behavior

ក្របើគិតណាស់ difficult to resolve

កិច្ច affair, matter

សោះតែខាន minimally, just as a formality

ខ្មោចព្រៃ spirits

កុំឲ្យខ្មោចព្រៃខឹង so that the spirits won't be angry

មានបំណុលគាត់ has debts (owed to) him

ព្រេងសំណាង fortune, luck, destiny

ចិត្តថ្លើម disposition

| | |
|---|---|
| កូនបង្កើត | one's own child |
| ចាស់ទុំ | old |
| សំពះមេបាចាស់ទុំ | do obeisance to the elders |
| សែនព្រេន | to make an offering to spirits |
| ហោយដៃ | to summon with the hand, to beckon |
| ជើងពាន | a bowl with a pedestal as base |
| ស្លាពាន | areca bowl |
| ឃុន | next to the lowest title of nobility |
| ម៉ឺន | /məɨn/ the lowest title of nobility |
| មហាតលិក | /mɔhaa-tlək/ royal servant(s) |
| ត្បក | to rap with the knuckles |
| តុក្ក | comical act, clowning |
| ក្រមាច់ | to make comical faces |
| ធ្វើតុក្កក្រមាច់ | to act the clown |
| កំប្លែង | comical, humorous |
| អាក់អន់ចិត្ត | to have hurt feelings, be displeased |
| ផ្ដេសផ្ដាស | careless, nonchalant, happy-go-lucky |
| មនុស្សផ្ដេសផ្ដាស | vagabond, bum |
| មាក់ងាយ | to belittle, look down on, scorn |
| ស្នែង | a carrying pole for two people |
| អង្រឹងស្នែង | /qɑŋrɨŋ-snaeŋ/ a hammock suspended from a carrying pole |

| | |
|---|---|
| តែនៅឯផ្ទះនាហ្មឺន | only at the homes of the officials |
| ម្លឹង | /mləŋ/ so, such, like that |
| ដាក់ភ្នាល់ | to put up as collateral for a wager |
| កុំព្រួយប្រសាសន៍ | don't worry |
| អស់ជីវិត | all one's life |
| ភូតភរ | to lie, prevaricate |
| ដោយសារ | because of |
| ទោលម្សៀត | indigent, irresponsible |
| បង្កាន់ដៃ | receipt, deed, affidavit |
| កូប | elephant howdah |
| ដំរីចងកូប | elephant with howdah attached |
| អាន | saddle |
| សេះចងអាន | horse with saddle |
| ឲ្យតែច្រើន | make sure it is a lot |
| ក្រវាត់ | to tie around the waist |
| បន្តិច | in a little while, a little later |
| នូវ | and, including |
| ស្រាប់ | provisions, accessories |
| ភ្ញែកស | to show fear, have a startled reaction |
| ភ័យភ្ញែកស | to be frightened, surprised, startled |
| សុទ្ធសឹងតែ | all of them (being) |

| | |
|---|---|
| ចាញ់គំនិត | to be fooled by, duped by |
| ជាន់នេះ | this time |
| លើសអំពី | beyond, exceeding |
| លើសអំពីមុនទៀត | even more than before |
| ជួស | to replace; instead of |
| អស់អាយុ | to come to the end of one's days, to die |
| ត្រកៗ | to be meek and unassuming, ostensibly stupid |
| រលាស់ | to shake (tV) |
| រលាស់គូថ | to stir oneself, to act vigorously (literally: to shake the buttocks) |
| រលាស់គូថឆ្ងាយ | to spring into action |
| ឧដ្ឋ | /qaot/ intelligence, facility of speech |
| ភ័ណ្ឌ | /phoən/ goods, treasures, wealth |
| ត្រកៗ អ្នកស្រុកមើលងាយ រលាស់គូថឆ្ងាយ មានឧដ្ឋ មានភ័ណ្ឌ | The meek and unassuming [person], scorned by his neighbors, may act suddenly, [proving himself] both wealthy and wise. |

# ២៥ – អង្គរវត្ត (នគរវត្ត)

អង្គរវត្តនេះ គេធ្វើឧទ្ទិសថ្វាយដល់សាសនាព្រាហ្មណ៍ គឺថ្វាយដល់ព្រះវិស្ណុ អង្គរវត្តនោះ គេមើលពីចម្ងាយទៅឃើញកំពូលមានសណ្ឋានដូចភ្នំសុមេរុ នៅជុំវិញអង្គរវត្ត មានស្រះមានទឹកដក់នៅជានិច្ច ស្រះនោះគេរៀបថ្មជាថ្នាក់ៗ ដូចជាជណ្ដើរសម្រាប់ចុះទៅក្នុងស្រះ ពីស្រះទៅ មានកំពែងព័ទ្ធជុំវិញ នៅកំពែងនោះ មានទ្វារសម្រាប់ចេញចូល គ្រប់ទិសទាំង ៤ តែទ្វារធំនៅខាងលិច មានផ្លូវថ្មលំខាងក្រៅឆ្លងកាត់ស្រះទៅ រហូតដល់ទៅទ្វារធំនោះ នៅកំពែងទិសខាងលិច គេធ្វើមានសណ្ឋានជាកេងវែង នៅកេងវែងនោះ មានទ្វារ ៥ គឺទ្វារ ៣ នៅកណ្ដាល ទ្វារ ២ នៅទីបំផុតកេងវែង ឯទ្វារ ៣ កណ្ដាលជាទ្វារចេញចូលបាន តែនឹងបររទេះសេះ ដំរីចេញចូលមិនបាន ព្រោះទ្វារទាំង ៣ នោះ ជាទីមានផ្ទៃខ្ពស់ សុទ្ធតែមានជណ្ដើរឡើងទៅ ឯទ្វារ ២ នៅទីបំផុតកេងវែងនោះ នឹងបររទេះសេះ ដំរី ចេញចូលបាន ព្រោះទ្វារនោះ មានផ្ទៃខាងក្រោមរាបស្មើនឹងផែនដី ឯត្រង់កន្លែងទ្វារកណ្ដាលទាំង ៣ សុទ្ធតែមានកំពូលខ្ពស់ឡើងជាតួប្រាសាទ តែត្រង់ទ្វារ ១ កណ្ដាលនោះ មានកំពូលខ្ពស់ជាងកំពូលទ្វារទាំង ២ ដែលនៅសងខាងសព្វថ្ងៃនេះ គេដើរចេញចូលតែតាមទ្វារធំកណ្ដាល ១ ព្រោះទ្វារនោះ មានជណ្ដើរចុះឡើងចំត្រង់ផ្លូវថ្ម ដែលជាប់ពីផ្លូវថ្មលំខាងក្រៅទៅ ឯទ្វារ ២ សងខាងនោះ គេពុំសូវចេញចូលទេ ព្រោះជណ្ដើរចុះឡើងខុសពីផ្លូវនោះ ហើយមានតាំងរូបព្រះនារាយណ៍មួយៗ នៅត្រង់កណ្ដាលទ្វារទាំង ២ នោះផង ។ កេងវែងនោះ មានបង្អួចជាច្រើន តែឥតមានសន្លឹកបើកចេញចូលទេ មានតែចម្រឹងដើងទៀន នៅត្រង់រង្វង់បង្អួចទាំងនោះ ឃើញមានក្បាច់ចម្លាក់ជាច្រើន តែក្បាច់ចម្លាក់នោះ ពុកៗ ស្ទើរៗ អ្នកខ្លះយល់ថា ក្បាច់ទាំងនោះ

មានទំនងភាពប្រហែលដូចជាក្បាច់របស់ចិន នៅទីពេងថែវនោះ មានក្បាច់ចម្លាក់ និងរូបចម្លាក់ជាច្រើន តែរូបចម្លាក់ទាំងនោះ សុទ្ធតែជារូបចំណែកខាងសាសនាព្រាហ្មណ៍ ។

កំពែងតពីពេងថែវនោះទៅ គេធ្វើដោយថ្មបាយក្រៀមជុំវិញ វៀរលែងតែត្រង់កន្លែងទ្វារទាំង ៣ ទិស គឺខាងកើត ខាងត្បូង ខាងជើង គេធ្វើដោយថ្មពណ៌ប្រផេះ នៅត្រង់ទ្វារទាំង ៣ នោះ ក៏សុទ្ធតែមានដំបូលខ្ពស់បន្តិចៗ តែមិនមានកំពូលខ្ពស់ជាតួប្រាសាទ ដូចជាទ្វារធំខាងលិចទេ ។

លុះដល់ចេញផុតពីពេងថែវតាមទ្វារខាងលិច ចុះជណ្ដើរ ៤-៥ កាំទៅ ត្រូវដើរទៅតាមផ្លូវថ្មៗនោះ មានផ្ទៃខ្ពស់ពីផែនដី ហើយមានរូបនាគថ្មជាប្រកាន់ដៃទាំងសងខាងផ្លូវ ដើរបន្តិចទៅនឹងឃើញបណ្ណាល័យ ២ នៅសងខាងផ្លូវ តែបណ្ណាល័យនោះសព្វថ្ងៃនេះបាក់បែកអស់ទៅហើយ ក្បាច់ចម្លាក់នៅបណ្ណាល័យនោះ ក៏របេះរបក និងរលុបអស់ជាច្រើន លុះដើរបន្តិចទៅទៀត នឹងឃើញស្រះ ២ តូចៗ នៅសងខាងផ្លូវនោះ ដើរតពីនោះតែបន្តិចទៅ នឹងដល់ទៅទីលានដី ដែលជាទីទ្រប្រាសាទអង្គរវត្ត ផ្លូវថ្ម និងទីលានដីនោះ មានផ្ទៃស្មើគ្នា ទីលានដីនោះ មានរូបនាគថ្មជាប្រកាន់ដៃជុំវិញ ហើយមានជណ្ដើរចុះទៅគ្រប់ទិស ។

## ប្រាសាទអង្គរវត្តនោះមានជាន់ ៣

ជាន់ទី ១ — ជាន់ទី ១ គេធ្វើជាពេងថែវ មានដំបូលព័ទ្ធជុំវិញ នៅត្រង់ជ្រុងពេងថែវទាំង ៤ ទិស មានកំពូលខ្ពស់បន្តិចឡើង មានសណ្ឋានដូចជាប៉ម នៅមុខទ្វារខាងលិច មានទីផ្ទៃថ្មជាយ៉ឥតដំបូល ជាប់តពីពេងថែវនោះមក មានជណ្ដើរឡើងពីខាងឯលិច ខាងឯជើង ខាងឯត្បូង នៅសងខាងទីយ៉នោះ មាន

រូបនាគថ្មជាប្រកាន់ដៃ លុះដើរតាមទីយ៉ថ្មនោះបន្តិចទៅ ក៏ចូលទៅក្នុងទ្វារកេងថែវ ត្រង់កន្លែងទ្វារនោះ គេធ្វើជាតួប្រាសាទបន្តិចខាងលើ ហើយមានដំបូលយ៉ចេញមកខាងឯលិច នៅហោជាងដំបូលយ៉នោះ មានក្បាច់ចម្លាក់ខាងសាសនាព្រាហ្មណ៍ លុះដើរចូលទៅដល់កណ្ដាលកេងថែវហើយ ដើរបែរទៅតាមកេងថែវខាងស្ដាំ នឹងឃើញជញ្ជាំងនៅជាខាងឆ្វេង នៅទីជញ្ជាំងនោះឃើញមានរូបចម្លាក់រំលេចជារឿងរ៉ាវ នឹងសិលាចារឹក គឺអក្សរដែលឆ្លាក់នឹងថ្មជាច្រើនដោយជុំវិញ ដកបមកដល់ជញ្ជាំងទល់នឹងទ្វារខាងលិច ឯរឿងរ៉ាវនឹងសិលាចារឹកនោះដូចសេចក្ដីដែលពណ៌នាដោយសង្ខេបតទៅនេះ ។

១– ទៅជញ្ជាំងខាងលិច ប៉ែកខាងស្ដាំ ឃើញរឿងមហាភារត ត្រង់ចម្បាំងបណ្ឌវៈ និងកៅរវៈ (រឿងនេះជារឿងចម្បាំងធំ១ ក្នុងរឿងព្រេងនៅស្រុកឥណ្ឌា រឿងនេះមានតែក្នុងអក្សរសំស្រ្កឹត ឯក្នុងអក្សរខ្មែរមិនមាន)

២– នៅជ្រុងថែវទិសនិរតី ត្រង់ជ្រុងនេះចែកជា ៤ ផាន គឺផាន ១ ខាងជើង ១ ខាងត្បូង ១ ខាងលិច ១ ខាងកើត ត្រង់ផានខាងជើង ជញ្ជាំងខាងកើត ឃើញរឿងក្រិស្នាដែលកើតពីវិស្ណុ ជាទេវតាឃ្វាលគោ កាលទ្រក្នំគោវធនិ ដើម្បីនឹងបាំងទឹកភ្លៀងកុំឲ្យទទឹកអស់ទាំងហ្វូងគោ ជញ្ជាំងខាងលិច ត្រង់លើបង្អួច ឃើញរឿងកូរសមុទ្រទឹកដោះ ត្រង់ទេវតា និងអសុរទាញនាគ ត្រង់ផានខាងត្បូង ជញ្ជាំងខាងកើត ភាគខាងលើឃើញរឿងរាមាយណ ត្រង់ពាលីនិងសុគ្រីពច្បាំងគ្នា ភាគខាងក្រោមឃើញពាលីស្លាប់ ជញ្ជាំងខាងលិច ភាគខាងលើ ឃើញរូបព្រះឥសូរដំណែងខ្លួនជាឥសី ប្រដាប់ដោយផ្គាំ ភាគខាងក្រោម ឃើញទេវតាឈ្មោះកាម ជាអ្នកបណ្ដាលឲ្យកើតឡើងនូវសេចក្ដីជម្រេក កំពុងតែបាញ់ជម្រង់ទៅព្រះឥសូរ ៗ ក៏ក្រឡេកមើលមកទេវតាឈ្មោះកាម ដោយក្នកដែល

មាននៅត្រង់ថ្នាស ទេវតាឈ្មោះកាម ក៏ឆេះរលាយទៅជាផេះ ត្រង់ជាន់ខាងលិចជញ្ជាំងខាងត្បូង ឃើញរូបព្រះឥសូរអង្គុយលើភ្នំ ហើយឃើញរាពណ៍មានដៃ ២០ ក្បាល ១០ កំពុងតែធ្វើភ្នំឲ្យរំជួល ដោយសេចក្ដីឈ្នានីសដល់ព្រះឥសូរ ជញ្ជាំងខាងជើង ឃើញរឿងមិនប្រាកដជារឿងអ្វី ត្រង់ជាន់ខាងកើតនៅទីខាងលើទ្វារ ឃើញរូបព្រះនារាយណ៍មានដៃ ៤ ហើយឃើញរូបអ្នកដែលយករបស់ទៅបូជា ។

៣– នៅជញ្ជាំងខាងត្បូង ប៉ែកខាងឆ្វេង ឃើញរឿងពង្សាវតារខ្មែរ និងសិលាចារឹកប្រាប់ពីរឿងដែលមាននៅទីនោះ សិលាចារឹក ១ ប្រាប់ថា មនុស្សដែលជាមេជានាយ និងបណ្ឌិតទាំងឡាយយកដង្វាយទៅថ្វាយស្ដេច តពីនោះបន្តិចទៅឃើញសិលាចារឹក ១ ទៀត ប្រាប់ថា ស្ដេចបរមវិស្ណុលោកនៅលើភ្នំសិវបទ ត្រាស់បង្គាប់ឲ្យប្រមូលពួកកងទ័ព តពីនោះទៅទៀត ឃើញរូបជិះលើដំរីជាច្រើន រូបទាំងនោះសុទ្ធតែជារូបមន្ត្រី កាត់សក់មានភាពទំនងដូចជាសក់ដែលខ្មែរកាត់សព្វថ្ងៃនេះ ហើយឃើញមានសិលាចារឹកជាច្រើនប្រាប់ឈ្មោះមន្ត្រីទាំងនោះ ឃើញរូប ១ ទៀតឈរលើដំរី រូបនោះគឺជារូបស្ដេច ព្រោះឃើញសិលាចារឹកនៅជិតរូបនោះ ប្រាប់ថា នេះជាស្ដេចឈ្មោះស្រីជយេន្ទ្រវរ្ម័ន នៅក្នុងពួកកងទ័ពទាំងនោះ ឃើញមានរូបព្រាហ្មណ៍ជាច្រើន សុទ្ធតែមានផ្នួងសក់ព័ទ្ធធ្លាក់ដោយអង្កាំ ឃើញរូបព្រាហ្មណ៍ ១ ជិះលើអង្រឹង រូបព្រាហ្មណ៍នោះប្រហែលជាមានសក្ដិធំជាងគេ ព្រាហ្មណ៍ទាំងនោះសុទ្ធតែកាន់គ្រឿងប្រដាប់របស់ពួកព្រាហ្មណ៍ ហើយឃើញរូបព្រាហ្មណ៍ខ្លះសែងពេងភ្លេង តពីនោះទៅទៀត ឃើញមានសិលាចារឹក ១ ទៀតប្រាប់ថា នេះជាស្យាមកុត ។

៤– នៅជញ្ជាំងខាងត្បូងប៉ែកខាងស្ដាំ ឃើញចម្លាក់រឿងនរក និងស្ថានសួគ៌

ហើយនឹងសិលាចារឹកជាច្រើន សិលាចារឹក១ប្រាប់ថា នេះជាផ្លូវខាងលើគឺស្ថានសួគ៌ សិលាចារឹក១ទៀតប្រាប់ថា នេះជាផ្លូវខាងក្រោមគឺនរក រូបចម្លាក់ត្រង់នេះមាន៣ផ្នែក គឺផ្នែកខាងលើនិយាយពីស្ថានសួគ៌ ផ្នែកខាងក្រោមនិយាយពីស្ថាននរក ផ្នែកកណ្ដាលឃើញសុទ្ធតែរូបគ្រុឌ ។

កាលបើមើលត្រង់ផ្នែកខាងក្រោម ដើរតទៅទៀតឃើញសិលាចារឹក១ប្រាប់ថា នេះជាព្រះយម ឃើញរូបព្រះយមនោះមានដៃ១៨ ហើយជិះលើគោ តពីនោះទៅ ឃើញសិលាចារឹក១ទៀត ប្រាប់ថា នេះជាព្រះធម៌ ជាធំខាងការជំនុំជំរះ នៅជិតនោះ ឃើញរូបចិត្តគុប្តជាក្រឡាបញ្ជីនៃព្រះយម កំពុងតែលើកដំបងបន្ទុលទៅអស់ពួកសត្វនរក តែសិលាចារឹកនោះ ឥឡូវនេះ រលុបមើលមិនច្បាស់ តពីនោះទៅទៀត ឃើញមានសិលាចារឹកជាច្រើន ប្រាប់ឈ្មោះស្ថាននរកផ្សេងៗ នឹងទោសរបស់អ្នកដែលទៅនរកនោះ ដូចសិលាចារឹកដែលបាននាំមកពោលខ្លះ ក្នុងខាងក្រោយនេះ ។

សិលាចារឹកប្រាប់ថា នរកឈ្មោះអវចី សម្រាប់អ្នកដែលមានទ្រព្យសម្បត្តិ ហើយប្រព្រឹត្តធ្វើតែអំពើបាប ។

សិលាចារឹកប្រាប់ថា នរកឈ្មោះក្រិមិនិចយ សម្រាប់អ្នកដែលប្រមាថមើលងាយ ឬតិះដៀលដល់ទេវតា ដល់ភ្លើងដ៏ប្រសើរ ដល់គ្រូអាចារ្យ ដល់ពួកព្រាហ្មណ៍ ឬតិះដៀលមើលងាយដល់ព្រះធម៌ ដល់អ្នកបំរើព្រះឥសូរ ឬដល់អ្នកដែលគួរគោរពមានមាតាបិតាជាដើម ។

សិលាចារឹកប្រាប់ថា នរកឈ្មោះវៃតរណីនទី សំរាប់អ្នកដែលធបំបាត់គេលួចគេ ។

តទៅ ឃើញមានសិលាចារឹក ១ ទៀត តែមិនច្បាស់ត្រង់ឈ្មោះនរក ឃើញតែសេចក្ដីថា សំរាប់អ្នកដែលនិយាយមិនពិត ឬមនុស្សដែលធ្វើជាបន្ទាល់ខុស ។

សិលាចារឹកប្រាប់ថា នរកឈ្មោះយុត្តិត (យុត្តបពិត) សំរាប់មនុស្សដែលកាចព្រហើន ដែលកាប់សំឡាប់គេ ។

សិលាចារឹកប្រាប់ថា នរកឈ្មោះនិរុត្តាស សំរាប់មនុស្សដែលកាចសាហ័ស កាប់សំឡាប់អស់ទាំងស្ត្រី អស់ទាំងក្មេងតូចៗ ។

សិលាចារឹកប្រាប់ថា នរកឈ្មោះឧត្តាស សំរាប់អ្នកដែលប្រព្រឹត្តអំពើទុច្ចរិត និងអ្នកដែលនិយាយដើមគេ និងអ្នកដែលបរិភោគនូវសាច់ជាអកប្បិយ គឺសាច់មិនគួរបរិភោគតាមលទ្ធិក្នុងសាសនាព្រាហ្មណ៍ ។

សិលាចារឹកប្រាប់ថា នរកឈ្មោះទ្រវត្តបុ សំរាប់អ្នកដែលធ្វើនូវអំពើអាក្រក់ដល់អ្នកដទៃ និងអ្នកដែលកំហែងយកដី យកផ្ទះ យកទីលំនៅអ្នកដទៃ ។

សិលាចារឹកប្រាប់ថា នរកឈ្មោះតប្តលាក្សមយ សំរាប់អ្នកដែលដុតបំផ្លាញរបស់អ្នកដទៃ មានដុតផ្ទះជាដើម និងអ្នកដែលឲ្យថ្នាំពុលដល់អ្នកដទៃ ។

សិលាចារឹកប្រាប់ថា នរកឈ្មោះអស្តិគគ សំរាប់អ្នកដែលធ្វើបន្ទុប បំផ្លាញរបស់អ្នកដទៃ មានសួនច្បារជាដើម ។

សិលាចារឹកប្រាប់ថា នរកឈ្មោះក្រកេច្ច សំរាប់អ្នកដែលល្មោភស៊ី ។

សិលាចារឹកប្រាប់ថា នរកឈ្មោះបូយបូណិប្រហ សំរាប់អ្នកដែលលួចស្រាលួចប្រពន្ធគេ ។

សិលាចារឹកប្រាប់ថា នរកឈ្មោះអស្រិក្ខណិប្រហ សំរាប់អ្នកដែលលួចសាច់ លួចប្រពន្ធអ្នកដទៃ និងប្រពន្ធអ្នកចេះដឹង គឺអ្នកប្រាជ្ញ ។

សិលាចារឹកប្រាប់ថា នរកឈ្មោះមេពោព្រហ៍ម សំរាប់ស្រីដែលមានសេចក្តីទុច្ចរិត ។

ឃើញសិលាចារឹក ១ ទៀត រលុបមើលមិនច្បាស់ តែនៅជិតសិលាចារឹកនោះឃើញមនុស្សមានពោះធំ គេកំពុងតែវាយ ។

សិលាចារឹកប្រាប់ថា នរកឈ្មោះតិក្ខាយស្កន្ធ សម្រាប់អ្នកដែលលួចស្រូវលួចអង្ករគេ ។

តពីនោះទៅទៀត ឃើញមានសិលាចារឹកជាច្រើន និយាយពីនរកសម្រាប់អ្នកដែលកាប់ដើមឈើ អ្នកលួចដំរី អ្នកដែលលួចផ្កាក្នុងសួនច្បារព្រះឥសូរ ។ល។ បើរួបរួមស្ថាននរកនិងស្ថានសួគ៌ទាំងអស់ ស្ថាននរកមាន ៣២ ស្ថានសួគ៌មាន ៣៧ ។

៥– នៅជញ្ជាំងខាងកើត ប៉ែកខាងត្បូង ឃើញរឿងកមាយណ ត្រង់កណ្ឌនិយាយពីកូរសមុទ្រទឹកដោះ កន្លៀងនេះ ឃើញរូបនាគដ៏វែងស្ទើរតែទីងផុតជញ្ជាំង ប្រវែង ៤៩ ម៉ែត្រ ហើយឃើញទេវតានិងអសុរជាច្រើនទាញនាគនោះទេវតាទាញខាងក្បាល អសុរទាញខាងកន្ទុយ នៅត្រង់កណ្ដាល ឃើញរូបព្រះនារាយណ៍មានដៃ ៤ នៅជាប់នឹងភ្នំមន្ទរ ១ នោះ ស្ថិតនៅលើអណ្ដើក ។

៦– នៅជញ្ជាំងខាងកើត ប៉ែកខាងស្ដាំ ឃើញរឿងចម្បាំងនៃទេវតានិងអសុរ នៅកណ្ដាលចម្បាំងនោះ ឃើញរូបវិស្ណុជិះលើគ្រុឌ ។

៧– នៅជញ្ជាំងខាងជើង ប៉ែកខាងត្បូង ឃើញរឿងមហាភារត ។

៨– នៅជញ្ជាំងខាងជើង ប៉ែកខាងស្ដាំ ឃើញកុវេរជិះលើស្មាយក្សទេវតាឈ្មោះស្កន្ធជិះលើក្ងោក ព្រះឥន្ទជិះលើដំរីឰរាវណ៍ វិស្ណុជិះលើគ្រុឌ យម

ជិះលើរថទឹមដោយគោ សិវព្រហ្មជិះលើហង្ស សូរ្យនៅកណ្ដាល វរុណជិះលើនាគ ។

៩– នៅជ្រុងថែវទិសពាយព្យ ត្រង់ជ្រុងនេះ បែកជា ៤ ជាន់ គឺជាន់ ១ ខាងកើត ១ ខាងលិច ១ ខាងជើង ១ ខាងត្បូងត្រង់ជាន់ខាងកើត ជញ្ជាំងខាងត្បូង ឃើញរូបវិស្ណុជិះលើគ្រុឌ ឃើញវិស្ណុកាន់មន្ទរ ដើម្បីទឹងកូរទឹកសមុទ្រ ជញ្ជាំងខាងជើងភាគខាងលើ ឃើញព្រះនារាយណ៍ជិះលើនាគ ភាគខាងក្រោមឃើញទេវតាទាំង ៩ ខាងសាសនាព្រាហ្មណ៍ គឺសូរ្យជិះលើរថ កុវេរជាទេវតាខាងភោគសម្ប័ទ ជិះលើយក្ស ព្រហ្មជិះលើហង្ស ស្កន្ទជិះលើក្ងោក ទេវតា ១ ទៀតជិះលើសេះព្រះឥន្ទ្រជិះលើដំរី ព្រះយមជិះលើគោ សិវជិះលើឧសភ ទេវតា ១ ទៀតជិះលើសីហ ត្រង់ជាន់ខាងលិច ជញ្ជាំងខាងត្បូង ឃើញរឿងរាមាយណ ត្រង់សេចក្ដីកាលហនុមាន យកចិញ្ចៀនទៅថ្វាយនាងសិតា នៅកោះលង្កា ជញ្ជាំងខាងជើង ឃើញរឿងមិនប្រាកដ ត្រង់ជាន់ខាងជើង ជញ្ជាំងខាងលិច ឃើញរឿងរាមាយណ កាលព្រះរាមឲ្យនាងសិតាចូលភ្លើង ជញ្ជាំងខាងកើត ឃើញរឿងមិនប្រាកដ ត្រង់ជាន់ខាងត្បូងជញ្ជាំងខាងកើត ឃើញរឿងរាមាយណ កាលព្រះរាមថ្វែងសរប្រឡង ដើម្បីទឹងយកនាងសិតា ជញ្ជាំងខាងលិច ឃើញរឿងមិនប្រាកដ ។

១០– នៅជញ្ជាំងខាងលិច បែកខាងឆ្វេង ឃើញរឿងចម្បាំងនៃព្រះរាមទឹងរាពណ៍ ។

កាលបើមើលរូបចម្លាក់រលេច និយាយពីរឿងរ៉ាវ នៅជញ្ជាំងពេងថែវជាន់ទី ១ សព្វគ្រប់ហើយ ត្រូវទៅតាមផ្លូវទ្វារខាងលិច ត្រង់ចំពោះទៅជណ្ដើរដែលសំរាប់ឡើងទៅកាន់ពេងថែវក្នុងជាន់ទី ២ ។

ជាន់ទី ២– ជាន់ទី ២ មានទំហំតូចជាងជាន់ទី ១ តែខ្ពស់ជាង ហើយមានពេងថែវព័ទ្ធជុំវិញ ចំណែកទិសខាងលិច ត្រង់ចន្លោះពេងថែវជាន់ទី ១ និងពេងថែវជាន់ទី ២ មានពេងថែវប្រទាក់គ្នាខ្វាត់ខ្វែងជាក្រឡាឈើត្រង់ គឺពេងថែវនោះមាន ៣ ជួរ តជាប់ពីពេងថែវជាន់ទី ១ ទៅពេងថែវជាន់ទី ២ កាលបើទៅពីពេងថែវជាន់ទី ១ តាមទ្វារធំកណ្ដាល ទឹងទៅតាមជណ្ដើរកណ្ដាលចំនួន ៦-៧ កាំ ទៅកាន់ពេងថែវកណ្ដាល បើទៅតាមទ្វារទាំងសងខាង ទឹងឡើងតាមជណ្ដើរទាំងសងខាង ទៅកាន់ពេងថែវទាំងសងខាង មានពេងថែវ ១ ទៀតកាត់ទទឹងចំពាក់កណ្ដាល ជាប់ពីពេងថែវខាងត្បូង ទៅពេងថែវខាងជើង ក្នុងចន្លោះទាំង ៤ នៃពេងថែវនោះ មានស្រះតូចៗ បួន ៗ ក្នុងពេងថែវខាងត្បូង ឃើញមានព្រះពុទ្ធរូបជាច្រើនព្រះអង្គ ជាព្រះពុទ្ធរូបសាងតាមបែបខាងមហាយានខ្លះ ហីនយានខ្លះ តែដែលគេយកមកដំកល់ក្នុងទីនោះ ក្នុងកាលផ្សេងៗគ្នា ខ្លះយកមកមុន ខ្លះយកមកក្រោយ កាលបើចេញពីទ្វារពេងថែវខាងជើងនិងខាងត្បូងទៅ នឹងឃើញបណ្ណាល័យ ២ នៅលើទីផ្ទៃខាងក្រោម ដែលទ្រជាន់ទី ២ ដែលទឹងឡើងទៅកាន់ពេងថែវជាន់ ទី ២នោះ មានជណ្ដើរ ១៤ សម្រាប់ឡើងទៅ ទឹងឡើងទៅតាមជណ្ដើរណា ១ ក៏បាន តែបើទៅតាមផ្លូវខាងលិច ត្រូវដើរទៅតាមពេងថែវកណ្ដាល ហើយឡើងទៅតាមជណ្ដើរកណ្ដាលចំនួន ១៧-១៨ កាំ ក៏ដល់ទៅលើទីផ្ទៃពេងថែវជាន់ទី ២ នៅក្នុងពេងថែវនេះ ឃើញមានរូបព្រះនាពយណ៍មានដៃ ៤ នៅប្របផ្លូវខាងលិច ឃើញរូបព្រះនាពយណ៍ ២ ទៀត នៅត្រង់ទ្វារពេងថែវខាងត្បូងព្រះនាពយណ៍នោះ មានដៃ ៤ ត្រង់ពាក់កណ្ដាលខ្លួនខាងក្រោម ឃើញទ្រង់ជារូបអណ្ដើក ហើយឃើញមានទាំងព្រះពុទ្ធរូបជាច្រើនអង្គ ព្រះពុទ្ធរូបទាំងនោះគេទើបនឹងយកមកដំកល់ទុក

តន្តិកាលជាខាងក្រោយទេ ។

កាលបើចូលផុតពីជាន់ទី ២ តាមទ្វាររោងថែវខាងលិច ក៏ដល់ទៅទីផ្ទៃខាងក្រោម ដែលទ្រជាន់ទី ៣ ។

ជាន់ទី ៣— នៅផ្ទៃខាងក្រោមជាន់ទី ៣ មានផ្លូវថ្មដូចជាស្ពានតជាប់ពីថែវជាន់ទី ២ មក ផ្លូវថ្មនោះ ជាប់ទៅនឹងជណ្ដើរខ្ពស់ដែលឡើងទៅកាន់ជាន់ទី ៣ ហើយមានផ្លូវមួយទៀត កាត់ពាក់កណ្ដាលផ្លូវនោះ ទៅខាងជើង និងខាងត្បូង ជាប់ទៅនឹងប្រាសាទតូចៗ នៅខាងជើង ១ ខាងត្បូង ១ ប្រាសាទទាំង ២ នោះ ឥឡូវនេះ បាក់បែកអស់ហើយ ។

ជាន់ទី ៣ នេះ មានទំហំតូចជាងជាន់ទី ២ តែខ្ពស់ជាងជាន់ទី ២ ហើយមានជណ្ដើរសម្រាប់ឡើងទៅ ១២ គឺជណ្ដើរ ៣ ខាងលិច ៣ ខាងកើត ៣ ខាងជើង ៣ ខាងត្បូង បើឡើងទៅលើជាន់ទី ៣ ត្រូវឡើងតាមជណ្ដើរកណ្ដាល ខាងលិច ព្រោះជណ្ដើរនោះ មិនសូវចោតពេក ឡើងទៅចំនួន ៣៩ កាំ ក៏ដល់ទៅខាងលើជាន់ទី ៣ នៅលើជាន់ទី ៣ នោះ មានប្រាសាទ ១ នៅត្រង់កណ្ដាល មានរោងថែវព័ទ្ធជុំវិញ ហើយមានរោងថែវជាប់ពីថែវខាងលិច ខាងកើត ខាងត្បូង ខាងជើង តទៅប្រជុំភ្ជាប់គ្នានឹងប្រាសាទកណ្ដាល ហើយមានប្រាសាទមួយៗ នៅគ្រប់ជ្រុងរោងថែវទាំង ៤ តែប្រាសាទជ្រុងទាំង ៤ នោះ តូច និងទាបជាងប្រាសាទកណ្ដាល កំពូលប្រាសាទទាំង ៥ នោះហើយ ដែលយើងបានពោលខាងដើមថា មានសណ្ឋានដូចភ្នំព្រះសុមេរុ ក្នុងចន្លោះទាំង ៤ នៃរោងថែវនោះ មានស្រះតូចៗ បួន កាលណាចូលទៅដល់ប្រាសាទកណ្ដាល នឹងឃើញមានព្រះពុទ្ធរូបឈរ ១ ព្រះអង្គ មានរូបអគ្គសាវ័កទាំង ២ កំពុងនមស្សការ ជាព្រះរូបគេឆ្លាក់បន្ទំនៅនឹងផែនថ្ម នៅទីខាងមុខព្រះពុទ្ធរូបឈរនោះ ឃើញមានព្រះពុទ្ធ

រូបជាច្រើនព្រះអង្គ ល្អខ្លះ បាក់បែកខ្លះ ដែលឃើញមានយ៉ាងនេះ តែ ៣ ទិសទេ គឺខាងលិច ខាងកើត ខាងជើង ឯខាងត្បូងមិនឃើញមានអ្វី ឃើញតែចន្លោះរន្ធទ្វារទទេ ។

យើងបូលចិត្តថា ព្រះពុទ្ធរូបដែលគេឆ្លាក់ភ្ជាប់នឹងផែនថ្ម ក្នុងប្រាសាទកណ្ដាលនោះ គេទើបនឹងធ្វើក្នុងកាលជាខាងក្រោយ មិនមែនគេធ្វើដូចនោះតាំងពីក្នុងជាន់ធ្វើអង្គរនោះទេ កាលពីដើមគេធ្វើរូបព្រះវិស្ណុ ដំកល់ទុកក្នុងប្រាសាទកណ្ដាលនោះ ព្រោះស្ដេចដែលកសាងទីអង្គរវត្តនោះ ជាអ្នកកាន់សាសនាព្រាហ្មណ៍ តែដល់មកខាងក្រោយ មានពួកអ្នកកាន់ព្រះពុទ្ធសាសនាខាងហីនយាន មកនៅគ្រប់គ្រងរក្សាទីនោះ ក៏លើកយករូបព្រះវិស្ណុនោះចេញ ហើយយកថ្មទៅដាក់ស្ទះត្រង់កន្លែងទ្វារទាំង ៤ ទិស ទើបឆ្លាក់ព្រះពុទ្ធរូបឈរនឹងផែនថ្មនោះ គ្រប់ទ្វារទាំង ៤ ទិស ឯទិសខាងត្បូង សព្វថ្ងៃនេះមិនឃើញមាន ព្រោះគេទើបនឹងរើចេញខាងក្រោយទេ ។

ប្រាសាទអង្គរវត្តនោះ កាលណាបើឡើងទៅដល់ជាន់ខាងលើ ហើយក្រឡេកមើលទៅខាងក្រោយ ឃើញជាល្អណាស់ តែបើមើលក្នុងពេលដែលព្រះអាទិត្យរៀបនឹងអស្ដង្គត ក៏រឹងរឹតតែឃើញល្អ គួរតែចង់ឲ្យមើលណាស់ ព្រោះក្រឡេកមើលសព្វៗទៅ ក៏បណ្ដាលឲ្យកើតឡើងនូវសេចក្ដីស្រងូតស្រងាត់ក្នុងចិត្ត ។

លុះដល់ត្រឡប់ចុះមកវិញ ហើយក្រឡេកមើលក្បាច់ចម្លាក់នៅជញ្ជាំង នៅ

សសរ នៅក្លោងទ្វារ ហើយនិងបន្ទប់ តាមផ្លូវដែលដើរចុះមក ក៏នឹងឃើញក្បាច់ចម្លាក់ទាំងនោះល្អណាស់ គួរឲ្យចង់មើល គួរឲ្យស្ងើចក្នុងចិត្តដោយក្រៃលែង (សូមឲ្យអស់លោកអ្នកដែលទៅមើលអង្គរ កាលបើត្រឡប់ចុះមកវិញ សូមឲ្យក្រឡេកមើលទៅខាងក្រោយវិញកុំខានឡើយ) ។

លុះមកដល់ជាន់ទី ១ ត្រង់ទីយ៉" នៅមុខទ្វារខាងលិច ទឹងបានឃើញនូវវត្តលោកសង្ឃគណៈមហានិកាយ ២ វត្ត វត្ត ១ នៅខាងជើង វត្ត ១ នៅខាងត្បូង វត្តទាំង ២ នោះ គេទើបនឹងកសាងក្នុងកាលជាខាងក្រោយ មិនមែនកសាងដំណាលគ្នានឹងអង្គរវត្តនោះទេ ។

(ហួត តាត, អំពីប្រាសាទខ្លះនៅអង្គរ, ទំព័រ ៣១-៤៩)

នគរវត្ត /nɔkɔɔ-wɔ̆ət/ an older name for Angkor Wat

ព្រាហ្មណ៍ /priəm/ a Brahman

សាសនាព្រាហ្មណ៍ /sahsnaa-priəm/ Brahmanism

វិស្ណុ /wihsnuq/ Vishnu

ព្រះវិស្ណុ Lord Vishnu

ភ្នំសុមេរុ /pnum-someeruq, -somae/ Mount Meru

ស្រះ man-made pond (here: moat)

ដក់ contained, held in place

ទីបំផុត the extremities

សងខាង the (two) sides, at the sides

| | |
|---|---|
| ខុសពីផ្លូវ | out of the way, off the path |
| នារាយណ៍ | /niəriəy/ Narai (another name for Vishnu) |
| ព្រះនារាយណ៍ | Lord Narai (Vishnu) |
| មួយៗ | each one, the various (here: each door) |
| សន្ទឹកបើកចេញចូល | shutter, movable covering |
| ចម្រឹង | bar, slat, column, colonnade |
| ជើងទៀន | candleholder |
| រាក់ | shallow |
| ក្បាច់ចម្លាក់រាក់ៗស្ដើងៗ | light relief, shallow relief |
| ភាព | form, aspect, quality |
| ទំនងភាព | form, aspect, appearance |
| ក្រៀម | hard and dried |
| ថ្មបាយក្រៀម | laterite, Bienhoa granite |
| វៀរលែងតែ | except for, with the exception of |
| ប្រគាន់ដៃ (= បង្កាន់ដៃ) | railing, handrail, bannister |
| របក | to peel off, come off, fall away |
| របេះរបក | fall off, come off, fall away |
| លុប | be erased, effaced |
| ទីលានជ័ | terrace, pavilion |
| ប៉ម | watchtower, guardtower |
| សង្ខេប | /saŋkhaep/ to abbreviate; abbreviated |

| | |
|---|---|
| ដោយសង្ខេប | briefly, in summary |
| ពណ៌នា | /pɔərəniə/ to tell, explain |
| មហាភារត | /mɔhaa-phiərətaq/ Mahâbhârata |
| ត្រង់ | at the point of, concerning the episode of |
| បណ្ឌវៈ | /pandəweə̆q/ the Pandavas |
| កៅរវៈ | /kawrəweə̆q/ the Kuravas |
| ចម្បាំងបណ្ឌវៈនឹងកៅរវៈ | battle of the Pandavas and the Kuravas |
| និរតី | /niərədəy/ southwest (literary) |
| ផាន | aisle, walkway |
| ក្រិស្នា | /krɨhsnaa/ Krishna |
| ក្រិស្នាដែលកើតពីវិស្ណុ | Krishna, an incarnation of Vishnu |
| ឃ្វាល | to herd, guard |
| ទេវតាឃ្វាលគោ | devatâ who guards cattle |
| ភ្នំគោវធន៌ | /pnum-koowəthŏən/ Mount Govadhana |
| បាំង | to block, bar, shield, protect |
| កូរ | to stir, agitate |
| ដោះ | breast |
| ទឹកដោះ | milk |
| រឿងកូរសមុទ្រទឹកដោះ | the story of churning the milk ocean |
| ពាលី | Bâlî (a monkey king) |
| សុគ្រីព | /sokrɨp/ Sugrîva (a monkey king) |

| | |
|---|---|
| ដំណែងខ្លួន | to change form |
| ឥសី | /qəysəy/ hermit, sage |
| ផ្គាំ | string of beads |
| កាម | Kâma (god of love) |
| តម្រេក | sexual desire, lust |
| តម្រង់ | to aim, direct toward |
| ថ្ងាស | forehead |
| ផេះ | /pheh/ ashes |
| រាពណ៍ | /riəp/ Râvana (a demonic giant) |
| រំជួល | to shake, cause to tremble, agitate |
| ឈ្នានីស | /cnianih/ to have evil designs toward |
| សេចក្ដីឈ្នានីស | malice, evil intentions, ill-wishing |
| មិនប្រាកដជារឿងអ្វី | not clear what story it is |
| មេ | chief, headman |
| នាយ | chief, headman |
| តង្វាយ | offering, gift (of clergy or royalty) |
| បរមវិស្ណុលោក | /baromməwihsnulook/ Paramavishnu-loka (posthumous name for Suryavarman II) |
| ភ្នំសិវបទ | /pnum-səywəbat/ Mount Sivapâda |
| កងទ័ព | /kaaŋ-toəp/ troops, army |
| ភាពទំនង | way, manner, likeness, aspect |

ស្រីជយេន្ទ្រវរ្ម័ន /srəy-cɨyyeentrəwɑrəman/ Sri Jayendravarman (name of a high official under Suryavarman II)

ផ្នួង knot (of hair), chignon

ផ្នួងសក់ chignon

ខ្វាក់ to tie around, make a double knot

អង្កាំ beads

សក្តិ /saq/ rank, status, grade

ពេធភ្លើង sacred brazier

សៀមកុត /sayaam-kot/ Syâm Kut (Syâm is translated 'Siamese' by Aymonier and 'black' by Briggs; Kut is not understood)

ស្ថាន /sthaan, thaan/ place, stage

នរក /nɔrŭəq, nərŭəq/ hell

ស្ថាននរក /thaan-nərŭəq/ hell

ព្រះយម /prĕəh-yĕəqmĕəq, prĕəh-yum/ Vrah Yama (god of death)

ព្រះធម៌ /prĕəh-thɔə/ Vrah Dharma (god of justice)

ជាធំខាងជំនុំជំរះ who is the supreme dispenser of justice

ចិត្តគុប្ត /cəttəkup/ Citragupta

ក្រឡាបញ្ជី /krɑlaa-bɑñcii/ court clerk

សត្វនរក /sat nərŭəq/ creatures of hell

ស្ថាននរកផ្សេងៗ the various stages of hell

ក្នុងខាងក្រោយនេះ below, following (in a text)

| | |
|---|---|
| អវិចី | /qawəcəy/ Avîvî (hell for wealthy sinners) |
| ក្រិមិនិចយ | /kreqminiqcay/ Kriminicaya (hell for blasphemers) |
| ប្រមាថ | /pramaat, pəmaat/ to blaspheme, scorn, show disrespect for |
| ប្រមាថមើលងាយ | to look down on, scorn, be disrespectful to |
| តិះដៀល | /teh-diəl/ to ridicule, belittle |
| ភ្លើងដ៏ប្រសើរ | the sacred fire (of the Brahmans) |
| គ្រូអាចារ្យ | /kruu-qaacaa/ teachers |
| ព្រះធម៌ | the holy law |
| មាន ... ជាដើម | such as...for example |
| វៃតរណីទនី | /wɨytəraqnəytənii/ Vaitaranidanî (hell for deceivers) |
| ឆ៊ | to lie, to deceive |
| បំញាត់ | to trick, to swindle |
| លួចគេ | to steal [from] others |
| បន្ទាល់ | witness |
| ធ្វើជាបន្ទាល់ | to bear false witness |
| យុគ្គបរ៌ត | /yuqkəmaqparawŏət/ Yugmaparvata (hell for murderers) |
| ព្រហើន | /prɔhəən/ arrogant, disrespectful |
| សំឡាប់ | to kill, murder |
| កាប់សំឡាប់ | to kill with a hacking motion (e.g. with an ax) |

| | |
|---|---|
| និរុច្វាស | /niruccwaasaq/ Nirucchvâsa (hell for violent people) |
| សាហ័ស | /sahah/ wicked, mean |
| ឧច្វាស | /quccwaasaq/ Ucchavâsa (hell for murderers and those who eat impure meat) |
| និយាយដើមគេ | to slander, malign others |
| សាច់ | flesh, meat; texture |
| អកប្បិយ | /qaqkappəy/ improper, inappropriate, impure (in a religious sense) |
| ទ្រវ័ត្រពុ | /trɔwoəttrəpoq/ Dravattrapu (hell for those who usurp the rights and property of others) |
| កំហែង | to threaten, intimidate |
| អ្នកដទៃ | other people |
| តប្តលាក្សាមយ | /taptəlaqkəsaamayaq/ Taptalâksâmaya (hell for arsonists and poisoners) |
| បំផ្លាញ | to destroy |
| បំពុល | to poison |
| ថ្នាំបំពុល | poison (N) |
| អស្ថិភង្គ | /qahsthephŭəŋ/ Asthibhanga (hell for those who destroy the property of others) |
| បំខូច | to ruin, destroy |
| ធ្វើបំខូច | to ruin, destroy |

ក្រកច្ឆេទ /kraqkəchaet/ Krakaccheda (hell for gluttons)

ល្មោភ addicted to (doing something)

ល្មោភស៊ី to be gluttonous

បូយបូណ៌ហ្រទ /bouyeə̆qbourənahrəteə̆q/ Pûyapûrnahrada (hell for those who steal liquor, and for adulterers)

អស្រិក្បូណ៌ហ្រទ /qasreqkəbourənahrəteə̆q/ Asrikpûrnahrada (hell for adulterers)

អ្នកចេះដឹង learned person, scholar

មេទោហ្រទ /meetoorəteə̆q/ Medohrada (hell for wanton women

តិក្សាយស្កន្ទ /teqsaayeə̆hskanteə̆q/ Tiksâyaskanda (hell for thieves of rice)

រួបរួម to assemble, unite, put together, combine

កណ្ឌ /kan/ section, chapter

ស្ទើរតែទឹងផុតជញ្ជាំង extending almost beyond the wall

ប្រវែង to have a length of...

ផ្ទាប់ next to, put next to

ភ្នំមន្ទរ /pnum-muə̆ntəreə̆q/ Mount Mandara

កុវេរ /koqweereə̆q/ Kubera (god of wealth)

ស្កន្ទ /skanteə̆q/ Skanda (a Hindu god)

ក្ងោក peacock

ឰរាវ័ណ /qayrəwoə̆n/ Erawan, the tri-cephalic elephant (Indra's mount)

| | |
|---|---|
| សិវ | /səywĕəq/ Siva |
| ហង្ស | /hɑŋ/ hamsa, a mythological bird (Brahma's mount) |
| សូរ្យ | /sourəyĕəq/ Sûrya (a Hindu god) |
| មណ្ឌល | /mŭəndŭəl/ circle, solar disc |
| វរុណ | /wərun/ Varuna (a Hindu god) |
| ថែវ | corridor |
| មន្ទរ | /mŭəntərĕəq/ Mandara (name of the mountain with which Vishnu churned the milk ocean) |
| ភោគសម្បទ | possessions, treasures, wealth |
| ឧសភ | /quhsəphĕəq/ bull (Siva's mount) |
| ហនុមាន | /haqnumaan/ Hanumân (chief of the monkey army) |
| ចិញ្ចៀន | /cəñciən/ finger ring |
| សិតា | /seidaa/ Sîtâ (Râma's mate) |
| លង្កា | /laŋkaa/ Langka (Ceylon) |
| ព្រះរាម | Râma (husband of Sîtâ, and central figure of the Râmâyana epic) |
| សរ | /sɑɑ/ arrow |
| ថ្លែងសរប្រឡង | to compete at archery (for the hand of Sîtâ) |
| ប្រទាក់ | connected, enmeshed, intersecting |
| ប្រទាក់គ្នាខ្វាត់ខ្វែង | intersecting, crisscrossing |
| ក្រឡាឈើត្រង់ | square, block, check |

| | |
|---|---|
| ជួរ | /cuə/ row, range, chain |
| ទទឹង | perpendicular, at right angles |
| ព្រះអង្គ | /prĕəh-qɑŋ/ specifier for royal or sacred persons, and for Buddha images |
| ទីផ្ទៃខាងក្រោម | base, platform, terrace |
| ណា ១ | /naa-muəy/ any one |
| ទ្រង់ | form, shape |
| អង្គ | /qɑŋ/ specifier for sacred persons or statues |
| ជាប់ទៅនឹង | connects with |
| ភ្ជាប់ | to attach, put together, stick together |
| អគ្គសាវ័ក | /qaqkĕəqsaawĕəq, -waq/ first disciple |
| នមស្ការ | /nĕəqmahsəkaa/ to pay homage, worship, bow before |
| បន្ទំ | to cause to stand out in deep relief |
| ផ្ទៃថ្ម | stone surface |
| ដែលឃើញមានយ៉ាងនេះតែ ៣ ទិសទេ | it appears like this only on three sides |
| ទទេ | empty, free, void (here: only) |
| ជាន់ | period, era, time |
| ស្ទះ | to block, obstruct |
| គួរតែចង់ឲ្យមើលណាស់ | very appealing, very interesting to look at |
| មើលសព្វៗទៅ | to consider various aspects |

ស្រងូត — sad, solemn

ស្រងូតស្រងាត់ — sad, solemn, melancholic

បណ្ដាលឲ្យកើតឡើងនូវ
សេចក្ដីស្រងូតស្រងាត់ — causes to develop, or produces, a feeling of melancholy

ស្ញើប — to wonder at, admire, be impressed by

គណៈ — /kənaq/ party, group

មហានិកាយ — /mɔhaanikaay/ liberal sect of Buddhist priests in Cambodia (literally: large branch)

ដំណាលគ្នា — at the same time

# ២៦– ការឈប់សម្រាកក្នុងឆ្នាំ ១៩៦៩

សារាចរទីស្ដីការនាយករដ្ឋមន្ត្រីលេខ ៣៤ ន រ ម — ក ៣ — សា ចុះថ្ងៃទី ៣០ វិច្ឆិកា ១៩៦៨

តារាងរាយឈ្មោះពិធីបុណ្យនានា ដែលអ្នករាជការគ្រប់ក្រសួងគ្រប់ក្រុមក្នុងព្រះរាជាណាចក្រ ទោះមានសញ្ជាតិជាខ្មែរក្ដី ជាបរទេសក្ដី ត្រូវបានអនុញ្ញាតឱ្យឈប់សម្រាកក្នុងឆ្នាំ ១៩៦៩ ត្រូវបានកំណត់ដូចតទៅនេះ :

| រាយឈ្មោះបុណ្យ | ថ្ងៃដែលត្រូវឈប់ |
|---|---|
| មាឃបូជា .......... | ថ្ងៃចន្ទទី ៣ កុម្ភៈ ១៩៦៩ |
| បុណ្យរំលឹកថ្ងៃកំណើតនៃ ចលនាសង្គមរាស្ត្រនិយម | ថ្ងៃចន្ទទី ២៤ មីនា ១៩៦៩ |
| បុណ្យតាំងតុ ........ | ថ្ងៃពុធទី ៩ មេសា ១៩៦៩ |
| បុណ្យចូលឆ្នាំ ....... | ថ្ងៃអាទិត្យទី ១៣ មេសា ១៩៦៩<br>ថ្ងៃចន្ទទី ១៤ មេសា ១៩៦៩<br>ថ្ងៃអង្គារទី ១៥ មេសា ១៩៦៩ |
| បុណ្យការងារ ....... | ថ្ងៃព្រហស្បតិ៍ទី ១ ឧសភា ១៩៦៩ |
| វិសាខបូជា .......... | ថ្ងៃសុក្រទី ២ ឧសភា ១៩៦៩ |
| ពិធីច្រត់ព្រះនង្គ័ល ..... | ថ្ងៃចន្ទទី ៥ ឧសភា ១៩៦៩ |
| បុណ្យប្រកាសឱ្យប្រើរដ្ឋធម្មនុញ្ញ.......... | ថ្ងៃអង្គារទី ៦ ឧសភា ១៩៦៩ |
| បុណ្យភ្ជុំបិណ្ឌ ....... | ថ្ងៃសុក្រទី ១០ តុលា ១៩៦៩<br>ថ្ងៃសៅរ៍ ទី ១១ តុលា ១៩៦៩<br>ថ្ងៃអាទិត្យទី ១២ តុលា ១៩៦៩ |

បុណ្យអង្គការសហប្រជា
ជាតិ........... ថ្ងៃសុក្រទី ២៤ តុលា ១៩៦៩

បុណ្យឯករាជ្យជាតិ.... { ថ្ងៃអាទិត្យទី ៩ វិច្ឆិកា ១៩៦៩
ថ្ងៃចន្ទទី ១០ វិច្ឆិកា ១៩៦៩ }

សិទ្ធិមនុស្ស......... ថ្ងៃពុធទី ១០ ធ្នូ ១៩៦៩

នៅឱកាសបុណ្យអុំទូកសំពះព្រះខែថ្ងៃអាទិត្យទី ២៣ ចន្ទទី ២៤ និងអង្គារទី ២៥ វិច្ឆិកា ១៩៦៩ អ្នករាជការនិងភ្នាក់ងាររាជការគ្រប់ក្រសួងទាំងអស់ក្នុងព្រះរាជធានី និងក្នុងខេត្រកណ្ដាល ត្រូវបានអនុញ្ញាតឱ្យឈប់សម្រាកចាប់តាំងពីម៉ោង ១២ ទៅ ។

ចំណែកឯការយាមប្រចាំការ នៅការិយាល័យ ត្រូវតែមានធ្វើជាធម្មតា ។

អ្នកជាតិនិយម, ឆ្នាំទី ១០ លេខ ៤៤៤, សប្ដាហ៍ទី ៦-១២ មករា ១៩៧៥

អ្នកជាតិនិយម /neăq-ciət-niyum/ The Nationalist (a semi-official weekly news magazine)

សប្ដាហ៍ /sappdaa/ week (literary)

ការឈប់សម្រាក holiday, vacation

សារាចរ /saraacαα/ circular, memo

ទីស្ដីការ office, bureau

នាយករដ្ឋមន្ត្រី /niəyuŏq-roŏt-muŏntrəy/ prime minister

| | |
|---|---|
| សារាចរ... លេខ៧៤ នរម-ក៣-សា | Circular No. 74NRM-K3-SA |
| ចុះ | dated |
| វិច្ឆិកា | /wɨccəkaa/ November |
| តារាង | list, chart |
| រាយ | to list, arrange in consecutive order |
| នានា | various, different |
| អ្នករាជការ | /nĕəq-riəcckaa/ civil servant, government employee |
| ក្រុម | department, division (of a ministry) |
| ព្រះរាជាណាចក្រ | /prĕəh-riəciənaacaq/ kingdom |
| ទោះ ... ក្ដី ... ក្ដី | whether...or |
| ត្រូវបានអនុញ្ញាតឲ្យ | have been granted permission to |
| ត្រូវបានកំណត់ | has been determined, fixed, set |
| មាឃបូជា | /miəqkəboucia, miəq-boucia/ Mâgha Bûjâ (a festival commemorating the last assembly of Buddha with his disciples) |
| ថ្ងៃចន្ទ | /tŋay-can/ Monday |
| រំលឹក | to remind, commemorate |
| ចលនា | /cɑllənaa/ movement |
| សង្គម | /sɑŋkum/ society |
| សង្គមរាស្ត្រនិយម | /sɑŋkum-riəh-niyum/ Sangkum Reastr Niyum (the Popular Socialist Community) |

បុណ្យតាំងតុ — celebration of the reigning monarch's birthday (involving erecting stalls from each province in the palace grounds)

បុណ្យចូលឆ្នាំ — New Year's Celebration

ថ្ងៃអង្គារ — /tŋay-qɑŋkiə/ Tuesday

បុណ្យការងារ — Labor Day

ច្រត់ — to lean on (with the hands)

ពិធីច្រត់ព្រះនង្គ័ល — Royal Plowing Ceremony

បុណ្យប្រកាសឲ្យប្រើរដ្ឋធម្មនុញ្ញ — Constitution Day (ceremony [commemorating] the promulgation of the constitution)

បុណ្យភ្ជុំបិណ្ឌ — ceremony of commemoration of one's ancestors

តុលា — October

ថ្ងៃសៅរ៍ — /tŋay-saw/ Saturday

អង្គការ — /qɑŋ-kaa/ organization

សហប្រជាជាតិ — /səhaq-prɑciəciət/ United Nations

អង្គការសហប្រជាជាតិ — United Nations Organization

បុណ្យអង្គការសហប្រជាជាតិ — United Nations Day

បុណ្យឯករាជ្យជាតិ — National Independence Celebration

សិទ្ធិ — /sətthiq, səthiq/ right, privilege

សិទ្ធិមនុស្ស — Human Rights [Day]

ថ្ងៃពុធ — Wednesday

| | |
|---|---|
| ធ្នូ | December; arrow |
| ឱកាស | /qaokaah, qokaah/ occasion |
| បុណ្យអុំទូក | Water Festival (featuring longboat races) |
| ព្រះខែ | the moon |
| សំពះព្រះខែ | [Ceremony of] Salutation to the Moon |
| ព្រះរាជធានី | /preə̆h-riəccəthiənii/ royal capital |
| ខេត្តកណ្ដាល | Kandal Province |
| ការយាមប្រចាំការ | guard duty |
| ការិយាល័យ | /kaariyaalay/ office, bureau |

# ២៧- ការជីកប្រឡាយទឹកនៅក្នុងខេត្តកំពង់ធំ

កាលពីថ្ងៃទី ២០ ធ្នូ ១៩៦៨ ព្រះសង្ឃចំនួន ១១ វត្ត និងលោកស្រី-អ្នកស្រី ព្រមទាំងមន្ត្រីអ្នករាជការគ្រប់ក្រុម ទាំងស៊ីវិល-ទាហាន-កងរាជអាវុធហត្ថ-លោកគ្រូ-អ្នកគ្រូ-សិស្សានុសិស្សផ្នែកវិទ្យាល័យ-អនុវិទ្យាល័យបល្លង្ក និងប្រជាពលរដ្ឋចំនួន៣២ ភូមិ មានភូមិគោកនួន-ល្វែងពីរ-ត្រពាំងព្រលិត-ក្រសាំង-ល្វាដោម-ក្តីដូង-ព្រៃព្រាល-ត្រពាំងខ្នារ-រមាំងងាប់-អាចារ្យលាក់-ស្លាកែត-វាលវង់ចាស់-ព្រៃតាហ៊ូ-ព្រៃរំម-ត្រពាំងទុង-ចុងដង-ត្រពាំងឫស្សី-កូនត្នោត-អូររំដេង និងភូមិវល្លិយាវ មានហត្ថករទាំងអស់ ៣·៧០០ នាក់ បានរួបរួមគ្នាក្រោមអធិបតិភាពនៃសហជីវិន ពូ-គុងហាវ អភិបាលខេត្តកំពង់ធំ និងក្រោមកិច្ចចាត់ចែងនៃលោកវរសេនីយទោ ហ៊ិន-ហៅ មេបញ្ជាការផ្នែកសឹករង សហជីវិន ធួក-ប៊ិន អភិបាលស្រុកកំពង់ស្វាយ សហជីវិន ទា-ស៊ុនារិទ្ធ នាយផ្នែកសាធារណការ សហជីវិន ឡេង-តីពសេង នាយតំបន់កសិកម្ម ទៅធ្វើការហត្ថកម្មជីកប្រឡាយទឹកមួយពីភូមិអូរម្កាក់មកទល់នឹងថ្នល់ជាតិ លេខ ៦ មានបណ្តោយ ៣·៥០០ម៉ែត្រ ទទឹង ១ ម ជម្រៅ ១ មុ ។

ការហត្ថកម្មជីកប្រឡាយទឹកក្នុងថ្ងៃនោះ មានចែកជា ២៥ ក្រុម បានធ្វើហើយស្រេច បណ្តោយប្រវែង ២.៥០០ ម៉ែត្រ នៅសល់ ១·០០០ ម៉ែត្រទៀត ក្រុមហត្ថករបានស្ម័គ្រចិត្តថានឹងធ្វើបន្តទៅទៀត លុះត្រាតែហើយជាស្ថាពរ ។

យើងសូមបញ្ជាក់ថា ប្រឡាយទឹកនេះ សហជីវិនអភិបាលខេត្ត បានធ្វើអំណោយដល់គណៈកម្មាធិការប្រឡាយទឹក នូវប្រាក់ ១ ម៉ឺនរៀល «១០.០០០រ» ជាប្រាក់ចំណេញក្នុងការប្រមូលស្រូវ ដែលខេត្តបានធ្វើក្នុងសាត្រា-ក្នុងឆ្នាំ ១៩៦៧ ដើម្បីផ្គត់ផ្គង់ក្នុងការទិញចប-បង្គី និងតែស្ករប្រគេនព្រះសង្ឃដែលនិមន្តទៅរួមក្នុងការហត្ថកម្មនោះ ។

**អ្នកជាតិនិយម** ឆ្នាំទី ១០ លេខ ៥៥៤ សប្តាហ ថ ៦-១២ មករា ១៩៦៩

ខេត្តកំពង់ធំ Kampong Thom Province

ព្រះសង្ឃចំនួន ១១ វត្ត the priests of 11 temples

លោកស្រី women of higher rank, wives of government officials

អ្នកស្រី women of ordinary rank

លោកស្រី-អ្នកស្រី higher and lower ranking women, women in general

មន្ត្រីអ្នករាជការ ministers and civil servants

ស៊ីវិល /siiwɨl/ civil, civilian

កង military division, unit, force

តម្រួត police

កងរាជតម្រួត /kɑɑŋ riəc-dɑmruət/ the royal police force

សិស្សានុសិស្ស /səhsaanusəh/ students

បល្ល័ង្ក /ballaŋ/ throne (here: proper name)

ប្រជាពលរដ្ឋ /prɑciə-pŭəlləroət/ citizens, populace

មាន (here: including)

គោកទួន name of a village

ល្វែង section, compartment

ល្វែងពីរ place name (literally: two sections)

ព្រលិត water lily

ត្រពាំងព្រលិត place name (literally: water lily pond)

ដោម peak, summit; tall, high

ល្វាដោម place name (literally: tall fig tree)

| | |
|---|---|
| ក្ដីដូង | place name (literally: the coconut affair) |
| ព្រាល | a kind of tree whose bark is used for making rope |
| ព្រៃព្រាល | place name (literally: fibre-tree forest) |
| ត្រពាំងខ្នារ | place name (literally: crossbow pond) |
| រមាំង | a kind of deer |
| រមាំងងាប់ | place name (literally: dead deer) |
| អាចារ្យលាក់ | place name (literally: the sage Leak) |
| ស្លាកែត | place name (literally: the /kaet/ [variety of] betel) |
| វាលវង់ | race track |
| វាលវង់ចាស់ | place name (literally: former race track) |
| ព្រៃតាហ៊ូ | place name (literally: Grandfather Hu Forest) |
| ព្រៃរឹម | place name |
| ទុង | pelican |
| ត្រពាំងទុង | place name (literally: pelican pond) |
| ចុងដូង | place name (literally: end of the handle) |
| ត្រពាំងឫស្សី | place name (literally: bamboo pond) |
| កូនត្នោត | place name (literally: sugarpalm sapling) |
| អូរ | a marshy pond |
| រំដេង | a plant similar to horseradish |
| អូររំដេង | place name (literally: horseradish pond) |
| វល្លិ | /wɔə/ vine |

| | |
|---|---|
| យាវ | a kind of vine used for string |
| វល្លិយាវ | place name (literally: /yiəw/ vine) |
| ហត្ថករ | /hattəkαα/ worker, laborer, hand |
| អធិបតីភាព | /qathɨppədəy-phiəp/ power, authority, presidency |
| សហជីវិន | /səhaqciiwɨn/ Comrade (a general title used especially with members of the Sangkum Reastr Niyum, regardless of rank) |
| ពូ-គុន ហាវ | personal name |
| អភិបាលខេត្ត | governor of a province |
| កិច្ចចាត់ចែង | direction, supervision |
| វរសេនីយទោ | /wɔreə̆qsenəy-too/ Lieutenant-Colonel |
| ហ៊ិន-ហ៊ើយ | personal name |
| មេបញ្ជាការ | commander |
| សឹក | military |
| រង | second, assistant, under |
| មេបញ្ជាផ្នែកសឹករង | adjutant commander |
| ឈុក-ប៊ិន | personal name |
| អភិបាលស្រុក | district chief |
| កំពង់ស្វាយ | name of a district in Kampong Thom province |
| ពា-ស៊ុនារិទ្ធ | personal name |
| សាធារណការ | /saathiərənaqkaa/ public works |
| នាយផ្នែកសាធារណការ | Chief of Public Works |

| | |
|---|---|
| ឡៀង-គឹតសេង | personal name |
| តំបន់ | subdistrict |
| ការហត្ថកម្ម | /kaa-hattəkam/ manual labor |
| អូរម្នាក់ | place name |
| ទល់នឹង | against, touching |
| ថ្នល់ជាតិលេខ ៦ | National Route 6 |
| បណ្ដោយ | length |
| ម៉ | abbreviation for /maet/ (meter) |
| ទទឹង | width |
| ជម្រៅ | depth |
| ក្រុមហត្ថការ | the group of workers |
| ស្ម័គ្រចិត្ត | to volunteer |
| ហើយ | to be finished |
| ស្ថាពរ | /sthaapɔɔ/ solid, firm, permanent |
| ជាស្ថាពរ | permanently, absolutely |
| បញ្ជាក់ | to clarify, explain |
| អំណោយ | gift |
| គណៈកម្មាធិការ | committee |
| ចំណេញ | profit, proceeds |
| សាត្រា | acronym for Service d'Achats, de Transportation, et de Reconditionnement |

| | |
|---|---|
| ផ្គត់ផ្គង់ | to assist, support |
| ចប | blade, hoe |
| បង្គី | a flat basket used to carry earth |
| តែ | tea |
| ស្ករ | sugar |

# ២៨– រថយន្តរអិលធ្លាក់ពីលើសាឡាង

តាមដំណឹងពីកំពង់ចម្លងព្រែកក្តាមមកថា កាលពីព្រឹកទី ៣ មករា មាន រថយន្តដឹកមនុស្សភ្នំពេញ-កំពង់ចាម ១ គ្រឿង បានរអិលពីសាឡាងធ្លាក់ទៅ ក្នុងទឹកមួយកំណាត់ តែដោយបានអ្នកនៅលើសាឡាងនាំគ្នាជួយទាន់ ទើប មិនបណ្តាលឱ្យខូចខាតជាទម្ងន់ ។

រឿងដើមមានដូចតទៅ : នៅពេលព្រឹកថ្ងៃទី ៣ មករា ១៩៦៦ វេលា ម៉ោង ១១ ថ្ងៃត្រង់, សាឡាងព្រែកក្តាមបានផ្ទុករថយន្តតូចធំ ៧ គ្រឿង ឆ្លងទៅ ត្រើយកំពង់ចាម ។ នៅក្នុងចំណោម រថយន្តទាំង ៧ គ្រឿងនោះ មានរថ-យន្តដឹកមនុស្សធុនធំមួយ ឈប់ក្រោយគេបង្អស់ ហើយប្រហែលជាគេភ្លេច កំណល់ឈើផង ។ លុះសាឡាងចេញទៅដល់ពាក់កណ្តាលទន្លេ ស្រាប់ តែរថយន្តនោះរអិលថយក្រោយចុះទៅក្នុងទន្លេមួយកំណាត់ខ្លួនភ្លាម ( គេឥត បានពាក់ច្រវាក់ខាងក្រោយសាឡាងនោះទេ ) ពួកអ្នកដែលនៅលើសាឡាង ឃើញដូច្នោះ ក៏ស្ទុះទៅជួយទាញក្បាលឡានភ្លាម ដើម្បីកុំឱ្យរអិលទៅទៀត។ ប៉ុន្តែ កម្លាំងមនុស្សទាញមិនឈ្នះឡានសមនឹងម៉ាស៊ីនសាឡាងនោះ បេះតែ ញ័រទទ្រើតទៀតផង ឡានក៏បេះតែធ្លាក់ទៅក្រោយបន្តិចៗ ជាលំដាប់ ។ អ្នក បើកសាឡាងឃើញដូច្នោះក៏ពន្លត់ម៉ាស៊ីន ហើយអ្នកខ្លះបានស្ទុះទៅទាញច្រវាក់ សាឡាង ដែលនៅខាងក្រោយនោះ មកថ្កក់ក្បាលឡានជាប់ទើបបានឡាន នោះលែងធ្លាក់ចុះទៅទៀត ។ តែអីវ៉ាន់ដែលនៅលើដំបូលឡានទាំងប៉ុន្មាន បានធ្លាក់ទៅក្នុងទន្លេអស់ ។ ប៉ុន្តែមិនបណ្តាលឱ្យមានគ្រោះថ្នាក់ដល់ជីវិត មនុស្សឡើយ ពីព្រោះនៅពេលដែលឡានរអិលថយក្រោយនោះ អ្នកដែលនៅ លើឡាន ខ្លះបានលោតចុះ និងអ្នកនៅក្រោយឡានខ្លះ ក៏បានរត់ចេញអស់ ទៅ ។ ក្រោយមក, ទើបសាឡាងមួយទៀត បើកទៅសណ្តោងយកសាឡាង

នោះមកឈប់នៅត្រើយខាងកំពង់ចាម ហើយពួកអ្នកទូកដឹកក៏នាំគ្នាមកជួយស្រង់យកអីវ៉ាន់ដែលធ្លាក់ទឹកទាំងនោះដែរ ។ ឯរថយន្តដឹកមនុស្សដែលធ្លាក់ទឹកនោះក៏ត្រូវម្ចាស់ឡានយកឡានសម្រាប់ស្ទូច ទៅស្ទូចយកឡើង ហើយគេយកមកជួសជុលទៅ ។

**សុជីវធម៌** ឆ្នាំទី ៤, លេខ ៨១០ ថ្ងៃពុធ ទី ៥ មករា ១៩៦៦

សុជីវធម៌ — /sociiwəthɔə/ sophistication, savoir-vivre (name of a now-defunct newspaper)

រអិល — to slip, slide

សាឡាង — ferryboat (French chaland)

កំពង់ចម្លង — ferry landing (literally: port [for] putting across)

ព្រែកក្ដាម — Prek Kdam (site of the ferry crossing between Phnom Penh and Kampong Cham)

គ្រឿង — specifier for machines, motors, etc.

រឿងដើម — the story [from the] beginning, the original story

នៅក្នុងចំណោម — among

ជុន — model, type

កល់ — to block, chock (e.g. the wheel of a vehicle)

កំណល់ — a block, chock

ច្រវាក់ — chain

| | |
|---|---|
| ក្បាលឡាន | front part of the vehicle |
| ទាញមិនឈ្នះ | unable to pull, unsuccessful at pulling |
| សមទឹង | plus the fact that |
| ទទ្រើក | tremblingly |
| ជាលំដាប់ | gradually, little by little |
| ពន្លត់ | to extinguish, shut off (a motor, etc.) |
| ថ្ពក់ | to hook |
| គ្រោះថ្នាក់ | accident |
| សណ្តោង | to tow |
| ឡានសម្រាប់ស្ទូច | tow-truck |

## ២៩- រាត្រីសិល្បៈថ្វាយជាព្រះរាជកិត្តិយស ចំពោះព្រះចៅអធិរាជ អេត្យូពីនៅសាលសន្និសីទ ចតុមុខ

ក្នុងរាត្រីថ្ងៃទី ៨ ឧសភានេះ ក្រោយពីចប់ព្រះរាជពិធីជប់លៀងព្រះក្រយាស្ងោយពេលល្ងាចជាផ្លូវការនៅវិមានរដ្ឋនាព្រះដំណាក់ចំការមនរួចហើយ ព្រះចៅអធិរាជ ហៃឡេ សេឡាស៊ីយេ ដែលមានសម្ដេចសហជីវិនព្រះប្រមុខរដ្ឋទ្រង់យាងតាមដង្ហែជានិច្ចនោះ បានស្ដេចយាងចេញពីវិមានរដ្ឋតាមព្រះរាជទីនាំងពិសេសឆ្ពោះទៅកាន់សាលសន្និសីទចតុមុខ ជាទីដែលសម្ដេចសហជីវិនព្រះប្រមុខរដ្ឋទ្រង់បានរៀបចំរាត្រីសិល្បៈមួយយ៉ាងត្រចះត្រចង់ ថ្វាយជាព្រះរាជកិត្តិយសចំពោះព្រះអង្គ នៅវេលាម៉ោង ២១ និង ៣០ នាទី ។

នៅពេលស្ដេចយាងទៅកាន់សាលសន្និសីទចតុមុខ ព្រះចៅអធិរាជទ្រង់បានទទួលការក្រាបថ្វាយបង្គំពីសហជីវិន វណ្ណ-មូលីវណ្ណ រដ្ឋមន្ត្រីក្រសួងអប់រំជាតិ និងឥស្សរជនជាន់ខ្ពស់ខ្មែរជាច្រើនទៀត ។

ក្រោយពីបានស្ដេចយាងចូលគង់ក្នុងព្រះសុវណ្ណកោដ្ឋៈរួចហើយ ក្រុមរបាំព្រះរាជទ្រព្យដែលដឹកនាំដោយព្រះអង្គម្ចាស់ក្សត្រីបុប្ផាទេវី បានថ្វាយចំពោះព្រះចៅអធិរាជនិងព្រះរាជបរិពារនូវរបាំអប្សរា ។ តមក ក្រុមល្ខោនជាតិនៃសាកលវិទ្យាល័យភូមិន្ទវិចិត្រសិល្បៈបានសំដែងថ្វាយនូវសិល្បៈនៃយុំ ព្រមទាំងចម្រៀងប្រជាប្រិយ ។

នៅឈុតទី ៣ ក្រុមរបាំព្រះរាជទ្រព្យ បានរាំថ្វាយនូវរឿងព្រេងរាមឥសូរ និងព្រះនាងមុនីមេខលា ។ ឈុតទី ៤ ក្រុមល្ខោនជាតិនៃសាកលវិទ្យាល័យភូមិន្ទវិចិត្រសិល្បៈ បានសំដែងរបាំប្រពៃណីខ្មែរលើ ហើយជាអវសានក្រុមល្ខោនព្រះរាជទ្រព្យបានរាំរបាំទេពមនោរម្យប្រសិទ្ធិពរជ័យ ថ្វាយចំពោះព្រះចៅអធិរាជជាកិច្ចបញ្ចប់រាត្រីសិល្បៈដ៏ត្រចះត្រចង់នោះ ។

| | |
|---|---|
| រាត្រី | evening, soirée |
| សិល្បៈ | /səlləpaq/ art, arts |
| រាត្រីសិល្បៈ | a cultural evening, soirée artistique |
| របាំ | a dance, dancing |
| រាត្រីសិល្បៈរបាំ | an evening of ballet |
| ព្រះរាជកិត្តិយស | /prĕəh-riəc-kəttəyŭəh/ royal honor |
| ថ្វាយជាព្រះរាជកិត្តិយស ចំពោះ | presented in royal honor of |
| ព្រះចៅអធិរាជ | /prĕəh-caw-qathiriəc/ emperor |
| អេត្យូពី | /qeityoupii/ Ethiopia |
| សាល | hall (French salle) |
| សន្និសីទ | /sɑnnisət/ conference |
| ចតុមុខ | /caqtoq-muk/ Chatomuk (site of the confluence of four rivers in Phnom Penh; literally: the four faces) |
| សាលសន្និសីទចតុមុខ | the Chatomuk Conference Hall |
| ព្រះក្រយាស្ងោយ | royal food |
| ព្រះរាជពិធីជប់លៀង ព្រះក្រយាស្ងោយ | royal banquet |
| ផ្លូវការ | official, officially sanctioned |
| ជាផ្លូវការ | official, officially |
| វិមានរដ្ឋ | state guest house |

ព្រះដំណាក់ royal residence

ចំការមន Chamcar Mon (a section of Phnom Penh; also commonly used to refer to the royal residence at Chamcar Mon)

ហៃឡេ សេឡាស៊ីយេ /haylei seilaasiiyee/ Haile Selassie

ប្រមុខ head, chief

ប្រមុខរដ្ឋ chief of state

សម្តេចសហជីវិនព្រះប្រមុខរដ្ឋ Royal Comrade Chief of State (i.e. Sihanouk)

ស្តេច /sdac/ (this word frequently precedes verbs describing royal action; it is either an auxiliary or a pronoun)

ត្រចះត្រចង់ brilliant, sparkling

ការក្រាបថ្វាយបង្គំ greeting, homage, salutation

វណ្ណ-មូលីវណ្ណ /wan mouliiwan/ Vann Molyvan (a well-known architect)

អប់រំ to train, discipline, educate

ក្រសួងអប់រំជាតិ Ministry of National Education

ឥស្សរជន /qehsəraqcŭən/ dignitary, high official

ព្រះសុវណ្ណកោច្ឆៈ /prĕəh-sowannəkaocchaq/ golden chair, royal chair

ក្រុមរបាំព្រះរាជទ្រព្យ Royal Ballet Corps

ព្រះអង្គម្ចាស់ក្សត្រី /prĕəh-qɑŋ-mcah-ksatrəy/ princess

បុប្ផាទេវី /bopphaa teewii/ Boppha Devi (Sihanouk's daughter)

ព្រះរាជបរិពារ /prĕəh-riəc-bɑɑripiə/ royal entourage

| | |
|---|---|
| របាំអប្សរា | /rɔbam-qapsaraa/ dance of the apsaras |
| ក្រុមល្ខោនជាតិ | National Drama Corps |
| សាកលវិទ្យាល័យ | /saakɑl-wɨttyiəlay/ university |
| វិចិត្រសិល្បៈ | /wicət-səlləpaq/ fine arts |
| សាកលវិទ្យាល័យភូមិន្ទ វិចិត្រសិល្បៈ | Royal University of Fine Arts |
| ឆៃយ៉ាំ | /chayyam, sayyam/ a form of dance accompanied by drum beats |
| ប្រជាប្រិយ | /prɑciəprəy/ traditional, folk, of the people |
| ចម្រៀងប្រជាប្រិយ | folk songs |
| ឈុត | act (of a performance, drama, etc.) |
| រាមឥសូរ | /riəm-qəysou/ a legendary ogre |
| ព្រះនាងមុនីមេខលា | Princess Munî Mekhalâ |
| ខ្មែរលើ | the Upper Khmer (hilltribes in general) |
| ជាអវសាន | /ciə qawəsaan/ finally, in conclusion |
| ក្រុមល្ខោនព្រះរាជទ្រព្យ | Royal Drama Corps |
| ទេពមនោរម្យ | /teep-mɔnoorum/ Tep Monorom (name of a ballet) |
| ប្រសិទ្ធិ | /prɑsət/ to offer, wish, extend, endow |
| ពរ | blessing, good wishes, benediction |
| ជ័យ | /cɨy/ victory, success |
| ប្រសិទ្ធិពរជ័យ | to extend wishes of success |
| កិច្ចបញ្ចប់ | conclusion, finale |

## ៣០- ព្រះពិធីច្រត់ព្រះនង្គ័លនៅខេត្តស្ទឹងត្រែង

ព្រះរាជពិធីច្រត់ព្រះនង្គ័ល គឺជាប្រពៃណីនៃប្រជាជាតិខ្មែរយើង ធ្វើតាមគន្លងសាសនាព្រាហ្មណ៍ តាំងពីសម័យអង្គរហូតមកដល់សម័យនេះ ព្រះរាជពិធីច្រត់ព្រះនង្គ័លកាលសម័យមុន ច្រើនតែប្រារព្ធធ្វើឡើងនៅក្នុងរាជធានីដែលព្រះមហាក្សត្រគង់នៅ ដូចជានៅក្នុងរាជធានីភ្នំពេញយើងនេះជាភស្តុតាង។ ប៉ុន្តែលុះមកដល់ក្នុងសម័យសង្គមរាស្ត្រនិយម ព្រះពុទ្ធសាសនាយើងនេះសម្តេចព្រះមហាក្សត្រិយានីជាអម្ចាស់ជីវិតលើត្បូង និងសម្តេចឪ ព្រះអង្គទ្រង់សព្វព្រះរាជហឫទ័យយកព្រះរាជពិធីនេះ ទៅប្រារព្ធធ្វើនៅតាមខេត្តនានា គឺក្នុងមួយឆ្នាំមួយខេត្ត ៗ បន្ទាប់ពីបានធ្វើនៅក្នុងរាជធានីភ្នំពេញរួចហើយ ។

ក្នុងចំណោមខេត្តទាំង ១៩ នៃព្រះរាជាណាចក្រយើងនោះ គឺខេត្តបាត់ដំបង កណ្ដាល, កំពង់ចាម, សៀមរាប និងខេត្តស្វាយរៀង... មានធ្វើព្រះរាជពិធីច្រត់ព្រះនង្គ័លរួចហើយ ។ ហើយក្នុងឆ្នាំ ១៩៦៨ នេះព្រះរាជពិធីច្រត់ព្រះនង្គ័លត្រូវបានប្រារព្ធធ្វើនៅខេត្តស្ទឹងត្រែង ។ ដោយមានមន្ត្រីរាជការនិងប្រជាពលរដ្ឋជាច្រើនពាន់នាក់បានចូលរួមក្នុងពិធីនេះផង ។

នៅថ្ងៃពុធទី ១៥ ឧសភា ១៩៦៨ ពេលព្រឹកសម្តេចឪទ្រង់បានប្រារព្ធធ្វើព្រះរាជពិធីច្រត់ព្រះនង្គ័ល ដោយមានអ្នកអង្គម្ចាស់ក្សត្រីនរោត្តម បុប្ផានី ជាព្រះភគិ-នេយ្យនៃព្រះអង្គទ្រង់ជាព្រះម៉ែហួ ក្នុងពិធីនេះ ។

ព្រះរាជពិធីច្រត់ព្រះនង្គ័លនៅខេត្តស្ទឹងត្រែងនេះ គឺបានប្រព្រឹត្តឡើងដូចនៅខេត្តនានាដែរ ។ នៅក្នុងឱកាសនោះពិធីបួងសួងពិសោធគោឧសភរាជ ឱ្យបរិភោគចំណីនោះ គឺគោឧសភរាជបានបរិភោគស្រូវ សណ្តែក, ពោត ។ បានសេចក្តីថា ឆ្នាំនេះប្រជាពលរដ្ឋប្រកបរបរកសិកម្មដាំស្រូវ សណ្តែក, ពោតបានផលច្រើន ។

បន្ទាប់ពីពិធីផ្សេងៗ តាមរបៀបរួចមក សម្តេចឪទ្រង់បានថ្លែងព្រះសង្កថាមួយយ៉ាងវែង ជាពិសេសព្រះអង្គទ្រង់បានបញ្ជាក់ពីប្រវត្តិ នៃព្រះរាជពិធីច្រត់ព្រះនង្គ័ល និងទ្រង់បានអំពាវនាវសុំឱ្យប្រជាពលរដ្ឋខំប្រឹងប្រកបរបរកសិកម្ម មានការដាំស្រូវ-ពោត-សណ្តែក ជាដើមឱ្យបានច្រើន ពីព្រោះឆ្នាំនេះប្រាកដជាដំណាំទាំងនេះនឹងបានផលច្រើន ។ ហើយជាបន្ទាប់មក ព្រះអង្គទ្រង់បានបញ្ជាក់ពីសមិទ្ធិនានារបស់សង្គម ដែលមានរោងឧស្សាហកម្មជាដើម បានចំរើនជាអតិបរមា ។ល។

លុះចប់ព្រះសង្កថាដ៏សែនពិរោះនេះហើយ សម្តេចឪ ទ្រង់បានស្តេចយាងនិមន្តព្រះសង្ឃ មានព្រះតេជព្រះគុណមេគណខេត្ត, ព្រះអនុគណស្រុក, ចៅអធិការនិងព្រះភិក្ខុសង្ឃជាច្រើនអង្គ ព្រមទាំងមន្ត្រីរាជការជាច្រើនរូបទៅទស្សនាពិព័រណ៌សង្គម ដែលក្រសួងនានា និងអ្នករាជការខេត្តស្ទឹងត្រែងបានរៀបចំតាំងឡើង ។ ក្នុងឱកាសនោះ សម្តេចឪ ទ្រង់បានថ្លែងវែកញែកពន្យល់នូវសមិទ្ធិនីមួយៗចំពោះព្រះសង្ឃ និងមន្ត្រីរាជការអស់ពេលយ៉ាងយូរទៀតផង ។ល។

ក្រោយដែលបានចប់សព្វគ្រប់តាមកម្មវិធីនេះហើយ សម្តេចឪ ទ្រង់បានថ្វាយបង្គំព្រះសង្ឃ និងលាមន្ត្រីរាជការ ហើយនិងប្រជាពលរដ្ឋជាកូនចៅព្រះអង្គយាងនិវត្តទៅកាន់ព្រះរាជដំណាក់សណ្ឋាគារខេត្តស្ទឹងត្រែងវិញ ដោយព្រះសុវត្ថិភាព ។

អ្នកជាតិនិយម ឆ្នាំទី ១០ លេខ ៤១២ សប្តាហ៍ ២០-២៦ ឧសភា ១៩៦៨

| | |
|---|---|
| ប្រជាជាតិ | people, populace |
| សាសនាព្រាហ្មណ៍ | Brahmanism |
| ប្រារព្ធ | to originate; to relate to, commemorate, perform |
| ព្រះមហាក្សត្រិយានី | /preə̆h-mɔhaa-ksattrəyaanii/ queen |
| អម្ចាស់ | /qαmmcah/ lord, master, ruler |
| សម្តេចព្រះមហាក្សត្រិយានី ជាអម្ចាស់ជីវិតលើត្បូង | Her Royal Highness the Queen (literally: royal queen, ruler of life over [our] heads) |
| ឪ | /qəw/ father |
| សម្តេចឪ | Royal Father (term of affection for Prince Sihanouk) |
| សព្វព្រះរាជហឫទ័យ | /sαp-preə̆h-riəccəhaqrɨtɨy/ to be willing to, pleased to (royalty) |
| នានា | various |
| មួយឆ្នាំមួយខេត្តៗ | /məcnam məkhaet, məcnam məkhaet/ one province each year, a different province each year |
| ស្វាយរៀង | Svay Rieng (province) |
| អ្នកអង្គម្ចាស់ | /neə̆q-qαŋ-mcah/ title for off-spring of a prince and a non-royal wife |
| អ្នកអង្គម្ចាស់ក្សត្រី | /-ksatrəy/ princess (daughter of a prince and a commoner wife) |
| នរោត្តមបុប្ផានី | /nɔrootdαm bopphaanii/ Norodom Bophani (personal name) |
| ព្រះភាគិនេយ្យ | /preə̆h-pheə̆qkinɨy/ royal niece |
| ព្រះម៉ែហួ | official female representative of the royal household; the queen |

| | |
|---|---|
| ពិសោធ | to test, experiment |
| ឧសភរាជ | /quhsəphĕəq-riəc/ royal ox(en) |
| ពិធីបុណ្យសួងពិសោធគោឧសភរាជ | ceremony of allowing the royal oxen to choose from various kinds of food |
| បានសេចក្ដីថា | this means that |
| ប្រកប | to do, engage in, be involved in |
| ប្រកបរបរកសិកម្ម | engaged in agriculture |
| តាមរបៀប | in proper order, in sequence |
| សង្កថា | /sɑŋkəthaa/ a talk, impromptu speech |
| ថ្លែងព្រះសង្កថា | to give an impromptu speech (royalty) |
| ប្រវត្តិ | /prɑwŏət/ history (of a specific event, place, etc.) |
| អំពាវនាវ | to plead, beseech, appeal |
| សមិទ្ធិ | /səməthiq/ achievements, accomplishments |
| រោងឧស្សាហកម្ម | factory |
| អតិបរមា | /qateq-parəmaa/ extreme, maximum, highest degree |
| ដ៏ | /dɑɑ/ relative conjunction: which |
| សែន | extremely, highly |
| មេគណខេត្ត | /mee-kŭən khaet/ head priest of the province (ecclesiastic counterpart of the provincial governor) |
| អនុគណស្រុក | /qanuq-kŭən srok/ ecclesiastical head of a province |
| ភិក្ខុសង្ឃ | /phikhoq-sɑŋ/ ordained priest |

| | |
|---|---|
| ទស្សនា | /tŭəhsəniə/ to visit, tour, observe |
| ពិព័រ | /pipɔə/ exhibition |
| វែកញែក | to explain in detail, to detail, to analyze |
| និវត្ត | /niwŏət/ to return |
| សណ្ឋាគារខេត្ត | governor's mansion |
| សុវត្ថិភាព | /sowattəphiəp/ safety, good health |
| ដោយព្រះសុវត្ថិភាព | safely, safe and sound |

# ៣១ - សេចក្ដីព្រាងច្បាប់ដែលក្រុម ប្រឹក្សាព្រះរាជាណាចក្រ បានអនុម័ត

កាលពីថ្ងៃទី ២៥ ធ្នូ គ.ស. ១៩៦៨ ម៉ោង ៩ ព្រឹក ក្រុមប្រឹក្សាព្រះរាជាណាចក្របានបើកសម័យប្រជុំពេញអង្គ ក្រោមអធិបតិភាព សហជីវិន អុង-ស៊ុម ជាប្រធានដើម្បីពិនិត្យពិភាក្សា ៖

១– សេចក្ដីព្រាងច្បាប់ ស្ដីពីការកែប្រែមាត្រា ២ នៃព្រះរាជក្រមលេខ ៩០-បរ ចុះថ្ងៃទី ៧ មិថុនា ១៩៦២ ស្ដីពីការផ្ដល់អាហារូបករណ៍ផ្គត់ផ្គង់ចង្ហាន់ និងប្រាក់បំណាច់ផ្សេងៗ ដល់បញ្ជិតជាសិស្ស សាលាអនុវត្តន៍ជាន់ខ្ពស់ សាលាអនុវត្តន៍ពិសេស វត្តបទុមវតី និង សាលាអនុវត្តន៍សំរាប់ខេត្ត ដល់បញ្ជិតជាចាងហ្វាងសាលាអនុវត្តន៍ ជាគ្រូបង្រៀន និង ជាអធិការ នៃសាលាសិក្សាវត្តបែបថ្មីក្នុងព្រះរាជាណាចក្រ ។

២– សេចក្ដីព្រាងច្បាប់ ស្ដីពីការកែប្រែមាត្រា ៣៧៣ នៃក្រមពិភាក្សាព្រហ្មទណ្ឌ ។

៣- សេចក្ដីព្រាងច្បាប់ ស្ដីពីការកែប្រែមាត្រា ៩ និង ១០ នៃព្រះរាជក្រមលេខ ១៦៥-បរ ចុះថ្ងៃទី ៧ មករា ១៩៦៤ ស្ដីអំពីរបបរបស់អនីតិភាព ។

៤– សេចក្ដីព្រាងច្បាប់ ស្ដីពីការតម្លើងប្រាក់បំណាច់ និងបៀវត្សមន្ត្រីសង្កាត់ក្នុងព្រះរាជាណាចក្រ ។

៥– សេចក្ដីព្រាងច្បាប់ ស្ដីពីការអនុញ្ញាតឱ្យរួចពន្ធនិងអាករគយចំពោះការនាំចូលគ្រឿងសម្ភារៈ និង ផលិតផលខ្លះដែលខានពុំបាន សំរាប់ពង្រីកផលិតកម្មកសិកម្ម ។

៦– សេចក្ដីព្រាងច្បាប់ ស្ដីពីការអនុញ្ញាតឱ្យរួចពន្ធប្រថាប់ត្រា និង ឱ្យផុតពីទម្រង់នៃការបិទតែមប្រ៍លើកិច្ចសន្យានៃការខ្ចីប្រាក់ និង ការបើកឥណ-

ទាន ដែលធ្វើឡើងរវាងធនាគារជាតិនៃកម្ពុជា និងអង្គការឥណទាននានាមួយចំណែក និង មន្ទីររាជសហករណ៍ សហករណ៍សាខា និង បេឡាជាតិសំរាប់បរិក្ខាមួយចំណែក ។

ក្នុងការប្រជុំនេះ មានសហជីវិន វណ្ណា-មូលីវណ្ណ រដ្ឋមន្ត្រីអប់រំជាតិ សហជីវិន ទេព-ហ៊ុន រដ្ឋមន្ត្រីក្រសួងយុត្តិធម៌ សហជីវិន ទិប-ម៉ម រដ្ឋមន្ត្រីក្រសួងសាធារណសុខាភិបាល និងសង្គមកិច្ច, សហជីវិន យ៉ែម-សារុង រដ្ឋ-ក្រសួងហិរញ្ញវត្ថុ និងសហជីវិន ពេជ-ហេង តំណាងឧបនាយករដ្ឋមន្ត្រីទី ២ ទទួលបន្ទុកក្រសួងមហាផ្ទៃ បានអញ្ជើញមករួមប្រជុំដើម្បីការពារច្បាប់ផង ។

ក្រោយការពិនិត្យពិភាក្សាក្រុមប្រឹក្សាព្រះរាជាណាចក្រ បានបញ្ចេញមតិអនុម័តសេចក្តីព្រាងច្បាប់ទាំងនេះមួយម្តងៗ យល់ស្របតាមរដ្ឋសភា លើកលែងតែសេចក្តីព្រាងច្បាប់ស្តីពីការអនុញ្ញាតឱ្យរួចពន្ធប្រថាប់ត្រា និងឱ្យផុតពីទម្រង់នៃការបិទតែមប្រើលើកិច្ចសន្យានៃការខ្ចីប្រាក់ និងការបើកឥណទាននានាមួយចំណែក និងមន្ទីររាជសហករណ៍ សហករណ៍សាខា និងបេឡាជាតិសំរាប់បរិក្ខារមួយចំណែកនេះ, ក្រុមប្រឹក្សាព្រះរាជាណាចក្រ ពុំបានអនុម័តយល់ស្របតាមរដ្ឋសភាទេ ដោយហេតុថា កាលៈទេសៈនេះមិនត្រូវអនុញ្ញាតឱ្យរួចពន្ធប្រថាប់ត្រា និងរួចពីអាករតែមប្រើលើកិច្ចសន្យានៃការខ្ចីប្រាក់ និងការបើកឥណទានដែលមានចែងនៅក្នុងសេចក្តីព្រាងច្បាប់នេះឡើយ ។

អ៊ាវម-យុរគោ

កម្មិករលេខាធិការក្រុមប្រឹក្សាព្រះរាជាណាចក្រ

**អ្នកជាតិនិយម** ឆ្នាំទី ១០ លេខ ៤៤៤ សប្តាហ៍ ទី ៦-១២ មករា ១៩៦៩

ព្រាង to draft, compose

អនុម័ត /qaqnumat/ to approve, adopt, agree to

ពេញអង្គ in full session

អធិបតីភាព /qathɨppədəy-phiəp/ leadership, presidency, chairmanship, direction

អ៊ុង-ស៊ីម Ong Sim (personal name)

ប្រធាន president, chairman

ពិភាក្សា to discuss

កែប្រែ to revise

មាត្រា article (of a document)

ព្រះរាជក្រម /prĕəh-riəccəkrɑm/ royal decree, law

មិថុនា June

ផ្តល់ to provide

ប្រាក់បំណាច់ stipend, allowance

បព្វជិត /boppəcɨt/ monk

សាលាអនុវត្តន៍ teacher-training school for clergy

វត្តបទុមវត្តី /wŏət bɑtum-watdəy/ Wat Botum Waddey (a monastery in Phnom Penh)

ចាងហ្វាង /caaŋ-waaŋ/ director, manager

សាលាសិក្សាវត្ត pagoda schools

ក្រម /krɑm/ law, decree

| | |
|---|---|
| ព្រហ្មទណ្ឌ | /prummətŏən/ penal, criminal (law) |
| របប | method, way, order; conduct |
| អនីតិភាព | /qanəytephiəp/ minority (with regard to legal age) |
| តម្លើង | to raise, increase |
| បៀវត្ស | /biəwŏət/ salary |
| មន្ត្រីសង្កាត់ | local officials |
| ពន្ធ | /pŭən/ tax |
| អាករ | duty tax, tariff |
| គយ | customs |
| រួចពន្ធនិងអាករគយ | be exempt from taxes and customs duties |
| ការនាំចូល | importation |
| សម្ភារៈ | /sɑmphiəreə̆q/ goods, merchandise |
| ផលិតផល | /phɑllɨttəphɑl/ products |
| ខានពុំបាន | to be essential, indispensable |
| ពង្រីក | to expand, increase |
| ផលិតកម្ម | /phɑllɨttəkam/ production |
| ប្រថាប់ | to stamp |
| ពន្ធប្រថាប់ត្រា | registration tax |
| ចម្រង់ | necessity |
| កិច្ចសន្យា | agreement, contract |
| ឥណទាន | /qənnətiən/ credit |

| | |
|---|---|
| ការបើកឥណទាន | establishing credit |
| ធនាគារ | /thəniəkiə/ bank |
| ធនាគារជាតិនៃកម្ពុជា | National Bank of Cambodia |
| អង្គការឥណទាន | credit organization |
| សហករណ៍ | /səhaqkɑɑ/ cooperative (organization) |
| មន្ទីររាជសហករណ៍ | Royal Office of Cooperatives |
| សាខា | branch, division |
| សហករណ៍សាខា | branch cooperative |
| បេឡា | /peiḷaa/ fund |
| បរិក្ខារ | /bɑɑrikhaa/ equipment, commodities |
| បេឡាជាតិសំរាប់បរិក្ខារ | National Development Fund |
| មួយចំណែក...មួយចំណែក | on the one hand...on the other hand |
| ទេព-ហ៊ុន | Tep Hun (personal name) |
| យុត្តិធម៌ | /yuttethɔə/ justice |
| ទិព-ម៉ម | Tip Mâm (personal name) |
| សាធារណៈ | /saathiərənaq/ public |
| សង្គមកិច្ច | /sɑŋkumməkəc/ welfare |
| ក្រសួងសាធារណសុខាភិបាល និងសង្គមកិច្ច | Ministry of Public Health and Welfare |
| យ៉ែម-សារុង | Yêm Sarong (personal name) |
| ហិរញ្ញវត្ថុ | /heqraññəwŏətthoq/ finance (N) |

| | |
|---|---|
| ពេជ-ហេង | Pech Heng (personal name) |
| ឧបនាយករដ្ឋមន្ត្រីទី ២ | /qoppaq-niəyŭəq-rŏət-mŭəntrəy tii-pii/ second vice prime minister |
| ទទួលបន្ទុក | in charge of, responsible for |
| ក្រសួងមហាផ្ទៃ | Ministry of the Interior |
| បញ្ចេញ | express, issue, expel |
| មតិ | /matteq/ opinion |
| ស្រប | parallel (with), in agreement (with) |
| យល់ស្រប | to agree |
| កាលៈទេសៈ | /kaalaq-teesaq/ circumstances |
| កម្មិកលេខាធិការ | /kammikaq-leekhaathikaa/ administrative secretary |

## ៣២- ត្រូវធ្វើឱ្យមានមនុស្សនៅលើដីធំនេះយ៉ាងឆាប់រហ័ស

នៅឱកាសដែលសម្តេចព្រះប្រមុខរដ្ឋ ព្រះអង្គទ្រង់យាងទៅធ្វើព្រះទស្សនកិច្ចថ្មីៗនេះ ក្នុងខេត្តមណ្ឌលគិរី ព្រះអង្គទ្រង់មានព្រះបន្ទូលបញ្ជាក់បន្ថែមម្តងទៀតអំពីការចាំបាច់ដែលយើងត្រូវតែធ្វើ ឱ្យភូមិភាគខាងលើប៉ែកខាងឦសានរបស់ប្រទេសកម្ពុជាយើង មានជនជាតិខ្មែរជាកូនចៅរបស់ព្រះអង្គ ទៅនៅប្រកបរបររកស៊ីឱ្យបានពាសពេញយ៉ាងឆាប់រហ័ស ពីព្រោះរឿងដីទំនេរនេះជាបញ្ហាសំខាន់ណាស់ ហើយបើសព្វថ្ងៃនេះយើងមើលឃើញត្រឹមតែសារៈសំខាន់ប៉ុណ្ណោះទេ ដល់ទៅថ្ងៃក្រោយយើងមុខជាឃើញថា រឿងដីទំនេរនេះជាបញ្ហាអាយុជីវិតដល់ប្រទេសកម្ពុជាយើងទាំងមូលជាមិនខាន ។ ដែលហៅថាថ្ងៃក្រោយនោះ គឺនៅពេលចុងសតវត្សទី២០ ហើយបើយ៉ាងយូរណាស់ត្រឹមតែពីតំណជីវិតដែលយើងរស់នៅតែប៉ុណ្ណោះ ។

ដីរបស់ខ្មែរនៅភូមិភាគប៉ែកខាងឦសាន មានទំហំផ្ទៃប្រហែលនឹងប្រទេស «បែលហ្ស៊ិក» ប៉ុន្តែចំនួនមនុស្សនៅមានតិចពន់ពេក ។ នៅក្នុងខេត្តរតនគិរី សន្ទភាពបង្ហាញឱ្យឃើញមានមនុស្សត្រឹមតែបួននាក់ ក្នុងផ្ទៃដីមួយគីឡូម៉ែត្រទ្វេគុណ ហើយបើនៅខាងខេត្តមណ្ឌលគិរីវិញ ក្នុងផ្ទៃដី១គីឡូម៉ែត្រទ្វេគុណដូចគ្នា មានមនុស្សត្រឹមតែម្នាក់ ។ បើយើងយកសន្ទភាពនេះ ទៅធៀបនឹងសន្ទភាពនៃប្រទេសកម្ពុជាទាំងមូល ដែលមានមនុស្សនៅយ៉ាងមធ្យមចំនួន២៦នាក់ ក្នុងផ្ទៃដី១គីឡូម៉ែត្រទ្វេគុណ យើងឃើញថា ក្នុងខេត្តរតនគិរីនិងមណ្ឌលគិរី មានមនុស្សនៅមិនទាន់គ្រប់គ្រាន់ទេ ។ បើនៅក្នុងភូមិភាគខ្លះដែលមានវាលស្រឡះប្រកបដោយល្បប់និងដីជាតិច្រើន ដូចជាក្នុងខេត្តកណ្តាលនិងខេត្តតាកែវជាដើម សន្ទភាពនៃប្រជាពលរដ្ឋបានស្ទុះឡើងលើសពី២០០នាក់ ក្នុងផ្ទៃដី១គីឡូម៉ែត្រទ្វេគុណទៅទៀត ។ បើយើងគិតទៅតាមភាពជី, យើងឃើញថា សន្ទភាពនៃប្រជាពលរដ្ឋនៅលើដីវាលទាំងនោះប្រសើរក្រៃលែងណាស់ ។

ការដែលយកលេខសន្ទភាពនៃពលរដ្ឋ ក្នុងខេត្តរតនគិរី និងមណ្ឌលគិរី មកប្រៀបធៀបនឹងលេខសន្ទភាពនៃខេត្តដទៃទៀត បង្ហាញឱ្យឃើញថា យើងមានចំណោទខាងផ្លូវនយោបាយ និងខាងផ្លូវសេដ្ឋកិច្ចចោទមកលើយើងយ៉ាងធ្ងន់ធ្ងរ។

ដីភ្នំនៃប្រទេសឥណ្ឌូចិនខាងត្បូង ត្រង់ផ្នែកខាងខ្មែរ ខាងយួននិងខាងលាវ បើតាមបែបភូមិសាស្ត្រ ដែលគេបានកម្រិតមក រហូតមកដល់ឆ្នាំ១៩៥៨ គេមិនទាន់ទុកកន្លែងនេះ ជាតំបន់ដែលមានមនុស្សនៅដោយបរិបូណ៌នោះទេ ហើយគេយល់ព្រមទុកភូមិភាគនេះសម្រាប់ឱ្យតែពួកអប្បភាគ ដែលមានអម្បូរកាត់ពីមននិងខ្មែរទៅនៅតែប៉ុណ្ណោះ ឯជនដែលមានសញ្ជាតិសុទ្ធសាធជាខ្មែរជាយួនឬជាលាវនោះ មិនចូលចិត្តទៅស្នាក់នៅលើកន្លែងដីខ្ពស់ទាំងនោះទេ ដោយនៅពេលនោះគេយល់ថា កន្លែងនោះជាទីធ្វើឱ្យមានជំងឺគ្រុនចាញ់ និងឱ្យមានទោសដល់សុខភាព ។

ប្រទេសកម្ពុជាផ្នែកខាងជើង និងប្រទេសយៀកណាមផ្នែកកណ្ដាល កាលពីដើមមានព្រំប្រទល់ជាជញ្ជាំងត្រឹមត្រូវសម្រាប់ខណ្ឌដាច់ពីគ្នា ។ ព្រំប្រទល់នោះ ឥឡូវនេះ បានរលាយបាត់ទៅហើយ ដោយហេតុក្រោយកិច្ចព្រមព្រៀងនៅក្រុងហ្សឺណែវក្នុងឆ្នាំ ១៩៥៤ ង៉ោ ឌិន យៀម ក្រោមការគ្រប់គ្រងរបស់វា វាបានបញ្ជូនពួកអ្នកកាន់សាសនាកាតូលិកជាតិយួន មានចំនួនជាង ៥០០ ពាន់នាក់ ដែលរត់មកពីយៀកណាមខាងជើង ឱ្យមកតាំងទីលំនៅ-នៅតាមខេត្តដែលមានភ្នំជាប់នឹងព្រំប្រទល់នៃដីខ្មែរយើង ។ ចាប់តាំងពីពេលនោះមក នៅតាមព្រំប្រទល់ខេត្តរតនគិរី និងមណ្ឌលគិរី ដែលជាប់នឹងយួន យើងឃើញសុទ្ធតែភូមិយួនជាច្រើន ដុះពាសពេញរីកចំរើនជាលំដាប់ ហើយបានធ្វើឱ្យរលាយ ឬរលុបបាត់អស់រលីងនូវពពួកជនអ្នកលើ ដែលមានកំណើតនៅទីនោះស្រាប់ ។

ចាប់តាំងពីឆ្នាំ ១៩៦០ មកដល់ពេលនេះ ទីកន្លែងនេះជាសមរភូមិចម្បាំងរវាងពួករណសិរ្សជាតិនៃសេរីការ និងពួកឈ្លានពានអាមេរិកាំង ព្រមទាំងពួកបក្សសម្ពន្ធវានៅព្រៃនគរផង ។ ដោយហេតុតែមានចម្បាំងនៅទីនោះ ពួកទា-ហានយួនជាច្រើនរយពាន់នាក់ បានចូលមកបង្កើនឱ្យមានចំនួននៅទីសមរភូមិនោះកាន់តែច្រើនឡើងៗ ថែមទៀត ហើយជួនកាលវាដឹកជញ្ជូនទាំងគ្រួសារវាមកតាំងទីលំនៅលើភូមិភាគនេះជាអចិន្ត្រៃយ៍ បង្កើតជាអាណានិគមកិច្ចយួនមួយយ៉ាងរឹងប៉ឹង ។ តាមកម្មវិធីរបស់គេ ពួករណសិរ្សជាតិនៃសេរីការ មានគោលបំណងចង់ឱ្យពួកជនជាតិដែលមានកំណើតនៅលើភ្នំនោះ មានស្វ័យភាពគ្រប់គ្រងដោយខ្លួនឯង ក៏ប៉ុន្តែកាលដែលពួកយួនមកតាំងទីលំនៅពាសពេញរឹងជំហរដូច្នេះហើយ មិនងាយនឹងធ្វើឱ្យគោលបំណងរបស់ពួករណសិរ្សជាតិនៃសេរីការបានសម្រេចដូចប្រាថ្នានោះទេ ហើយបើសិនជាមានរដ្ឋាភិបាលចម្រុះមួយ ចង់ឱ្យគោលគំនិតរបស់ពួករណសិរ្សជាតិនៃសេរីការបានសម្រេច ក៏គង់តែជួបប្រទះឧបសគ្គដ៏ធំៗ ដែលពុំអាចនឹងដោះស្រាយបានដែរ ដោយហេតុថាមិនងាយទៅសម្រុះសម្រួលជាមួយមនុស្សចំនួនកន្លះលាននាក់ ដែលបានមកស្ថិតនៅលើដែនដីសណ្ដជាខ្ជាប់ខ្ជួន ឱ្យសុខចិត្តយល់ព្រមដើរចេញបាននោះទេ ។

ដោយឃើញស្ថានភាពនៅខាងព្រំប្រទល់យួនរបៀបនេះ យើងយល់ច្បាស់ថា យើងពុំអាចទុកឱ្យខេត្តមណ្ឌលគិរី និងរតនគិរី ស្ថិតក្នុងភាពគ្មានមនុស្សនៅឱ្យគ្រប់គ្រាន់នោះទេ ។ ព្រំប្រទល់ដែនដីយើង គេបានទទួលស្គាល់ជាផ្លូវការពិតប្រាកដណាស់ហើយ ហើយបើបណ្ដោយឱ្យតែកងទ័ពយើង ដែលមានចំនួនតិចតួចទៅទប់ទល់នឹងពួកបរទេស ដែលបម្រុងលួចចូលមកនៅក្នុងទឹកដីខ្មែរយើង ក៏ពុំអាចយកជ័យជំនះបានដែរ ពីព្រោះផ្ទៃដីនៅទីនោះក៏ទូលំទូលាយ ហើយទ័ពយើងក៏មានគ្នាតិច ។ មានតែឱសថមួយមុខទេ ដែល

វិសេសជាងគេ អាចធ្វើឱ្យមានការធានាអះអាងដល់អវិតិក្កមីយភាពនៃទឹកដីខ្មែរ កុំឱ្យគេចូលមកនៅដោយរំលោភបាន ឱសថនោះគឺការតាំងភូមិឱ្យខ្ជាប់ខ្ជួនរបស់ជនជាតិខ្មែរ ឱ្យមានច្រើនពាសពេញនៅតាមព្រំប្រទល់ដែន រៀបចំឱ្យអ្នកភូមិនោះកាន់វិន័យតាមរបៀបទាហាន ហើយចាត់ការកាប់គ្រួសគ្រាយធ្វើផលដំណាំលើដីទំនេរទាំងនោះឱ្យអស់ កុំឱ្យសល់ឱ្យជនបរទេសមកជ្រៀតជ្រែកដណ្តើមធ្វើបាន ។ មានតែអ្នកភូមិទាំងនោះហើយ ដែលអាចរាំងរាមិនឱ្យអ្នកជិតខាងយើងឬមិត្តយើងចូលមកនៅលើដីយើងបានដោយអាងលេសថាជាដីនៅទំនេរ ។

ប្រទេសកម្ពុជា មានទំហំផ្ទៃដីដែលបានធ្វើរបរយកផលហើយ ត្រឹមតែតែពី ៣ លាន ទៅ ៣ លានហិកតាកន្លះប៉ុណ្ណោះ គឺតិចជាង ២០ ភាគរយនៃទំហំដីរបស់ខ្លួនទាំងមូល ។ បើយើងគិតឃើញថា ៥០ ភាគរយនៃផ្ទៃដីយើងមានសុទ្ធតែព្រៃឈើ ដែលរដ្ឋបានថែរក្សាការពាររួចទៅហើយនោះ យើងនៅតែឃើញថាយើងនៅមានសល់ផ្ទៃដីធំច្រើន ដែលយើងអាចនឹងធ្វើឱ្យមានភោគផលតទៅទៀតមិនចេះចប់ឡើយ ក៏ប៉ុន្តែ យើងត្រូវដឹងជាមុនថា ក្នុងរវាង ៣០ ឆ្នាំ ទៅមុខទៀត ចំនួនពលរដ្ឋខ្មែរមុខជានិងចំរើនទ្វេគុណ ហើយដីដីជាតិដែលយើងត្រូវធ្វើឱ្យមានភោគផល ក៏ត្រូវលែលកឲ្យរីកចំរើនទៅតាមចំនួនមនុស្សដែលកើនឡើងនោះដែរ ។

ចំពោះទិដ្ឋភាពនេះ ខេត្តរតនគិរី និងមណ្ឌលគិរី ត្រូវទុកដូចជាភូមិភាគដាច់ស្រយាល ដែលប្រកបដោយកំណប់មាសរបស់កម្ពុជរដ្ឋ សម្បូរសម្បត្តិលើសទីដទៃទៀត ដែលមានដីគ្រៀមក្រោះឥតដីជាតិ ។ តាមការស្មានមើលទំហំដីត្រឹមតែ ២០.០០០ គីឡូម៉ែត្រទ្វេគុណ ផ្នែកខាងឦសាននៃប្រទេសកម្ពុជាបើយើងចាប់ផ្តើមធ្វើពេញទំហឹងពីឥឡូវនេះទៅ លុះដល់ទៅចុងសតវត្សនេះអាចធ្វើឱ្យប្រជាពលរដ្ឋចំនួន ១ លាននាក់ រស់នៅបានដោយស្រួល ហើយនឹង

អាចធ្វើឱ្យព្រះរាជាណាចក្រកម្ពុជាយើងបានរីកចម្រើនឥតគណនា ។ យើងត្រូវដឹងថា ៥០ ភាគរយនៃសេដ្ឋកិច្ចអនាគតរបស់ប្រទេសយើង ត្រូវស្ថិតនៅក្នុងភូមិភាគដែលមានដីខ្ពស់ ។ ដើម្បីឱ្យសេដ្ឋកិច្ចនោះបានភោគផល យើងត្រូវតែចាត់ចែងផែនការតាំងពីឥឡូវនេះទៅ ។

សម្តេចព្រះប្រមុខរដ្ឋ ព្រមទាំងសហការីផ្ទាល់ព្រះអង្គ ដូចជាសម្តេចប៉ែន-នុត និង ឯ.ឧ. ឧត្តមសេនីយ លន់-នល់ និង ញ៉ិក-ជូឡុង ជាដើម ព្រះអង្គទ្រង់យកព្រះរាជហឫទ័យទុកដាក់ខ្លាំងណាស់ ទៅលើការធ្វើឱ្យរីកចម្រើនដល់ខេត្តថ្មីទាំងពីរនេះ ។ ព្រះអង្គទ្រង់បានសព្វព្រះរាជហឫទ័យ ព្រះបញ្ជាដល់ពួកកងខេមរភូមិន្ទឱ្យទៅសង់បានផ្លូវថ្នល់ និងផ្លូវលំរាប់រយគីឡូម៉ែត្រ បានសាលារៀន, គិលានដ្ឋាន និងសង្ឃវ័ណជាច្រើនទៀតរាប់មិនអស់ ។ ការធ្វើដោយពួកទាហាន និងភ្នាក់ងាររាជការ ដែលមានគ្នាត្រឹមតែមួយក្តាប់ដូច្នេះ បើយកលទ្ធផលដែលបានមកប្រៀបធៀប ធ្វើឱ្យគេកោតសរសើរយើងយ៉ាងសម្បើម ។ ក៏ប៉ុន្តែ ទោះសម្តេចសហជីវិន ព្រះអង្គទ្រង់ប្រកាសអំពាវនាវយ៉ាងណាក៏ដោយ ទោះក្រុមខេមរភូមិន្ទចូលខ្លួនទៅប្រតិបត្តិការជាគំរូយ៉ាងណាក៏ដោយ ទោះមានការជួយជ្រោមជ្រែង ជួយលើកទឹកចិត្តពីសង្គមក៏ដោយ ក៏ប្រជាពលរដ្ឋនៅតែព្រងើយកន្តើយមិនធ្វើដឹង មិនធ្វើឮ មិនយកចិត្តឈឺឆ្អាលនាំគ្នាទៅនៅក្នុងខេត្តរតនគិរី ជាពិសេស ក្នុងខេត្តមណ្ឌលគិរី ឱ្យបានច្រើនគ្រប់គ្រាន់សោះឡើយ ។

ចំណែកខាងភ្នាក់ងាររាជការវិញ បើកាលណារាជការចាត់ឱ្យភ្នាក់ងារណាទៅធ្វើការនៅទីក្រុងលំផាត់ ឬទីក្រុងសែនមនោរម្យ ភ្នាក់ងារនោះតែងយល់ថា ខ្លួនជាអ្នកមានទោស ត្រូវគេធ្វើទុក្ខបុកម្នេញទៅវិញ ។ អ្នកដែលមានចំណេះវិជ្ជាមធ្យម ជាបញ្ញវ័ន្តស្ទាក់ស្ទើរ ដែលគ្មានការងារ ឬបេររកស៊ីនៅរាជធានី ក៏មិនចូលចិត្តលះបង់ជីវភាពអនាថាបរាសិតរបស់ខ្លួន ដើម្បីទៅរកកសាង

ជីវភាពថ្មីនៅខេត្តទាំងពីរនេះដែរ ។ ឯខាងយុវជននៅស្រែចំការ ដែលមានមនុស្សច្រើនកកកុញណាស់ទៅហើយ ក៏គ្មានសេចក្តីក្លាហានអង់អាចនឹងចាកចេញចោលភូមិកំណើតរបស់ខ្លួនសោះដែរ ទោះបីរដ្ឋការបានសន្យាថា នឹងធានាជួយឱ្យអ្នកដែលស្ម័គ្រចិត្តទៅតាំងទីលំនៅលើដីថ្មីទាំងនោះ ឱ្យមានជីវភាពធម្មតា និងជួយរៀបចំឱ្យកូនចៅនៃអ្នកទាំងនោះ មានអនាគតរុងរឿងយ៉ាងណាក៏ដោយ ក៏អ្នកទាំងនោះមិនព្រមយល់ទាល់តែសោះ ។ ការដែលយើងអាចធ្វើឱ្យដីយើងបានរីកចម្រើនមានភោគផលច្រើន យើងពុំត្រូវធ្វើឱ្យតិចជាងអ្នកដែលនៅម្ខាងព្រំដែនដីរបស់យើងនោះទេ ពីព្រោះដីយើងល្អ អាចឱ្យប្រកបដំណាំបន្លែ តែ កាហ្វេ កាំងគីណា ។ល។ បានយ៉ាងស្រួល ហើយវាលរបស់យើង ក៏ប្រកបដោយស្មៅយ៉ាងសំបូណ៌ ដែលយើងអាចធ្វើរបរចិញ្ចឹមសត្វបានដោយងាយ ។

សព្វថ្ងៃនេះ មានគ្រួសារជាច្រើនរយនាក់ដែលជាគ្រួសារទាហានចាស់បានស្ម័គ្រចិត្តទៅតាំងទីលំនៅៗក្នុងខេត្តរតនគិរី និងមណ្ឌលគិរីហើយ ក៏ប៉ុន្តែចំនួននេះមិនទាន់គ្រប់គ្រាន់តាមគោលបំណងនយោបាយយើងទេ ។ ដើម្បីឱ្យស្របទៅតាមនយោបាយសង្គមយើង ត្រូវតែឱ្យមានប្រជាពលរដ្ឋចំនួនយ៉ាងហោចណាស់ ៥ ម៉ឺន ឬ ១ សែននាក់ ទៅនៅក្នុងខេត្តថ្មីទាំងពីរនេះក្នុងរវាងត្រឹមតែ ២ ឬ ៣ ឆ្នាំទៅមុខ ។ បើយើងពិនិត្យយ៉ាងម៉ត់ចត់នូវចំនួនអ្នកស្ម័គ្រចិត្ត ដែលទៅនៅឯខេត្តទាំងពីរដោយខ្លួនឯង ដូចសព្វថ្ងៃនេះរួចមកហើយ យើងឃើញថាចំនួននេះតិចណាស់ ម្ល៉ោះហើយយើងពុំអាចសង្ឃឹមបានថា អ្នកដែលស្ម័គ្រចិត្តទៅនៅនោះ នឹងអាចស្ទុះទៅដល់ចំនួនដែលគ្រោងទុកបានឡើយ ។ ដើម្បីជាប្រយោជន៍ជាតិក្នុងការដឹកនាំប្រជាពលរដ្ឋឱ្យទៅនៅទីណាមួយ តើយើងត្រូវប្រើវិធីតាមរបៀប «កុមសូមុលស្ងូវីយេក» នៅស៊ីបេរី, តាមរបៀបចិននៅស៊ិនក្យាង និងតាមរបៀបយួននៅភូមិភាគជិតខាងយើងនេះឬទេ? សង្គមយើង

នៅគ្រប់ពេលវេលា មិនចង់ឱ្យប្រើការបង្ខិតបង្ខំឡើយ ក៏ប៉ុន្តែ ការរៀបចំឱ្យមានប្រជាពលរដ្ឋនៅលើដីទំនេរក្នុងភូមិភាគតាមព្រំដែនយើង ជានយោបាយអាយុជីវិតសម្រាប់ការពារអនាគតប្រទេសយើង ហើយយើងយល់ច្បាស់ជាមុនថា ក្នុងកាលៈទេសៈខ្លះ គោលការណ៍របស់មនុស្សត្រូវតែទទួលចុះញ៉មចំពោះនយោបាយដ៏ត្រឹមត្រូវរបស់រដ្ឋ ។

**អ្នកជាតិនិយម**

**អ្នកជាតិនិយម** ឆ្នាំទី ១០ លេខ ៨៤០ សប្តាហ៍ទី ៩-១៥ ធ្នូ ១៩៦៨

ទស្សនកិច្ច /tuŏəhsənaqkəc/ visit, tour, observation tour

ថ្មីៗនេះ recently

មណ្ឌលគិរី /muŏənduŏəl-kirii/ Mondulkiri (province)

ការចាំបាច់ necessity, necessary action

ភូមិភាគ /phuum-phiəq/ area, zone, region

ខាងលើ northern, upper

ឦសាន /qəysaan/ northeast, northeastern

បញ្ហា /paññəhaa/ problem, issue

ត្រឹមតែ just, only, only so far as

សារៈសំខាន់ /saareə̆q-sɑmkhan/ importance, matters of importance

អាយុជីវិត vital, a matter of life or death

ទាំងមូល all, altogether, the whole

បើយ៉ាងយូរណាស់ at the longest

តំណជីវិត generation

ទំហំផ្ទៃ surface, area

បែលហ្សិក /baelžik/ Belgium (Fr. Belgique)

រតនគិរី /rattənaqkirii/ Ratanakiri (province)

សន្ទភាព /sɑntĕəqphiəp/ density (of population)

ផ្ទៃដី area (of land)

ទ្វេគុណ /twee-kun/ squared

ដូចគ្នា also, likewise, the same

យ៉ាងមធ្យម on the average

វាលស្រឡះ open field, plain

ល្បប់ silt, alluvium

ការដែល the fact that, the matter of (nominalizes following verb phrase)

ចំណោទ question, problem

ខាងផ្នែកនយោបាយ in the area of policy

សេដ្ឋកិច្ច /saettəkəc/ economics

ចោទ to raise an issue, pose a question

ធ្ងន់ធ្ងរ serious, heavy

ភូមិសាស្ត្រ /phuumisaah/ (the science of) geography

កំណត់ to set, decree, prescribe

តំបន់ area, region, sector, zone

អប្បភាគ /qɑppəphiəq/ minority (in number or size)

អម្បូរ ethnic origin, background

កាត់ to be of mixed ethnic origin, to be a half-breed

មន Mon (an ethnic group in Southeast Asia)

សញ្ជាតិ /sañciət/ nationality; race

សុទ្ធសាធ /sot-saat/ pure, unmitigated

គ្រុនចាញ់ malaria; to have malaria

សុខភាព /sokkəphiəp/ health

វៀតណាម Vietnam

ខណ្ឌ /khan/ to separate

កិច្ចព្រមព្រៀង agreement, accord

ហ្ស៊ឺណែវ /žəɨnaew/ Geneva (Fr. Genève)

ង៉ោ ឌិញយៀម /ŋao-dɨn-yiəm/ Ngo Dinh Diem

កាតូលិក /kaatoulik/ Catholic

លុប erased, vanished

អ្នកលើ uplander, highlander, hill people

សមរភូមិ /səmɑɑrəphuum/ battlefield

ចម្បាំង war, battle

| | |
|---|---|
| រណសិរ្សជាតិ | /rənaqsei-ciət/ national front |
| សេរី | /seirəy/ free |
| សេរីការ | liberation |
| រណសិរ្សជាតិនៃសេរីការ | National Liberation Front (of South Vietnam) |
| ឈ្លានពាន | to invade, oppress, aggress |
| អាមេរិកាំង | American |
| ពួកឈ្លានពានអាមេរិកាំង | American aggressors |
| បក្ស | /paq/ political party or camp |
| សម្ពន្ធ | /sɑmpŏən/ tie, relationship, alliance |
| បក្សសម្ពន្ធ | allies |
| ព្រៃនគរ | /prɨy-nɔkɔɔ/ Saigon |
| ទាហាន | /tiəhiən/ soldier |
| បង្កើន | to increase (tV) |
| អចិន្ត្រៃយ៍ | /qaacəntray/ indefinite |
| អាណានិគម | /qaanaanikum/ colony |
| អាណានិគមកិច្ច | colonization |
| រឹងប៉ឹង | strong, firm, stable |
| ស្វ័យភាព | /swayyəphiəp/ autonomy |
| ជំហរ | /cumhɔɔ/ stand, stance, condition |
| រឹងជំហរ | in strong condition, stable |
| បើសិនជា | if |

| | |
|---|---|
| រដ្ឋាភិបាលចម្រុះ | coalition government |
| ឧបសគ្គ | /qoppəsaq/ obstacle, impediment, problem |
| ដោះស្រាយ | to solve, alleviate |
| សម្រុះសម្រួល | to conciliate, appease, reconcile |
| ផ្ទៃដី | territory |
| សណ្ដា | /sandaa/ edge, border |
| ខ្ជាប់ខ្ជួន | tight, firm, tenacious |
| ស្ថានភាព | /sthaan-phiəp/ situation |
| ទទួលស្គាល់ជាផ្លូវការ | to recognize officially |
| បណ្ដោយឲ្យ | to go along with, permit |
| តិចតួច | few, small in quantity, insignificant |
| ទប់ទល់ | to oppose, confront |
| ជំនះ | victory, success |
| ទូលំទូលាយ | broad, spacious, vast |
| ឱសថ | /qaosot/ medicine, cure, solution |
| ធានា | to guarantee |
| អវិតិក្កមយភាព | /qawəy-teqkəməyyəphiəp/ inviolability, integrity |
| រំលោភ | to violate, usurp |
| វិន័យ | /winɨy/ discipline |
| ត្រួសត្រាយ | to clear (jungle, forest, etc.), to prepare |
| ជ្រៀតជ្រែក | to interfere |

ដណ្ដើម to contest, dispute, fight over

រាំងរា to prevent

អ្នកជិតខាង neighbor

លេស /leh/ excuse, pretext, reason

ហិកតា /həctaa/ hectare (10,000 square meters)

ភោគផល /phook-phαl/ produce, products

លៃលក /lɨy-lɔɔk/ to manage (to), to find a way (to)

ទិដ្ឋភាព /tɨttəphiəp/ aspect

ដាច់ស្រយាល remote

កំណប់ treasure, cache

មាស gold (here: precious, valuable)

កម្ពុជរដ្ឋ /kampuccəroə̆t/ Cambodia

ក្រៀមក្រោះ dry, arid

ទំហឹង /tumhɨŋ/ effort

ពេញទំហឹង to the fullest extent, to the utmost, with all one's effort

អតគណនា /qət kuə̆nnəniə/ infinite(ly)

អនាគត /qanaakuə̆t/ future

ចាត់ចែង to organize, plan

ផែនការ plan, project

សហការី /səhaqkaarəy/ colleague, associate

| | |
|---|---|
| ប៉ែន-នុត | Penn Nouth (personal name) |
| ឯ.ឧ. (= ឯកឧត្តម) | /qaek-qutdɑm/ his excellency |
| ឧត្តមសេនីយ | /qutdɑm-seinəy/ General (military rank) |
| លន់-នល់ | /lŭən-nol/ Lon Nol (personal name) |
| ញ៉ឹក-ជូឡុង | /ñək-cuuloŋ/ Nhek Chulong (personal name) |
| ព្រះរាជហឫទ័យ | /prĕəh-riəccəhaqrɨtɨy/ heart, mind (royalty) |
| ព្រះបញ្ជា | to order, command (royalty) |
| កងខេមរភូមិន្ទ | /kɑɑŋ khaemmərĕəq-phuumɨn/ Royal Cambodian Forces |
| ផ្លូវលំ | trail, unfinished road |
| គិលានដ្ឋាន | /kiliənnəthaan/ infirmary |
| សង្ករណ | /sɑŋkəran/ building materials |
| លទ្ធផល | /lattəphɑl/ result, yield |
| ប្រៀបធៀប | to compare, consider |
| យ៉ាងសមៀម | impressive, remarkable |
| គំរូ | model, example |
| ជួយជ្រោមជ្រែង | to help, assist |
| ទឹកចិត្ត | morale, spirit |
| សង្គម | Sangkum (Reastr Niyum) |
| ព្រងើយ | indifferent |
| កន្តើយ | indifferent |
| មិនធ្វើដឹងមិនធ្វើឮ | to ignore, not pay attention |

| | |
|---|---|
| លំផាត់ | Lomphat (capital of Ratanakiri Province) |
| សែនមនោរម្យ | /saen mənoorum/ Sen Monorom (capital of Mondulkiri Province) |
| | |
| ធ្វើទុកបុកម្នេញ | to abuse, mistreat |
| បញ្ញវ័ន្ត | /paññəwŏən/ intellectual, educated person |
| ស្ទាក់ស្ទើរ | barely, almost, not quite, partially |
| លះបង់ | to abandon, reject, discard |
| ជីវភាព | /ciiwəphiəp/ life, living, existence |
| បរាសិត | /paraasət/ parasitic |
| យុវជន | /yuwwəcŭən/ youth, young people |
| កកកុញ | crowded, congested, dense |
| ក្លាហាន | brave, bold |
| អង់អាច | determined, persistent |
| ពាល់តែសោះ | at all, even a little |
| កាំងគីណា | quinine (plant) |
| សំបូរណ៍ | /sɑmbou/ complete, plentiful, full, rich |
| ហោច | bare, minimum |
| យ៉ាងហោចណាស់ | at least, at the minimum |
| ម៉ត់ចត់ | seriously, carefully |
| គ្រោង | to plan |
| គ្រោងទុក | to envisage, plan for |

| | |
|---|---|
| វិធី | way, method |
| កុមសូមុលសូវិយេក | /komsoumul souwiiyeek/ Soviet Komsomol (Russian Communist Youth Organization) |
| ស៊ីបេរី | /siibeirii/ Siberia |
| ស៊ិនក្យាង | /sɨnkyaaŋ/ Sinkiang |
| បង្ខិតបង្ខំ | to force, require |
| គោលការណ៍ | principle, ideal |
| ចុះញ៉ម | to back down, surrender, give way |

## ៣៣- ការស្នោះត្រង់នឹងធ្វើឱ្យបានចំរើនដល់ជាតិ

រោងចក្រធ្វើស្រាបៀយែរនៃក្រុមហ៊ុនសុរាគារខ្មែរ នៅក្រុងព្រះសីហនុ ដែលមានសហជីវិន ភួង-ម៉ាហ្គាំង ជាប្រធានអគ្គនាយក និងមានសហជីវិន ព្រុំ-ថុស ជាអគ្គនាយកបានស្ថាបនារួចជាស្រេច អស់តម្លៃជាប្រាក់ ៥០០ លាន រៀល ហើយបានធ្វើពិធីសម្ពោធក្រោមព្រះអធិបតិភាពនៃសម្ដេចឪ កាលពីព្រឹក ថ្ងៃទី ១៣ វិច្ឆិកា ១៩៦៨ ។

ក្នុងឱកាសសម្ពោធនោះ សហជីវិន ភួង-ម៉ាហ្គាំង ប្រធានអគ្គនាយក នៃក្រុមហ៊ុនសុរាគារខ្មែរ បានថ្លែងសុន្ទរកថាមួយរៀបរាប់យ៉ាងវែងថ្វាយចំពោះ សម្ដេចឪ ដើម្បីសូមព្រះអង្គទ្រង់ជ្រាបអំពីប្រវត្តិ និងសកម្មភាពនៃរោងចក្រធ្វើ ស្រាបៀយែរនៅក្រុងព្រះ សីហនុ និងរោងចក្រធ្វើស្រាធ្វើស៊ីរ៉ូ-ធ្វើទឹកអប់ ។ ល ។ នៅឫស្សីកែវភ្នំពេញ ។

ក្នុងឃ្លាខ្លះនៃសុន្ទរកថានោះ សហជីវិន ភួង-ម៉ាហ្គាំង បានបញ្ជាក់មាន ន័យថា: ដោយសម្ដេចឪទ្រង់សព្វព្រះរាជហឫទ័យជាទីបំផុតនូវផលប្រយោជន៍ សេដ្ឋកិច្ចជាតិនោះ ព្រះអង្គទ្រង់ព្រះរាជបញ្ជាឱ្យរាជរដ្ឋាភិបាលខំពង្រីកនូវវិស័យ ឧស្សាហកម្ម គឺស្ថាបនារោងចក្របញ្ចេញផលសម្រាប់បរិភោគ និងឧបភោគ ឱ្យបានច្រើន ។

ក្រោយដែលបានទទួលព្រះរាជបញ្ជាហើយ រាជរដ្ឋាភិបាលក៏បានចាត់ ចែងបង្កើតក្រុមហ៊ុន និងស្ថាបនារោងចក្រគ្រប់ផ្នែកបានយ៉ាងច្រើន មានរោង ចក្រធ្វើស្រាបៀយែរនេះជាដើម ។

ដោយសារតែព្រះឧត្តមគតិ និងស្នាព្រះហស្តនៃសម្ដេចឪ ប្រទេស កម្ពុជាមានភ័ព្វសំណាងធំណាស់បានស្គាល់ ហើយជាការពិតប្រាកដនូវឋានៈ ជាប្រទេសមួយដែលមានឧស្សាហកម្មដុះដាលរីកចំរើនគ្រប់ទិសទី គឺបានឃ្លាត

ឆ្ងាយផុតស្រឡះពីឋានៈប្រទេសទន់ខ្សោយ, ផុតស្រឡះពីការលំបាកត្រដាបត្រដួសក្នុងវិស័យសេដ្ឋកិច្ច ។ ហើយការចំរើននេះ បានធ្វើឱ្យគ្រប់មជ្ឈដ្ឋានបរទេសកោតសរសើរមិនដាច់ ។ ល ។

ក្រុមហ៊ុនសុរាគារខ្មែរចាប់តាំងពីបានទិញពីបារាំង តាមព្រះរាជបញ្ជា និងព្រះរាជ្យបត្តម្ភ នៃសម្តេចឪ រហូតមកដល់ពេលនេះឃើញថាបានចំរើនជានិច្ច ក្រុមហ៊ុននេះបានពង្រីក និងបានបង្កើនថែមទៀតនូវផលិតផលថ្មីនៅឫស្សីកែវ និងនៅកោះកោង ដូចជាទឹកស៊ីរ៉ូ ក្រូចពោធិសាត់, ទឹកស៊ីរ៉ូធ្វើពីផ្លែម្នាស់, ស្រាទឹកត្នោត, ស្រាតំណើបខ្មៅ, ស្រាម្នាស់, ទឹកអប់, ប្រេងសម្រាប់កក់សក់ ។ ល ។

រីឯរោងចក្រធ្វើស្រាបៀយែរ ដែលទើបនឹងស្ថាបនាហើយៗ ដែលត្រូវចាប់បញ្ចេញផលពីពេលនេះតទៅនោះ គឺមានប្រយោជន៍ច្រើនណាស់ ៖

១- ឱ្យសន្ទុះឧស្សាហកម្មនិងសេដ្ឋកិច្ចនៃប្រទេសកម្ពុជាមានជំហរកាន់តែរឹងប៉ឹង-មាំមួនឡើងៗ ។

២- ឱ្យឧស្សាហកម្មជាតិខ្មែរស្រូបប្រើប្រាស់ជាអតិបរមានូវភោគទ្រព្យធម្មជាតិក្នុងស្រុក ។

៣- ឱ្យសន្សំបាននូវរូបិយប័ណ្ណជាតិជាអតិបរមា ។

៤- អាចផ្តល់ការងារ និងបច្ចេកទេសក្នុងវិស័យឧស្សាហកម្មដល់យុវជន យុវតីខ្មែរ ។

រោងចក្រធ្វើស្រាបៀយែរនេះ សព្វថ្ងៃអាចផលិតនូវស្រាបៀយែរបាន ១០០.០០០ ហិកតូលីត្រក្នុងមួយឆ្នាំ គិតតម្លៃយ៉ាងតិច ២៥០ លានរៀល ។ ក្នុងតម្លៃនេះ ត្រូវចំណាយរូបិយប័ណ្ណអស់តែ ១៥ លានរៀល ក្នុងមួយឆ្នាំ សម្រាប់ទិញវត្ថុធាតុដើមពីបរទេស ។ ហើយទៅថ្ងៃមុខ អាចសន្សំរូបិយប័ណ្ណបានច្រើនជាងនេះថែមទៀត ដោយហេតុថា អនាគតទៅរោងចក្រនឹងប្រើអង្ករ

ដំណើបខ្មែរយ៉ាងច្រើនបំផុត ជំនួយវត្ថុធាតុដើមដែលទិញមកពីបរទេស ។ល។

ក្រៅពីពត៌មានខាងលើនេះ យើងបានឃើញសេចក្តីរាយការណ៍របស់លោកប្រធានអគ្គនាយកនៃក្រុមហ៊ុនសុរាគារខ្មែរ ចុះក្នុងបរៈរដ្ឋាភិបាលថ្ងៃទី ២៥ វិច្ឆិកា ១៩៦៨ និងចុះក្នុងអ្នកជាតិនិយមលេខ ៤៣៨ ចុះថ្ងៃទី ១ ធ្នូ ១៩៦៨ ស្តីអំពីគំរោងការស្ថាបនាបន្តបំពង់ទឹកពីទឹកសាបទៅរោងចក្រធ្វើបីយែរ ដែលក្រុមហ៊ុនអាល្លឺម៉ង់ទទួលស្ថាបនា មានតម្លៃ ៦៥·៩៧០·០០០ រៀល ។ តម្លៃនេះ គឺ ថោកជាងគេបំផុត បើប្រៀបធៀបទៅនឹងតម្លៃនៃក្រុមហ៊ុនអន្តរជាតិដទៃទៀត ។ល។ គម្រោងការនេះ សម្តេចព្រះបិតាឧស្សាហកម្មជាតិ ព្រះអង្គទ្រង់សព្វព្រះរាជហឫទ័យបញ្ជាទៅរាជរដ្ឋាភិបាល សូមឱ្យសម្រេចតាមនោះជាប្រញាប់ ។ ដូច្នេះ យើងជឿជាក់ថា រាជរដ្ឋាភិបាលសង្គមរាស្ត្រនិយមយើងនឹងខំបំពេញកិច្ចការនេះឱ្យបានលទ្ធផលយ៉ាងជាក់ស្តែងក្នុងពេលឆាប់ ៗ នេះយ៉ាងពិតប្រាកដ ពីព្រោះទឹកសាបដែលក្រុងព្រះសីហនុបានផ្តល់ឱ្យនោះ ពុំអាចប្រើប្រាស់ឱ្យបានគ្រប់គ្រាន់ក្នុងរដូវប្រាំង និងពុំអាចបង្កើនស្រាបីយែរឱ្យបានច្រើនទៅអនាគតឡើយ ។ ឯបំពង់ទឹកដែលបន្តនេះគឺបានទិញមកពីបរទេស មានទំហំវិជ្ឈមាត្រ ៥០០ ម·ម (ទំហំរន្ធកន្លះម៉ែត្រ) ។

ដោយបានគោរពតាមព្រះរាជបញ្ជានៃសម្តេចឪយ៉ាងម៉ត់ចត់ និងខំប្រឹងអស់ពីសមត្ថភាព ប្រកបដោយសេចក្តីស្នេហៈត្រង់ចំពោះប្រយោជន៍ជាតិនោះ យើងបានជឿជាក់និងនៅតែជឿជាក់ថែមទៀតថា សហជីវិនភួង-ម៉ាហ្គាំង ប្រធានអគ្គនាយក និងសហជីវិនព្រុំ-ថុស អគ្គនាយកនៃរោងចក្រធ្វើស្រាបីយែរនេះ នឹងខំធ្វើឲ្យរោងចក្រនេះបានរីកចំរើនផលទ្វេមួយជាពីរ ជាបី ជាដប់ជាម្ភៃ តាមគម្រោងការជាពុំខាន ដើម្បីបានស្រាបីយែរសម្រាប់បរិភោគគ្រប់គ្រាន់ក្នុងប្រទេសកម្ពុជាយើងផង សម្រាប់លក់ចេញទៅបរទេសផង ។ សហជីវិនភួង-

ម៉ាហ្គាំង កំពុងមានថ្ងៃដែស្រាប់ ដោយលោកបានធ្វើឱ្យក្រុមហ៊ុនសុរាគារខ្មែរ បានចំណេញជាងមួយរយលានរៀលក្នុងមួយឆ្នាំ ៗ រួចមកហើយ ដែលយើងសូមកោតសរសើរ ។ ហើយយើងក៏ពុំបានបំភ្លេចទាល់តែសោះនូវការកោតសរសើរចំពោះឯ·ឧ·ញ៉ឹក-ជូឡុង និងសហជីវិនទូច-គីម ជាអតីតប្រធានអគ្គនាយកនៃក្រុមហ៊ុនសុរាគារខ្មែរ ដែលលោកបានខំត្រួសត្រាយនិងបានខំធ្វើឱ្យក្រុមហ៊ុននេះ បានចំរើនណាស់ដែរ ។

ដូច្នេះ អនាគតនៃប្រធានអគ្គនាយក ភួង-ម៉ាហ្គាំង ត្រូវយកមកវិនិច្ឆ័យដោយគតិយុត្តិធម៌ អំពីសកម្មភាពរបស់លោក ដែលលោកបានខំប្រឹងប្រែងដោះស្រាយ ខំប្រឹងធ្វើឱ្យបានចំរើន ។ បើបានចំរើនយ៉ាងជាក់ច្បាស់ហើយ យើងជឿជាក់ថា លោកពិតជានឹងត្រូវកាន់មុខតំណែងនេះ យ៉ាងយូរឆ្នាំតទៅទៀត ស្របតាមនយោបាយសង្គមរាស្ត្រនិយម ។ ផ្ទុយទៅវិញបើពុំបានចំរើនទេនោះ ទើបតំណែងរបស់លោកត្រូវបញ្ចប់ ។

ជាការណ៍ពិតណាស់ នយោបាយសង្គមរាស្ត្រនិយមយើង ដែលមានអង្គសម្តេចឪ ទ្រង់ជាព្រះអគ្គមគ្គុទ្ទេសក៍ មិនត្រឹមតែខំពង្រីកវិស័យសិក្សាធិការ-សុខាភិបាលគមនាគមន៍-កសិកម្ម-ឧស្សាហកម្ម ។ល។ ប៉ុណ្ណោះទេ គឺបានទាំងជ្រើសរើសយកអ្នករាជការ ឬបណ្តារាស្ត្រដែលមានចិត្តជាអ្នកជាតិនិយមពិតៗ មានឧត្តមគតិខ្ពង់ខ្ពស់ - មានការស្អាតស្អំឱ្យចូលកាន់តំណែងធំៗ ហើយស្ថិតស្ថេរយូរឆ្នាំ ផង ដូចជាឱ្យធ្វើក្នុងក្រុមហ៊ុន ឬរោងចក្ររបស់រដ្ឋជាដើម ដើម្បីពង្រីកសេដ្ឋកិច្ចជាតិ ដែលជាកម្លាំងរក្សាការពារឯករាជ្យអព្យាក្រឹតឱ្យនៅរឹងប៊ុង និងការពារទឹកដីឱ្យនៅគង់វង់ជានិច្ច ។

ជាការពិតថែមទៀត វរជន, ឥស្សរជន, អ្នករាជការរូបណាទោះបីមានសញ្ញាប័ត្រតូចក្តី-ធំក្តី-គ្មានក្តី ដែលមានចិត្តស្មោះត្រង់បានគោរពតាមព្រះរាជ-

នយោបាយនៃសម្តេចឪយ៉ាងម៉ត់ចត់នោះ គឺត្រូវបានប្រជាពលរដ្ឋខ្មែរគាំទ្រ និងថ្លែងកោតសរសើរយ៉ាងស្មោះ ។

**អ្នកជាតិនិយម** ឆ្នាំទី ១០ លេខ ៤៤០ សប្តាហ៍ ទី ៩-១៥ ធ្នូ ១៩៦៨

| | |
|---|---|
| ប៊ីយែរ | /biyɛə, byɛə/ beer (Fr. bière) |
| រោងចក្រស្រាប៊ីយែរ | brewery |
| ក្រុមហ៊ុន | company, business establishment |
| សុរាគារ | distillery |
| ក្រុងព្រះសីហនុ | Sihanoukville |
| ភួង-ម៉ាហ្គាំង | /phuəŋ maagĕəŋ/ Phuong Maguin (personal name) |
| ប្រធានអគ្គនាយក | /prɑthiən-qaqkĕəqniəyŭəq/ presidential director-general |
| ព្រុំ-ធុស | Prum Thos (personal name) |
| អគ្គនាយក | managing director |
| ស្ថាបនា | /sthaapənaa/ to build, to establish |
| រួចជាស្រេច | finished, completed |
| អស់តម្លៃ | at a cost of |
| សុន្ទរកថា | /sɑntərĕəqkəthaa/ speech |
| ថ្លែងសុន្ទរកថា | to make a speech |

សកម្មភាព /saqkamməphiəp/ activities

ស៊ីរ៉ូ syrup

ទឹកអប់ perfume

ឫស្សីកែវ /rɨhsəy kaew/ a section of Phnom Penh

ឃ្លា space; sentence

ន័យ /nɨy/ meaning, content

ផលប្រយោជន៍ importance, usefulness

វិស័យ field (of endeavor)

ឧបភោគ /quppəphook/ to use, to consume

ឧត្តមគតិ /qutdɑmkəteq/ ideal, principle

ព្រះហស្ត /prĕəh-hŏəh/ hand (royalty)

ស្នាព្រះហស្ត skill, results of one's skill (royalty)

ជាការពិតប្រាកដ obviously, manifestly

ឋានៈ /thaanaq/ position, status

ដុះដាល to flourish

គ្រប់ទិសទី in all sectors

ត្រដាបត្រដួស miserable, penniless

មជ្ឈដ្ឋាន /maccəthaan/ milieu, circle

មិនដាច់ endlessly

ព្រះរាជូបត្ថម្ភ /prĕəh-riəcuupəthɑm/ royal assistance

រកាកោង Rokakong (a town on the Mekong River)

| | |
|---|---|
| ក្រូចពោធិ៍សាត់ | /krouc-poosat/ orange(s) |
| ស្រាទឹកត្នោត | palm sugar beer |
| ស្រាដំណើបខ្មៅ | black-rice whiskey |
| កក់ | to shampoo |
| សន្ទុះ | boom leap, increase |
| ស្រូប | to absorb |
| ភោគទ្រព្យធម្មជាតិ | natural resources |
| សន្សំ | to save, accumulate |
| រូបិយប័ណ្ណ | /ruupəyyəbaan/ currency |
| បច្ចេកទេស | /paccaekkəteeh/ expertise |
| យុវតី | /yuwwətəy/ feminine youth, young women |
| ផលិត | /phɑllɨt/ to produce |
| ហិកតូលីត្រ | /həctouliit/ hectoliter |
| វត្ថុធាតុដើម | /wŏətthoq-thiət-daəm/ raw materials |
| ដំណើប | sticky, glutinous (of rice) |
| ព័ត៌មាន | /poədɑmiən/ news |
| សេចក្ដីរាយការណ៍ | report (N) |
| បរៈរដ្ឋាភិបាល | /paraq-rŏətthaaphibaal/ government record |
| គម្រោងការ | plan, project |
| អាល្លឺម៉ង់ | /qaaləmɑŋ/ German, Germany (Fr. Allemand) |
| អន្តរជាតិ | /qɑntəraqciət/ international |

| | |
|---|---|
| ព្រះបិតាឧស្សាហកម្មជាតិ | Father of National Industry (i.e. Sihanouk) |
| វិជ្ជមាត្រ | /wɨccəmaat/ diameter |
| ម.ម. (= មីលីម៉ែត្រ) | millimeter |
| រន្ធ | /rŭən/ hole, opening |
| សមត្ថភាព | /samattəphiəp/ capability, ability |
| ប្រយោជន៍ជាតិ | national interest |
| ទ្វេ | two, double |
| ថ្វីដៃ | outstanding achievement, meritorious result |
| បំភ្លេច | to forget intentionally, to ignore |
| ទូច-គីម | Touch Kim (personal name) |
| អតីត | /qaqtəytaq, qadɨt/ past, former |
| គតិយុត្តិធម៌ | /kəteq-yuttəthɔə/ justice, fairness |
| តំណែង | job, position |
| មុខតំណែង | job, position |
| ផ្ទុយ | contrary, opposite |
| អគ្គមគ្គុទ្ទេសក៍ | /qakĕəq-mĕəqkutteeh/ guide, leader |
| សិក្សាធិការ | education (administration) |
| សុខាភិបាល | health (administration) |
| គមនាគមន៍ | /kumməniəkum/ communication, transportation |
| បណ្ដារាស្ត្រ | people, population |
| ខ្ពង់ខ្ពស់ | high, lofty |

ការស្អាតស្អំ — cleanliness (here: honesty)

អព្យាក្រិត — /qaapyiəkrət/ neutralism; neutralist (Adj)

វរជន — /wɔɔrəcŭən/ elite, upper class

គាំទ្រ — to support

ថ្កែងគោតសរសើរ — to praise, honor, respect

យ៉ាងស្មោះ — sincerely

# ៣៤ - កិច្ចការនៅក្រុង និងខេត្តនានាជាប្រយោជន៍ជាតិ

## ខេត្តសៀមរាប

ដើម្បីអនុវត្តទៅតាមនយោបាយនៃសង្គមរាស្ត្រនិយម ក្នុងគោលបំណងពង្រីកនយោបាយទឹក ដែលជាការចាំបាច់នៃប្រជាពលរដ្ឋជាកសិករយើងនោះ សហជីវិន សារ-សរ អភិបាលស្រុកសៀមរាប, ដោយមានសហជីវិននាយតំបន់កសិកម្ម, សហជីវិននាយផ្នែកធារាសាស្ត្រ និងព្រះតេជព្រះគុណ ធុន-សែម ចៅអធិការវត្តនគរធំខាងជើងរួមផង កាលពីថ្ងៃទី ២៩ មករា ១៩៦៨ កន្លងទៅនេះ លោកបានអញ្ជើញ និងនិមន្តទៅពិនិត្យប្រឡាយទឹកនៅវាលជូនអារ ដែលពលរដ្ឋក្នុងតំបន់នោះបានធ្វើចំនួន ២ ឆ្នាំហើយ ប៉ុន្តែ ពុំទាន់ប្រើការឲ្យបានគ្រប់គ្រាន់តាមសេចក្តីត្រូវការនៅឡើយ ។

បន្ទាប់មក សហជីវិនអភិបាលស្រុកព្រមទាំងសហការី និងព្រះតេជព្រះគុណចៅអធិការ បានរួបរួមជាមួយពលរដ្ឋ ៤០០ នាក់ ធ្វើការហត្ថកម្មជីកប្រឡាយទឹកនេះបន្តទៅទៀត ដែលបានលទ្ធផលជាទីគាប់ចិត្ត គឺសាច់ដី ៦០ ម៉ែត្រគុណ ។

## ខេត្តកំពង់ឆ្នាំង

កាលពីថ្ងៃទី ៨ ខែកុម្ភៈ ឆ្នាំ ១៩៦៨ លោកគ្រូបង្រៀនជាកងអាសាស្ម័គ្រ និងយុវជនចំនួន ៨៦ នាក់នៃតំបន់អធិការកិច្ចបឋមសិក្សាស្រុក កំពង់លែង ដែលមានសហជីវិន លី កុងទី នាយតំបន់អធិការកិច្ចបឋមសិក្សាជាអ្នកណែនាំ បាននាំគ្នាទៅជញ្ជូនឥដ្ឋដាក់កាណូតនៅក្រុងកំពង់ឆ្នាំង ដើម្បីដឹកចេញយកទៅរៀបជញ្ជាំងអគារនៃមណ្ឌលសុខភាពស្រុកកំពង់លែង អស់រយៈពេលពេញមួយថ្ងៃបានឥដ្ឋចំនួន ៥.០០០ ដុំ ។

កាលពីថ្ងៃទី ១៥ ខែកុម្ភៈ ឆ្នាំ ១៩៦៨ លោកគ្រូបង្រៀន និងសិស្សយុវជន-យុវតីចំនួន ១០០ នាក់ នៃសាលារៀនកំពង់អុស សង្កាត់កំពង់ឆ្នាំង ស្រុករលាប្អៀរ ដែលមានសហជីវិន ប៊ូ-យ៉ុន នាយកសាលារៀនជាអ្នកណែនាំ មួយអន្លើដោយអ្នកស្រុកនៅតំបន់នោះចំនួន ៣០ នាក់ផង បាននាំគ្នាឆ្កាព្រៃជំរះស្មៅធ្វើផ្លូវលំមួយ មានទទឹង ៣ ម៉ែត្រ បានប្រវែង ៣.០០០ ម៉ែត្រ ។

កាលពីថ្ងៃទី ២៣ ខែធ្នូ ឆ្នាំ ១៩៦៧, ក្រោមកិច្ចចាត់ចែងរបស់ព្រះតេជព្រះគុណ ឱម-ម៉ន ចៅអធិការវត្តពាមឆ្កោក និងសហជីវិន ឡុង-ធិន ដំណាងរាស្ត្រមណ្ឌល ព្រៃគ្រី សហជីវិន កែ-យ៉ុន នាយកសាលារៀនពាមឆ្កោក សង្កាត់ពាមឆ្កោក ស្រុកកំពង់លែង ខេត្តកំពង់ឆ្នាំង លោកគ្រូបង្រៀន-សិស្សានុសិស្ស-សិស្សអក្ខរកម្ម-គណៈកម្មាធិការ ពង្រីកការសិក្សាសម្រាប់សាលារៀនចៅសង្កាត់ពាមឆ្កោក, នាយមណ្ឌលនីតិកម្ម ពាមច្រឡែ, សហជីវិន នូ-ឈឿង គីម-គ្រី, សុខ-ខុន សាស្ត្រាចារ្យ គ្រូបង្រៀន នៅស្រុកកំពង់ឆ្នាំង, បុគ្គលិក សិស្សានុសិស្ស នៃសាលារៀន ព្រៃគ្រី, ច្រឡែ, ជង្ហោព្រែកច្រើននាក់ និងប្រជាពលរដ្ឋនៅដំបន់នោះ បានរួបរួមគ្នាធ្វើបុណ្យផ្កាមួយ ដើម្បីប្រមូលប្រាក់យកមកធ្វើជាសោហ៊ុយនៃការស្ថាបនាអគារសិក្សា ដោយគ្រឿងឥដ្ឋស៊ីម៉ងត៍មួយខ្នងមាន ៣ បន្ទប់ នៅក្នុងបរិវេណសាលារៀនពាមឆ្កោក ។

លទ្ធផលនៃបុណ្យផ្កានេះ បានប្រាក់ទាំងអស់ចំនួន ១២.៦៨៦ រៀល ។ ប្រាក់នេះ បានប្រគល់ដល់គណៈកម្មាធិការពង្រីកការសិក្សាសម្រាប់សាលារៀនរួចហើយ ។

ចំពោះបុណ្យនេះ ក្រុមអប់រំជាតិខេត្តកំពង់ឆ្នាំង បានថ្លែងនូវអំណរព្រះគុណ-អំណរគុណដោយស្មោះស្ម័គ្រចំពោះព្រះតេជព្រះគុណ ឱម-ម៉ន ចៅអធិការវត្តពាមឆ្កោក សហជីវិន ឡុង-ធិន ដំណាងរាស្ត្រមណ្ឌលព្រៃគ្រី និងសប្បុរសជន

ទាំងអស់ ដែលបានជួយទំនុកបំរុងបុណ្យផ្ការនេះ ឱ្យបានសម្រេចនូវលទ្ធផលដ៏ប្រសើរ ។

## ខេត្តកោះកុង

នៅពេលថ្មី ៗ នេះសហជីវិន ម៉ែន-គិត, ហ៊ូ-អែស, អាំង-លីឈី, គីង-និន, មក់-ម៉ាន់, ឋេ-វ៉ាត់ផាត់សារិន, ប៉ាង-រិន, និងកម្មករចំនួន ២៨ នាក់ បានធ្វើវិភាគទានផ្ទាល់ខ្លួនជាឈើធ្វើតុចំនួនហាសិប «៥០» សម្រាប់សាលារៀននៅភូមិដូង សង្កាត់តាតៃក្រោម ស្រុករូងគិរី ខេត្តកោះកុង អស់តម្លៃជាប្រាក់មួយហ្មឺនប្រាំពាន់រៀល ។

ចំពោះកាយវិការនេះ សហជីវិនអភិបាលស្រុករូងគិរី ជាប្រធានគណៈកម្មការពង្រីកការសិក្សាបានថ្លែងនូវអំណរគុណយ៉ាងស្មោះ ។

## ខេត្តស្វាយរៀង

កាលពីថ្ងៃទី ១ កុម្ភៈ ១៩៦៨ សហជីវិន ស៊ុន-សុខុម អភិបាលស្រុកស្វាយរៀង ព្រមទាំងសហការីរបស់លោក មានសហជីវិន អ៊ុក-រឿង លេខាធិការសាលាស្រុក, សហជីវិន គុយ-ផន នាយមណ្ឌលនីតិកម្មកងរាជតម្រួតក្រោលគោ និងភ្នាក់ងារកងរាជតម្រួត ចាន់-ផុន និងបែន-ប៊ុតឌី និងអ្នកបើកបររថយន្ត វ៉ា-ពុត ហៅពៅ បានធ្វើសហប្រតិបត្តិការនៅសង្កាត់ក្រោលគោ និងសង្កាត់គោកព្រីង បានលទ្ធផលដូចតទៅ :

១– នៅសង្កាត់ក្រោលគោ ភូមិឫស្សីជួរ ពេលព្រឹកបានទៅឆែកឆេរផ្ទះឈ្មោះ ឃួន-សេង ហៅវ៉ូ ប្រទះឃើញសំពៀតបំពាក់ជាច្រើន ដែលឈ្មោះនេះបានចូលដៃលួចជាមួយនឹងកូនឈ្មោះ ម៉ៅ-ឈិត ដោយបានគាស់ជញ្ជាំងផ្ទះឈ្មោះ ជឿង-ជី ហៅសឹង នៅផ្សារក្រោលគោ កាលពីថ្ងៃទី២៧មករា ១៩៦៨។ នៅពេលជាមួយនោះ ក៏បានទៅព័ទ្ធចាប់ឈ្មោះ ម៉ៅ-ឈិត មកទៀត ។

ជនទាំងពីរនាក់នោះ បានសារភាពអំពីបទទុច្ចរិតរបស់ខ្លួន ក្នុងអតីតកាល ឬបច្ចុប្បន្នកាល ហើយបានបញ្ជូនខ្លួនទៅតុលាការ ព្រមទាំងរបស់ភស្តុតាង ដើម្បីផ្តន្ទាទោសរួចហើយ ។

២– នៅសង្កាត់គោកព្រីង ភូមិត្បែង ពេលសៀវលបានទៅព័ទ្ធចាប់ឈ្មោះ អ៊ុច-ខាន់ ដែលនាំបក្សពួកមានចំនួន ៤ នាក់ មានឈ្មោះ ម៉ុ-សុខ និង ២ នាក់ទៀតមិនស្គាល់ឈ្មោះ នៅពេលលបវាយឈ្មោះ អ៊ុច-ខាយ នៅលើផ្ទះ មកពីសង្ស័យថា ឈ្មោះ អ៊ុច-ខាយ ជាអ្នកនាំពត៌មានជូនរាជការ អំពីបទទុច្ចរិតរបស់ខ្លួនក្នុងរឿងចោរកម្ម ឬរត់ពន្ធសត្វពាហនៈទៅលក់ស្រុកយួន ។

ឈ្មោះ អ៊ុច-ខាន់ និងគោមួយនឹមត្រូវចាប់បាន និងបញ្ជូនទៅក្រសួងមានសមត្ថកិច្ចរួចស្រេចហើយ ។ ជនពីរនាក់ទៀតមកពីស្រុកក្រៅពុំស្គាល់ឈ្មោះ បានរត់គេចខ្លួនបាត់ ។

ដោយយល់ថា ការហត្ថកម្មជាកម្មវិធីមួយនៃចលនាសង្គមរាស្ត្រនិយមយើង ដែលមានអង្គសម្តេចឪទ្រង់ជាអគ្គមគ្គុទ្ទេសក៍នោះ ហើយអនុវត្តន៍ទៅតាមកម្មវិធីនេះ កាលពីថ្ងៃទី ២៤ កុម្ភៈ ១៩៦៨ ព្រឹកចាប់ពីម៉ោង ១០, ៣០ នាទី ល្ងាចពីម៉ោង ១៤ ទៅម៉ោង ១៧ ក្រោមការដឹកនាំនៃសហជីវិន ហែម-កេត-សាណា អភិបាលខេត្តអស់លោកចៅក្រសួងគ្រប់ផ្នែក ទាំងបុគ្គលិក ទាំងទាហាន ស៊ីវិល កងរាជតម្រួតក្នុងខេត្ត ផ្នែកទាហាន ក្រោមបញ្ជាសហជីវិនវរសេនីយទោ ឡាវ-វ៉ាកាល់ មេបញ្ជាការសឹករង ព្រមទាំងប្រជាពលរដ្ឋខ្មែរចិនយួន ក្នុងខេត្តស្វាយរៀងទាំងមូលចំនួន ១.៥០០ នាក់ បានរួមសាមគ្គីគ្នាធ្វើការហត្ថកម្មលើកទី ១ ឆ្នាំ ១៩៦៨ លើកដីចាក់បំពេញផ្លូវថ្នល់ព័ទ្ធជុំវិញទីបរិវេណផ្សារវាលយន្តថ្មីនិងធ្វើសួនច្បារនៅមុខផ្សារ ។

# ក្រុងភ្នំពេញ

កាលពីរសៀលថ្ងៃទី ២៩ កុម្ភៈ ១៩៦៨នេះ  នៅក្នុងទីលានសាលាព្រះជ័យចេស្ដាក្រុងភ្នំពេញ គណៈកម្មការនៃកីឡាករសិស្សបឋមសិក្សា បានបើកធ្វើការប្រកួតកីឡាបាល់បោះ ដើម្បីជ្រើសរើសយកជើងឯកប្រចាំរាជធានីភ្នំពេញ ។ នៅក្រោមអធិបតីភាព នៃសហជីវិន អ៊ុ-ទុយ អភិបាលក្រុងភ្នំពេញ ។

នៅពេលនោះមានសហជីវិន ផៃ-ផេង អធិការបឋមសិក្សា, លោកគ្រូអ្នកគ្រូ ប្រធានសមាគមនៃសាលារៀន និងសិស្សានុសិស្សជាច្រើនរយនាក់បានចូលរួមផង  បានញ៉ាំងឱ្យពិធីប្រកួតបាល់បោះនិងជូនរង្វាន់នេះប្រព្រឹត្តទៅយ៉ាងអឹកអធិក និងរីករាយយ៉ាងក្រៃលែង ។

**អ្នកជាតិនិយម** ឆ្នាំទី ១០ លេខ ៤០៩ សប្ដាហ៍ ២៩ មេសា - ៥ ឧសភា ១៩៦៨

អនុវត្ត — /qanuwɔ̆ət/ comply with, accord with, conform, follow

កសិករ — /kaqsikɑɑ/ farmer (elegant)

សារ-សរ — Sar Sor (personal name)

នាយតំបន់កសិកម្ម — district agriculture chief

ធារាសាស្ត្រ — /thiəriəsaah/ hydraulics

ធុន-សែម — Thun Saem (personal name)

នគរធំ — Nokor Thom (place name)

ដូនអាវ — Don Av (place name)

ប្រើការ — to use, utilize

ត្រីគុណ — cubed, cubic

កងអាសាស្ម័គ្រ — volunteer military unit

យុវ័ន — /yuwwan/ boy scout (member of the Royal Cambodian Socialist Youth)

អធិការកិច្ច — administration, direction

កំពង់លែង — Kampong Leng (place name)

សី គុង ទី — Sei Kong Ti (personal name)

ណែនាំ — to lead, to guide

អគារ — building

សុខភាព — /sokkəphiəp/ health

មណ្ឌលសុខភាព — health center

សង្កាត់ — division, sector, quarter

នាយកសាលារៀន — principal, headmaster

ឆ្កា — to clear (with a machete)

ដំរះ — to level, cut off at the roots, clear with a hoe

ពាមឆ្កោត — Peam Chkaot (place name)

ដំណាងរាស្ត្រ — representative of the people, assemblyman

មណ្ឌល — /mŭənduŏl/ electoral district

ព្រៃគ្រី — Prey Kri (place name)

សិស្សអក្ខរកម្ម — /səh-qaqkəraqkam/ adult education students

| | |
|---|---|
| គណៈកម្មាធិការពង្រីកការសិក្សា | committee for the development of education |
| ចៅ | chief, head |
| ចៅសង្កាត់ | division chief |
| នីតិកម្ម | /niiteqkam, nəyteqkam/ jurisdiction |
| មណ្ឌលនីតិកម្មពាមជ្រឡៃ | the Peam Chralay legal district |
| ដង្ខៅព្រែក | Dangkhav Prêk (place name) |
| បុណ្យផ្កា | a fund-raising ceremony in which contributions, usually in the form of paper money, are attached to an artificial tree |
| សោហ៊ុយ | money to defray expenses (of travel, etc.) |
| ខ្នង | specifier for buildings |
| បរិវេណ | /bɑɑriween, pariween/ perimeter, confines |
| អំណរព្រះគុណ-អំណរគុណ | gratitude to the clergy and laity |
| ស្មោះស្ម័គ្រ | sincere, heartfelt |
| សប្បុរសជន | /sɑpborɑh-cŭən/ generous people |
| កោះកុង | Koh Kong (Province) |
| វិភាគទាន | /wiphiəqkətiən/ contribution |
| ផ្ទាល់ខ្លួន | private, personal, one's own |
| កាយវិការ | /kaayĕəqwikaa/ act, deed |
| គណៈកម្មការ | /kənaq-kamməkaa/ commission, committee |
| លេខាធិការ | /leekhaathikaa/ executive secretary |

| | |
|---|---|
| សាលាស្រុក | district office |
| កងរាជតម្រួត | royal police force |
| ក្រោលគោ | Kraol Ko (place name; literally: ox corral) |
| សហប្រតិបត្តិការ | /səhaq-prɑtebat-kaa/ cooperation, cooperative effort |
| ឆែកឆេរ | to search, investigate |
| ឈ្មោះ | (a person) named, the named |
| គូកន | friend |
| គាស់ | to pry up |
| សារភាព | /saarəphiəp/ to confess |
| អតីតកាល | /qadɨttəkaal/ the past |
| បច្ចុប្បន្នកាល | /paccopbɑnnəkaal/ the present |
| ផ្តន្ទាទោស | to sentence, fix punishment |
| បក្សពួក | group, party |
| ចោរកម្ម | /caorəkam/ thievery |
| រត់ពន្ធ | to smuggle |
| សត្វពាហនៈ | /sat-piəhanaq/ livestock |
| សមត្ថកិច្ច | /samattəkəc/ responsibility |
| ក្រសួងមានសមត្ថកិច្ច | the appropriate department |
| ការដឹកនាំ | leadership, direction |
| ចៅក្រសួង | department head |
| សាមគ្គី | /saaməkii/ unity, togetherness, affection; to unite |

| | |
|---|---|
| ធលយន្ត | parking lot |
| ទីលាន | yard, court, field |
| សាលាព្រះជ័យចេស្តា | Preah Chey Chesda School |
| កីឡាករ | /kəylaakɑɑ/ athletics |
| ប្រកួត | to compete |
| បាល់បោះ | basketball |
| ជើងឯក | champion |
| អធិការ | supervisor |
| អ្នកគ្រូ | (female) teacher |
| សមាគម | /samaakum/ union, association |
| ញ៉ាំង | to cause, lead to |

## ៣៥- ព្រះឧស្សាហ៍ព្រះរាជកិច្ចនៃសម្តេចឪ នៅខេត្តពោធិសាត់

បន្ទាប់ពីពិធីសម្ពោធគិលានដ្ឋាន និងសមិទ្ធិនានានៅសង្កាត់បំណក់រួចមក កាលពីព្រឹកថ្ងៃទី ២៦ ឧសភា ១៩៦៨ សម្តេចឪបានទ្រង់ស្តេចយាងទៅកាន់សង្កាត់ក្បាលត្រាច ស្រុកក្រគរ ខេត្តពោធិសាត់ ដើម្បីទ្រង់សាកសួរសុខទុក្ខព្រះសង្ឃ-មន្ត្រីរាជការនិងប្រជារាស្ត្រ ព្រមទាំងទ្រង់ជាព្រះអធិបតីសម្ពោធសមិទ្ធិនានា មានទំនប់ទឹកអូរសេកពង, អគារសិក្សានិងបញ្ចុះបឋមសិលាស្ថាបនាអគារសិក្សាជាដើមនៅកន្លែងនោះ ។

នៅកន្លែងប្រារព្ធពិធី នាសង្កាត់ក្បាលត្រាចនេះមានការរៀបចំទទួលសម្តេចឪ ដូចនៅសង្កាត់បំណក់ដែរ ។ ហើយបន្ទាប់ពីពិធីផ្សេងៗ ជាបឋមរួចមក ព្រះតេជៈព្រះគុណ សូ-ផល (ប្រធានគណៈកម្មការស្ថាបនាទំនប់ទឹកអូរសេកពង) ជាតំណាងព្រះសង្ឃ-មន្ត្រីរាជការ និងប្រជារាស្ត្រ នៅស្រុកក្រគរបានថ្លែងសុន្ទរកថាមួយ រៀបរាប់ពីការស្ថាបនាសមិទ្ធិនានាជាប្រយោជន៍ជាតិ និងរៀបរាប់ពីប្រវត្តិនៃការស្ថាបនា «ទំនប់ទឹកអូរសេកពង» ដោយមានព្រះសង្ឃ និងសប្បុរសជនគ្រប់ប្រភេទជួយឧបត្ថម្ភផង លុះត្រាតែបានសម្រេច ។ ទំនប់ទឹកនេះ មានទទឹង ៧ ម៉ែត្រ បណ្តោយ ៥០ ម៉ែត្រ អស់តម្លៃជាប្រាក់ ១០០·៨៥០ រៀល អាចផ្តល់ទឹកដល់ដីស្រែចំនួន ៥·០០០ ហិកតា ។ល។

តមក សម្តេចឪទ្រង់បានថ្លែងព្រះសង្កថាមួយថ្លែងព្រះអំណរគុណ ចំពោះព្រះសង្ឃ មន្ត្រីរាជការនិងប្រជារាស្ត្រដែលបានស្ថាបនាសមិទ្ធិនានា មានទំនប់ទឹកនឹងអគារសិក្សាជាដើម នៅក្នុងស្រុកនេះឱ្យបានចំរើន និងបានរក្សាសាមគ្គីគ្នាឱ្យរឹតតែរឹងប៉ឹងឡើងៗ ។ល។

ជាបន្ទាប់មក សម្តេចឪទ្រង់បានថ្លែងបញ្ជាក់ពីផលប្រយោជន៍ នៃការស្ថាបនាទំនប់ទឹក-ស្រះ-ត្រពាំង-អណ្តូងទឹក និងទ្រង់បានរំលឹកដល់អភិបាល

ស្រុក-ខេត្ត ក្នុងព្រះរាជាណាចក្រ ឱ្យខំប្រឹងស្ថាបនានយោបាយទឹក ឱ្យបានច្រើនទៀត ដើម្បីពង្រីករបរកសិកម្ម ជាតិយើងឲ្យរឹតតែបានចំរើន ។ បើកូនចៅបានរួបរួមគ្នាស្ថាបនាសមិទ្ធិខាងនយោបាយទឹកនេះបានច្រើននោះ ព្រះអង្គមានព្រះហឫទ័យសប្បាយរីករាយណាស់-ហើយព្រះអង្គ និងយាងទៅសម្ពោធតាមសេចក្ដីសុំអំពីកូនចៅ ។ ពីព្រោះបើរបរកសិកម្ម បានចំរើននោះ ជីវភាពប្រជាពលរដ្ឋ ក៏បានថ្កុំថ្កើង-សេដ្ឋកិច្ចជាតិ នឹងមានវឌ្ឍនភាព ហើយឯករាជជាតិ នឹងបានរឹងប៉ឹងជានិច្ច ។ល។

នៅទីបញ្ចប់ សម្ដេចឪទ្រង់បានបញ្ជាក់ថា សព្វថ្ងៃនេះពួកខ្មែរក្រហមក្បត់ជាតិនៅក្នុងប្រទេសត្រូវបរាជ័យជិតវិនាសសាបសូន្យអស់ហើយ ។ ឯខ្មែរខៀវសេរីវិញ ក៏មុខតែត្រូវវិនាសអស់ដែរ ។ ប៉ុន្តែសព្វថ្ងៃប្រទេសជិតខាងយើងគឺសៀម-លាវកុម្មុយនិស្ត និងយួនព្រៃនគរវាចង់ប្លន់យកដែនដីយើង ។ តែយើងបានការពារយ៉ាងមុឹងម៉ាត់ មិនឱ្យជនបរទេសទាំងនេះយកដែនដីយើងបានឡើយ សូម្បីតែបន្តិចបន្តួចក៏មិនឱ្យបាត់បង់ដែរ ។ នៅពេលថ្មីៗនេះ នាយទាហានយួនម្នាក់នៃរដ្ឋការព្រៃនគរ បានយកយន្តហោះមួយគ្រឿងមកឱ្យយើង ។ ព្រះអង្គព្រះរាជទានប្រាក់ជារង្វាន់ដល់នាយទាហានយួននោះចំនួន ៣០០.០០០ រៀល ពីព្រោះយន្តហោះនេះថ្លៃណាស់ ។ ក្រៅពីនេះគឺកងការពារជាតិយើង ចាប់បានកប៉ាល់អាមេរិកាំងមួយគ្រឿងទៀត ដែលបានឈ្លានពានចូលមកក្នុងដែនទឹកដីរបស់ខ្មែរយើង ។ ក្នុងកប៉ាល់នោះមានជនជាតិអាមេរិកាំងពីរនាក់ និងជនជាតិហ្វីលីពីនខ្លះទៀត ដែលសព្វថ្ងៃយើងឃុំឃាំងវាទុកនៅឯក្រុងភ្នំពេញ ។ បើអាមេរិកាំងចង់បានជនជាតិវាទាំងពីរនាក់នេះទៅវិញនោះ ត្រូវតែអាមេរិកាំងយកត្រាក់ទ័រធំៗ សម្រាប់ឈូសឆាយលើកដីពីរគ្រឿងមកលោះ ទើបឱ្យរួចខ្លួនបាន ។ ឯកប៉ាល់នោះគឺយើងពុំឱ្យទៅវាវិញឡើយ ។ល។

លុះចប់ព្រះសង្គហថានេះហើយ សម្តេចឪទ្រង់ប្រគេនបច្ច័យចំពោះព្រះសង្ឃ, និងទ្រង់ព្រះរាជទានបច្ច័យចំពោះគណៈកម្មការ ដែលមានព្រះសង្ឃធ្វើជាប្រធាន ដើម្បីស្ថាបនាសមិទ្ធិនានាបន្ថែមទៀត មានអគារសិក្សាជាដើម ព្រមទាំងព្រះរាជទានកំណាត់សំពត់សង្គមជាច្រើនពាន់ម៉ែត្រ ដល់ប្រជាពលរដ្ឋជាកូនចៅព្រះអង្គផង ។

បន្ទាប់មក សម្តេចឪ ទ្រង់បានស្តេចយាងកាត់ខ្សែបូរសម្ពោធទំនប់ទឹកអូរសេកពង និងបញ្ចុះបឋមសិលាស្ថាបនាអគារសិក្សា និងសមិទ្ធិនានាជាច្រើនទៀត-ព្រមទាំងបានទ្រង់ស្តេចយាងទតសមិទ្ធិទាំងនេះអស់ពេលជាច្រើននាទី ។

លុះចប់កិច្ចការសព្វគ្រប់តាមកម្មវិធីហើយ សម្តេចឪទ្រង់បានស្តេចលាមន្ត្រី-រាជការ និងប្រជារាស្ត្រជាកូនចៅព្រះអង្គ យាងនិវត្តទៅកាន់ព្រះរាជតំណាក់ខេត្តពោធិសាត់វិញ ដោយព្រះសុវត្ថិភាព ។

នៅពេលណា ក៏ដូចជាពេលណាដែរ សម្តេចឪជាអម្ចាស់ព្រះអង្គទ្រង់តែងមានព្រះរាជហឫទ័យស្នេហាចំពោះប្រជាពលរដ្ឋខ្មែរ អ្នកជាតិនិយមគ្រប់ប្រភេទ ដែលមានចិត្តគំនិតសុច្ចរិតយុត្តិធម៌ ជាពិសេសគឺព្រះអង្គទ្រង់មានព្រះមេត្តាធម៌ប្រោសប្រណី ជាទីបំផុតចំពោះជនក្រីក្រ ជនទទួលគ្រោះថ្នាក់ និងកុមារទុរគតជាដើម ។

នៅគ្រប់ៗ ខេត្ត ក្រៅពីព្រះអង្គទ្រង់បានព្រះរាជទានប្រាក់សម្រាប់ស្ថាបនាសមិទ្ធិនានាជាប្រយោជន៍ជាតិ-ស្ថាបនាផ្ទះជូនជនក្រីក្រទុរគត, ជូនជនដែលទៅតាំងទីលំនៅ ៗ លើដីថ្មី និងជូនគ្រឿងឧបភោគបរិភោគហើយនិងព្រះរាជទានប្រាក់កាស ដល់ជនក្រីក្រទុរគត ជនទទួលគ្រោះថ្នាក់ផ្សេង ៗ ជាដើមនោះ គឺព្រះអង្គទ្រង់បានព្រះរាជបញ្ជានិងព្រះរាជទានប្រាក់ឱ្យបង្កើត និគមជន, បង្កើតមជ្ឈមណ្ឌល ។ល។ សម្រាប់អប់រំយុវជនយុវតី-កុមារី ដែលកំព្រាកំព្រា

ហើយគ្មានការធ្វើ និងគ្មានមាតាបិតា ឬអ្នកអាអាណាព្យាបាលបានជាច្រើនកន្លែងមានមជ្ឈមណ្ឌលក្សេត្របុរី នៅសង្កាត់សាន្តព្រៃ ស្រុកភ្នំក្រវាញនេះជាដើម។

មជ្ឈមណ្ឌលក្សេត្របុរីនៅស្រុកភ្នំក្រវាញនេះ បានបង្កើតឡើងកាលពីឆ្នាំ ១៩៦៦ ដោយទទួលតាមព្រះរាជបញ្ជានិងព្រះរាជអំណោយនៃសម្តេចឪ ដើម្បីសម្រាប់យកយុវជនយុវតី-កុមារាកុមារី កំសត់ទុគ៌តនិងគ្មានការធ្វើទៅអប់រំគ្រប់វិជ្ជា ដូចជាវិជ្ជាធ្វើរបរកសិកម្ម-ចិញ្ចឹមសត្វជាដើម ។ ដែលហេតុមកដល់សព្វថ្ងៃនេះ មជ្ឈមណ្ឌលក្សេត្របុរី បានទទួលអប់រំយុវជនយុវតី-កុមារាកុមារីបានជិត ២០០ នាក់ហើយ ។ ហើយការចេះដឹង-ការរីកចំរើនខាងផ្នែកកសិកម្ម-ផ្នែកចិញ្ចឹមសត្វ ។ល។ កំពុងតែបោះជំហានយ៉ាងលឿនទៅមុខជានិច្ច ។

កាលពីព្រឹកថ្ងៃចន្ទទី ២៧ ឧសភា ១៩៦៨ បន្ទាប់ពីព្រះអង្គទ្រង់បានស្តេចយាងជាព្រះអធិបតីសម្ពោធសមិទ្ធិនានានៅបំណាក់ (២៥-៥-៦៨) និងនៅសង្កាត់ក្បាលត្រាច (២៦-៥-៦៨) ស្រុកក្រគររួចមក ព្រះអង្គទ្រង់បានស្តេចយាងទៅកាន់មជ្ឈមណ្ឌលក្សេត្របុរីក្នុងស្រុកភ្នំក្រវាញនេះទៀត ដើម្បីទ្រង់សាកសួរសុខទុក្ខព្រះសង្ឃ-អ្នករាជការប្រជាពលរដ្ឋនៅស្រុកភ្នំក្រវាញនិងយុវជនយុវតី កុមារាកុមារី ដែលរស់នៅក្នុងមជ្ឈមណ្ឌលក្សេត្របុរីនេះ ។

នៅកន្លែងនេះ មានការរៀបចំទទួលសម្តេចឪយ៉ាងអ៊ឹកធឹកដូចនៅទិវាទី ១ និងទិវា ទី ២ ដែរ ។ ហើយក្នុងឱកាសនោះ បន្ទាប់ពីពិធីផ្សេងៗជាបឋមមក សហជីវិន មាស-សាមិត នាយកស្តីទីនៃមជ្ឈមណ្ឌលក្សេត្របុរី បានថ្លែងសុន្ទរកថាមួយ រៀបរាប់ពីប្រវត្តិនៃការបង្កើតមណ្ឌលក្សេត្របុរី តាមព្រះរាជបញ្ជានិងបានទទួលព្រះរាជអំណោយដ៏សុកសប្បុរសពីសម្តេចឪ ព្រមទាំងបានរៀបរាប់ពីការជួយឧបត្ថម្ភនៃអ្នកអង្គម្ចាស់ឥស្សរៈ, ពីអ្នករាជការជាច្រើនរូបមានសហ-

ជីវិន ឈ្មោក ម៉ឹងម៉ៅ ជាដើម, ហើយនិងពីការអប់រំបង្ហាត់បង្រៀនយុវជន យុវតី-កុមារា កុមារី ឱ្យបានចេះអក្សរ ចេះធ្វើនូវរបរកសិកម្ម និងការចិញ្ចឹមសត្វ ។ល។

តមកសម្តេចឪទ្រង់បានថ្លែងព្រះសង្កថាមួយយ៉ាងវែង ។ ជាបឋម ព្រះព្រះអង្គទ្រង់ថ្លែងអំណរគុណ និងសរសើរដល់អស់លោកមានសហជីវិននាយកមជ្ឈមណ្ឌលក្បៀត្របុរីនេះជាដើម ដែលបានខំស្វាបនាខំអប់រំយុវជនយុវតី-កុមារាកុមារី ឱ្យបានចេះដឹងនូវអក្សរសាស្ត្រនិងវិជ្ជាកសិកម្ម ហើយនិងការចិញ្ចឹមសត្វ ដែលសុទ្ធតែធ្វើដោយផ្ទាល់ដៃ ។ល។

ជាបន្ទាប់មក ព្រះអង្គទ្រង់បានថ្លែងរំលឹកដល់មន្ត្រីរាជការនិងប្រជាពលរដ្ឋឱ្យខំស្វាបនានយោបាយទឹក គឺធ្វើទំនប់ទឹក ស្រះត្រពាំងទឹក ។ល។ ឱ្យបានច្រើន ដើម្បីបង្កើតរបរកសិកម្ម ឱ្យរឹតតែបានច្រើនថែមទៀត ពីព្រោះផលិតកសិកម្ម គឺជាការលើជីវភាពនៃប្រជាពលរដ្ឋ និងសេដ្ឋកិច្ចជាតិឱ្យបានចំរើន ដើម្បីរក្សាការពារនូវឯករាជ្យ អព្យាក្រិត ឱ្យមានជំហររឹងប៉ឹងនិងនៅគង់វង្សជានិច្ច ។ ល ។ ជាពិសេសថែមទៀត ក្នុងឱកាសនោះ ព្រះអង្គទ្រង់បានព្រះរាជបញ្ជាផ្ទាល់ចំពោះសហជីវិន អ៊ិន-តាំ រដ្ឋមន្ត្រីក្រសួងកសិកម្ម និងអស់លោកមានសមត្ថកិច្ច គឺសូមឱ្យលែងប្រើរបៀបទ្រឹស្តី ដែលគ្រាន់តែបោះសៀវភៅផ្សាយឬធ្វើការពិសោធន៍ពុំចេះអស់ ពុំចេះហើយ នាំឱ្យខាតបង់ប្រាក់យ៉ាងច្រើន ដូចបែបផែនពីមុននោះទៀតទៅ ។ គឺចាប់តាំងពីពេលនេះទៅ ការធ្វើស្រែចំការការចិញ្ចឹមសត្វ ។ ល ។ ត្រូវនាំពលរដ្ឋធ្វើដោយផ្ទាល់ដៃ និងត្រូវចិញ្ចឹមសត្វឱ្យបានច្រើន ពីព្រោះការចិញ្ចឹមសត្វនេះ មិនជាការពិបាកប៉ុន្មានទេ ឱ្យតែយើងមានចិត្តចង់ និងយើងព្រមធ្វើ ។ ល ។

នៅទីបញ្ចប់ សម្តេចឪទ្រង់បានថ្លែងព្រះអំណរគុណ ចំពោះព្រះសង្ឃនិងដល់មន្ត្រីរាជការ-ប្រជាពលរដ្ឋដែលបានរក្សាសាមគ្គីគ្នាយ៉ាងរឹងប៉ឹង បាន

ស្ថាបនាសមិទ្ធិនានា បានយ៉ាងច្រើន ស្របទៅតាមមាគ៌ានយោបាយសង្គមរាស្ត្រនិយមព្រះពុទ្ធសាសនា និងបានរក្សាសេចក្តីសុខក្នុងស្រុក ភូមិ ឲ្យនៅមានជានិច្ច ។ល។

លុះចប់ព្រះសង្កថានេះហើយ សម្តេចឪទ្រង់បានប្រគេនបច្ច័យ ចំពោះព្រះសង្ឃអស់ជាច្រើនពាន់រៀល និងព្រះរាជទានប្រាក់ដល់គណ.កម្មការស្រុកភ្នំក្រវាញ ចំនួន ១០០.០០០ រៀល ដោយមានព្រះសង្ឃធ្វើជាប្រធាន សម្រាប់ស្ថាបនា សមិទ្ធិនានា មានការស្ថាបនាអនុវិទ្យាល័យ និងមន្ទីរពេទ្យជាដើម ។ ព្រមទាំងទ្រង់បាន ព្រះរាជ ទាន ប្រាក់ដល់ គណៈ កម្មការ មជ្ឈ មណ្ឌល ក្សេត្រ បុរី ចំនួន ១០០.០០០ រៀល សម្រាប់ពង្រីកសមិទ្ធិនានា មានការស្ថាបនាទំនប់ទឹក-បង្កើតផលកសិកម្ម-ចិញ្ចឹមសត្វ ។ល។ និងមួយភាគទុកក្នុងហិបសង្គមកិច្ច សម្រាប់ជួយដល់យុវជន-យុវតី-កុមារា-កុមារី ដែលមានជម្ងឺឬត្រូវការអ្វីផ្សេង ៗ ក្រៅពីនេះ សម្តេចឪទ្រង់បានព្រះរាជទាន កំណាត់សំពត់សង្គមជាច្រើនរយដុំ និងប្រាក់ជាច្រើនពាន់រៀល ដល់ប្រជាពលរដ្ឋជាកូនចៅព្រះអង្គ និងដល់កុមារទុរគិតទាំងនេះផង ។

តមកសម្តេចឪ ទ្រង់បានស្តេចយាងទតគ្រប់កន្លែងផ្ទៃដី នៃមជ្ឈមណ្ឌលក្សេត្របុរីនេះ ព្រមទាំងទ្រង់បានស្តេចយាងសាកសួរសុខទុក្ខពលរដ្ឋ ដែលបានអញ្ជើញចូលមកក្រាបថ្វាយបង្គំព្រះអង្គអស់ពេលជាច្រើននាទី ។

លុះចប់កិច្ចការនេះសព្វគ្រប់ហើយ សម្តេចឪ ទ្រង់បានលាមន្ត្រីរាជការ និងប្រជាពលរដ្ឋ យាងនិវត្តមកកាន់ព្រះរាជតំណាក់សណ្ឋាគារខេត្តពោធិសាត់វិញដោយព្រះសុវត្ថិភាព ។

យើងសូមបញ្ជាក់ថា : ក្នុងពិធីនេះ មានអស់លោកសប្បុរសជនទាំងបុរស-ស្រី បានធ្វើអំណោយគ្រឿងឧបភោគ-បរិភោគ គ្រឿងឱសថ ។ល។ ជា

ច្រើន និងសហជីវិន ឡាំ-កេន បានទាំងធ្វើអំណោយពូជសត្វសេះគោ-ជ្រូក ។ល។ ដល់មជ្ឈមណ្ឌលក្សេត្របុរីនេះទៀតផង ។

០ ⏜ ០

យើងសូមបញ្ជាក់ទៀតថា នៅទិវាទី១, ទី២ និងទី៣ នៃព្រះរាជទស្សនកិច្ចនៃសម្តេចឪនៅខេត្តពោធិសាត់នេះ សហជីវិ អ៊ុង-ហុងសាធ ឧបនាយករដ្ឋមន្ត្រីទី២ ជាព្រះរាជតំណាងនៃសម្តេចឪ បានបំពាក់មេដាយប្រគេនព្រះសង្ឃ ជូនមន្ត្រីរាជការនិងប្រជារាស្ត្រជាច្រើនរយនាក់ ដែលមានគុណបំណាច់ចំពោះប្រទេសជាតិផង ។

**អ្នកជាតិនិយម** ឆ្នាំទី ១០ លេខ ៤១៤ សប្តាហ៍ ៣-៩ មិថុនា ១៩៦៨

| | |
|---|---|
| ពោធិសាត់ | /poosat/ Pursat (Province) |
| សាកសួរ | to inquire, ask, interrogate |
| សាកសួរសុខទុក្ខ | to inquire about the well-being of |
| ព្រះអធិបតី | /prĕəh-qathɨppədəy/ leader, ranking official, person in authority |
| ទំនប់ | dam, barrier |
| សេក | parrot |
| ពង | egg; to lay an egg |
| អូរសេកពង | O Sek Pong (place name; literally: swamp [where] the parrot laid an egg) |

សិលា /səylaa/ stone

បញ្ចុះបឋមសិលា to lay the cornerstone (i.e. the first stone)

ជាបឋម preliminary

ប្រភេទ kind, variety, genre

ឧបត្ថម្ភ /qoppəthɑm/ to assist

សំរេច /sɑmrac/ to succeed, achieve, complete

វឌ្ឍនភាព /wŏəttənaq-phiəp/ progress

នៅទីបញ្ចប់ in conclusion, finally

ខ្មែរក្រហម Red Khmer

ក្បត់ to betray, deceive

ក្បត់ជាតិ to betray one's country, commit treason

បរាជ័យ /paraacɨy/ to be defeated

សាបសូន្យ completely; nonexistent

វិនាសសាបសូន្យ to liquidate, wipe out, destroy completely

ខ្មែរខៀវសេរី (Blue) Khmer Serey (members of the Free Khmer movement)

កុម្មុយនិស្ត /kommunih/ Communist

ម៉ឺងម៉ាត់ vigorously

បាត់បង់ disappear, be lost

រដ្ឋការ /rŏəttəkaa/ government, administration

ឃុំឃាំង to arrest, detain, emprison

| | |
|---|---|
| ត្រាក់ទ័រ | /traqtɔə/ tractor |
| ឈូស | to plane, to level |
| ឆាយ | to work up, cultivate (ground) |
| ត្រាក់ទ័រឈូសឆាយលើកដី | bulldozer |
| បច្ច័យ | /paccay/ money (for clergy) |
| ទត | to see, look at, observe (royalty) |
| សុចរិត | /soccərət/ honest, moral, just |
| ប្រោសប្រណី | to be compassionate, considerate |
| គ្រឿងឧបភោគបរិភោគ | commodities (literally: things to use and eat) |
| និគមជន | /nikumməcŭən/ camp, commune |
| មជ្ឈមណ្ឌល | /macchĕəq-mŭəndŭəl/ center |
| កំព្រើកំព្រា | to be orphaned (lacking one or both parents) |
| ក្សេត្របុរី | /ksaet-borəy/ Kset Borey (place name) |
| កំសត់ | sad, pathetic, destitute, miserable |
| ជំហាន | /cumhiən/ step (N) |
| បោះជំហាន | to take steps, to make progress |
| ទិវា | day (literary) |
| ឥស្សរ៉ូ | /qehsərou/ Essaro (personal name) |
| បង្ហាត់ | to train, drill (tV) |
| ផ្ទាល់ដៃ | with one's own hands |

| | |
|---|---|
| ផ្ទាល់ | personally |
| ទ្រឹស្ដី | /trɨhsdəy/ theory |
| បែបផែន | way, method |
| មាគ៌ា | /miəkiə/ line, policy |
| សេចក្ដីសុខ | peace, tranquillity |
| ពេទ្យ | /pɛɛt/ doctor; medical science |
| មន្ទីរពេទ្យ | /mŭəntii-pɛɛt/ hospital |
| ហិបសង្គមកិច្ច | welfare fund |
| បុរស-ស្ត្រី | /borɑh-satrəy/ ladies and gentlemen (elegant; literally: men and women) |
| ពូជសត្វ | breeding animals (of pure strain or high quality) |
| ព្រះរាជតំណាង | royal representative |
| បំពាក់ | to affix, to decorate (with a medal, etc.) |
| មេដាយ | medal (Fr. médaille) |
| គុណបំណាច់ | contribution (to the national good) |

# ៣៦-សេចក្ដីប្រកាសសាធារណរដ្ឋខ្មែរ ដោយលោក អ៊ិន-តាំ ប្រធានរដ្ឋសភា

ប្រជារាស្ត្រខ្មែរ ជាជនជាតិមួយស្នេហាសន្តិភាពយ៉ាងខ្ជាប់ខ្ជួនតាំងតែពីបុរាណកាលមក ដោយបានបង្កើតជាសង្គមមនុស្សមួយនៅលើដែនដីសុវណ្ណភូមិ ហើយបានរស់នៅក្រោមការត្រួតត្រានៃជនមួយក្រុម ដែលមានវណ្ណៈជាស្ដេចកាន់អំណាចផ្ដាច់ខ្លួន ជាសម្បូណ៌ាផ្ដាសិទ្ធិរាជ ។ អំណាចនេះត្រូវបន្តពូជធារពីមួយទៅមួយ តាំងពីច្រើនសតវត្សមកដល់សម័យ សីហនុ ។ ក្រុមនេះគេផណ្ដើមគ្នាឡើងសោយរាជ្យ រហូតដល់ហ៊ានយកទឹកដីរូវរាជ្យនោះក៏មាន ។ ដើម្បីឱ្យគេនៅក្នុងរាជ្យបានយូរ គេត្រូវបំបែករាស្ត្រ បំបែកមន្ត្រីឱ្យម្នាក់និយាយដើមម្នាក់អាក្រក់ ។ ពួកគេណាមួយដែលមិនបានសោយរាជ្យ គេត្រូវបានទទួលបុព្វសិទ្ធិពិសេស ចាប់តាំងពីកំណើតមក ។ គេបង្កើតពាក្យសម្រាប់និយាយរវាងគ្នាគេក្ដី ជារាជសព្ទផ្សេងដោយឡែកពីភាសារាស្ត្រ ក្នុងគោលគំនិតតាំងខ្លួនជាអាទិទេពជាទីសក្ការៈរបស់រាស្ត្រ ។

តាំងពីជំនាន់ដើម រាស្ត្រខ្មែរដោយបន្សាបនូវពិសសាហាវនៃអំណាចផ្ដាច់ការរបស់ស្ដេច ដោយមធ្យោបាយបង្កើតជាប្រពៃណីមួយ ឱ្យស្ដេចគោរពនូវច្បាប់ដែលហៅថា «ទសពិធរាជធម៌» ដែលមានលក្ខណៈជាធម្មនុញ្ញតូចមួយមាន ១០ មាត្រាប៉ុណ្ណោះ ហើយដោយផ្អែកទៅលើគោលមនុស្សធម៌ យុត្តិធម៌ តាមឧត្តមគតិនៃព្រះពុទ្ធសាសនា ។ ឯទសពិធរាជធម៌ទាំង ១០ គឺ:

១– **ទាន:** ការឱ្យអំណាច ដើម្បីដោះស្រាយបញ្ហាជីវភាពទន់ខ្សោយរបស់រាស្ត្រ ។

២– **សីល:** កាន់អំពើយុត្តិធម៌ចំពោះសង្គមជាតិ ដោយបើកឱ្យមានសមភាព-សេរីភាព-ភាតរភាព-វឌ្ឍនភាព និងសុភមង្គលដល់ប្រជារាស្ត្រ ។

៣– **បរិច្ចាគៈ** បដិសេធចោលនូវអស្មិមានះ អាត្មានិយមឱ្យអស់ចេញពីសន្តានចិត្តរបស់ខ្លួន ។

៤– **អាជីវៈ** ប្រកាន់សច្ចៈទៀងត្រង់ ។

៥– **មទ្ទវៈ** មានឥរិយាបថស្លូតបូតសុភាពរាបសារដោយកាយវាចា។

៦– **តបៈ** រក្សាសីល ៥ ចាំសីល ៨ ។

៧– **អក្កោធៈ** មិនធ្វើឱ្យអ្នកផងក្តៅក្រហាយដោយសារខ្លួន ។

៨– **អវិហឹសា** មិនបៀតបៀនព្យាបាទអ្នកដទៃឱ្យវិនាស ដោយសារកំហឹងរបស់ខ្លួន ។

៩– **ខន្តី** មានចិត្តអំណត់អត់ធន់ ។

១០– **អវិរោធៈ** មិនជិះជាន់ច្បាប់ គឺមិនយកច្បាប់មកទ្រាប់អង្គុយ។

ក៏ប៉ុន្តែ ប្រវត្តិសាស្ត្ររបស់ប្រទេសខ្មែរបានឱ្យយើងដឹងថា ទោះបីមានច្បាប់ទសពិធទាំង ១០ យ៉ាងខាងលើនោះ តម្រូវឱ្យស្តេចគោរពតាមក៏ពិតមែន។ តែច្បាប់នេះអាស្រ័យនៅលើចិត្តស្តេចតែខ្លួនឯង បើស្តេចនោះមានអាងធម៌ ២ យ៉ាងគឺ :

– **ហិរិៈ** សេចក្តីខ្មាសអៀនក្នុងការប្រព្រឹត្តអំពើអាក្រក់ ១

– **ឱត្តប្បៈ** សេចក្តីខ្លាចតក់ស្លុតចំពោះអំពើអាក្រក់ ១

ទើបអាចប្រព្រឹត្តទៅតាមទសពិធរាជធម៌នោះបាន ប៉ុន្តែតាមការណ៍ពិត គេឃើញស្តេចមិនប្រព្រឹត្តតាមទសពិធរាជធម៌ទេ ដោយមកពីគ្មានហិរិ និងឱត្តប្បៈនៅក្នុងខ្លួននោះឯង ។

ដោយស្តេចនីមួយៗ តគ្នាមិនបានកាន់ទសពិធរាជធម៌នេះហើយ បានជាបណ្តារាស្ត្រមានសេចក្តីក្តៅក្រហាយវេទនាដោយសារស្តេចជិះជាន់ ហើយរកមធ្យោបាយជាអាវុធ កំចាត់អំពើជិះជាន់របស់ស្តេចមិនបាន ក៏នាំគ្នាបង្កើត

ពាក្យប្រទេចផ្ដាសាបញ្ឆិតបញ្ឆៀងទៅលើជនណាមួយ ផ្ដេសផ្ដាសពេកថា «អាចំក្អួតហ្លួង» ។ ប្រវត្តិសាស្ត្រខ្មែរបានបង្ហាញឱ្យឃើញទៀតថា មានរាស្ត្របានសាកល្បងងើបប្រឆាំងនឹងអំណាចផ្ដាច់ការរបស់ស្ដេចជាហូរហែ ប៉ុន្តែគ្រប់តែពេលត្រូវគេបង្ក្រាបយ៉ាងសាហាវ ។

ការវិវត្តន៍របស់មនុស្សលោក ចេះតែមានដំណើរទៅមុខឥតថយក្រោយ ប្រជារាស្ត្រខ្មែរ ក៏ដូចជាប្រជារាស្ត្រទូទៅនៅក្នុងសាកលលោកដែរ ត្រូវការ :

- **សេរីភាព**
- **សមភាព**
- **ភាតរភាព**
- **វឌ្ឍនភាព**
- **សុភមង្គល**

ក្នុងដំណើររំដោះជាតិ ពីកណ្ដាប់ដៃនៃពួកស្ដេច ឆ្ពោះទៅរកគោលដៅទាំង៥ ដូចខាងលើនេះ ប្រជារាស្ត្រខ្មែរតែងតែប្រើមធ្យោបាយសន្តិវិធី ប្រើច្បាប់ដើម្បីរក្សាលក្ខណៈខ្លួនជាជាតិស្នេហាសន្តិភាព ។

ក្រោយពីសង្គ្រាមលោកលើកទី ២ បានបញ្ចប់ទៅ ប្រជាជាតិក្នុងសាកលលោក បានរួមគ្នាធ្វើសេចក្ដីថ្លែងជាសាកលនូវសិទ្ធិនៃមនុស្សប្រការ ២១ វគ្គទី៣នៃសេចក្ដីថ្លែងជាសាកល នូវសិទ្ធិនៃមនុស្សបានចែងថា ត្រូវទុកឆន្ទៈរបស់ប្រជារាស្ត្រជាគ្រឹះអំណាចនៃអានុភាពសាធារណៈ ។ ឆន្ទៈនេះត្រូវសម្ដែងដោយវិធីបោះឆ្នោតសុចរិត ដែលត្រូវធ្វើតាមកំណត់កាលដោយវិធីបោះឆ្នោតសាកល និងដោយសមភាព ហើយនិងដោយសម្ងាត់ ឬក៏ដោយនីតិក្រមដែលមានន័យដូចគ្នាខាងលើនេះ ក្នុងការធានារ៉ាប់រងដល់សេរីភាពនៃការបោះឆ្នោតនោះ ។

ដោយអនុលោមទៅតាមគោលការណ៍ខាងលើនេះ ខ្មែរស្នេហាជាតិមួយក្រុមមានសេចក្ដីក្លាហាន បានក្រោកឡើងចាប់ផ្ដើមរៀបចំធ្វើរដ្ឋធម្មនុញ្ញមួយ ដើម្បីកម្រិតព្រំដែនអំណាចរបស់ស្ដេចនិងអំណាចរបស់រាស្ត្រ ។

រដ្ឋធម្មនុញ្ញនេះ បានប្រកាសឱ្យប្រើពីឆ្នាំ ១៩៤៧ រហូតមកដោយមានការរអាក់រអួលជានិច្ចកាល ។ ការរអាក់រអួលនេះបណ្ដាលមកតែពីស្ដេចសីហនុ ជាស្ដេចចុងក្រោយបង្អស់ ក្នុងចំណោមស្ដេចគ្រប់គ្រងប្រទេសខ្មែរ ដែលគ្មានទសពិធរាជធម៌នោះ ។ ស្ដេច សីហនុ មានពុតត្បុតអាក្រក់ចម្លែក ដោយចេះធ្វើមាយាប្រជាភិថុតិចំពោះរាស្ត្រតែសំបកក្រៅ ដោយប្រើល្បិចកិច្ចកលក្ដោបអំណាច ឱ្យដៃឆ្វេងកេងកេវទាញយកវិញ ដោយដៃស្ដាំសន្ធប់រដ្ឋធម្មនុញ្ញ នៅពីក្រោមអំណាចខ្លួន ដូច្នោះហើយបានជារដ្ឋធម្មនុញ្ញត្រូវកែប្រែវិលចុះវិលឡើងច្រើនលើកច្រើនសា ។ នរណាហ៊ានការពាររដ្ឋធម្មនុញ្ញនេះ នរនោះត្រូវស្លាប់ខ្លួនដូចលោកប្រធាន អៀវ កើស ជាឧទាហរណ៍ស្រាប់ ។ រដ្ឋសភាជាអង្គការតំណាងលទ្ធិប្រជាធិបតេយ្យ ដែលមានករណីយកិច្ចការពាររដ្ឋធម្មនុញ្ញ ក៏ត្រូវទទួលរងគ្រោះ នឹងអំពើជិះជាន់របស់ស្ដេចចុងក្រោយនេះដែរ ។

តាំងពីចាប់អនុវត្តរដ្ឋធម្មនុញ្ញមកចំនួន ២៣ ឆ្នាំនេះ មានរដ្ឋសភា ៦ នីតិកាល បានបន្តៗគ្នា ។ ក្នុង ៦ នីតិកាលនេះ នីតិកាលទី ១-២-៣ ត្រូវរលាយមុនអាណត្តិគឺ :

រដ្ឋសភា ទី ១ បានបើកសម័យពីថ្ងៃទី ២១ មករា ១៩៤៨ ត្រូវរលាយទៅវិញពីថ្ងៃទី ១៧ កញ្ញា ១៩៤៩ ហើយបន្ទាប់មកអតីតប្រធានអៀវ កើស ត្រូវគេលបសម្លាប់ចោល ។

រដ្ឋសភាទី ២ បើកសម័យប្រជុំថ្ងៃទី ៨ តុលា ១៩៥១ រលាយទៅវិញនៅថ្ងៃទី ១៣ មករា ឆ្នាំ ១៩៥៣ ។

រដ្ឋសភាទី ៣ បើកសម័យប្រជុំនៅថ្ងៃទី ១ តុលា ១៩៥៥ រលាយទៅវិញនៅថ្ងៃទី ៨ មករា ១៩៥៨ ។

រួចខ្លួនតែរដ្ឋសភាទី ៤ និងទី ៥ ដែលមានអាយុកាលគ្រប់ឆ្នាំមិនបានរលាយ ព្រោះសមាជិកនៃរដ្ឋសភាទាំង ២ នីតិកាលនេះ បានកើតឡើងដោយស្ដេចសីហនុ បានចាត់ចំណោះឱ្យទៅឈរក្នុងមណ្ឌលនីមួយៗ គ្មានគូប្រជែង។ រីឯរដ្ឋសភានៃនីតិកាលទី ៦ នាបច្ចុប្បន្ននេះ មានអ្នកតំណាងរាស្ត្រ ៨២ រូប ដែលបានជាប់ឆ្នោតដោយសុចរិតអំពីឆន្ទៈដ៏បរិសុទ្ធនៃរាស្ត្រ ក្នុងចំនួនបេក្ខជន ៤១៥ នាក់ កាលពីថ្ងៃទី ១១ កញ្ញា ១៩៦៦ ។

សភានីតិកាលទី ៦ នេះ បានខិតខំធ្វើការបំរើរាស្ត្រពេញសមត្ថភាពដោយពុះពារឧបសគ្គគ្រប់យ៉ាង ក្នុងកិច្ចការពារផលប្រយោជន៍សិទ្ធិសេរីភាពរបស់រាស្ត្រ ដែលនាំឱ្យ សីហនុ គំរាមកំហែងសង្កត់សង្កិនគ្រប់បែបយ៉ាង មានតំណាងរាស្ត្រ ៣ នាក់ ត្រូវបាត់ខ្លួនដោយឧបាយកលសម្ងាត់របស់ សីហនុ តំណាងរាស្ត្រខ្លះត្រូវជាប់គុកក៏មាន ។

អ្នកតំណាងរាស្ត្រទាំងអស់ ត្រូវហាមឃាត់មិនឱ្យចូលរួមក្នុងបុណ្យឯករាជ្យនិងក្នុងសមាជជាតិ ។ ធ្ងន់ទៅទៀត ស្ដេច សីហនុដែលជាស្ដេចចុងក្រោយបានប្រើអំណាចផ្ដាច់ការលក់ដីឱ្យពួកយៀកកុង-យួនខាងជើង តាំងមូលដ្ឋានសឹកខុសអំពីនយោបាយអព្យាក្រិត ដែលរាស្ត្រប្រកាន់យក កំហុសឧក្រិដ្ឋចុងក្រោយរបស់សាមីខ្លួន គឺពេលប្រជារាស្ត្រសម្ដែងសេចក្ដីក្ដៅក្រហាយ ចំពោះការជិះជាន់នៃទ័ពបរទេស ស្ដេច សីហនុ បានទុករាស្ត្ររបស់ខ្លួនទាំងប្រទេសថាជាក្បត់ ហើយខ្លួនទៅរួមគំនិតជាមួយខ្មាំងវាយជាតិរបស់ខ្លួន ។ កំហុសចុងក្រោយរបស់ស្ដេច សីហនុ នេះ បានធ្វើឱ្យសភាទាំងពីរទម្លាក់សាមីខ្លួននៅវេទិកានេះចេញពីមុខតំណែងប្រមុខរដ្ឋ ចាប់តាំងពីថ្ងៃទី ១៨ មីនា ១៩៧០ ។

ប្រវត្តិសាស្ត្រខ្មែរមុនចម្បាំងលើកទី២ ដែលខ្មែររស់នៅអាស្រ័យទសពិធរាជធម៌ក្តី ក្រោយចម្បាំងលើកទី ២ ដែលខ្មែររស់នៅអាស្រ័យរដ្ឋធម្មនុញ្ញជាគោលចារិកក្តី បានបង្ហាញឱ្យឃើញថា ស្តេចពុំព្រមបោះបង់អំណាចផ្តាច់ការផ្ទាល់ខ្លួនទាល់តែសោះ ហើយបំបាត់ជីវិតពលរដ្ឋចោលខ្លះឬសុខចិត្តឱ្យបាត់បង់ទឹកដីខ្លះចុះ ឱ្យតែខ្លួនបានរក្សាអំណាចផ្ទាល់របស់ខ្លួន ។

ដោយយោលទៅលើគុណវិបត្តិជាច្រើននៃលទ្ធិរាជនិយម ដូចបានរៀបរាប់មកខាងលើ

– ដោយស្របនឹងគោលរដ្ឋធម្មនុញ្ញសហប្រជាជាតិ ដែលស្តីអំពីសិទ្ធិនៃប្រជាជាតិនីមួយៗ ក្នុងការចាត់ចែងខ្លួនទៅដោយសេរី ។

– ដោយគោរពឆន្ទៈរបស់ប្រជារាស្ត្រ ដែលបានសម្តែងក្នុងព្យុហយាត្រាកាលពីថ្ងៃទី ១១ មេសា ១៩៧០ និងតាម ញត្តិដែលមានជាបន្តៗ គ្នាមកទៀត។

– ដោយគោរពតាមក្រមលេខ ៨៨២ ៧០ ចុះថ្ងៃ៖ ៨ តុលា ១៩៧០ដើម្បី

– **សេរីភាព**

– **សមភាព**

– **ភារតភាព**

– **ចម្រុងភាព**

– **និងសុភមង្គល**

នៃប្រជារាស្ត្រខ្មែរ យើង អ៊ិន-តាំ ប្រធានរដ្ឋសភាក្នុងនាមប្រជាជាតិខ្មែរ

សូមប្រកាសជាឧឡារិកនៅថ្ងៃទី ៩ តុលា ១៩៧០ ចាប់តាំងពីពេលម៉ោង ៧ នេះទៅ ចាត់ទុកប្រទេសខ្មែរជាសាធារណរដ្ឋតែមួយ ដែលបែងចែកពុំបាន ហើយដែលមានឈ្មោះជាផ្លូវការថា «សាធារណរដ្ឋខ្មែរ» ។

០ ⁀ ០

**អ្នកជាតិនិយម** ឆ្នាំទី ១២ លេខ ៩៣០ សប្តាហ៍ ១២-១៨ តុលា ១៩៧០ ទំព័រ ៦-៧

សាធារណរដ្ឋ /saathiərənaqroə̆t/ republic

អ៊ិន-តាំ In Tam (personal name)

សន្តិភាព /sɑnteqphiəp/ peace, tranquillity

បុរាណកាល /boraanəkaal/ ancient times, antiquity

សុវណ្ណភូមិ /sowannəphuum/ Suvarnabhumi (Golden Land; ancient name of Indianized Southeast Asia)

វណ្ណៈ /wannaq/ status, position, color, kind, caste

សម្បូរណាញាសិទ្ធិរាជ /sɑmbourənaacñaa-sətthiriəc/ absolute monarchy

ពូជធារ stock, lineage

ដូររាជ្យ in exchange for the throne, for power

បុព្វសិទ្ធិ /boppəsətthiq/ prerogative

រាជស័ព្ទ /riəccəsap/ royal vocabulary

គោលគំនិត motive, intention, aim

អាទិទេព /qaatiteep/ earthly god

សក្ការៈ /saqkaaraq/ worship, homage; idol

បន្សាប to weaken, dilute

សាហាវ vicious, mean

ពិសសាហាវ vicious influence (literally: vicious poison)

អំណាចផ្តាច់ការ absolute power, dictatorial power

ទសពិធរាជធម៌ /tuə̆hsəpɨttəriəccəthɔə/ the ten moral laws or standards for royalty

ធម្មនុញ្ញ /thoə̆mmənuñ/ constitution

ផ្អែក to depend on, lean against

មនុស្សធម៌ /mənuhsəthɔə/ humanity, humanism

ទានៈ /tiənĕəq/ charity

សីលៈ /səllĕəq, səllaq/ observation of the first five precepts of Buddhism

សមភាព /sɑmməphiəp/ equality

ភាតរភាព /phiətəraqphiəp/ fraternity

បរិច្ចាគៈ /bɑɑricaakĕəq/ generosity

អស្មិមានះ /qahsmeqmiənĕəh/ egoism

អាត្មានិយម /qaatmaaniyum/ selfishness

អាជីវៈ /qaaciwĕəq/ honesty

សច្ចៈ /saccaq/ promise, oath

មទ្ទវៈ /mattəwĕəq/ propriety, modesty

ឥរិយាបថ /qeqriyaabɑt/ attitude, demeanor, conduct

ស្លូតបូត modest, polite, proper

សុភាពរាបសារ polite, gentle, well-mannered

វាចា to say; speech

តបៈ /tapaq/ discipline, self-control

សីល /səl/ precept, principle

អក្រោធនៈ /qaqkaothənĕəq/ consideration, thoughtfulness

ក្ដៅក្រហាយ troubled, agitated, anguished

| | |
|---|---|
| សារ | cause, basis, reason |
| អវិហិំសា | /qaqwihəŋsaa/ nonviolence, kindness, love |
| ព្យាបាទ | malice |
| កំហឹង | anger |
| ខន្តិ | /khantəy/ endurance, patience |
| អំណត់ | endurance, patience |
| អវិរោធៈ | /qaqwirootheəq/ respect for the law |
| ជិះជាន់ | to transgress, break (the law) |
| អាង | depend on, rely on, refer to (as a basis or proof) |
| ហិរិៈ | /heqreq/ shame |
| អៀន | embarrassed, ashamed, shy |
| ឱត្តប្បៈ | /qaotapaq/ fear of evil |
| ស្លុត | stunned, shocked, terrified |
| តក់ស្លុត | shocked, terrified, overwhelmed |
| រងទុក្ខ | grieved, subjected to grief |
| ប្រទេច | to curse, slander, vilify |
| បញ្ឆិតបញ្ឆៀង | to slander, bear false witness |
| ចំកួត | idiot, crazy person; crazed, out of one's mind |
| ហ្លួង | /luəŋ/ king; royal |
| អាចំកួតហ្លួង | that crazy king |
| សាកល្បង | to test, try, experiment |

| | |
|---|---|
| ប្រឆាំង | to oppose, resist, contest |
| ហូរហែ | continually |
| គ្រប់តែពេល | each time, every single time |
| វិវត្តន៍ | /wiwŏət/ to progress, develop, evolve |
| ទូទៅ | all, in general |
| សាកលលោក | /saakɑl-look/ world |
| សេរីភាព | /seirəy-phiəp/ freedom |
| រំដោះ | to free, set free, let loose |
| គោលដៅ | aim, goal |
| សន្តិវិធី | /sɑnteq-withii/ peaceful means |
| សាកល | /saakɑl/ universal, general |
| វគ្គ | /wĕəq/ section, clause |
| ឆន្ទៈ | /chantĕəq/ will, desire, wish |
| គ្រឹះ | foundation, basis |
| អានុភាព | power, influence, force |
| កំណត់កាល | fixed time, appointed time |
| សម្ងាត់ | secret, confidential |
| នីតិក្រម | /niiteqkrɑm, nəyteqkrɑm/ law, statute |
| រ៉ាប់រង | to guarantee, assure |
| អនុលោម | /qanulaom/ to conform, go along with |
| គោលការណ៍ | principle |

| | |
|---|---|
| កម្រិត | to fix, decree, demarcate |
| រអាក់រអួល | troubled, anguished |
| ជានិច្ចកាល | /ciə nɨccəkaal/ continually, constantly |
| ពុតត្បុត | pretense, hypocrisy |
| ចម្លែក | special, different |
| មាយា | illusion, appearance |
| ប្រជាភិថុតិ | /prɑciəphithoqteq/ demagoguery |
| ល្បិចកិច្ចកល | ruse, trick, artifice |
| ក្ដោប | to cover over, gather in, embrace |
| កេងកេរ | to achieve indirectly, by subtle means |
| សន្ទប់ | to close off, suppress |
| វិលចុះវិលឡើង | back and forth, in circles, in flux |
| ច្រើនលើកច្រើនសា | repeatedly, over and over |
| នរនោះ | /nɔnuh/ that person |
| អៀវ កើស | Iev Koeus (personal name) |
| ប្រជាធិបតេយ្យ | /prɑciəthɨppətay/ democracy |
| គ្រោះ | accident, misfortune, (bad) fate |
| នីតិកាល | /niiteqkaal, nəyteqkaal/ legislature |
| អាណត្តិ | /qaanat/ mandate |
| គូប្រជែង | contestants |
| អ្នកតំណាងរាស្ត្រ | representative of the people |

ជាប់ឆ្នោត to win an election

បេក្ខជន /paekkəcuŏn/ candidate

ពុះពារ to overcome, surmount, clear away

គំរាម to threaten, intimidate

សង្កត់សង្កិន to put pressure on, hold down, suppress

ឧបាយកល /qobaayyəkɑl, qobaay-kɑl/ trick, devious strategy

គុក prison

សមាជជាតិ /samaac-ciət/ National Congress

វៀតកុង Viet Cong

មូលដ្ឋានសឹក military base

កំហុស fault, wrong

ឧក្រិដ្ឋ /qokrət/ criminal

ខ្មាំង enemy

វេទិកា /weetikaa/ podium, platform, forum

គោលការណ៍ standard, principle

យោល to refer to, base oneself on

វិបត្តិ /wibat/ crisis

រាជនិយម /riəccəniyum/ royalist (Adj); monarchism

ព្យូហយាត្រា /pyuuhaqyiətraa/ to defile

ញត្តិ /ñatteq/ motion, proposal

បែង to divide, share

# ៣៧- រឿងសុផាត

និពន្ធដោយ

**រីម-គិន**

សាស្ត្រាចារ្យ វិជ្ជាស្ថានជាតិ គរុកោសល្យ ក្រុងភ្នំពេញ

បោះពុម្ពលើកទី ៧

ព.ស. ២៥០៣ គ.ស. ១៩៦០

# សៀវភៅ
# សម្រាប់ មធ្យមសិក្សា

អនុវត្តតាមកម្មវិធីសិក្សា

## ថ្នាក់ទី ៥ ទំនើប

*វិទ្យាល័យ, អនុវិទ្យាល័យ និង មណ្ឌលគរុកោសល្យ*

បណ្ណាគារ គឹម - សេង លេខ ១២២ វិថីខេមរភូមិន្ទ ភ្នំពេញ

# សូផាត

## ជំពូកទី ១

លោក **សួន** ចៅហ្វាយស្រុក ស្រុកសិរីសោភ័ណ ជានាហ្មឺនប្រកប ដោយរូបឆោមល្អឆើតឆាយ សមសួននឹងតម្រិះវិជ្ជា លោកអាយុទើបតែបាន ២៣ ឆ្នាំទេ ប៉ុន្តែលោកបានមកកាន់កាប់ស្តីទីរាជការចំនួនពីរឆ្នាំហើយ ក្នុងស្រុកសិរីសោភ័ណនេះ ។ លោកមិនបានដណ្តឹងស្ត្រីឯណាមួយធ្វើជាគូគាប់ចិត្តសោះ ប៉ុន្តែរាស្ត្រទាំងពួងដឹងជាក់ថា លោកបានទៅរួមរ័កដោយលាក់កំបាំងនឹងស្ត្រីកំព្រាម្នាក់ឈ្មោះនាង **«សូយា»** ចំនួនប្រាំពីរខែហើយ ។

ថ្ងៃមួយ លោក **សួន** បានទទួលសំបុត្រពីរាជការធំនៅភ្នំពេញផ្លាស់លោកទៅទីក្រុងដើម្បីនឹងទៅកាន់កាប់ទីរាជការថ្មីទៀត ។

លោក **សួន** គិតថា «ខ្លួនអើយ! មកនៅស្រុកនេះចំនួនពីរឆ្នាំហើយ ឃ្លាតចេញពីក្រុងភ្នំពេញ ដែលជាស្រុកកំណើតរបស់ខ្លួនហើយដែលខ្លួនមិនដែលបានទៅណាមកណាឃ្លាតយូរដល់ម្ល៉េះសោះ! អ្នកម្តាយមេម៉ាយនៅតែម្នាក់ឯង ឯរាជធានីតែងនឹករលឹកខ្លួនរាល់ថ្ងៃ ។ ការដែលរាជការតម្រូវឲ្យត្រឡប់ទៅស្រុកវិញជាការប្រសើរណាស់ ។

លោកចៅហ្វាយស្រុកគិតដូច្នេះស្រេចហើយ ក៏មានទឹកមុខរីករាយ

លោក **សួន** កំពុងតែនឹកមមៃសប្បាយចិត្តដោយបានវិលថ្កានស្ថានមាតា ស្រាប់តែភ័ក្ត្រលោកប្រែជាស្រពោនមួយរំពេច ដោយមានគំនិតមួយចូលមកលុកក្នុងខួរក្បាលលោក «ឱ! **សូយា** មាសបងអើយ! នាងមានផ្ទៃពោះប្រាំខែហើយ បើបងនឹងចាកចោលនាងដូច្នេះយល់ជាមិនសមគួរឡើយ ឥឡូវបើនឹងយកនាងទៅជាមួយផងយល់ថាមិនកើតទេ ។ អ្នកម្តាយកាលដែលខ្លួនចេញមកនៅស្រុកនេះ បានប្តេជ្ញាថាកុំឲ្យទៅយកស្ត្រីឯណាធ្វើជាភរិយា ព្រោះបានដណ្តឹងកូនគេបញ្ចាំចិត្តទុកឲ្យហើយ ។ ព្រះអើយ! ខ្ញុំមិនដឹងរិះគិតយ៉ាងណាទេ! »

លោក **សួន** យកកូនកន្សែងតូចមួយដែលជាស្នាដៃនាង **សូយា** ជូតទឹកភ្នែកដែលហូររឹមៗ ។ លោកអញ្ជើញចូលទៅក្នុងបន្ទប់មានដំណើរធេងធោងធ្ងន់ទឹងពុនទុកសោកនៅអាត្មា ។

វេលានោះស្ត្រីម្នាក់ចូលមក ។ នាងនោះមានរូបឆោមលោមព័ណ៌ល្អភាពជាស្រីថៃពាក់កណ្តាល ស្រីខ្មែរពាក់កណ្តាល ពោះប៉ោងបន្តិចឲ្យសំគាល់ដឹងថានាងមានផ្ទៃ ។

លោក **សួន** ឮសូរជើងនាងដើរ ក៏ចេញបន្ទប់ភ្លាម ស្ទុះទៅឱបនាងនិយាយថា ។

« **សូយា** ! មាសបង នកម្មអ្វីរបស់យើងហ្ន៎ ! »

នាង **សូយា** ភ្ញាក់ព្រើត ញ័រចំប្រប់សូរសង្សារថា :

« អ្នកបង មានរឿងអ្វី ចូរប្រាប់ប្អូនផង ? »

— ប្អូនអើយ ! បងនឹងឃ្លាតចេញពីនាង

— ពុទ្ធោ !......

— រាជការនឹងផ្លាស់បងទៅភ្នំពេញ ប្អូនអើយខ្លួនបងពិតមែនតែនឹងចាកចោលពៅ ប៉ុន្តែចិត្តបងប្រាកដជាចាំនៅនឹងអូន កុំកែវនាងព្រួយចិត្តពេក មិនជាយូរប៉ុន្មានទេគង់តែបងនឹងវិលថ្កានប្អូនស្រីវិញ ។ បងនឹងលើកនាងឲ្យបានពេញមុខជាមិនខាន ។

— អ្នកបងអើយ! ប្អូនសង្ឃឹមយ៉ាងមាំថា អ្នកបងច្បាស់ជាមិនភ្លេចពាក្យសន្យាហ្នឹងទេ។

ទឹកមុខនាង **សូយា** ក្រៀមក្រំស្រងូតស្រងាត់ គួរឲ្យអាណិតពេកណាស់ ។ នាងផ្អែកក្បាលនាងទៅលើទ្រូងសង្សារ នាងខ្សឹកខ្សួលអួលអាក់ហូរធ្លាក់ទឹកភ្នែកពីដួងនេត្រទាំងគូរហាម ។

លោក **សួន** យកដៃមួយចាប់ក័ក្រន្ទួននាងភ្ជាប់នឹងឧរាលោកដៃមួយទៀតអង្អែលកេសីស្រី ពោលពាក្យល្ហឹមល្ហែម « អូន ! ពាក្យសង្សារកុំកែវគិតសង្ស័យ បងស្បថឲ្យអូន បើបងដោះដៃឈប់អាល័យមិត្ត » នាង **សូយា** បានរសាយសោក ញញឹមស្ងួត ស្ងប់មុខ ភ្លេចគិតដល់ពាក្យទំនៀម «ទឹកហូរមិនដែលហត់ ប្រុសស្បថកុំឲ្យជឿ »

លោក **សួន** ដោះចិញ្ចៀនត្បូងពេជ្រពីដៃ « អូន ! ស្អែកនេះបងនឹងឃ្លាតពីនាងហើយចិញ្ចៀនពេជ្រនេះ ចូរប្អូនទុកជាដំណែលរូបបងចុះ បងសូមចងជាប់នឹងចិត្តប្អូន ។

លោក **សួន** មានប្រសាសន៍ដូច្នេះហើយ ស៊កចិញ្ចៀនទៅក្នុងនាងដៃនាង **សូយា** ។

នាងបានរីកថ្លាមុខបន្តិច ។

## ជំពូកទី ២

---

រំលងប៉ុន្មានខែពីនោះមក ក្រោយពេលដែលលោក **សួន** វិលត្រឡប់មកធ្វើការឯភ្នំពេញ នាង**សូយា** នៅតែម្នាក់ឯងឯស្រុកសិរីសោភ័ណ នាងឆ្លងទន្លេបានបុត្រប្រុសមួយរូបល្អផើតឆាយគួរឲ្យចេតនាពេកណាស់ ។ នៅពេលប្រកក់ឆ្នប នាងសន្មត់នាមកូននាងហៅថា «**សូផាត**»។

ឱ ! យើងភ្លេចនឹងនិយាយឲ្យច្បាស់លាស់ រឿងនាង **សូយា** កំព្រា ។

នាង **សូយា** ដូចអស់លោក-អ្នកបានជ្រាបបន្តិចមកហើយ ជាស្ត្រីកំព្រាឥតមានបិតាមាតាគ្រប់គ្រងរក្សានាងទេ ។ ឪពុកម្ដាយនាងពីដើមជាអ្នករកស៊ីធ្វើកសិកម្ម មានទ្រព្យសម្បត្តិសមគួរ ។ កាលដែលនាង **សូយា** នៅជាកុមារីនៅឡើយមានមួយឆ្នាំនោះជារដូវរាំងខ្លាំងណាស់ នៅក្នុងស្រែដីគោកតាំងដល់រកទឹកដក់បន្តិចបន្តួចគ្មាន ។ ស្រូវដែលស្ទូងហើយ ក៏ងាប់អស់ឥតសល់ ។ វេលានោះឪពុកនាង **សូយា** កំពុងមានជម្ងឺឈឺទុរន់ទុរាយ៉ាងវេទនា គ្រូឯណាៗមើលពុំបានសះស្បើយឡើយ ។ ហេតុតែអកុសលផលកម្មស្អាងក្រាស់ពីមុនមក ឪពុកនាងក៏ទទួលអនិច្ចកម្មទៅ ។ វេលានោះនាង **សូយា** និងមាតាកើតទុក្ខសោកសង្រេងសង្រែអាឡោះអាល័យក្រៃពេកស្ដាយរូបបុគ្គលដែលត្រូវជាឪពុក និងប្ដីនឹងរករបស់អ្វីដែលមានដំឡៃក្រាស់ក្រៃយកមកផ្ទឹមពុំបានស្មើឡើយ ។

តាំងតែពីបុរសប្ដីក្ស័យជីវិតនៅថ្ងៃណា អ្នកជាមាតានាង **សូយា** មិនត្រឹមតែព្រួយនឹងបុរសប្ដីប៉ុណ្ណឹងទេ ថែមបកកើតទុក្ខម្យ៉ាងទៀតដោយទ្រព្យសម្បត្តិក្នុងផ្ទះរលាយអស់ ព្រោះខ្លួនបានចាយវាយទិញថ្នាំសង្កូវ ថែរោគប្ដីឈឺជាប់ជាប្បូរខែ ។ របរដែលធ្លាប់រកបានផលទាំងប៉ុន្មានក៏ទៅជារកពុំបាន ។

កើតទុក្ខនឹងខ្សត់ធនធានជាការទ្រាំបានទេ ? ឯកើតទុក្ខនឹងព្រាត់សង្សារគាប់ចិត្តចេញពីខ្លួន ជាទុក្ខវេទនាខ្លាំងពន់ពេកណាស់ ។ ជនដែលមានចិត្តទន់ជួនកាលទៅជាឆ្កួតលីលាក៏មាន ជួនកាលទៅជាកើតទុក្ខស្គមរីងរៃលុះដល់ក្ស័យជីវិតក៏មាន ។

ឯមាតានាង **សូយា** ណាមួយព្រួយនឹងប្ដី ណាមួយព្រួយនឹងបង់ធនធាន ដោយមិនបានស្វែងរកព្រះធម្មសង្វេគយកមកដាស់តឿនចិត្ត អ្នកក៏មានទុក្ខខ្លាំងពេកណាស់ទៅៗ ជាឈឺ ។ គួរឲ្យអនិច្ចាដល់ **សូយា** ស្ដ្រីណាស់ ! ឪពុកនាងស្លាប់មិនទាន់បានប៉ុន្មានខែផង ស្រាប់តែម្ដាយនាងមានជម្ងឺឈឺ ទៀត ។ បើក្រៅតែអំពីនាងកម្រមានស្ដ្រីឯណាអាយុ ១២ ឆ្នាំ ចេះមើលថែរក្សាទ្រព្យសម្បត្តិបីបាច់រក្សាជម្ងឺអ្នកមានគុណដូចនាងទេ ។ ម្ដាយនាងឈឺពេញដប់ខែស្រែនាងទាំងប៉ុន្មាននាងលក់បើលរោគម្ដាយអស់ ប៉ុន្តែ រោគនោះពុំបានជាស្រឡះឡើយ បន្តិចឃើញថាគ្រាន់បើ បន្តិចរឹតឡើងវិញ ។

ថ្ងៃមួយជម្ងឺឈឺរឹតតែខ្លាំងឡើង នាងមានសេចក្ដីភិតភ័យជាខ្លាំង បន្តិចមកជម្ងឺនោះលោបែរជាស្រួលវិញ ស្រួលលើសពីដើមផង នាងមានចិត្តត្រេកអរអនេកពេក ភ្លេចគិតធៀបមើលនឹងពន្លឺភ្លើងចង្កៀងប្រេងកាតវេលាដែលនឹងអស់ប្រេង ដែលមានអណ្ដាតតិចហើយមុននឹងរលត់

ស្ងាត់ស្ងៀម បែរជាមានសន្ទុះភ្លីខ្លាំងមួយភ្លែតគួរឲ្យជឿជាក់ថាលែងរលត់វិញ ។ ប៉ុន្តែសេចក្តីសង្ឃឹមនោះមិនមានយូរអង្វែងទេ ។ ចង្កៀងគ្មានប្រេងឲ្យឆេះឯណាបាន? ម្តាយនាង **សូយ៉ា** បន្តិចមកខ្យល់កម្មជួរាតវាយជីវិតស្លាប់មួយរំពេច ។

ពុទ្ធោ! ពុទ្ធោ! ឱគួរឲ្យអាសូរនាង **សូយ៉ា** ណាស់! នាងយំសោកបោកខ្លួនមានទុក្ខវេទនាជាខ្លាំង ។

តាំងតែអំពីថ្ងៃនោះមក នាងទៅជាកុមារីកំព្រាឥតញាតិមួយ ។

ក្រោយមកនាងចូលទៅជ្រកកោនពួនអាត្មានៅផ្ទះអ្នកជិតខាងម្នាក់ ដែលជាអ្នកមានធមិសប្បុរស ។ លុះនាងអាយុ ១៧ ឆ្នាំ លោកចៅហ្វាយ **សួន** បានទៅនិយាយលួងលោមនាងលួចប្រតិព័ទ្ធដោយចិត្តនឹងចិត្ត ។ នាង **សូយ៉ា** នឹកសង្ឃឹមញញឹមទុកថា ខ្លួនទៅមុខនឹងបានគ្រាន់បើ ពីព្រោះនាងជឿជាក់ពាក្យលោក **សួន** ពីរោះឈ្ងុយឆ្ងាញ់ចូលចុកក្នុងត្រចៀកនាង ។

ឱស្ត្រីក្មេងល្ងង់ទាំងឡាយអើយ!...

លោកអ្នកប្រហែលជ្រាបយល់បន្តិចហើយរឿងនាង **សូយ៉ា** កំព្រា ដែលយើងបានពណ៌នាយ៉ាងខ្លីមក ។ ឥឡូវយើងសូមថ្លែងតក្រោយដែលនាងសម្រាលបានកូនប្រុសរូបល្អសមសួន ។

គ្រប់តែមាតាក្នុងលោក កូនរបស់ខ្លួនជាទ្រព្យថ្លៃវិសេស ដែលមិនចង់ឲ្យរបេះឃ្លាតពីកាយ, នាង **សូយ៉ា** ក៏ជាមាតាដូចជាមាតាឯទៀតដែរ ប៉ុន្តែចិត្តស្នេហានាងលើរូបទារកច្រើនខ្លាំងលើសចិត្តមាតាឯទៀតបន្តិច ។ កូននាង គឺឪពុកនាង កូននាងគឺម្តាយនាង កូននាង គឺសង្សារនាងគឺពីព្រោះតែនាងបានកូននេះហើយ បានជានាងភ្លេចគិតពីខ្លួននាងព្រាត់ឪពុកព្រាត់ម្តាយ ព្រាត់សង្សារ នៅឯការអនាថាកណ្តាលលោកនេះ ។

តាំងតែពីគេផ្លាស់លោក **សួន** ទៅភ្នំពេញវិញ នាង **សូយ៉ា** មិនដែលបានទទួលសំបុត្រអ្វីមួយបន្ទាត់សោះ នាងក៏ទ្រាំនៅតែម្នាក់ឯងនឹងកូន ។ គាប់ជួនជាវេលាមួយស្ងាត់នាងដាក់កូនផ្តេកក្នុងអង្រឹងច្រៀងបំពេះ

**សុជាត** កូនអើយកូនគេងទៅ កូនពៅអាណិតតែមាតា
ព្រួយចិត្តខ្លាំងណាស់ព្រោះឪបា ចោលម្តាយកំព្រាតែនឹងថ្លៃ ។
មិនដឹងកាលណាគេនឹងមក ឃើញមុខពន្លកកូនពីសី
បើមិនមកទេម្តាយនឹងក្ស័យ រស់នៅធ្វើអ្វីអសោចិ៍កេរ្តិ៍ ។
បើមិនមកទេម្តាយនឹងស្លាប់ ចោលប្រុសចំណាប់អ្នកមាសមេ
អាសូរកូននៅតូចម៉្លេះទេ ធ្វើម្តេចបុព្វេពីព្រេងនាយ ។

រស់នៅធ្វើអ្វីរស់ឥតភ័ព្វ ស៊ូស្លាប់ទៅគាប់រូបរលាយ
ទុក្ខនឹងរលត់បាត់ពីម្ដាយ សម ម្ដាយនឹង ឆ្ងាយ ៗ ពីថ្ងៃ ។
បើកុំតែម្ដាយបានប្រុសស្ងួន រម្ងាប់ផ្ទួន ៗ ទុក្ខម្ដាយក្រៃ
កុំអីម្ដាយអ្នកនឹងប្រល័យ ជន្មឲ្យក្សីណក្ស័យឥឡូវហើយ ។
**ស្ងួផាត** អ្នកគេងលក់ញញឹម ញញឹមដូច្នេះទុក្ខម្ដាយស្បើយ
ញញឹមទៀតទៅពៅម្ដាយអើយ ឱកូនម្ដេចឡើយចង់ពេបអី ។

បាទ នៅពេលដែលនាងនឹងច្រៀងបញ្ចប់ឃ្លាខាងក្រោយ ទារកដែលកំពុងដេកលក់ ញញឹម ប្រែជាចង់យំវិញ ។ នាងហៀបតែនឹងស្ទុះត្រកងលើកកូនបី ស្រាប់តែកូនខ្ចីលែងយំវិញ បែរជាដេកលក់ស្រមុកព្រងើយ ។ នាងយោលកូនទឹកសព្វគ្រប់ ទឹកភ្នែកហូរសស្រាក់ធ្លាក់មកលើកន្ទេលសញ្ជឹងសញ្ជប់ភ្លេចស្មារតី លុះតែកូនខ្ចីស្រែកយំឡើង ម្ដងនេះកូនយំមែនទែន ទើបនាងដឹងខ្លួន លើកត្រកងឱរសដាក់លើដៃអង្រួនលួងលោមបន្ទួបន្ទប់សព្វគ្រប់ ។

ក្សិណនោះ ស្រីម្នាក់បានឡើងមកឲ្យដំណឹងនាងថា សង្សារនាងគេមានប្រពន្ធថ្មីទៀតហើយ ។ នាង **ស្ងួយា** គ្រាន់តែឮពាក្យប៉ុណ្ណឹងស្រែកទ្រហោយំមួយរំពេច នាងគក់ទ្រូងផូង ៗ គ្មានប្រណី អួលស្ទះឈាមរត់ក្នុងសរសៃទន់ក្បាលជង្គង់ ទៅជាខ្យល់គចាប់ដួលស្រ៊ុបភ្លាម ។

ពុទ្ធោអើយ !

នៅក្នុងលោកយើងនេះ មនុស្សប្រុសមានច្រើននាក់ណាស់ ដែលបានធ្វើបាបស្ត្រីក្រមុំ ស្ត្រីខ្លះក៏ទទួលកម្មដូចគ្នា ខ្លះក៏ខុសពីគ្នា ។ ប្រុសខ្លះទៅបង្ខូចកូនក្រមុំគេគ្រាន់តែជាល្បែង បន្តិចបោះបង់គ្នាចោលចេញ ស្ត្រីនោះទៅជាអសោចិ៍កេរ្តិ៍ ត្រូវពាក្យដំនៀលគេដៀលគ្រប់មាត់ ។ មេបាបងប្អូនគេឈប់រាប់អាន ។ សេចក្ដីកំហឹងចូលមកដល់ហើយដោយសារខ្លួនជាស្រីខ្ចីគំនិតគិតមិនវែង ក៏បណ្ដោយខ្លួនទៅជាពែលគោល ដើរលេងសើចខូចលក្ខណ៍ ។ ខ្លះទៅជាឈឺរីងរៃ ខ្លះទៀតបំផ្លាញជីវិតបង់ ។

វេលាដែលខ្យល់គចាប់នាង **ស្ងួយា** ដួលស្រ៊ុបទៅលើព្រះធរណីអ្នកស្រុកផ្អើលឆោឡោរត់ច្រវាត់មកជួយយករអាសានាង ខ្លះចាប់ខ្យល់ ខ្លះកោស ខ្លះឲ្យថ្នាំហិត បន្តិចមកនាងមានកម្លាំងងើបដើរបាន ។ គួរឲ្យអាសូរនាងណាស់! ជំហានដែលនាងបោះឈានមួយ ៗ មានដំណើរឃ្លេងឃ្លោង គន់មើលទៅមុខនាង ខ្មោអែ ទឹកភ្នែកហូររហាម ។

កម្មអើយ !

នាង **សូយា** តាំងតែពីថ្ងៃដែលខ្យល់គចាប់ នាងមានជម្ងឺមួយមកចាប់នាងជាប់គឺ ទឹកដោះនាងឈប់ចេញ ដៃជើងនាងហើម បរិភោគអាហារអ្វីពុំបាន ។ ចាស់ៗក្នុងភូមិដឹងរាល់គ្នាថានាងឈឺទាស់ ។ **សូផាត** កូននាង នាងឲ្យទៅគេចិញ្ចឹមជួសនាង ។

លុះប៉ុន្មានខែក្រោយមក នាងក៏លាចាកស្ថានលោកយើងទៅ ។ អ្នកស្រុកដែលជាអ្នកមានធម៌សប្បុរស នាំគ្នាបូជាសពនាង **សូយា** ហើយទំនុកបម្រុងចិញ្ចឹម **សូផាត** កូនកំព្រាបន្តិចម្នាក់ៗ ឡើង ។ កុមារក៏បានរស់ជន្មដោយអំណាចមេត្តាធម៌នៃសាធុជនទាំងឡាយ ។

**សូផាត** អាយុបានប្រាំបីឆ្នាំ អ្នកស្រុកគេយកទៅប្រគេនលោកក្នុងវត្ត ។ ភិក្ខុទាំងប៉ុន្មានសឹងស្រុះស្រួលគ្រប់អង្គ ជួយចិញ្ចឹម និងបង្រៀន **សូផាត** ពុំដែលមានជិនណាយវេលាណាឡើយ ។ កុមារក៏ជាក្មេងប្រកបដោយឫកពារិសេសជាងអស់ទាំងក្មេង ។ កិច្ចដែលបម្រើលោកទាំងប៉ុន្មាន **សូផាត** ប្រព្រឹត្តឥតធ្លងកន្លែងណាសោះ ។ ការសិក្សាទាំងប៉ុន្មាន កុមារឧស្សាហ៍ព្យាយាមមិនចេះខ្ជិចនៀយ មិនចេះខ្លាចហត់ ។ បទគួរសមនឹងឧបាសកឧបាសិកាចាស់ព្រឹទ្ធាចារ្យ កុមារធ្វើកិរិយាឲ្យបានជាទីគាប់ចិត្តគ្រប់ៗ គ្នា ។

អ្នកណាដែលបានស្គាល់លោក **សួន** តែងនឹកថា «ស្លឹកឈើជ្រុះមិនឆ្ងាយពីគល់ទេ»

**សូផាត** អាយុបានដប់ពីរឆ្នាំ ។ ថ្ងៃមួយ កុមារចូលទៅជិតលោកគ្រូថ្វាយបង្គំរួចទើបទូលថា «ខ្ញុំព្រះករុណាចង់ទៅស្គាល់ក្រុងភ្នំពេញណាស់ ក្រែងបានឃើញមុខឪពុកខ្ញុំព្រះករុណា, ខ្ញុំព្រះករុណាសូមថ្វាយបង្គំលាព្រះតេជព្រះគុណ ។

— យី ! **សូផាត** ឯងទៅម្តេចបាន ក្រុងភ្នំពេញធំណាស់ ឯងនឹងវង្វេងបាត់ជាមិនខាន។

— ព្រះករុណា, ខ្ញុំព្រះករុណាដឹងជាក់ច្បាស់ថាក្រុងភ្នំពេញធំមែនហើយ ប៉ុន្តែ ខ្ញុំព្រះករុណាដឹងជាក់ទៀតថា ខ្ញុំព្រះករុណានឹងមិនវង្វេងទេ ។

លោកគ្រូគង់ស្ងៀម គិតមួយស្របក់ ។ លោកមិនហ៊ានស្តីបន្ទោសសិស្សលោកដែលចចេសទៅភ្នំពេញនោះទេ ពីព្រោះលោកជ្រាបជាក់ថា គំនិត **សូផាត** ចង់ទៅភ្នំពេញនេះល្អណាស់ លោកគ្រូមានព្រះទ័យចង់ឲ្យ **សូផាត** ជួបនឹងឪពុកនឹងបានរៀនសូត្រចំណេះជ្រៅជ្រះទៅទៀត ។ លោកមិនបន្ទោសកុមារកំព្រាដែលប្រកែកថាមិនវង្វេងនោះទេ ពីព្រោះលោកបានសង្កេតយល់ប្រាជ្ញាសិស្សលោកសព្វគ្រប់ហើយ ។

លោកមានពុទ្ធដីកាថា អញមិនទទឹងនឹងគំនិតឯងទេ ឪពុកបាពិតមែនតែមិនបានចិញ្ចឹមបីបាច់ថែរក្សាបាមក ប៉ុន្តែធម៌ដែលលោកបានសំដែងមកថា ធម្មតាឪពុកសឹងតែមានគុណលើកូន បើដូច្នេះឯងទៅរកលោកចុះ ។ បើបាទៅដល់ក្រុងភ្នំពេញ ចូរកុំភ្លេចចូលទៅវត្ត

ឧណ្ណាលោមសិនទៅសូមជ្រកនឹងព្រះសង្ឃទំរាំបានរកឪពុកបាឃើញ។ អញមានសម្លាញ់មួយអង្គគង់នៅវត្តនោះ ព្រះនាម **ម៉ក់** ងារជាបាល័ដ្ឋ ។ មិនអីទេសឹមអញសរសេរសំបុត្រមួយឲ្យ ។ នែចៅ ! អញរំពឹងមើលទៅ ថាបើវេលាណាបាបានទៅជួបនឹងឪពុកបា ឪពុកបាច្បាស់ជាឲ្យបារៀនវិជ្ជាសំខាន់ ។ អ្វីហើយ បើដូច្នេះ ចូរបាចាំស្តាប់ពាក្យអញនឹងទូន្មានជាអវសានកាលនេះ ។

នាង ! ឪពុកម្តាយគឺដើមគោលគោរពនៃយើងនៅក្នុងលោកនេះអ្នកត្រូវតែគោរពលោកដូចអ្នកគោរពព្រះពុទ្ធអង្គ ។

នាង ! ទ្រព្យដែលមានតម្លៃបំផុតគ្មានអ្វីជាជាងចំណេះទេ ចូរអ្នករកទ្រព្យនេះឲ្យបាន ។

ប្រពន្ធដែលល្អបំផុត គឺប្រពន្ធដែលស្រឡាញ់នាង កាលនាងកំពុងក្រលំបាក ។

ពាក្យអញខ្លី ។ នេះ ឯងដែលមានប្រាជ្ញាវែវរាងច្រើន ល្មមគិតឃើញវែងឆ្ងាយហើយ ។

មានព្រះពុទ្ធដីកាតែប៉ុណ្ណេះលោកគ្រូខ្សៀកកូនសំបុត្រមួយ ទើបលោកនិមន្តទៅចាក់ទូតូចយកក្រដាសប្រាក់ប្រាំរៀល នឹងកូនកញ្ចប់តូចមួយហុចឲ្យ **សូផាត** « នាង ! នេះសំបុត្រឯងយកប្រគេនលោកបាល័ដ **ម៉ក់** នេះ សោហ៊ុយឡាន នេះទៀត គឺចិញ្ចៀនកេរ្តិ៍ពីម្តាយឯងទ្រព្យកេរ្តិ៍នេះខ្មោចម្តាយឯងមុននឹងស្លាប់បានផ្តាំឲ្យឯងទុកឲ្យជាប់នឹងខ្លួន » ។

កុមារទទួលសំបុត្រ ប្រាក់ស្រេច ទើបទទួលចិញ្ចៀនទៀត ។ **សូផាត,** កាន់ចិញ្ចៀននៅដៃ នឹកមមៃដល់រូបមាតាដែលចាកស្ថានបាត់ហើយដែលខ្លួនឥតដែលបានស្គាល់មុខសោះទើបយំង៉ក់ ។ មួយរំពេច ។

លោកគ្រូដោយលោកមានសេចក្តីសង្វេគច្រើនលើរូប **សូផាត** លោកក៏ជូតទឹកព្រះនេត្រលោកដែរ ទើបមានព្រះពុទ្ធដីកាថា:

**សូផាត !** នេះគឺកម្មរបស់ឯង ស្អែកនេះឯងទៅចុះ អញឲ្យពរឯងឲ្យបានសម្រេចដូចសេចក្តីប្រាថ្នា ។

## ជំពូកទី ៣

វេលាដែលចុះអំពីរថយន្ត **សូផាត** គ្មានភ័យតក់ស្លុតនឹងទីក្រុងដែលមានផ្ទះថ្មធំៗ មានមនុស្សច្រើនពាសពេញ រទេះគ្រប់បែបរត់ច្រវាត់កាត់ទៅតាមផ្លូវធំទូលាយនេះ ។ **សូផាត** បើកភ្នែកធំៗ ជញ្ជឹងសង្កេតមើលសព្វគ្រប់រីករាយសប្បាយក្នុងចិត្ត បន្តិចដើរទៅជិតមនុស្សចាស់ម្នាក់លើកដៃសំពះគេសួរថា លោកតា ! សូមមេត្តាប្រាប់ផ្លូវខ្ញុំបន្តិច ផ្លូវណាមួយដែលតម្រង់ទៅខាងជើងកំផែងវត្តឧណ្ណាលោម? ។

— ផ្លូវហ្នឹងហើយចៅ ចៅដើរឲ្យត្រង់ទៅ ទើសត្រង់ណា ត្រង់ហ្នឹងហើយវត្តឧណ្ណាលោម ។

ទើបតានោះងាកមកចិញ្ចើមថ្នល់ខាងកើតចង្អុលថា «នុ៎ះហ្ន៎! វត្តឧណ្ណាលោម!»

**សូផាត** សំពះលាមនុស្សចាស់នោះស្រេច ទើបដើរតម្រង់ទៅតាមទិសដែលដៃតាចាស់ចង្អុល ។ មិនយូរប៉ុន្មានក៏បានទៅដល់ទីអារាមនោះភ្លាម ។ **សូផាត** ក្រឡេកឃើញកុដិព្រះសង្ឃជាច្រើន ទើបរកផ្លូវចូលក្នុងវត្ត ។ លុះដើរទៅជិតក្មេងម្នាក់ **សូផាត** សួរថា «ប្អូន! កុដិលោកគ្រូបាល័ដ្ឋ **ម៉ក់** នៅឯណា?»

ក្មេងនោះធ្វើក្បាលងឹងើៗ ទើបឆ្លើយថា «ខ្ញុំមិនដែលស្គាល់លោកគ្រូបាល័ដ្ឋ **ម៉ក់** ទេ ខ្ញុំមិនទាំងដែលឮគេហៅព្រះនាមនោះផង» ។

វេលានោះ មានព្រះសង្ឃមួយអង្គចាស់ព្រះវស្សាបន្តិចមានពុទ្ធដីកាថា «អានាង រកលោកគ្រូណា លោកគ្រូកីរវង្សា **ម៉ក់** ឬ?»

**សូផាត** ក្រាបថ្វាយបង្គំព្រះសង្ឃរួចទូលតបព្រះពុទ្ធដីកាថា «ព្រះករុណា ខ្ញុំព្រះករុណារកលោកគ្រូបាល័ដ្ឋ **ម៉ក់** »

ហ្នឹងហើយ លោកគ្រូកីរវង្សា **ម៉ក់** ពីដើមលោកធ្វើជាបាល័ដ្ឋ ។ នាងឯងមកពីស្រុកណា ឯងមិនដឹងទេឬ? លោកគ្រូកីរវង្សា លោកសឹកយូរណាស់ហើយ ។

ព្រះករុណា ខ្ញុំព្រះករុណានៅស្រុកសិរីសោភ័ណ សូមព្រះករុណាមេត្តាប្រាប់ទីលំនៅលោក ឲ្យខ្ញុំព្រះករុណាបានដឹងផងបានទេ?

— ឱនាងអើយ! អាត្មាមិនដឹងដែរ នែ! ចៅឯងមានការអ្វី?

— ព្រះករុណា, លោកគ្រូខ្ញុំព្រះករុណាឲ្យខ្ញុំព្រះករុណាយកសំបុត្រនេះ មកប្រគេនលោក ។

— អាត្មាបើកមើលបានទេសំបុត្រនោះ?

— ព្រះករុណា គ្មានទាស់អ្វីទេ ។

និយាយដូច្នេះហើយ **សូផាត** លុតជង្គង់ លើកដៃទ្រសំបុត្រប្រគេនសំពះព្រះសង្ឃ ។

ព្រះសង្ឃទទួលសំបុត្រហែកមើលចប់ ទើបមានពុទ្ធដីកាថា «នាង! អាត្មាយកអាសាធានាចិញ្ចឹមនាងបន្តិចបាន ទំរាំនាងបានជួបនឹងឪពុកនាង ។ ឡើងមកលើកុដិមក ។»

**សូផាត** ក៏ធ្វើតាមបង្គាប់ព្រះសង្ឃនោះ ។

លោកក៏បានទំនុកបម្រុងកន្លែងមួយឲ្យ ។

**ស្វផាត** ដែលនៅសំណាក់នឹងព្រះសង្ឃមួយអង្គ ក្នុងវត្តឧណ្ណាលោម តែងគោរព ប្រណិប័តន៍បំរើធ្វើការប្រគេនលោក ឥតចេះខ្ជាចនឿយ ឥតចេះខ្ជាចហត់ ឥតគិតខ្ជាចថ្ងៃ ឥតគិតស្គាល់យប់ ឈប់ទំនេរវេលាណាមើលទៅត្រង់ណាឥតទើសភ្នែកត្រង់ហ្នឹង ។ វេលានោះអ្នកក្រាបថ្វាយបង្គំលោក លាដើរចេញមកមើលទីក្រុង ស៊ើបសួររកផ្ទះលោកបាល័ដ្ឋ **ស្វន** ។

ឥតអ្នកណាស្គាល់នាហ្មឺននោះសោះ ។

ថ្ងៃមួយជាពេលសិស្សសាលាចេញពីរៀន **ស្វផាត** ដើរកាត់ពីភូមិបឹងរាំងមកវត្ត ស្រាប់តែឮសូរមាត់ក្មេងស្រែកទ្រហឹងអឹងកង ឃើញវាពួនចុះពួនឡើង ។ **ស្វផាត** កាត់យល់ជាក់ថាមានក្មេងឈ្លោះគ្នាហើយ ក៏ខំស្រូតរូតដល់ពពួកក្មេងទាំងនោះ ទើបស្ទុះចូលទៅក្នុងវង់ប្រដាល់ភ្លាម ដោយឃើញក្មេងម្នាក់ធំកំពុងវាយក្មេងម្នាក់តូច ។ **ស្វផាត** ដោយខ្លួនអ្នកមាំជាងក្មេងទាំងពីរ ឥតបាច់ប្រឹងប្រែងច្រើនទេ នឹងឃាត់កំហឹងគេក្នុងគ្រានោះ ។ អ្នកកំហែងក្មេងធំឲ្យដកដៃពីក្មេងខ្សោយ ទើបអ្នកចាប់ដៃក្មេងខ្សោយឲ្យដើរទៅជិតអ្នក ហើយអ្នកជូនដំណើរលុះត្រាតែដល់ផ្ទះឪពុកម្ដាយ ។ កុមារតូចមានចិត្តត្រេកអរនឹង **ស្វផាត** ជាខ្លាំងទើបនិយាយថា « អ្នកបង! ដែលបានជួយសង្គ្រោះខ្ញុំក្នុងគ្រានេះ ខ្ញុំជំពាក់គុណអ្នកច្រើនណាស់ អ្នកបងមេត្តាប្រាប់ទីលំនៅអ្នកបងឲ្យប្អូនដឹងផង ខ្ញុំសូមអ្នកបងជាសំឡាញ់ ។

— ប្អូន! កិច្ចមនុស្សធំជួយសង្គ្រោះមនុស្សតូចជាកិច្ចធម្មតាទេ គឺជាការទម្លាប់ជាប់ដុះមកក្នុងដួងចិត្តបង បងមិនគិតកម្រៃគុណស្រ័យអ្វីពីប្អូនទេ ។ ខណៈដែលប្អូនសូមបងជាសម្លាញ់ បងរីករាយសប្បាយក្នុងចិត្តណាស់ ។ មនុស្សយើងដែលរស់មកប្រាថ្នាការសុខ នៅក្នុងលោកតែងតែស្វែងរកឲ្យគេស្រឡាញ់រាប់អាន ។ គ្រានេះ បើប្អូនសូមបងជាសម្លាញ់ បងក៏សូមប្អូនជាសម្លាញ់វិញដែរ ។

អ្នកទាំងពីរចាប់ដៃគ្នាយ៉ាងណែន ញញឹមញញែមមើលមុខគ្នាទៅវិញទៅមក ។

ឈាមដែលរត់ក្នុងសាច់សរសៃអ្នកទាំងពីរ ហាក់ដូចជាប្រមែប្រមូលរត់ចូលគ្នាក្នុងវេលានោះ ។

កុមារតូចដែល **ស្វ ផាត** ជួយសង្គ្រោះឈ្មោះ **«ឈារិន»** ជាក្មួយបង្កើតនឹងប្រពន្ធលោកអធិបតីសេនា កំព្រាឥតឪពុកម្ដាយ ហើយប្រពន្ធលោកនាម៉ឺនធំដែលឥតកូន យកមកចិញ្ចឹមបីបាច់រក្សា មានមេត្តាដូចជាកុមារកូនបង្កើតរបស់គេ ។

**ស្វផាត** និយាយថា «ប្អូនចង់ជ្រាបទីលំនៅបងឬ? បងឥតទីលំនៅឪពុកម្ដាយទេនៅស្រុកនេះ ម្ដាយបង នៅសិរីសោភ័ណ អ្នកអនិច្ចកម្មយូរណាស់មកហើយ ឯបងដែលមក

នៅស្រុកនេះគ្រាន់តែមកសូមសំណាក់នឹងព្រះសង្ឃមួយអង្គគង់នៅវត្តឧណ្ណាលោម ដើម្បីនឹងមករកលោកឪពុកបង ។ ឥឡូវបងរកលោកមិនឃើញ បងនឹងគិតវិលត្រឡប់ទៅស្រុកវិញធាច់ហើយ ។

— អ្នកបង! ប្អូនស្រឡាញ់ចិត្តអ្នកបងណាស់ អ្នកបងកុំអាលចេញឃ្លាតពីប្អូនអី បើអ្នកបងពិបាកនឹងនៅវត្តលោក ខ្ញុំសូមអញ្ជើញអ្នកបងមកនៅផ្ទះខ្ញុំ ឪពុកចិញ្ចឹមខ្ញុំលោកស្រឡាញ់រាប់អានក្មេងៗណាស់ ខ្ញុំនឹងនិយាយអង្វរលោកឲ្យខាងតែលោកព្រមទទួលអ្នកបងបាននៅជាគ្នានឹងប្អូន ។

ថាតែប៉ុណ្ណោះ **ណារិន** ដឹកដៃ **សូផាត** ចូលទៅក្នុងផ្ទះ ។

លុះចូលទៅដល់ទល់មុខលោកអធិបតិសេនា **សូផាត** លុតជង្គង់សំពះស្ទួរ ។ **ណារិន** ជំរាបឪពុកធម៌ថា «លោកប៉ា! នេះសម្លាញ់ខ្ញុំ គេបានជួយសង្គ្រោះខ្ញុំ ពីដៃក្មេងចង្រៃមួយមាឌធំមាំបំណងនឹងប្រមាថមើលងាយវាយខ្ញុំ ។ សម្លាញ់ខ្ញុំនេះឥតទីលំនៅឪពុកម្ដាយក្នុងក្រុងភ្នំពេញនេះទេ សព្វថ្ងៃសំណាក់នៅក្នុងវត្តលោក ។ ខ្ញុំសូមអង្វរលោកប៉ាឲ្យមេត្តាករុណាកុមារនេះព្រមទទួលឲ្យនៅជាមួយនឹងខ្ញុំបានជាគ្នាលេង ។»

លោកឧញ៉ាមើលមុខ **សូផាត** ទើបមានប្រសាសន៍ថា «ឯងឈ្មោះអី? ទីលំនៅៗស្រុកណា?»

— ខ្ញុំបាទឈ្មោះ **សូផាត** ស្រុកទេសនៅសិរីសោភ័ណ

លោកនាម៉ឺនធំផញ្ចឹងរំពឹងគិតមួយស្របក់ទើបនិយាយថា « អញត្រេកអរណាស់បើឯងព្រមនៅរួមលេ្បងនឹងកូនអញ »

**សូផាត** លើកដៃសំពះ នឹកគិតថា «អញមកនៅនឹងបាសកប្រហែលគ្រាន់បើជាងនៅនឹងព្រះសង្ឃ ដោយឥតគិតបារម្ភនឹងពាក្យ គេតែងតំនៀលថា មនុស្សខ្ជិលដេកនៅវត្ត រស់ដោយសារបាយបាត្រលោក ។»

## ជំពូកទី ៤

**សូផាត** ដែលនៅសំណាក់ក្នុងផ្ទះលោកអធិបតីសេនា កាន់កិរិយាមារយាទល្អត្រឹមត្រូវបម្រើគាប់ចិត្តលោកណាស់ ។ លោកក៏ទំនុកបម្រុងឲ្យទៅរៀនសូត្រជាមួយនឹងកូនលោកដែរ ។

កុមារទាំងពីរដែលបានមកសេពគប់នឹងគ្នា យ៉ាងស្និទ្ធស្នាលដូចនេះ ក៏សម្លឹងមើលចិត្តគ្នាទៅវិញទៅមករឹងរឹតតែជ្រុះថ្លាយខ្លាំងណាស់ទៅទៀត ។ **ណារិន** មានអស្ចារ្យនឹងសំដីមិត្តរបស់

ខ្លួន បើនឹងពោលពាក្យអ្វី សេចក្ដីគួរសមមិនឃ្លាតឆ្ងាយពីមាត់សោះ។ **ណារិន** ដែលធ្លាប់តែខ្ជិលច្រអូសក្នុងការរៀនសូត្រ មកកោតញញើតសេចក្ដីព្យាយាមរបស់មិត្តខ្លួន ដែលមើលទៅឃើញមាំពេកណាស់ ។ **ណារិន** ដែលធ្លាប់តែកើតទោសនឹងគេរឿយ ៗ តែងសរសើរ **សួផាត** ដែលចេះធ្វើឲ្យមិត្តរៀនសូត្រគ្រប់ ៗ គ្នាស្រឡាញ់រាប់អានទាំងអស់ គេស្រឡាញ់ដល់ទៅខ្លួន **ណារិន** ផង... ។

មិនយូរប៉ុន្មាន **ណារិន** ក៏កាន់កិរិយាបានជាក្មេងល្អត្រឹមត្រូវដូច **សួផាត** ។

«សេពគប់ល្អជាកិច្ចគួរឲ្យប្រតិបត្តិណាស់» ។

មានមួយថ្ងៃ ជាថ្ងៃអាទិត្យ លោកអធិបតីសេនាត្រូវទទួលគ្រួសារមិត្តលោកមកកំសាន្ត នៅគេហស្ថានលោក ។ វេលាដែលចាស់ ៗ កំពុងនិយាយរាក់ទាក់លេងក្នុងបន្ទប់ទទួលភ្ញៀវ ក្មេងៗចំនួនបួន-ប្រាំនាក់ បង្កើតល្បែងលេងនៅទីសួនគ្រប់គ្នា ។

**ណារិន** មិនបានលេងនឹងគេទេ ការរបស់ខ្លួនឃាត់ឲ្យនៅក្នុងផ្ទះ ជាមួយនឹងចាស់ ៗ ។

**សួផាត** ដែលសក្ដិទាបជាងគេមិនហ៊ានលេងនឹងគេទេ អ្នកធ្វើការរបស់អ្នក ដែលអ្នកធ្លាប់ធ្វើគ្រប់តែថ្ងៃឈប់រៀន គឺមើលថែទាំសួនច្បារ ។

កូនក្មេងដែលលេងទាំងប៉ុន្មានមានសម្លៀកបំពាក់ល្អៗណាស់ ។ បាវស្រី-ប្រុស បី-បួននាក់ថែរក្សាប្រុងប្រយ័ត្នខ្លាចគ្រោះនាមអ្វីមកទង្គិចកូនចៅហ្វាយនាយរបស់ខ្លួន ។

គួរឲ្យសប្បាយណាស់ សព្ទសន្ធឹកតឹកកងរំពងដែលគេលេងនោះ គេស្រែកខ្ញៀវខ្ញាសើចទ្រហឹងអឺងកងរត់ច្រវាត់ទៅមក ។

**សួផាត** ឥតមានចិត្តគិតចង់លេងនឹងគេទេ ពីព្រោះអ្នកដឹងថា ខ្លួនអ្នកមិនដូចខ្លួនគេទេ ពីព្រោះអ្នកដឹងទៀតថា ពេលនេះមិនមែនជាពេលអ្នកត្រូវលេងទេ ។ អ្នកប្រឹងតែដងទឹកស្រោចដំណាំ លុះស្រោចរួចអ្នកយកចបកាប់មកជម្រឹមផ្លូវ បែកញើសខ្លាយចេញពីគ្រប់រោម ហូរជាបពេញទាំងខ្នងទាំងដៃ ទាំងជើង ទាំងមុខមាត់... អ្នកមិនមែនឥតសប្បាយទេ អ្នកសប្បាយនឹងឃើញករណីយកិច្ចរបស់អ្នកបានបំពេញយ៉ាងគ្រប់គ្រាន់ អ្នកសប្បាយនឹងនឹកឃើញថាញើសដែលចេញពីសពាង្គកាយអ្នក មិនមែនចេញឥតប្រយោជន៍ទេ ។

គ្រានោះ ក្មេងម្នាក់ក្រឡេកឃើញ **សួផាត** ដែលស្លៀកក្រមារុំសឹងតែមិនជិតពាក់កណ្ដាលខ្លួន ញើសក្រក្លៀចគួរឲ្យធុំក្លិនស្អុយឆ្អេះណាស់ ហើយមានភាពជាមនុស្សទាបថោក ក៏យកដុំដីដុំគ្រួសចោល **សួផាត** លេងជាល្បែង ចោលរួចកេះមិត្តទាំងអស់ឲ្យមើល ។

ក្មេងទាំងអស់ទះដៃសើច ។

**ស្វផាត** ស្រែកប្រាប់ថា «កុំចោលខ្ញុំ ខ្ញុំឈឺណាស់» ។ ក្មេងទាំងអស់មិនព្រមស្តាប់រឹតតែនាំគ្នាគប់ច្រើនខ្លាំងណាស់ទៅទៀត រឹតតែទះដៃហ៊ោខ្លាំងណាស់ទៅទៀត ។

**ស្វផាត** ទ្រាំមិនបាន ស្ទុះដេញកម្ទាក្មេងទាំងនោះចេញ ។ និយាយពីបារព្រារបីបួននាក់លុះក្រឡេកឃើញ **ស្វផាត** ដេញកូនចៅហ្វាយរបស់ខ្លួន ក៏ព្រួតគ្នាចាប់ **ស្វផាត** វាយយកខ្សែមកចង បំណងនឹងនាំយកទៅជំរាបចៅហ្វាយខ្លួន ។ **ស្វផាត** ហើបមាត់នឹងពន្យល់ការណ៍គេតាមដំណើរទំនងពុំបាន តែហាមាត់ភ្លាមគេទះកំភ្លៀងអ្នកភ្លាម

បារម្នាក់និយាយថា « អាគបនឹងកូនលោកឬ? »

បារម្នាក់ទៀតថា « អាស្គាល់កូនលោកទេ? »

ឱ! គួរឲ្យអាសូរ **ស្វផាត** ណាស់ ! ឈឺខ្លួនចង់ប្រាប់សេចក្តីពិតឲ្យគេដឹង ប៉ុន្តែគេមិនចង់ដឹងសេចក្តីពិតនោះសោះ ពីព្រោះសេចក្តីយោគយល់បុណ្យស័ក្តិបង្កើតជាមោហៈដល់អ្នកឥតមេត្តាទាំងនេះទៅហើយ ។

នៅក្នុងលោកនេះ មនុស្សក្រទាំងពួងច្រើនតែត្រូវគេមើលងាយមនុស្សតូចកើតទោសនឹងមនុស្សធំ ។

នាង **ម៉ានយ៉ាន** កំពុងដេរនៅទីមួយ លុះក្រឡេកឃើញគេវាយ **ស្វផាត** ហើយចាប់ចង ក៏ស្ទុះរត់ពីចម្ងាយមកស្រែកទៅបារព្រារទាំងអស់គ្នាថា « ឈប់សិន ! ស្រាយចេញ ! ទោសនេះសមតែគេចងអ្នកឯងទាំងអស់គ្នាវិញទេ គឺយ៉ាងហ្នឹងហើយឬដែលគេប្រើឲ្យអ្នកឯងមើលកូនគេ ? ថាក្មេងចុះវាខូច ចំណែកអ្នកឯងចាស់ម្តេចក៏ធ្វើខុសដែរ »

បារព្រារទាំងអស់ខ្លាចនាង ក៏ស្រាយចំណង **ស្វផាត** ចេញ ។

ម្នាក់និយាយថា « នាងទាំងអស់ទេតើចោលវាមុន »

ម្នាក់ទៀត « វាបានហាមច្រើនដងដែរ »

អ្នកទីបី « វាគ្រាន់តែដេញទេ »

**ស្វផាត** រួចពីចំណង ញញឹមដើរចេញ ។ **ម៉ានយ៉ាន** និយាយថា « បង **ស្វផាត** អញ្ជើញទៅងូតទឹកទៅ អ្នកណាប្រើបងឲ្យធ្វើស្លួនទាំងថ្ងៃយ៉ាងនេះ ? »

អ្នកណាមួយឈ្មោះ **ម៉ានយ៉ាន** ?

នាង **ម៉ានយ៉ាន** ជាបងស្រីបង្កើតរបស់ **ឈាវិន** នាងរាប់អាន **ស្វផាត** ណាស់ ដោយ

**សូផាត** នេះជាសំឡាញ់របស់ប្អូននាង ។ ឥរិយាបថប្រព្រឹត្តរបស់ **សូផាត** ទាំងប៉ុន្មានត្រូវពេញលេញក្នុងចិត្តនាង ។

## ជំពូកទី ៥

ថ្ងៃមួយ **សូផាត** និង **ណារិន** បានប្រឡងជាប់សញ្ញាប័ត្របឋមសិក្សាវិជ្ជាបារាំង-ខ្មែរ។ លោកអធិបតីសេនា មានចិត្តត្រេកអរជាខ្លាំងសរសើរក្មេងទាំងពីរថៃករង្វាន់គ្រប់ៗ គ្នា ។ **ណារិន** និយាយទៅ **សូផាត** ថា អ្នកបង! ខ្លួនខ្ញុំមិនគួរបានប្រឡងជាប់សោះ ។

— ម្ដេចប្អូនថាដូច្នោះ? កាលដែលប្អូនខំរៀនរាល់ថ្ងៃនេះនៀយសមល្មមនឹងប្អូនត្រូវជាប់ហើយ ។

— បាទទេ ប្អូនមិនចង់និយាយដូច្នេះទេ ប្អូនចង់និយាយថា តាមឫកពាពីដើមដែលធ្លាប់តែខ្ជិលច្រអូស ដើរលេងញីកញយកើតទោសនឹងគេរឿយ ។ នោះមិនត្រូវនឹងមានសំណាងបានប្រឡងជាប់សោះ ។

— ប្អូន! មនុស្សយើង ចូលដៃនឹងអ្នកលេង ចូលដៃនឹងអ្នកលួច ទៅជាអ្នកលួច,ចូលដៃនឹងអ្នកខំរៀនទៅជាអ្នកខំរៀន ។ ល ។ នែ! សេចក្ដីសេពគប់ជាការធំណាស់!

ខ្ញុំអរគុណនឹងអ្នកបងហើយ !

ក្មេងទាំងពីរចាប់ដៃគ្នា ញញឹមទៅវិញទៅមក ។ បន្តិចបណ្ដើរគ្នាទៅមើលកុនសប្បាយក្សេមក្សាន្ត ។

ចាប់តាំងពីថ្ងៃនោះមក កុមារទាំងពីររឹងរឹតតែស្រឡាញ់គ្នាឡើង ។ លោកអធិបតីពិចារណាថា «**ណារិន** វាប្រឡងជាប់ហើយ **សូផាត** ក៏ប្រឡងជាប់ដែរ ក្មេងមួយជាកូនចិញ្ចឹមជាក្មួយបង្កើត ក្មេងមួយទៀតមិនដឹងជាសាសាត់ពីទីណាមកទើរនៅទីនេះ ។ ឥឡូវនឹងត្រូវឲ្យក្មេងទាំងពីររៀនតទៅទៀតឬ? ចំណែក **ណារិន** ថាត្រូវតែឲ្យរៀនទៀតហើយ ចុះ **សូផាត**? ណ្ហើយឲ្យវាឈប់ត្រឹមហ្នឹងហើយ ដោយគ្នាដាច់ដោចដុនដាបម្ល៉េះ បើរកការឲ្យធ្វើប្រហែលមានចិត្តត្រេកអរជាងឲ្យរៀនតទៅទៀត» ។

បន្តិចអ្នកស្រីអញ្ជើញចូលមកជិតលោក បង្ហាញខោអាវប្ដូរប្រាំសម្រាប់ «ខ្ញុំទើបទឹងដេរហើយ នេះរបស់ **ណារិន** នេះរបស់ **សូផាត** លោកប្រុសមានប្រសាសន៍ថា «នាង! បងត្រេកអរនឹងចិត្តនាងណាស់ លោកឈប់មួយស្របក់ ទើបមានប្រសាសន៍ទៀតថា «នាង! ចូរជួយពិគ្រោះបងពី **សូផាត** និង **ណារិន** បន្តិច»

— យ៉ាងដូចម្ដេចអ្នកបង ?

— បងចង់ឲ្យ **ណារិន** រៀនតទៅមុខទៀត **សូផាត**បងគិតឲ្យវាឈប់រៀន ។

— ម្ដេចក៏យ៉ាងនេះ ? ខ្ញុំចង់ឲ្យវារៀនទាំងពីរនាក់ទៀត ។

— ប្អូនគិតនេះត្រូវហើយ ប៉ុន្តែ បងយល់ថា **សូផាត** វាក្រលំបាកណាស់ បើយើងរកការឲ្យវាធ្វើ វាគ្រាកអរជាងយើងឲ្យវារៀនតទៅទៀត ។

អ្នកស្រីគិតមួយស្របក់ ទើបមានប្រសាសន៍ថា «អ្នកបងរកការឲ្យធ្វើបានភ្លាមៗទេ ?»

— អូន ! គេកំពុងត្រូវការរកស្មៀនម្នាក់នៅក្នុងផ្ទះជំនួញ ។

— ខ្ញុំតាមតែអ្នកបងទេ ។

លុះពីរខែក្រោយមក **ណារិន** ក៏ចូលទៅរៀនក្នុងសាលា «កូលេសស៊ីសុវត្ថិ» **សូផាត** ចូលធ្វើការក្នុងហាងជំនួញ ។

ថ្ងៃមួយ មុននឹងទៅធ្វើការ **សូផាត** ចូលទៅជំរះកាយក្នុងបន្ទប់ទឹក ។ វេលាដែលលប់លាងខ្លួន **សូផាត** ដោះចិញ្ចៀនដែលអ្នកទើបនឹងបញ្ចេញពាក់បានប៉ុន្មានថ្ងៃនេះ ទុកនៅក្បែរពាងទឹក លុះងូតទឹកស្រេច ក៏ប្រញិបប្រញាប់ចេញពីបន្ទប់ភ្លាមភ្លេចគិតដល់ចិញ្ចៀន ។ ក្រោយមក នាង **ម៉ានយ៉ាន** ចូលទៅក្នុងបន្ទប់នោះដែរ នាងភ្ញាក់ស្មារតីព្រើត ដោយក្រឡេកឃើញត្បូងចិញ្ចៀនចាំង មាសភ្លឺក្រហមទែង «ចិញ្ចៀនពីណាអេះ ! ។ នាងរើសយកមកមើលទើបពិចារណាថា «ពេជ្រនេះល្អណាស់ ! មាសសុទ្ធល្អ ! ចិញ្ចៀនអ្នកណា ? បើរបស់អ្នកម៉ីង ឬលោកប៉ា ម្ដេចក៏អញមិនដែលឃើញ ? »

នាងកាន់ចិញ្ចៀនចេញពីបន្ទប់ទឹក ទើបឡើងលើផ្ទះ ។ លោកអធិបតីកំពុងតែងខ្លួននឹងអញ្ជើញទៅសាលា ។ នាងបង្ហាញចិញ្ចៀនទៅឪពុកធម៌ ។ លោកចាប់ចិញ្ចៀនមើលទើបកាន់ដើរចូលទៅក្នុងបន្ទប់មួយទៅ ។ **ម៉ានយ៉ាន** ស្មានថាជាចិញ្ចៀនឪពុកធម៌ក៏ដើរចេញទៅ ។

និយាយពីលោកអធិបតីសែនាវិញ គ្រាន់តែចូលក្នុងបន្ទប់ភ្លាម លោកចាក់សោភ្លាម ។ គួរឲ្យឆ្ងល់ណាស់ ។ មុខលោកក្រៀមមួយរំពេច ដៃទាំងពីរដាក់លើដើមទ្រូង ភ្នែករលីងរលោងសំឡឹងទៅក្រៅតាមបង្អួចមើលទៅមេឃ ហើយងាកមកក្នុងបន្ទប់វិញ ដាក់ចិញ្ចៀនទៅលើបាតដៃ មានប្រសាសន៍ខ្សឹបៗ ល្មមតែឮម្នាក់លោក «ឱចិញ្ចៀនអើយ ! ចិញ្ចៀននេះគឺចិញ្ចៀនអញ ចិញ្ចៀនដែលអញឲ្យទៅ **សូយា** ឱ ! **សូយា** មាសបងអើយ ! នាងនៅទីដដែលទេឬ? ... ហេតុម្ដេចក៏ចិញ្ចៀនមករកបងឃើញ ? ខ្លួននាងម្ដេចក៏បងមិនឃើញ ? »

បន្តិចលោកអញ្ជើញចេញមកក្រៅ ហៅនាង **ម៉ានយ៉ាន** មកជិតទើបសួរថា «កូនស្រី! ឯងយកចិញ្ចៀននេះពីណាមក? »

— ចា៎ះ កូនរើសបានក្នុងបន្ទប់ទឹក

— កូនដឹងជាអ្នកណាយកមកទុកនៅទីនោះទេ?

— ចា៎ះទេ កូនឥតឃើញអ្នកណាម្នាក់ទេ ចិញ្ចៀននេះភ្លេចចោលនៅទីនុ៎ះ

— កូនបានឃើញអ្នកណាចូលក្នុងបន្ទប់ទឹកទេ?

— ចា៎ះ កាលដែលកូនចូលទៅ **សូផាត** ទើបតែនឹងចេញមក

— អរគុណហើយកូន

នាង **ម៉ានយ៉ាន** លាឪពុកចុះទៅដី លោកអធិបតីគិតថា «**សូផាត** វាជាកូនអញពិត វាថាវានៅសិរីសោភ័ណ គឺស្រុកប្រពន្ធអញ,

ខ្ញុំភ្លេចជំរាបអ្នកមើលសៀវភៅទាំងអស់ឲ្យបានជ្រាប ។ លោកអធិបតី មាននាមឈ្មោះ **សួន** ពីដើមធ្វើបាល័ដ្ឋនៅស្រុកសិរីសោភ័ណទើបផ្លាស់មកភ្នំពេញវិញ ។ ដោយលោកឆ្លាតវៃច្រើនក្នុងការរាជការ លោកក៏ឆាប់បានឡើងយសសក្តិណាស់ គឺក្នុងរវាងដប់ពីរឆ្នាំ លោកបានឡើងពីទីក្រមការជាន់កណ្តាល ដល់ទីភូឈួយកុង្សុយ៍ ។ **សូផាត** ជាកូននាង **សូយា** សង្សារលោកពីដើម គឺកូនបង្កើតរបស់លោក... ចិញ្ចៀនជាភស្តុតាងស្រាប់ ។ វេលាដែលកំពុងគិតដូច្នោះ ចិញ្ចៀនកាន់នៅដៃ លោកស្រីអញ្ជើញចូលមកជិតលោក ។ លោកមានប្រសាសន៍ថា «អូន! លាក់បាំងអី**សូផាត** មិនមែនអ្នកដទៃទេ វាជាកូនរបស់បង ចិញ្ចៀនបងឲ្យទៅម្តាយវាវេលាដែលបងឃ្លាតចេញមក ឥឡូវនេះ វាភ្លេចចិញ្ចៀននេះនៅជិតពាងទឹក **ម៉ានយ៉ាន** រើសយកមកឲ្យបង បងបានដឹងដំណឹងសព្វគ្រប់ហើយ បងនឹងបណ្តុះបណ្តាលវាឲ្យសមជាកូនរបស់បង តើអូនយល់ដូចម្តេច?

ភរិយាលោកអធិបតីសេនា ស្តាប់លោកមានប្រសាសន៍ដោយស្ងាត់ស្ងៀម ។ ក្រោយមកទើបមានវាចាថា «អ្នកបង! កូនអ្នកបងគឺកូនខ្ញុំ ខ្ញុំមានកូនឯណាខ្ញុំ **សូផាត** នេះពីដើមមកក៏ខ្ញុំរាប់អានវាដូចជាកូនចិញ្ចឹមដែរ បើឥឡូវនេះអ្នកបងជ្រាបជាក់ថាវាជាកូនអ្នកបងពិត ខ្ញុំអរណាស់ហើយ យើងនឹងនាំគ្នារឹតតែស្រឡាញ់វាឡើង ។

លោកអធិបតីស្ទុះទៅឱបប្រពន្ធដោយត្រេកអរខ្លាំង ទើបមានប្រសាសន៍ថា «ប្អូន! បងខ្លាចចិត្តប្អូនឯងណាស់ បងសូមសរសើរចិត្តប្អូន បងមិនស្មានថាអូនមានចិត្តដល់ប៉ុណ្ណេះទេ»

លោកស្រីញញឹម លោកប្រុសបន្ថែមពាក្យថា «ប្រពន្ធក្រោយតែងតែស្អប់កូនមុនរបស់ប្ដី...»

— អ្នកបង! មនុស្សស្រីស្អប់កូនមុនរបស់ប្ដី ច្រើនតែស្រីនោះចិត្តអាក្រក់ច្បាប់ស្រីលោកប្រដៅថា « ប្រពន្ធគ្រប់លក្ខណ៍មិនដែលបង្អាក់ចិត្តប្ដីគិតត្រូវទេ » ។ យើងឥតកូនមួយ ថ្វីបើ **សូផាត** ជាកូនរបស់ប្រពន្ធអ្នកបងមុន បើអ្នកបងស្រឡាញ់វា ខ្ញុំក៏ស្រឡាញ់វាដែរ ។

លោកអធិបតីរីករាយសប្បាយចិត្តជាខ្លាំង នឹងភរិយាលោកដែលមានគំនិតល្អ ទើបលោកមានប្រសាសន៍ថា «អូន! បងអរគុណនឹងឯងហើយ ប៉ុន្តែឯងកុំធ្លោយរឿងនេះប្រាប់ **សូផាត** ឲ្យវាដឹងខ្លួន កុំប្រាប់អ្នកឯណាឲ្យសោះ បងនឹងធ្វើកិច្ចមួយឲ្យ **សូផាត** វាសមសក្ដិជាកូនបងទៅថ្ងៃមុខ

មានវាចាតែប៉ុណ្ណោះ លោកលាលោកស្រីអញ្ជើញចុះទៅធ្វើការភ្លាម ។

ពេលដែលលោកអញ្ជើញមកពីសាលាវិញ **សូផាត** ក៏ត្រឡប់មកពីធ្វើការវិញដែរ ។ លោកអញ្ជើញចុះទៅក្រោមផ្ទះ អើតមើលទៅក្នុងបន្ទប់ **សូផាត** ឃើញ **សូផាត** កំពុងតែអង្គុយត្របោមក្បាលជង្គង់ មុខក្រៀមផ្អេះ ។ លោកសួរថា «**សូផាត** ឯងមានបាត់អ្វីទេ?»

**សូផាត** ភ្ញាក់ព្រើត យកដៃមួយជូតភ្នែក ទើបលើកដៃទាំងពីរសំពះជំរាបលោកថា « ព្រះបាទម្ចាស់ ខ្ញុំព្រះបាទបាត់ចិញ្ចៀនកេរ្តិ៍ពីខ្មោចម្ដាយខ្ញុំបាទ »

— លោកបង្ហាញចិញ្ចៀន «ចិញ្ចៀនហ្នឹងឬ»

**សូផាត** រីកមុខសំពះ « ព្រះបាទ ហ្នឹងហើយ »

លោកឲ្យចិញ្ចៀនទៅ **សូផាត** ទើបមានប្រសាសន៍ថា «បើម្ដាយឯងជាអ្នកក្រម្ដេចមានចិញ្ចៀនមានដម្លៃដូច្នេះ? ។

— ព្រះបាទ គឺចិញ្ចៀនកេរ្តិ៍ពីឪពុកខ្ញុំបាទធ្វើបាល័ដ្ឋ ។

លោកអធិបតីឈរស្ងៀម ដាក់ទឹកមុខ ទើបមានប្រសាសន៍ « **សូផាត** អញអាណិតឯងណាស់ តាំងតែពីស្អែកនេះទៅអញចង់ឲ្យឯងទៅរៀនតទៅទៀត តើឯងសុខចិត្តទេ? »

— ព្រះបាទម្ចាស់ ខ្ញុំព្រះបាទ តាមតែព្រះតេជព្រះគុណមេត្តាករុណាចុះ ។

— អើ! អញនឹងឲ្យឯងទៅរៀនជាមួយនឹង **ណារិន** ទៀត អញមិនចង់ឲ្យឯងដេកនៅក្រោមផ្ទះទេ អញមិនចង់ឲ្យឯងបរិភោគអាហារជាមួយនឹងបាវព្រាវដូចសព្វកាលទេ ។ តាំងតែពីថ្ងៃនេះទៅ អញឲ្យបន្ទប់ឯងមួយនៅលើផ្ទះ ឯងបរិភោគអាហារជាមួយនឹងអញ ជួបជុំជាមួយនឹងប្រពន្ធកូនអញទាំងអស់ ។

— ព្រះបាទ ខ្ញុំព្រះបាទមិនសមស័ក្តិនឹងនៅលើផ្ទះទេ បរិភោគជាមួយនឹងព្រះតេជព្រះគុណទេ ។ កម្លាំងទានដែលព្រះតេជព្រះគុណចំណាយមកលើខ្ញុំសព្វថ្ងៃនេះ ក្រាស់ពេកណាស់ទៅហើយ ។ ខ្ញុំព្រះបាទសូមឲ្យព្រះតេជព្រះគុណអភ័យទោស ។

**សូផាត!** ឯងមិនត្រូវប្រកែកនឹងចិត្តសទ្ធារបស់អញទេ ។

**សូផាត** លើកដៃសំពះ មិនហ៊ានចេញវាចា ។

លោកអធិបតីអញ្ជើញឡើងទៅលើផ្ទះ ។ បន្តិចមក **ណារិន** និងបាវម្នាក់ចុះពីលើផ្ទះញញឹមញញែម ។ **ណារិន** គៀន **សូផាត** ថា « លោកប៉ា ឲ្យបងប្រញាប់ជញ្ជូនអីវ៉ាន់ឡើងទៅលើផ្ទះ គេបោសជ្រះក្នុងបន្ទប់ស្រេចហើយ »

ទើបនិយាយទៅបាវ « **ខ័យ** ឯងជួយជញ្ជូនអីវ៉ាន់បង **សូផាត** ផង លើកហិបនេះទៅមុនទៅ »

បាវក៏ធ្វើតាមបង្គាប់ ។ វេលាដែល **សូផាត** កំពុងមួរកន្ទេលបត់ខោអាវ ចងសៀវភៅ **ណារិន** ស្ទុះទៅលើស្រាយមុង ប្រមូលខ្នើយ ។ បន្តិចអ្នកទាំងពីរ ជញ្ជូនអីវ៉ាន់ឡើងដល់ទៅលើផ្ទះ ។

**សូផាត** ភ្ញាក់ខ្លួននឹងបន្ទប់ថ្មីនៃខ្លួន ដែល **ណារិន** បង្ហាញគឺបន្ទប់តូចច្រឡឹង បោសជ្រះស្អាតបាត មានគំនូរផ្សេងៗ ជាប់នឹងជញ្ជាំង គ្រែដេកតូចល្មម មានមុងគ្របពីលើ មានពូកប្រកបដោយកម្រាលសសុទ្ធ នៅលើនោះមានខ្នើយអោប ខ្នើយកើយ ខ្នើយគង ជាប្រដាប់សម្រាប់សម្រួលកាយ ។ កូនទូតូចមួយសម្រាប់ដាក់សម្លៀកបំពាក់ប្អែកនៅជញ្ជាំងចុងជើង ។ កូនទូតូចមួយទៀតដែលសម្រាប់ដាក់សៀវភៅ មានទ្វារកញ្ចក់សម្ងក់មុខទៅរកទូមួយទៀត ។ កូនតុសរសេរមួយ ហើយនឹងកៅអីពីរនៅជាកណ្តាល ។

លោកអធិបតីចូលមក «**សូផាត!** បន្ទប់នេះគឺបន្ទប់ឯង ការរចនាឲ្យបានរុងរឿងស្រេចនៅលើចិត្តបាស្រាប់ អញរៀបប្រដាប់ឲ្យឯងឲ្យបានស្រួលបួលនេះ គឺអញនឹកសង្ឃឹមថាឯងគង់តែនឹងបានរៀនសូត្រកើនទៅមុខទៀតពុំខាន» ។

លោកមានប្រសាសន៍តែប៉ុណ្ណឹងរួចក៏អញ្ជើញទៅវិញភ្លាម ។ វេលា **ណារិន** ជួយរៀបបន្ទប់ឲ្យមិត្តស្រេច **ណារិន** ក៏លា **សូផាត** ទៅទីអាត្មាវិញទៅ ។ **សូផាត** នៅតែម្នាក់ឯងសញ្ជឹងគិតថា « ខ្លួនអញអើយចំជាមានភ័ព្វមានសំណាងមែន ដោយមកបានជួបនឹងអ្នកមានចិត្តសប្បុរសដល់ម្ល៉េះ! ឱ! គេទំនុកបម្រុងអញយ៉ាងនេះគឺគេធ្វើឲ្យអញសប្បាយចិត្ត នឹងបានថ្វាប្រាជ្ញាក្នុងការរៀនសូត្រ បើដូច្នេះគួរអញមិនត្រូវធ្វេសប្រហែសមួយវេលាឡើយ នឹងបំពេញកិច្ចគេ ។ សូម

ឲ្យគុណបុណ្យព្រះពុទ្ធ-ព្រះធម៌-ព្រះសង្ឃ ជួយលោកចៅហ្វាយខ្ញុំនេះ ឲ្យបានសេចក្ដីសុខ-ចម្រើនគ្រប់ប្រការ ។

តាំងតែពីថ្ងៃនោះមក **សូផាត** បានចូរក្នុងចិត្តជាខ្លាំង ។ សិស្សសាលា «កូលេស ស៊ីសុវត្ថិ» ពីរនាក់ **សូផាត** នឹង **ណារិន** ជាអ្នកខំរៀនណាស់ ។ ការដែលគ្រូដាក់ឲ្យធ្វើទាំងប៉ុន្មាន អ្នកទាំងពីរធ្វើបានហើយល្អដោយផ្សេងៗពីគ្នា ។ មេទន្តេញគ្រប់បែបអ្នកទាំងពីរតែងចាំស្ទាត់រត់មាត់តាំងពីផ្ទះរាល់ៗគ្នា ។

ពេលបរិភោគអាហារ លោកអធិបតីសេនាហៅ **សូផាត** ឲ្យមកជួបជុំនឹងលោក ព្រមទាំងប្រពន្ធកូនលោកទាំងអស់ ។

នាង **ម៉ានយ៉ាន** ចេះតែលបសម្លឹងជញ្ជឹងក្នុងចិត្ត **សូផាត** ។ ពន្លឺសេចក្ដីស្នេហានាងលើ **សូផាត** បានពណ្ណរាយក្នុងដួងចិត្តនាង ។

ពេលហ្នឹង **ម៉ានយ៉ាន** អាយុបាន ១៧ ឆ្នាំ **សូផាត** ដប់ប្រាំបីឆ្នាំ ។ ចូរលោកអ្នកជួយពិចារណាមើលចុះ មនុស្សភេទទីទៃពីគ្នាអាយុហៅថាកំពុងពេញ បើផ្កាហៅថាកំពុងរីក បើដើមឈើហៅថាកំពុងលូតលាស់ល្អ បើមានទីលំនៅជិតគ្នា ក្រឡេកឃើញគ្នាទៅវិញទៅមករាល់ៗថ្ងៃមួយសម្លឹងទៅមួយក៏ឃើញថាឥតក្លួងរៀងៗខ្លួន នោះនឹងចាប់ចិត្តរកគ្នាទៅវិញទៅមកជាពុំខាន ។

**សូផាត** ក៏មានគំនិតគិតក្លួចមេត្រីរើលកល្យាណស្ត្រីដែរ ។

## ជំពូកទី ៦

---

**សូផាត** មានរូបដាកល្មោះមួយមាឧក្រអាញមុខមូល មានឈាមស្រស់ស្រគាំ សមសួននឹងវង្សសក្កា សម្លៀកបំពាក់មិនបានជាមានដម្លៃច្រើនទេ ប៉ុន្តែ អ្នកទាំងឡាយមើលទៅត្រូវចិត្ត និងសម និងស្អាតចុះរបៀបគ្រប់បទ ។

មានស្ត្រីក្រមុំជាច្រើន ចាប់ចិត្តនឹងអ្នក ។

នាង **«អ៊ូរី»** ដែលជាកូនក្រមុំរបស់អ្នកជិតខាងមួយរូបនៃលោកអធិបតីសេនា មានចិត្តប្រាថ្នាលើ **សូផាត** ជាច្រើន ។

**សូផាត** ឥតដឹងខ្លួនបន្តិចសោះ ។

**សុជាត** បានរាប់អាននិយាយស្ដីដោយសមគួរនឹងនាង **អ៊ីរី** ដែរ ។ ថ្ងៃមួយ វេលាដែលនាង **អ៊ីរី** និយាយសើចលេងពីរឿងផ្សេងៗ នឹង **សុជាត** នាង **អ៊ីរី** ហុចកូនកន្សែងតូចមួយទៅ **សុជាត** ទើបនិយាយថា «ខ្ញុំសូមជូនកន្សែងតូចនេះទៅបង» ។

**សុជាត** ទទួលកន្សែងធ្វើជាសង្កេតមើលសព្វគ្រប់ញញឹមជញ្ជក់មាត់ «កន្សែងនេះស្រឡាញ់តែជរចាក់មានថ្នាក់ល្អណាស់ បើម៉្លេះហើយខ្ញុំប្រយ័ត្នមិនឲ្យបាត់ទៅណាទេ» ។

សំដី **សុជាត** ជាពាក្យត្រង់ពិត ប៉ុន្តែ នាង **អ៊ីរី** យល់ថាជាពាក្យលែបខាយយ៉ាងគួររបស់ប្រុសប្រសើរ ។

នាង **អ៊ីរី** ស្មានថា **សុជាត** ចង់ចិត្តនឹងនាង ។

លុះពេលយប់ស្ងាត់ នាឡិកាវាយម៉ោងដប់ពីរ នៅក្នុងភូមិស្ងាត់ឈឹង អ្នកស្រុកដែលនឿយរកស៊ីធ្វើការពីថ្ងៃ ក៏នាំគ្នាសម្រាកខ្លួនពួនអាត្មានិទ្រាលក់ស្រមុកលាន់ក្នុងផ្ទះរាល់ៗ រូប ។ នៅផ្លូវភ្លើងអគ្គិសនីព្រោងព្រាតខ្ចាតពន្លឺភ្លឺចោលទទេ ជួនកាលមានរទេះអូសមួយ ៗ រត់យឺត ៗ ដោយអ្នកអូសអស់កម្លាំងខ្លាំងពេកណាស់ ។ ព្រះចន្ទ្រះចិញ្ចែងចាំងរស្មីច្រាលមកលើពសុធាដើមព្រឹក្សាសឹងស្រងាត់មានសព្វសត្វរត្តិចរទំហើយហើរទៅ ។ នៅពេលស្ងាត់ដូច្នេះរាគតណ្ហាតែងធ្វើឲ្យងងឹតងងល់ដល់សត្វក្នុងវដ្ដសង្សារ ។

ផ្ទះលោកអធិបតីសេនា មិនទាន់ស្ងាត់នៅឡើយ ។

នៅក្នុងបន្ទប់ **សុជាត** ភ្លើងផ្លុង ៗ ចោលពន្លឺមកខាងក្រៅ ។ សិស្សសាលា «កូលេសស៊ីសុវត្ថិ» កំពុងនាំគ្នាពីរនាក់បង្ហើយការរៀនដែលគ្រូដាក់ឲ្យធ្វើ ។

បន្តិច **ណារិន** លា **សុជាត** ចូលទៅបន្ទប់ដេកនៃខ្លួន ។ **សុជាត** កំពុងតែអង្គុយច្រងូរមើលសៀវភៅតែម្នាក់ឯង លុះឮស្នូរជើងគេដើរព្រិប ! ព្រិប ! ក៏ស្មានថាជាដំណើរ **ណារិន** ស្រាប់តែងាកមើលទៅឃើញរូបស្ត្រីក្រមុំម្នាក់នៅបង្ហើយ . . . នាង **អ៊ីរី** ។

នាង **អ៊ីរី** ហេតុតែសេចក្ដីចេតនាលើ **សុជាត** ខ្លាំងណាស់ នឹងទប់កេរ្ដិ៍ជាស្ត្រីពុំបានដូច្នេះហើយបានជានៅក្នុងវេលារាត្រីស្ងាត់នោះបានឡើងទៅដល់បន្ទប់ **សុជាត** ។ នាង **អ៊ីរី** ឈរនៅជិតតុ **សុជាត** ឥតមានវាចាអ្វី ។ **សុជាត** សួរថា «នាងអញ្ជើញមកមានការអ្វីនៅពេលនេះ?

នាង **អ៊ីរី** ហាមាត់ពោលពាក្យមិនចង់រួច

— ចាៈ . . . ខ្ញុំ . . .

**សូផាត** យល់ជាក់ជានាង **អ៊ូរី** ចាប់ចិត្តលើអ្នក ទើបនិយាយទាំងរន្ធត់ស្លុតខ្លួន ដោយភិតភ័យនឹងខ្លាចម្ចាស់ផ្ទះគេដឹងរឿងហេតុ «នាង! អញ្ជើញនាងត្រឡប់... ទៅទីលំនៅនាងវិញទៅ...ទោះបីមានការអ្វីៗ ស្អែកព្រឹកសឹមអញ្ជើញមក» ។

— ចាៈទេ . . . ខ្ញុំមិន . . . ទៅទេ

— ទេ! . . . ខ្ញុំសូមចិត្តនាង សូមនាងត្រឡប់ទៅវិញទៅ បើនាងអាណិតខ្ញុំ, ផ្ទះនេះមិនមែនផ្ទះខ្ញុំទេ ខ្លួនខ្ញុំមិនមែនម្ចាស់ខ្លួនខ្ញុំទេ សូមនាងអញ្ជើញទៅវិញទៅ!

នាង **អ៊ូរី** ដែលបានស្តាប់តែកម្លាំងចិត្តព្រេកចង់ស្នេហា នាំឲ្យងងឹតគិតមិនឃើញ មើលមិនយល់ការខុសត្រូវទាំងពួង ខ្ទប់មុខទទូរក្រមាចុះដីភ្លាម ។

ពេលនោះទទួលនាង **ម៉ានយ៉ាន** បើកបង្អួចបន្តិចក្រឡេកមើលទៅបន្ទប់ **សូផាត** ស្រាប់តែឃើញនាង **អ៊ូរី** ដើរចេញពីក្នុងនោះមក ។ នាង **ម៉ានយ៉ាន** ធ្លាក់ថ្លើមក្តុក នឹកថា «បង **សូផាត** នេះ អញស្មានថាជាមនុស្សត្រឹមត្រូវល្អ ។ តាមឫកពាដែលពុតធ្វើជាសុភាពរាបទាបនោះគួរឲ្យទុកចិត្តល្មមឲ្យផ្ញើជន្ម ផ្ញើខ្លួនប្រាណបានណាស់ ឥឡូវស្រាប់តែហ៊ានយកស្រីឡើងមកដេកដល់លើផ្ទះផង!។ ធម្មតាប្រុសយើងជាស្ត្រីសម្លឹងមើលមិនធ្លុះដល់ក្នុងចិត្តគេទេ មិនធ្លុះទេ»

**ម៉ានយ៉ាន** បិទបង្អួចយកដៃទាំងពីរផ្គងថ្ងាស ជញ្ជប់ជញ្ជឹងប្រឹងដកដង្ហើមធំ ស្តាយគំនិតដែលគិតប្រាថ្នាខុសមកជាយូរអង្វែងហើយ ។

តាំងពីពាក់កណ្តាលយប់ កើតកាលវិតក្កនោះមក នាង **ម៉ានយ៉ាន** ព្រួយប្រាណវេះខ្លួនចេញឆ្ងាយពី **សូផាត** ជរាប ។ នាងមិនដែលដើរចេញ - ចូលក្នុងផ្ទះឲ្យបានប្រទះមុខនឹង **សូផាត** សោះ បើឃើញអ្នកប្រុសនៅត្រង់ណោះនាងទៅត្រង់ណោះ ។ ពេលបាយនាងបរិភោគស្ងប់ស្ងាត់វាចាខុសពីធម្មតាដែលធ្លាប់តែនិយាយរីករាយដំណាលដំណើររឿងផ្សេង ៗ លេងកំសាន្តទាំងអស់គ្នា ។

រំលងយូរថ្ងៃមក **សូផាត** នឹកក្នុងចិត្តថា «នាង **ម៉ានយ៉ាន** មានបើអន់ចិត្តអ្វីនឹងអញហើយ ម្តេចក៏គេចវេះពីមុខអញម្ល៉េះ? ម្តេចក៏នាងខ្ពើមឆ្អើមអញម្ល៉េះ? ខ្លួនអើយដែលមកនៅក្នុងផ្ទះគេ យកចិត្តគេណាស់ មិនគួរគេគុំគួនធ្វើស្មើស្មោះដូច្នោះសោះ មិនដឹងជាគេជិនឆ្អន់នឹងឯងបទណា? ឱ! ប្រហែលជាគេថាឯងហ៊ានប្រមាថមើលងាយលបលួចស្រឡាញ់គេហើយ! ។ សព្វថ្ងៃដឹងខ្លួនជាថោកទាបដែរ ប៉ុន្តែចិត្តចង្រៃឲ្យព្រួចក្លួចមេត្រីទៅលើគេ ។ ខ្ញុំស្រឡាញ់គេមិនហ៊ានឲ្យគេដឹងខ្លួនទេ ម្តេចក៏គេនៅតែដឹងខ្លួនបាន ។ គិតទៅឃើញថាខុសគំនិតខ្លួនជាអ្នក

កំសត់ទុគិត មិនគួរក្តួចចិត្តគិតចង់ស្នេហ៍គ្រប់រូបគេឡើយ មិនគួរចង់ឈោងចាប់ផ្កាយនៅលើមេឃទេ »

**សូផាត** បម្រុងរត់ចេញ ។

លុះពេលព្រលប់យប់យន់បន្តិចមក **ណារិន** ទទួលមិនបានចេញមករៀននឹង **សូផាត** ។ **សូផាត** ប្រដាប់ដោយខោអាវចាស់តែមួយសម្រាប់ ប្រញិបប្រញាប់ទាញសំពត់មួយពីហោប៉ៅ ដាក់ទៅលើតុ ស្ទុះសឹម ៗ ចុះមកដី ដើរចេញទៅក្រៅរបងភ្លាម ។ អ្នកក្រឡេកមើលទៅផ្ទះលើកដៃពីរសំពះ « ឱគុណបុណ្យព្រះម្ចាស់ថ្លៃ ! ខ្ញុំប្អូនស្លូង សូមលោកជួយទ្រទ្រង់វង្សាលោកអធិបតីសេនាដែលប្រកបដោយចិត្តវិសេសល្អ ។

ទឹកភ្នែកដោរចេញពេញមុខមួយរំពេច ។

**សូផាត** ឈានជើងដើរ ក្តុកក្នុងចិត្តអាឡោះអាល័យមិនចេះអស់មិនចេះហើយ ពីវង្សត្រកូលលោកអធិបតីសេនា ។ អ្នកនឹកឃើញថា លោកនាម៉ឺនធំមានគុណនឹងអ្នកស្មើឪពុកអ្នកបង្កើត ដោយលោកទំនុកបម្រុងអ្នកសព្វគ្រប់ ស្រឡាញ់រាប់អានមិនឲ្យឃ្លើសចិត្តលោកស្រីមិនដែលមានពាក្យជេរស្តីបន្ទោសអ្នកសោះ ។ **ណារិន** ជាមិត្តរកគ្មាននៅក្នុងលោក ។ **ម៉ាន យ៉ាន** ជាធីតាដែលតែងតែរាប់អានអ្នកដោយស្មោះត្រង់ ។

ការខុសគឺខ្លួនអ្នកដែលក្បត់ចិត្តត្រង់របស់នាង ។

**សូផាត** ដើរកណ្តាលយប់ ងងឹតមុខជ្រប់ វង្វេងស្មារតីឥតវិញ្ញាណនឹងញាំងចិត្តអ្នកឲ្យនឹកប្រាថ្នាដើរផ្សងព្រេងទៅទីណាទៀត ។

## ជំពូកទី ៧

លុះព្រឹកព្រហាមកាលណារះឡើង ព្រះសុរិយារុងរឿងរះត្រចះត្រចង់លើមេឃា ចោលពន្លឺភ្លឺព្រោងព្រាតលើក្រុងភ្នំពេញដែលកំពុងភ្ញាក់ពីនិទ្រា មនុស្សម្នាដើរដេរដាសពាសពេញទាំងផ្លូវថ្នល់ រទេះគ្រប់បែបបរបើកកញ្ច្រោកដី ។ នៅផ្ទះលោកអធិបតីសេនាកើតចលាចលគេផ្អើលរត់រក **សូផាត**ដែលបាត់ទាំងកណ្តាលយប់ ។

លោកស្រីមានប្រសាសន៍ថា « ក្រែងវាចេញទៅលេងយកខ្យល់អាកាសទាំងព្រលឹមទេឬ ទ្វារបើកទេតើ ! »

លោកប្រុសឆ្លើយតប « វាមិនដែលដើរចេញទៅណាពីព្រលឹមទេ !

— បើដូច្នោះមានតែវារត់ចេញពីនេះ

— ចុះមានពីណាធ្វើវាឲ្យទាស់ចិត្តល្មមនឹងឲ្យខឹងរត់ចេញពីផ្ទះយើង ?

បន្តិច **ណារិន** ស្ទុះចេញពីបន្ទប់ **សូផាត** មកកាន់សំបុត្រមួយនៅដៃ « លោក ប៉ា ! ខ្ញុំរើសបានសំបុត្រមួយនៅក្នុងបន្ទប់សម្លាញ់ខ្ញុំ »

លោកអធិបតីមើលឃើញសរសេរនៅខ្នងសំបុត្រ « សូមជូនមកលោកអ្នកមានគុណ ! លើខ្លួនខ្ញុំ »

លោកបើកសំបុត្រមើល

សូមជំរាបជូនដំណឹងមកដល់លោក-អ្នកសូមទានជ្រាប ។ ពេលដែលលោក-អ្នកនាងបើកសំបុត្រនេះមើល ខ្លួនខ្ញុំឃ្លាតឆ្ងាយពីនេះទៅហើយ ។ ហេតុដែលនាំឲ្យខ្ញុំបាទចាកចេញចោលទីកន្លែងលោក-អ្នកដែលតែងតែអាណិតអាសូរខ្ញុំ សូមលោក-អ្នកកុំគិតស្មានថា ខ្ញុំបាទតូចចិត្តអាក់អន់អ្វីនឹងលោក-អ្នកទាំងអស់ ។ លោក-អ្នកជាឪពុកជាម្ដាយចិញ្ចឹមខ្ញុំ ដែលខ្ញុំចងចិត្តគោរពរាល់យប់ថ្ងៃ ឥតបីលោះពេលវេលាណា ។
ខ្លួនខ្ញុំបាទ មិនបានដឹងជារស់ឬជាស្លាប់ទេ សូមទានប្រាប់ **ណារិន** ផង ថាខ្ញុំបាទបើនឹងស្លាប់នឹងរស់ជាចិត្តមេត្រីចងជាប់ក្នុងថ្លើមប្រមាត់ហើយ ចំណែក **ម៉ានយ៉ាន** សូមឲ្យនាងជ្រាបថាខ្ញុំយល់ទោសខុសរបស់ខ្ញុំទាំងអស់ ដែលហ៊ានលបលួចមេត្រីនាងដែលមានគុណលើខ្ញុំ ដែលរាប់អានខ្ញុំដោយស្មោះត្រង់ ។ ទោសទាំងប៉ុន្មានខ្ញុំសូមលាងឲ្យជ្រះក្នុងវេលាថ្ងៃនេះ ។ មុននឹងបញ្ចប់សំបុត្រនេះ ខ្ញុំសូមលើកករវន្ទាបង្គំដល់គុណបុណ្យព្រះភគវន្តមុនី សូមឲ្យលោកជួយលោក-អ្នកនាងទាំងអស់ឲ្យបានសេចក្ដីចម្រើនគ្រប់ប្រការ ។

សូផាត

វេលាដែលមើលសំបុត្រចប់កាលណា លោកអធិបតីសេនាធ្លាក់សំបុត្រពីដៃញ័រញាក់អស់ទាំងខ្លួន ទឹកភ្នែកហូរចេញមួយរំពេច រកនិយាយពាក្យអ្វីមិនចេញ ។ លោកស្រី **ណារិន** **ម៉ានយ៉ាន** សឹងតែយកកូនកន្សែងមួយម្នាក់ជូតភ្នែករៀងខ្លួន ។

— ឱ **សូផាត** អើយ !

— ឱ សំឡាញ់អើយ !

— កម្មអើយ ?

លោកប្រុសមានប្រសាសន៍ « អញឲ្យគេរក **សូផាត** ឲ្យឃើញ ! »

ទើបស្រែកហៅ « **អាជ័យ!** »

ចៅ **ជ័យ** រត់មក « ព្រះបាទ ! »

— ប្រាប់ទៅអ្នកបររទេះឡាន ឲ្យវារៀបខ្លួនជូនអញទៅក្រសួងសម្ងាត់ ។

— ព្រះបាទ

ចៅ **ជ័យ** រត់ចុះដីភ្លាម ។

លោកប្រុសអញ្ជើញទៅរៀបខ្លួន ទើបអញ្ជើញចុះទៅដី ។

បន្តិចឡានបើកចេញទៅក្រៅផ្ទះ ។

លុះពីរ-បីម៉ោងក្រោយមក លោកអញ្ជើញមកដល់ផ្ទះវិញ និយាយប្រាប់ទៅប្រពន្ធកូនថា « អញឲ្យក្រសួងសម្ងាត់គេធ្វើទូរលេខគ្រប់ប៉ុស្តិ៍ ឲ្យឃាត់ដំណើរ **សូផាត** ហើយ »

លោកស្រី សូមឲ្យគេរកឃើញទៅលោក!

**ណារិន** « ឲ្យសម្លាញ់ខ្ញុំត្រឡប់បកវិញទៅលោក !

**ម៉ានយ៉ាន** « គុណបុណ្យអើយជួយ! »

គ្រួសារលោកអធិបតីសេនាប្រុងតែចាំស្ដាប់ដំណឹងពី **សូផាត** ។ លុះមួយអាទិត្យក្រោយមកបុគ្គលិកក្រុមព្រះនគរបាលចូលមកក្នុងផ្ទះ មកជំរាបលោកថា « រាជការទើបនឹងបានរើសខ្មោចលង់ទឹកមួយ ខ្មោចក្មេងកម្លោះអាយុប្រហែល ២០ ឆ្នាំ ឥតឃើញមានសំបុត្រសំគាល់អ្វីនៅខ្លួន រាជការបានស្មានថាជាខ្មោចឈ្មោះ **សូផាត** រត់ចេញពីផ្ទះព្រះតេជគុណ

លោកអធិបតីសេនាឮតែប៉ុណ្ណោះទន់ខ្លួនហាក់បាត់ស្មារតី ។

លោកស្រីស្រែកទ្រហោយំ ។

**ណារិន** ខ្មៅមុខអែ រត់ទៅពួនយំ ។

**ម៉ានយ៉ាន** ងងឹតមុខជ្រប់ ស្ទុះទៅក្នុងបន្ទប់ ដណ្ដប់ភួយទ្រហោយំតែម្នាក់ឯង ។

បុគ្គលិកៈក្រុមព្រះនគរបាលលាត្រឡប់ទៅមន្ទីរគេវិញ ។

ខ្ញុំកំដរទាំងប៉ុន្មាន លុះឮដំណឹងគ្រប់គ្នា ស្ទុះមកយំទ្រហឹងអឹងកងរំពងពេញទាំងផ្ទះ ។

គួរឲ្យអាណោចអាធ័មណាស់!

ក្រោយមកលោកអធិបតីសេនានឹងគ្រួសារលោក នាំគ្នាយកខ្មោចនោះមកធ្វើបុណ្យដុតផារកាន់ទុក្ខសព្វៗ ខ្លួន ។

លោកអធិបតីនិយាយទៅប្រពន្ធ «អូន ! គម្មបងអ្វីក៏ម៉្លេះ ! ប្អូនឯងឥតកូនមួយ វេលាដែលបងបានដឹង **សូផាត** នេះជាកូនរបស់បង បងអរខ្លាំងណាស់ ទទួលកម្មអ្វីមកបម្រាសចេញវិញ ។

ន! ស្តាយតែពុំបានធ្វើឲ្យគ្នាដឹងខ្លួនថាបងនេះជាឪពុក! អាណិតតែកំសត់គ្រមោចឯកានៅស្រុកស្រែ រួចទំតាមមករកបងនៅភ្នំពេញ! ។

— អ្នកបងមិនគួរបំបិទបំបាំងការស្មែងរករបស់គ្នាទេ ។

— អូនអើយ! នេះគឺបងស្រឡាញ់កូន បងមិនចង់ប្រាប់ឲ្យវាដឹងភ្លាមថាបងនេះជាឪពុក ពិព្រោះបងមិនចង់ឲ្យវាអាងថាខ្លួនវាមានឪពុកជាអ្នកធំ-អ្នកមាន ហើយបោះបង់ការរៀនសូត្រចេញ ។ បងចង់ឲ្យតែវាដឹងថាខ្លួនវាជាកូនកំព្រា គឺអ្នកកំសត់ខ្លាំង ហើយគេយកមកទំនុកបម្រុងឲ្យរៀន បងចង់ឲ្យវាចេះខ្លាចចិត្តគេហើយខំរៀនឡើង បងបម្រុងតែនឹងប្រាប់វាដែរ នេះគឺអកុសលរបស់វា!...បុពក្យកសាងមកគិចពីអតីតជាតិមក!...

— អ្នកបង លាក់បាំងអ្វី ខ្ញុំបម្រុងតែនឹងផ្សំផ្គុំវានឹង ម៉ានយ៉ាន ដែរ ។

និយាយពី ណារិន វិញ អ្នកកើតទុក្ខបរិភោគអាហារអ្វីសឹងតែពុំបាន ។ ពេលចូលដំណេក ពេលរៀន អ្នកស្រមៃឃើញតែមុខសម្លាញ់អ្នក ។

ចំណែកនាង ម៉ានយ៉ាន នាងព្រួយប្រាណលើសអ្នកទាំងអស់ នាងគិតថា សូផាត លោតទឹកស្លាប់គឺពីព្រោះនាង ។ សូផាត ស្រឡាញ់នាងពិត គួរឲ្យស្តាយរូបនឹងឥរិយាបថអ្នកប្រុសណាស់ ។ រាល់តែថ្ងៃរាល់តែយប់ នាងយំសោកសង្រេងសង្រៃអាឡោះអាល័យអ្នកប្រុសថ្លៃដែលប្រល័យខ្លួនបង់ ពីព្រោះក្តីកំហុសរបស់នាង ។

រំលងយូរមក មានកូនអ្នកមានម្នាក់ឈ្មោះ សំណាង ចូលមកដណ្តឹងនាង ម៉ានយ៉ាន ។ លោកអធិបតីក៏ពុំយល់ទាស់ ប្រពន្ធលោកក៏ព្រមឲ្យ ប៉ុន្តែ ម៉ានយ៉ាន និយាយអង្វរចិត្តឪពុកម្តាយ ចិញ្ចឹមឲ្យបង្អង់សិន ។ នាងគ្មានចិត្តគិតដល់ប្រុសដទៃក្រៅអំពីខ្មោចលង់ទឹកសោះ ។

សំណាង ឧស្សាហ៍ចូលមកញឹកញយសួរលោកអធិបតីសេនាពីចិត្តធីតា ។

ថ្ងៃមួយ លោកប្រុស-លោកស្រីហៅកូនស្រីមកទើបសួរថា «កូន! ឪពុកម្តាយចង់ឲ្យកូនសម្រេចរឿងគេដណ្តឹងនាងឲ្យដាច់។ ឡើង ឯចិត្តឪពុកម្តាយចង់ឲ្យតែកូនព្រមព្រៀងទៅ សំណាង ជាកូនគេអ្នកមានពូជពង្ស-វង្សត្រកូល ទ្រព្យសម្បត្តិគេក៏ច្រើន ចំណេះវិជ្ជាគេក៏បរិបូណ៌ ចូរនាងព្រមតាមចិត្តឪពុកម្តាយទៅ!

នាង ម៉ានយ៉ាន សំពះឪពុក-ម្តាយឥតមានស្តីអ្វីមួយម៉ាត់ ។

— យើងអរគុណនឹងកូនព្រមតាមចិត្តយើងហើយ ។

# ជំពូកទី ៨

ការដែលពិតនោះ **សួផាត** មិនមែនស្លាប់ទេ ខ្មោចលង់ទឹកដែលគេរើសបានគឺមនុស្សដទៃ ព្រយពីរឿងផ្សេង ។ លោតទឹកសម្លាប់ខ្លួនបង់ ។ លោកអធិបតីសេនា នឹងគ្រួសារលោកទាំងអស់មើលខ្មោចនោះមិនយល់ ដោយវាហើមខ្លាំងពេកណាស់ ។

**សួផាត** ដែលរត់ចេញពីផ្ទះលោកអធិបតីសេនា ដើរភ្រូងតាមផ្លូវកំពត ទើបតត្រុកកាត់តាមវាលស្រែ ចូលទៅក្នុងភូមិថ្ម ។

គឺមោះលុះដោយអារម្មណ៍នាំឲ្យព្រួយចិត្តខ្លាំង **សួផាត** ភាំងវិញ្ញាណរវល់គំនិតគិតអ្វីមិនលេច ទទួលដើរមកដល់ផ្ទះមេស្រុក **«សុខ»** ក៏ចូលទៅ ។

មេស្រុកសួរថា **«អ្នកឯងមករកអ្វី?»**

— ខ្ញុំមកសូមសំណាក់នឹងលោក

— អ្នកឈ្មោះអ្វី ? ធ្វើការរកស៊ីអ្វី ?

— បាទ ខ្ញុំបាទឈ្មោះ **«ផនស៊ី»** រកទទួលទានធ្វើជំនួញ ។ ក្នុងវេលាឆ្នាំនេះ ខ្ញុំបាទជួញខាតប្រាក់អស់កេរ្តិ៍ពីឪពុកម្តាយ ។ ជាការនាំឲ្យខ្ញុំបាទកើតវិតក្កក្កក្នុងចិត្តរត់ចោលស្រុកមកសូមសំណាក់នឹងលោកបណ្តោះអាសន្នសិន ។ ខ្ញុំបាទមានចំណេះវិជ្ជាបន្តិចបន្តួចនឹងសូមជួយបំរើហែកម្លាំងលោកទំរាំតែខ្ញុំបាទបានស្បើយពីទុក្ខ នឹងលាលោកត្រឡប់ទៅស្រុកវិញ ។

មេស្រុក **សុខ** ងើបមើលមុខ **ផនស៊ី** យល់ថាមានទឹកមុខព្រួយមែន ទើបនិយាយថា «មានអី ! ប៉ុន្តែ អ្នកឯងកាន់គំនិតឲ្យត្រឹមត្រូវ» ។

មេស្រុក **សុខ** មិនបានជឿជាក់ចិត្ត **ផនស៊ី** ទេ ។

តាំងតែពីថ្ងៃដែល **សួផាត** មកនៅជួយធ្វើការមេស្រុក **សុខ** មេស្រុក **សុខ** ពោលសរសើរប្រាជ្ញាថ្លារបស់ស្មៀនថ្មីមិនចេះដាច់ពីមាត់ ។ លុះរំលងយូរបន្តិចមក មេស្រុកកាន់តែទុកចិត្តស្មៀននោះឡើង ។ វេលាស្ងាត់ មេស្រុកនិយាយទៅកាន់ប្រពន្ធ «ភាណា ! ពីដើមអញស្មានថា **ផនស៊ី** ជាមនុស្សអាវ៉ាសែ ដែលអញព្រមឲ្យនៅជាមួយ អញប្រុងតែនឹងស្ទាបចាប់រឿងអ្វីមួយ នឹងបញ្ជូនខ្លួនវាយកទៅជូនលោកចៅហ្វាយស្រុក ឥឡូវមកឃើញជាក់ថាវាជាមនុស្សមានចំណេះវិជ្ជាច្រើន មានកិរិយាល្អឥតឃ្មើស បើនឹងនិយាយស្តីពីអ្វីៗ មានពាក្យពិរោះណាស់ ។

— ចា៎ះ ប៉ុន្តែ ខ្ញុំស៊ើបសួរពីស្រុកទេសមិនព្រមប្រាប់ខ្ញុំសោះ ។

— អើ ! វាមិនបាច់លាក់នឹងអញទេ អញដឹងហើយ វាមិនមែនជាអ្នកស្រែចំការទេ ពិតជាអ្នកក្រុង សំដីចេញមកទាំងប៉ុន្មាន គឺជាសំដីកូនអ្នកមានពូជ ។

វេលាដែលប្ដីប្រពន្ធកំពុងជជែកគ្នាពីរឿងស្មៀនថ្មី ស្រាប់តែគេយកសំបុត្រមួយមកឲ្យ ។

មេស្រុកមើលសំបុត្រចប់ទើបនិយាយថា «រ៉ុយ ! លោកអធិបតីសេនា លោកនឹងអញ្ជើញមកលេងនឹងយើងក្នុងវេលាថ្ងៃស្អែក លោកស្រី-កូនស្រីលោក និងអ្នកដណ្ដឹងកូនស្រីលោកក៏មកដែរ គួរយើងរៀបទទួលលោកឲ្យអឹកធឹក ។

ពេលនោះ អ្នកក្មេងឈ្មោះជា **ផនស៊ី** ចូលមក ។ លោកមេស្រុកក៏និយាយប្រាប់សព្វគ្រប់ពីដំណើរលោកអធិបតីសេនា នឹងអញ្ជើញមកលេង ។

**សូជាត** ភ្ញាក់ខ្លួនមិនមានស្រដីអ្វី ។

លោកមេស្រុកនិយាយតមកទៀតថា «**ផនស៊ី** ! ម្ដេចឯងនៅស្ងៀមប្រែទឹកមុខយ៉ាងនេះ» !

— បាទទេ ខ្ញុំរវល់តែគិតទៅឆ្ងាយណាស់ ការទទួលទាហ៊ានធំមិនជាការងាយទេ តោងតែគិតឲ្យច្រើន តើត្រូវឲ្យមានអ្វី ៗ ខ្លះរបៀបរៀបចំយ៉ាងដូចម្ដេចខ្លះ ? លោកអញ្ជើញមកលេងក្នុងស្រុកយើងម្ដង តោងយើងរៀបឲ្យពេញមុខលោក ។

— ត្រូវមែនហើយ

ទើបតែះប្រាប់ប្រពន្ធ «ឯងស្ដាប់ចុះអញថាវាវៃណាស់»

លុះស្អែកឡើងពេលព្រលឹម នៅក្នុងផ្ទះមេស្រុក **សុខ** ភូមិថ្មី ប្រដាប់រៀបទទួលលោកភ្ញៀវយកុងរ៉ីយ៍រៀបហើយស្រេច មានរបៀបលំនាំល្អលើសលែងរបៀបមេស្រុក ៗ ស្រែទាំងពួង ។ ទាំងមេស្រុក ទាំងកូនស្រុកសឹងសរសើរដៃអ្នករៀបចំ . . . គឺ **ផនស៊ី** ។

ហេតុម្ដេចបានជាលោកអធិបតីសេនាអញ្ជើញមកឃុំថ្មី ?

ខ ១— ពីព្រោះលោកធ្លាប់រាប់អានស្គាល់មេស្រុក **សុខ** ជាយូរមកហើយ ។

ខ ២— ពីព្រោះលោកចង់រំហែទុក្ខសោកស្ដាយកូនលោកដែលទទួលអនិច្ចកម្មក្នុងទឹក ។

ខ ៣— ពីព្រោះនាង **ម៉ាន់យ៉ាន** អផ្សុកកើតទុក្ខពេកណាស់មិនចេះអស់ចិត្តពី **សូជាត** អង្វរឪពុកឲ្យជូនមកបន្ធប់ទុក្ខឯស្រុកស្រែ ។

លុះដល់ពេលលោកបិណ្ឌបាត លោកអធិបតីសេនានឹងគ្រួសារលោកអញ្ជើញមកដល់ ។ មេស្រុក **សុខ** នឹងរាស្ត្រជាច្រើននាក់រត់ច្រវាត់ទៅធ្វើបដិសណ្ឋារៈរាក់ទាក់ចំពោះភ្ញៀវដោយសេចក្ដីគួរសមយ៉ាងប្រពៃ ។

លោកអធិបតីទទួលសាមគ្គីសាមគ្គា នឹងអ្នកស្រុកទាំងអស់ រួចទើបអញ្ជើញឡើងទៅលើផ្ទះ ។

លោកមេស្រុក **សុខ** ក្រឡេកមើលទៅក្នុងហ្វូងមនុស្សទាំងអស់មិនឃើញ **ផនស៊ី** ទើបសួរទៅប្រពន្ធថា «ឯងឃើញ **ផនស៊ី** ទេ ? ម្តេចវាមិនមកសំពះសួរលោក ?

— ចាះ ខ្ញុំមិនបានឃើញវាតាំងពីព្រលឹមម៉្លេះ

ជំទប់ **សួស** នៅជិតនោះឆ្លើយកាត់ថា « ជំរាបលោក » **ផនស៊ី** វាប្រាប់ខ្ញុំពីព្រលឹមថាវាមិនស្រួលខ្លួន ឥឡូវវាទៅសម្រាកកម្លាំងទៅហើយ ។

លោកអធិបតីសេនាសួរថា « កូនលោកមេស្រុកឬ » ?

— ទានប្រោសទេ វាជាស្មៀនខ្ញុំព្រះបាទ ខ្ញុំព្រះបាទស្រឡាញ់វាដូចកូនបង្កើត ។

— ឲ្យគ្នាសម្រាកកម្លាំងទៅចុះ

**ផនស៊ី** ប្រើពុតជាឈឺនិយាយប្រាប់ជុំទប់ **សួស** គ្រាន់តែជាការងាយគេចវេះពីទីជំនុំទេ។

កាលណាភ្ញៀវមេស្រុក **សុខ** បរិភោគអាហារស្រេច អ្នកទាំងអស់គ្នានាំពាក្យនិយាយពីការផ្សេងៗ កំសាន្តលេងសប្បាយ ។ អ្នកភ្នំពេញនិយាយពីរបៀបរាជការរៀបចំទីក្រុង នឹងប្រ-សាសនោបាយក្នុងលោកសន្និវាសនេះ ។ អ្នកស្រែនិយាយពីផលានុផលក្នុងស្រុក នឹងកសិកម្មរបស់ខ្លួន និយាយពីទឹកជន់ នឹងទឹកភ្លៀងក្នុងរដូវឆ្នាំថ្មី ហើយគ្មានភ្លេចសោះទេកិច្ចទាក់ទងធម្ម-ជាតិទាំងឡាយនឹងសាសនា ។

បន្តិចភ្ញៀវនាំគ្នាចុះពីលើផ្ទះដើរលេងបែកគ្នានៅជិតខាងភូមិ ។

**ម៉ានយ៉ាន** ដើរតែឯងដម្រង់ទៅវាលស្រែ ។

នាងសប្បាយនឹងអាកាសទូលាយ និងគុម្ពស្រូវខៀវស្រងាត់ និងសត្វយំទំនៅគុម្ពឫស្សីដើមត្នោតដុះត្រង់ភ្លឺងសន្ទឹងទៅលើ មេឃ ត្រូវជំនោរខ្យល់បក់មកម្តង ។ សូវស្លឹក ចាស់ ។ រណ្តំគ្នាច្រាវៗ ខ្លះជ្រុះចាកដល់ដី ឯស្លឹកខ្ចីក៏មានជ្រុះខ្លះដែរគួរឲ្យវិរេកពេកណាស់ នឹកអាណោចអាធ័មដល់បុគ្គលដែលនៅជាយុវ័ននៅឡើយ ហើយមិនគួរនឹងមកដាច់ជីវិតសូន្យសុងក្នុងទឹកទន្លេមេ-គង្គ ។

ទឹកភ្នែកស្រក់តក់ៗ ពីភ្នែកនាង ។

នាងយកកូនកន្សែងមួយទ្រាប់អង្គុយ ក្រោមម្លប់ត្រឈៃនៃគុម្ពឫស្សី ដៃមួយនាងទ្រចង្កាផ្ងើយឡើងលើប្រឹងសម្លឹងមេឃ ដៃមួយទៀតនាងគោងកូនឈើនៅជិតនោះ ហាក់ទល់អាត្មានាងកុំឲ្យអណ្តែតត្រសែតតាមគំនិតនាងទៅលើអាកាសវេហាស៍ ដែលកល្យាណនាងមើលទៅ

ឃើញទូលាយឆ្ងាយអនេកពេកពិពសុធាដែលនាងនារីទីពឹងនៅ...

**សំណាង** លបលួចដើរតាមនាង ។ លុះមកឃើញនាងអង្គុយស្ងប់ស្ងាត់តែម្នាក់ឯង ក៏ម្ទីម្នាដើរចូលទៅជិត ។

នាងភ្ញាក់ព្រើត ។

**សំណាង** និយាយ «នាង ! ស្រុកស្រែដែលស្ងាត់យ៉ាងនេះកោតតែមនុស្សគេចេះរស់កើតដែរ ! បើជាបងវិញ បងមិនចេះនៅស្ថិតស្ថេរចិរកាលតយូរលង់ទេ ! »

នាងឥតស្តីអ្វីមួយមាត់ ។

**សំណាង** និយាយទៀតថា «មើលទៅនាង ហាក់អផ្សុកណាស់

- ចា៎ះ ខ្ញុំសប្បាយណាស់ ។

**សំណាង** ឮពាក្យប្អូនមាត់នេះពីរោះដូចសៀងតូរ្យតន្ត្រីទើបប្រែសំដី «នាង! គឺជាបុណ្យព្រេងយើងពីមុនមក កសាងចូលគ្នាច្រើនណាស់ ទើបជាតិនេះយើងនឹងបានជួបគ្នាជាគូគាប់ចិត្តតទៅ » ។

**សំណាង** រង់ចាំមួយស្របក់ពុំឮនាងឆ្លើយ ទើបញញឹមប៉ប្រិមខិតចូលជិតនិយាយទៀតថា « អូន ! យើងនឹងបានគ្នាជាគូមូលមិត្តមេត្រីបើអូនពុំយល់អ្វី សូមនាងមេត្តាឲ្យបងសូមថើបភក្ត្រនូនអ្នកយ៉ាងស្ម័គ្រស្មោះ... និយាយហើយក៏លោទៅ ។ នាងច្រានម្តេចធ្វើដូច្នោះពិតមែនតែឪពុកម្តាយខ្ញុំឲ្យខ្ញុំទៅអ្នក ប៉ុន្តែយើងមិនទាន់រៀបការអាពាហ៍ពិពាហ៍នឹងគ្នាទេ យើងនៅស្រុកខ្មែរតោងតែកាន់ទំនៀមទម្លាប់ខ្មែរ » ។

នាងដើរចេញ ។ **សំណាង** ដើរតាមដែរ ។

នាងចេញផុតពីគុម្ពឫស្សីស្រាប់តែឃើញ **សូផាត** នៅបង្អើយជិតនោះ ។ នាងស្រែកថា «បង **សូផាត** ! បង **សូផាត** ! **សូផាត** ឈរត្រង់ខ្លួនបើកភ្នែកធំៗ ។ ដោយនាងស្មានថាជាខ្មោច **សូផាត** លង ក្បាលនាងឡើងព្រឺ នាងខ្ទប់មុខមិនហ៊ានមើលខ្មោចលង ហើយដួលគ្រប់លើដី ។

**សូតផាត** គេចបាត់ពីទីនោះភ្លាម ។

**សំណាង** រត់ទៅហៅអ្នកស្រុក ។ ស្ទុះមកនោឡោមក នាងដឹងខ្លួននិយាយពាក្យរវើរវាយ «បង **សូផាត** ! ខ្ញុំឃើញខ្មោចបង **សូផាត** មកលងខ្ញុំអម្បាញ់មិញ ! » ។

កាលដែលនាងក្រឡេកឃើញ **សូផាត** នាងស្មានថាជាខ្មោច **សូផាត** មកលងនាង ។ ដោយនាងរលឹកណាស់ភ្ញាត់មាត់ហៅឈ្មោះភ្លាម ប៉ុន្តែដល់មកនឹកឃើញដឹងថាជាខ្មោច សេចក្តីខ្លាចមកពញាក់នាងឲ្យភ័យញ័រដួលមួយរំពេច ។

លោកអធិបតីសេនាមកគ្រោហ៍កូន បង្គាប់ឲ្យអ្នកស្រុកយកអង្ករ១ក្តាប់មកជូនលោក ទើបលោកបាចហើយមានប្រសាសន៍ខ្លាំងៗ «**សួផាត**! បើឯងចាកស្ថានទៅហើយ កុំមកលងពញ្ញាក់ប្អូនអី យកអង្ករនេះទៅ ទៅឲ្យឆ្ងាយពីយើងនេះទៅ បើឃ្លានណាស់សឹមយើងសែនឲ្យស៊ី ។»

**ម៉ានយ៉ាន** នៅតែទន្ទេញ «**សួផាត**! **សួផាត**! បង **សួផាត**!»

លោកអធិបតីភ័យជាខ្លាំង បបួលប្រពន្ធកូនលាមេស្រុក **សុខ** វិលត្រឡប់ទៅភ្នំពេញវិញ។

នៅក្នុងភូមិថ្ម គេបាត់ដំណឹងសួន្យពី **ផនស៊ី** តាំងតែពីថ្ងៃទទួលលោកនាម៉ឺនធំ ។

## ជំពូកទី ៩

មកដល់ផ្ទះហើយ នាង **ម៉ានយ៉ាន** នៅតែទន្ទេញឈ្មោះ **សួផាត** អាហារអ្វីក៏នាងមិនព្រមទទួល ពេលគេងនាងគេងមិនលក់ ។ ឪពុកម្តាយធម៌នាងនាំនាងទៅមើលកុន ទៅមើលល្ខោន នាងនៅតែរវើរវាយ «**សួផាត**! បង **សួផាត**» ។

លុះរៀបសែនពែស្រេចជាពីរដងជាបីដង នាង **ម៉ានយ៉ាន** នៅតែមិនទាន់បាត់រវើរវាយ ។

យូរបន្តិចមក ទើបនាងបានស្រាន្តខ្លួន ។

ឪពុកនាងអរជាខ្លាំង ក៏ឲ្យដំណឹងទៅឪពុក-ម្តាយ **សំណាង** ។

ខាងប្រុសជូនកំណត់វេលាការ ។

នៅថ្ងៃ ១១ រោចក្នុងខែកត្តិក នៅគេហស្ថានលោកអធិបតីសេនា រោងពិធីធ្វើហើយស្រេច ។ គេហៅកូនកម្លោះមកចូលរោងពីព្រលឹម ពេលល្ងាចរៀបសូត្រមន្ត រៀបលៀងភ្ញៀវ ។

ដល់មកពាក់កណ្តាលអធ្រាត្រ នាង **ម៉ានយ៉ាន** មកគិតថា «សេចក្តីបំណងរបស់អញមិនឲ្យបង់បាត់ទេ» ។

នាងនិយាយនឹងអ្នកតែងខ្លួនម្នាក់: «បងជូនខ្ញុំទៅបត់ជើងបន្តិច!»

— យី! ទៅបត់ជើងឯណា?

— ឯបង្គន់មាត់ទន្លេ ។

— ខ្ញុំមិនហ៊ានជូនទៅទេ ... ងងឹតណាស់ ។

រកតែងងឹតហ្នឹងហើយជាការណ៍ស្រួល យើងសោះនឹងខ្លាសគេដែលទៅពាសពេញ ។

អ្នកតែងខ្លួនក៏ព្រម ។

នាងទាំងពីរចុះតាមជណ្ដើរក្រោយ ។ **ម៉ានយ៉ាន** ប្រដាប់មាសពេជ្រពេញទាំងខ្លួន ។

លុះដើរទៅជិតដល់បង្គន់ នាងនិយាយប្រាប់អ្នកតែងខ្លួនថា «បងនៅចាំខ្ញុំត្រង់ហ្នឹង ខ្ញុំដើរតែម្នាក់ឯងបានហើយ»

អ្នកតែងខ្លួនក៏ធ្វើតាមបង្គាប់ ។

នាងដើរទៅជិតបង្គន់មាត់ទន្លេ លើកដៃទាំងពីរសំពះឡើងលើ លោតប្រុងទៅក្នុងទឹកកំពុងហូរខ្លាំងទៅសមុទ្រស្រុកចិន ។

នាង **ម៉ានយ៉ាន** សម្លាប់ខ្លួនក្នុងទឹក ដោយនាងគិតឃើញថា **ស្វូដាត** លោតទឹកស្លាប់ដោយសារនាងទាំបង្កើតកម្មគ្រោះ ម្យ៉ាងទៀត នាងមិនចង់យកប្ដី ដែលនឹងរម្ងាប់សេចក្ដីអាឡោះអាល័យនាង ពីប្រុសកំសត់កត់ចិត្តចងចាំនឹងនាង ។

## ជំពូកទី ១០

អ្នកស្អាងខ្លួន ដែលជូននាង **ម៉ានយ៉ាន** ទៅដោះទុក្ខសត្វ លុះអង្គុយចាំនាងយូរពេកក៏តាមនាង រកមើលនាងក្នុងបង្គន់ក៏មិនឃើញ ទើបភិតភ័យតក្កមារត់មកប្រាប់ឪពុក-ម្ដាយនាងជួបជុំនឹងភ្ញៀវគ្រប់គ្នាថានាងពឹងខ្លួនឲ្យជូនទៅបង្គន់ ហើយស្រាប់តែមិនឃើញចេញពីបង្គន់មកវិញ ។

លោកអធិបតីសេនា និងញាតិកាទាំងប៉ុន្មានសង្ឃឹមថានាងនឹងវិលត្រឡប់មកវិញ ។ ប៉ុន្តែសេចក្ដីសង្ឃឹមនោះខុសស្រឡះ ។ នាង **ម៉ានយ៉ាន** មិនឃើញមកសោះពីបង្គន់ ។

លោកស្រីសង្ស័យណាស់ ក៏បង្គាប់មនុស្សម្នារកតាមមាត់ទន្លេបំភ្លឺភ្លើងព្រោងព្រាត ។

រកមិនឃើញ ។

បន្តិចមនុស្សក្រៅផ្អើលឆោឡោឡើងថា សាមីខ្លួនខាងស្រីរត់ទៅណាបាត់ ។ ខ្លះថា «ប្រហែលនាងមិនស្រឡាញ់ប្ដីទេដឹង បានជារត់បាត់!

ខ្លះទៀតថា «ក្រែងខ្មោចទឹកទាញជើងទម្លាក់ក្នុងទឹកទេដឹង!

ខ្លះឆ្លើយកាត់ថា «កុំនិយាយផ្ដេសផ្ដាស់ គេកំពុងមានមង្គល មិនដែលមាន កូនគេអ្នកមានពូជពង្សបានប្ដីសមសក្ដិនឹងគេហើយ ម្ដេចឡើយថាមិនស្រឡាញ់ ម្យ៉ាងទៀតខ្មោចទឹកណាហ៊ានមកទាញមនុស្ស បន្តិចទៀតគង់តែឃើញនាងមកវិញទេ» ។

ឥតឃើញនាងមកវិញ ។

អ្នករាល់គ្នាសង្ស័យខ្លាំងនឹងនាងធ្លាក់ទឹក ។ បន្តិចអ្នកណាប្រសប់មុជរាវក្នុងទឹក ។ អ្នក

ណាប្រសប់បង់សំណាញ់ ទាញសំណាញ់មកបង់មួយរំពេច ។

រកនាង **ម៉ានយ៉ាន** មិនឃើញ ។

ព្រឹកឡើងនៅផ្ទះលោកអធិបតីសេនា ដែលមនុស្សធ្លាប់តែពីមិ្យលសើចញញឹមញញែម ដែលសប្បាយនឹងស្តាប់សំឡេងចម្រៀងនូវភ្លេងលេងបទយ៉ាងពិរោះ ស្រាប់តែស្រងូតស្រងាត់គ្រប់ៗគ្នា ។ ងាកមើលទៅម្នាក់ធ្លាក់ទឹកមុខ ងាកមើលទៅម្នាក់ទៀតចេញទឹកភ្នែកសស្រាក់ មើលទៅម្នាក់ទៀតអង្គុយគ្រហោមក្បាលជង្គង់ទឹកភ្នែករហាម ។ អ្នកទាំងអស់សុទ្ធតែស្រយុតក្នុងចិត្តអាណិតអាឡោះអាល័យនាង **ម៉ានយ៉ាន** ។

អ្នកស្រុកដឹងជាក់ថា **ម៉ានយ៉ាន** ស្លាប់ក្នុងទឹក ។

**ម៉ានយ៉ាន** មិនស្លាប់ទេ ។ វេលាដែលនាងលោតទៅក្នុងទឹកទន្លេ មានទូកអ្នកនេសាទត្រីម្នាក់អុំមកដល់ ។ គេឃើញដូច្នោះគេស្ទុះលោតទៅស្រង់នាងភ្លាម នាងផឹកទឹកឆ្អែតសន្លប់មិនដឹងខ្លួន ។ គេលើកនាងដាក់លើទូក ។ នាងនៅតែមិនដឹងខ្លួន ។ ទើបគេប្រញិបប្រញាប់ឆ្វេងទៅត្រើយម្ខាងឯភូមិច្បារអំពៅមួយរំពេច ។

លុះអ្នកអុំទូកមកដល់ផ្ទះគេកាលណាគេស្រែកហៅភ្លាម «សម្លាញ់អើយ ! ចុះមកជួយអញបន្តិច !»

បន្តិចប្រុសកម្លោះម្នាក់ស្ទុះចុះរហ័សពីលើផ្ទះ «មានអាសន្នអ្វី ? »

— អញទៅបង់ត្រីអញឃើញព្រិល ។ មនុស្សម្នាក់លោតចុះទៅក្នុងទន្លេ អញស្រង់រើសមក ឯងជួយអញផង យើងខំជួយជីវិតអ្នកនោះ ។

— ប្រុស ឬ ស្រី ?

អញមិនដឹងជាស្រីឬប្រុសទេ ងងឹតណាស់រកមើលអ្វីមិនយល់ទេ ។

អ្នកទាំងពីរនាំគ្នាពពីមពពើមសែងនាង **ម៉ានយ៉ាន** ឡើងលើផ្ទះ

ចង្កៀងប្រទីបតូចចាំងពន្លឺព្រឹប ។ ក្នុងផ្ទះ អ្នកសែងទាំងពីរឃើញច្បាស់ជារូបស្ត្រី ប្រដាប់ដោយមាសពេជ្រពេញទាំងខ្លួន លាន់មាត់ទាំងពីរ: «ស្រីទេតើ» ។

អ្នកនេសាទយកចង្កៀងមកជិត មនុស្សប្រុសកម្លោះស្រាប់តែស្រែកឡើង **ម៉ានយ៉ាន ! ម៉ានយ៉ាន** អូនបង ! »

— កូនលោកអធិបតី ឬ ?

— ហ្នឹងហើយ ។

នាងនៅតែមិនដឹងខ្លួន ។

អ្នកទាំងពីរលើកនាងរលាក់ឲ្យធ្លាក់ទឹក ទើបដាក់ផ្តេកវិញចាប់ដៃគ្រវីចុះឡើង រកភ្លើងមកកំដៅខ្លួននាង ។ បន្តិចនាងដឹងខ្លួន ។ នាងបើកភ្នែកស្រាប់តែឃើញ **សូផាត** ទើបវាចាខ្សាវ ។ «**សូផាត** ឬ ?»

— **ម៉ានយ៉ាន** អូនបង!

ខ្ញុំស្មានថាជាអ្នកបងស្លាប់បាត់យូរណាស់មកហើយ ។

— បងរស់នៅតែរាល់ថ្ងៃ ។ អញ្ជើញអូនសម្រាកកម្លាំងទៅណាកែវ ចាំវានាងភ្ញាក់ឡើង នាងមានកម្លាំងនឹងនិយាយរឿងប្រាប់បងបន្តិច ។

នាង **ម៉ានយ៉ាន** ខំធ្មេចលក់ ។

**សូផាត** ក្រោយដែលនាង **ម៉ានយ៉ាន** ដួលសន្លប់នៅភូមិថ្ម អ្នកគេចវេះពីផ្ទះមេស្រុក **សុខ** មកនៅភូមិច្បារអំពៅ មកសូមសំណាក់នឹងសម្លាញ់អ្នកម្នាក់ឈ្មោះ **រ៉ត** ជាអ្នកនេសាទត្រីពីដើមរៀនអក្សរនៅវត្តឧណ្ណាលោម ។ **រ៉ត** ក៏ព្រមទទួល **សូផាត** ឲ្យនៅជាមួយ **សូផាត** បាននិយាយរឿងសព្វគ្រប់ប្រាប់ បានផ្តាំឲ្យជួយបំបិទឈ្មោះខ្លួនពួននៅក្នុងផ្ទះ ។ **រ៉ត** ក៏បានធ្វើតាមមក ។

**សូផាត** និយាយប្រាប់នាយ **រ៉ត** «បង! នាងនេះជាកូនចិញ្ចឹមលោកអធិបតីសេនា មានគុណក្រាស់លើខ្ញុំ ពីព្រោះតែខ្ញុំស្មានខុសថានាងស្អប់ខ្ពើមខ្លួនខ្ញុំ បានជាខ្ញុំរត់ចេញពីផ្ទះលោកអធិបតីមក នាងប្រាកដជាមានចិត្តបេតីលើខ្ញុំ ។ រឿងនៅភូមិថ្ម ជាភស្តុតាងស្រាប់» ។

— ប្អូនអើយ! រឿងមនុស្សស្រីហើយនឹងមនុស្សប្រុសចងចិត្តនឹងគ្នា ហើយមិនដឹងខ្លួនតែសព្វខ្លួនមានច្រើនណាស់!

បន្តិចនាង **ម៉ានយ៉ាន** បើកភ្នែក . . . ភ្ញាក់ ។

**សូផាត** និយាយ «អូន! គេងបន្តិចទៀតទៅ!»

— ចាំះ ខ្ញុំមានកម្លាំងណាស់ហើយ ។

**សូផាត** ស្ទុះទៅដួសបបរដែលខ្លួនដាំទុក ទៅយកផ្លែឈើ «អូន!អញ្ជើញញាំបបរចេក»

**ម៉ានយ៉ាន** ញញឹម ទើបអញ្ជើញ **សូផាត** ឲ្យបរិភោគជាមួយនឹងនាង ។ **សូផាត** ក៏ធ្វើតាមបង្គាប់ ។ លុះបរិភោគស្រេច **សូផាត** សួរនាងថា «អូន! ហេតុអ្វីក៏នាងមកលង់ទឹកដូច្នេះ?»

**ម៉ានយ៉ាន** មិនស្រដី ទើបសួរវិញថា «ហេតុអ្វីក៏អ្នកបងរត់ចេញពីផ្ទះឪពុកខ្ញុំ»

— ប្អូន ! បងនិយាប្រាប់ប្អូនឲ្យអស់ទៅចុះ បងស្មានមកថានាងស្អប់ខ្ពើមលើរូបបង

ណាស់ មិនដឹងជាហេតុអ្វី ស្រាប់តែអូនគេចវេះពីមុខបង លែងនិយាយលេងនឹងបង បងតូចចិត្តនឹងខ្លួនបងដែលជាអ្នកខ្សត់ខ្សោយហើយហ៊ានលបលួចមេត្រីលើនាង ។

— ឱ អ្នកបង ! នាងណាមួយដែលចេញពីបន្ទប់អ្នកបងមកក្នុងវេលាម៉ោងមួយភ្លឺ យប់ថ្ងៃ ១៣ កើតខែចេត្រ ។

**ស្វូផាត** ទឹកឃើញ « អូន ! ក្នុងវេលាយប់នោះ នាង **អ៊ូរី** ចូលមកក្នុងបន្ទប់បង បងអង្វរឲ្យចេញទៅវិញ » ។

**ម៉ានយ៉ាន** ញញឹម «ស្វានឹងចេក ក្អែកនឹងពងមាន់ ។

— ប្អូន ! បងលើកដៃមួយឡើងលើ ( **ស្វូផាត** លើកដៃស្តាំស្បថ ) ចិត្តមេត្រីរបស់បងមានតែលើរូបអូនមួយពិត ។

**ម៉ានយ៉ាន** ស្រក់ទឹកភ្នែក **ស្វូផាត** ស្ទុះយកកូនកន្សែងមួយមកជូតនាងទើបនិយាយថា «អ្នកបងក្រោយដែលអ្នកចាកចេញពីផ្ទះខ្ញុំមក មានគេរើសបានខ្មោចមួយ អ្នកទាំងអស់គ្នាស្មានថាជាខ្មោចអ្នកបង បានទាំងយកខ្មោចនោះមកដុតដារផង ក្រោយមកទៀត ឪពុកខ្ញុំឲ្យខ្ញុំទៅ **សំណាង** ដែលខ្ញុំឥតចិត្តគិតមេត្រីសោះ វេលាដែលរៀបការ ខ្ញុំបម្រុងតែបំផ្លាញជីវិតបង់ក្នុងទឹកទន្លេតាមអ្នកបង ដែលខ្ញុំស្មានថាជាលោតទឹកស្លាប់យូរហើយដោយសារប្អូន ។

**ស្វូផាត** ស្ទុះទៅអោប **ម៉ានយ៉ាន** យំទាំងពីរនាក់ «នេះគឺបុណ្យព្រេងយើង» ។

នាយ **រ៉ត** និយាយថា «ខ្ញុំចេញទៅលក់ត្រីសិន»

## ជំពូកទី ១១

យើងមិនបាច់ឆ្ងល់ទេ **ម៉ានយ៉ាន** និង **ស្វូផាត** បានជួបគ្នាក្នុងវេលានោះឯង ។ អ្នកទាំងពីរមូលមេត្រីជាគូឥតអ្នកឯណាមួយដឹងក្រៅអំពីនាយ **រ៉ត** នេសាទត្រី ។

ឱ ! ប្រសិនណាជាលោកអធិបតីដឹងដំណឹងវិញ ?

ឱ ! ប្រសិនណាជា **សំណាង** ដឹងដំណឹង ?

អ្នកទាំងពីរតែងបារម្ភការណ៍ត្រង់ហ្នឹងណាស់ ។

ថ្ងៃមួយ **ស្វូផាត** និយាយ **ម៉ានយ៉ាន** ថា «អូនបង ! ស្រុកច្បារអំពៅនឹងច្រមុះស្រុកភ្នំពេញ គេថាដំរីស្លាប់យកចង្អេរមកបាំងឯណាជិត បើយើងមិនជៀសចេញពីទីនេះទេ បើមិនយូរក៏ឆាប់ គេនឹងដឹងដំណឹងពីយើង គួរយើងចេញពីទីនេះទៅ ។

ខ្លួនប្អូនជាស្រីតាមតែគំនិតអ្នកបង ។

វេលាដែលនាយ **រ័គ** មកពីទេសាទត្រី **ស្វផាត** និយាយប្រាប់ថា «សម្លាញ់! សម្លាញ់មានគុណនឹងខ្ញុំណាស់ ប៉ុន្តែ យើងនៅស្ថិតស្ថេរក្នុងស្រុកនេះទៀតមិនបានទេ ក្រុងភ្នំពេញនៅជិតបង្កើយ គេថាផ្លូវហើយវែង មាត់មនុស្សវែងជាងផ្លូវទៅទៀត យើងសូមលាសម្លាញ់នឹងចេញពីនេះ ។»

នាយ **រ័គ** បើកភ្នែកធំ ។ « កុំអាលអញ្ជើញទៅណា ខ្ញុំចិញ្ចឹមសម្លាញ់ឯងពីរនាក់មិនបានឬ? ក្នុងរវាងមួយខែពីរទៀត ។ ខ្លាចអ្នកណា យើងសុខចិត្តស្រឡាញ់គ្នាហើយ គ្មានអ្វីធំជាងចិត្តទេ ឪពុក-ម្តាយឲ្យមានប្តី-ប្រពន្ធមិនគាប់ចិត្ត ថ្ងៃក្រោយមិនមែនឪពុក-ម្តាយទេ ដែលទទួលការខុសត្រូវលើជីវិតយើងក្នុងមួយជាតិនេះ » ។

— សម្លាញ់និយាយនេះត្រូវម៉្យាងហើយ ប៉ុន្តែប្អូនសំឡាញ់ឯងនេះមានគេបានជូនអីវ៉ាន់ច្រើនណាស់កាលដែលគេចូលដណ្តឹង ។ អីវ៉ាន់នៅជាប់ខ្លួននាងផង បើគេដឹងថានាងរស់ជីវិតនៅជាមួយនឹងខ្ញុំ គេនឹងអួសអស់ជាមិនខាន គេប្តឹងចៅក្រមធ្វើទោសផង ។

នាយ **រ័គ** ឈប់មួយស្របក់ ។

— សម្លាញ់គិតឃើញយ៉ាងដូចម្តេចស្រួលគិតទៅចុះ ។

លុះប៉ុន្មានថ្ងៃក្រោយមក **ស្វផាត** នឹង **ម៉ានយ៉ាន** នាំគ្នាទៅនៅក្នុងស្រុកមួយឆ្ងាយបន្តិចពីទីរួមខេត្តស្វាយរៀង ។ សង្សារទាំងពីរព្រមព្រៀងគ្នាលក់ខ្សែមាសខ្សែពេជ្រតូចៗ ទិញបានជាទីលំនៅជាដីស្រែ វេលាដែល **ស្វផាត** ទៅកាប់គាស់ដីដាំដំណាំ **ម៉ានយ៉ាន** នៅផ្ទះថែរក្សាទ្រព្យសម្បត្តិ មើលខុសត្រូវក្នុងផ្ទះក្រៅផ្ទះ ដាំបាយធ្វើម្ហូប ។

អ្នកទាំងពីរដូចលលកញីឈ្មោល ស្រឡាញ់គ្នាហាក់ថ្លើមមួយប្រមាត់មួយ ។

អ្នកស្រែនៅក្នុងភូមិមានផ្ទះនៅជិតខាងសឹងតែស្រឡាញ់រាប់អានអ្នកចំណូលទាំងពីរនាក់ណាស់ ។

អ្នកទាំងអស់ស្មានថាជាប្តីប្រពន្ធគេពេញច្បាប់ ។

ឥតអ្នកណាដឹងឫសកែវបន្តិចសោះ ។

ខែជេស្ឋចូលមកដល់ ទឹកភ្លៀងធ្លាក់កាន់តែច្រើន អ្នកធ្វើស្រែរវល់គ្នាម្នីម្នាភ្ជួររាស់ដីយ៉ាងមាំទាំ ។

**ស្វផាត** ក៏ធ្វើដូចអ្នកទាំងពួងដែរ ប៉ុន្តែវេលានឹងព្រោះស្រូវស្រាប់តែពិនិត្យទៅឃើញថាខ្វះពូជស្រូវ ក៏និយាយទៅសង្សារថា «កែវបង! ឥឡូវយើងត្រូវការទិញពូជស្រូវទៀតទើបគ្រប់គ្រាន់ តើយើងត្រូវធ្វើដូចម្តេច បើយើងចាយប្រាក់យើងទិញផ្ទះទិញដីទិញរបស់ប្រើប្រាស់ជិត

អស់ទៅហើយ   គ្រឿងមាសពេជ្រតូចៗ យើងលក់គ្មានសល់  ។

— អ្នកបង! ចិញ្ចៀនពេជ្រខ្ញុំមានតម្លៃថ្លៃណាស់   ក្នុងស្រុកនេះឥតអ្នកណាហ៊ានទិញទេ  អ្នកបងប្រថុយអញ្ជើញទៅភ្នំពេញចុះ  យកចិញ្ចៀននេះទៅលក់ឲ្យដល់ហាងក្លិង្គ ដែលនៅមាត់ទន្លេធ្លាប់ទទួលទិញមាស-ពេជ្រ  ។

— ពូជស្រូវមិនថ្លៃប៉ុន្មានទេអូន!

— ចា៎ះទេ   ខ្ញុំចង់បានប្រាក់ឲ្យច្រើននឹងទុកចាយវាយទៅថ្ងៃក្រោយទៀត   អ្នកបងអញ្ជើញទៅភ្នំពេញចុះ  ប៉ុន្តែប្រយ័ត្នបន្តិច ។

— បើដូច្នោះស្អែកបងនឹងចេញទៅ ។

លុះព្រលឹមឡើង **សូផាត** នឹងធ្វើដំណើរចាកចេញពីដួងជីវិតអ្នក  ដោយអ្នកមិនចង់ឃ្លាតឃ្លាចេញឆ្ងាយសោះ  អ្នកមានចិត្តអាឡោះអាល័យក្រៃពេកណាស់ ។ អ្នកនិយាយថា «អូន! បងដែលធ្វើដំណើរនេះ តោងធ្វើច្រើនដំណាក់ណាស់  ពីព្រោះបងត្រូវជៀសវាងស្រុកប្រជុំជន បងនឹងដើរទៅឡើងឡានឲ្យហួសពីទីផ្សារ បងនឹងចុះពីលើឡានមុននឹងដល់ស្ពាន«បាសាក់»គិតទៅដំណើរបងយូរណាស់   យ៉ាងតិចបួនឬប្រាំថ្ងៃ   ដូច្នេះបើប្រសិនណារោគាព្យាធិអ្វីមកបៀតបៀនដល់អូន ចូរប្អូនរកពេទ្យចេះវិជ្ជាបារាំងមើលជម្ងឺនាង  កុំបណ្តែតបណ្តោយឲ្យគ្រូផ្តេសផ្តាសមើល   ម៉្យាងទៀតមនុស្សចាស់ៗ ក្នុងភូមិចូរប្អូនខំយកចិត្តគេ  បើមានអាសន្នអ្វីៗ   អ្នកនេះឯងហើយជាញាតិរបស់យើង ៕

នាង **ម៉ានយ៉ាន** ស្ទុះមកឱបអ្នកប្រុសថ្លៃ «ចា៎ះអ្នកបង!»

អ្នកទាំងពីរឈរប្រឱបគ្នា ។

នាង **ម៉ានយ៉ាន** ផ្តេកក្បាលទៅលើទ្រូងសង្សារ  អ្នកប្រុសជ្រងសក់នាង   ចាប់ទាញអង្អែលសក់អង្អែលខ្នង  អង្អែលថ្ពាល់ . . . មានទឹកភ្នែករលីងរលោងរាល់គ្នា ។ នាង **ម៉ានយ៉ាន** ស្រដីទាំងទង្គឹះអួលក្នុងចិត្ត «អ្នកបងអញ្ជើញទៅ ប្រយ័ត្នតាមផ្លូវឲ្យមែនទែន» ។

អ្នកទាំងពីរមិនចង់ឃ្លាតឃ្លាពីគ្នាសោះ  ប៉ុន្តែវាទាស់ពីត្រឹមទ័ល  ។

បន្តិច **សូផាត** ប្រដាប់ដោយខោ-អាវដូចអ្នកស្រែធម្មតា   គឺពាក់មួកខ្មៅហាមធំ   អាវចិនខោចិនខ្មៅយ៉ាងជំនុំ   ស្ពាយបង្វិចតូចមួយដើរបៀមបារីស្លឹកសង្កែ   កាន់ជន្ទួញនៅដៃ  ។ នាង **ម៉ានយ៉ាន** ជូនដំណើរសង្សារ   លុះត្រាតែហួសវាលវែងមួយទើបត្រឡប់មកផ្ទះវិញ  ។ ទេ នាងមិនទាន់ត្រឡប់មកភ្លាមទេ នាងឈរក្រោមដើមត្នោតមើលទៅប្តី ដែលដើរកាន់តែឆ្ងាយទៅៗ  លឹមៗ បន្តិចលិចបាត់ក្នុងគម្ពោតព្រៃ    ។   នាងស្រក់ទឹកភ្នែករារាណិតប្រុសកល្យាណ

លុះវិលថ្កានមកផ្ទះវិញនៅស្ងប់ស្ងាត់ត្រមោចឯកាតែម្នាក់ឯង ។ នាងអុជធូបបីសវសែសំពះបន់គុណបុណ្យឲ្យលោកជួយប្តីនាង ។

និយាយពី **ស្ងផាត** វិញ អ្នកដើរបណ្តើរងាកមើលមកប្រពន្ធបណ្តើរ លុះត្រាតែទៅឆ្ងាយទៅៗ ងាកមើលមិនឃើញ ។ អ្នកនឹកមកដល់ប្រពន្ធនៅតែម្នាក់ឯង អ្នកនឹកពីក្តីកំសត់កម្រនឹងអ្នក អ្នកអស់កម្លាំងនឹងឈានជើងដើរតទៅទៀតសឹងតែពុំបាន ។

បន្តិចអ្នកដើរមកដល់ផ្លូវថ្នល់ ចម្ងាយពីផ្សារស្វាយរៀងចំនួនដប់គីឡូម៉ែត្រ ។ ឡានមួយមកពីព្រៃនគរបើកមកដល់ **ស្ងផាត** ហៅឈប់ទើបឡើងជិះ ។

ឡានបើកផុតពីព្រែកអ្នកលឿងបន្តិច គោមួយចេញពីវាលស្រែមក អ្នកបើកឡានស្មានថាជាគោនៅស្ងៀមក៏មិនបង្អង់ម៉ាស៊ីន គោនោះរត់កាត់ផ្លូវមួយរំពេចទង្គិចនឹងឡាន ឡានកិនគោ គោស្លាប់ឡានក្រឡាប់ក្ងាម ។

អ្នកជិះត្រូវរបួសច្រើន ។

**ស្ងផាត** សន្លប់មិនដឹងខ្លួន ។

គេយកអ្នកត្រូវរបួសទាំងអស់ទៅមន្ទីរព្យាបាលរោគ ។

នាង **ម៉ានយ៉ាន** នៅម្នាក់ឯងឯខេត្តស្វាយរៀង នាងរឭកនឹកប្តីសព្វទិនទិវារាត្រីមិនដែលដាច់ ចាំមើលផ្លូវប្តីក្រឃើញមកដល់កើតមានបារម្ភខ្លាំង ។ ថ្ងៃមួយនាងឈឺចាប់ខ្លាំងក្នុងក្បាលក្តៅខ្លួន ញ័រចំប្រប់រស់ទាំងកាយ បាយទឹកចំណីចំណុកនាងអាស្រ័យពុំបាន ។ ចាស់ៗនៅជិតខាងគេមកជួយរកថ្នាំឲ្យនាង ។

រកមិនជល់សោះ ជម្ងឺនៅតែដដែល ។

នាងសួរមនុស្សចាស់ម្នាក់ «លោកតា! នៅស្រុកយើងមានពេទ្យបារាំងទេ?»

— មានចៅ ប៉ុន្តែគោងឡើងទៅផ្សារហើយ ។

— ចា៎ះ ខ្ញុំចង់ឲ្យគ្រូពេទ្យមើលរោគខ្ញុំ លោកតាអាណិតរកពឹងអ្នកណាឲ្យគេទៅអញ្ជើញលោកគ្រូពេទ្យមកបានទេ?

— មានអីចៅ ។

នាងយកប្រាក់ពីហោប៉ៅហុចជូនទៅលោកតាចាស់ «នេះសោហ៊ុយអ្នកទៅតាមពេទ្យ»

តាចាស់បានប្រាក់ក៏អញ្ជើញទៅបាត់ ។

ចំនួនប្រាំម៉ោងក្រោយមក គ្រូពេទ្យអញ្ជើញមកដល់ ។ គ្រូពេទ្យនឹកអស្ចារ្យនឹងផ្ទះនាង **ម៉ានយ៉ាន** ដែលមិនមានសណ្ឋានដូចផ្ទះអ្នកស្រែទាំងពួងសោះ របៀបរៀបចំទាំងអស់គឺរបៀប

យ៉ាងចំណាននរបស់អ្នកក្រុងជាន់ខ្ពស់ ។ លុះឃើញមុខអ្នកជម្ងឺ គ្រូពេទ្យស្គាល់ជាក់នឹកថា « នាងដែលរៀបការនឹង **សំណាង** សម្លាញ់អញទេតើ ! »

លុះពិនិត្យអាការរោគស្រេច គ្រូពេទ្យនិយាយថា « អ្នក ! ជម្ងឺនេះខ្ញុំមើលមិនបានទេ ខ្ញុំនឹងបញ្ជូនអ្នកទៅភ្នំពេញឲ្យគ្រូពេទ្យមើល » ។

— ចា៎ះ, ខ្ញុំមិនទៅភ្នំពេញទេ ខ្ញុំស៊ូមើលបន្តិចៗនៅទីនេះហើយ

— ទេ អ្នកមិនអញ្ជើញទៅមិនបានទេ ជំងឺនេះទុកយូរប្រាកដជាមិនបាន ។

ក្រោយមក នាងព្រមឲ្យគ្រូពេទ្យបញ្ជូននាងទៅភ្នំពេញ ។

នាងក៏អាស្រ័យមើលជំងឺផ្ទះពេទ្យឯភ្នំពេញ ។

គ្រូពេទ្យសរសេរសំបុត្រមួយទៅ **សំណាង** ជាមិត្តរបស់ខ្លួនប្រាប់រឿងពីខ្លួនបានប្រទះនាងនៅខេត្តស្វាយរៀង ពីខ្លួនប្រើឧបាយកលបញ្ជូននាងទៅមន្ទីរព្យាបាលរោគឯភ្នំពេញ ។

លុះដឹងដំណឹងសព្វគ្រប់ហើយ **សំណាង** ញញឹមស្ងួតខាំមាត់ដោយមានចិត្តគុំគួនខឹងនឹង **ម៉ានយ៉ាន** ជាច្រើន « មេនេះវាធ្វើពុតអាក្រក់ណាស់តើ !

ដំណឹងនេះ **សំណាង** ផ្សាយទៅឲ្យឪពុក-ម្ដាយខ្លួនជ្រាបក្លាប ។

ពេលម៉ោង ៥ កន្លះ **សំណាង** រៀបខ្លួនស្លៀកពាក់ស្រេច ទើបឡើងរទេះឡានបើកទៅផ្ទះពេទ្យ ។

លុះឡានបើកមកដល់មន្ទីរព្យាបាលរោគ **សំណាង** បញ្ឈប់ឡានទើបលោតចុះដល់ដីមួយរំពេច ដើរដប្រង់ចូលទៅបន្ទប់ស្រីៗ ។ **សំណាង** អើតមើលពីគ្រែមួយទៅគ្រែមួយ មិនឃើញនាងសោះ ។ បន្តិចចោលកន្ទុយភ្នែកទៅកៀនជញ្ជាំង ស្រាប់តែនាង **ម៉ានយ៉ាន** អង្គុយត្របោមក្បាលជង្គង់នឹកមមៃទៅប្ដី ។ **សំណាង** នឹកព្រួចថា « វាន៎ុះហ្ន៎ » ស្ទុះខ្ទីឃ្មាតទៅជិត ; « យី ! ខ្ញុំស្មានតែស្លាប់បាត់ទៅហើយ» ? ។

នាង **ម៉ានយ៉ាន** ឥតភ័យ « ខ្ញុំមានវិញ្ញាណតែសព្វថ្ងៃ »

**សំណាង** ខឹង « នាងស្រី ! កាលដែលខ្ញុំរៀបអាពាហ៍ពិពាហ៍នឹងនាង ខ្ញុំចាយវាយមាសប្រាក់ច្រើនណាស់ »

— មិនមែនខ្ញុំបង្គាប់ឲ្យអ្នកឯងចាយវាយមាសប្រាក់ច្រើនទេ ។

— យ៉ាងហ្នឹងហើយ ប៉ុន្តែកាលដែលនាងឯងរត់ទៅ នាងឯងបានយកមាសពេជ្រខ្ញុំដោយទៅផងច្រើនណាស់ ។

— ខ្ញុំនឹងជូនអ្នកវិញមិនខាន ។

**សំណាង** គន់មើលទៅនាង វេលាដែលខឹង មានឈាមក្រហមពេញទាំងមុខស្រស់ស្រគាំមុខគួរឲ្យចេតនាពេកណាស់ សេចក្ដីស្នេហារបស់ **សំណាង** ដែលរលត់ស្ងាត់ស្ងន្យដរាបមក ក៏ភ្ញាក់កម្រើកឡើងទៀតជាថ្មី ។

**សំណាង** បន្ទន់សំឡេង ធ្វើមុខប្រិមប្រិយ « អូន ! បងមិនចង់បានប៉ុន្មានទេ មាសពេជ្រដែលបងជូននាងហើយ ចិត្តបងចងចាំទៅតែនឹងពៅ ។ »

— ចូរអ្នកភ្លេចខ្ញុំឲ្យជ្រះស្រឡះទៅ ។

— ទេអូន ! បងស៊ូស្លាប់ផាផាង

— ទេអ្នក !

**សំណាង** ខិតចូលកាន់តែជិត ។

**ស្ងួផាត** ដែលត្រូវគ្រោះជិះឡានក្រឡាប់ គេយកមកឲ្យដេកពេទ្យ អ្នកដេកនៅថ្នាក់ជាន់ខាងលើ ។ រាល់តែល្ងាចអ្នកតែងចុះមកដីដើរលេងរំហើយទុក្ខនឹករលឹកដល់ភរិយា ។ វេលាដែល **សំណាង** និយាយនឹង **ម៉ានយ៉ាន** អ្នកស្ដាប់សម្លេងប្រពន្ធអ្នកបាន អ្នកស្ទុះទៅជិត ស្រាប់តែឃើញប្រុសម្នាក់កំពុងតែអង្វរចិត្តនាង ។ **ម៉ានយ៉ាន** វេលាណាក្រឡេកឃើញប្ដី នាងស្ទុះម្នីម្នាទៅអោបប្ដីដោយរលឹកពេកណាស់ ។ **សំណាង** ក្រញេងក្រញាងស្ទុះទៅដែរ ។

ប្រុសទាំងពីរឈរទល់មុខគ្នា ខាំមាត់តែសព្វខ្លួន

ម្ដាយឪពុក **សំណាង** បានផ្សាយដំណឹងពី **ម៉ានយ៉ាន** ទៅលោកអធិបតីសេនា ។ ឧកញ៉ា **ស្ងួន** កាលណាលោកបានជ្រាបថា **ម៉ានយ៉ាន** គង់ជីវិត លោកប្រញិបញាប់អញ្ជើញទៅមន្ទីរពេទ្យភ្លាម ។ លុះមកដល់បន្ទប់នាង **ម៉ានយ៉ាន** ស្រាប់តែក្រឡេកទៅឃើញនាងឈរជិត **ស្ងួផាត** កំពុងតែចង់ប្រយុទ្ធនឹង **សំណាង** ។

លោកគ្រេកអរឥតឧបមាស្ទុះប្រញិបប្រញាប់ « **ស្ងួផាត** ! **ម៉ានយ៉ាន** ! »

អ្នកទាំងពីរស្ទុះមកឱបបាទជើងលោក ។

លោកញញឹមមានប្រសាសន៍ថា «ក្រោក ! »

អ្នកទាំងពីរធ្វើតាមបង្គាប់ ។

**សំណាង** នៅស្ងៀមឥតមានវាចាអ្វី ។

លោកអធិបតីសេនា **ស្ងួន** ចាប់ដៃ **ស្ងួផាត** ទាំងពីរ « កូនប្រុសឯងជាកូនអញបង្កើតអញនេះហើយឈ្មោះ **ស្ងួន** ពីដើមអញធ្វើបាល័ឌនៅសិរីសោភ័ណ . . . ឪពុកស្មានថាជាអ្នកស្លាប់យូរណាស់មកហើយ ទើបលោកបែរមកចាប់ស្មា **ម៉ានយ៉ាន** ទាំងពីរ « កូនស្រី ! ឪពុក

ស្មានថាជាកូនលង់ទឹកស្លាប់ ! . . . »

**សូផាត** និង **ម៉ានយ៉ាន** ស្ទុះទៅឱបឪពុកជាថ្មីទៀត ហូរទឹកភ្នែកសស្រាក់ ។

ឧកញ៉ា **សួន** អញ្ជើញទៅជិត **សំណាង** ទើបមានប្រសាសន៍ថា ៖ នាង ! បណ្ដាការទាំងប៉ុន្មានដែលអ្នកបានជូនខ្ញុំ ខ្ញុំនឹងបង្វិលជូនទៅអ្នកវិញឲ្យគ្រប់ចំនួន ខ្លួនអ្នកមិនមែនជាគូព្រេងនឹងក្លាយប្រពន្ធខ្ញុំទេ នាង **ម៉ានយ៉ាន** មានចិត្តចេតនាតែលើកូនខ្ញុំនេះ លោកចង្អុល **សូផាត** ខ្ញុំនឹងផ្សំផ្គុំរៀបការអ្នកទាំងពីរឲ្យបានគ្នាជាភរិយា ស្វាមីតទៅ ។

**សំណាង** សំពះលាលោកឈ្មោកមុខដើរចេញ ។

. . . . . . . . . . . . . . . . . . . . . . . .

. . . . . . . . . . . . . . . . . . . . . . . .

. . . . . . . . . . . . . . . . . . . . . . . .

ប៉ុន្មានថ្ងៃក្រោយមក គេរៀបការ **សូផាត** នឹង **ម៉ានយ៉ាន** យ៉ាងអឹកធឹកគគ្រឹកគគ្រេង ។ ក្នុងបណ្ដាភ្ញៀវទាំងប៉ុន្មានមេស្រុក **សុខ** នឹងនាយ **រ័ត** សើចក្អាកក្អាយសប្បាយជាងគេទាំងអស់ ។

— ចប់ —

សុផាត /souphat/ Sophat, hero of the novel of the same name by Rim Kin; one of the first and best contemporary novels in Cambodia, and studied as literature at the secondary level.

និពន្ធ /nipŭən/ to write, compose (literary)

រិមគិន /rɨm-kɨn/ Rim Kin (1911-1959), one of the best known contemporary Cambodian writers of prose and verse; president of the Khmer Writers' Association, 1955-57.

សាស្ត្រាចារ្យ /sahstraacaa/ professor

វិទ្យាស្ថាន /wɨttyiəthaan/ institute

គរុកោសល្យ /kəruqkaosɑl/ pedagogy

វិទ្យាស្ថានជាតិគរុកោសល្យ National Pedagogical Institute

បោះពុម្ព /bɑh-pum/ to print, to publish

បោះពុម្ពលើកទី ៧ seventh edition

អនុវត្ត /qanuwŏət/ to comply with, accord with, conform

កម្មវិធី /kam-withii/ program, system

កម្មវិធីសិក្សា curriculum

មណ្ឌលគរុកោសល្យ Teacher Training Center

បណ្ណាគារ /pannaakiə/ bookstore

បណ្ណាគារគីមសេង Kim-Seng Bookstore

ខេមរភូមិន្ទ /khaemərĕəq-phuumɨn/ Cambodia (literary); name of a boulevard in Phnom Penh

## CHAPTER 1

| | |
|---|---|
| ជំពូក | chapter |
| សួន | Suon (name of Sophat's father) |
| សិរី | /serəy/ beauty, charm, power |
| សោភ័ណ | /saophŏən/ beauty |
| សិរីសោភ័ណ | /serəy-saophŏən, siisophon/ Sisophon (district, town) |
| ឆើតឆាយ | attractive, pretty |
| សមសួន | /sɑm-suən/ proper, appropriate (to), consistent (with) |
| តម្រិះវិជ្ជា | /dɑmreh-wɨcciə/ education, knowledge |
| កាន់កាប់ | to administer, be in charge of |
| ស្ដីទី | acting, temporary |
| គូគាប់ចិត្ត | mate, partner, spouse |
| រួមរ័ក | to live together as man and wife |
| ដោយលាក់កំបាំង | secretly, surreptitiously |
| រួមរ័កដោយលាក់កំបាំង | to have an illicit love affair |
| សូយ៉ា | Soya (Sophat's mother) |
| ផ្លាស់ | to change, to transfer |
| ថ្មីទៀត | new, different, other |
| ខ្លួនអើយ | alas!, woe is me! |
| ស្រុកកំណើត | hometown |
| យូរដល់ម្ល៉េះ | this long, so long as this |

តម្រូវ /dɑmrəw/ to require

ជាការប្រសើរណាស់ is very fortunate, is a stroke of luck

មមៃ distracted, preoccupied

នឹកមមៃ to think continually about something

ឋ្កាន toward, in the direction of

មាតា /miədaa/ mother (literary)

ស្ថានមាតា mother's home

ភ័ក្ត្រ /pheə̆q/ face

ប្រែជា change to, become

ស្រពោន wilted, withered

លុក to invade

មាសបង my dear, my precious one

ចាកចោល to leave, abandon

យល់ជា be considered to be

សមគួរ /sɑm kuə/ proper, appropriate

យល់ថា be considered that

មិនកើតទេ inappropriate, not right, isn't done

អ្នក (here: she)

បញ្ចាំបិត្ត to betroth, be betrothed

ទុកឲ្យ for, on behalf of

ព្រះអើយ My God!, Alas!

| | |
|---|---|
| រិះគិត | to think, decide |
| កន្សែង | cloth, towel |
| កូនកន្សែង | handkerchief |
| ស្នាដៃ | handiwork, result or product of one's skill |
| ជូត | to wipe, rub |
| រឹម ៗ | (flow) gently |
| ដំណើរ | gait, walk, manner of walking |
| ងេងងោង | to sway to and fro |
| ពុន | to carry suspended from a pole across the shoulder (here: weighted down with) |
| ទុក្ខសោក | grief |
| រូបឆោមលោម | /ruup-chaom-loom/ form, shape, figure |
| ពណ៌ | /poə/ color, complexion |
| ថៃ | Thai |
| ថៃពាក់កណ្ដាល | half-Thai |
| ប៉ោង | swelled, inflated |
| ឲ្យសំគាល់ដឹងថា | indicating that |
| មានផ្ទៃ | to be pregnant |
| ណ៎ា | /nah, nəh/ hortatory final particle (solicits agreement or compliance) |
| ឱកម្មអ្វីរបស់យើងណ៎ា! | Oh, what have we done to deserve such a fate? |

| | |
|---|---|
| ព្រើត | with a start, suddenly |
| ភ្ញាក់ព្រើត | to be startled, be taken aback, shocked |
| ចំប្រប់ | to shiver, tremble |
| សង្សារ | /saŋsaa/ sweetheart, beloved |
| អ្នកបង | you (respectful title, wife to husband, or younger to older sibling or friend) |
| ប្អូន | I, me (wife to husband, or younger to older sibling or friend); you (husband to wife, or older to younger sibling or friend) |
| ពុទ្ធោ | /putthoo!/ a mild oath: heavens!, Oh my goodness! |
| ពិតមែនតែ | even though |
| ពៅ | youngest child (here: my little one) |
| ចាំនៅ | remain with |
| អូន | I (wife to husband, or younger to older sibling); you (husband to wife, or older to younger sibling or friend) |
| កែវ | glass; term of affection: precious one, dear |
| លើក | to lift, elevate |
| ពេញមុខ | overt, official, regular; be open, face up to |
| មាំ | firm, strong |
| សង្ឃឹមយ៉ាងមាំ | to hope fervently |

| | |
|---|---|
| ពាក្យសន្យា | promise, covenant |
| ហ្នឹង | /nɨŋ, nəŋ/ this, that |
| ក្រៀម | sad (of facial expression) |
| ក្រំ | to hurt (of internal organs) |
| ក្រៀមក្រំ | sad, dejected (of facial expression) |
| ផ្តេក | to lay, lay down, put to bed |
| ខ្សឹកខ្សួល | to sob |
| អួល | to have something stuck in the throat |
| អួលអាក់ | to have a lump in one's throat (from fear or grief) |
| ហូរធ្លាក់ទឹកភ្នែក | to shed tears |
| ដួង | circle, round object |
| នេត្រ | /neet/ eye (literary) |
| ដួងនេត្រទាំងគូ | both eyes |
| រហាម | profusely, freely |
| នួននាង | girl, maiden |
| ភ្ជាប់ | to put together, put next to |
| ឱរា | /qaoraa/ chest, breast |
| កេសី | head (literary) |
| ល្ហិមល្ហែម | tender, sweet |
| ស្បថ | /sbɑt/ to swear, promise |
| ដោះដៃ | to forswear, jilt, go back on one's word |

អាល័យ — to miss, think affectionately of

ដោះដៃឈប់អាល័យមិត្ត — to forsake a friend

រសាយ — to lessen, abate

ស្ងួត — dry (of a surface not normally wet)

ស្ងប់ — calm, becalmed

ញញឹមស្ងួតស្ងប់មុខ — to smile wanly, smile

ពាក្យទំនៀម — proverb, proverbial saying

ទឹកហូរមិនដែលហត់ ប្រុសស្បថកុំឲ្យជឿ — Just as water never tires of flowing, a man's promises are never to be believed.

ចិញ្ចៀន — finger ring

ពេជ្រ — /pɨc/ diamond

ត្បូងពេជ្រ — diamond

តំណាង — representation, substitute

បងសូមចងជាប់នឹងចិត្តប្អូន — I want to be tied to your heart (by the ring)

មានប្រសាសន៍ — to say (elegant)

ស៊ក — to insert (here: to slip on)

នាងដៃ — ring finger

រីកថ្លាមុខ — to have a clear, happy expression

CHAPTER 2

រំលង — across, over, passing over

| | |
|---|---|
| ពេលប៉ុន្មានខែពីនោះមក | several months after that |
| ឆ្លងទន្លេ | to give birth (literally: to cross the river) |
| បុត្រ | son (elegant) |
| ឆ្មប | midwife |
| ប្រកក់ឆ្មប | ceremony for thanking the midwife, and for naming and piercing the ears of the new baby |
| នាម | name |
| ច្បាស់លាស់ | clearly, precisely |
| ដូចអស់លោកអ្នកបាន ជ្រាបបន្តិចមកហើយ | as has already been mentioned to all you readers |
| ពីដើម | originally, from the beginning |
| ធ្វើកសិកម្ម | to farm, be a farmer |
| មានមួយឆ្នាំនោះ | there was a year |
| រាំង | dry; to dry up; to stop (of rain) |
| រដូវរាំង | drought |
| គោកគាំង | dried out, dried up, parched |
| ទុទេ់ទុក | feeble, racked with illness |
| គ្រូ | folk-doctor |
| សះ | to heal, cure |
| ស្បើយ | to relieve, reduce, abate |
| សះស្បើយ | to cure |

| | |
|---|---|
| អកុសល | /qaqkosɑl/ past misdeeds, negative karma |
| ស្អាង | to do, commit |
| ក្រាស់ | thick (here: many, accumulated, heavy) |
| ហេតុតែអកុសលផលកម្ម ស្អាងក្រាស់ពីមុនមក | due to many sins committed in the past |
| អនិច្ចកម្ម | /qanɨccəkam/ death; to die (elegant) |
| ទទួលអនិច្ចកម្ម | to die (elegant) |
| ក្រាស់ក្រៃ | extreme |
| ផ្ទឹម | to compare, put alongside |
| ក្ស័យ | to die |
| ក្ស័យជីវិត | to die |
| តាំងតែពី | from, since |
| មិនត្រឹមតែ...ទេ | not only |
| ថែម | in addition, also |
| ថ្នាំសង្កូវ | medicine, drugs |
| ជាប់ជាយូរខែ | for many months |
| បានផល | to make a profit, obtain results, get a yield |
| ខ្វត់ | be without, lacking in |
| ធនធាន | /thŭən-thiən/ wealth, belongings |
| ជាការទ្រាំបាន | is bearable, supportable |
| ព្រាត់ | to be bereaved, deprived of |

| | |
|---|---|
| ទន់ | tender, soft |
| ចិត្តទន់ | tenderhearted |
| លីលា | mentally disturbed |
| ឆ្កួតលីលា | deranged |
| ជួនកាល...ក៏មាន | it sometimes even happens that |
| លុះដល់ | even to the extent of |
| ណាមួយ...ណាមួយ | for one thing...for another thing |
| ព្រះធម៌ | /prĕəh-thɔə/ scriptures, religious precepts, (Buddhist) law |
| សង្វេគ | distress; be distressed |
| ព្រះធម៌សង្វេគ | scripture [for time of] distress |
| ដាស់តឿនចិត្ត | to guide or instruct one's heart |
| អនិច្ចា | /qaqnɨccaa/ to pity, be compassionate toward |
| គួរឲ្យអនិច្ចា | worthy of pity, one should pity |
| សូយាស្ត្រី | the woman Soya |
| បើក្រៅតែអំពី | apart from, excluding |
| បីបាច់ | to take care of |
| អ្នកមានគុណ | parents or teachers, one's benefactors |
| ជាស្រឡះ | be cleared up (of an illness), completely well |
| បន្តិច . . . បន្តិច | for awhile...then for awhile |
| ស្រាន់បើ | better (of a patient or an illness) |
| រឹត | to tighten, constrict |

ឡើង (after aV) increasingly

រឹតឡើង tighter, worse (of an illness)

លោ but, on the contrary, contrary to expectation

បែរជា change to, become

ស្រួល well, comfortable

ស្រួលលើសពីដើមផង even better than before

ធៀប to compare

ភ្លេចគិតធៀបមើលនឹង failed to draw an analogy with

ចង្កៀង lamp, lantern

ប្រេងកាត kerosene

ចង្កៀងប្រេងកាត kerosene lamp

អណ្តាត tongue (here: wick)

សូន្យ zero; absent, lacking

រលត់ស្ងាត់សូន្យ completely extinguished

សន្ទុះ jump, start, burst (of flame) (N)

ឲ្យឆេះឯណាបាន ? how can it burn?

ខ្យល់កម្មជ្ជវាត /kyɑl-kammaccəwiət/ life-force

វាយជីវិត to kill

អាសូរ to pity

ជ្រកកោន take shelter, take refuge

អ្នកជិតខាង neighbor

| | |
|---|---|
| សប្បុរស | /sɑpborɑh/ kind, generous |
| មានធម៌សប្បុរស | good, kind, generous |
| លោកចៅហ្វាយសួន | (District) Chief Suon |
| ប្រតិព័ទ្ធ | /prɑtepoə̆t/ relationship; to have relations |
| លួចប្រតិព័ទ្ធ | to have secret relations |
| ដោយចិត្តនឹងចិត្ត | directly, on their own initiative (i.e. without a go-between) |
| ទឹកសង្ឃឹមញញឹមទុកថា | hoped confidently that |
| ទៅមុខ | in the future |
| នឹងបានគ្រាន់បើ | [her] lot would improve |
| ឈ្ងុយ | fragrant (esp. of roasted nuts or coffee) |
| ឈ្ងុយឆ្ងាញ់ | fragrant, delectable, appealing |
| ចុក | to fill, stuff into |
| ចុកក្នុងត្រចៀកនាង | filled her ears |
| ឱស្ត្រីក្មេងល្ងង់ទាំងឡាយអើយ | Oh how naive young girls are! |
| លោកអ្នក | you readers |
| យ៉ាងខ្លី | briefly |
| ថ្លែងត | to speak further (of) |
| សម្រាល | to lighten, relieve |
| សម្រាលបានកូនប្រុស | to give birth to a boy |
| ល្អសមសួន | attractive |

| | |
|---|---|
| គ្រប់តែមាតា | every mother, all mothers |
| វិសេស | special, above all |
| ស្នេហា | /snaehaa/ to love; love (N) |
| ចិត្តស្នេហា | love, affection |
| ទារក | /tiəruə̆q/ baby (literary) |
| រូបទារក | baby (literary) |
| កូននាងគឺឪពុកនាង | her child replaced (was as) a father |
| សង្សារ | /sɑŋsaa/ sweetheart |
| ព្រាត់ | bereaved (of) |
| ឯកា | /qaekaa/ alone |
| អនាថា | vagabond, without help |
| បន្ទាត់ | line; straightedge |
| ផ្ដេក | to put to bed |
| បំពេ | to lull by singing, to lullaby |
| កូនពៅ | youngest child |
| អា | familiar 2nd person masculine pronoun: you; male (of animals) |
| ប៉ៃ | term of endearment: you, dear, precious one |
| ពន្លក | shoot, sprout; tender one, infant |
| ពិសី | precious, special |
| អសោច | /qasaoc/ to smell bad |

| | |
|---|---|
| អស់សោម៍កេរ្តិ៍ | to be compromised, have a damaged reputation |
| រស់ទៅធ្វើអ្វីអស់សោម៍កេរ្តិ៍ | why should [I] live?; [my] reputation is ruined |
| ចំណាប់ | special, excellent |
| អ្នកយាសមេ | mother's precious one |
| អាសូរ | to pity |
| បុព្វេ | /boppee/ past, former times |
| ធ្វើម្តេចបុព្វេពីព្រេងនាយ | what can [we] do; it's [our] fate (it's the result of our actions in former times) |
| រស់ឥតគ័ញ | to live miserably (without luck) |
| គាប់ | would be better that (included to rhyme with the last syllable of the preceding phrase) |
| ស៊ូស្លាប់ទៅគាប់ រូបរលាយ | it would be better to die and that the body disappear |
| បើកុំតែ | if it weren't for, only because |
| ស្ងួន | beloved, tender; beloved one |
| រម្ងាប់ | to appease, relieve |
| ផ្ទួនៗ | repeatedly |
| កុំអី | otherwise, else |
| ប្រល័យ | to kill |
| ជន្ម | /cŭən/ life |
| ប្រល័យជន្ម | to kill; to commit suicide |

| | |
|---|---|
| ក្សិណក្ស័យ | /ksən-ksay/ to die (literary) |
| ស្បើយ | to abate, subside, slacken, diminish |
| ពេប | to pucker in anticipation of crying |
| ឱកូនម្ដេចឡើយចង់ពេបអើ | why do you want to cry, my child? |
| ចាឲ | used here as a particle of transition between the verse and the prose which follows |
| ប្រែ | to change, to translate |
| ប្រែជា | to change to, to do instead |
| ហៀបតែនឹង | just about to |
| ត្រកង | to gather up in the arms |
| បី | to cradle in the arms |
| ខ្ចី | tender, young, green; of persons: inexperienced |
| ស្រមុក | /srɑmok, səmok/ to snore |
| យោល | to swing, cause to swing back and forth |
| នឹកសព្វគ្រប់ | to think about everything, to consider all aspects |
| សស្រាក់ | profusely |
| សញ្ជឹង | to daydream |
| សញ្ជឹងសញ្ជប់ | to daydream, be in a reverie, be preoccupied with one's thoughts |
| ស្មារតី | /smaarədəy/ attention, consciousness, presence of mind |

| | |
|---|---|
| ភ្លេចស្មារតី | to go into a stupor, forget oneself |
| ដឹងខ្លួន | to come to, become aware of oneself |
| ឱរស | /qoruǝ̆h/ child, offspring (literary) |
| អង្រួន | to shake, to rock |
| បន្លប់ | to distract, confuse, trick |
| បន្លែបន្លប់ | to distract someone's attention, to confuse, mislead |
| ក្សិណនោះ | at that time (literary) |
| ផុង ៗ | sound of beating |
| ប្រណី | to be careful, gentle |
| គ្មានប្រណី | carelessly, with abandon |
| អួល | to be stuck, constricted, obstructed |
| ស្ទះ | to be obstructed, closed off, stopped up |
| សរសៃ | /sɑsay, tǝsay/ veins |
| អួលស្ទះឈាមរត់ក្នុងសរសៃ | obstructing the blood [which] ran in [her] veins |
| ក្បាលជង្គង់ | knees |
| ទន់ក្បាលជង្គង់ | to be weak in the knees |
| ខ្យល់ | /kyɑl, kcɑl/ wind, air, breath (the essence of life and health was thought to reside in the breath, or wind of the body) |
| គ | to be mute, dumb |
| ខ្យល់គ | fainting spell, stroke |
| ខ្យល់គចាប់ | to have a fainting spell, to faint, have a stroke |

ស្រ៊ុប — descriptive of a sudden slump

ដួលស្រ៊ុប — to fall down in a slump

ស្រីខ្លះក៏ទទួលកម្មដូចគ្នា ខ្លះក៏ខុសពីគ្នា — women [led astray by wicked men] are affected in various ways

គ្រាន់តែជាល្បែង — just as a game, just for sport

ពាក្យដំនៀល — criticism, censure

គ្រប់មាត់ — [from] everyone (literally: every mouth)

កំហឹង — anger

កំហឹងបួលមកដល់ — [one] becomes angry

ទ្ហីគិទិត — naive

គិតមិនវែង — short-sighted

តែលតោល — adrift, from pillar to post

ដើរលេងសើច — to carouse, be happy-go-lucky

ខូចលក្ខណ៍ — /khouc leǝ̆q/ unprincipled, promiscuous

បំផ្លាញ — to destroy

បំផ្លាញជីវិតបង់ — to destroy [their] lives, commit suicide

ព្រះធរណី — /preǝ̆h-thɔɔrǝnii/ earth (literary)

ឆោឡោ — to run around in fright and confusion

រត់ប្រហាត់ — to come running from all directions

យកអាសា — to help, assist, wait on

| | |
|---|---|
| ចាប់ខ្យល់ | to pinch the skin at various points (thought to have therapeutic value) |
| កោស | to scrape, abrade; to scrape (the skin) with a coin or other instrument (thought to have therapeutic value) |
| ហិត | to sniff, inhale |
| ជំហាន | step (N) |
| ឈាន | to step |
| ជំហានដែលនាងបោះ | the steps that she took |
| យ្វោង | to roll, pitch (of a boat) |
| យ្វេងយ្វោង | tottering, staggering |
| គន់មើល | look at |
| ខ្មៅអែ | dark, lifeless, unhealthy (color) |
| កម្មអើយ | what fate! |
| ជម្ងឺមួយមកចាប់នាង | she became ill, caught an illness |
| ជាប់ | incessantly, constantly |
| ទឹកដោះ | milk |
| ហើម | swollen |
| ចាស់ៗ | elders, old people |
| ទាស់ | to be opposed, in opposition |
| ឈឺទាស់ | any illness contracted by a new mother after childbirth (thought to result from breaking one of the taboos of the postpartum period) |

| | |
|---|---|
| ជួស | to replace; replacing, instead of |
| លាចាក | to leave, abandon |
| ស្ថានលោក | the world, the temporal world |
| លាចាកស្ថានលោកយើងទៅ | to die (euphemism) |
| សព | /sɑp/ corpse |
| បូជាសព | to cremate, hold a cremation |
| ទំនុកបម្រុង | to oversee, provide assistance for, undertake to |
| បន្តិចម្នាក់ៗ | /bɑntəc mnĕəq, bɑntəc mnĕəq/ each for awhile |
| រស់ជន្ម | to live |
| មេត្តាធម៌ | compassion |
| ដោយអំណាចមេត្តាធម៌ | by the charity (of) |
| សាធុជន | /saathucŭən/ good people |
| ស្រុះស្រួល | to agree |
| ណាយ | tired of, to tire of |
| ជិនណាយ | to get tired of, jaded by |
| ឫកពា | attitude, conduct, character |
| អស់ទាំងក្មេង | all the children |
| កិច្ចដែលបម្រើលោក | serving the priests |
| ឆ្គង | improper, incorrect |
| ឧស្សាហ៍ | /quhsaa/ diligent, industrious |
| បទគួរសម | /bɑt-kuə-sɑm/ appropriate behavior |

ឧបាសិកា /qobaasikaa/ female members of the laity

ឲ្យបានជា so that it would be

ទីគាប់ចិត្ត pleasing

ធ្វើកិរិយាឲ្យបានជាទីគាប់ចិត្ត to conduct oneself in a pleasing manner

ជ្រុះ to fall off; to shed

ស្លឹកឈើជ្រុះមិនដែលឆ្ងាយពីគល់ទេ a leaf never falls far from the tree; like father, like son

ទូល to say (to a priest)

ខ្ញុំព្រះករុណា /kñom-prĕəh-kaqrunaa, kñom-kənaa/ I (addressing a priest)

ព្រះតេជព្រះគុណ /prĕəh-dac-prĕəh-kun/ you (addressing a priest)

វង្វេង to be lost or confused, muddled

វង្វេងបាត់ to get lost

ព្រះករុណា /prĕəh-kaqrunaa, kənaa/ response particle (addressing a priest)

ស្របក់ moment, instant

មួយស្របក់ for a moment, awhile

ចចេស /caceh/ to persist (in), insist (on)

ចំណេះ knowledge

ជ្រៅជ្រះ deep, profound

| | |
|---|---|
| លោក | it (referring to dharma, the law) |
| សំដែង | to say, declare |
| សឹងតែ | almost, on the point of (here: generally, almost always) |
| | |
| វត្តឧណ្ណាលោម | /wŏət-qonaalaom/ Wat Onalaom (seat of the Mohanikay sect) |
| ទំរាំ | until |
| សម្លាញ់ | friend |
| ប៉ក់ | Pak (personal name) |
| ភារ | duty, function, status |
| បាល័ដ្ឋ | /baalat/ a clerical title |
| នែ៎ | hortatory particle used by an elder to a child or student |
| នែ៎ចៅ | Now, child!; Now listen to me, child! |
| រំពឹងមើលថា | feel that, think that |
| ច្បាស់ជា | surely, clearly |
| ទូន្មាន | /tuunmiən, tuulmiən/ to advise, instruct, teach |
| អវសាន | /qawəsaan/ last, final |
| អវសានកាល | /qawəsaanəkaal/ end, conclusion |
| ជាអវសានកាល | in conclusion, finally |
| ដើមគោលគោរព | primary object of respect |
| ព្រះពុទ្ធអង្គ | /prĕəh-puttəqɑŋ/ Buddha |
| វៃឆ | sharp, quick |

| | |
|---|---|
| គិតឃើញវែងឆ្ងាយ | think deeply, consider all aspects |
| ខ្វៀក | to write rapidly, dash off |
| កូនសំបុត្រ | small letter, note |
| ចាក់ | to insert (here: to unlock) |
| ក្រដាសប្រាក់ | bill, paper money |
| សោហ៊ុយ | travel expenses |
| ង៉ឹក ៗ | imitative of the sound of sobbing |
| ព្រះនេត្រ | /prĕəh-neet, pəneet/ eyes (of monks, royalty, or the Buddha) |
| ទឹកព្រះនេត្រ | tears |

CHAPTER 3

| | |
|---|---|
| ស្លុត | stunned, stupified |
| តក់ស្លុត | stunned, stupified, overwhelmed |
| ផ្ទះថ្ម | masonry building |
| ដញ្ជឹង | to consider, think |
| ប្រាប់ផ្លូវ | to give directions |
| កំផែង | wall, enclosure |
| ទើស | to stand in the way, to block |
| ទើសត្រង់ណា | when your way is blocked, when you can't go any further |
| ចិញ្ចើម | eyebrow |
| ចិញ្ចើមថ្នល់ | curb (of street or road) |
| នុះហ្ន៎ ! | /nuh nɔɔ!/ there!, there it is! |

អារាម /qaaraam/ wat, pagoda

ងឹងើ lolling, nodding

ធ្វើក្បាលងឹងើ ៗ to look perplexed, confused

ខ្ញុំមិនទាំងដែលឮគេហៅព្រះនាមនោះផង I've never even heard that name

ព្រះវស្សា /prĕəh-wŭəhsaa/ age (of clergy or royalty)

ចាស់ព្រះវស្សា elderly, senior

អានាង Young Fellow, Young Man (as a term of address)

កវីវង្សា /kawəy-wŭəŋsaa/ a clerical title

ទូលតបព្រះពុទ្ធដីកា to answer (addressing clergy)

ខ្ញុំព្រះករុណា /kñom-prĕəh-kaqrunaa, kñom-kənaa/ I, me (layman to priest)

ព្រះករុណា /prĕəh-kaqrunaa/ you (layman to priest)

គ្មានទាស់អ្វីទេ I have no objections

ឥតគិតខ្វាយថ្ងៃ ឥតគិតស្គាល់យប់ paid no attention to whether it was day or night

ទើសភ្នែក to be distracted by disorder; to stand out, catch the eye, be conspicuous

មើលទៅត្រង់ណា ឥតទើសភ្នែកត្រង់ហ្នឹង wherever one looked, things were in perfect order

អ្នក (here: 3rd person pronoun: he, she, they)

| | |
|---|---|
| បឹងរាំង | Beng Rang (a section of Phnom Penh) |
| ទ្រហឹងអឹងកង | /trɔhɨŋ-qəɨŋ-kaaŋ/ tumultuously, clamorously |
| ពួនចុះពួនឡើង | to crowd this way and that, push back and forth |
| កាត់យល់ | to realize |
| ស្រូតរូត | to hurry |
| ពពួក | (vaguely delineated) group |
| ប្រដាល់ | to hit each other, to box |
| មាំ | solid, strong, sturdy |
| ប្រឹងប្រែង | to try hard, make a strong effort |
| ឃាត់ | to prevent, to stop (tV) |
| ខ្សោយ | weak |
| ជូនដំណើរ | to accompany, go along with |
| សង្គ្រោះ | to help |
| ជំពាក់គុណ | to be indebted, obligated (by another's goodness) |
| ការទម្លាប់ | habit, customary action |
| ដួងចិត្ត | heart |
| គិត | to calculate, figure, charge for |
| កម្រៃ | interest, profit |
| គុណស្រ័យ | reward, recompense, good deeds done in return |
| ការសុខ | peace (/kaa/ is used here instead of the normal /səc-kdəy/ to rhyme with the final syllable of /praatnaa/) |

ណែន tight, close

ប្រមែប្រមូល /prαmae-prαmoul, pəmae-pemoul/ to gather, collect

រត់ចូលគ្នា to run together, combine

ណារិន /naarɨn/ Narin (personal name)

ក្មួយបង្កើត full nephew (or niece)

អធិបតីសេនា /qathɨppədəy-seinaa/ high-ranking official

នាម៉ឺន /niəməɨn/ official, mandarin

មានមេត្តា to have pity

ស្រឡាញ់ចិត្ត to admire, appreciate (another's disposition)

កុំអាល don't...yet, don't be in a hurry to

អី final negative imperative particle: /kom...qəy/

ឪពុកចិញ្ចឹម foster father

ឲ្យខានតែ to insure that

ដឹកដៃ to lead by the hand

ឪពុកធម៌ foster father

ប៉ា Father (term of address or reference)

ចង្រៃ bothersome, annoying

ពីដៃ from the hands of, from the grasp of

បានជាគ្នាលេង as a playmate

រួមលេង to play together

បាសក /baasαq/ layman, laity

តំនៀល — to criticize, gossip about

មនុស្សខ្ជិលដេកនៅវត្ត រស់ដោយសារ បាយបាត្រលោក — lazy people who sleep in the wat live off the rice of the priest's begging bowl

## CHAPTER 4

បម្រើ — to serve

គាប់ចិត្ត — to please, be pleasing to

រៀនសូត្រ — to study

ស្និទ្ធស្នាល — /snət-snaal/ close, intimate

សម្លឹង — to stare (at)

សម្លឹងមើលចិត្តគ្នាទៅ វិញទៅមក — to understand each other, to search each other's hearts

ធ្លាយ — to be punctured, pierced

ធ្លុះធ្លាយ — perforated, full of holes (here: deeply, penetratingly)

មានអស្ចារ្យនឹង — marvel at, be amazed at

ច្រអូស — lazy

ញញើត — to be impressed by, stand in awe of, respect

គោរពញញើត — to respect, be awed by

មើលទៅឃើញ — to seem, to appear

កើតទោសនឹងគេ — get into trouble with others

| | |
|---|---|
| សេពគប់ល្អជាកិច្ចគួរឲ្យប្រតិបត្តិណាស់ | Associating with virtuous [companions] is a thing which is very much to be recommended. |
| បង្កើត | to originate, create, give birth to |
| ឃាត់ឲ្យនៅក្នុងផ្ទះ | required that [he] stay in the house |
| បាវ | servant |
| ប្រុងប្រយ័ត្ន | /proŋ-prɑyat, proŋ-pəyat/ to be careful |
| ខ្លាច | for fear that, in case |
| គ្រោះនាម | accident, happenstance, eventuality |
| ចៅហ្វាយនាយ | /cawwaay-niəy, cəwaay-niəy/ owner, master, head man |
| សព្ទ | /sap/ sound, word, speech |
| សន្ធឹក | thunderous noise |
| គឹកកង | boisterous |
| ខ្ញៀវខ្ញា | shrill, piercing |
| អឺងកង | tumultuous |
| ច្រវាត់ | /crɑwat, cəwat/ helterskelter, in all directions |
| ចប | a blade, a digging tool |
| ចបកាប់ | a hoe |
| ដម្រឹម | to trim, make even, straighten |
| ដម្រឹមផ្លូវ | to trim the path |
| ជាប | completely covered, soaked |
| ករណីយកិច្ច | /kaqrənəyyəkəc/ duty |

សរីរាង្គ /saarəpiəŋ/ body

ក្រមា towel, cloth, scarf (worn around the neck, as a turban, or as a short sarong while working)

រុំ to wrap, wind, roll

ជិត to cover completely, to be completely covered or closed

ក្រក្អៀច /krɑkqiəc/ wet and dirty, filthy, soiled

ធុំ to smell (give off an odor)

ស្អុយ foul-smelling, putrid

ឆ្អេះ to have a rancid, ammoniac odor

មនុស្សទាបថោក person of low character

ក្រួស gravel, small rounded stones

លេងជាល្បែង to make a game out of it

កេះ to scratch, nudge with one finger (a gesture characteristically used to get a friend's attention)

ទះដៃ to applaud, clap the hands

គប់ to throw at a target at close range

ហ៊ោ to yell, to cheer

កម្លា /kɑmlaa/ to threaten

បាវព្រាវ servant(s)

ព្រួតគ្នា to join together (to), to combine one's efforts (to)

ហើប to open; to be slightly open, ajar

| | |
|---|---|
| គេ | (here: indirect object: [to] them) |
| កំភ្លៀង | the side of the face |
| ភ្លាម...ភ្លាម | as soon as...immediately |
| អា | you (derogatory) |
| តប | to respond, retaliate |
| កូនលោក | children of important men |
| យោគយល់ | to understand (here: to be preoccupied with, to think only of) |
| បុណ្យស័ក្តិ | /bon-saq/ status, rank, position |
| មោហៈ | /moohaq/ state of irrationality, insensitivity, moral blindness, numbness |
| បង្កើតជាមោហៈដល់ | creates moral blindness in |
| មនុស្សតូចកើតទោសនឹងមនុស្សធំ | the lower classes are victimized by the upper classes |
| ម៉ានយ៉ាន | Man Yan (Sophat's half-sister) |
| សមតែ | it would be only appropriate that |
| ថា . . . ចុះ | admittedly...but |
| ថាក្មេងចុះកាខូច ចំណែកអ្នកឯងចាស់ម្តេចក៏ធ្វើខុសដែរ | it's understandable that children should be bad, but why should you who are older do wrong too? |
| ឥរិយាបថ | /qeqriyaabat/ attitude, demeanor |
| ពេញលេញ | /pɨñ-lɨñ/ fully, completely |

| | |
|---|---|
| ត្រូវពេញលេញក្នុងចិត្ត | to be fully satisfying |
| | CHAPTER 5 |
| ញយ | often, repeatedly |
| ញឹកញយ | often, repeatedly |
| ចូលដៃនឹង | to collaborate with |
| ទើរ | to catch, snag, hang up (as a raft against a limb) |
| គ្នា | 1st or 3rd person pronoun (here: he) |
| អាប់ដោប | destitute, forsaken |
| ដុនដាប | in dire straits, in serious difficulty |
| ពិគ្រោះ | to discuss |
| ជួយពិគ្រោះបង | help me, Older Brother, discuss |
| កូលេស | /koleh/ (French collège) high school (grades 7-10) |
| ជំរះកាយ | to take a bath |
| ដែលអ្នកទើបនឹងបញ្ចេញ ពាក់បានប៉ុន្មានថ្ងៃនេះ | which he had just gotten out to wear a few days ago |
| ប្រញិបប្រញាប់ | to hurry |
| ភ្ញាក់ស្មារតីព្រើត | to be surprised, startled |
| ចាំង | to sparkle, refract light |
| ក្រហមទែង | rich red (/krɑhɑɑm/ covers the range from yellow to red) |
| អេះ | final particle denoting surprise |

| | |
|---|---|
| តែងខ្លួន | to get dressed, adorn oneself |
| សោរ | a lock |
| ដើមទ្រូង | chest, breast |
| រលីងរលោង | to well up (of tears); to water (of eyes) |
| សំឡឹង | to stare |
| បាតដៃ | palm of the hand |
| ល្មមតែ | just enough to |
| ម្នាក់លោក | himself |
| បាល័ដ្ឋស្រុក | deputy district chief |
| ឆ្លាត | intelligent, clever |
| វៃ | keen, quick |
| ឆ្លាតវៃ | extremely intelligent |
| ឡើងយសសក្តិ | advance in rank, be promoted |
| ទីក្រមការជាន់កណ្តាល | middle level of the civil service |
| ទីភូឈួយក្សត្រីយ៍ | deputy minister |
| ស្រាប់ | /srap/ is a final adverbial whose translation, depending on context, is 'obviously, already, as a matter of fact, since the foregoing is true'; all its meanings include an element of 'obviousness'. |
| លាក់បាំងអី | [why should I] hide anything?; to tell [you] the truth, frankly |
| បណ្តុះ | to raise, to cultivate |

| | |
|---|---|
| បណ្ដុះបណ្ដាល | to nurture with care |
| តើអូនយល់ដូចម្ដេច? | what is your opinion, Dear? |
| ខ្ញុំមានកូនឯណាខ្ញុំ? | where [else] would I get a child? |
| បន្ថែម | to add to, increase |
| បន្ថែមពាក្យថា | added, said further |
| ស្អប់ | to hate, detest, despise |
| ច្បាប់ស្រី | feminine code (customary law for women) |
| បង្អាក់ | to hinder |
| ចិត្តប្ដីគិតត្រូវ | [what] the husband thinks is right |
| ធ្លោយ | to do by accident, do unintentionally |
| ធ្លោយ ... ប្រាប់ | to tell unintentionally, to let slip |
| ដឹងខ្លួន | to be conscious, aware; regain consciousness |
| ធ្វើកិច្ចមួយ | perform an act, do something |
| អង្គុយត្រកោបក្បាលជង្គង់ | to sit and hug one's knees in an attitude of dejection |
| ផ្អេះ | sad, listless, pathetic |
| ព្រះបាទម្ចាស់ | polite response particle (to superior or high-ranking official) |
| រីកមុខ | to take on a happy expression |
| ខ្ញុំព្រះបាទ | I (addressing one's superior or a high-ranking official) |

ព្រះបាទ polite response particle (inferior to superior)

ដាក់ទឹកមុខ to adopt a fixed expression

ដូចសព្វកាល as usual, as at present

កម្លាំងទាន extent of [your] charity

ចំណាយ to spend, expend, disburse

សទ្ធា /satthiə/ generosity

បោស to sweep

បោសជ្រះ to sweep, clean up

បត់ to fold; to turn

បន្តិច soon, shortly, in a little while

ប្រចៀស petite, cute, cozy

ស្អាតបាត clean, neat, attractive

គំនូរ drawing, picture

គ្រែ bed

ឱប to hug, embrace

ខ្នើយឱប a long cylindrical pillow, Dutch-wife

កើយ to rest the head, support the head

តល់ to rest the legs, support the legs

សម្រួល to ease, make easy, make comfortable, facilitate

កូនទូ a small cabinet, small dresser

សម្លៀកបំពាក់ clothing

| | |
|---|---|
| ផ្អែក | to lean against, put against |
| ចុងជើង | at the foot (of the bed) |
| កញ្ចក់ | mirror |
| ទ្វារកញ្ចក់ | mirrored door |
| សម្លក់ | to stare at, scowl at |
| សម្លក់មុខទៅគេ | to face, stare at (here: facing, opposite) |
| ការរចនា | /kaa-raccənaa/ decoration |
| ឲ្យមានរុងរឿង | to embellish, to make splendid, to improve |
| ស្រេចនៅលើចិត្ត...ស្រាប់ | it's up to... |
| ចំជា | certainly, really, precisely |
| ដល់ម៉្លេះ | like this, to this extent |
| ថ្ងាប្រាថ្ញា | carefree, free of distractions, singleminded |
| បុណ្យ | magical power, supernatural power, power of virtue |
| គុណបុណ្យ | goodness and power |
| ព្រះពុទ្ធ | the Buddha |
| ធូរ | relaxed, at ease |
| ធូរក្សន្តចិត្ត | relieved, relaxed |
| កូលេសស៊ីសុវត្ថិ | Collège Sisowath |
| ទន្ទេញ | to memorize |
| មេទន្ទេញ | lesson to be memorized and recited |

| | |
|---|---|
| ចាំ... រត់មាត់ | to know by heart, know from memory |
| តាំងពីដួះ | |
| លបសម្លឹងជញ្ជឹងក្នុងចិត្តសូផាត | secretly analyze Sophat's feelings |
| ពណ្ណរាយ | /puŭənnəriəy/ to shine, glow |
| ដួងចិត្ត | heart |
| ទីទៃ | different, other, opposite |
| ហៅថា | be, be considered as |
| អាយុហៅថាកំពុងពេញ | to be in the flower of youth |
| មួយ . . . មួយ | first...then |
| គួប | to long for, desire |
| មេត្រី | to like, to love |
| កល្យាណ | /kαlləyaan/ good, virtue |
| កល្យាណស្ត្រី | virtuous woman |
| | CHAPTER 6 |
| ក្រអាញ | husky, stocky |
| ឈាម | blood; complexion |
| ស្រគាំ | dark, ruddy |
| ឈាមស្រស់ស្រគាំ | healthy complexion, ruddy complexion |
| វង្សសក្តា | /wŭəŋsaqkədaa/ lineage, status, pedigree |
| ចុះរបៀប | sophisticated, characterized by savoir-faire |
| អ៊ូរី | /quurii/ Uri (personal name) |

| | |
|---|---|
| ជញ្ជក់មាត់ | to click the tongue: tsk tsk |
| តែ | especially, precisely |
| ចាក់ | to crochet |
| បើម្ល៉េះហើយ | therefore, that being the case |
| លែបខាយ | to insinuate, to speak obliquely |
| បងចិត្ត | to be in love with, enamored of |
| ឈឹង | completely, absolutely |
| សម្រាក | to rest, relax, take a break |
| សម្រាកខ្លួនពួនអាត្មា | tranquilly at rest |
| និទ្រា | /niqtriə, nɨntriə/ to sleep; sleep (poetic) |
| ពាន់ | all together, as a group |
| អគ្គិសនី | /qaqkihsənii/ electricity; electric |
| ភ្លើងអគ្គិសនី | electric light |
| ព្រោងព្រាត | shining from many points |
| ខ្ចាត | to spread, scatter, diffuse |
| បោលទទេ | uselessly, to no purpose |
| រទេះអូស | rickshaw, hand-drawn cart |
| អស់កម្លាំង | tired, exhausted |
| ព្រះចន្ទ | /prĕəh-can/ moon (literary) |
| ចិញ្ចែង | /cəñcaeŋ/ bright, gleaming |
| រស្មី | /rĕəqsməy, rĕəhsməy/ brilliance |

ប្រាល to gleam; gleaming

ពសុធា /poə̆hsəthiə/ earth (literary)

ស្រងាត់ quiet, tranquil

រត្តិចរ /roə̆ttəcɑɑ/ nocturnal

សត្វរត្តិចរ nocturnal birds

ទុំ to perch

រាគ passion

តណ្ហា /tɑnnəhaa/ love, passion

ងងឹតងងល់ blind, insensitive, heedless

វដ្តសង្សារ /woə̆tdəsɑŋsaa/ cycle of reincarnation

ផ្លឹងៗ to glow dimly

បង្ហើយ to finish, complete

ច្រងើវ /crɑŋəw, cəŋəw/ quiet, motionless

ព្រិប imitative of the sound of steps

បង្កើយ very near

ចេតនា /caettənaa/ to like, desire

កេរ្តិ៍ជាស្ត្រី feminine virtue, proper feminine conduct

ទប់កេរ្តិ៍ជាស្ត្រីពុំបាន couldn't resist [compromising] proper feminine conduct

មិនបង់រួច barely able to

រន្ធត់ /ruə̆nthuə̆t/ shocked, stunned

| | |
|---|---|
| រឿងហេតុ | affair, situation |
| ខ្ញុំសូមចិត្តនាង | I beg of you |
| ត្រេក | passionate |
| ខ្ទប់មុខ | to cover the face |
| ចុះដី | to go down (from a house) |
| ទទួល | (here: it happened that) |
| កុក | imitative of the sound of a falling object: with a thump, with a bang |
| ធ្លាក់ថ្លើមកុក | heart fell with a thump (literally: liver) |
| អញស្មានមកថា | I had assumed that |
| ពុតធ្វើជា | to pretend (to be) |
| សុភាព | gentle, polite |
| សុភាពរាបទាប | meek, polite, gentle |
| ផ្ញើជន្មផ្ញើខ្លួនប្រាណ | to entrust [one's] life and limb (to) |
| យើងជាស្រី | we women |
| ថ្ងាស | forehead |
| ស្ញប់ស្ញៀង | pensive |
| ដកដង្ហើមធំ | to heave a big sigh |
| ស្ដាយគំនិតដែលគិតប្រាថ្នាខុស | to regret one's futile hopes |
| វិតក្ក | /witɑq/ worry, anxiety; to be worried, anxious |
| ព្រួយប្រាណ | to be sad, worried |

| | |
|---|---|
| អ្នកប្រុស | respectful 2nd or 3rd person pronoun: you, he, him |
| ណេះ | /neh/ here |
| ណោះ | /nɑh/ there |
| ស្ងប់ស្ងាត់ក់ចា | be quiet, say nothing, silent |
| ធីតា | /thiidaa, thidaa/ daughter (elegant) |
| មានបើ | perhaps |
| ខ្ពើម | to be disgusted by, squeamish about (a smell, taste, etc.) |
| យកចិត្តគេ | to strive to please, to ingratiate oneself with another |
| គុំគួន | be vindictive |
| ធ្វើស្ងើស្ងោះ | to sulk, be aloof |
| ជិនឆ្អន់ | to be annoyed (with), upset (by) |
| បទណា ? | about what?, for what reason? |
| ព្រួប | to want, have a (sudden) desire for |
| ម្ដេចក៏គេនៅតែដឹងខ្លួនបាន ? | how did [she] nevertheless find out? |
| ខុសគំនិត | to be mistaken, wrongheaded |
| កំសត់ | sad, pathetic, destitute |
| ទុគ៌ត | /tuurəkŭət/ destitute, miserable |
| ស្ម័គ្រ | /smaq/ to be devoted or attached (to) |
| បម្រុង | to intend, resolve, determine (to) |

| | |
|---|---|
| យប់យន់ | evening |
| ទាញ | to pull, to draw out |
| ហោប៉ៅ | /hao-paw/ pocket |
| សឹមៗ | slowly |
| ព្រះម្ចាស់ថ្លៃ | the Buddha |
| វង្សា | /wŭəŋsaa/ family, lineage |
| ជោរ | brimming (with water), saturated, watery |
| ក្តុកក្តួងចិត្ត | heavy-hearted, sorrowful |
| មិនចេះអស់មិនចេះហើយ | constantly, unceasingly |
| ស្តីបន្ទោស | to scold, blame |
| វង្វេងស្មារតី | confused, muddled, half-conscious |
| ញុំាង | to cause, lead, direct |
| ក្បត់ | betray, deceive |
| ចិត្តត្រង់ | innocence, honesty, straight-forwardness |
| ងងឹតមុខ | to be dizzy, feel faint |
| ជ្រប់ | suddenly |

CHAPTER 7

| | |
|---|---|
| ព្រះសុរិយា | /prĕəh-souriyaa/ the sun (literary) |
| ត្រចះត្រចង់ | brilliant |
| មេឃា | sky |
| កក្រើក | to shake, jar, cause to rumble |

| | |
|---|---|
| ក្រែង... ទេឬ | did he perhaps...? |
| មានតែ | the only possibility is that..., there's only that... |
| ពីណា | somebody, anybody, who, whom |
| ទាស់ចិត្ត | displeased, dissatisfied |
| ឥតបី | without |
| លោះ | to miss, skip, stop temporarily, suspend (activity) |
| ប្រមាត់ | /pramat, pəmat/ gall bladder |
| ជាចិត្តមេត្រីចងជាប់ ក្នុងថ្លើមប្រមាត់ហើយ | [my friendship for you] is a deep and abiding friendship |
| ករ | /kaa/ hands (literary) |
| វន្ទា | /wŏəntiə/ to greet with palms joined |
| លើកករវន្ទាបង្គំ | to salute, greet, pay homage |
| ព្រះភគវន្តមុនី | /prĕəh-phĕəqkəwŏəntaqmunii/ the Buddha |
| ធ្លាក់សំបុត្រពីដៃ | the letter having dropped from [his] hands |
| ញាក់ | to tremble |
| រទេះឡាន | automobile |
| សម្ងាត់ | secret, confidential |
| ក្រសួងសម្ងាត់ | secret service |
| ទូរលេខ | /tuurəleik/ telegram |

ប៉ុស្តិ៍ /poh/ postoffice

ឃាត់ដំណើរ to intercept, apprehend

សូម...លោក May God...

សូមឲ្យគេរកឃើញទៅលោក May God have them find him!

បុគ្គលិក /bokkəlɨk/ personnel, employee(s), member(s)

នគរបាល /nɔkɔɔbaal/ police, municipal police

ក្រុមព្រះនគរបាល Department of Police

សំបុត្រសំគាល់ identification card

ព្រះតេជគុណ /prĕəh-daccəkun/ you (to priest or high official)

ទន់ខ្លួន to go limp, become weak

ហាក់ as if; almost

បាត់ស្មារតី to lose consciousness

ស្លៀមុខអែ pale, blanched

ភួយ blanket

អាណោចអាធ័ម /qanaoc-qathŏəm/ to feel great compassion (for)

ដុតដារ to cremate

កាន់ទុក្ខ to mourn

កម្មបៀអ្វីក៏ម្ល៉េះ what have I done to deserve this!

បម្រាសចេញ to separate (from)

ទទួលកម្មអ្វីមកបម្រាសចេញវិញ what have [I] done [that he should be] separated [from me]?

ស្ដាយតែ [I] especially regret [that]

| | |
|---|---|
| ត្រមោច | /trɑmaoc, təmaoc/ lonely, desolate |
| បំបិទ | to hide (tV) |
| បំបាំង | to hide (tV) |
| បំបិទបំបាំង | to hide, keep (something) secret |
| អាងថា | rely on the fact that |
| អ្នកធំ | important person |
| ខ្លាចចិត្ត | to respect, be deferential toward |
| អតីត | /qaqtəytaq, qadɨt/ the past; past |
| អតីតជាតិ | /qadɨttəciət/ former life, former incarnation |
| ដំណេក | sleep (N) |
| ចូលដំណេក | to go to sleep |
| ស្រមៃឃើញ | to see as in a dream, see a mirage, have a hallucination |
| | |
| គួរឲ្យស្ដាយ | regrettable (here: what a waste of) |
| អ្នកប្រុស | man, young man |
| ប្រល័យ | to kill |
| ពីព្រោះក្ដី | because of the fact of |
| កំហុស | fault, wrong |
| សំណាង | Samnang (Man Yan's suitor) |
| យល់ទាស់ | to be opposed, to disagree |
| ឪពុកម្ដាយចិញ្ចឹម | foster parents |

| | |
|---|---|
| គ្មានចិត្ត | disinclined to, uninterested in |
| សម្រេច | /samrac/ to settle, decide, resolve |
| ទ្រព្យសម្បត្តិ | /troǒəp-sambat/ wealth, possessions, fortune |
| ចំណេះវិជ្ជា | learning, education, knowledge |
| ម៉ាត់ | /mat/ word, bite, mouthful |

CHAPTER 8

| | |
|---|---|
| រើសបាន | to find |
| លោតទឹកសម្លាប់ខ្លួន | to drown oneself |
| យល់ | to recognize, to know |
| តត្រុក | [wander] aimlessly |
| ភូមិថ្ម | Phum Thmâ (place name) |
| មោះ | mistake, misfortune |
| លុះដោយ ... | resulting from |
| ភាំងវិញ្ញាណ | to have a lapse, blank out |
| វល់គំនិត | confused, disoriented |
| គិតអ្វីមិនលេច | unable to concentrate one's thoughts |
| មេស្រុក | chief of a /khum/ (not a /srok/) |
| សុខ | Sok (personal name) |
| ផនស៊ី | Phân Si (personal name) |
| រកទទួលទាន | to make a living |
| ជួញ | to do trade |

| | |
|---|---|
| បណ្ដោះ | to spirit (something) away; to free, remove secretly |
| អាសន្ន | /qaasɑn/ trouble, problem |
| បណ្ដោះអាសន្ន | temporarily |
| រំហែ | to free, put at leisure, relieve (of work, duty, etc.) |
| រំហែកម្លាំង | to assist, relieve, help |
| កាន់គំនិតឲ្យត្រឹមត្រូវ | be on your good behavior, 'mind your p's and q's' |
| មិនចេះដាច់ពីមាត់ | unceasingly |
| ភាគា | term of address, husband to wife (archaic) |
| អាវ៉ាសែ | vagrant, derelict |
| ស្ទាប | to touch, caress |
| ស្ទាបចាប់រឿងអ្វីមួយ | to get on to something, discover something by stealth |
| មកឃើញ | to realize, come to see |
| ឥតខ្ចោះ | flawless |
| ស្រុកទេស | home town, place of origin |
| អ្នកស្រែ | farmer, rice farmer |
| អ្នកស្រែចំការ | farmer, country person |
| អ្នកក្រុង | urbanite, city dweller |
| អ្នកមានពូជ | aristocrat, person of good background |
| វើយ | /wəəy!/ exclamation of surprise, or to attract attention |

| | |
|---|---|
| លេង | to visit |
| អឹកធឹក | /qɨkkəthɨk/ gay, festive, splendid |
| ក្លែង | false, counterfeit; to falsify, impersonate |
| គិតទៅឆ្ងាយ | to think deeply |
| តោងតែ | must, necessary to |
| ភូឈួយកុងស៊ីយ៍ | /phuu-chuəy-koŋsəy, phəchuəy-koŋsəy/ deputy minister |
| លំនាំ | aspect |
| លើសលែង | exceeding, beyond |
| កូនស្រុក | inhabitants of the /khum/ |
| ឃុំថ្ម | the /khum/ of Thmâ |
| អស់ចិត្តពី | to get over (something), forget about |
| បដិសណ្ឋារៈ | /padeqsɑnthaarĕəq/ greeting, welcome |
| ប្រពៃ | proper, correct |
| សាមគ្គីសាមគ្គា | /saaməkii-saaməkiə/ unity, togetherness, affection; to unite |
| សំពះសួរ | to greet (with palms joined) |
| ជំទប់ | assistant /mee-srok/ |
| សួស | Suos (personal name) |
| ឆ្លើយកាត់ | to speak up, volunteer an answer |
| ជំរាបលោក | formal response particle (inferior to superior) |
| ស្រួលខ្លួន | to be well, to feel well |

| | |
|---|---|
| ពានព្រោស | formal response particle (inferior to superior) |
| ធ្វើពុតជា | to pretend that, act as if |
| នាំពាក្យនិយាយ | to bring up for discussion |
| ប្រសាសនោបាយ | /prαsahsnoubaay/ politics |
| លោកសន្និវាស | peoples of the world |
| ផលានុផល | /phαllaanuphαl/ crops, harvest, produce |
| ទឹកជន់ | flood, floodwater |
| ធម្មជាតិ | /thŏəmməciət/ nature, natural environment |
| ស្រងាត់ | deep, rich (of color) |
| ភ្លឹង | (straight) as a ramrod |
| ព្រាវៗ | imitative of a crackling or rustling sound |
| វិវេក | sad, melancholy |
| យុវ័ន | /yuwwan/ youth, young person (usually masculine) |
| សូន្យសុង | completely |
| ត្រឈៃ | cool and shady |
| ចង្កា | chin |
| ងើយ | to lift upward, incline upward |
| តោង | to grasp, clutch |
| កូនឈើ | sapling, bush, small tree |
| អណ្ដែតត្រសែត | to float |
| វេហាស៍ | air, space |

ពសុធា /poə̆hsothiə/ earth, surface of the earth

ទីពឹង to stay, take refuge, take shelter

កោតតែ amazed that, incredulous that

រស់កើតដែរ to be able to live (nevertheless)

ស្ថិតស្ថេរ /thət-thei/ stable, durable, lasting

ចិរកាល /ceirəkaal/ permanence, duration, long time

ស្ថិតស្ថេរចិរកាល permanent, stable, lasting

យូរលង់ for an extremely long time

មើលទៅ perhaps, maybe

សៀង sound, voice

តូរតន្ត្រី /dou-dɑntrəy/ musical instruments; music

បុណ្យព្រេង fate

ចូលគ្នា to combine

ជាតិ life, existence, incarnation

ញញឹមប៉ប្រិម to smile broadly, brightly

ខិត to move over, scoot over, slide over, inch along

មូលមិត្តមេត្រី share [each other's] love

ពុំយល់អ្វី have no objection

ថើប to kiss

ភក្ត្រ /pheə̆q/ face

| | |
|---|---|
| នួនល្អង | dear one |
| ស្ម័គ្រស្មោះ | sincere, devoted |
| ឈោ | to reach over |
| ច្រាន | to push (with flat of hand) |
| ត្រង់ខ្លួន | straight (posture) |
| លង | to appear, make an appearance (of ghosts, apparitions) |
| ព្រឺ | to have goosebumps, have one's hair stand on end (from fear) |
| គ្រប់ | imitative of the sound of a sudden fall |
| រវើរវាយ | weak, confused, delirious |
| អម្បាញ់មិញ | a moment ago, just now |
| រលឹក | to remember, miss, think about |
| ភ្លាត់មាត់ | to say in spite of oneself |
| ពញ្ញាក់ | /pŭəññĕəq/ to startle, surprise |
| គ្រា | to support in walking, help along |
| ក្តាប់ | handful |
| ចាកស្ថាន | /caaq thaan/ to die |
| បញ្ញាក់ | /pəññĕəq/ to startle |
| សែន | to make a propitiatory offering to spirits |

## CHAPTER 9

| | |
|---|---|
| សែនពែ | to make a propitiatory offering |
| ស្រាន្ត | to get better, improve |
| កត្តិក | /kədək/ October-November (lunar system) |
| គេហស្ថាន | /keehaqthaan/ residence |
| សូត្រមន្ត | /sout-mŭən/ to say prayers, recite scriptures |
| លៀង | to fête, give a banquet (for) |
| បង់បាត់ | disappear, be abandoned |
| អ្នកតែងខ្លួន | dressing-lady, bride's dressing assistant |
| បង្គន់ | toilet |
| រកតែ...ហ្នឹងហើយ...ស្រួល | so much the better that it's... |
| កម្មគ្រោះ | /kam-krŭəh/ (negative) karma, misfortune |
| កត់ចិត្តបង់ចាំ | irrevocably attached (to) |

## CHAPTER 10

| | |
|---|---|
| ស្អាង | to decorate, embellish |
| ដោះទុក្ខសត្វ | /dαh-tuk-sat/ to eliminate, relieve oneself (euphemism) |
| តក្កមា | /tαqkəmaa/ to be terrified |
| ញាតិកា | /ñiəteqkaa, ñiətəkaa/ relatives |
| បំភ្លឺ | to illuminate |
| មនុស្សក្រៅ | outsiders, non-family |

សាមីខ្លួនខាងស្រី the bride

ខ្មោចទឹក water-spirit, water-ogre

មង្គល /mŭəŋkŭəl/ wedding

មិនដែលមាន it never happens that

សមស័ក្តិ /sɑm saq/ of proper status

រាវ to feel around for

បទ set, verse, song, composition

ញាក់ទឹកមុខ to have a somber expression

ស្រយុត stunned, shocked

ស្រង់ to take out, extract (from liquid)

បង់ត្រី to cast (a net) for fish, to fish with a net

ព្រឹល ៗ vaguely, indistinctly

យកជីវិត to save one's life

ពតីមពតើម to stumble, grope; gropingly

រលាក់ to shake (tV)

គ្រវី to twirl, fling in a circle

កំដៅ to heat, to warm

ក៏ថា to say

ខ្សាវ ៗ in a murmur

ណា hortatory final particle

ធ្មេច to close the eyes

| | |
|---|---|
| រ៉ក | /rɑɑq/ Râk (Sophat's friend) |
| នាយ | Mr. (archaic masculine title) |
| បេតី | /paetəy/ to love; love (poetic) |
| តែសព្វខ្លួន | everybody, respectively (here: neither of them) |
| ខ្សត់ខ្សោយ | poor, weak, lacking in wealth and status |
| ម៉ោងមួយភ្លឺ | one a.m. |
| ថ្ងៃ ១៣ កើត | 13th day of the waxing moon |
| ខែចេត្រ | /khae-caet/ March-April (lunar system |
| ស្វាទឹងចេក ក្អែកទឹង ពងមាន់ | I don't believe you (any more than I believe that a monkey would refuse a banana, or a crow an egg) |
| ទាំង | even to the extent of |

CHAPTER 11

| | |
|---|---|
| ក្រៅអំពី | besides |
| ប្រសិនណាជា | if |
| ប៉ារម្ភ | /baarɑm/ to worry |
| នៅទឹងច្រមុះ | very near (literally: at the nose) |
| ដំរីស្លាប់យកចង្អេរមក បាំងឯណាជិត | one can't hide a dead elephant with a flat basket |
| ជៀស | avoid, stay away from |
| បើមិនយូរក៏ឆាប់ | sooner or later |

| | |
|---|---|
| ផ្លូវហើយវែង មាត់មនុស្សវែងជាងផ្លូវទៅទៀត | 'roads may be long, but rumors are longer' |
| មួយខែពីរ | one or two months |
| គ្មានអ្វីធំជាងចិត្តទេ | there's nothing more important than love (in a marriage) |
| | |
| ការខុសត្រូវ | responsibility |
| ប្អូនសំឡាញ់ឯងនេះ | (i.e. Man Yan) |
| អួស | to take back, reclaim |
| ទីរួមខេត្ត | provincial capital |
| ខ្សែមាស | gold necklace |
| ខ្សែពេជ្រ | diamond necklace |
| លលក | dove |
| អ្នកចំណូល | newcomer |
| ពេញច្បាប់ | legal, lawful |
| ឫសកែវ | roots, origin |
| ខែជេស្ឋ | /khae-ceeh/ May-June (lunar system) |
| រាស់ | to rake, harrow |
| មាំទាំ | firm, stable |
| យ៉ាងមាំទាំ | seriously, resolutely |
| ព្រោះ | to sow, scatter, broadcast |

| | |
|---|---|
| ពូជស្រូវ | seed-rice |
| ប្រថុយ | have a go at it, try and see |
| ក្លិង្គ | /kləŋ/ (Asian) Indian |
| ដួងជីវិត | the love of his life, loved one |
| ឃ្លាតឃ្លា | be separated from |
| ដំណាក់ | stage, phase, stop |
| វាង | to go around, to by-pass |
| ប្រជុំជន | densely populated (area) |
| គិតទៅ | having considered [it] |
| រោគាព្យាធិ | /rookiəpyiəthiq/ illness, disease |
| ពេទ្យរៀនវិជ្ជាបារាំង | western-educated doctor |
| បណ្តែតបណ្តោយ | to procrastinate, be nonchalant |
| គ្រូ | local medicine-man |
| ប្រឱបគ្នា | to embrace each other |
| ជ្រើស | to run the fingers through (hair, grass, etc.) |
| ទង្គឹះ | emotion, grief |
| ទាស់ពីត្រឹមទ័ល | there was no alternative |
| ហាម | brim (of a hat) |
| ជំនុំ | used, somewhat worn |
| បង្វិច | a bundle |
| បៀម | to hold in the mouth |

សង្កែ a plant whose leaves are used to roll local cigarettes

បារីស្លឹកសង្កែ local cigarette, homemade cigarette

ជន្លួញ walking stick, animal-prod

លឹម ៗ barely visible

គុម្ពោត bush, clump of bushes

សរសៃ specifier for threads, strings, slender sticks

ទុក្ខកំសត់កម្រ adversity, struggle, difficulty

ព្រៃនគរ /prɨy-nɔkɔɔ/ Saigon

ព្រែកអ្នកលឿង a town along the Mekong River

កិន to run over, crush

ក្រឡាប់ to turn over

ព្យាបាល to care for, tend

រោគ disease

មន្ទីរព្យាបាលរោគ hospital

ទិន day (literary)

ទិវា day (literary)

មិនដែលដាច់ incessantly

ក្រ to take a long time in

កើតមាន to develop, arise, come into existence

ក្តៅខ្លួន to run a temperature, have a fever

| | |
|---|---|
| ផល់ | to be effective (in curing), to cure |
| ទៅតាម | go looking for, go for |
| អ្នកជំងឺ | patient, sick person |
| អាការរោគ | illness, disease |
| អ្នក | (here: Madam) |
| មើល | treat (an illness) |
| ស៊ូ | would rather |
| ទុកយូរ...មិនបាន | can't delay |
| ផ្ទះពេទ្យ | hospital |
| ខាំមាត់ | to compress the lips (in anger) |
| មេ | /mee, mii/ bitch (derogatory term for women) |
| តើ | then, after all, so that's it |
| ពី...មួយទៅ...មួយ | from one...to another... |
| ចោលកន្ទុយភ្នែក | glance at, catch a glimpse of |
| កៀន | next to, up against |
| នឹកព្រួចថា | to have a sudden inspiration that, occurred to one that |
| + + នុះហ្ន | /nuh-nɔɔ/ there!, there it is! |
| ខ្វាត | to hurry (to) |
| មានវិញ្ញាណ | be alive, to have one's wits |
| នាងស្រី | young lady! |

យ៉ាងហ្នឹងហើយ    that's right, it is true

យក...ដោយ    take...along

ដរាបមក    up to that point, so far

បន្ទន់    to soften, to relax

ប្រិមប្រិយ    /prəm-prəy/ smiling, happy

ជាជាង...    rather, instead

គ្រោះ    accident, misfortune, (bad) fate

ដេកពេទ្យ    be hospitalized, stay in the hospital

ស្ដាប់សម្លេង... បាន    to recognize [her] voice

អង្វរចិត្ត    to plead (with)

គ្រញាង    pointing in all directions

គ្រញេងគ្រញាង    pointing in all directions; descriptive of sudden violent gestures

ផ្សាយ    to spread, broadcast, scatter

គង់ជីវិត    to be still alive

ប្រយុទ្ធ    to fight

ឥតឧបមា    /qət quppəmaa/ incomparably

បាទ    sole of the foot

ឱបបាទជើង    to embrace the feet

ក្រោក !    get up!

យូរណាស់មកហើយ    for a long time now

នាង title for young men or women

បង្វិល to spin, to turn (something) around

គូព្រេង predestined mate

ឈ្ងោកមុខ to look down, be downcast, incline the head downward

គគ្រឹកគគ្រេង loud, tumultuous, boisterous

ក្អាកក្អាយ loud, shrill, cackling

# PART TWO

# CAMBODIAN-ENGLISH GLOSSARY

This Glossary incorporates the some 2,000 words in the Glossary of the author's earlier Cambodian System of Writing and Beginning Reader (New Haven: Yale University Press, 1970), as well as the some 4,000 words introduced in this book, for a total of some 6,000 words. Words that are spelled irregularly or are likely to cause difficulty for the student are followed by their transcriptions. The words introduced in this book are followed by the number of the story in which they first appear.

Cambodian dictionaries differ slightly in the order in which words are listed. The order used in this Glossary is based on that used in the official Cambodian Dictionary of the Buddhist Institute. Words are listed primarily by initial consonant symbol, secondarily by vowel symbol, and tertiarily by final consonant symbol. The order of consonant symbols is as follows:

ក, ខ, គ, ឃ, ង, ច, ឆ, ជ, ឈ, ញ, ដ, ឋ, ឌ, ឍ, ណ, ត,
ថ, ទ, ធ, ន, ប, ផ, ព, ភ, ម, យ, រ, ល, វ, ស, ហ, ឡ, អ.

The order of vowel symbols is as follows:

-ា, -ិ, -ិះ, -ី, -ឹ, -ឹះ, -ឺ, -ុ, -ុះ, -ូ, -ួ, -ើ, -ឿ, -ៀ, -េ,
-េះ, -ែ, -ៃ, -ោ, -ោះ, -ៅ, -ុំ, -ំ, -ាំ, -ះ.

The order of independent vowel symbols is as follows:

ឥ, ឦ, ឧ, ឩ, ឪ, ឫ, ឬ, ឭ, ឮ, ឯ, ឰ, ឱ, ឲ, ឳ.

The following additional rules apply:

a) Words spelled with a final /bɑntɑq/ ( ់ ) follow identically spelled words without a /bɑntɑq/.

b) Words spelled with a converted initial consonant symbol ( ៊ or ៉ ) follow identically spelled words without a converter.

c) Words spelled with initial ប៉ follow all words spelled with initial ប and precede all words spelled with initial ប plus a subscript.

d) Words spelled with an initial independent vowel symbol involving an initial /q-/ follow words spelled with initial អ plus the equivalent vowel symbol.

e) Words spelled with initial ឫ and ឬ follow all words spelled with initial រ, and words spelled with initial ឭ and ឮ follow all words spelled with initial ល .

f) Words spelled with initial consonant plus subscript follow all words spelled with the same initial without a subscript.

The following abbreviations are used in the Glossary; when immediately enclosed in parentheses no periods are used.

| | | | |
|---|---|---|---|
| abbr. | abbreviation | lit: | literally |
| Adj | adjective | mV | modal verb |
| aV | adjectival verb | N | noun |
| arch. | archaic | pers.n. | personal name |
| Conj | conjunction | pl.n. | place name |
| eleg. | elegant | poet. | poetic |
| euph. | euphemism | p.r.p. | polite response particle |
| excl. | exclamation | | |
| fig. | figurative | Pron. | pronoun |
| Fr. | French | roy. | royal language |
| imit. | imitative | S | specifier |
| iV | intransitive verb | tV | transitive verb |
| Lit | literary | | |

## ក

ក throat, neck, collar

កដៃ wrist 22

កសាង to build, erect

ក៏ so, then, accordingly (auxiliary)

ក៏... ក៏ both...and 22

ក៏ដោយ to whatever extent, even though

ក៏មិនដឹង I don't know, perhaps 24

ក៏ស៊ីបានដែរ can live on, can get along with

កក frozen, congealed; to freeze, congeal

កកកុញ crowded, congested, dense 32

កក់ to shampoo 33

កក្កដា /kaqkədaa/ July

កកាយ dig out, scrape out; to scratch about 24

កកូរ to stir, beat 16

កក្រើក to shake, jar, cause to rumble 37

កក្រេះកក្រោញ to bubble with enthusiasm 22

កង military division, unit, force 27

កងខេមរភូមិន្ទ /kaaŋ khaemmərēəq-phuumin/ Royal Cambodian Forces 32

កងទ័ព /kaaŋ-toəp/ troops, army 25

កងរាជដម្រួត /kaaŋ riəc-dɑmruət/ royal police force 27

កងអាសាស្ម័គ្រ /kaaŋ qaasaasmaq/ volunteer military unit 34

កង់ bicycle; wheel

កញ្ចក់ mirror 37

កញ្ចប់ package, wrapped parcel

កញ្ចាស់ old thing, old person; old, pathetic 22

កញ្ឆក់ to snatch 22

កញ្ជើ a tightly-woven basket

កញ្ជ្រោង fox

កញ្ញា /kaññaa/ young lady, miss

កណ្ឌ /kan/ section, chapter 25

កណ្ដាល center; in the center of

កណ្ដៀរ termite

កណ្ដាប់ grasp (N) 20

កណ្ដាប់ដៃ grasp, clutches 20

កណ្ដាលថ្ងៃ in the open, right in the sun 11

កត់ to put down, jot down, record 18

កត់ចិត្តចងចាំ devoted to, irrevocably attached to 37

កត់ត្រា to register, write down, record

កតញ្ញូ /kattaññuu/ gratitude

កតវេទី /kətaqweetii/ gratitude 12

កត្ដិក /kədək/ October-November (lunar system) 37

កឋិន /kathən/ presentation of gifts to the monks

កន្តើយ indifferent 32

កន្ត្រាក់ to jerk 22

កន្ត្រៃ /kɑntray/ scissors

កន្ទក់កន្ទេញ to importune, repeat petulantly, agitate 24

កន្ទុយ tail 13

កន្ទេល a woven mat

កន្លង to pass, elapse (of time)

កន្លែង place

កន្លែងណាខ្លះ what places?

កន្លែងអង្គុយ place to sit, seat

កន្លះ half

កន្សែង cloth, napkin, handkerchief, towel

កប៉ាល់ ship, steamer

កប៉ាល់ហោះ airplane

កប្បាស /kapbaah, kəbaah/ cotton

កម្ជិល sloth, laziness; lazy person, ne'er-do-well

កម្ពុជរដ្ឋ /kampuccərŏət/ Cambodia 32

កម្ពុជា /kampucciə/ Cambodia

កម្ម /kam/ karma, fate (usually bad) 23

កម្មគ្រោះ /kam-kruŏh/ (negative) karma, misfortune 37

កម្មផលអ្វីម្ល៉េះ what have I done to deserve this! 37

កម្មអើយ! what fate! 37

កម្មករ /kamməkɑɑ/ workers, laborers

កម្មវិធី /kam-withii/ program, system 37

កម្មវិធីសិក្សា curriculum 37

កម្មិកលេខាធិការ /kammikaq-leekhaathikaa/ administrative secretary 31

កម្រ /kɑmrɑɑ/ difficult (to), rarely 24

កម្រាល cover, spread, blanket, sheet 17

កម្រិត mark, level, degree; to fix, decree, demarcate 36

កម្រើក to move, make a movement 22

កម្រៃ interest, profit 37

កម្លា to threaten 37

កម្លាំង strength, power

កម្លាំងទាន extent of [one's] charity 37

កម្លាំងមនុស្ស manpower

កម្លោះ single (of a man); bachelor

ករ /kɑɑ/ hands (Lit)

ករណីយកិច្ច /kaqrənəyyəkəc/ duty 12

ករុណា /kaqrunaa, kənaa/ to have pity on, have mercy on, please 4

កល /kɑl/ trick, ruse 17

កល់ to block, chock (e.g. the wheel of a vehicle) 28

កល្យាណ /kɑlləyaan/ good, virtuous 37

កល្យាណស្ត្រី /kɑlləyaan-satrəy/ virtuous woman 37

កវី /kawəy/ poet

កវីវង្សា /kawəy-wŭəŋsaa/ a clerical title 37

កសិកម្ម /kaqsekam/ agriculture (eleg)

កសិករ /kaqsekɑɑ/ farmer (eleg)

កា to address (a letter)

កាក leavings, refuse

កាកសំបុត្រ discarded letters 24

កាកបាទ /kaaqkəbaat/ the symbol ±

កាច bad, wicked, malicious

កាច់ break off 22

កាច់ចង្កូត to guide, to pilot 9

កាណូត /kanout/ motorboat

កាត់ to cut, to cross

កាត់ to be of mixed ethnic origin, to be a half-breed 32

កាត់ក្តី to settle an issue, judge a case 17

កាត់ខ្វាត់ខ្វែង to crisscross

កាត់យល់ to realize 37

កាតាប /kataap/ briefcase, satchel

កាតូលិក /kaatoulik/ Catholic 32

កាន់ to hold; believe in, insist on

កាន់ toward 13

កាន់កាប់ to administer, be in charge of 37

កាន់តែ increasingly, the more

កាន់គំនិតឲ្យត្រឹមត្រូវ be on one's good behavior 37

កាន់ទុក្ខ to mourn 37

កាប់ to cut, hack (with an ax or cleaver)

កាប់មិនមុត won't pierce, impervious to weapons, invulnerable 24

កាប់សំឡាប់ to kill with a hacking motion (e.g. with an ax) 25

កាព្យ /kaap/ poetry

កាព្យឃ្លោង /kaap-klooŋ/ verse, poetry

កាម Kâma, god of love 25

កាយ body (Lit) 3

កាយវិការ /kaayeə̆qwikaa/ act, deed 34

ការ /kaa/ work, affairs, activity

ការ wedding; to marry

ការកសាង formation, development

ការកំសាន្ត pastime, diversion

ការក្រាបថ្វាយបង្គំ greeting, salutation, homage 29

ការខុសត្រូវ responsibility 37

ការងារ task, duty

ការចិញ្ចឹមសត្វ raising livestock

ការចាំបាច់ necessity, necessary action 32

ការជប់លៀងភ្ញៀវ banquet, feast, entertainment

ការឈប់សម្រាក holiday, vacation 26

ការដឹកនាំ leadership, direction 34

ការដែល the fact that, the matter of (nominalizes the following verb phrase) 32

ការទទួលភ្ញៀវ receiving guests

ការទម្លាប់ habit, customary action

ការធ្វើឆ្នាំង pottery-making

ការនឿយហត់ hard work, tiring work

ការនេសាទត្រី fishing; the fishing industry

ការនាំចូល importation 31

ការបើកឥណទាន establishing credit 31

ការពារ /kaa-piə/ to protect, defend

ការយាមប្រចាំការ guard duty 26

ការយល់ព្រម consent, approval

ការរចនា /kaa-raccənaa/ decoration 37

ការរស់នៅ life, living conditions

ការរៀនសូត្រ studying, studies

ការសិក្សា education

ការសុខ peace 37

ការស្អាតស្អំ cleanliness (honesty 33)

ការហត្ថកម្ម /kaa-hattəkam/ manual labor 27

ការណ៍ /kaa/ affair, case, story, situation 17

ការិយាល័យ /kaariyaalay/ office, bureau 26

កាល time; when (conj)

កាលជាន់ក្រោយ recently 6

កាលដែល while 22

កាលណា when?; whenever

កាលណាបើ if, whenever 13

កាលបើ if, when, whenever

កាលពីព្រេងនាយ once upon a time

កាលៈទេសៈ /kaalaq-teesaq/ circumstances 31

កាហ្វេ /kaafei, kafei/ coffee

កិច្ច /kəc/ affair, matter

កិច្ចការ work, business 12

កិច្ចចាត់ចែង direction, supervison 27

កិច្ចដែលបម្រើលោក serving the priests 37

កិច្ចបញ្ចប់ conclusion, finale 29

កិច្ចព្រមព្រៀង agreement, accord 32

កិច្ចសន្យា /kəc-sannəyaa/ agreement, contract 31

កិច្ចហេតុ /kəc-haet/ facts 17

កិត្តិយស /kəttəyuŏh/ honor, reputation

កិន to grind, to mill; to run over, crush 37

កិរិយា /keriyaa/ conduct, behavior

កិរិយាមារយាទ conduct, behavior 14

កីឡាករ /kəylaakɑɑ/ athletics 34

កឹក imit. of a rooster's crow 22

កុកកីកែកឹក /kok-kii-kae-kəɨt/ imit. of a rooster's crow

កុង curved, curving 5

កុដិ /kot/ monk's quarters

កុន movie

កុមសូមុលសូវៀត /komsoumul souwiiyeek/ Soviet Komsomol (Russian Communist Youth Organization) 32

កុមារ /komaa/ boy (eleg); in compounds: children in general

កុមារា-កុមារី /komaaraa-komaarəy/ boys and girls, children (eleg) 9

កុម្ភៈ /kumpheăq/ February

កុម្មុយនិស្ត /kommunih/ communist 35

កុម្ម៉ៃ /kommay/ (Jean) Commaille, first Conservator of Angkor 15

កុវេរ /koqweereəq/ Kubera (god of wealth) 25

កុហក /kohαq, kəhαq/ to lie, prevaricate 22

កុះករ in great numbers 14

កូក here!; here I am! 22

កូន offspring (of either sex), children

កូន I (child to parent); you (parent to child)

កូនកន្សែង handkerchief

កូនក្រមុំគេ a certain maiden 22

កូនចៅ children, offspring

កូនឈើ sapling, bush, small tree 37

កូនត្នោត place name (lit: sugarpalm sapling) 27

កូនទូ a small cabinet, small dresser 37

កូនជាន់ជំពុកនាង her child replaced (was as) a father 37

កូនបង្កើត one's own child 24

កូនប្រុស son 20

កូនប្រុសស្រី son and daughter 20

កូនពៅ youngest child 37

កូនភ្នំ hill, foothill

កូនលោក children of important men 37

កូនសិស្ស /koun-səh/ pupil, student

កូនសិស្សលោក temple boy 24

កូនសំបុត្រ small letter, note 37

កូនស្រី daughter 20

កូនស្រុក inhabitants of the /khum/ (not /srok/) 37

កូប elephant howdah 24

កូរ to stir, agitate 25

កូលេស /koleh/ (Fr. collège) high school (grades 7-10) 37

កូលេសស៊ីសុវត្ថិ Collège Sisowath 37

កុលា /koulaa, kolaa/ Cambodian of Burmese origin

កុលាប rose 22

កួច to swirl, revolve 4

កួច to long for, desire 37

កួរ /kuə/ ear, pod

កើត to be born, come into existence

កើត to be able, possible (V + /kaət/)

កើតក្ដីទាស់គ្នា have a disagreement 23

កើតទុក្ខ to grieve (come upon grief), to have trouble 23

កើតហេតុជាមួយគេ get into trouble with with others 37

កើតមក to be born 1

កើតមាន to develop, arise 37

កើតឡើង to arise, come about, happen

កើតអ្វី? what's wrong?, what's the matter 22

កើតអ្វីបានជា why is it that, how did it happen that...? 22

កើន to multiply, increase

កើយ to rest the head, support the head 37

កៀន corner (here: next to, up against) 37

កេងកោ achieve indirectly, by subtle means 36

កេណ្ឌ /kaen/ to conscript, draft 19

កេរ្តិ៍ /kei/ heritage, legacy, reputation

កេរ្តិ៍ករ heritage, legacy 24

កេរ្តិ៍ខ្មាស sexual organs (eleg) 24

កេរ្តិ៍ជាស្រី feminine virtue, proper feminine conduct 37

កេរ្តិ៍ឈ្មោះ reputation, fame, honor

កេសី /keisəy/ head (Lit) 37

កែ to repair, change, revise

កែប្រែ to revise 31

កែប Kêp (a resort area)

កែវ glass, a glass, a cup

កែវ common personal name (lit: glass, precious stone, precious [one]) 19

កេះ to scratch, to nudge with one finger (a gesture characteristically used to get a friend's attention) 37

កោង curved, bent 5

កោដិ /kaot/ ten million

កោណ្ឌិន្យ /kao-dɨn/ Kaudinya (legendary founder of Funan)

កោត to respect, honor

កោតគោរព to respect, honor

កោតញញើត to respect, stand in awe of 37

កោតតែ amazed that, incredulous that 37

កោរ /kao/ to shave 24

កោរទាំងសក់ក្បាល have the head completely shaven 24

កោរសក់ to shave the head 24

កោរសក់ឲ្យ to shave [his] head for [him] 24

កោស to scrape out, dig out 15; to scrape (the skin) with a coin or other instrument (thought to have therapeutic value) 37

កោះ island 23

កោះ to call, summon

កោះកុង Koh Kong (province) 34

កៅរវៈ /kawrəweəq/ the Kuravas 25

កៅសិប ninety

កៅស៊ូ /kawsuu/ rubber (Fr. caoutchouc)

កៅអី chair, seat

កៅអីវែង bench

កុំ negative imperative: don't

កុំចាំបាច់ not necessary, don't insist on 16

កុំព្រួយប្រសាសន៍ don't worry 24

កុំភ័យអី /kom phɨy qəy/ don't be afraid, don't worry about a thing

កុំអាល don't yet, don't be in a hurry to 37

កុំអី otherwise, else 37

កុំឲ្យខ្មោចព្រៃខឹង so that the spirit won't be angry 24

កុំឲ្យតែ so long as one doesn't 14

កុំ... ឲ្យសោះ strong negative imperative: never..., don't...at all

កំជិល laziness; to be lazy 14

កំដរ /kamdaa/ to accompany, assist in, contribute to

កំដៅ heat; to heat, to warm up 37

កំណត់ appointment, fixed period; to fix, decide, set 17

កំណត់កាល fixed time, appointed time 36

កំណត់ព្រះចិន្តា /kamnat-preǎh-cəndaa/ to decide, conclude (roy) 17

កំណប់ cache, treasure 14

កំណល់ a block, chock 28

កំណាច wicked; wickedness 18

កំណាត់ a piece, a section

កំណាត់ៗ various pieces

កំណើត origin, birth, beginning

កំណែន conscription, forced labor, corvée 21

កំទេច debris, bits, remains 22

កំបាំង to bar, shield 24

កំបាំងភ្នែក to block the vision; to glance away 24

កំប្លុងៗ /kamplaŋ-plaŋ/ very beautiful 22

កំប្លែង (=កំផ្លែង) /kamplaeŋ/ comical, humorous 24

កំផែង wall, enclosure 37

កំពង់ port, river bank, river town

កំពង់ចម្លង ferry landing (lit: port [for] putting across) 28

កំពង់ចាម Kampong Cham (province)

កំពង់ឆ្នាំង Kampong Chhnang (province)

កំពង់លែង Kampong Leng (place name)

កំពង់ស្វាយ Kampong Svay (name of a district in Kg. Thom province) 27

កំពត Kampot (province)

កំពស់ height

កំពស់កំពា height, size 24

កំពុង in the process of, -ing

កំពូល summit, peak

កំពែង wall, enclosure, rampart 13

កំព្រា to be an orphan, to be orphaned 24

កំព្រើកំព្រា to be orphaned (lacking one or both parents) 35

កំភ្លៀន the side of the face 37

កំរិត fixed level, mark, limit; to set, decree, prescribe 32

កំរើក to move, make a movement 18

កំសត់ sad, pathetic, destitute, miserable 35

កំសាន្ត /kɑmsaan/ to relax, amuse oneself, enjoy oneself

កំហឹង anger 36

កំហឹងចូលមកដល់ [one] becomes angry 37

កំហុស fault, wrong 37

កំហែង to threaten, intimidate 25

កាំ step (of stairs) 6

កាំបិត knife

កាំបិតស្នៀត hunting knife 22

កាំបិតស្នា folding knife 22

កាំងតឹណា quinine (plant) 32

ក្ងោក peacock 25

ក្ដាន់ deer 24

ក្ដាប់ handful 37

ក្ដារ /kdaa/ board, plank

ក្ដារឈ្នួន writing slate 4

ក្ដារបន្ទះ plywood

ក្ដី /kdəy/ even though, to whatever extent

ក្ដី affair, situation, case 7

ក្ដីសត់កត់ក្រ adversity, struggle, difficulty 37

ក្ដីដូង place name (lit: the coconut affair) 27

ក្ដុក imit. of the sound of a falling object: with a thump 37

ក្ដុកក្ដួលចិត្ត heavyhearted, sorrowful 37

ក្ដោង a sail 24

ក្ដោប to cover over, fold over, gather in, embrace 36

ក្ដៅ hot

ក្ដៅក្រហាយ troubled, agitated, anguished 36

ក្ដៅខ្លួន to run a temperature, have a fever 37

ក្នុង in, inside

ក្នុងខាងក្រោយនេះ below, following (in a text) 25

ក្នុងចំណោម among

ក្បត់ betray, deceive 35; traitor

ក្បត់ជាតិ to betray one's country, commit treason 35; traitor

ក្បាច់ design, pattern

ក្បាច់ចម្លាក់កម្រាស់ស្ដើង light relief, shallow relief 25

ក្បាច់រចនា /kbac-raccənaa/ carving, sculpture; art

ក្បាច់រលេច bas relief 10

ក្បាល head; bow (of a boat) 24

ក្បាលជង្គង់ knees 37

ក្បាលជណ្ដើរ head of the balustrade 15

ក្បាលមួយ only one, alone 24

ក្បាលឡាន front part of the vehicle 28

ក្បិន a roll of cloth; a typically Cambodian way of wearing a sarong

ក្បូន raft

ក្បួន procession, parade, train; manual, textbook 4

ក្បឿង tile

ក្បៀស comma; to make a stroke

ក្បែរ beside, alongside

ក្មួយ niece or nephew; affectionate term for young people of one's children's generation

ក្មួយបង្កើត full nephew (or niece) 37

ក្មេង child, children; to be young

ក្មេងស្រីៗ /kmeiŋ-srəy-srəy/ young girls

ក្រ poor 37

ក្រពិតណាស់ difficult to resolve 24

ក្រលំបាក poor, in difficult circumstances 8

ក្រអី why should one be without, what's the problem in (getting) 24

ក្រកច្ឆេទ /kraqkəchaet/ Krakaccheda (hell for gluttons) 25

ក្រកៀច /krɑkqiəc/ wet and dirty, filthy, soiled 37

ក្រងួរ muffled, indistinct; with a nasal twang 16

ក្រចក fingernails 22

ក្រញាង pointing in all directions 37

ក្រញូវ to frown, to scowl 13

ក្រញេងក្រញាង pointing in all directions; descriptive of sudden violent gestures 37

ក្រញោន drawn up, huddled up 22

ក្រញាំ derogatory appelation 22

ក្រដាស paper

ក្រដាសប្រាក់ bill, paper money 37

ក្រណាស់ very difficult 24

ក្របី water buffalo

ក្របីយៀច white water buffalo

ក្រពើ crocodile 22

ក្រម /krɑm/ law, decree 31

ក្រមការ /krɑmməkaa/ palace officials 24

ក្រមា towel, cloth, scarf (worn around the neck, as a turban, or as a short sarong while working) 37

ក្រមាច to make comical faces 24

ក្រមួន wax

ក្រមុំ /krɑmom/ young unmarried girl; virgin

ក្រមុំល្មមឲ្យមានប្តី of marriageable age 24

ក្រយាស្លាធ: wedding gifts 24

ក្រវាញ cardamom

ក្រវាត់ to tie around the waist 24

ក្រវៀច twisted, crooked

ក្រសាល to play, amuse oneself (roy) 19

ក្រសួង department; function, duty

ក្រសួងមហាផ្ទៃ Ministry of the Interior 31

ក្រសួងមានសមត្ថកិច្ច /-samattəkəc/ the appropriate department 34

ក្រសួងសម្ងាត់ secret service 37

ក្រសួងសាធារណសុខាភិបាលនិងសង្គមកិច្ច /krɑsuəŋ saathiərənaq-sokhaaphibaal nɨŋ sɑŋkumməkəc/ Ministry of Public Health and Welfare 31

ក្រសួងអប់រំជាតិ Ministry of National Education 29

ក្រហម red (the spectrum of color from yellow to red)

ក្រហមទែង rich red 37

ក្រឡា /krɑlaa, kəlaa/ square

ក្រឡាឈើត្រង់ square, block, check

ក្រឡាបញ្ជី /krɑlaa-bañcii/ court clerk 25

ក្រឡាព្រះបន្ទំ royal bed 17

ក្រឡាប់ to turn over, flop over 37

ក្រឡាហោម /krɑlaahaom/ Minister of the Navy and of Water Transport 24

ក្រឡឹង to lathe; encircling, around 22

ក្រឡេក to glance 6

ក្រអាញ husky, stocky 37

ក្រអូប sweet-smelling 17

ក្រាប to bow, prostrate oneself, lie flat

ក្រាបថ្វាយបង្គំលា to take leave (of royalty) 23

ក្រាបទូល to inform, say respectfully (to royalty)

ក្រាបបង្គំទូល to inform, say respectfully (to royalty) 11

ក្រាម gram

ក្រាល to spread out, lay out

ក្រាស់ thick, heavy; many, accumulated 37

ក្រាស់ក្រែ extreme 37

ក្រិមិនិចយ /kreqminiqcay/ Kriminicaya (hell for blasphemers) 25

ក្រិស្ណា /krɨhsnaa/ Krishna 25

ក្រិស្ណាដែលកើតពីវិស្ណុ Krishna, an incarnation of Vishnu 25

ក្រីក្រ poor, destitute 14

ក្រុង to cage 22

ក្រុង city

ក្រុងព្រះសីហនុ Sihanoukville 32

ក្រុងសិង្ហបុរី /kroŋ-səŋkəborəy/ Singapore

ក្រុម group, circle; department, division (of a ministry) 26

ក្រុមញាតិ relatives, family, ancestors

ក្រុមប្រឹក្សាព្រះរាជអាណាចក្រ /krom prəksaa preə̆h-riəc-qaanaacaq/ Council of the Kingdom

ក្រុមព្រះនគរបាល Department of Police 37

ក្រុមព្រះរាជទ្រព្យ /krom preə̆h-riəccətroə̆p/ the royal troupe

ក្រុមហ៊ុន company, business establishment 32

ក្រុមសង្ឃការី /krom saŋkaarəy/ Council on Buddhism 24

ក្រុមរបាំព្រះរាជទ្រព្យ Royal Ballet Corps 29

ក្រុមល្ខោនជាតិ National Drama Corps 29

ក្រុមល្ខោនព្រះរាជទ្រព្យ Royal Drama Corps 29

ក្រុមហត្ថករ /krom hattəkɑɑ/ group of workers 27

ក្រូច orange, citrus fruit in general

ក្រូចពោធិ៍សាត់ /krouc-poosat/ orange(s) 33

ក្រួស gravel, small rounded stones 37

ក្រៀម hard and dried 25

ក្រៀម sad (of facial expression) 37

ក្រៀមក្រោះ dry, arid

ក្រៀមក្រំ sad, dejected (of facial expression) 37

ក្រែង to fear, be afraid; for fear that, in the unlikely event that 22

ក្រែងឈឺតាមយប់ថ្ងៃ might get sick at any time 24

ក្រែងកើតបាប I'm afraid it would be sinful (to sit directly on you) 22

ក្រែង...ទេឬ did he perhaps...? 37

ក្រៃពេក extremely, excessively 18

ក្រៃលែង extremely, without bounds

ក្រោក to get up, rise up

ក្រោកឈរ to stand up

ក្រោកឡើង to get up

ក្រោម under, below, beneath

ក្រោមទឹក downstream 24

ក្រោមធូលីព្រះបាទ most respectfully, very humbly (lit: under the dust of your feet) 23

ក្រោយ behind, after

ក្រោយបង្អស់ last, last of all

ក្រោយមក afterward

ក្រោលគោ Kraol Ko (place name; lit: ox corral) 34

ក្រៅ outside, outside of

ក្រៅពី besides

ក្រៅអំពី besides 37

ក្រំ to hurt (of internal organs) 37

ក្លាហាន brave, bold 32

ក្លិង /kləŋ/ (Asian) Indian 37

ក្លិន smell, odor 11

ក្លើ male friend (archaic) 23

ក្លែង false, counterfeit; to falsify, impersonate 37

ក្លោងទ្វារ portal, lintel 13

ក្សត្រិយ៍ (=ក្សត្រ) /ksat/ king

ក្ស័យ /ksay/ to die (eleg) 37

ក្ស័យជីវិត to die (eleg) 37

ក្សាច់ /ksac/ sand

ក្សណៈនោះ at that time (Lit) 37

ក្សិណក្ស័យ /ksən-ksay/ to die (eleg) 37

ក្សេត្របុរី /ksaet-borəy/ Kset Borey (place name) 35

ក្សេមក្សាន្ត /ksaem-ksaan/ peaceful, tranquil 20

ក្អក to cough

ក្អម water pitcher

ក្អមឆ្នាំង pottery, earthenware

ក្អកក្អាយ loud, shrill, cackling 37

ក្អែក crow 3

ក្អែកគោក land crow 3

ក្អែកទឹក water crow 3

ក្អែកមេ female crow

## ខ

ខ point, aspect, respect 17

ខណៈ /khanaq/ moment, time 1

ខ័ណ្ឌ /khan/ to separate 32

ខន្តី /khantəy/ endurance, patience, restraint 36

ខសន្យា /khαa-sαnnəyaa/ contract, agreement; to contract, promise 21

ខាង side, direction

ខាង in the field of, in the area of

ខាងកើត the east

ខាងក្រោម below, lower part

ខាងក្រោយ behind, the back

ខាងជើង the north

ខាងឆ្វេង the left side, on the left

ខាងត្បូង the south

ខាងផ្នែកនយោបាយ in the area of policy 32

ខាងមុខ front, in front

ខាងលិច the west

ខាងលើ above, upper side; northern

ខាត to lose; to lose money 7

ខាត់ to polish

ខាន to lack, to miss, to fail to

ខានពុំបាន to be essential, indispensable 31

ខាន់ស្លា bride price (sum paid to the bride's parents) 24

ខារ bitter 22

ខិត to move over, scoot over, slide over, inch along 36

ខិតខំ to try hard (to), work assiduously (at)

ខឹង to be angry

ខឹងកើតទុក្ខ anger causes grief 7

ខុស to be different, wrong

ខុសគំនិត to be mistaken, wrong-headed 37

ខុសគ្នា different from each other; to vary, differ

ខុសៗគ្នា varied, different from one another

ខុសទំលាប់ against tradition 3

ខុសឆ្គង make a mistake, do harm unintentionally 24

ខុសពីធម្មតា exceptional, unusual

ខុសពីផ្លូវ out of the way, off the path 25

ខូច broken, ruined, spoiled 14

ខូចលក្ខណ៍ /khouc leə̆q/ unprincipled, promiscuous 37

ខួរក្បាល brain 1

ខៀវ general term for the spectrum of color from blue to green 22

ខេត្ត (=ខេត្រ) /khaet/ province

ខេត្តកណ្ដាល Kandal Province 26

ខេត្តកំពង់ចាម Kampong Cham Province

ខេត្តកំពង់ឆ្នាំង Kampong Chhnang Province

ខេត្តក្រៅ outer provinces

ខេមរភូមិន្ទ /khaemmərĕəq-phuumɨn/ Cambodia (Lit); name of a boulevard in Phnom Penh 37

ខែ month; moon; head-word in names of months

ខែកក្កដា /khae-kaqkədaa/ July

ខែកញ្ញា /khae-kaññaa/ September

ខែកុម្ភៈ /khae-kumphĕəq/ February

ខែក្រោយ next month, the following month

ខែក្រោយនេះឯង the very next month

ខែចេត្រ /khae-caet/ March-April (lunar system) 37

ខែជេស្ឋ /khae-ceeh/ May-June (lunar system) 37

ខែតុលា /khae-tolaa/ October

ខែធ្នូ December

ខែប្រាំង the dry season (dry months) 24

ខែមករា /khae-meə̆qkəraa/ January

ខែមិថុនា June

ខែមិនា March

ខែមេសា April

ខែវស្សា /khae-wuə̆hsaa/ the rainy season (the rainy months) 24

ខែវិច្ឆិកា /khae-wɨccəkaa/ November

ខែសីហា August

ខែអាសាឍ June-July (lunar system) 2

ខែឧសភា /khae-quhsəphiə/ May

ខេត្តកំពង់ធំ Kampong Thom Province 27

ខោ trousers, pants

ខោអាវ clothing, suit of clothes

ខំ to try hard, to devote oneself to

ខាំ to bite; to hold between the teeth

ខាំមាត់ to compress the lips (in anger) 37

ខ្ចប់ to wrap, envelop 17

ខ្ចាត់ to separate, leave 20

ខ្ចាយ to scatter, spread; scattered 20

ខ្ចី tender, green; of persons: naive, inexperienced 22

ខ្ចី to borrow 23

ខ្ចីខ្ចត់ naive 37

ខ្ជាក់ to spit out

ខ្ជាប់ firm, tenacious

ខ្ជាប់ខ្ជួន tight, firm, tenacious 32

ខ្ជិល to be lazy; as mV: to be disinclined to, uninterested in

ខ្ជីប /kciip, kcɨp/ to contract, come together, bring together 22

ខ្យង shellfish

ខ្ញៀវខ្ញា shrill, piercing 37

ខ្ញុំ I, me, my

ខ្ញុំ servant, slave 8

ខ្ញុំករុណា /kñom-kaqrunaa, kñom-kənaa/ I (to clergy) 24

ខ្ញុំកំដរ servant, attendant 8

ខ្ញុំទៅហើយត្រឡប់មកស៊ីបាយព្រឹកវិញ [I have time to] go and come back and eat breakfast 22

ខ្ញុំបាទ I (masculine, polite) 24

ខ្ញុំព្រះករុណា /kñom-preə̆h-kaqrunaa, kñom-kaqrunaa, kñom-kənaa/ I, me (layman to priest) 37

ខ្ញុំព្រះបាទ I (addressing one's superior or a high-ranking official) 37

ខ្ញុំព្រះបាទអម្ចាស់ /kñom-preə̆h-baat-qɑmmcah/ I (to royalty) 11

ខ្ញុំមានកូនឯណាខ្ញុំ? where [else] would I get a child? 37

ខ្ញុំមិនដែលប្លន់ I never rob 24

ខ្ញុំមិនទាំងដែលឮគេហៅ ព្រះនាមនោះផង I've never even heard that name 37

ខ្ញុំរាជការ servants of the realm 19

ខ្ញុំសូមចិត្តនាង I beg of you (Miss) 37

ខ្ទង់ crossbeam; unit of vertical measure 9

ខ្ទប់ to stop up, cover; to corner, shut in 15

ខ្ទប់មុខ to cover the face 37

ខ្ទម hut, miniature house

ខ្ទាត to spread, scatter, diffuse 37

ខ្ទឹម onion

ខ្ទេច shattered, smashed 15

ខ្នង back, dorsal ridge

ខ្នង specifier for buildings 34

ខ្នាញ់ disgusted, irritated

ខ្នាត a length, measure 22

ខ្នើយ pillow

ខ្នើយអោប a long cylindrical pillow, Dutchwife 37

ខ្ពង់ខ្ពស់ high, lofty 33

ខ្ពស់ high, elevated

ខ្ពស់ទៅៗ /kpŭəh tɨw, kpŭəh tɨw/ higher and higher

ខ្ពើម be disgusted by, repelled by (a sight, smell, etc.) 22

ខ្ពោក sound of falling: with a crash

ខ្មាញ់ turbulent 4

ខ្មាស embarrassed, ashamed; to lose face (to)

ខ្មីឃ្មាត to hurry (to) 37

ខ្មែរ /kmae/ Cambodia; Cambodian (N, Adj)

ខ្មែរក្រហម Red (Communist) Khmer 35

ខ្មែរខៀវសេរី (Blue) Khmer Serey (member of the Free Khmer movement) 35

ខ្មែរលើ Upper Khmer (hill tribes in general) 29

ខ្មោច corpse; ghost, spirit 24

ខ្មោចទឹក water-spirit, water-ogre 37

ខ្មោចព្រាយ spirits 24

ខ្មោចសេដ្ឋី /kmaoc saetthəy/ the late merchant 17

ខ្មៅ black

ខ្មៅប្រផេះ dark gray

ខ្មៅមុខស្លេក pale, blanched (of complexion)

ខ្មៅស្លែ dark, lifeless, unhealthy (color) 37

ខ្មាំង enemy 36

ខ្យង snail 22

ខ្យល់ /kyɑl, kcɑl/ wind, air, breath (in Cambodia the essence of life and health was thought to reside in the breath or wind of the body) 37

ខ្យល់កម្មជ្ជវាត /kyɑl kammaccəwiət/ life-force 37

ខ្យល់គ fainting spell, stroke 37

ខ្យល់គតប់ to have a fainting spell, to faint, have a stroke 37

ខ្យល់ជំនោរ breeze, light wind 24

ខ្យល់អាកាស air, weather

ខ្យល់ព្យុះ a windstorm, typhoon

ខ្លា tiger 14

ខ្លាំង strong, powerful

ខ្លាច to fear, respect 37

ខ្លាច for fear that, in case 37

ខ្លាចចិត្ត to respect, be deferential toward

ខ្លាញ់ oil, grease

ខ្លី short (in length)

ខ្លុះ to pass through, push through (the nose of an ox or buffalo)

ខ្លួន person, body, oneself

ខ្លួនខ្ញុំ I myself 23

ខ្លួនអើយ alas!, woe is me! 37

ខ្លួនឯង oneself, himself, herself, etc.; sometimes used as a familiar 2nd person pronoun

ខ្លៅ stupid

ខ្លាំង strong, serious

ខ្លះ some, to some extent

ខ្វាក់ to be blind

ខ្វាត់ខ្វែង from all directions, criss-crossing

ខ្វិន to be lame, paralyzed

ខ្វៀក to write rapidly, dash off 37

ខ្វេះ to scratch or dig out with the fingers

ខ្វៃ roasted

ខ្វះ to lack, be missing 9

ខ្សត់ be without, lacking in 37

ខ្សត់ខ្សោយ poor, weak, lacking in wealth and status 37

ខ្សាច់ sand

ខ្សាវៗ in a murmur 37

ខ្សឹកខ្សួល to sob 37

ខ្សឹប to whisper 24

ខ្សែ string, thread, rope; specifier for same

ខ្សែក្រវាត់ a belt

ខ្សែពេជ្រ /ksae-pɨc/ diamond necklace 37

ខ្សែមាស /ksae-miəh/ gold necklace 37

ខ្សោយ weak 37

## គ

គ to be mute, dumb 37

គក់ to pound, beat 22

គគ្រឹកគគ្រេង loud, tumultuous, boisterous 37

គគ្រាត rough, scaly, coarse 22

គង to cross, put across 14

គង to rest the legs, support the legs (across something) 37

គងអន្លាក់ខ្វា crosslegged 14

គង់ to remain, endure 14

គង់ to stay, remain (roy) 17

គង់ជីវិត to be still alive 37

គង់តែ surely, inevitably 22

គង់នៅ to survive, live on, still remain

គង់វង់ to exist, survive

គង្គា water (Lit) 3

គណៈ /kənaq/ party, group 25

គណៈកម្មការ /kənaq-kamməkaa/ committee, commission 34

គណៈកម្មាធិការ /kənaq-kammaathikaa/ committee 27

គណៈកម្មាធិការ ពង្រីកការសិក្សា committee for the development of education 34

គណៈរដ្ឋមន្ត្រី /kənaq-roət-mŭəntrəy/ cabinet of ministers

គត់ exact, exactly

គតិយុត្តិធម៌ /kəteq-yuttəthɔə/ justice, fairness 33

គន់គូរ to figure out, to calculate (by writing) 4

គន់មើល to observe, watch 18

គន្លង path, furrow; tradition, way 22

គប់ to throw at a target at close range 37

គប្បី /koəpbəy/ proper

គភ៌ /kɔə/ pregnant

គមនាគមន៍ /kummənieəkum/ communication, transportation 33

គម្ពីរ /kumpii/ scriptures

គម្រោងការ plan, project 33

គយ customs (duty, tax) 31

គយគន់ to observe, watch 17

គរ /kɔɔ/ to pile up, stack up

គរ /kɔɔ/ kapok

គរុកោសល្យ /kuruqkaosαl/ pedagogy 37

គល់ log, trunk (of tree) 22

គ.ស. (abbr. for /krɨhsaqkəraac/) Christian Era (A.D.)

គាត silk, thread 22

គាត់ respectful 3rd person pronoun: he, she, they; him, her, them

គាត់ his (here: author's narration) 17

គាត់ឯង you 16

គាប to pinch 18

គាប់ would be better that 37

គាប់ចិត្ត like to 20; to please, be pleasing to 37

គាប់ជួនជា it happened that, incidentally 20

គាល់ to have an audience (with royalty) 11

គាស់ to pry open; to dig out 8

គិត to think, plan, intend

គិត to calculate, figure, charge for 37

គិតឃើញវែងឆ្ងាយ think deeply, consider every aspect 37

គិតតែពី to think only of 1

គិតថា to think that, to think as follows

គិតទៅ having considered [it] 37

គិតទៅឆ្ងាយ to think deeply 37

គិតមិនវែង shortsighted 37

គិតអ៊ុំមិនលេច unable to concentrate one's thoughts 37

គិរី mountain (Lit)

គិលានដ្ឋាន /kiliənnəthaan/ infirmary 32

គិលានុបដ្ឋាក /kiliənnuppəthaq/ male nurse

គិលានុបដ្ឋាយិកា /kiliənuppəthaayikaa/ female nurse

គីង្គក់ toad 22

គីឡូម៉ែត្រ /kiloumaet/ kilometer

គីឡូម៉ែត្រក្រឡា square kilometer

គឹកកង boisterous 37

គិតប្រមាណក្នុងចិត្ត to calculate 24

គឹម ហួន Kim-Huon (personal name)

គឺ copulative relator: to be, to be as follows

គុក prison 36

គុណ /kun/ good deeds, merit, quality

គុណគ្រូ the value of teachers

គុណបំណាច់ contribution (to the national good) 35

គុណបុណ្យ goodness and power 37

គុណស្រ័យ reward, recompense, good deeds done in return 36

គុណានុភាព /kunaanuphiəp/ virtue

គុម្ព /kum/ clump, bush 22

គុម្ពោត bush, clump of bushes 37

គុយទាវ /kuy-tiəw/ a Chinese noodle dish

គុលិកា /kulikaa/ pill

គូ couple; pair

គូកន friend 9

គូគាប់ចិត្ត mate, partner, spouse 37

គូព្រេង predestined mate 37

គូប្រជែង contestants 36

គូវិវាទ /kuu-wiwiət/ protagonists, contestants 23

គូស្វាមីខ្លួន the couple themselves

គូថ /kuut/ anus 22

គូរ to draw 24

គូរគស to draw 24; to mark

គូលី coolie

គួយ Kuy, Kuoy (name of a tribal group in Cambodia)

គួរ /kuə/ proper, correct

គួរតែចង់ឲ្យមើលណាស់ very appealing, very interesting to look at 25

គួរទុកដូច should be considered as

គួរសម /kuə-sɑm/ reasonable, moderate, appropriate

គួរឲ្យ worthy of (when /kuə-qaoy/ precedes a verb, its meaning is comparable to the suffix -able in English; e.g. likeable)

គួរឲ្យទាក់ចិត្ត likeable, appealing

គួរឲ្យស្ដាយ regrettable (here: what a waste of...) 37

គួរឲ្យអនិច្ចា worthy of pity, one should pity 37

គេ indefinite 3rd person pronoun: he, she, they, one, someone

គេ (here: indirect object: [to] them) 37

គេច to sneak, shirk, avoid 16

គេចកៃដោះសា to make excuses, extricate oneself 17

គេហដ្ឋាន /keehaqthaan/ residence 37

គែ chicken's craw

គោ cow, ox, beef

គោក្របី oxen and buffalo, livestock

គោក land, by land

គោកកាំង dried out, dried up, parched 37

គោកខ្នួន name of a village 27

គោម paper lantern 21

គោមូត្រ /koomout/ the symbol ៚

គោរព /koorup/ to pay respects, to venerate

គោល aim, goal, mark

គោលការណ៍ principle, ideal 36

គោលគីឡូម៉ែត្រ kilometer marker 21

គោលគំនិត motive, intention, aim

គោលចារិក standard, principle 36

គោលដៅ aim 36

គោលបំណង purpose, intention, goal

គោះ to strike, beat

គុំគួន be vindictive 37

គំនិត thought 24

គំនិតមារយាទ conduct, behavior 24

គំនូរ drawing, picture 37

គំរាម to threaten, intimidate 36

គំរូ model, example 32

គាំទ្រ to support 33

គ្នា together

គ្នា 1st or 3rd person pronoun (here: he) 37

គិត to figure, calculate, think 24

គ្មាន not have, not exist

គ្មានចិត្ត disinclined to, uninterested in 37

គ្មានទាស់អ្វីទេ I have no objections 37

គ្មានបុរសណាមួយ there is no man [who] 21

គ្មានប្រណី carelessly, with abandon 37

គ្មានអ្វីធំជាងចិត្តទេ there's nothing more important than love 37

គ្មានអ្វីនឹងសង nothing could repay

គ្រប to cover; a cover, lid

គ្របដណ្ដប់ to cover over

គ្រប់ every, every one of

គ្រប់ imitative of the sound of a sudden fall 37

គ្រប់គ្រង to regulate, govern, administer 13

គ្រប់គ្រាន់ enough, plentiful

គ្រប់ចំនួន the full number 21

គ្រប់តែ every 24

គ្រប់តែពេល each time, every single time 36

គ្រប់តែមាតា every mother, all mothers 37

គ្រប់ទិសទី in all sectors 33

គ្រប់បែប of all kinds, of every variety

គ្រប់មាត់ [from] everyone (lit: every mouth) 26

គ្រប់មុខ all kinds, every kind 24

គ្រប់មួយសម្រាប់ a complete set 22

គ្រប់រូប each and every one

គ្រប់លក្ខណ៍ /krup leə̆q/ virtuous, exemplary (of a woman) 14

គ្រលុក hole, cavity

គ្រវាត់ to toss away

គ្រវី to swirl, swing in a circle 37

គ្រហែម /krɔhɛɛm/ to clear one's throat 22

គ្រា to support in walking, help along 37

គ្រា time, occasion

គ្រាណា when (conj)

គ្រានោះ at that time; once upon a time

គ្រាន់ enough

គ្រាន់ in order that, enough to, just for 24

គ្រាន់តែ only, just

គ្រាន់តែជាល្បែង just as a game, just for sport 37

គ្រាន់តែមាត់ enough to eat, enough to live on 24

គ្រាន់នឹង just to 24

គ្រាន់បើ adequate, sufficient, so-so; recovered, better (of patient) 24

គ្រាន់បើដែរ not bad; pretty good

គ្រិស្តសករាជ /krɨhsaqkəraac/ Christian Era

គ្រឹប sound of knocking together

គ្រឹះ /krɨh/ foundation, basis 36

គ្រុឌ /krut/ garuda 15

គ្រុនចាញ់ malaria; to have malaria 32

គ្រូ teacher, master

គ្រូ local medicine-man, folk doctor 37

គ្រូធំបត់ master of the supernatural (here: the [magical] coxswain of the boat) 9

គ្រូបង្រៀន school teacher

គ្រូបឋមសិក្សា /kruu-pathɑmməsəksaa/ primary school teacher

គ្រូបាធ្យាយ /kruu-baatyiəy/ teachers, mentors

គ្រូអាចារ្យ /kruu-qaacaa/ teachers 25

គ្រួសារ family

គ្រឿង spices, ingredients, accessories, things

គ្រឿង specifier for machines, motors, etc. 28

គ្រឿងប្រដាប់ things, accessories, equipment 17

គ្រឿងប្រដាប់សម្រាប់កាត្តា clothing, jewelry 20

គ្រឿងមាសពេជ្រ jewelry

គ្រឿងឧបភោគបរិភោគ /krɨəŋ-quppəphook-bɑɑriphook/ commodities (lit: things to use and eat) 35

គ្រែ bed 37

គ្រោង to plan 32

គ្រោងទុក to envisage, plan for 32

គ្រោះ accident, misfortune, (bad) fate 36

គ្រោះថ្នាក់ accident 28

គ្រោះនាម accident, happenstance, eventuality 37

## ឃ

ឃាតកម្ម /khiəttəkam/ murder 12

ឃាត់ to prevent, to stop (tV) 37

ឃាត់ខាំង to oppose, object 20

ឃាត់ដំណើរ to intercept, apprehend 37

ឃាត់ឲ្យនៅក្នុងផ្ទះ required that [he] stay in the house 37

ឃឹកៗ sound of giggling, chuckling

ឃុន next to the lowest title of nobility 24

ឃុប snapping sound 22

ឃើញ to see, to find

ឃោសៈ /khoosaq/ voiced; the 2nd series of Cambodian consonants

ឃុំ administrative unit composed of several villages

ឃុំឃាំង to arrest, detain, imprison

ឃុំថ្ម the /khum/ of Thmâ 37

ឃំ (=ឃុំ) to put under guard, to emprison 18

ឃ្នាប pincers, press 18

ឃ្នើសចិត្ត to be displeased 24

ឃ្មោស gong, drum

ឃ្លា space; sentence 33

ឃ្លាត to be separated from 24

ឃ្លាតឃ្លា to be separated from 37

ឃ្លាន to be hungry

ឃ្លេងឃ្លោង tottering, staggering 37

ឃ្លោង to roll, pitch (of a boat) 37

ឃ្លាំមើល to watch secretly 18

ឃ្វាល to herd, to guard (animals) 25

## ង

ង curved 9

ងក់ to nod, lower the head 7

ង៉ក់ៗ imitative of the sound of sobbing 37

ងងឹត dark, dim

ងងឹតងងុល blind, insensitive, heedless 37

ងងឹតមុខ to be dizzy, feel faint 37

ងងុយដេក to be sleepy 18

ងាក to turn the head, look around

ងាប់ to die; be dead 22

ងាយ easy 2

ងារ duty, function, status 17

ងាវ a kind of clam

ង៉ាវ noise-maker

ងើងើ lolling, nodding 37

ងុយដេក to be sleepy 18

ងូងៗ a low buzzing, murmuring sound 22

ងូត to bathe

ងូតទឹក to bathe

ងើប to raise oneself up

ងៀត to salt and dry in the sun

ង៉េះ /ŋeh/ Ngeh (personal name) 24

ង៉ោឌិនយៀម /ŋao-dɨn-yiəm/ Ngo Dinh Diem 32

ង៉ោះ /ŋɑh/ Ngah (personal name) 24

## ច

ចក្រី /cɑɑkrəy, caqkrəy/ Minister of War and of Land Transport 24

ចង to tie

ចងក្រង to compile, collect

ចងចិត្ត to be in love with, enamored of 37

ចងដៃ ceremonial binding of the couple's wrists

ចងពន្ធ /cɑɑŋ-pŭən/ to connect, tie together

ចង់ to want to

ចង់ស្រី to desire, court, seduce a woman 17

ចង្កា chin 37

ចង្កឹះ chopsticks

ចង្កូត tiller, rudder, steering wheel 9

ចង្កូម long canine tooth, fang 22

ចង្កៀង lamp, lantern 37

ចង្កៀងប្រេងកាត kerosene lamp 37

ចង្កេះ waist, hips

ចង្រៃ bothersome, annoying 37

ចង្ហាន់ food (of clergy) 24

ចង្អុល to point out

ចង្អៀត narrow, crowded

ចង្អេរ a wide flat basket

ចចិក to peck at repeatedly

ចចេស /cɑceh/ to persist (in), insist (on) 37

ចត to park, moor

ចតុ /caqtoq/ four (usually in compounds)

ចតុប្បាទ /caqtobaat/ quadruped

ចតុមុខ /caqtomuk/ site of the confluence of four rivers in Phnom Penh 29

ចន្ទន៍ /can/ sandalwood

ចន្លោះ intervening space; between

ចប blade, hoe 27

ចបកាប់ a hoe 37

ចប់ completion (of an action) 24

ចប់ to finish, come to the end of

ចម្ការ /cɑmkaa/ garden, plantation (other than wet rice) 24

ចម្ងាយ distance; to be distant (from) 13

ចម្បាំង war, battle 32

ចម្បាំងបណ្ឌពៈនិងកោរពៈ battle of the Pandavas and the Kuravas 25

ចម្រឹង bar, slat, column, colonnade 25

ចម្រឹងជើងទៀន bars (shaped like) candle holders 25

ចម្រុះ mixed

ចម្រើន to increase, prosper 19

ចម្រើនព្រះបរិត្ត /cɑmraən-prĕəh-bɑrət/ to bless, hold a ceremony of benediction 19

ចម្រៀង song

ចម្រៀងប្រជាប្រិយ folk songs

ចម្លង take across, put across 22

ចម្លាក់ sculpture, frieze

ចម្លែក special, different 36

ចលនា /cɑllənaa/ movement 26

ចលាចល /cəlaacɑl/ unrest, uprising, trouble 20

ចាក to leave, abandon

ចាកចេញ to leave, depart

ចាកចោល to leave, abandon 37

ចាកស្ថាន /caaq-thaan/ to die (eleg) 37

ចាក់ to deposit, inject; to pour

ចាក់ to lock or unlock (lit: to insert) 37

ចាក់ to crochet 37

ចាក់ពូន to pile up, make a mound or hillock 21

ចាក់ឫស to take root, penetrate

ចាងហ្វាង /caaŋ-waaŋ/ director, manager 31

ចាញ់ to lose to, be defeated by

ចាញ់កល to be deceived, fooled by a trick 17

ចាញ់កំដៅ to suffer from heat

ចាញ់ជាប់ to lose repeatedly

ចាត់ចែង to organize, plan, order, arrange 32

ចាន plate, dish

ចាប sparrow

ចាប់ to get hold of, catch; to begin

ចាប់ខ្យល់ to pinch the skin at various points (thought to have therapeutic value) 37

ចាប់ចិត្ត to like, be interested in

ចាប់ដើមកំណើត to originate, come into existence

ចាប់ដើមតាំងពី beginning from, starting with 24

ចាប់ដៃគ្នាធ្វើជាប្តីប្រពន្ធ to take one another as man and wife 24

ចាប់ត្រីបានមិនឲ្យល្អក់ទឹក catch a fish without muddying the water 8

ចាប់ផ្តើម to commence, to begin

ចាប់ព្រះរាជហឫទ័យ to like, be attracted by (of royalty) 19

ចាប់យាម to predict, foretell 22

ចាប់អារម្មណ៍ /cap-qaaramm/ to be interested, intrigued

ចាប៉ី /caapəy/ a stringed musical instrument

ចាម Cham (N, Adj)

ចាយ to spend, disperse

ចាយវាយ to spend, waste, be extravagant

ចារ /caa/ to inscribe

ចារឹក /caarək/ inscription; to inscribe 1

ចៅ-តា-កួន Chou Ta-Kuan, a 13th century visitor to Angkor 10

ចាស់ old

ចាស់ៗ elders, old people 37

ចាស់ជរា old and decrepit 24

ចាស់ទុំ old 24

ចាស់ព្រឹទ្ធាចារ្យ /cah-prɨtthiəcaa/ old age; elders

ចាស់ព្រះវស្សា /cah prĕəh-wŭəhsaa/ elderly, senior 37

+ ចាះ /caah/ polite response particle used by women

ចិក Uncle (polite term of address to an older Chinese man) 24

ចិញ្ចឹម to care for, raise

ចិញ្ចើម eyebrow 37

ចិញ្ចើមថ្នល់ curb (of street or road) 37

ចិញ្ចែង /cəñcaeŋ/ bright, gleaming 37

ចិញ្ច្រាំ /cəñcram/ to hack up in little pieces

ចិញ្ចៀន /cəñciən/ finger ring 25

ចិតសិប seventy

ចិត្ត /cət/ heart, mind; disposition

ចិត្តជា goodnatured, patient 24

ចិត្តត្រង់ innocent, honest, straightforward 37

ចិត្តត្រង់នឹង to be faithful to 12

ចិត្តថ្លើម disposition (lit: heart-liver) 24

ចិត្តទន់ tenderhearted 37

ចិត្តធំ bold, presumptuous

ចិត្តប្តីគិតត្រូវ [what] the husband thinks is right 37

ចិត្តល្អ kindhearted

ចិត្តស្នេហា love, affection 37

ចិត្រគុប្ត (=ចិត្តគុប្ត) /cəttrəkup (cəttəkup)/ Citragupta 25

ចិន China; Chinese (N, Adj)

ចីពរ /cəypɔɔ, cəpɔɔ/ monk's outer garment 24

ចិរកាល /ceirəkaal/ permanence, duration, long time 37

ចុក to fill, stuff into 37

ចុកក្នុងត្រចៀកនាង filled her ears 37

ចុង end, point

ចុងជើង at the foot (of the bed) 37

ចុងដង place name (lit: end of the handle) 27

ចុះ to descend

ចុះ hortatory final particle: go ahead, do

ចុះ put down, work out, formalize 21

ចុះ dated 26

ចុះចាញ់ to back down, surrender, give way 32

ចុះដី to go down (from the house) 37

ចុះរបៀប sophisticated, characterized by savoir-faire 37

ចូរ hortatory auxiliary: let us, go ahead and

ចូល to enter

ចូលគ្នា to combine 37

ចូលចិត្ត to like (to)

ចូលចិត្ត (here: understand that, interpret as) 13

ចូលឆ្នាំ the New Year (lit: enter year)

ចូលដៃ to side with 12

ចូលដៃនឹង to collaborate with 37

ចូលដំណេក to go to sleep 37

ចូលត្រណម to follow a prescribed ritual 24

ចូលទូក to dock a boat 24

ចូលបុណ្យ to contribute (money) to a celebration

ចូលមិនចុះ unable to approach

ចូលរៀន to begin studies, go back to school

ចេ៉ក wanton, sensuous 24

ចៀស to avoid; to pass by

ចៀសមិនរួច to be unable to avoid

ចេក banana

ចេញ /cəñ/ to go out, exit

ចេញចូល to go out and in

ចេញដំណើរ departure

ចេញទូក to push off, embark 24

ចេតនា /caettənaa/ to like, desire 37

ចេតិយ /caetdəy/ reliquary monument, stupa

ចេះ to know how to, to be able to; to be learned

ចេះតែ always, characteristically 11

ចេះតែ... ដេកទៅវិញ gets up only to eat 14

ចែចង់ to court (a woman) 20

ចែចូរ to negotiate a wedding (by a go-between) 24

ចែក to divide

ចែកចាយ to give out, distribute

ចែង set out, inscribe, write, tell 19

ចែវ to row with a fixed oar

ចៃ louse

ចោត steep

ចោទ to warn, to accuse 17

ចោទ to raise an issue, pose a question 32

ចោទប្រកាន់ to accuse 17

ចោម to surround, crowd around 18

ចោរ thief 18

ចោរកម្ម /caorəkam/ thievery 34

ចោល to throw away, abandon, give up

ចោល to throw something (at something) 23

ចោលកន្ទុយភ្នែក glance at, catch a glimpse of 37

ចោលទទេ uselessly, to no purpose 37

ចោលភ្នែកមើល glance at, look at 21

ចោលម្សៀត indigent, irresponsible 24

ចៅ grandchild; general term for children of one's grandchildren's generation

ចៅ chief, head 34

ចៅ Young Mister..., Master... 3

ចៅក្រម /caw-krɑm/ judge, magistrate 11

ចៅក្រសួង department head 34

ចៅក្អែក Master Crow 3

ចៅប្រសា grandchild-in-law 24

ចៅមហា male go-between in a marriage negotiation 24

ចៅសង្កាត់ division chief 34

ចៅហ្វាយ /cawwaay/ owner, master, head man

ចៅហ្វាយខេត្ត provincial governor

ចៅហ្វាយនាយ superior, owner, master, head man 12

ចៅហ្វាយស្រុក district chief 19

ចៅអធិការ /caw-qathikaa/ abbot, head monk

ចៅឯង you (addressing much younger person) 17

ចំ right, exact; to coincide with

ចំមុខ just opposite, right in front of

ចំជា certainly, really, precisely 37

ចំការ garden, plantation (other than wet rice)

ចំការកៅស៊ូ rubber plantation

ចំការមន Chamcar Mon (a section of Phnom Penh; also commonly used to refer to the royal residence at Chamcar Mon) 29

ចំការលើ Chamcar Leu (district)

ចំកួត idiot, crazy person; crazed, out of one's mind 36

ចំកោង to bend, arch 5

ចំងាយ distance 24

ចំណង knot, binding 22

ចំណត station, parking place

ចំណតអាកាសយាន /camnaat-qakaahsəyiən/ airport 35

ចំណតអយស្ម័យយាន /camnaat-qayeəhsmayyiən/ train station

ចំណាន good at, skilled in; special, of best quality

ចំណានៗ of the very best quality, outstanding

ចំណាប់ special, excellent 37

ចំណាយ to spend, expend, disburse 37

ចំណាយមាត់គេ be talked about, be the subject of rumors 24

ចំណី desserts, sweets

ចំណីចំណុក food, knickknacks 24

ចំណីអាហារ various kinds of food

ចំណុច to stipple; a dot

ចំណុះ load, capacity 9

ចំណូល profit, revenue

ចំណេញ profit, proceeds 27

ចំណេះ knowledge 36

ចំណេះវិជ្ជា learning, education, knowledge 37

ចំណែក section, part; as for, on the part of

ចំណែកខាង as for 24

ចំណែក...វិញ as for...on the other hand

ចំណោទ question, problem 32

ចំណោម group, totality

ចំនួន number, total

ចំប្រប់ to shiver, tremble 37

ចំពូក category, kind, variety 1; chapter 37

ចំពោះ toward, especially for

ចំរើន to advance, increase, prosper

ចំរើនកើន to increase

ចំរៀក strip, lengthwise piece

ចំឡែក extraordinary, special

ចំអែត to fill, satisfy 20

ចាំ to wait for; to guard

ចាំ have to 22

ចាំ just wait until I..., just let me... 23

ចាំថែ to minister to a sick person 24

ចាំនៅ remain with 37

ចាំបាច់ to be necessary, imperative (that) 18

ចាំបាច់...អ្វី why is it necessary to...? 18

ចាំ...រត់មាត់ to know by heart, know from memory 37

ចាំអ្វីទៀត come on, what are we waiting for?

ចាំង to shine on, reflect, sparkle, refract light 15

ច្បាប់ law, common law, custom

ច្បាប់ទម្លាប់ customs, law 24

ច្បាប់សណ្ដាប់ប្រពៃណី customs 24

ច្បាប់សាលា prescribed law

ច្បាប់ស្រី feminine code (customary law for women) 37

ច្បារ garden, plot

ច្បារអំពៅ sugarcane field

ច្បាស់ clear 13

ច្បាស់ជា surely, clearly 37

ច្បាស់លាស់ clearly, precisely 37

ច្រក to force into, stuff into 9

ច្រងៀវ /craŋəw, cəŋəw/ quiet, motionless 37

ច្រត់ to lean on (with the hands) 26

ច្រមុះ nose

ច្រវា oar 9

ច្រវាក់ chain 28

ច្រវាត់ /crawat, cəwat/ helterskelter, in all directions 37

ច្រវាត់ច្រវែង helterskelter, from all directions

ច្រហោង to sit on the haunches 22

ច្រឡឹង petite, cute, cozy 37

ច្រឡំ confused

ច្រអូស lazy 37

ច្រាន to push (with flat of hand) 37

ច្រាល to gleam; gleaming 37

ច្រាវៗ imitative of a crackling or rustling sound 37

ច្រាស against, in the wrong direction 22

ច្រាសទឹក upstream, against the current 22

ច្រើន much, many

ច្រើន usually, mostly

ច្រើនតែ usually, mostly

ច្រើនលើកច្រើនសា repeatedly, over and over

ច្រៀង to sing

ច្រោក to burst forth 17

ច្រាំង river bank

## ឆ

ឆ to lie, to deceive 25

ឆត្រ /chat/ umbrella 24

ឆន្ទៈ /chanteəq/ will, desire, wish 36

ឆា to fry in oil; a fried mixture

ឆាសាច់គោ fried beef with vegetables

ឆាន់ to eat (clergy) 22

ឆាប់ fast, rapid

ឆាយ to work up, to cultivate (ground) 35

ឆី to eat (archaic) 11

ឆុត accurate, effective 4

ឆុតឆាប់ effective, efficacious 24

ឆើតឆាយ attractive, pretty 37

ឆៀង to go off at an angle, turn aside 13

ឆៀងខាងជើង toward the north 13

ឆេះ to burn, be on fire 24

ឆែកឆេរ to search, investigate 34

ឆៃយ៉ាំ /chayyam, sayyam/ a dance accompanied by drum beats 29

ឆោង interval (rare)

ឆោត stupid, naive 17

ឆោឡោ to run around in fright and confusion 37

ឆៅ raw, uncooked 17

ឆ្ការ to clear (with a machete) 34

ឆ្កួត crazy, idiotic 22

ឆ្កួតនឹងស្រី crazy about women 22

ឆ្កួតលីលា deranged 37

ឆ្កែ dog

ឆ្គង improper, incorrect 37

ឆ្គាំឆ្គង crude, improper, inappropriate

ឆ្ងល់ to wonder, to be surprised 5

ឆ្ងាញ់ delicious, tasty

ឆ្ងាយ far, by far

ឆ្នេរ beach

ឆ្នៃ to shape (diamonds)

ឆ្នោត ticket, vote

ឆ្នាំ year

ឆ្នាំក្រោយ the next year, the following year

ឆ្នាំវកទោស័ក 2nd year of the monkey (of the 60-year cycle) 19

ឆ្នាំង pot, pan; pottery

ឆ្ពោះ toward, directly toward

ឆ្មប midwife 37

ឆ្លង to cross; across

ឆ្លងទន្លេ to give birth (idiom) 37

ឆ្លាក់ to carve, sculpt

ឆ្លាត intelligent, clever 37

ឆ្លាតវៃ extremely intelligent 37

ឆ្លើយ to answer 16

ឆ្លើយកាត់ to speak up, volunteer an answer 37

ឆ្លើយដាក់ to implicate, put the blame on 18

ឆ្លើយឡើង to answer up, speak up 20

ឆ្វាក់ to tie around, make a double knot 25

ឆ្វេង left (side)

ឆ្អិន done, cooked 16

ឆ្អឹង bone 17

ឆ្អើម to be disgusted by, squeamish about (a taste, smell, etc.) 37

ឆ្អេះ to have a rancid, ammoniac smell 37

ឆ្អែត full, satisfied 22

## ជ

ជក់ to smoke, puff 14

ជង Chong (a tribal group)

ជជែក to argue

ជញ្ជក់ to suck, to taste

ជញ្ជក់មាត់ to click the tongue: tsk-tsk 37

ជញ្ជប់ជញ្ជឹង pensive 37

ជញ្ជឹង consider, think 37

ជញ្ជូន to carry, to transport

ជញ្ជាំង wall, side

ជញ្ជាំងក្តារ the walls are of board

ជណ្តើរ stairs

ជន /cŭən/ people, populace

ជនជាតិ /cŭən-ciət/ people, race, nationality, tribe

ជនានុជន /cŭənniənucŭən/ people, population

ជន្ម /cŭən/ age (Lit); life 37

ជន្លួញ walking stick, animal-prod 37

ជប់ to sip

ជប់លៀង to hold a feast, banquet

ជម្ងឺ disease, pain 18

ជម្ងឺមួយមកចាប់នាង she became ill, caught an illness 37

ជម្រៅ depth 27

ជម្លោះ a quarrel

ជ័យ /cɨy/ victory, success; short for Thuon Chey

ជ័យជេដ្ឋាទី២ /cɨy ceetthaa tii-pii/ Chey Chettha II (King of Cambodia 1618-1624) 19

ជយភូមិ /cɨyyeə̆qphuum, cɨyyəphuum/ victorious site, auspicious site

ជយវរ្ម័ន /cɨyyəwarəman/ Jayavarman 9

ជយវរ្ម័នទី៥ Jayavarman V (King of Angkor 968-1001) 9

ជរ /cɔɔ/ embroidery, lace

ជ័រ /cɔə/ resin 22

ជរា /cɔriə/ senile, decrepit 24

ជល់ to collide; to butt 7

ជល់ to be effective, to cure 37

ជា copulative relator: be, be the same as, as, serving as

ជា relative conjunction: that

ជា to be well; free

ជា good, proper 14

ជាការទ្រាំបាន is bearable, supportable 37

ជាការធម្មតា as usual

ជាការប្រសើរណាស់ is very fortunate, is a stroke of luck 37

ជាការពិតប្រាកដ obviously, manifestly 33

ជាមិត្តមេត្រីជាប់គង់ ជើមប្រមាត់ហើយ [my friendship for you] is a deep and abiding friendship 37

ជាជាង... rather, instead 37

ជាដើម and so forth, as examples

ជាណាស់ហើយនេះ what good fortune!, that's fine! 22

ជាថ្មី again 22

ជាថ្មីម្ដងទៀត once again 17

ជាទម្ងន់ seriously 17

ជាទីគាប់ព្រះទ័យ satisfying, pleasing 21

ជាទីបំផុត the very most, extremely

ជាធំខាងជំនុំជំរះ who is the supreme dispenser of justice 25

ជានិច្ច /ciə-nɨc/ always 13

ជានិច្ចកាល /ciə-nɨccəkaal/ continually, constantly 36

ជាបឋម /ciə pathɑm/ preliminary 35

ជាផ្លូវការ official; officially 29

ជាពិសេស especially

ជាមួយ with

ជាមួយនឹង along with, together with

ជាយូរថ្ងៃណាស់មកហើយ for many days, for a long time

ជារឿយៗ /ciə rɨəy-rɨəy/ often, continually

ជាលាយលក្ខអក្សរ in written form

ជាលំដាប់ gradually, little by little 28

ជាសង្កាត់ៗ in various sections 15

ជាស្ថាពរ /ciə sthaapɔɔ/ permanently, absolutely 27

ជាស្រឡះ to be cleared up (of an illness); completely well 37

ជាអនេកប្រការ in many ways 1

ជាអម្ចាស់ជីវិតលើត្បូង /ciə qɑmmcah ciiwɨt ləə tbouŋ/ honorary title for a King (lit: who is the lord of life over our heads) 19

ជាអវសាន /ciə-qawəsaan/ finally, in conclusion 29

ជាអវសានកាល /ciə-qawəsaannəkaal/ finally, in conclusion 37

ជាក់ clear; clearly 18

ជាង more, more than

ជាង artisan, craftsman 18

ជាងគេ most, most of all

ជាងអ្វីទៅទៀត more than anything else

ជាតក /ciədɑq/ Jataka

ជាតិ /ciət/ nation, nationality; national

ជាតិ /ciət/ flavor

ជាតិ /ciət/ life, existence, incarnation 37

ជាន់ stage, era, floor (in a series)

ជាន់ to step on, tread on 18

ជាន់នេះ this time 24

ជាប់ caught, attached

ជាប់ incessantly, constantly 37

ជាប់ជាយូរខែ for many months 37

ជាប់ឆ្នោត to win an election 36

ជាប់ទៅនឹង connects with 25

ជាប់ភ្នែកនឹង to be attracted by, to notice 5

ជាប់ចោទ be accused 23

ជាយ border, rim, edge

ជិត near, close to

ជិត almost, nearly

ជិត closely, tightly 22

ជិត to cover completely, be completely covered or closed 37

ជិតៗនេះ closeby, nearby

ជិតខាង closeby, nearby

ជិតជុំ all over, completely 3

ជិនឆ្អន់ to be annoyed (with), upset (by) 37

ជិនណាយ to get tired of, jaded by 37

ជិះ to ride, mount

ជិះជាន់ to transgress, break (the law); to oppress 36

ជី fertilizer, humus

ជី polite term of address (archaic) 37

ជីចៅប្រសា Chi Chau Prasa (personal name, or grandchild-in-law; double meaning intended) 24

ជីជាតិ natural richness, fertility

ជីដូន grandmother 24

ជីដូនក្មេក grandmother-in-law 24

ជីក to dig 24

ជីកកកាយ to excavate 24

ជីវភាព /ciiwəphiəp/ life, living, existence 32

ជីវិត /ciiwɨt, ciwɨt/ life

ជុះ to defecate 23

ជូត to wipe, rub 37

ជូន to accompany

ជូន to give, to offer (polite)

ជូនដំណើរ to accompany, go along with 37

ជួញ to do trade 37

ជួត to wear a turban 9

ជួន some, sometimes

ជួនកាល sometimes

ជួនកាល... ក៏មាន it sometimes even happens that 37

ជួនជា it happened that

ជួប to meet

ជួបជុំ to meet, come together, unite

ជួបប្រទះ to meet, happen to meet 20

ជួយ to help (to)

ជួយកម្លាំង to help out 24

ជួយជ្រោមជ្រែង to help, assist 32

ជួយពិគ្រោះបង help me (Older Brother) discuss 37

ជួរ /cuə/ row, range, chain 25

ជួរភ្នំ chain of mountains

ជួល to rent, to hire 2

ជួស to replace; instead of 24

ជួសជុល to repair

ជើង foot, leg, base

ជើងក្រាន stove 22

ជើងទៀន candleholder 25

ជើងពាន a bowl with a pedestal as base 24

ជើងភ្នំ foothills, low-lying mountains

ជើងម៉ា bench, stool

ជើងឯក champion 34

ជឿ to believe

ជៀស avoid, stay away from 37

ជេរ /cee/ to curse, swear at, scold

ជោគជ័យ victory, good fortune

ជោរ brimming (with water), saturated, watery 37

ជុំ circle, revolution

ជុំវិញ around

ជំទប់ assistant /mee-srok/ 37

ជំនាញ to be expert (in) 17

ជំនាន់ period, era

ជំនិះ vehicle, conveyance, thing to ride 4

ជំនូន gift, offering 24

ជំនួញ business, commerce; merchant

ជំនួស to substitute for, instead of 23

ជំនឿ belief

ជំនោរ breeze 24

ជំនុំ to meet, confer, discuss 11

ជំនុំ used, somewhat worn 37

ជំនុំគ្នាថា meet and decide that 21

ជំនុំជំរះកាត់សេចក្ដី to adjudicate a case, settle a case 23

ជំនុំពិចារណា to discuss, consider 11

ជ័យ victory, success 32

ជំពាក់គុណ to be indebted, obligated (by another's goodness) 37

ជំពូក way, type, sort

ជំរាប to inform (polite)

ជំរាបលោក formal response particle (inferior to superior) 37

ជំរាបសួរ greetings, hello; how are you; to greet

ជំរៅ depth 6

ជំរះ to resolve, decide, judge (a case) 18

ជំរះ to level, cut off at the roots, to clear with a hoe 34

ជំរះកាយ to take a bath 37

ជំហរ /cumhɔɔ/ stance, stand, condition 32

ជំហរ /cumhɔɔ/ to brag, to boast 22

ជំហាន /cumhiən/ step (N) 35

ជំហានដែលនាងបោះ the steps that she took 37

ជាំ bruised, blemished

ជ្រក to take shelter under 23

ជ្រកកោន take shelter, take refuge 37

ជ្រង to run the fingers through (hair, grass, etc.) 37

ជ្រប់ suddenly 37

ជ្រមុជ to submerge, duck, put under

ជ្រាប to understand, to learn

ជ្រាល to slope gently 6

ជ្រុង corner

ជ្រុះ to fall; to shed 37

ជ្រូក pig; pork

ជ្រើស to choose, pick out

ជ្រើសរើសតាំង to elect

ជ្រៀតជ្រែក to interfere 32

ជ្រែង to support, to hold up 4

ជ្រែងជាប់ទៅ to be firm, stable 4

ជ្រៅ deep

ជ្រៅជ្រះ deep, profound 37

ជ្រះ clear, clean 20

ជ្រះស្រឡះ clearly, completely 20

ជ្វា Malay, Cham, Indonesian (lit: Java, Javanese) 9

## ឈ

ឈប់ to stop, discontinue

ឈប់សំរាក to take a vacation, be off (from work, etc.)

ឈរ /chɔɔ/ to stand

ឈាន to step 37

ឈាម blood; complexion 37

ឈាមស្រស់ស្រាយ healthy complexion, ruddy complexion 37

ឈឹង completely, absolutely 37

ឈឺ to be ill 8

ឈឺក្បាល to have a headache 8

ឈឺចាប់ sick, ill 24

ឈឺឆ្អាល be involved, concerned, take an interest 24

ឈឺទាស់ any illness contracted by a new mother after childbirth (thought to result from breaking one of the taboos of the postpartum period) 37

ឈុត act (of a performance, drama, etc.) 29

ឈុនលី Chhun-Ly (personal name)

ឈូក lotus 24

ឈូស to plane, to level 35

ឈើ wood

ឈើខ្លឹម precious wood, hardwood

ឈើគូស matches

ឈើសំណាក់ driftwood

ឈោង to reach for 11

ឈ្ងុយ fragrant (esp. the aroma of roasted nuts or coffee) 37

ឈ្ងុយឆ្ងាញ់ fragrant, delectable, appealing 37

ឈ្ងោកមុខ to look down, be downcast, incline the head down 37

ឈ្នានីស /cniənih/ to have evil designs toward 25

ឈ្នួន slate 24

ឈ្នះ to win, succeed; defeat

ឈ្មួញ merchant 24

ឈ្មោល male (of animals)

ឈ្មោះ name; named

ឈ្មោះ (a person) named, the named 34

ឈ្លក់ to choke, strangle (iV)

ឈ្លានពាន to invade, oppress, aggress 32

ឈ្លោះ to quarrel

ឈ្លោះប្រកែក to quarrel, squabble

## ញ

ញញឹម to smile 15

ញញឹមញញែម to beam with joy 22

ញញឹមប៉ប្រិម to smile broadly, brightly 37

ញញឹមស្ងួតស្ងប់មុខ to smile wanly, smile dryly 37

ញាញើត to be impressed by, stand in awe of, respect 37

ញត្តិ /ñatteq/ motion, proposal 36

ញយ often, repeatedly 37

ញ័រ /ñɔə/ to tremble 37

ញាក់ to tremble 37

ញាតិ /ñiət/ relatives

ញាតិសន្ដាន relatives

ញាតិកា /ñiəteqkaa, ñiətəkaa/ relatives 37

ញាប់ fast, quick

ញឹក-ជូឡុង /ñək-cuuloŋ/ Nhek Chulong (personal name) 32

ញី female (of animals)

ញឹក often

ញឹកញយ often, repeatedly 24

ញឹកញាប់ often

ញើស perspiration

ញោច to extend into, jut out 15

ញោម term of address used by a monk to his parents, or to a person of his parents' age and status 22

ញ៉ាំ /ñam/ to eat (colloquial, familiar)

ញ៉ាំង to cause, lead, direct 33

## ដ

ដ៏ /dɑɑ/ relative conjunction: which (Lit) 30

ដក pull out, extract 24

ដកដង្ហើមធំ to heave a big sigh 37

ដក់ contained, held in place (of water) 25

ដង time, occasion

ដង to dip up, draw up (water, etc.)

ដង a handle

ដង range, chain (of mountains, etc.)

ដង plow tongue 14

ដងព្រៃ expanse of forest, jungle

ដងរែក a shoulder pole; the Dang Raek (Mountains)

ដង្ខៅព្រែក Dangkhau Prêk (place name) 34

ដង្គត់ stump 22

ដង្វាយ offering, gift (of clergy or royalty) 25

ដង្ហើម breath 24

ដង្ហែ to parade, accompany in procession

ដដែល same, the same

ដណ្ដប់ to cover; covered over

ដណ្ដឹង to ask for one's hand in marriage; to ask, inquire 4

ដណ្ដឹងតាមច្បាប់ ask for her hand in the traditional manner 24

ដណ្ដើម to contest, dispute, fight over 32

ដណ្តាំ to cook (rice) 8

ដទៃ other, foreign 9

ដន្លង parents of one's son- or daughter-in-law

ដន្លងស្រី mother of one's son- or daughter-in-law

ដប់ ten

ដប់ប្រាំ fifteen

ដប់ប្រាំបួន nineteen

ដប់ពីរ twelve

ដំបង stick, club 16

ដំបូក hill, mound 22

ដម្រង់ to aim, direct toward 25

ដម្រឹម to trim, to make even, straighten 37

ដម្រឹមផ្លូវ to trim the path 37

ដម្រេក sexual desire, lust 25

ដំឡើង to assemble, set up

ដរាប always, continuously; until 22

ដរាបដល់ until, all the way to 10

ដរាបមក up to that point, so far 37

ដល់ to arrive; until

ដល់ for, toward

ដល់ when, at the time of

ដល់ខ្នាតហើយ to the utmost, maximally, really 22

ដល់ម្ល៉េះ like this, to this extent 37

ដាក់ to put, place, deposit

ដាក់ to subject someone to 18

ដាក់ to set (a trap, etc.) 22

ដាក់បិណ្ឌ ceremony of presentation of food to the monks

ដាក់ភ្នាល់ to put up as collateral for a wager

ដាក់ទឹកមុខ to adopt a fixed expression 37

ដាច់ to break apart, to separate

ដាច់ដោច cut off, isolated; destitute; torn, ragged 24

ដាច់ស្រយាល remote 32

ដាន aisle, walkway 25

ដាប completely covered, soaked 37

ដាវ sword

ដាស់ to wake someone up 14

ដាស់តឿន to advise, instruct 24

ដាស់តឿនចិត្ត to guide or instruct one's heart 37

ដី earth, ground

ដីទួល mound, elevated site 19

ដីស /dəy-saα/ chalk 24

ដីល្បប់ alluvial soil

ដីឥដ្ឋ /dəy-qət/ clay

ដឹក to carry, transport, lead

ដឹកដៃ to lead by the hand 37

ដឹកនាំ to transport, to lead

ដឹង to know, be aware of

ដឹងខុបដឹងជា to be shrewd, be a good judge of character, be circumspect 24

ដឹងខ្លួន to be conscious, aware; regain consciousness 37

ដឹងទៅដល់ got to, spread to

ដឹងជាក់ដឹងគង់ to be businesslike, be a good manager 24

ដឹង woodcutter's ax 14

ដំ fallow

ដុត to heat, burn, roast

ដុតដារ to cremate 37

ដុតមិនឆេះ won't burn, invulnerable to fire 24

ដុន elephant command

ដុនដាប in dire straits, in serious difficulty 37

ដុស to rub, grate 24

ដុសថ្នាំ to prepare a medicinal solution by grating the medicine into the water 24

ដុះ to grow, come up

ដុះដាល to flourish 33

ដុះលូតលាស់ to grow, increase, expand

ដូង coconut

ដូច like, as

ដូចគ្នា also, likewise, the same 32

ដូចជា such as

ដូចជា it seems that, it looks as if 24

ដូចជានឹកស្តាយ might regret [it] 24

ដូចដែល as formerly 8

ដូចដើម like new, as before

ដូចពោលមក as stated 21

ដូចម៉ែបេះបិទ exactly like Mother 24

ដូចម្តេច how?; why? 8

ដូចម្តេចបាន how would it be possible? 23

ដូចសព្វកាល as usual, as at present 37

ដូចអស់លោកអ្នកបាន ជ្រាបបន្តិចមកហើយ as has already been mentioned to all of you readers 37

ដូច្នេះ /douccneh/ therefore, thus

ដូច្នោះ /douccnɑh/ therefore, thus

ដូន old lady; female ancestor

ដូនតា grandparents 24

ដូនអាវ Don Av (place name) 34

ដូរ /dou/ to trade

ដូរតន្ត្រី instrumental music

ដូររាជ in exchange for the throne, for power 36

ដួង circle, round object 37

ដួងចិត្ត heart 37

ដួងជីវិត the love of [his] life, loved one 37

ដួងនេត្រទាំងគូ both eyes 37

ដួល to fall down, fall over 22

ដួលស្រុប to fall down in a slump 37

ដួស to ladle out, serve 17

ដើម plant, stalk; specifier for long cylindrical objects; headword in compounds referring to plants

ដើម beginning, origin

ដើម original, first

ដើម as at the beginning, as before

ដើមកំណើត origin, beginning

ដើមគោលគោរព primary object of respect 37

ដើមចេក banana tree

ដើមឈើ tree(s)

ដើមដូង coconut palm

ដើមទ្រូង chest, breast 37

ដើមផ្កា flower, shrub

ដើមឡើយ at first, first of all 23

ដើម្បី in order to

ដើម្បីនឹងប្រើប្រាស់ for use in

ដើរ /daə/ to walk, to go

ដើរលេង to go about to amuse oneself, to go around for fun

ដើរលេងសើច to carouse, be happy-go-lucky 37

ដេក to recline, to sleep

ដេកពេទ្យ be hospitalized, stay in the hospital 37

ដេកលក់ to be asleep 17

ដេកសំរាក to rest in a reclining position; to take a nap

ដេញ to chase, pursue 22

ដេរ to sew, to make by sewing 24

ដេរដាស /dei-daah/ all over, everywhere

ដែក iron, metal; piece of metal

ដែកគោល nail(s)

ដែន land, country 9

ដែនដី territory 32

ដែរ /dae/ also, as well; nevertheless

ដែល relative pronoun: that, which, who

ដែល ever, to have ever + Verb

ដែល the reason that 11

ដែលកុហក [about] which he had lied 24

ដែលឃើញមានយ៉ាងនេះតែ ៣ ទិសទេ it appears like this only on three sides 25

ដែលនឹងទៅ in order to go 6

ដែលអ្នកទើបនឹងបញ្ចេញពាក់បានប៉ុន្មានថ្ងៃនេះ which he had just gotten out to wear a few days ago 37

ដៃ hand; sleeve

ដោត to stick into the ground 14

ដោម peak, summit; tall, high 27

ដោយ by, with

ដោយ because, since

ដោយ relating to, according to, about 11

ដោយចិត្តនឹងចិត្ត directly, on their own initiative (without a go-between) 37

ដោយច្រើន many, in great number 1

ដោយដំណើរ about the situation, relating to the case 11

ដោយបែប ១ យ៉ាងដែរ in one respect 15

ដោយព្រះសុវត្ថិភាព /-sowattəphiəp/ safely, safe and sound 30

ដោយយោបល់ដ៏ល្អិត in great detail 17

ដោយលាក់កំបាំង secretly, surreptitiously 37

ដោយសង្ខេប briefly, in summary 25

ដោយសព្វគ្រប់ completely 2

ដោយសារ to go along with, accompany 24; because, because of the fact that

ដោយសារតែ because, only because

ដោយហេតុ because 22

ដោយឡែក individual, separate

ដោយអាល័យ affectionately

ដោយឯកឯង by itself, by oneself

ដោយអំណាចមេត្តាធម៌ by the charity of 37

ដោះ to loosen, untie, take off

ដោះ breast 25

ដោះដួស to serve, to spoon out 16

ដោះដៃ to forswear, jilt, go back on one's word 37

ដោះដៃឈប់អាល័យមិត្ត to forsake a friend 37

ដោះទុក្ខសត្វ /dɑh-tuk-sat/ to eliminate, relieve oneself (euph) 37

ដោះពាក្យប្រតិជ្ញា free oneself from a promise 20

ដោះលែង to set free 17

ដោះស្រាយ to solve, alleviate 32

ដុំ piece, lump

ដុំរទេះ cart wheel hub

ដំ to pound, beat 17

ដំកល់ to set up, put on a pedestal 6

ដំណាក់ stage, phase, stop 37

ដំណាងរាស្ត្រ representative of the people, assemblyman

ដំណាល to relate, repeat, recite (events) 14

ដំណាលគ្នា at the same time 25

ដំណឹង news, information 17

ដំណើប sticky, glutinous (rice) 33

ដំណើរ situation, process, procedure, custom

ដំណើរ travel, trip

ដំណើរ gait, walk, manner of walking 37

ដំណេក sleep (N) 37

ដំណែងរូប to change form 25

ដំណាង representation, substitute 37

ដំណំ serious 17

ដំណាំ plants, vegetables

ដំបង stick, club

ដំបន់ area, region, sector, zone 32

ដំបូក mound, hillock

ដំបូង first, original

ដំបូន្មាន /dαmboun-miən/ instruction, teaching

ដំបូល roof, top 5

ដំរិះ education, knowledge

ដំរី elephant 13

ដំរីចងកូប elephant with howdah attached 24

ដំរីស្លាប់យកចង្អេរ មកបាំងនឹងណាស់ផត 'one can't hide a dead elephant with a flat basket'

ដំរួត stacked up 15

ដំឡូង potato(s)

ដំឡៃ value 1

ដាំ to plant

ដាំ to cook

ដ្បិត because, since; it happens that

## ឋ

ឋាន /thaan/ place, site

ឋានៈ /thaanaq/ position, status 33

## ឌ

ឌីប្លូម diploma (secondary school)

ដូច alike

## ឍ

ឍោល /thiəl/ a large drum

## ណ

ណា which?, where?; any, some; whichever, wherever

ណា hortatory final particle: go ahead, do 37

ណាខ្លះ which, where (plural)

ណាចៅណា do, Grandson, do! 24

ណា១ /naa-muəy/ any one 25

ណាមួយ...ណាមួយ... for one thing...for another thing 37

+ណា៎! /naa!, nah!, nəh!/ colloquial hortatory final particle: come on!, go on! (frequently occurs at the end of an imperative sentence)

+ណា៎ះ /naa!, nah!, nəh!/ hortatory final particle

ណារិន /naarɨn/ Narin (personal name) 37

ណាយ tired of; to tire of 37

ណាស់ very, very much

ណេះ /neh/ here 37

ណែន silver bar, ingot 24

ណែន tight, close 37

ណែនណាន់ full, thick, dense 3

ណែនាំ to lead, to guide 34

ណោះ /nɑh/ there 37

ណ្ហើយ /nəhaəy/ peremptory particle: there, that's enough, enough said!

ណ្ហើយចុះ oh well, all right, that's enough 24

## ត

ត to continue

តថ្លៃ to bargain

តនៅទំព័រ២ង continued on page 2, column 'ŋ'

តពី continued from (here: continue from) 22

តមក /taa mɔɔk/ afterward; then, later

តរៀងទៅ forever after 20

តវ៉ា /taa-waa/ to contest, protest 20

តស៊ូ /taa-suu/ to fight, struggle 12

តក់ៗ sound of dripping, drop by drop

តក់ស្លុត stunned, stupified, overwhelmed, terrified 36

តក្កមា /taqkəmaa/ to be terrified 37

តង់ tent

តង្វាយ gift (eleg)

តណ្ហា /tannəhaa/ love, passion 37

តត្រត [to wander] aimlessly 37

តន្ត្រី /dantrəy/ music; musical instrument

តប to respond, retaliate, answer 37

តបះ /tapaq/ discipline, self-control 36

តប្តលាក្សាមយ /taptəlaqkəsaamayaq/ hell for arsonists and poisoners 25

តម្កល to raise up, set on a pedestal; house, keep

តម្កើង to elevate

តម្បាញ weaving

តម្រង់ directly, straightaway

តម្រា textbook, manual

តម្រិះវិជ្ជា /damreh-wɨccia/ education, knowledge 37

តម្រូវ /damrəw/ to correct; to assign, require 37

តម្រួត stacked up, combined

តម្រួត police 27

តម្លើង to raise, increase 31

តា grandfather, old man

តាំងតែង to settle, establish 13; to decorate, adorn 17

តាម to follow; along, by, according to

តាមចិត្ត freely, as one wishes

តាមណៃ following, in like manner 21

តាមតែភាសា each in his own way (lit: each in his own language) 3

តាមតែ according to, as 24

តាមតែកូនគិតចុះ whatever you (Child) think 24

តាមតែពាក្យអាលេវ បន្ទាប់ក៏តាមតាំងអស់ whatever Alev said, [he] went along with it 24

តាមត្រង់ honestly

តាមរបៀប in proper order, in sequence 30

តារាង list, chart 26

តិក្ខាយស្កន្ទ /teqsaayeəhskanteəq/ Tiksâyaskanda (hell for thieves of rice) 25

តិច little, few

តិចតួច few, small in quantity, insignificant 32

តិះដៀល to ridicule, make fun of, belittle, criticize 24

តុ /tok/ table, desk

តុទូកៅអី furniture

តុកកតាត /tokkətaat/ sound of clucking

តុកកតាតពងមួយ cluck, cluck, an egg!

តុលា October 26

តុលាការ court; justice 17

តុលាការមុខស្រុង the court concerned 17

តូច small

តូចៗ small and numerous

តូចចិត្ត disappointed, angry 24

តូចព្រះរាជហឫទ័យ /touc preəh-haqrɨtɨy/ disappointed, angry (roy) 17

តូរតន្ត្រី /dou-dantrəy/ musical instruments; music 37

តួ body, form; spec. for letter of the alphabet and certain animals 5

តើ initial question particle

តើ៎ final particle: then, after all, so that's it 37

តើអូនយល់ដូចម្តេច? what is your opinion, Dear? 37

តឿ dwarfed

តឿន to remind, nag, importune 24

តៀប a kind of bowl

តែ tea 27

តែ but, only

តែ whenever, upon 24

តែ especially, precisely 37

តែខ្លួនទទេ only oneself (without any possessions) 24

តែនៅផ្ទះនាហ្មឺន only at the homes of the officials 24

តែម្ដង all at once, in one operation 22

តែម្នាក់ឯង by oneself

តែយប់ only at night 24

តែកល់គ្នា to all of them 24

តែសព្វខ្លួន everybody, respectively (here: neither of them) 37

តែសព្វថ្ងៃ every day, incessantly 24

តែឯង alone

តែង usually, as a matter of custom

តែង to write, compose

តែង to adorn, prepare 17

តែងខ្លួន to get dressed, adorn oneself 37

តែងតែ usually, customarily 13

តែលតោល adrift, from pillar to post 37

តោង must, necessary to

តោង to grasp, clutch 37

តោងតែ must, necessary to 37

តោន ton

តៅ bushel

តំណ extension

តំណតពិត generation 32

តំណាង symbol, representative 18

តំណែង job, position 33

តំនៀល to criticize, gossip about 37

តំបន់ place, region 19; subdistrict 27

តាំង to establish, to set up, to appropriate

តាំង to begin to 4

តាំងតែពី from, since 37

តាំងទុក to employ 2

តាំងពី from, starting from, beginning with

តាំងពីកាលនោះមក ever since that time 21

តាំងពីផ្ទះ from home 37

តះ to wiggle

ត្នោត sugarpalm

ត្បក to rap with the knuckles 24

ត្បាញ to weave, woven

ត្បិត but, since, because 5

ត្បូង diamond, precious stone

ត្បូង head (archaic) 12

ត្បូងពេជ្រ diamond 37

ត្មាត vulture 22

ត្មះ to be ashamed, shamed by (here: proven wrong by) 4

ត្មះតិះដៀល to ridicule, to scorn 24

ត្រកង to gather up in the arms 37

ត្រកូល race, lineage, tribe

ត្រង to catch, collect; to strain, filter 17

ត្រង់ straight, exact, coincident with

ត្រង់ at the point of, concerning the episode of 25

ត្រង់ខ្លួន straight (posture) 37

ត្រងោល bald 24

ត្រជាក់ cool, refreshing

ត្រដរ to carry on, persevere

ត្រដាង to spread out, extend

ត្រដាបត្រដួស miserable, penniless 33

ត្រាច់ to go (Lit) 20

ត្រចៀក ear 22

ត្រចះត្រចង់ brilliant 29

ត្រឈៃ cool and shady 37

ត្រប់ eggplant 22

ត្រដាក់ to snap 22

ត្រដាញ់ to twist, spin 4

ត្រពាំង a pond 4

ត្រពាំងធ្នូ place name (lit: crossbow pond) 27

ត្រពាំងទុង place name (lit: pelican pond) 27

ត្រពាំងព្រលិត place name (lit: waterlily pond) 27

ត្រពាំងឫស្សី place name (lit: bamboo pond) 27

ត្រមោច /trɑmaoc, təmaoc/ lonely, desolate 37

ត្រណម regime, prescribed conduct 24

ត្រសក់ cucumber 22

ត្រឡប់ to turn around, reverse direction

ត្រា seal, stamp 24

ត្រាតែ until 18

ត្រាក់ទ័រ /traqtɔə/ tractor 35

ត្រាក់ទ័រឈូសឆាយលើកដី bulldozer 35

ត្រាប់ to imitate

ត្រាស់ to say, decree (royalty)

ត្រិះរិះ to think, reason 17

ត្រី fish

ត្រី three (in compounds)

ត្រីកោណ triangle

ត្រីខ a kind of fish stew

ត្រីគុណ cube, cubic 34

ត្រីងៀត dried salted fish

ត្រីទឹកប្រៃ salt-water fish

ត្រីទឹកសាប fresh-water fish

ត្រីបំពង deep-fried fish

ត្រីប្រាក់ silver goldfish 24

ត្រីពោ a kind of large fish 22

ត្រីមាស goldfish 24

ត្រីរ៉ស់ a kind of fresh-water fish, trout 4

ត្រីរ៉ស់ក៏រួចទន្សាយក៏រួច a bird in the hand is worth two in the bush (lit: both the trout and the hare got away) 22

ត្រីអាំង barbecued fish

ត្រឹម correct, exact

ត្រឹម at, coincident with, as far as

ត្រឹមតែ just, only, only so far as 32

ត្រឹមត្រូវ proper, good

ត្រឹមត្រូវតាមច្បាប់ lawful, legal

ត្រឹមនេះ right here, at this point

ត្រងំៗ to be meek and unassuming, ostensibly stupid 24

ត្រងំៗអ្នកស្រុកមើលងាយ រលាស់ខ្លួនឆ្ងាយ មានទុនមានគំនិត the meek and unassuming [person], scorned by his neighbors, may act suddenly, [proving himself] both wealthy and wise 24

ត្រូវ /trəw/ must, have to

ត្រូវ correct, exact

ត្រូវ to hit, come in contact with, be subjected to

ត្រូវការ to need, to want

ត្រូវចិត្ត to be satisfied with, to like 24

ត្រូវតែ absolutely must 1

ត្រូវនឹង consistent with 24

ត្រូវបានកំណត់ has been fixed, determined, set 26

ត្រូវបានអនុញ្ញាតឲ្យ to have been granted permission to 26

ត្រូវពេញលេញក្នុងចិត្ត to be fully satisfying, entirely pleasing 37

ត្រូវអន្ទាក់ get caught in a trap 22

ត្រូវឯងតាមពាក្យអញ you must do as I say 8

ត្រូវឲ្យ to require 21

ត្រួតត្រា to supervise, oversee 24

ត្រួសត្រាយ to clear (jungle, etc.), to prepare 32

ត្រើយ side, bank (of a river)

ត្រើយឆ្ងាយ the other (distant) shore 22

ត្រើយម្ខាង the opposite bank 22

ត្រេក passionate 37

ត្រេកអរ happy

ត្រាំ to immerse, soak

ត្រាំទឹក to immerse, soak in water

ត្អូញ to complain

## ថ

ថង់ pouch, purse 24

ថប់ to stifle, be out of breath

ថប់បារម្ភ to worry, be anxious 24

ថយ to back up, to withdraw 7

ថា to say; quotative conjunction which occurs after certain verbs of saying, thinking, etc.: that, as follows

ថា...ចុះ admittedly...but 37

ថាក្មេងចុះក៏ខូច ចំណែកអ្នកឯងចាស់ ម្តេចក៏ធ្វើខុសដែរ It's understandable that children should be bad, [but] why should you [who are] older do wrong too? 37

ថាឲ្យរួចតែពីមាត់ to say without thinking 18

ថាន place, world

ថាមពល /thaaməphiəp/ strength, power 21

ថាវី /thaawii/ Thavi (personal name)

ថាស tray

ថិត to stand, be situated

ថូ vase

ថើប to kiss 37

ថែ to take care of

ថែទាំ to take care of

ថែរក្សា to take care of

ថែម to add, increase; in addition, more, also 8

ថែមទាំង while in addition 17

ថែវ corridor 25

ថៃ Thai 37

ថៃពាក់កណ្តាល half-Thai 37

ថោ pottery urn 17

ថោក cheap, inexpensive

ថោកខ្លួន to debase oneself

ថោកជាងគេ the cheapest, least expensive

ថ្កាន toward, in the direction of 37

ថ្កុំថ្កើង big, important, impressive

ថ្ងាស forehead 25

ថ្ងៃ day; sun

ថ្ងៃការ the wedding day

ថ្ងៃកំណត់ fixed date 24

ថ្ងៃចន្ទ /tŋay-can/ Monday 26

ថ្ងៃត្រង់ noon, at noon

ថ្ងៃនេះ today

ថ្ងៃ៥កើត 5th day of the waxing moon 19

ថ្ងៃពុធ Wednesday 26

ថ្ងៃពេញបូណ៌មី /tŋay-pɨñ-bourəməy/ full-moon day

ថ្ងៃព្រហស្បតិ៍ /tŋay-prɑhoəh/ Thursday

ថ្ងៃមុន previous, earlier

ថ្ងៃសុក្រ Friday

ថ្ងៃសៅរ៍ Saturday 26

ថ្ងៃអង្គារ Tuesday 26

ថ្ងៃអាទិត្យ /tŋay-qatɨt/ Sunday

ថ្នល់ street, route

ថ្នល់ជាតិលេខ៦ National Route 6 27

ថ្នាក់ class, grade, stage, level

ថ្នាក់បំផុត final grade

ថ្នាក់ទី ១ ទំនើប grade one, new system (12th year of Cambodian education system)

ថ្នាក់ទី ២ ទំនើប grade two, new system (11th year)

ថ្នាក់ទី ៣ ទំនើប 3rd grade, new system (10th year)

ថ្នាក់ទី ៦ ទំនើប 6th grade (7th year, or 1st year of secondary)

ថ្នាក់ទី ៧ 7th grade (6th year)

ថ្នាក់ទី១២ 12th grade (1st year)

ថ្នាក់បណ្ឌិត /tnaq bɑndɨt/ Doctorate

ថ្នាំ tobacco; medicine

ថ្នាំពុល poison 25

ថ្នាំសង្កូវ medicine, drugs 37

ថ្នក់ to hook 28

ថ្ពាល់ cheek 22

ថ្ម stone

ថ្មកែវ marble

ថ្មបាយក្រៀម laterite, Bienhoa granite 25

ថ្មី new; again

ថ្មីនេះ recently 32

ថ្មីទៀត new, different, other 37

ថ្មើរនេះទៅហើយ at this late hour 22

ថ្លា clear (of water)

ថ្លាត្រាញ់ carefree, free of distraction, singleminded 37

ថ្លាង a large wide pot 22

ថ្លើម liver

ថ្លើមឯងប៉ុន្មាន how big is your liver?

ថ្លែង to say 20

ថ្លែងកោតសរសើរ to praise, honor, respect 33

ថ្លែងត to speak further 37

ថ្លែងព្រះសន្ទកថា to give an impromptu speech (roy) 30

ថ្លែងសរប្រឡង to compete at archery (for the hand of Sīta) 25

ថ្លែងសុន្ទរកថា /tlaeŋ sɑnthərĕəqkəthaa/ to make a speech 33

ថ្លៃ price

ថ្លៃ expensive

ថ្លៃ term of endearment: you, dear, precious one

ថ្លៃជាងគេ the most expensive

ថ្វាយ to give, to present (formal)

ថ្វាយជាព្រះរាជកិត្តិយស ចំពោះ presented in royal honor of 29

ថ្វាយបង្គំ to greet respectfully, bow (with palms joined) 24

ថ្វីក៏ why, why is it that...? 24

ថ្វីដៃ outstanding achievement, meritorious result 33

ថ្វីបើ even though 22

ថ្វីមាត់ to have the power of magical speech 9

## ទ

ទង់ flag, banner 24

ទង្គិច hit, strike against 22

ទង្គឹះ emotion, grief 37

ទណ្ឌឃាត /toəndəkhiət/ to cancel; the symbol ៍

ទត to see, look at, observe (roy) 35

ទតឃើញ to see (roy) 17

ទទឹក wet, soaked 22

ទទឹង width 27

ទទឹង perpendicular, at right angles, opposed to 25

ទទឹងទាស់ to oppose, be opposed to 12

ទមុង large and indistinct, looming 5

ទទូរ to cover (all or part of the body) with a cloth 24

ទទួល to receive, greet, accept

ទទួល it happened that 37

ទទួលកម្មអ្វីមកប្រព្រាស ចេញពីញ what have [I] done [that he should be] separated [from me]? 37

ទទួលចាញ់ to concede defeat 22

ទទួលតាមបញ្ញាល់ accept the challenge 17

ទទួលទាន to eat (polite, referring to oneself)

ទទួលទានបាយ to have a meal (referring to oneself)

ទទួលបន្ទុក in charge of, responsible for 31

ទទួលស្គាល់ជាផ្លូវការ to recognize officially 32

ទទួលអនិច្ចកម្ម to die (eleg) 37

ទទេ empty, void; free, gratis 24

ទទះ to flap (the wings)

ទព្រើក to tremble; tremblingly 28

ទន់ tender, soft 37

ទន់ក្បាលជង្គង់ to be weak in the knees 37

ទន់ខ្លួន to go limp, become weak 37

ទន្ទឹង to await eagerly 24

ទន្ទឹម to yoke, put side by side, pair off

ទន្ទេញ to memorize, repeat over and over 26

ទន្ទ្រាំ arrogantly, audaciously 7

ទន្លេ large river, waterway

ទន្លេចតុមុខ Four-Faced River (intersection of four rivers at Phnom Penh)

ទន្លេធំ section of the Mekong River between Phnom Penh and Kg. Cham 22

ទន្លេបាសាក់ the Bassac River

ទន្លេមេគង្គ the Mekong River

ទន្លេសាប the Tonlé Sap (River, Lake)

ទន្សាយ /tŭənsaay/ hare, rabbit 22

ទប់ to stop up, hold back

ទប់កេរ្តិ៍ជាស្ត្រីពុំបាន couldn't resist [compromising] proper feminine conduct 37

ទប់កម្លាំងគ្នា to counteract each other's strength, be stalemated 4

ទប់ទល់ to oppose, confront 32

ទប់ទល់នឹង opposing, against (here: in spite of) 4

ទប់មិនឈ្នះ unable to hold back, unable to stop

ទ័ព /toəp/ army

ទម្ងន់ weight

ទម្រូវ necessity 31

ទម្លាក់ to drop, cause to fall; to overthrow 23

ទម្លាប់ custom, tradition 3

ទល់ to oppose; opposite, at odds with

ទល់ to prop, support laterally 10

ទល់នឹង against, touching 27

ទល់មុខគ្នា face to face, opposite one another

ទស្សនកិច្ច /tŭəhsənaqkəc/ visit, tour, observation tour 32

ទស្សនា /tŭəhsəniə/ to visit, tour, observe 30

ទសពិធរាជធម៌ /tŭəhsəpɨttəriəccəthɔə/ moral code for royalty 36

ទា duck

ទា·ស៊ីនារ៉ូ personal name 27

ទាក់ to trap

ទាញ to pull, to draw out 37

ទាញទង់ to pull back and forth 4

ទាញទង់យ៉ាងនេះទប់កំឡាំងគ្នាទៅវិញទៅមក reinforce each other 4

ទាញមិនឈ្នះ unable to pull, unsuccessful at pulling 28

ទាន gift; to give alms

ទានព្រាស formal response particle (inferior to superior) 37

ទាន់ to catch, to arrive in time 8

ទាន់ចិត្ត to satisfy one's impatience 24

ទាន់ប្រាជ្ញ to outwit, to match wits with, call one's bluff 22

ទានៈ /tiəneəq/ charity 36

ទាប low, short, flat

ទាបនឹងដី flat on the ground

ទាយ to predict, foretell 4

ទាយលេខ to predict by numbers 4

ទាយក /tiəyŭəq/ Buddhist layman; the laity 24

ទារ to reclaim

ទារក /tiərúəq/ baby (Lit) 37

ទាល់ until

ទាល់ក្រ destitute, poor

ទាល់ចំណោះ at wits' end, nonplussed 22

ទាល់តែ until

ទាល់តែសោះ at all, even a little 32

ទាស់ to be opposed, in opposition; to obstruct, block, prevent 37

ទាស់ចិត្ត displeased, dissatisfied 37

ទាស់ពីត្រឹមទាល់ there was no alternative 37

ទាហាន /tiəhiən/ soldier 32

ទិញ to buy

ទិដ្ឋភាព /tɨttəphiəp/ aspect 32

ទិន day (Lit) 37

ទិប-ម៉ម Tip Mâm (personal name)

ទិវា day (Lit) 35

ទិស direction

ទិសអគ្នេយ៍ /tɨh-qaqknee/ the southeast

ទិសឦសាន /tɨh-qəysaan/ the northeast 21

ទិសឧត្តរ /tɨh-qotdɑɑ/ the north

ទី place

ទី ordinalizing prefix

ទីកន្លែង place, site

ទីកំសាន្ត place for relaxation, park

ទីក្រមការថ្នាក់កណ្ដាល middle level of the civil service 37

ទីក្រុង city

ទីក្រុងព្រះសីហនុ Sihanoukville (now Kampong Som)

ទីគាប់ចិត្ត pleasing 37

ទីដប់ប្រាំ fifteenth

ទីដែន territory, land

ទីតាដុងយាយជ័យ place name (lit: the place of Grandfather Dong and Grandmother Chey)

ទីទួល mound, elevated site

ទីទៃ different, separate, other, opposite 8

ទីទៃៗ separately, each to his own

ទីធ្លា courtyard, clearing

ទីបំផុត the extremities 25

ទីប៉ុស្តិ៍ /tii-poh/ postoffice 2

ទីផ្ទាំងក្រោម base, platform, terrace 25

ទីពីរ second (in order)

ទីពឹង guardian, source of support, refuge 24; to stay, take refuge, take shelter 37

ទីព្រះលានស្ដេច the Royal Terrace 2

ទីក្ឈួយយកុរ្សីយ៍ deputy minister (archaic) 37

ទីមួយ first (in order)

ទីសំនៅ abode, residence

ទីរួមខេត្ត provincial capital 37

ទីលាន yard, court, field 34

ទីលានជ័ terrace, pavilion 25

ទីលំនៅ address, residence

ទីវាល open space, field

ទីវិហារដ្ឋាន temple site 13

ទីស្នាក់ការ office, bureau 26

ទីស្ថាន /tii-sthaan, tii-thaan/ place, establishment

ទឹក water; headword in compounds designating liquids

ទឹកក្រូច orange juice

ទឹកគ្រឿង a spicy, pungent sauce

ទឹកចិត្ត morale, spirit 32

ទឹកឆៅ unboiled water 17

ទឹកឆៅ១ក្រឡក a drop of unboiled water 17

ទឹកជំនន់ flood, floodwater 37

ទឹកដោះ milk 25

ទឹកព្រះនេត្រ tears (of clergy, royalty, or the Buddha) 37

ទឹកភ្នែក tears 17

ទឹកម៉ែឯណា ? it's not your damned water, is it? 22

ទឹកមុខ expression (on the face)

ទឹកហូរមិនដែលហត់ ប្រុសស្បថកុំឲ្យជឿ just as water never tires of flowing, a man's promises are never to be believed 37

ទឹកអប់ perfume 33

ទឹម to yoke (to)

ទុក to put, keep

ទុកចិត្ត to trust, have confidence (in)

ទុកជា to consider as 9; although, even though 24

ទុកដាក់ to take care of 24

ទុកយូរ ... មិនបាន can't delay 37

ទុកឲ្យ for, on behalf of 37

ទុក្ខ /tuk/ to be unhappy, sad; sadness, grief

ទុក្ខវេទនា /tuk-weetəniə/ misery, grief

ទុក្ខសោក grief 37

ទុគ៌ត /tuurəkuət/ destitute, miserable 37

ទុច្ចរិត /tuccərət/ dishonest, evil 17

ទុង pelican 27

ទុរគត /tuurəkuət/ destitute, miserable

ទុរ្ពល feeble, racked with illness 37

ទូ cabinet, chest

ទូក boat

ទូកង long curved boat which carries two banks of rowers 9

ទូច-គីម Touch Kim (personal name) 33

ទូទៅ = ទូទៅ /tuu-tɨw, tuə-tɨw/ all, in general, other 36

ទូន្មាន /tuunmiən, tuulmiən/ to advise, instruct, teach 37

ទូរលេខ /tuurəleik, tuu-leik/ telegram 37

ទូល to carry on the head 21

ទូល to say (to clergy or royalty) 37

ទូលព្រះបង្គំ I (addressing royalty)

ទូលតបព្រះពុទ្ធដីកា to answer (addressing clergy) 37

ទូលព្រះបង្គំជាខ្ញុំ I (addressing royalty) 17

ទូលាយ wide, spacious

ទូលំទូលាយ broad, spacious, vast 32

ទួញ to weep loudly 24

ទួល hillock, mound 10

ទើប then, and then

ទើបតែ to have just (+ Verb)

ទើបតែនឹង to have just (+ Verb)

ទើបតែនឹងរះសោះ has just risen (of the sun or moon) 21

ទើបនឹងកោរថ្មីៗ newly-shaven 24

ទើបស្រួល would be better 22

ទើរ to catch, snag, hang up (as a raft against a limb) 37

ទើស to stand in the way, to block 37

ទើសត្រង់ណា when your way is blocked, when you can't go any further 37

ទើសភ្នែក to be distracted by disorder; be conspicuous 37

ទៀងត្រង់ honest, straightforward 11

ទៀត again, further; additional

ទៀន candle

ទៀប near, nearly 24

ទេ final negative particle

ទេ emphatic final particle

ទេ final question particle (in yes-or-no questions)

ទេដឹង perhaps 6

ទេតើ /tee-taə/ is a compound particle which always involves an element of disclaimer: 'contrary to what I thought, to what was implied, etc'. The best general translation might be 'on the contrary', but its specific translation will depend on the context: just, only, really?, is that so?, etc. 18

ទេពតា /teepədaa/ god, angel 22

ទេពមនោរម្យ /teep-mənoorum/ Têp Monorom (a ballet) 29

ទេព-ហ៊ុន Tep Hun (personal name) 31

ទេវតា /teewədaa/ god, angel

ទេវតាឃ្វាលគោ devata who guards cattle 25

ទេស to drift about, look about prospectively 20

ទេស village, hometown 24

ទេសចរ /teehsəcαα/ tourist, tourism; to sightsee

ទេសនា /teehsənaa/ to recite the scriptures

ទេសភាព /teehsəphiəp/ view, landscape, nature, aspect

ទៃ a long narrow sack tied at both ends and suspended from the shoulder 24

ទោ two (usually in compounds)

ទោស័ក 2nd year of the monkey (of the 60-year cycle) 19

ទោតោ anger 7

ទោស punishment; guilt

ទោះ...ក៏...ក៏ whether...or 26

ទោះបី although

ទោះបី...ក៏ដោយ even though, no matter what

ទៅ to go

ទៅ orientation away from the speaker in space or time (aspectual adverb)

ទៅក៏ទៅ fine, okay, let's go

ទៅកាត់ to pass by, go past or through

ទៅខាងក្រោយ backward, toward the back

ទៅចុះ go ahead, do 1

ទៅជា to change to, to become 1

ទៅដល់ to arrive at, to come upon

ទៅដោយ consisting of

ទៅណាបាត់យូរម្ល៉េះ where have you been so long? 24

ទៅណាមកណា to go anywhere, to go around

ទៅតាម go looking for, go for 37

ទៅមក ៗ back and forth 11

ទៅមករកគ្នា back and forth between them 24

ទៅមុខ in the future 37

ទៅវិញទៅមក back and forth, reciprocally

ទុំ ripe

ទុំទាវ Tum Teav (a romantic poem)

ទំ to perch 37

ទំនង way, manner, method 15

ទំនងការ procedure 15

ទំនងការកសាង method of construction 15

ទំនងជា looks as if, seems that 15

ទំនងភាព form, aspect, appearance 25

ទំនប់ dam, barrier 35

ទំនាយ prediction 22

ទំនិញ merchandise

ទំនុកបម្រុង to oversee, provide assistance for, undertake (to) 37

ទំនើប recent, modern (occurs after the 7th to 12th grades [/tnaq-tii-prammuəy-tumnəəp/ to /tnaq-tii-muəy-tumnəəp/] of secondary school)

ទំនៀមទម្លាប់ customs, culture

ទំនេរ free, vacant, at leisure

ទំព័រ /tumpɔə/ page

ទំពា to chew

ទំពាអៀង to ruminate, chew the cud

ទំរ until 37

ទំលាក់ to put down, set down, cause to fall 4

ទំហឹង effort 32

ទំហំ /tumhum/ size

ទំហៃ surface area

ទំហំផ្ទៃ surface, area (of land) 32

ទាំង all of, including

ទាំង even to the extent of 37

ទាំងសាច់ including the pulp

ទាំង...ទាំង both...and

ទាំងថ្ងៃទាំងយប់ both day and night

ទាំងនេះ all these

ទាំងប៉ុន្មាន all that there was, all of it, however much 24

ទាំងពីរ both

ទាំងពួង all together, the whole group

ទាំងមូល all, altogether, the whole 32

ទាំងស្រុង completely, 'hook, line, and sinker'

ទាំងហ្វូងៗ /teăŋ wouŋ, teăŋ wouŋ/ in groups

ទាំងឡាយ all

ទាំងអស់ all

ទះ to slap, to beat

ទះដៃ to clap the hands, applaud 22

ទ្រ to support from underneath 10

ទ្រង់ shape, form 15

ទ្រង់ auxiliary which precedes verbs describing royal action

ទ្រង់ទ្រាយ shape, form 15

ទ្រង់ព្រះចិន្តា /truŏŋ-preăh-cəndaa/ to think, consider (roy) 11

ទ្រង់ព្រះតំរិះ to think, decide (roy)

ទ្រង់ព្រះរាជបញ្ជា to order, command (roy)

ទ្រទូង to hold over the head

ទ្រទ្រង់ to support, enhance 15

ទ្រទ្រង់នូវ to represent, symbolize 15

ទ្រនុង fin 4

ទ្រនំ a perch; a house 24

ទ្រព្យសម្បត្តិ /troăp-sɑmbat/ wealth, possessions, fortune 37

ទ្រវត្រ្តបុ /trɔwŏəttrəpoq/ Dravattrapu (hell for those who usurp the rights and property of others) 25

ទ្រហឹង /trɔhɨŋ/ clamorously 24

ទ្រហឹងអឹងកង /trɔhɨŋ-qəɨŋ-kɑɑŋ/ tumultuously, clamorously 37

ទ្រហោ /trɔhoo/ to yell, shout, wail 18

ទ្រាប់ put under, cushion 22

ទ្រាប់អង្គុយ use as a seat 22

ទ្រឹស្តី /trɨhsdəy/ theory 35

ទ្រុង cage

ទ្រូង chest, breast 22

ទ្រាំ to withstand, endure 18

ទ្រាំមិនបាន unable to stand [it] 22

ទ្វារ /twiə/ door, opening

ទ្វារកញ្ចក់ mirrored door 37

ទ្វារជ័យ Victory Gate 13

ទ្វារខ្មោច Spirit Gate 13

ទ្វិ both, double

ទ្វីប /twiip/ continent, part of the world

ទ្វេ two, double 33

ទ្វេគុណ /twee-kun/ squared 32

## ធ

ធនធាន /thŭən-thiən/ wealth, belongings 37

ធនាគារ /thəniəkiə/ bank 31

ធនាគារជាតិនៃកម្ពុជា National Bank of Cambodia 31

ធម៌ /thɔə/ dharma; the law, the scriptures

ធម្មជាតិ /thŏəmməciət/ nature, natural environment 37

ធម្មតា /thŏəmmədaa/ usual, ordinary; usually

ធម្មនុញ្ញ /thŏəmmənuñ/ constitution 36

ធាតុ /thiət/ nature, natural element

ធាតុ /thiət/ cremated remains, ashes 17

ធាតុអាកាស weather, climate

ធានា to assure, promise, undertake

ធារាសាស្ត្រ /thiəriəsaah/ hydraulics 34

ធីតា /thiidaa, thidaa/ daughter (eleg) 37

ធុញ to be bored

ធុញថប់ to be bored, discouraged

ធុន model, type 28

ធុន-សែម Thun Sêm (personal name) 34

ធុរៈ /thureə̆q/ affairs, duties; trouble

ធូប incense, joss sticks

ធូរ relaxed, at ease 37

ធូរស្បើយចិត្ត relieved, relaxed 37

ធួក-ប៊ន personal name 27

ធៀប to compare 37

ធេងធោង to sway to and fro 37

ធុំ to smell (give off an odor) 37

ធំ /thom/ big, important

ធំ ៗ big (plural); mature

ធំដុំ grand, important

ធំទូលាយ spacious

ធ្ងន់ heavy

ធ្ងន់ធ្ងរ serious, heavy 32

ធ្នូ December; arrow 26

ធ្មេច to close the eyes 37

ធ្មេញ tooth 17

ធ្លា clearing, expanse

ធ្លាក់ to fall

ធ្លាក់ថ្លើមធ្លុក heart (lit: liver) fell (with a thump) 37

ធ្លាក់ទឹកមុខ to have a somber expression 37

ធ្លាក់ម្រាក់ the female friend fell (intransitive verb followed by its subject) 23

ធ្លាក់សំបុត្រពីដៃ the letter having dropped from [his] hand 37

ធ្លាប់ used to; accustomed to

ធ្លាប់តែ used to, always used to 22

ធ្លាយ to be punctured, pierced 37

ធ្លុះ to pierce, penetrate

ធ្លុះធ្លាយ perforated, full of holes (here: deeply, penetratingly) 37

ធ្វេស to overstep, do unintentionally or by accident 24

ធ្វេស ... ប្រាប់ to tell unintentionally, to let slip 37

ធ្វើ to do; to make; to repair

ធ្វើ to build

ធ្វើ to clean (fish) 4

ធ្វើកសិកម្ម to farm, be a farmer 37

ធ្វើការ to work

ធ្វើការរកស៊ីដូចគេ to work and make a living like other people 24

ធ្វើកិច្ចមួយ to perform an act 37

ធ្វើកិរិយាឲ្យបានជាទីគាប់ចិត្ត to conduct oneself in a pleasing manner 37

ធ្វើក្រលដីដើ ៗ to look perplexed, confused 37

ធ្វើឃាតកម្មខ្លួនឯង to commit suicide 12

ធ្វើចិត្តជា to remain patient 24

ធ្វើជា to pretend to, pretend that

ធ្វើជាបន្ទាល់ to bear false witness 25

ធ្វើដំណើរ to travel, take a trip

ធ្វើតាម to follow, to imitate

ធ្វើតួក្រមាច to act the clown 24

ធ្វើទុក្ខបុកម្នេញ to abuse, mistreat 32

ធ្វើបង្ខូច to ruin, destroy 25

ធ្វើបាប to do wrong, mistreat 17

ធ្វើបុណ្យ to hold a (merit-making) ceremony

ធ្វើបុណ្យទាន to confer merit 24

ធ្វើពី made of

ធ្វើពុតជា to pretend that, act as if 22

ធ្វើព្រះរាជដំណើរ to take a trip, to travel (roy) 19

ធ្វើមុខ make a face 22

ធ្វើមុខភ្លឹះ ៗ with a stupified expression 22

ធ្វើម្ដេចបុព្វេព្រេងសាយ what can [we] do; it's fate 37

ធ្វើស៊ើស្ងោះ to sulk, be aloof 37

ធ្វើស្រែ to rice-farm (lit: make rice fields)

ធ្វើស្លាប់ to play dead 22

ធ្វើឲ្យ to cause, bring about

ធ្វេស to be careless 17

ធ្វេសប្រហែស to neglect, be careless about

## ន

នគរ /nɔkɔɔ/ (alternate form of /qɑŋkɔɔ/ 'city') 2

នគរធំ Nokor Thom (place name) 34

នគរបាល /nɔkɔɔbaal/ police, municipal police 37

នគរវត្ត an older name for Angkor Wat 25

នង្គ័ល /neə̆ŋkoə̆l, nəŋkoə̆l, ŋkoə̆l/ a plow 14

នមស្ការ /neə̆qmahsəkaa/ to pay homage, worship, bow before 25

ន័យ /nɨy/ meaning, content 33

នយោបាយ /nəyoobaay/ policy

នរក /nɔrŭəq, nərŭəq/ hell 25

នរណា /nɔnaa/ who?; whoever

នរនោះ /nɔnuh/ that person 36

នរោត្តមបុប្ផានី /nərootdɑm bopphaanii/ 30 Norodom Bophani (pers. n.)

នា at 6

នាក់ specifier for persons of ordinary estate

នាគ dragon

នាគព័ន្ធ /niəq poə̆n/ Neak Pean (the encircling nâga) 2

នាគរាជ /niəkəriəc/ king of the dragons 17

នាង Miss, young lady (title or pronoun for women younger than speaker, or for young boys)

នាងដៃ ring finger 37

នាងស្រី young lady! 37

នាទី minute(s)

នានា various, different 26

នាម name 37

នាម៉ឺន /niəməɨn/ official, mandarin 37

នាយ distant, yonder 22

នាយ Mr. (archaic masculine title) 37

នាយ chief, headman 25

នាយតំបន់កសិកម្ម district agriculture chief 34

នាយផ្នែកសាធារណការ Chief of Public Works 27

នាយកចាត់ការ /niəyŭəq-cat-kaa/ chief, supervisor 19

នាយករដ្ឋមន្ត្រី /niəyŭəq-roə̆t-mŭəntrəy/ prime minister

នាយកសាលារៀន principal, headmaster 34

នារាយណ៍ /niəriəy/ Narai (another name for Vishnu) 25

នារាយណ៍កាឡា the power to change one's form 24

នារាយណ៍បែកកាយ the power to subdivide, to multiply oneself 24

នាវា boat, ship 19

នារី Miss; young unmarried girl

នាហ្មឺន /niəməɨn/ official, mandarin

នាហ្មឺនមន្ត្រី government officials

នាហ្មឺនសព្វមុខមន្ត្រី all the officials 17

នាឡិកា /niəlikaa/ watch, clock

និគមជន /nikumməcŭən/ camp, commune 35

និគ្គហិត /niqkəhət/ the symbol ំ

និទាន to tell, relate; a story, tale

និទ្រា /niqtriə, nɨntriə/ sleep; to sleep (Lit) 21

និទ្រាលក់ to sleep (Lit) 21

និន្ទា to criticize, gossip about 24

និពន្ធ /nipŭən/ to write, to compose 37

និព្វាន /nipiən/ Nirvana 9

និមន្ត /nimŭən/ to invite (clergy) 19

និមន្ត to walk, to go (of clergy)

និមួយ /nimuəy/ each

និមួយៗ each, the various

និយម /niyum/ to like, prefer; popular, preferred

និយាយ to speak

និយាយដើមគេ to slander, malign others 25

នីរតី /niərədəy/ southwest (Lit) 25

និរុច្ឆ្វាស /niruccwaasaq/ Nirucchvâsa (hell for violent people) 25

និវត្ត /niwoət/ to return 30

និស្សិត /nihsət/ student

នីតិកម្ម /niiteqkam, nəyteqkam/ jurisdiction, jurisprudence 34

នីតិកាល /niiteqkaal, nəyteqkaal/ legislature 36

នីតិក្រម /niiteqkrɑm, nəyteqkrɑm/ law, statute 36

នឹក to ponder, think of; to miss

នឹកខឹង to become angry 23

នឹកខ្ញាញ់ to feel irritated 23

នឹកឃើញ to remember, realize

នឹកចង់ to desire, to covet

នឹកព្រួចថា to have a sudden inspiration that, occurred [to one] that 37

នឹកមមៃ to think continually (about something) 37

នឹករលឹក /nɨk-rɔlɨk/ to miss, long for, remember nostalgically

នឹកសង្ឃឹមញញឹមទុកថា hoped confidently that 37

នឹកសូត្រ to recite mentally 24

នឹកស្តាយក្រោយ to regret (afterward) 1

នឹកអស់សំណើច to feel like laughing 16

នឹង and, with, against

នឹង future auxiliary: will, about to

នឹងបានគ្រាន់បើ will get better (here: [one's] lot would improve) 37

នឹងបានដឹងស្គាល់ថាជា សំពៅរបស់ប្តីគេ had no way of knowing that it was their husbands' boat 24

នឹងរកចាប់អ្នកឯណាពុំបាន couldn't find anyone to blame 24

នឹម yoke; pair, team (of oxen, etc.) 14

នុះ /nuh!/ there!

នុះនុ /nuh-nɔɔ!/ there it is!

នុះហ៎ ! /nuh-nɔɔ!/ there!, there it is! 37

នុះហ៎ /nuh-nɔɔ!/ there!, there it is! 37

នូវ /nɨw/ according to, consisting of; with, at, and, including 18

នួននាង girl, maiden 37

នួនអក dear one 37

នឿយ to be tired; tiring

នឿយហត់ to be tired; tiring 24

នេត្រ eye(s) (Lit) 37

នេសាទ /nesaat/ to fish; fishing; fisherman

នេះ /nih/ this; here

នែ hortatory particle used to student or child: there!, see there! 22

នែចៅ Now child!, now listen to me, child 37

នៃ of (Lit)

នោះ /nuh/ that, there; the referred to

នៅ to live, remain, reside

នៅ situated, in, at

នៅ still, still in the process of

នៅកំលោះ to be still a bachelor

នៅក្នុងចំណោម among 28

នៅចាំ to wait (for), be waiting 24

នៅថ្ងៃមុខ in the future, some day

នៅទីបញ្ចប់ in conclusion, finally 35

នៅផ្ទះគេ in one's home, in their homes

នៅនឹងច្រមុះ very near (lit: at the nose) 37

នៅមាត់ទ្វារ in the doorway, at the door 24

នៅលើកំពូលភ្នំ on the top of the hill

នៅសងខាង at the sides, on both sides

នៅឡើយ still, up to the present

នំ confection, anything made with flour

នំគម a sweet pastry 24

នំចំណី food, snack

នំនែក confections, cakes, sweets 24

នំអន្សម ricecake made of glutinous rice and pork or banana

នាំ to take, to lead

នាំគ្នា to get together, accompany each other

នាំពាក្យនិយាយ to bring up for discussion 37

## ប

បក to peel 22

បកស៊ីៗ to peel and eat one after the other 22

បក់ to blow

បក្ស /paq/ political party or camp 32

បក្សពួក party, group 34

បក្សសម្ព័ន្ធ /paq-sampoən/ allies 32

បក្សា /baqsaa/ a male bird (Lit) 3

បក្សី /baqsəy/ a female bird; birds, the bird kingdom

បង older sibling; older friend or relative of one's own generation

បង I (older to younger sibling or friend; husband to wife)

បងថ្លៃ older in-law

បងធម៌ /baaŋ-thɔə/ foster sibling (here: foster brother) 24

បងប្រុស older brother; older male friend or relative

បងប្អូន older and younger siblings, brothers and sisters

បងប្អូនញាតិសន្តាន relatives

បងសូមចងជាប់នឹងចិត្តប្អូន I want to be tied to your heart 37

បងស្រី older sister; older female friend or relative

បងឯង you (older sibling) 22

បង់ to discard, abandon, waste, lose 23

បង់គំនិត to be fooled by, duped by 24

បង់ត្រី to cast (a net) for fish, to fish with a net 37

បង់បាត់ disappear, be abandoned 37

បង្កង large shrimp, prawn

បង្កាន់ដៃ receipt, deed, affidavit 24

បង្កាន់ដៃ railing, banister 4

បង្កើត to originate, establish, give birth to

បង្កើតជាមោហៈដល់ creates moral blindness in 37

បង្កើន to increase (tV) 32

បង្កើយ very near 37

បង្កើល to run aground, to beach 22

បង្ខិតបង្ខំ to force, require 32

បង្ខូង to inset, make a depression 6

បង្ខូច to ruin, to destroy 25

បង្ខំ to force, require

បង្គន់ toilet 37

បង្គាប់ to order, to command

បង្គី a flat basket used to carry earth 27

បង្គោល pillar, support

បង្រៀន to teach, cause to learn

បង្វិច a bundle 37

បង្វិល to spin, to turn (something) around 37

បង្សុកូល commemoration ceremony

បង្ហាញ to show, point out

បង្ហាត់ to train, to drill (tV) 35

បង្ហូត to draw out, let out on a string or pole 21

បង្ហើយ to finish, complete 37

បង្អង់ to delay, slow down, dillydally

បង្អស់ most, last, most of all

បង្អាក់ to hinder 37

បង្អួច window

បង្អួត to show off 18

បង្អែម sweets, dessert

បច្ច័យ /paccay/ money (clergy) 35

បច្ចាមិត្ត /paccaamit/ enemy 12

បច្ចុប្បន្ន /paccopbɑn, paccobɑn/ now, the present, modern times

បច្ចុប្បន្នកាល /paccopbɑnnəkaal/ the present 34

បច្ចេកទេស /paccaekkəteeh/ expertise; technical; an expert 33

បញ្ច /pañcaq/ five (in compounds)

បញ្ចសីលា /pañcaq-səylaa/ the Five Principles

បញ្ចប់ to end, bring to a close

បញ្ចុក to feed by hand

បញ្ចុះ to put down, lower 24

បញ្ចុះខ្មោច to bury the corpse 24

បញ្ចុះបឋមសិលា to lay the cornerstone (i.e. the first stone) 35

បញ្ចើ to speak or act ostentatiously; to flaunt, show off 17

បញ្ចាំ to pawn, to pledge

បញ្ចាំចិត្ត to betroth, be betrothed 37

បញ្ឆិតបញ្ឆៀង to slander, bear false witness (against) 36

បញ្ឆោត to deceive 22

បញ្ឆោតអីច្រើនដងម្លេះ why would I deceive [you] so many times? 22

បញ្ជា to order, command

បញ្ជាក់ to clarify, explain 27

បញ្ជូន to send 24

បញ្ជូនទៅឲ្យ to send to; on behalf of 24

បញ្ចេញ to express, issue, expel 31

បញ្ឈប់ to bring to a stop, to stop (tV)

បញ្ឈរ to stand on end

បញ្ញា /paññaa/ intelligence, cleverness

បញ្ញាក់ /pəññeəq/ to startle 37

បញ្ញវ័ន្ត /paññəwoən/ intellectual, educated person 32

បញ្ហា /paññəhaa/ problem, issue 32

បដិសណ្ឋារៈ /padeqsɑnthaareəq/ greeting, welcome 37

បដិសេធ /padesaet/ to cancel, kill

បឋមំបឋមឹនប៉ឹតថានសារថាន /pathamaŋ-pathaməin.../ magic formula (meaning uncertain) 24

បណ្ឌវៈ /pandəweəq/ the Pandavas 25

បណ្ឌិត learned man, scholar

បណ្ណាការ /bannaakaa/ provisions, equipment 24

បណ្ណាគារ /pannaakiə/ bookstore 37

បណ្ណាគារគីម·សេង Kim Seng Bookstore 37

បណ្ណាល័យ /pannaalay/ library

បណ្ដា among, including, various, all 2

បណ្ដាជន /bɑndaacuən/ people; population

បណ្ដារាស្ត្រ people 33

បណ្ដាក់គ្នា to do in relay, pass the buck

បណ្ដាល to lead to, cause 17

បណ្ដាលឲ្យកើតឡើងនូវសេចក្ដីស្រងូតស្រងាត់ causes to develop, or produces, a feeling of melancholy 25

បណ្ដុះ to raise, to cultivate 37

បណ្ដុះបណ្ដាល to nurture with care 37

បណ្ដើរ to walk (tV), cause to walk 18

បណ្ដើរ at the same time, simultaneously

បណ្ដើរ...បណ្ដើរ simultaneously, at the same time 24

បណ្ដើរគ្នា to walk together, accompany one another 23

បណ្ដេញ to drive out, expel 24

បណ្ដែត to float, put afloat (tV)

បណ្ដែតបណ្ដោយ to procrastinate, be nonchalant 37

បណ្ដោយ length 27

បណ្ដោយ along, along with 22

បណ្ដោយខ្លួនឲ្យ to allow oneself to 1

បណ្ដោយទឹក downstream, along with the current 22

បណ្ដោយឲ្យ to go along with, to permit 32

បណ្ដោះ to spirit (something) away; to free, remove secretly 37

បណ្ដោះអាសន្ន temporarily 37

បណ្ដាំ warning, instruction

បត់ to fold; to turn 24

បត់បន្លាស crooked, twisted 22

បត់ចុះបត់ឡើង to zigzag 6

បត់ជើង to relieve oneself (lit: to fold the legs) 23

បឋម /pathɑm/ first, primary

បឋមសិក្សា /pathɑmməsəksaa/ primary school, primary education

បទ path, way, kind; behavior

បទ set, verse, song, composition 37

បទគួរសម /bɑt-kuə-sɑm/ appropriate behavior 37

បទណា? about what?, for what reason? 37

បទឧក្រិដ្ឋ crime, scurrilous conduct

បន់ to pray, petition

បន់ស្រន់ to pray, petition

បន្ត to continue, to extend

បន្តៗ successively, in turn

បន្តក់ to drip; the symbol ៎

បន្តិច a little, rather

បន្តិច a little later, soon, shortly 24

បន្តិច...បន្តិច for a while...then for a while 37

បន្តិចទៀត a little later 20

បន្តិចបន្តួច just a little, somewhat

បន្តិចម្ដងៗ /bɑntəc mədɑɑŋ, bɑntəc mədɑɑŋ/ a little at a time, little by little

បន្តិចម្នាក់ៗ /bɑntəc mənĕəq, bɑntəc mənĕəq/ each for awhile 37

បន្ទោះ /bɑntoh/ to criticize

បន្ថែម to add to, to increase (tV) 37

បន្ថែមពាក្យថា added, said further 37

បន្ទន់ to soften, to relax 37

បន្ទប់ room

បន្ទប់ដេក bedroom

បន្ទប់ទទួលភ្ញៀវ living room (lit: guest receiving room)

បន្ទប់ទឹក washroom, bathroom

បន្ទប់បរិភោគបាយ dining room (eleg)

បន្ទប់ភោជនីយដ្ឋាន dining room; dining car

បន្ទប់រៀន classroom

បន្ទាត់ line, straightedge 37

បន្ទាន់ urgent 7

បន្ទាប់ next, following

បន្ទាប់មក afterward, next (in succession)

បន្ទាយ fortress

បន្ទាយយាមល្បាត defensive fortification 19

បន្ទាយស្រី Banteay Srei (lit: women's fortress)

បន្ទាល់ witness, proof 17

បន្ទោស to scold, to accuse 4

បន្ទុំ to cause to stand out in deep relief 25

បន្ទះ sheet, strip, plate 25

បន្ធូរ to relax, release, loosen 18

បន្លប់ to distract, confuse, trick 37

បន្លែ vegetable(s)

បន្លែបន្លា vegetables 24

បន្លំបន្លប់ to distract someone's attention, confuse, mislead 37

បន្សាប to weaken, dilute 36

បបរ rice soup, porridge

បបួល to agree; to persuade

បព្វជិត /boppəcɨt/ monk 31

បុព្វសិទ្ធិ /boppəsətthiq/ prerogative 36

បម្រាសចេញ to separate (from) 37

បម្រុង to intend, resolve, determine (to) 4

បម្រើ to serve 37

បម្រះ to struggle, to wiggle 4

បម្រះរួច to escape, to free oneself 4

បរ /baa/ to drive; mine, well

បរបាញ់ /baa-bañ/ to hunt (animals) 18

បរប៉ៃលិន /baa-paylɨn/ Bar Pailin (place name)

បរទារកម្ម /baarətiəkam/ adultery 20

បរទេស /baarəteeh/ foreign; foreign countries

បរមរាជវាំង /barommərieccawĕəŋ/ palace, royal palace 15

បរមវិស្ណុលោក /barommawihsnulook/ name for Suryavarman II 25

បរ:ផ្លូតិបាល government record [?] 33

បរាជ័យ /paraacɨy/ to be defeated 35

បរាសិត /paraasət/ parasitic

បរិក្ខារ /baarikhaa/ equipment, commodities 31

បរិច្ចាគ: /baaricaakeəq/ generosity 36

បរិបូណ៌ /baaribou/ plentiful, full, complete (with) 13

បរិពារ /baaripiə/ entourage 19

បរិភោគ /baariphook/ to eat (eleg)

បរិវារ /baariwaa/ servants, entourage

បរិវេណ /baariween, paqriween/ perimeter, confines 34

បរិសុទ្ធ /baarisot/ pure

បល្ល័ង្ក /ballaŋ/ pedestal, throne 6

បស្ចិម /bahcəm, pəchəm/ west, western

បស្ចិមប្រទេស /pəchəm-prateeh/ western countries, the West

បា father (archaic)

បា familiar 2nd pers. masc. pron.: you; male (of animals) 37

បាក់ to break (iV; of a long slender object) 6

បាក់កាំជណ្ដើរ the stairstep broke (iV followed by its subject) 23

បាក់ជើងម្ខាង have a broken leg 24

បាក់បែក broken up 6

បាច to broadcast, spread, scatter

បាចទឹក to irrigate by sprinkling

បាឋ /baat/ to tell, recite (clergy)

បាត bottom

បាតដៃ palm of the hand 37

បាត់ to lose, disappear

បាត់ការងារ: housework would be neglected 24

បាត់ខឹង [his] anger dissipated 24

បាត់ដំបង Battambang (province)

បាត់តាំងអាឡេវ បាត់តាំងទូក បាត់តាំងចៅក្រមុំ Alev, her grandchild, and the boat had all disappeared 24

បាត់បង់ disappear, be lost 35

បាត់ស្មារតី to lose consciousness 37

បាត្រ /baat/ monk's begging bowl 24

បាទ /baat/ polite response particle used by men; in response to a yes-or-no question: yes

បាទ an old monetary unit

បាទ sole of the foot 37

បាន to get, to have, to result (in)

បាន to have had occasion to + Verb (usually indicates past time)

បាន Verb + /baan/: can, able, possible

បានការ to achieve, get results 14

បានគ្នា to take each other (as husband and wife) 14

បានជា results in, is the reason that 24

បានជាគ្នាលេង as a playmate 37

បានផល to make a profit, obtain results, get a yield 36

បានរាប់ជាគ្នា have [him] as company 24

បានសេចក្ដីថា this means that 30

បាប sin, immoral action

បាពួន an 11th century temple inside Angkor Thom 9

បាយ cooked rice; food

បាយ to eat, have a meal

បាយកក left-over rice, dried cooked rice

បាយព្រឹក breakfast 22

បាយសី an ornamental offering made of the stalk and leaves of the banana tree 24

បាយ័ន /baayoən/ the Bayon (central temple of Angkor Thom) 2

បារម្ភ /baarαm/ to worry 24

បារី cigarette(s)

បារីស៊ីគសន្លឹក local cigarette, homemade cigarette 37

បារាំង France; French; western; a westerner

បារាំងសែស /baraŋsaeh, baraŋseh/ French (Adj, N)

បាល់ ball 34

បាល់បោះ basketball 34

បាឡាត់ /baalat/ deputy, lieutenant; a clerical title 37

បាឡាត់ស្រុក deputy district chief 37

បាលី Pali (language)

បាវ servant 37

បាវព្រាវ servant(s) 37

បាសក /baasαq/ layman, laity 37

បាសាក់ Bassac (river)

បាស៊ូ bachot (French baccalaureate degree)

បាស៊ូទី ១ 1st Bachot (degree received after 12 years of education)

បាស៊ូទី ២ 2nd Bachot (degree received after 13 years of education)

បិណ្ឌ /bən/ food offering presented to the monks

បិណ្ឌបាត្រ to beg for food (clergy); food given to clergy

បិត (= បិទ) to close 15

បិតា /bəydaa/ father (eleg)

បិទ to close

បិសាច /bəysaac/ ghost, spirit

បី three

បី to cradle in the arms 37

បីៗ by threes 15

បីបម to provide tender loving care 24

បីបាច់ to take care of 37

ប៊ីយែរ /biyɛə, byɛə/ beer (Fr. bière) 33

បឹង lake, pond

បឹងបួ lakes and ponds 22

បឹងរាំង Beng Rang (a section of Phnom Penh) 37

បុក to pound (with a pestle or a pole) 24

បុកស្រូវ to husk rice (with mortar and pestle) 24

បុគ្គល /bokkuəl/ person, individual 12

បុគ្គលិក /bokkəlɨk/ personnel, employee, member 37

បុណ្យ /bon/ ceremony, celebration, feast

បុណ្យ /bon/ magical power, supernatural power, power of virtue 37

បុណ្យការងារ Labor Day 26

បុណ្យចូលឆ្នាំ New Year Celebration 26

បុណ្យចូលវស្សា /bon-coul-wuəhsaa/ celebration of the beginning of the Buddhist Lenten period

បុណ្យចេញវស្សា /bon-cəñ-wuəhsaa/ celebration of the end of the Buddhist Lent or of the rainy season

បុណ្យធ្ងន់ consecration ceremony for the dead 17

បុណ្យតាំងតុ celebration of the reigning monarch's birthday (one facet of which is the erection of tableaux from each province in the palace grounds) 26

បុណ្យប្រកាសឲ្យប្រើរដ្ឋធម្មនុញ្ញ Constitution Day (ceremony [commemorating] the promulgation of the constitution) 26

បុណ្យផ្កា a fund-raising ceremony in which contributions, usually in the form of paper money, are attached to an artificial tree 34

បុណ្យភ្ជុំបិណ្ឌ /bon-pcum-bən/ ceremony of commemoration of one's ancestors

បុណ្យព្រេង fate 37

បុណ្យរំលាយសព cremation ceremony 17

បុណ្យស័ក្តិ /bon-saq/ status, rank, position 37

បុណ្យអង្គការសហប្រជាជាតិ United Nations Day 26

បុណ្យឯករាជ្យជាតិ National Independence Celebration 26

បុណ្យអុំទូក Water Festival (featuring longboat races) 26

ប៊ុត /but/ Bouth (personal name)

បុត្រ son (eleg) 37

បុប្ផា /bopphaa/ flower (eleg)

បុប្ផាទេវី /bopphaa teewii) Bopha Devi (Sihanouk's daughter) 29

បុព្វេ /boppee/ past, former times 37

បុរស /borɑh/ man (eleg) 8

បុរសស្ត្រី /borɑh-satrəy/ ladies and gentlemen (elegant; lit: gentlemen and ladies) 35

បុរាណកាល /boraannəkaal/ ancient times, antiquity 36

បុរាណសម័យ the old days, ancient times 9

បុរីរម្យ /borəyrum/ delightful city 19

បុរោហិត /boraohət/ Brahman priest 18

បូកគោ Bokor (a resort area)

បូជា to offer, present 24

បូជាសព to cremate, hold a cremation 37

បូណ៌មី /bourəməy/ full moon

បូរាណ old, ancient, former; former times

បូយបូណ៌ហ្រទ /bouyeəqbourənahrəteəq/ Pûrapûrnahrada (hell for those who steal liquor, and for adulterers) 25

បួងសួង to pray

បួន four

បួស to enter the monkhood

បើ if

បើកាលណា whenever, if

បើកុំតែ if it weren't for, only (because) 37

បើក្រៅតែអំពី apart from, excluding 37

បើដូច្នោះ in that case 11

បើទុកជា...ក៏ even though; no matter what

បើទីន whether, if 22

បើប្រសិនជា if, if perchance

បើមិនយូរក៏ឆាប់ sooner or later 37

បើដូច្នេះហើយ therefore, that being the case 37

បើយ៉ាងយូរណាស់ at the longest 32

បើសិនជា if 32

បើសិនណាជា if perchance 12

បើអញ្ចឹង then, in that case, therefore

បើក to open

បើក to drive (a vehicle)

បើកក្ដោង to sail (lit: to open the sail) 24

បើកឲ្យ to permit, to allow 24

បើកឲ្យទៅ allow to go 20

បៀ playing-cards

បៀតបៀន to harm, mistreat, oppress 20

បៀម to hold in the mouth 37

បៀល Bill

បៀល you (Bill; proper name used in place of pronoun)

បៀវត្ស /biəwŏət/ salary 31

បេក្ខជន /paekkəcŭən/ candidate 36

បេតី /paetəy/ to love; love (poetic) 37

បេឡា /peilaa/ fund 31

បេឡាជាតិសម្រាប់បរិក្ខារ National Development Fund 31

បេះបិទ exactly, identically 24

បែក to break, divide (iV)

បែកខ្ញែក to be separated 20

បែកខ្ញែកខ្ចាត់ខ្ចាយ separated, dispersed (here: got separated) 20

បែកចែក to divide

បែកញើស to break into a sweat

បែកត្រង់ជាប់ទៅ breaks off and leads straight to 2

បែង to divide, share 36

បែប sort, type, kind

បែបបទ /baep-bɑt/ good manners, savoir-vivre, proper etiquette

បែបផែន overall plan 15; way, method 35

បែរ to turn, turn aside

បែរជា change to, become 24

បែលហ្ស៊ិក /baelzik/ Belgium (Fr. Belgique) 32

បោក to hit, to beat 17

បោច to pull on, pull up 22

បោយដៃ to summon with the hand, to beckon 24

បោល to gallop, to run (of animals) 7

បោលពុំបេះទាន់ឡើយ run without ever catching up 22

បោស to sweep

បោសច្រាស to sweep, to clean up 37

បោះ to throw, pitch

បោះ to drive (a nail, etc.); to stamp 24

បោះឆ្នោត to vote

បោះជំហាន to take steps, to make progress 35

បោះបង់ to abandon, to leave unfinished

បោះបង់ចោល to abandon 13

បោះពុម្ព /bɑh-pum/ to print, to publish 37

បោះពុម្ពលើកទី ៧ seventh edition 37

បោះយុថ្កា to drop anchor 24

បំណង desire, intention; to intend

បំណាច់ since, because

បំណុល debt

បំបាត់ cause to disappear 20

បំបោក to trick, to swindle 25

បំបាត់ជីវិត to destroy life 20

បំបិទ to hide 37

បំបិទបំបាំង to hide, keep secret 37

បំបែក to break (tV) 16

បំបៅ to nurse (offspring) 16

បំបាំង to hide 37

បំផុត most, last

បំផ្លាញ to destroy 25

បំផ្លាញជីវិតខ្លួន to destroy [their] lives, commit suicide 37

បំពង to deep-fry in oil

បំពង់ pipe, tube 22

បំពង់ក the throat 22

បំពាក់ clothing worn above the waist or on the feet

បំពាក់ to affix, to decorate (with a medal, etc.) 35

បំពុល to poison 25

បំពេ to lull by singing, to lullaby 37

បំពេញ to fill, fulfill 1

បំភ្លឺ to illuminate 37

បំភ្លេច to forget intentionally, to ignore 33

បំរើ to serve

បាំង to block, bar, shield, protect 25

បះ to strike (of workers) 20

បះបោរ to revolt 20

ប៉ាក់ Pak (personal name) 37

ប៉ផ្ទរ soft, smooth 22

ប៉ម watchtower, guard tower 25

ប៉ា Father (term of address or reference) 37

ប៉ាន to cover, to plate over

ប៉ារី Paris

ប៉ិច Pech (personal name)

ប៉ី flute

ប៉ុណ្ណឹង only, that's all, only to that extent 14

ប៉ុណ្ណោះ only, that's all

ប៉ុន to equal, be the same as

ប៉ុនណា to what extent, how much, how big

ប៉ុន្តែ but

ប៉ុន្មាន how much, how many

ប៉ុន្មាន much, many; however much, however many

ប៉ុស្តិ៍ /poh/ postoffice 37

ប៉ែក part, section

ប៉ែតសិប eighty

ប៉ែន-នុត Penn Nouth (personal name) 32

ប៉ោង swelled, inflated 37

ប៉ះ touch, come in contact with; to patch 3

ប្ដី husband

ប្ដឹង to bring a complaint, to sue 11

ប្ដូរ to exchange

ប្ដួល to knock over, cause to fall over 24

ប្ដើម to begin; to create

ប្ដេជ្ញា /pdacñaa/ to swear (that), resolve (that) 17

ប្រក់ to roof, to thatch; thatched

ប្រក់ឆ្មប ceremony for thanking the midwife and for naming and piercing the ears of the new baby 37

ប្រកប to combine, be endowed (with)

ប្រកប to do, be involved in, engage in 30

ប្រកបដោយ combined with, provided with; consisting of

ប្រកបនឹងពិត to fit the facts 17

ប្រកបរបរកសិកម្ម engaged in agriculture 30

ប្រកាន់ to be conservative, stuffy, particular; to object

ប្រកាន់ to reserve, preempt

ប្រកាន់ to hold to, insist on

ប្រកាន់ to accuse 17

ប្រកាន់ដៃ = បង្កាន់ដៃ railing, handrail, banister 25

ប្រការ way, kind, point 1

ប្រកាស to proclaim, announce

ប្រកួត to compete 34

ប្រកែក to quarrel

ប្រខាំ to bite each other

ប្រគល់ to restore, to hand over

ប្រគេន to offer, to give (to clergy)

ប្រច័ណ្ឌ /prɑcan/ jealous (of one's spouse or lover) 20

ប្រចាប់ to blame, accuse, hold responsible 23

ប្រចាប់គ្នា to embrace each other 24

ប្រចាំ every; attached to, concerning 21

ប្រឆាំង to oppose, resist, contest, argue over 36

ប្រជាជន people, populace 30

ប្រជាធិបតេយ្យ /prɑciəthippətay/ democracy 36

ប្រជាប្រិយ /prɑciəprəy/ traditional, folk, of the people 29

ប្រជាពលរដ្ឋ /prɑciə-pŭəl-rŏət/ citizens, populace 27

ប្រជាភិថុតិ /prɑciə-phithoqteq/ demagoguery 36

ប្រជារាស្ត្រ /prɑciəriəh/ people, populace

ប្រជុំ to gather, convene, come together

ប្រជុំជន densely populated (area) 37

ប្រញាប់ to hurry (to)

ប្រញិបប្រញាប់ to hurry 37

ប្រដាប់ tool, utensil, instrument

ប្រដាប់ដោយ provided with, decorated with, dressed in 13

ប្រដាប់ប្រដា tools, instruments, provisions 24

ប្រដាល់ /prɑdal, prɑdɑl/ to hit each other, to box 37

ប្រដូច to compare

ប្រដៅ to advise, instruct, counsel

ប្រណិធាន /prɑnethiən/ promise, intention, oath; to promise, to swear 12

ប្រណិប័តន៍ /prɑnebat/ to respect, obey 14

ប្រណី to be careful, gentle, compassionate 37

ប្រណាំង to compete, to race

ប្រតិបត្តិ /prɑtebat/ to follow, carry out, execute (orders)

ប្រតិព័ទ្ធ /prɑtepoət/ relationship; to have relations 37

ប្រថពី /prɑthəpii/ earth (Lit)

ប្រថាប់ to stamp (royalty) 31

ប្រថាប់ to stay, put up (royalty) 19

ប្រថុយ have a go at it, try and see 37

ប្រទាក់ connected, enmeshed, intersecting 25

ប្រទាក់ក្រឡាទាក់ខ្វែង intersecting, criss-crossing 25

ប្រទីប /prɑtiip, prɑtɨp/ lantern; a miniature temple

ប្រទេច to curse, slander, vilify 36

ប្រទេស country; headword in names of countries

ប្រទេសកម្ពុជា Cambodia

ប្រទេសក្រៅ abroad, foreign countries

ប្រទេសជាតិ nation, country 1

ប្រទះ to come upon, to meet

ប្រទះឃើញ to come upon, to suddenly see, meet by accident

ប្រធាន president, chairman 31

ប្រធានអគ្គនាយក /prɑthiən-qaqkeəq-niəyŭəq/ presidential director-general 33

ប្រប near 15

ប្របៀត to squeeze in, huddle together

ប្រផេះ gray

ប្រពន្ធ /prɑpŭən/ wife; female companion

ប្រពាត to enjoy oneself, relax, go for an outing (roy) 18

ប្រពៃ proper, correct 37

ប្រពៃណី /prɑpɨynii/ customs 24

ប្រព្រឹត្ត /prɑprɨt/ to behave, act, follow

ប្រភេទ kind, variety, genre 35

ប្រមាណ to guess, estimate; about, approximately 24

ប្រមាត់ /prɑmat, pəmat/ gall bladder 37

ប្រមាថ /prɑmaat, pəmaat/ to blaspheme, scorn, show disrespect for 25

ប្រមាថមើលងាយ to look down on, scorn, be disrespectful to 25

ប្រមុខ head, chief 29

ប្រមុខរដ្ឋ chief of state 29

ប្រមូល to gather, to find 9

ប្រមែប្រមូល /prɑmae-prɑmoul, pəmae-pəmoul/ to gather 37

ប្រយ័ត្ន /prɑyat/ to be careful (to) 24

ប្រយុទ្ធ /prɑyut/ to fight 37

ប្រយោជន៍ /prɑyaoc/ usefulness, purpose, importance; useful

ប្រយោជន៍ជាតិ the national interst 33

ប្រយោជន៍ទាំងបី all three goals (education, honor, and wealth)

ប្រល័យ to kill 37

ប្រល័យជន្ម to kill; to commit suicide 37

ប្រវត្តិ /prɑwoət/ history (of a specific place, event, etc.) 30

ប្រវត្តិសាស្ត្រ /prɑwoəttəsaah/ history (as a field of study)

ប្រវែង length; to have the length of 25

ប្រសប់ skilled, skillful, clever (at)

ប្រសា son- or daughter-in-law

ប្រសាសន៍ to say, proclaim (eleg)

ប្រសាសនោបាយ /prɑsahsnoobaay/ politics 37

ប្រសិទ្ធិ /prɑsət/ to offer, wish, extend, endow 29

ប្រសិទ្ធិពរជ័យ to extend wishes of success 29

ប្រសិនណាជា if 37

ប្រសិនបើ if 1

ប្រសើរ praiseworthy, extraordinary

ប្រហុក fermented fish, preserved salted fish 4

ប្រហែល about, approximately

ប្រហែល perhaps

ប្រហែស to be careless, neglectful

ប្រហោង vacant, empty; a void, a hole

ប្រហោងពោះ to have an empty or sinking feeling in the stomach

ប្រឡង to take an examination; to compete

ប្រឡងជាប់ to pass an examination

ប្រឡាយ ditch, canal, stream

ប្រអប់ small box 18

ប្រឱបគ្នា to embrace each other 37

ប្រាក់ silver, money

ប្រាក់កាស /praq-kah/ money 24

ប្រាក់បំណាច់ stipend, allowance 31

ប្រាក់ចំណូលបុណ្យ contribution (to a ceremony)

ប្រាកដ /praakɑt, pəkɑt/ exact, sure, definite

ប្រាកដប្រជា surely, truly, definitely 22

ប្រាង្គណ៍ /praaŋ/ stupa, tapering monument 6

ប្រាជ្ញ intelligence 4

ប្រាជ្ញា /praacñaa/ intelligence

ប្រាណ body, self 3

ប្រាថ្នា /praatnaa/ to wish, intend

ប្រាប់ to tell, to inform

ប្រាប់ផ្លូវ to give directions 37

ប្រារព្ធ /praarup/ to originate; to relate to, commemorate, to perform 30

ប្រាសាទ palace, ancient monument, temple

ប្រិតប្រៀន to instruct rigorously

ប្រិមប្រិយ smiling, happy 37

ប្រី to persuade 18

ប្រឹង try to, make an effort to 22

ប្រឹងតែ persist in, keep trying to 22

ប្រឹងប្រែង to try hard (to), make a strong effort (to) 12

ប្រុង intend (to), ready (to) 20

ប្រុងនឹង intend to, about to 22

ប្រុងប្រយ័ត្ន to be careful 37

ប្រុស man; masculine

ប្រុសកំដរ groomsman

ប្រូង with a splash (imit. of the sound of falling into water)

ប្រើ to use; to send, commission (someone) to 4

ប្រើការ to use, utilize 34

ប្រើប្រាស់ to use, make use of, consume

ប្រើពុតជា to pretend that, act as if 37

ប្រៀប to compare

ប្រៀបធៀប to compare; consider 32

ប្រេង oil, petroleum

ប្រេងកាត kerosene 37

ប្រែ to change, to translate 36

ប្រែជា change to, become; to do instead 37

ប្រែះៗ sound of snapping the fingernails 22

ប្រៃ salty

ប្រោស to revive 22

ប្រោសប្រណី to be compassionate, considerate 35

ប្រោះ to keep alive in water 4

ប្រាំ five

ប្រាំបី eight

ប្រាំបីម៉ឺន eight ten-thousands (80,000)

ប្រាំបួន nine

ប្រាំពីរ /prampii/ (reading pronunciation); /prampɨl/ (spoken) seven

ប្រាំពីរដង seven times (completions) 24

ប្រាំពីររយ seven hundred

ប្រាំមួយ six

ប្រាំម៉ោងក្រោយមក five hours later

ប្រាំង dry, hot and dry

ប្រះ to spring, dash, jump 17

ប្លន់ to rob, hold up 24

ប្លូត with a sudden slipping motion 22

ប្លោក descriptive of a sudden action or movement 22

ប្អូន younger sibling; younger friend or relative of one's own generation

ប្អូន I, me (wife to husband, or younger to older sibling or friend); you (husband to wife, or older to younger sibling or friend) 37

ប្អូនថ្លៃ younger in-law

ប្អែក to lean against, put against 37

## ផ

ផង too, in addition

ផង of, belonging to 22

ផង mild imperative: please, will you? 23

ផងគ្នា all together 24

ផនស៊ី Phân Si (personal name) 37

ផល /phɑl/ product, fruit, result

ផលកម្ម /phɑlləkam, phɑl-kam/ fate, destiny (karma) 23

ផលដំណាំ agricultural products

ផលប្រយោជន៍ importance, usefulness 33

ផលានុផល /phɑllaanuphɑl/ crops, harvest, produce 37

ផលិត /phɑllɨt/ to produce 33

ផលិតកម្ម /phɑllɨttəkam/ production 31

ផលិតផល /phɑllɨttəphɑl/ products 31

ផល្គុន /phɑlkun, phəkun/ February-March (lunar system) 19

ផាឡិប broadcloth 17

ផាមួងសរដើង sarong with an embroidered border

ផាត់ repay, redeem 22

ផាយ at full speed

ផឹក to drink

ផុត to end, pass out; escape, avoid, be free of

ផុស to emerge, spring up 15

ផូង ៗ sound of beating 37

ភួយ blanket 37

ផើងផ្កា flower pot 24

ផើម to be pregnant (vulgar, condescending) 23

ផែ pier, wharf

ផែន sheet, disc, flat surface 15

ផែនការ plan, project 32

ផែនដី ground 15

ផែនថ្ម stone surface

ផែល ៗ with a slow undulating movement, weakly 22

ផេះ /pheh/ ashes 25

ផ្កា flower

ផ្កាស្លា betel flower

ផ្កាប់ face down, on the stomach 22

ផ្កាប់ផ្ងារ turning over and over 22

ផ្កាយ star 21

ផ្កាយព្រឹក morning star 21

ផ្គងផ្គុំ crisscrossed, crossed 4

ផ្គត់ផ្គង់ to assist, support 27

ផ្គាំ string of beads 25

ផ្ងារ face up, on the back 22

ផ្ងារពោះ stomach up (on the back) 22

ផ្ងើយ to lift upward, incline upward 37

ផ្ទប់ attached to, against

ផ្ញើ to send

ផ្ញើ for, on behalf of 24

ផ្ញើផ្ទួនជីវិតព្រាណ to entrust [one's] life and limb (to) 37

ផ្ញើទុកនឹង to leave with, entrust to, consign to 24

ផ្ដាសា /pdɑntiə/ to curse, wish bad luck 22

ផ្ដាទោស to sentence, fix punishment 34

ផ្ដល់ to provide 31

ផ្តាច់ to break, sever (tV) 22

ផ្តាសា /pdahsaa/ to curse, put a curse on

ផ្តើម to begin, to originate

ផ្តេក to lay down, put to bed 37

ផ្តេសផ្តាស careless, irresponsible, nonchalant 4

ផ្តៅ cane, rattan 8

ផ្តាំ to warn, instruct 8

ផ្តាំហើយផ្តាំទៀត to instruct over and over 24

ផ្តិល /ptəl/ metal drinking bowl 17

ផ្ទាញ់ផ្ទាល់ to embarrass, take advantage of, push to the wall 24

ផ្ទាត់ to thump 21

ផ្ទាត់ក្រចក to snap the fingernails 21

ផ្ទាត់ផ្ទាញ់ផ្ទាល់ to gloat, take pleasure in another's misfortune 22

ផ្ទាប់ next to, to put next to 25

ផ្ទាល់ next to, against

ផ្ទាល់ personally 35

ផ្ទាល់នឹង against, next to

ផ្ទាល់ខ្លួន private, personal, one's own 34

ផ្ទាល់ដៃ with one's own hands 35

ផ្ទឹម to compare, put alongside 37

ផ្ទុក to load 24

ផ្ទុយ contrary, opposite 33

ផ្ទួនៗ repeatedly 37

ផ្ទៃ surface

ផ្ទៃដី area (of land) 32

ផ្ទំ to sleep (royalty) 17

ផ្ទាំង slab, side, wall

ផ្ទះ house, home

ផ្ទះថ្ម masonry building 26

ផ្ទះកៀម ground-level house with mortar walls

ផ្ទះបាយ kitchen (separate from the main house)

ផ្ទះពេទ្យ hospital 37

ផ្ទះធំប្រថិតខ្ពស់ a large and impressive house 24

ផ្ទះសំបែង home; house and property

ផ្នូក mound, hillock 24

ផ្នូកខ្សាច់ sand dune 24

ផ្នូរ a grave 24

ផ្នួង knot (of hair), chignon 25

ផ្នួងសក់ chignon 25

ផ្នែក part, section 6

ផ្លាស់ to change, to transfer (tV) 37

ផ្លាស់គ្នាម្តងម្នាក់ to take turns

ផ្លាស់ប្តូរ to change, to exchange

ផ្លឹបៗ to glow dimly 37

ផ្លូវ street, road, way

ផ្លូវការ official, officially sanctioned 29

ផ្លូវគោក land route

ផ្លូវជាតិលេខប្រាំពីរ National Route No. 7 21

ផ្លូវថ្នល់ streets and roads

ផ្លូវទឹក water route 2

ផ្លូវក្រាលថ្ម stone walkway 6

ផ្លូវលំ trail, unfinished road 32

ផ្លូវហើយវែង មាត់មនុស្ស វែងជាងផ្លូវទៅទៀត roads may be long, but rumors are longer 37

ផ្លែ fruit

ផ្លែឈើ fruit

ផ្លុំ to blow on

ផ្សាយ to spread, broadcast, scatter 37

ផ្សារ market, shopping area, downtown

ផ្សារកណ្តាល the Central Market

ផ្សារក្រោម the Lower Market

ផ្សារថ្មី the New Market (usually called the Central Market by foreigners)

ផ្សារធំ the Big Market (a large covered market in Phnom Penh; another name for the New Market above)

ផ្សឹក to excommunicate 24

ផ្សេង to be different

ផ្សេងៗ various, various other, different (plural)

ផ្សំផ្សុំ to combine, scrape together 24

ផ្សែង smoke (N)

ផ្សំផ្គុំ to match up, put together; to marry off 20

ផ្សំដំណេក to sleep together, to consummate (a marriage)

ផ្អើល to startle, frighten, surprise 4

ផ្អះ sad, listless, pathetic 37

ផ្អែក to depend on, lean against 37

ផ្អែម sweet

## ព

ពង egg; to lay an egg 35

ពងទាប្រៃ salty duck egg

ពងមាន់ chicken egg

ពង្រត់ to abduct 24

ពង្រីក to expand, increase (tV) 31

ពង្ស /pŭəŋ/ family

ពង្សាវតារ /pŭəŋsaawədaa/ chronicles, history 2

ពញាក់ /pŭəññēəq/ to startle, surprise 37

ពណ៌ /pɔə/ color, complexion 24

ពណ៌នា /pɔərəniə/ to tell, explain 25

ពណ្ណរាយ /pŭənnəriəy/ to shine, glow; light, brilliance 37

ពត៌មាន /pɔədɑmiən/ news 33

ព័ទ្ធ /pŏət/ to surround, encircle

ព័ទ្ធព័ន្ធ /pŏət-pŏən/ entangled, enmeshed 3

ពន់ពេក extremely, very much, too much 22

ពន្ធ /pŭən/ tax 31

ពន្ធប្រថាប់ត្រា registration tax 31

ពន្យល់ to explain 2

ពន្លក shoot, sprout; tender one, infant 37

ពន្លត់ to extinguish, shut off (a motor, etc.) 28

ពន្លឺ light

ពពក cloud

ពាយនាយ to advertise by shouting, to shout one's wares 8

ពពិល a leaf-shaped candleholder used in ceremonies

ពព័ងពពែង to stumble, grope; gropingly 37

ពពួក (vaguely delineated) group 37

ពពែ goat 7

ពម put into the mouth, take a bite

ពរ /pɔɔ/ blessing, good wishes, benediction 29

ពរសព្វសាធុការ /pɔɔ sɑp saathukaa/ every good wish 18

ព័រ /pɔə/ Pear (a tribal group)

ពល /pŭəl/ corps, group of people

ពលហូតស្មៅដំរី elephant-keepers (those who pull grass for the elephants) 24

ពលភាព /pŭəlləphiəp/ power, strength 12

ពលរដ្ឋ /pŭəllərŏət, pŭəl-rŏət/ citizenry, population

ពលរាជនិមន្ត /pŭəl-riəc-nimŭən/ royal messenger corps 24

ពស់ snake 17

ព.ស. (= ពុទ្ធសករាជ) abbr. for /puttəsaq-kəraac/ Buddhist Era (A.D. + 543)

ព.ស. ២៥១១ B.E. 2511 (A.D. 1968)

ពសុធា /pŏəhsəthiə/ earth (Lit) 37

ពាក់ to put on, wear above the waist

ពាក់កណ្តាល center, half-way point, part, half

ពាក់កណ្តាលអធ្រាត្រ middle of the night, midnight

ពាក្យ /piəq/ word, speech

ពាក្យកាព្យ /piəq-kaap/ poetry, verse

ពាក្យជំទៀល criticism, censure 37

ពាក្យទំនៀម proverb, proverbial saying 37

ពាក្យបណ្តាំ instruction, warning

ពាក្យបុរាណ old saying, proverb 24

ពាក្យបុរាណពោល there is an old saying that goes 24

ពាក្យប្តេជ្ញា /pieq-pdacñaa/ promise, oath 20

ពាក្យរាយ prose

ពាក្យសន្យា promise, covenant 37

ពាង /piəŋ/ a drum, kettle

ពាណិជ្ជ /piənɨc/ commerce

ពាណិជ្ជករ /piənɨccəkαα/ merchant (eleg)

ពាន់ thousand

ពានរ /piənɔɔ/ monkey (Lit) 18

ពាមឆ្កោក Peam Chkaok (place name) 34

ពាយព្យ /piəyoəp/ northwest (Lit) 9

ពាល់ to touch 24

ពាលី Bâli, a monkey king 25

ពាស to spread over, to cover

ពាសពេញ all over, completely covering

ពិការ be incapacitated, have a physical defect 24

ពិចារណា /picaarənaa/ to think, consider 11

ពិត true, real

ពិត to tell, inform (to a monk) 22

ពិតៗ really, truly, genuinely

ពិតមែន even though 37

ពិធី ceremony, celebration

ពិធីកាត់សក់ haircutting ceremony

ពិធីចូលត្រណម ritual productive of magical power 24

ពិធីច្រត់ព្រះនង្គ័ល /-neəŋkoəl/ Royal Plowing Ceremony 26

ពិធីបុណ្យ ceremony, festival, affair

ពិធីបួងសួងពិសោធគោឧសភរាជ /-qohsəpheəqriəc/ ceremony of allowing the royal oxen to choose from various kinds of food 30

ពិធីអាពាហ៍ពិពាហ៍ /pithii-qapiə-pipiə/ wedding ceremony (eleg)

ពិនិត្យ to oversee, examine 15

ពិបាក difficult

ពិព័រ /pipoə/ exhibition 30

ពិភព /piphup/ world

ពិភាក្សា /piphiəqsaa/ to discuss 31

ពិរុទ្ធ /pirut/ blame, wrong; truth 17

ពិស poison, venom 17

ពិសា to eat (polite, with reference to others) 24

ពិសាខ April-May (lunar system)

ពិសេស /piseh/ special

ពិសោធន៍ /pisaot/ to test, experiment 30

ពិសោធន៍ចិត្ត to test one's character or disposition 20

ពិស្តារ /pɨhsdaa/ excellent, effective (here; diligently) 12

ពី from, since

ពីគ្រោះ to discuss 37

ពីដីឡើងស្មើនឹង up as high as, level with 8

ពីដើម originally, from the beginning 37

ពីដៃ from the hands of, from the grasp of 37

ពីណា somebody, who, whom 37

ពីតុមួយទៅតុមួយ from one table to another

ពីព្រលឹម very early, at dawn

ពីព្រោះ because

ពីព្រោះតែ because of the fact of 37

ពីមុន before, formerly 20

ពី...មួយទៅ...មួយ from one...to another... 37

ពីយប់ while dark, very early 14

ពីរ /pii/ two

ពីរបី two or three

ពីរោះ beautiful, sweet (to the ear)

ពិសា to eat (polite, of others)

ពិសេស precious, special 37

ពីអង្កាល when? (in the past) 18

ពឹង to solicit help from, to depend on 24

ពឹងពាក់ to depend on, solicit help from 14

ពឹតតែ keep on, persist (in) 24

ពុត to bend, be devious; deviousness, weakness, fault

ពុតត្បុត pretense, hypocrisy 36

ពុតគ្រូកុំត្រាប់ ច្បាប់គ្រូឲ្យយក Don't imitate the teacher's faults; follow his advice.

ពុតធ្វើជា to pretend (to be) 37

ពុទ្ធ /put/ the Buddha

ពុទ្ធដីកា /putdekaa/ words, speech (of a monk or of the Buddha) 22

ពុទ្ធសាសនា /puttəsahsnaa/ Buddhism

ពុទ្ធោ /putthoo!/ a mild oath: heavens!, oh my goodness! 37

ពុន to carry with a pole across the shoulder (here: weighted with) 37

ពុះ to boil

ពុះពារ to overcome, surmount, clear away 36

ពូក mattress, cushion

ពូកែ clever, smart, skillful (at)

ពូ-គុនហាវ (personal name) 27

ពូជ seedlings; background, family, lineage

ពូជពារ stock, lineage 36

ពូជពង្ស /puuc-pŭəŋ/ family, lineage 24

ពូជពង្សវង្សត្រកូល family background, pedigree

ពូជពង្សវង្សា /puuc-pŭəŋ-wŭəŋsaa/ lineage, pedigree 24

ពូជសត្វ breeding animals (of pure strain or high quality) 35

ពូជស្រូវ seed-rice 37

ពូន to hill up, to mound 21

ពូនចុះពូនឡើង to crowd this way and that, to push back and forth 37

ពួក group, category

ពួកឈ្លានពានអាមេរិកាំង American aggressors 32

ពួកទេសចរ tourists

ពួកពនង the Pnong; tribal people in general

ពួន to hide (tV) 16

ពួនទឹង to hide from 16

ពួរ rope, cord 24

ពើប to meet 20

ពើបពះ to meet by accident 20

ពើបពះប្រទះ to happen to meet, run into 20

ពេក extremely, very much, too much

ពេជ precious stone, diamond

ពេជ-ហេង Pech Heng (personal name) 31

ពេជ្រ /pɨc/ diamond 37

ពេញ full, complete

ពេញ Penh (personal name)

ពេញច្បាប់ legal, lawful 37

ពេញជំទង់ of marriageable age 9

ពេញទំហឹង to the fullest extent, to the utmost, with all one's effort 32

ពេញមុខ overt, official, regular; be open, face up to 37

ពេញលេញ /pɨñ-lɨñ/ fully, completely 37

ពេញអង្គ in full session 31

ពេទ្យ /pɛɛt/ doctor; medical science 35

ពេទ្យចេះវិជ្ជាបារាំង western-educated doctor 37

ពេប to pucker in anticipation of crying 37

ពេល time, period

ពេលឈប់សំរាក vacation

ពេលថ្ងៃត្រង់ noon, at noon

ពេលបុណ្យ festival-time

ពេលព្រលឹម dawn, at dawn

ពេលល្ងាច evening, at evening

ពេលា time (Lit) 24

ពែង cup, glass

ពោត corn (maize)

ពោធិ៍ /poo/ banyan (tree)

ពោធិ៍ចិនតុង /poocəntoŋ/ Pochentong (name of a district)

ពោធិ៍សាត់ /poosat/ Pursat (province) 35

ពោល to say 21

ពោះ stomach

ពោះវៀន intestines 22

ពោះវៀនបត់បន្ទាស intestines (figuratively; crooked or dishonest person) 22

ពៅ youngest child 37

ពុំ negative auxiliary (Lit)

ពុំចេះ don't ever, never (negative imperative)

ពុំដឹងខ្លួនប្រាណ to be unconscious, unaware 18

ពុំដែល never (to have done something)

ពុំនោះសោត if not that, then...; or else... 24

ពុំមែន not really, not truly

ពុំយល់អ៊ី have no objection 37

ពុំរួច to be unable to

ពុំសុខចិត្តតែរៀងខ្លួន neither was satisfied 23

ពុំសូវ not very 5

ពុំឲ្យ in order not to

ពាំ to carry in the mouth

ពះ Hey! (archaic) 18

ព្នង the Pnong tribe; hill tribes in general

ព្យាបាទ malice 36

ព្យាបាល to care for, tend 37

ព្យាយាម to try, endure; effort, endurance

ព្យុះ a strong wind, storm

ព្យូហយាត្រា /pyuuhaqyiətraa/ to defile, to desecrate 36

ព្យួរ /pyuə, pcuə/ to suspend

ព្រងើយ to be indifferent; blithely, imperturbably 22

ព្រនង់ a stick, club 24

ព្រនាក់ to shoulder

ព្រម to agree (to); to accept

ព្រមគ្នា in unison, all together 24

ព្រមទាំង along with, together with

ព្រមព្រៀង to agree (to) 9

ព្រលប់ evening, twilight 22

ព្រលិត waterlily 24

ព្រលឹម dawn

ព្រហ្ម /prum/ Brahma 13

ព្រហ្មញ្ញសាសនា /prummaññəsahsnaa/ Brahmanism

ព្រហ្មណ៍ /prum/ Brahma

ព្រហ្មទណ្ឌ /prummətŏən/ penal, criminal (law, code) 31

ព្រហាម /prɔhiəm/ dawn 22

ព្រហើន /prɔhəən/ arrogant, disrespectful 25

ព្រាង to draft, compose 31

ព្រាត់ to be bereaved, deprived of 37

ព្រាត់ប្រាស to be bereaved, deprived of 17

ព្រាន hunter 4

ព្រានព្រៃ hunter (of the forest) 4

ព្រាយ malevolent spirit 24

ព្រាល a kind of tree whose bark is used for rope 27

ព្រាហ្ម (= ព្រាហ្មណ៍) /priəm/ a Brahman 25

ព្រឹប imitative of the sound of steps 37

ព្រឹក morning 4

ព្រឹកមិញ this morning (past) 4

ព្រឹក្សា tree, forest (Lit) 5

ព្រឹត្តិការណ៍ /prɨttəkaa/ situation, event 12

ព្រឹទ្ធាចារ្យ /prɨthiəcaa/ old age, elders

ព្រឹលៗ vaguely, indistinctly 37

ព្រឺ to have goosebumps, to have one's hair stand on end (from fear) 37

ព្រួច to want, have a sudden desire for 37

ព្រួតគ្នា to join together (to), to combine one's efforts (to) 37

ព្រួយ to worry, be anxious, sad

ព្រួយចិត្ត sad, worried, anxious

ព្រួយព្រាណ to be sad, worried 37

ព្រួយព្រះទ័យ to worry (of clergy or royalty) 24

ព្រើត with a start, suddenly 37

ព្រេងនាយ former times, the old days

ព្រេងសំណាង fortune, luck, destiny 24

ព្រែ undyed silk 24

ព្រែក canal, stream

ព្រែកក្តាម Prey Kdam (site of a ferry-crossing near Phnom Penh) 28

ព្រែកអ្នកលឿង a town along the Mekong River 37

ព្រៃ /prɨy/ forest, jungle

ព្រៃតាហ៊ូ place name (lit: Grand-father Hu Forest) 27

ព្រៃនគរ /prɨy-nɔkɔɔ/ Saigon 32

ព្រៃព្រាល place name (lit: fiber-tree forest) 27

ព្រៃរឹម place name 27

ព្រោងព្រាត shining from many points 37

ព្រោះ because

ព្រោះ to sow, scatter, broadcast 37

ព្រោះតែ just because of 18

ព្រំ-ថុស Prum Thos (personal name) 33

ព្រំដែន border

ព្រំប្រទល់ border, territorial limit

ព្រះ /prĕəh/ prefix used before nouns of a sacred or esteemed nature, and before verbs whose subjects are persons of sacred or royal estate

ព្រះ the Buddha

ព្រះករុណា /prĕəh-kaqrunaa, prĕəh-kənaa/ term of reference for a king; polite response particle (addressing clergy); you (addressing clergy) 12

ព្រះករុណាជាអម្ចាស់ជីវិតលើត្បូង king 12

ព្រះកាណ៌ /prĕəh-kaa/ ear (royalty)

ព្រះកេស /prĕəh-keh/ head (of royalty, clergy, or the Buddha) 24

ព្រះក្រយាស្ងោយ royal food 29

ព្រះខាន់ Preah Khan (royal sword) 2

ព្រះខែ the moon 26

ព្រះចន្ទ /prĕəh-can/ the moon (Lit) 37

ព្រះចិន្តា /prĕəh-cəndaa/ royal heart, mind; to think (roy) 17

ព្រះចៅអធិរាជ /prĕəh-caw-qathiriəc/ emperor 29

ព្រះជាម្ចាស់ the Buddha

ព្រះដំណាក់ royal residence 29

ព្រះតម្រាស់ royal speech 19

ព្រះតេជគុណ /prĕəh-daccəkun/ you (to priest or high official) 37

ព្រះតេជព្រះគុណ /prĕəh-dac-prĕəh-kun/ you (addressing clergy or high-ranking official) 37

ព្រះតំរិះ to think, decide (royalty)

ព្រះទន្ត /prĕəh-tŏən/ royal tooth 17

ព្រះទ័យ mind, heart (royalty)

ព្រះធម៌ /prĕəh-thɔə/ Vrah Dharma (god of justice) 25

ព្រះធម៌ /prĕəh-thɔə/ the holy law; the scripture; (Buddhist) law 25

ព្រះធម៌សង្វេគ scriptures [for times of] distress 37

ព្រះធរណី /prĕəh-thɔɔrənii/ earth (Lit) 37

ព្រះនគរ royal city 19

ព្រះនាងមុណីមេខលា Princess Mûni Mekhalâ 29

ព្រះនាម name, be named (royalty) 21

ព្រះនាង she, her (royalty) 21

ព្រះនារាយណ៍ Lord Narai (Vishnu) 25

ព្រះនេត្រ /prĕəh-neet/ eyes (of monks, royalty, or the Buddha) 37

ព្រះបញ្ជា to order, command (royalty) 32

ព្រះបន្ទូល royal speech; to say (roy)

ព្រះបរមរាជវាំង /prĕəh-barommariəccəwĕəŋ/ royal palace

ព្រះបរមរាជវាំងមហានគរ ឧត្តមរាជជ័យ បុរីរម្យ ឧត្តមរាជនិវេសនដ្ឋាន Royal Palace of the Great City Oudong the Victorious, a Delightful and Excellent Royal Residence 19

ព្រះបាទ title for a king

ព្រះបាទ foot (roy) 6

ព្រះបាទ polite response particle (inferior to superior) 37

ព្រះបាទនរោត្តម King Norodom

ព្រះបាទម្ចាស់ /prĕəh-baat mcah/ polite response particle (to superior or high-ranking official) 37

ព្រះបាទអម្ចាស់ /prĕəh-baat qammcah/ you (to royalty) 11

ព្រះបាទសម្តេចនរោត្តមសីហនុ King Norodom Sihanouk

ព្រះបាទអង្គឌួង King Ang Duong

ព្រះបិតាឧស្សាហកម្មជាតិ Father of National Industry (i.e. Sihanouk) 33

ព្រះបិតាឯករាជជាតិ Father of National Independence

ព្រះពន្លា royal camp 18

ព្រះពន្លាការ royal camp 18

ព្រះពលទេពសេនាបតី /prĕəh-pŭəl-teep-seinaapadəy/ military commander 18

ព្រះពុទ្ធ the Buddha 37

ព្រះពុទ្ធបាទ /prĕəh-puttəbaat/ Buddha's foot 6

ព្រះពុទ្ធរូប /prĕəh-puttəruup/ image of the Buddha

ព្រះពុទ្ធរូបចូលនិព្វាន reclining Buddha image (Buddha entering Nirvana) 10

ព្រះពុទ្ធសាសនា /prĕəh-puttəsahsnaa/ Buddhism 13

ព្រះពុទ្ធអង្គ /prĕəh-puttəqɑŋ/ Buddha 37

ព្រះពោធិសត្វ /prĕəh-poothisat/ Bodhisatva (reincarnation of the Buddha) 13

ព្រះភគវន្តមុនី /prĕəh-phĕəqkəwŏəntaqmunii/ the Buddha 37

ព្រះភគិនេយ្យ /prĕəh-phĕəqkiniy/ royal niece 30

ព្រះមកុដ /prĕəh-məkot/ royal crown 18

ព្រះមហាក្សត្រ /prĕəh-mɔhaa-ksat/ king

ព្រះមហាក្សត្រិយានី /prĕəh-mɔhaa-ksattrəyaanii/ queen 30

ព្រះម៉ែហ្វ official representative of the royal household; the queen 30

ព្រះម្ចាស់ថ្លៃ the Buddha 37

ព្រះយម /prĕəh-mĕəqyĕəq, prĕəh-yum/ Vrah Yama (god of death) 25

ព្រះរាជកិត្តិយស /prĕəh-riəccəkəttəyŭəh/ honor, glory, greatness (of the king) 12

ព្រះរាជក្រម /prĕəh-riəccəkrɑm/ royal decree, law 31

ព្រះរាជដំណើរ royal journey 19

ព្រះរាជតំណាង royal representative 35

ព្រះរាជទាន /prĕəh-riəccətiən/ to give (roy); royal gift 17

ព្រះរាជទីនាំង /prĕəh-riəc-tii-nĕəŋ/ royal conveyance 19

ព្រះរាជទីនាំងនាវ royal barge 19

ព្រះរាជទ្រព្យ /prĕəh-riəccətrŏəp/ royal wealth, possessions 11

ព្រះរាជធានី /prĕəh-riəccəthiənii/ royal capital 26

ព្រះរាជបញ្ជា /prĕəh-riəccəbaɲciə/ royal command 17

ព្រះរាជបញ្ញត្តិ /prĕəh-riəccəbaññat/ to decree, order (roy) 19

ព្រះរាជបរិពារ /prĕəh-riəccəbɑɑripiə/ royal entourage 29

ព្រះរាជបំណង the king's wishes 12

ព្រះរាជពិធី royal ceremony 19

ព្រះរាជពិធីជប់លៀង. royal banquet 29

ព្រះក្រយាស្ងោយ

ព្រះរាជមន្ទីរ royal offices 19

ព្រះរាជរោង royal hall, throne hall 19

ព្រះរាជវង្សានុវង្ស /preăh-riəccəwŭəŋsaa-nuwŭəŋ/ royal family 19

ព្រះរាជវិនិច្ឆ័យ /preăh-riəccəwinɨcchay/ to decide, pass judgment, adjudicate (roy); royal judgment 23

ព្រះរាជវាំង /preăh-riəccəweăŋ/ royal palace

ព្រះរាជហឫទ័យ /preăh-riəccəhaqrɨtɨy/ royal heart, mind 17

ព្រះរាជអាជ្ញា /preăh-riəc-qaachñaa/ royal judgement, penalty, order 18

ព្រះរាជអាណាចក្រ /preăh-riəc-qaanaacaq/ kingdom

ព្រះរាជឱង្ការ /preăh-riəccəqaoŋkaa/ to say (roy); royal speech 17

ព្រះរាជា the king

ព្រះរាជាណាចក្រ /preăh-riəciənaacaq/ kingdom 26

ព្រះរាជានុញ្ញាត /preăh-riəciənuññaat/ royal permission 17

ព្រះរាជិនី /preăh-riəccinii/ queen 21

ព្រះរាជូបត្ថម្ភ /preăh-riəccupəthαm/ royal assistance 33

ព្រះរាជោវាទ /preăh-riəccoowiət/ royal influence 21

ព្រះរាម Râma, husband of Sîta, and central figure of the Râmâyana epic 25

ព្រះវស្សា /preăh-wŭəhsaa/ age (of monks or royalty) 37

ព្រះវិតក្ក /preăh-witαq/ to worry (roy) 17

ព្រះវិស្ណុ /preăh-wihsnuq/ Lord Vishnu 25

ព្រះវិហារ sacred temple; Preah Vihear (province)

ព្រះសង្ឃ /preăh-sαŋ/ Buddhist monk

ព្រះសង្ឃចំនួន១១វត្ត the priests of eleven temples 27

ព្រះស៊ីសុវត្ថិ /preăh-siisowat/ King Sisowath

ព្រះសីហនុ /preăh-siihanuq/ King Sihanouk

ព្រះសុរាម្រឹត /preăh-soraamərɨt/ King Suramarith

ព្រះសុរិយា /preăh-souriyaa/ the sun (Lit) 37

ព្រះសុវណ្ណកោជៈ /preăh-souwannəkaocchaq/ "golden chair, royal chair 29

ព្រះស្នួន term of address used by superior to inferior (Lit) 11

ព្រះស្នំក្រមការ /preăh-snαm-krαmməkaa/ the king's concubines 19

ព្រះហស្ត /preăh-hoăh/ royal hand 33

ព្រះអគ្គមហេសី /preăh-qaqkeăq-məhaesəy/ first, official queen 19

ព្រះអង្គ /preăh-qαŋ/ specifier for royal or sacred persons, and for images of the Buddha 25

ព្រះអង្គ 2nd or 3rd person pronoun referring to royal or sacred persons

ព្រះអង្គម្ចាស់ក្សត្រី /preăh-qαŋ-mcah-ksattrəy/ princess 29

ព្រះអធិបតី /preăh-qathɨppədəy/ leader, ranking official, person in authority 35

ព្រះអាទិត្យ the sun (Lit) 6

ព្រះឥសូរ /preăh-qəysou/ Siva 6

ព្រះឥន្ទ្រ /preăh-qən/ Indra 6

ព្រះអើយ My God!, alas! 37

## ភ

ភក់ mud

ភក្ត្រ /pheăq/ face (Lit) 37

ភ័ណ្ឌ /phŏən/ goods, treasures, wealth 24

ភ័ន្តភាំង /phŏən-pheăŋ/ bewildered, stunned, dazed 17

ភ័ព្វ /phŏəp/ luck, fate 23

ភ័យ to fear, be afraid

ភ័យតក់ស្លុត to be frightened, surprised, startled 24

ភរិយា /pheăqriyiə/ wife (eleg) 3

ភស្តុតាង /phŏəh-taaŋ/ proof, evidence 17

ភាគ section, part

ភាគច្រើន majority 1

ភាគរយ percent

ភាណា term of address, husband to wife (archaic) 37

ភាតរភាព /phiətəraqphiəp/ fraternity 36

ភាព form, aspect, quality 25

ភាពទំនង way, manner, likeness, aspect 25

ភាសា language

ភិក្ខុ /phiqkhoq, phikhoq/ ordained priest 30

ភិក្ខុសង្ឃ /phikhoq-sɑŋ/ ordained priest 30

ភិតភ័យ to be frightened, in terror 8

ភិនភាគ region, area; appearance 17

ភូឈួយកុងស៊ុយ /phuu-cuəy-koŋsəy, phəcuəy-koŋsəy/ deputy minister 37

ភូតភរ to lie, prevaricate 24

ភូមា Burma; Burmese (N, Adj)

ភូមិ /phuum/ village

ភូមិច្បារអំពៅ the village of Chbar Ampouv

ភូមិថ្ម Phum Thmâ (place name) 37

ភូមិភាគ /phuum-phiəq/ area, zone, region 32

ភូមិន្ទ /phuumɨn/ king; royal

ភូមិសាស្ត្រ /phuumisaah/ (the science of) geography 32

ភួង-ម៉ាហ្គាំង /phuəŋ-maageəŋ/ Phuong Maguin (pers. name) 32

ភេទ aspect, genre, gender

ភេសជ្ជៈ /pheesəceəq/ refreshments, beverages

ភោគទ្រព្យធម្មជាតិ natural resources 33

ភោគផល produce, products 32

ភោគសម្បត្តិ posessions, treasures, wealth 25

ភោជនីយដ្ឋាន /phooceniiyəthaan/ restaurant (eleg)

ភោជន /phoocuən/ food (Lit) 17

ភោជនាហារ /phoocəniəhaa/ food (Lit) 17

ភាំងវិញ្ញាណ to have a lapse, blank out 37

ភ្ជាប់ to attach, put together, stick together 25

ភ្ជួរ /pcuə, pyuə/ to plow 16

ភ្ជុំ to unite, bring together

ភ្ជុំបិណ្ឌ /pcum-bən/ [ceremony to] commemorate one's ancestors

ភ្ញាក់ to wake up, be startled (iV)

ភ្ញាក់ខ្លួន be surprised, startled 22

ភ្ញាក់ព្រើត to be startled, taken aback, shocked 37

ភ្ញាក់ស្មារតីព្រើត to be surprised, startled 37

ភ្ញី garland of flowers 24

ភ្ញៀវ guest

ភ្នក to have a sudden inspiration 22

ភ្នាក់ងារ agent, person designated 17

ភ្នាល់ to bet, wager 9

ភ្នៀង plow base 14

ភ្នែក eye(s)

ភ្នែកស to show fear, to have a startled reaction 24

ភ្នំ mountain, hill

ភ្នំក្រវាញ the Cardamom Mountains

ភ្នំគោវទ្ធន៍ /pnum-koowəthoən/ Mount Govadhana 25

ភ្នំដងរែក the Dang Raek Mountains

ភ្នំបាខែង Mount Bakheng (site of a 9th-century Angkor temple) 6

ភ្នំពេញ /pnum-pɨñ/ Phnom Penh

ភ្នំមន្ទរ /pnum-muəntəreəq/ Mount Mandara 25

ភ្នំសិវបថ /pnum-səywəbɑt/ Mount Sivapâta 25

ភ្នំសុមេរុ /pnum-someeruq, pnum-somae/ Mount Meru 25

ភ្នែន crosslegged sitting position 6

ភ្លាត់មាត់ to say in spite of oneself 37

ភ្លាម immediately 17

ភ្លាម...ភ្លាម as soon as...immediately 37

ភ្លឹង (straight) as a ramrod 37

ភ្លឺ light, bright

ភ្លឺស្រែ ricefield dike 22

ភ្លុក tusks 22

ភ្លើង fire; light; electricity

ភ្លើងដំប្រសើរ sacred fire (of the Brahmans) 25

ភ្លើងអគ្គិសនី electric light 37

ភ្លៀង rain; to rain

ភ្លេង music, composition, (instrumental) song

ភ្លេច to forget

ភ្លេចគិតធៀបមើលនឹង failed to draw an analogy with 37

ភ្លេចគ្រាបៀក to forget oneself momentarily 22

ភ្លេចស្មារតី to go into a stupor, forget oneself 37

## ម

ម. abbreviation for /maet/ meter 27

មក to come

មក aspectual adverb: orientation toward speaker in space or time

មកលេង to visit, pay a visit

មកឃើញ to realize, come to see 37

មករា /meˇəqkəraa, maqkəraa/ January

មកុដ /məkot/ crown 13

មគធភាសា /meˇəqkətheˇəq-phiəsaa/ Pali language

មង្គល /mŭəŋkŭəl/ wedding 37

មង្គលការ wedding 24

មច្ឆា /macchaa/ fish (Lit)

មជ្ឈដ្ឋាន /maccəthaan/ milieu, circle, center 33

មជ្ឈមណ្ឌល /maccheˇəq-mŭəndŭəl/ center, establishment 35

មឈូស coffin 8

មណ្ឌល /mŭəndŭəl/ circle, solar disc, center 25

មណ្ឌល electoral district 34

មណ្ឌលគីរី /mŭəndŭəl-kirii/ Mondulkiri (province) 32

មណ្ឌលគរុកោសល្យ Teacher Training Center 37

មណ្ឌលនីតិកម្មពាមច្រឡាយ Peam Chralay legal district 34

មណ្ឌលសុខភាព health center 34

ម៉ត់ចត់ seriously, carefully 32

មតិ /matteq/ opinion 31

មត្តវៈ /mattəweˇəq/ propriety, modesty 36

មធ្យម /mattyum/ average, medium

មធ្យមសិក្សាទី ១ first cycle of secondary school

មធ្យមសិក្សាទី ២ second cycle of secondary school

មន /mɔɔn/ Mon (an ethnic group in Southeast Asia) 32

មនុស្ស man, mankind, person

មនុស្សក្រៅ outsiders, non-family 37

មនុស្សខ្ជិលដេកវត្ត រស់ ដោយសារបាយបាត្រលោក lazy people who sleep in the wat live off the rice of the monks' bowl 37

មនុស្សណា anyone, whoever

មនុស្សតូចកើតពោសនឹង មនុស្សធំ the lower classes are victimized by the upper classes 37

មនុស្សថោកទាប person of low character 37

មនុស្សធម៌ /mənuhsəthɔə/ humanity, humanism 36

មនុស្សផ្តេសផ្តាស vagabond, bum 24

មនុស្សមានពូជ person from a good family, person of good breeding 24

មនុស្សម្នា people 24

មនុស្សយើង we humans 1

មនុស្សលោក human world, human beings, mankind 1

មនុស្សល្បែង gambler

មន្ត /mŭən/ magical formula, scripture

មន្ត្រី /mŭəntrəy/ minister, official

មន្ត្រីស្រុក local officials 31

មន្ត្រីរាជការ ministers and civil servants 27

មន្ទរ /mŭəntəreˇəq/ Mandara (name of the mountain with which Vishnu churned the milk ocean) 25

មន្ទិល to doubt, suspect 22

មន្ទីរ /mŭəntii/ office, official building

មន្ទីរក្រសួង ministry (building)

មន្ទីរពេទ្យ /mŭəntii-pɛɛt/ hospital 35

មន្ទីរព្យាបាលរោគ hospital 37

មន្ទីររាជសហករណ៍ Royal Office of Cooperatives 31

ម.ម. (= មីលីម៉ែត្រ) millimeter 33

មមៃ distracted, preoccupied 37

មរកត /moorəkαt/ emerald

មរណៈ /moorənaq/ to die (Lit)

មរណកាល /moorənaqkaal/ death (Lit) 3

មរណភាព /moorənaqphiəp/ death; to die (eleg) 12

មរតក /moorədαq/ heritage

មហា /mohaa, məhaa/ big, great (usually occurs as a prefixed modifier in compounds of Sanskrit or Pali origin)

មហាជន the general public 9

មហាតលិក /mohaa-tlək/ royal servant 24

មហានគរ great city 19

មហានិកាយ /mohaanikaay/ liberal sect of Buddhist priests in Cambodia (lit: large branch) 25

មហាភារត /mohaaphiərətaq/ Mahâbhârata 25

មហាយាន /mohaayiən/ Mahâyâna 13

មហាវិថី boulevard

មហាវិថីព្រះបាទនរោត្តម Boulevard Preah Bath Norodom

មហាវិថីព្រះសុរាម្រឹត Boulevard Preah Suramarith

មហាវិទ្យាល័យ /mohaawɨttyiəlay, mohaawɨttyaalay/ university

មហាវេស្សន្តរជាតក /mohaa-weehsəndαα-ciədαq/ the Maha Vessantara Jataka

មហាសេដ្ឋី /mohaa-saetthəy/ wealthy man, merchant 18

មហោស្រព /məhaosrααp/ music 19

មហាស្រឡប់មហាស្រឡាយ the power to put an adversary to sleep 24

មា uncle (father's or mother's younger brother)

មាក់ងាយ to belittle, look down on, scorn 24

មាគ៌ា /miəkiə/ line, policy 35

មាឃ /miəq/ January-February (lunar system)

មាឃបូជា /miəq-bouciə, miəqkəbouciə/ Mâgha Bujâ (a festival commemorating the last assembly of the Buddha with his disciples before entering Nirvâna) 26

មាត់ mouth; edge, opening

មាត់ voice 24

មាត់របង gateway 14

មាតា /miədaa/ mother (Lit) 37

ម៉ាត់ mouthful, chew, plug; word, utterance 14

មាត្រា article (of a document) 31

មាឌ body; size (of the body)

មាន to have, to exist; there is, there are

មាន to be rich, to have property

មានការ to have business 7

មានគុណនឹងខ្ញុំ good to me 22

មានចិត្តល្អ kindhearted 5

មានចិត្តលោភ greedy 20

មាន... ជាដើម such as...for example 25

មានតែ the only possibility is that..., the only thing to do is... 37

មានតែគាត់ហ្នឹងហើយ he is the only one 24

មាននំទាំងនេះ have all these cakes 24

មានធម៌សប្បុរស good, kind, generous 37

មានបាន to happen to, have occasion to

មានបើ perhaps 37

មានបំណុលគាត់ has debts [owed to] him 24

មានប្រសាសន៍ to say (eleg) 37

មានផ្ទៃ to be pregnant 37

មានផ្ទៃពោះ to be pregnant 23

មានព្រះតម្រាស់ to say (royalty) 19

មានព្រះបន្ទូល to say (royalty) 11

មានមួយឆ្នាំនោះ there was a year 37

មានមេត្តា to have pity 37

ម៉ានយ៉ាន Man Yan (Sophat's half-sister) 37

មានលាភ to be lucky, fortunate 22

មានវិញ្ញាណ be alive, have one's wits 37

មានសំដី to be voluble, talkative 9

មានអស្ចារ្យនឹង to marvel at, be amazed at 37

មានអី why not (rhetorical), of course

មាន់ chicken

មាន់ឈ្មោល rooster, cock

មាន់ទា chickens and ducks, poultry

មានះ /mɨəneəh/ to be stubborn, to persist in

មានះនឹងល្បែង នាំឲ្យវិនាសខ្លួន compulsive gambling leads to self-destruction

មាយា illusion, appearance

មារយាទ /miəyiət/ conduct 14

មាស gold, golden

មាស precious, valuable 32

មាសបង my dear, my precious one (to husband or older sibling) 37

ម៉ាស៊ីន /maasiin, masɨn/ engine, machine (Fr. machine)

មិញ /mɨñ, məñ/ last, past, preceding 24

មិត to try hard to, redouble one's efforts to 24

មិត្ត /mɨt/ friend (Lit, formal)

មិត្តជិតខាង neighbor(s)

មិត្តភាព /mɨttəphiəp/ friendship

មិថុនា /mithonaa/ June 31

មិនកើតទេ inappropriate, not right, isn't done 37

មិនខាន without fail, surely

មិនចង់រួច barely able to 37

មិនចេះ never 24

មិនចេះដាច់ពីមាត់ unceasingly 37

មិនចេះអស់មិនចេះហើយ constantly, unceasingly 37

មិនជាយ៉ាប់ប៉ុន្មានទេ not so bad, fairly comfortable

មិនដាច់ endlessly 33

មិនដែល never (to have done something)

មិនដែលដាច់ incessantly 37

មិនដែលមាន it never happens that 37

មិនតែប៉ុណ្ណោះ not only that, but also

មិនតែប៉ុណ្ណោះសោត not only that, but 9

មិនត្រឹមតែ...ទេ not only 37

មិនទាន់ not yet

មិនទាន់ទាំងបានទៅរួមគាត់ផង never yet consummated the marriage 20

មិន....ទេ discontinuous negative: not...at all

មិនធ្វើដឹងមិនធ្វើឮ to ignore, not pay attention 32

មិនបាច់ not necessary (to), no need (to)

មិន...ប៉ុន្មានទេ not...to any extent, not so very...

មិនប្រាកដជារឿងអ្វី not clear what story it is 25

មិនមែន not really

មិនលែងស្បើយ unceasingly

មិនសូវ hardly, not very

មិនសូវផ្លាស់ប្ដូរប៉ុន្មានទេ doesn't change much

មិនស្កកមាត់ hardly tasted it, hunger still not abated 22

មិនអីទេ don't mention it; it's nothing; don't worry

មិនា March

មិល្លីម៉ែត្រ /millimaet/ millimeter

មីង aunt, older sister of either parent, or general term for women of one's parents' generation

មីមុត Mimot (district)

មីសួរ rice noodles

មុឹងម៉ាត់ vigorously 35

មុឺន /məɨn/ ten-thousand

មុខ front, in front of; face

មុខ kind, variety

មុខក្រសួង status, function, duty

មុខតែឲ្យវេទនានឹង must have been difficult for 21

មុខជា probably, undoubtedly

មុខមាត់ facial features 24

មុខរបរ trade, profession

មុង mosquito net 16

មុជ to dive, submerge oneself

មុត to pierce 24

មុនក្រោយ one after the other 17

មុននឹង before (doing something)

មុនីវង្ស /məniiwŭəŋ/ Monivong (King of Cambodia 1927-1941) 5

មូរ to roll up (tV) 14

មូល to be round; circle, group

មូលដ្ឋានសឹក military base 36

មូលមក to come together, convene 14

មូលមិត្តមេត្រី share [each other's] love 37

មូសិកទន្ត /museqkətŏən/ the symbol ៉

មួយ one

មួយៗ slowly; each one, the various (here: each door) 25

មួយចំណែក...មួយចំណែក on the one hand... on the other hand 31

មួយខែពីរ one or two months 37

មួយឆ្នាំៗ /məcnam, məcnam/ each year

មួយឆ្នាំមួយខេត្តៗ /məcnam məkhaet, məcnam məkhaet/ one province each year, a different province each year 30

មួយថ្ងៃៗ /mətŋay, mətŋay/ each day, every day

មួយទៀត furthermore 24

មួយពាន់ /muəy-pŏən, məpŏən/ one thousand

មួយភ្លែត /muəy-plɛɛt, məplɛɛt/ a moment, just a bit, awhile

មួយមុខ only, exclusively 1

មួយ..មួយ first...then 37

មួយម្នាក់ៗ muəy mənĕəq, muəy mənĕəq/ one each

មួយយប់ទាល់ភ្លឺ all night long

មួយយប់មួយថ្ងៃ twenty-four hours 24

មួយយ៉ើ shout used to mark the rowing cadence 9

មួយរយ one hundred

មួយរំពេច immediately 2; for a moment, awhile

មួយសែន one hundred-thousand

មួយស្របក់ for a moment, awhile 37

មើល to look at, to watch

មើល to treat (an illness) 37

មើលងាយ to belittle, look down on, scorn 3

មើលតាមតែខ្ញុំ just watch me, imitate me

មើលទៅឃើញ to seem, appear to be 37

មើលទៅត្រង់ណា ឥតចេះសៅគ្រកត្រង់ហ្នឹង wherever one looked, things were in perfect order 37

មើលបំណាំ to watch critically 18

មើលផ្លូវ to await (lit: watch the road) 24

មើលសព្វៗទៅ to consider various aspects 25

មើល...ឲ្យជា to cure 22

មើលឲ្យប្ដីខ្ញុំ predict my husband's future 24

មើលអ្វីមិនឃើញ unable to see anything

មេ mother, female (of animals) 22

មេ /mee, mii/ bitch (derogatory term for women) 37

មេ chief, head; headword in compounds

មេការ supervisor (here: chief of reconstruction work) 15

មេកំណែន corvée chief 22

មេគណខេត្ត /mee-kŭən-khaet/ head priest of the province (ecclesiastic counterpart of the provincial governor) 30

មេឃុំ chief of a /khum/

មេចោរ leader of the bandits 24

មេចាំនេញ lesson to be memorized, recited 37

មេបញ្ជាការ commander 27

មេបញ្ជាការផ្ទុកសឹករង adjutant commander 27

មេបា spirits of one's ancestors; parents; guardians 24

មេម៉ាយ widow 17

មេស្រុក chief of a /khum/ (not a /srok/) 37

មេរៀន lesson

មេគង្គ Mekong (River)

មេឃ sky

មេឃា sky (Lit) 37

ម៉េច /məc/ how?, why?

មេដាយ medal (Fr. médaille)

មេត្តា to pity; be good enough to

មេត្តាធម៌ compassion 37

មេត្តាប្រោស please... 22

មេត្រី to like, to love 37

មេត្រីភាព /meetrəy-phiəp/ friendship

មេទោរទេហ /meetoorəteəq/ Medohrada (hell for wanton women) 25

មេសា April

មៃ polite response particle used by women to royalty

ម៉ែ mother

ម៉ែ interjection of surprise or annoyance 22

ម៉ែឪ father and mother, parents

មែក branch, limb 14

ម៉ែត្រ meter

មែន to be right, true, correct

មែនទេ right?

មែនទែន really, truly

មែនហើយ right, that's right, that's true

ម៉ោង hour, o'clock

ម៉ោងដប់ពីរព្រឹក twelve o'clock a.m. (noon)

ម៉ោងប្រាំកន្លះ five-thirty o'clock

ម៉ោងមួយភ្លឺ one a.m. 37

មោហោ anger 7

មោហ៍ប៉ាង /moo-baŋ/ in a rage

មោហៈ /moohaq/ state of irrationality, insensitivity, moral blindness, numbness 37

មោះ mistake, misfortune, problem 37

មាំ firm, solid, strong, sturdy 37

មាំទាំ firm, stable 37

មាំមួន firm, solid, permanent 13

ម្ខាង on one side

ម្យ៉ែ if it happens that (Lit) 17

ម្ចាស់ lord, master, owner

ម្ចាស់ផ្ទះ master or mistress of the house, owner 4

ម្ជុល needle

ម្ជូរ sour or pungent food

ម្ដង /mədaaŋ/ once

ម្ដង once and for all, definitively

ម្ដង for a change 22

ម្ដងទៀត once more, once again

ម្ដាយ mother

ម្ដេច why?, how?

ម្ដេចក៏ then why...?, how is it that...?

ម្ដេចក៏គេនៅតែដឹងខ្លួនបាន ? how did (she) nevertheless find out? 37

ម្ដេចក៏ទៅជា why is it that...?, why did you...? 23

ម្ទេស chili pepper

ម្នាក់ one person

ម្នាក់ៗ each one, one after the other

ម្នាក់ឯង himself 37

ម្នាល term of address used by superior to inferior (Lit) 11

ម្នាស់ pineapple

ម្នីម្នា to hurry; hurriedly

ម្ភៃ twenty

ម្យ៉ាង one kind, one way

ម្រាក់ female friend (archaic) 23

ម្រាម finger

ម្រេច pepper (black, ground)

ម្លប់ shade 23

ម្លូ betel leaves

ម្លឹង /mləŋ/ so, such, like that 24

ម្លឹងៗ such, so, to such an extent 4

ម្ល៉េះ like this, in this way; so, to such an extent

ម្ល៉េះសម /mleh sɑm/ must, probably, undoubtedly 24

ម្ល៉ោះហើយ therefore, in this way

ម្សៅ flour

ម្ហូប food, a meal

ម្ហូបចំណី /mhoup-cɑmnəy/ food, various kinds of food 14

## យ

យ៉ porch, balcony 15

យក to take, to bring

យកចិត្តគេ to strive to please, to ingratiate oneself with another 37

យកចិត្តទុកដាក់ to pay attention, to devote oneself to

យកជីវិត to save one's life 37

យក...ទៅយ take...along 37

យកនែបុណ្យទៅចុះ for your own good 22

យកប្រាក់មិនអស់ [you'll] get more money than [you] can take 24

យកមនុស្សតាម to take people along 24

យកអាសា to help, to assist, wait on 37

យក្ស /yeə̆q/ giant, ogre

យន្ត /yŭən/ machine, engine

យន្ត(=យ័ន្ត) /yoə̆n/ magical design 24

យន្តហោះ /yŭən-hɑh/ airplane

យប់ evening, night

យប់ងងឹតមើលគ្នាមិនស្គាល់ too dark to recognize each other 24

យប់ថ្ងៃមួយរោច first night of the waning moon

យប់មិញ last night 24

យប់យន់ evening 37

យមរាជ /yummərieəc/ Minister of Justice 24

យល់ to learn, to understand

យល់ to recognize, to know 37

យល់ជា be considered to be 37

យល់ថា be considered that 37

យល់ទាស់ to oppose, to disagree 37

យល់ព្រម to agree, to consent

យល់ស្រប to agree 31

យស /yŭəh/ honor, glory, fame, rank 15

យសសក្ដា /yŭəh-saqkədaa/ high position or rank

យសោធរគិរី /yasaothəreə̆qkirii/ another name for the Bayon 15

យសោធរបុរៈ /yasaothəreə̆qboraq/ Yasodharapura (the original city of Angkor) 13

យសោធរេស្វរៈ /yasaodhareeswaraq/ Yasadharesvara (honorary name of Yasovarman) 6

យសោវរ្ម័ន /yasaowɑɑrəman/ Yasovarman (King of Angkor, 889-900) 6

យាង to go (royalty) 17

យ៉ាង like, as

យ៉ាង kind, way

យ៉ាងខ្លី briefly 37

យ៉ាងណាក៏ whatever, whatever kind

យ៉ាងតិច at least

យ៉ាងតិចណាស់ at the very least

យ៉ាងមធ្យម on the average 32

យ៉ាងម៉េច how?

យ៉ាងថ្កុំថ្កើង importantly, impressively

យ៉ាងមាំទាំ seriously, resolutely 37

យ៉ាងយូរបំផុត at the longest

យ៉ាងសម្បើម impressive, remarkable 32

យ៉ាងសម័យ modern, up-to-date

យ៉ាងស្មោះ sincerely 33

យ៉ាងហោចណាស់ at least, at the minimum 32

យ៉ាងហ្នឹងហើយ that's right, that's true 37

យាន vehicle

យ៉ាប់ difficult, hard; slow, inept

យាម plow handle

យាម to guard 18

យាយ grandmother; title of respect for old ladies in general

យាវ a kind of vine used for string 27

យ៉ាះ /yah!/ ouch! 16

យ៉ី interjection of surprise, annoyance, or admiration (usually accompanied by rising intonation)

យឺត to stretch 4

យឺតយោង to stretch and pull 4

យឺត slow; slowly 4

យុគលពិន្ទុ /yuqkəleəqpɨntuq/ the symbol -:

យុគ្មបព៌ត /yuqkəmaqparapoət/ Yugmaparvata (hell for murderers) 25

យុថ្កា /yuttkaa/ anchor 24

យុត្តិធម៌ /yuttethɔə/ justice 31

យុវជន /yuwwəcuən/ youth, young people 32

យុវតី /yuwwətəy/ feminine youth, young woman 33

យុវ័ន /yuwwan/ boy scout (member of the Royal Cambodian Socialist Youth) 34

យុវ័ន /yuwwan/ youth, young person (usually masculine) 37

យូរលង់ for an extremely long time 37

យូរ long (in time), late

យូរៗម្ដង once in a while, from time to time

យូរដល់ម្ល៉េះ this long, so long as this 37

យូរណាស់មកហើយ for a long time now 37

យូរថ្ងៃ many days, a long time

យូរអង្វែង extremely long time 1

យួន Vietnam; Vietnamese (N, Adj)

យួនអាណាម Vietnam

យើ! aha! 22

យើង we (used among intimate friends, or by a superior to an inferior)

យើង I (king to inferior, or between intimate friends) 17

យើងជាស្រី we women 37

យើងខ្ញុំ I 7

យៀកកុង Viet Cong 36

យៀកណាម Vietnam 32

យ៉ែម សារ៉ុង Yêm Sarong (personal name) 31

យោង to pull up, pull along 24

យោគយល់ to understand (here: to be preoccupied with, to think only of) 37

យោធា army, military 18

យោបល់ idea, opinion 17

យោល to refer to, base oneself on 36

យោល to swing, cause to swing back and forth 37

យំ to cry, weep

យំសោកបោកខ្លួនប្រាណ to weep violently 17

## រ

រក to search for

រកឃើញ to search successfully, to find

រកដៃគូ to search for a mate 21

រកតែ...ហ្នឹងហើយ...ស្រួល so much the better that it's... 37

រកទទួលទាន to make a living (lit: look for [something] to eat) 37

រកបាន to gain, get

រកមិនឃើញ to be unable to find

រករឿង to research, get to the bottom of the matter 12

រកស៊ី to make a living

រកអ្វីប្រៀបពុំបាន nothing can compare; incomparably, extremely 20

រ៉ក /raaq/ Râk (Sophat's friend) 37

រកាកោង Rokakong (a town on the Mekong River) 33

រក្សា /reəqsaa/ to take care of

រង subjected to

រង second, assistant, under 27

រងទុក្ខ grieved, subjected to grief 36

រងចាំ to wait for, await eagerly

រងា to be cold, unpleasantly cool

រងាវ to crow, cluck

រងូរ to grumble, nag, importune

រង្គាត់ to wander about 20

រង្វង់ frame, shape, facing 13

រង្វាន់ reward, prize 12

រចនា /raccənaa/ art, hadnicraft; to decorate 17

រជ្ជកាល /raccəkaal/ reign, dynasty

រដិបរដុប rough, heterogeneous 15

រដូវ season

រដូវក្ដៅ the hot season

រដូវទឹកឡើង flood season 2

រដូវប្រាំង the dry season

រដូវភ្លៀង the rainy season

រដូវរងា the cold season

រដូវរំហើយ the cool season

រដូវរាំង drought 37

រដូវវស្សា /rədəw-wuəhsaa/ the rainy season (Lit)

រដូវស្ទូង the rice-planting season

រ៉ាដេ Radé (a tribal group)

រដ្ឋ /roət/ state, country, political entity

រដ្ឋការ /roəttəkaa/ government, administration 35

រដ្ឋធម្មនុញ្ញ /roətthaqthoəmmənuñ/ constitution

រដ្ឋមន្ត្រី /roət-muəntrəy/ government minister

រដ្ឋសភា /roət-səphiə/ national assembly

រដ្ឋាភិបាល /roətthaaphibaal/ government, (a specific) administration

រដ្ឋាភិបាលចម្រុះ coalition government 32

រណសិរ្សជាតិ /rənaqsei-ciət/ national front 32

រណសិរ្សជាតិរំដោះ National Liberation Front 32

រណ្ដាប់ provisions (for a ceremony) 24

រណ្ដំ to rattle 22

រណ្ដំទាំងធ្មេញ teeth even rattled 22

រត់ to run

រត់ចូលគ្នា to run together, combine 37

រត់ប្រសាត់មក to come running from all directions 37

រត់ទៅតាមផ្លូវខ្លួន ៗ ran off in different directions 37

រត់ពន្ធ /ruət puən/ to smuggle 34

រតនគិរី /rattənaqkirii/ Ratanakiri (province) 32

រត្តិចរ /roəttəcaa/ nocturnal 37

រថ /ruət/ car, vehicle

រថភ្លើង train

រថយន្ត /ruət-yuən/ car, automobile

រទេះ /rəteh, rəteh; qatiəh/ cart, vehicle

រទេះកង់ bicylce

រទេះភ្លើង train

រទេះសាលី /rəteh-saləy/ a small cart used for personal transportation 24

រទេះយន្ត automobile 37

រទេះអូស rickshaw, hand-drawn cart 37

រនាស់ harrow, rake 14

រន្ធត់ /ruənthuət/ shocked, stunned 37

រន្ធ /rŭən/ hole, opening 33

រន្ធច្រមុះ /rŭən-crɑmoh/ the nostrils

របក to peel off, fall off, come off 25

របង fence, hedge

របប method, way, order; conduct 31

របរ trade, profession

របស់ possessive preposition: of, belonging to

របស់ thing(s)

របស់ទ្រព្យ /rəbɑh-troəp/ possessions, wealth

របាទ the symbol ៌

របូត to come loose, slip off, loosen

របួស wounded; a wound 24

របើក to open (iV), be open 18

របៀប style, way, method

របៀបតែង style of writing

របៀបរៀបរៀង style, organization, form

របៀបសិក្សា education system

របេះ to come loose, crumble, shed 13

របេះរបក fall off, come off, fall away 25

របាំ dance; dancing 29

របាំអប្សរា /rɔbam-qapsaraa/ dance of the Apsaras 29

របាំង a screen, shade 4

រពាក់ a kind of rattan 22

រពឹករពង rolling, undulating 5

រមែង usually

រមែងតែងតែ inevitably, surely

រមាំង a kind of deer 27

រមាំងស្លាប់ place name (lit: dead deer) 27

រម្ងាប់ to appease, relieve; to smother, extinguish 37

រយ /rɔɔy/ hundred

រយៈ /rəyeəq/ duration, period of time

រយី tattered

រលត់ to be extinguished 37

រលត់ស្ងាត់ស្ងៀម completely extinguished 37

រលាក់ to shake (tV) 37

រលាយ to melt, dissolve (iV) 22

រលាស់ to shake (tV) 24

រលាស់គូទ to stir oneself, to act vigorously (lit: to shake the buttocks) 24

រលាស់គូទខ្ទាយ to spring into action 24

រលីង smooth; completely 24

រលីងរលោង to well up (of tears), to water (of eyes) 37

រលឹក to remember, miss, think about 37

រលុប be erased, effaced 25

រលូត to slip out 23

រលូតកូន to have a miscarriage 23

រឭក to remember, miss, think about

រវល់ busy

រវល់តែ busy with, preoccupied with 24

រវាង duration, interval; between, during

រវើរវាយ weak, confused, delirious 37

រស់ to live, be alive

រស់កើតដែរ to be able to live (nevertheless) 37

រស់ជួន /rŭəh-cuən/ to live 37

រសជាតិ taste, flavor

រស់នៅ to live, be alive

រស់នៅធ្វើអ្វីសាបកេរ្តិ៍ why should [I] live; my reputation is ruined 37

រស់អត់គត់ to live miserably (without luck) 37

រសាត់ to float along 22

រសាត់ចុះឡើង float back and forth 22

រសាយ to lessen, abate 37

រសៀល afternoon, early afternoon

រស្មី /reəqsməy, reəhsməy/ light, brilliance 15

រហ័ស fast, quick 24

រហាម profusely, freely 37

រហូត until, all the way, as far as

រហូតតែម្ដង all the way (without stopping), all at one go

រហែក torn, worn out

រអាក់រអួល troubled, anguished 36

រអិល to slip, slide 28

រា to reach out for

រាក់ shallow 25

រាក់ទាក់ intimate, tender, gentle

រាគ passion 37

រាង shape, form 5

រាង as if 16

រាងកាយ body, self 20

រាជការ /riəccəkaa/ government, civil service 2

រាជទេយ្យ /riəccətɨy/ royal gift

រាជធានី /riəccəthiənii/ royal capital

រាជនិយម /riəccəniyum/ royalist (Adj); monarchism 36

រាជនិវេសនដ្ឋាន /riəccəniweehsənatthaan/ royal residence 19

រាជបរិពារ /riəccəbaaripiə/ royal entourage 19

រាជវ័ត /riəccəwoət/ fence, railing 24

រាជរដ្ឋាភិបាល /riəc-roətthaaphibaal/ royal government

រាជសព្ទ /riəccəsap/ royal vocabulary 36

រាជាគណៈ /riəciəkənaq/ Buddhist Council, Council of Priests 19

រាជាធិបតេយ្យ /riəciəthɨppətay/ monarchy

រាជ្យ /riəc/ reign, kingdom

រាត្រី night 19; evening, soirée 29

រាត្រីសិល្បៈ /riətrəy-səlləpaq/ cultural evening, soirée artistique 29

រាត្រីសិល្បៈរបាំ an evening of ballet 29

រាន platform, stage, tier 24

រាន ៧ ជាន់ seven tiers 24

រាប smooth, flat

រាបស្មើ even, flat

រាប់ to respect; to count, consider (as)

រាប់ពាន់តោន by thousands of tons

រាប់មិនអស់ innumerable 14

រាប់អាន to respect, like

រ៉ាប់រង to guarantee, assure 36

រាពណ៍ Râvana, a demonic giant 25

រាមកេរ្តិ៍ /riəm-kei/ Cambodian version of the Râmâyana

រាមឥសូរ /riəm-qəysou/ a legendary ogre 29

រាមាយណៈ /riəmiəyanaq/ Râmâyana 10

រាយ to spread, scatter, distribute; to list, arrange (in consecutive order) 26

រាយ to relate, to tell 24

រាយដំណើរ to relate the facts (of the case) 24

រ៉ាយរ៉ាប់ to tell, relate, recount 20

រាល់ every (in a sequence)

រាល់គ្នា each of us; all together

រាល់តែពេល every time 24

រាវ to feel around for 37

រាស់ to rake, harrow 37

រាស្ត្រ /riəh/ people, populace

រីម-គីន /rɨm-kɨn/ Rim Kin (1911-1959), one of the best-known contemporary Cambodian writers; president of the Khmer Writers' Association, 1955-57 37

រិះគិត to think, to decide

រី as for, concerning

រីក to expand, bloom, flourish 22

រីកថ្លាមុខ to have a clear or happy expression 37

រីកមុខ to take on a happy expression 37

រីករាយ happy, joyful

រីង dry; to evaporate

រីងរៃ thin, wasted away 24

រឹង hard, stiff 22

រឹងជា increasingly, all the more 24

រឹងដំហរ in strong condition, stable 32

រឹងប៉ឹង strong, firm, stable 32

រឹងរឹតតែ increasingly 6

រឹត to tighten, constrict 37

រឹតតែ increasingly 14

រឹតតែ... ឡើង increasingly 24

រឹតឡើង tighter, worse (of an illness) 37

រឹម ៗ (flow) gently 37

រុក្ខ /rukkhaq/ trees, vegetation, forest 14

រុក្ខវិថី /rukkhaq-withəy/ avenue

រុក្ខវិថីព្រះសីហនុ Preah Sihanouk Avenue

រុក្ខទេវតា /rukkhaq-teewədaa/ spirit of the forest 14

រុងរឿង brilliant, successful; success, increase

រុញ to push 7

រុត to fish with a conical basket 4

រុះ to disassemble 11

រុះរើ to tear down, dismantle 11

រូង a hole; to make a hole 22

រ៉ូង rattling noise

រូប representation, form, figure

រូបគ្រូបាត់ទៅ when the teacher has died

រូបឆោម figure, appearance

រូបឆោមលោម /ruup-chaom-loom/ form, shape, figure 20

រូបតារក /ruup-tiərŭəq/ baby (Lit) 37

រូបរាង form, appearance

រូបល្ខោន dancing figures 15

រូបិយប័ណ្ណ /ruupəyyəban/ currency, foreign exchange 33

រ៉ូលរ៉យ Rolls Royce

រួច completed, already

រួច then, and then

រួច to get free from, escape

រួច following a main verb: to be able to

រួចខ្លួន to escape 24

រួចជាស្រេច finished, completed 33

រួចជីវិត to survive, save one's life

រួចផុត escape, avoid, get free

រួចពន្ធអាករគយ be exempt from taxes and customs duties 31

រួចមក afterward

រួចស្រេច completely, completely finished 14

រួចហើយ finished, already

រួញរា to hesitate, vacillate 12

រួតរឹត tight; to tighten, squeeze 3

រួបរួម to assemble, unite, put together, combine 25

រួម to combine, put together 20

រួមរ័ក to live together as man and wife 37

រួមរ័កដោយលាក់បំបាំង have an illicit love affair 37

រួមលេង to play together 37

រួសរាន់ to hurry, be quick

រើ to pick out, to extract 3; to disarrange, take apart 11

រើខ្លួន to escape, get free, free oneself 3

រើស to pick up; to select; to gather

រើសបាន to (be able to) find 37

រឿង story, subject, affair

រឿងកូរសមុទ្រទឹកដោះ the story of churning the milk ocean 25

រឿងដើម the story [from] the beginning, the original story 28

រឿងប្រលោមលោក novel

រឿងព្រេង folktale

រឿងរ៉ាវ story, legend, history

រឿងល្ខោន drama, play

រឿងហេតុ affair, situation 37

រឿងសុខស្លូតសុខកាច the story of good Sok and bad Sok

រឿយៗ often, continually

រៀង in order, consecutive

រៀងៗខ្លួន each in turn, each on his own

រៀងមក continuously, up to the present 20

រៀងរហូតមក continuously, up to the present 24

រៀងរាល់ឆ្នាំ year after year

រៀន to study, to learn

រៀនសូត្រ to study 37

រៀប to arrange, prepare 6

រៀបការ to have a wedding ceremony

រៀបខ្លួន to get ready 24

រៀបចំ to put in order, to organize

រៀបទុកដាក់តាមទីកន្លែង put in their places, put in order 24

រៀបនឹង nearly, almost, about to 6

រៀបពេលា to set the hour, determine the auspicious time

រៀបមង្គលការ to have a wedding ceremony 24

រៀបរាប់ to lay out, enumerate 22

រៀបស្លាម្លូ prepare betel chews 22

រៀបស្បៀងរៀងថង់ put the provisions in their respective sacks 24

រៀបអាហារ to prepare food, to serve

រៀល riel (Cambodian monetary unit)

រេហ៍ពល /ree-pŭəl/ army (archaic)

រែក to carry suspended from both ends of a pole across the shoulder

រ៉ែ mineral, ore

រោគ disease 37

រោគាព្យាធិ /rookiəpyiəthiq/ illness, disease 37

រោង hall, building

រោង groom's temporary quarters during a wedding ceremony

រោងកិនស្រូវ rice mill

រោងកុន movie-house

រោងកុនកាពីតូល the Capitol Cinema

រោងចក្រ /rooŋ-caq/ factory

រោងចក្រស្រាបៀរ brewery 33

រោងរៃ hall, gallery 10

រោងពិធី ceremonial pavilion 24

រោងភ្លើង sacred brazier 25

រោងមហោស្រព /rooŋ-məhaosraap/ place of entertainment 1

រោងឧស្សាហកម្ម /rooŋ-quhsaahaqkam/ factory 30

រោច to wane (of the moon)

រោម body hair

រុំ to wrap, wind, roll 37

រំលាប់ to destroy, kill 24

រំលាប់ចេញ to exorcise, destroy 24

រំជួល to shake, cause to tremble, agitate 25

រំដេង a plant similar to horseradish 27

រំដោះ to free, set free, let loose 36

រំពង tumult; tumultuous 18

រំពត់ to follow, deviate, bend 15

រំពឹង to think, reflect 18

រំពឹងឃើញ feel that, think that 37

រំពេច moment, instant 23

រំពៃ to steal glances 24

រំភើប excited, moved, impressed 5

រំលង to pass by 1; across, over, passing over 37

រំលងប៉ុន្មានខែពីនោះមក several months after that 37

រំលាយ to melt, dissolve (tV) 17

រំលឹក to remind, commemorate 26

រំលេច to highlight, put in relief 10

រំលោភ to violate, usurp 32

រំឭក to remind, commemorate

រំភើយ cool; to cool, to fan

រំហែ to free, put at leisure, relieve (of work, duty, etc.) 37

រំហែកម្លាំង to assist, relieve, help 37

រាំ to dance

រាំង dry; to dry up; to stop (of rain) 37

រាំងរា to prevent 32

រះ to rise (of sun, moon, stars); to dawn 21

រះមុខ the symbol -ះ (Sanskrit 'visarga')

ឫកពា /rɨk-piə/ attitude, conduct, character 37

ឫទ្ធិ /rɨt, rɨtthiq/ magical power 4

ឫទ្ធិតបះតេជះ /rɨttəpaq-dacceə̆h/ magical power 19

ឫស /rɨh/ root

ឫសគល់ roots, origin 37

ឫស្សី /rɨhsəy/ bamboo

ឫស្សីកែវ a section of Phnom Penh 33

ឬ final question particle used in either-or questions

ឬទេ final question particle (written or formal spoken only)

ឬមួយ or rather 22

## ល

។ល។ /laq/ et cetera

លក to groove, to channel

លក់ to sell

លក់ to fall asleep 17

លក់ដូរ to trade, deal in

ល័ក្ខណ៍ /leə̆q/ quality, virtue, principle 14

លក្ខណៈ /leə̆qkənaq/ characteristic, attribute

ល័ខ /leə̆q/ gum lac

លង to appear, make an appearance (of ghosts, apparitions) 37

លង់ទឹក to sink in the water 4

លង្កា /laŋkaa/ Langka (Ceylon) 25

លទ្ធិ /latthiq, ləthiq/ belief, precept

លទ្ធផល /lattəphɑl/ result, yield 32

លន painted, lacquered 9

លន់-នល់ /lŭən-nol/ Lon Nol (personal name) 32

លប to creep, sneak, steal (along) 18

លបស្ទង់ផ្ចិតគំនិតសុផាត secretly analyze Sophat's feelings 37

លយ to float, set afloat

លលក dove 37

លីល towering 4

លា to say goodby; to take leave

លា to spread out, unfold, unwrap 24

លាហក to leave, to abandon 37

លាចាកស្ថានលោកយើងទៅ to die (Lit, euph) 37

លាក់ to hide (tV) 18

លាក់បាំងអី [why should I] hide anything?, to be honest, frankly 37

លាង to wash (hands, dishes, etc.) 14

លាត to spread out, extend

លាតត្រដាង to spread out, extend

លាតសន្ធឹង to spread out, extend

លាន million

លាន់ all together, as a group 37

លាន់មាត់ to exclaim 16

លាភ luck 22

លាយ to mix

លាវ Lao; Laos

លាស់ to sprout (iV) 22

លិង្គ /lɨŋ/ linga, phallus 6

លិច to be submerged; to sink 24

លិចក្បាល to have the head submerged 24

លិទ្ធ /lɨt/ to lick, to lap (here: to eat) 4

លីត្រ /liit/ liter

លីលា to take leave, say goodby (Lit) 20

លីលា mentally disturbed 37

លឹមៗ barely visible 37

លុក to invade 37

លុកលុយ to invade, violate 13

លុត to bend (the knees) 9

លុតជង្គង់ to kneel 9

លុប to wash (the face); to erase 14

លុយ money

លុះ when (conj)

លុះដល់ even to the extent of 37

លុះដោយ resulting from 37

លុះតែ only if, only when 17

លុះត្រាតែ until 24

លុះព្រឹកឡើង the next morning 8

លុះយូរៗមក much later on 13

លូក to reach out 4

លូតលាស់ to expand, increase, flourish

លូន to crawl (on the stomach) 22

លួងលោម to cajole, persuade, entice 22

លួច to steal, to sneak

លួចគេ to steal [from] others 25

លួចប្រតិព័ទ្ធ to have secret relations 37

លួចរត់ to run away, sneak away

លើ on, above

លើក to lift up, raise up

លើក time, occasion

លើកការវន្ទាបង្គំ /ləək kɑɑ wɔ̆əntiə bɑŋkum/ to salute, greet, pay homage (eleg) 37

លើកគ្នា join forces, join together 24

លើកតែ except (for) 17

លើកទុក to set aside, except 1

លើកលែងតែ except for, with the exception of

លើស to exceed, go beyond 9

លើសខ្វះគ្នា unequal, out of balance 9

លើសលែង exceeding, beyond 37

លើសអំពី beyond, exceeding 24

លើសអំពីមុនទៀត even more than before 24

លើឡេ balcony, second floor

លឿន fast, rapid

លៀង to fête, give a banquet for 37

លេខ /leik/ number, class

លេខទោ (ៗ) /leik too/ repetition sign

លេខាធិការ /leekhaathikaa/ executive secretary 34

លេង to play

លេង to visit 37

លេងកំសាន្ត to relax, be at leisure

លេងជាល្បែង to make a game out of it 37

លេច to extend, emerge, project 5

លេប to swallow

លេស /leh/ excuse, pretext, reason 32

លែង to leave off, desist from; to divorce

លែងលះ to divorce; to separate

លែបខាយ to insinuate, speak obliquely 37

លៃលក /lɨy-lɔɔk/ to manage (to), find a way (to) 32

លោ but, on the contrary, contrary to expectation 37

លោ to reach over 37

លោក Mr. (respectful); respectful 2nd and 3rd pers. masc. pronoun

លោក world 1

លោក it (referring to the dharma) 37

លោកគ្រូ teacher; The Venerable...

លោកគ្រូចៅអធិការ the head priest of a temple, the abbot

លោកគ្រូធំ head priest, abbot 24

លោកគ្រូកាដ teacher in the temple 24

លោកចៅហ្វាយសួន (District) Chief Suon 37

លោកថា they say 24

លោកសង្ឃ /look-saŋ/ Buddhist monk; the clergy

លោកសង្ឃរាជ /look-saŋkəriəc/ head of a (Buddhist) order or sect (here: chief priest, abbot of the monastery) 22

លោកសន្និវាស /look-sanniwiəh/ peoples of the world 37

លោកស្រី woman of higher rank, wife of government official 27

លោកស្រីអ្នកស្រី higher- and lower-ranking women 27

លោកឧកញ៉ាព្រះស្ដេច high-ranking official 24

លោកអើយ Oh!, my goodness!

លោកអ្នក you readers 37

លោត to jump

លោតទឹកសម្លាប់ខ្លួន to drown oneself 37

លោភ greed

លោះ to redeem (here: to purchase by paying their debts) 24

លោះ to miss, skip, stop temporarily, suspend (activity) 37

លំពង់ an aquatic plant 24

លំដាប់ order, succession 19

លំដាប់ពីនោះ after that, following that 19

លំនៅ address, residence

លំនាំ aspect 37

លំបាក difficult; difficulty, trouble 32

លំផាត់ Lomphat (capital of Ratanakiri Province) 32

លំអ beauty, embellishment

លះបង់ to abandon, reject, discard 32

លះបង់ចោល to abandon 13

ល្ងង់ ignorant, stupid 8

ល្ងង់អីម៉្លេះ why so stupid? 16

ល្ខោន theater, drama

ល្ងាច late afternoon, evening

ល្បង to test, try

ល្បប់ silt, alluvium 32

ល្បាត to patrol 19

ល្បាស់ tender, green 22

ល្បិចកិច្ចកល ruse, trick, artifice 36

ល្បី famous, renowned 22

ល្បីឈ្មោះ fame; to be famous

ល្បីល្បាញ famous, well-known

ល្បែង game

ល្បះ the symbol ៗ

ល្មម enough, adequate

ល្មមតែ just enough to 37

ល្មោភ addicted to (doing something) 25

ល្មោភស៊ី gluttonous 25

ល្វាឯម Lvea Em (a village in Kandal province) 19

ល្វី ហ្វីណូត /lwii fiinou/ Louis Finot 13

ល្វែង compartment, section 17

ល្វែងពីរ place name (lit: two sections)

ល្ហបល្ហឹម spread all over, continuous 9

ល្ហឹមល្ហែម tender, sweet 37

ល្ហុង papaya

ល្អ good, pretty

ល្អៗ very beautiful (intensification of /lqαα/)

ល្អល្អប់ pretty, attractive 24

ល្អល្អិត carefully, properly 24

ល្អសមសួន attractive 37

ល្អក់ to be muddy 8

ល្អាន disturbance, trace, mark 8

ល្អិត fine, powdered, in small pieces; in detail

ល្អី a tightly-woven basket 22

ឮ to hear; to be heard

## វ

វក year of the monkey (of the 12-year cycle) 19

វគ្គ /wĕəq/ section, clause 36

វង់ a circle; around 5

វង់ក្រចក parentheses

វង់ធំ the large circuit 2

វង្វេង to be lost or confused, muddled 37

វង្វេងបាត់ to get lost 37

វង្វេងស្មារតី confused, muddled, half conscious 37

វង្ស /wŭəŋ/ circle; family

វង្សសក្តា /wŭəŋsaqkədaa/ lineage, status, pedigree 37

វង្សា /wŭəŋsaa/ family 37

វចនានុក្រម /waccənaanukrαm/ dictionary

វដ្តសង្សារ /wŏətdəsαŋsaa/ cycle of reincarnation 37

វឌ្ឍនភាព /wattənaq-phiəp/ progress 35

វ័ណ្ឌ /wŏən/ to encircle, to tangle, enwrap 3

វណ្ណ-មូលីវណ្ណ /wan-mouliiwan/ Vann Molyvan (pers. name) 29

វណ្ណៈ /wannaq/ caste, status, position; color, kind 36

វណ្ណយុត្តិ /wŏənnəyut/ diacritic

វត្ត /wŏət/ temple, pagoda, temple compound

វត្តបទុមវត្តី /wŏət bαtum-watdəy/ Wat Botum Waddey (a monastery in Phnom Penh) 31

វត្តភ្នំ Wat Phnom

វត្តឧណ្ណាលោម /wŏət-qonaalaom/ Wat Onalaom (seat of the Mohanikay Sect) 37

វត្ថុ /wŏətthoq/ thing, artifact 17

វត្ថុធាតុដើម /wŏətthoq-thiət-daəm/ raw materials 33

វន្ទា /wŏəntiə/ to greet with palms joined 37

វរជន /wɔɔrĕəqcŭən/ elite, upper class 33

វរសេនីយ៍ទោ /wɔɔrĕəqseinəy-too/ lieutenant-colonel 27

វរុណ /wərun/ Varuna (a Hindu god) 25

វល់ to spin, go around (here: reverberate) 16

វល់គន់ confused, disoriented 37

វល្លិ /wɔə/ vine 27

វល្លិយាវ place name (lit: /yiəw/ vine) 27

វស្សា /wŭəhsaa/ period of the Buddhist Lent

វា familiar or derogatory 3rd person pronoun, used to refer to animals, children, or persons of low estate

វានេះ this person 18

វាង to go around, by-pass 37

វាចា to say (Lit); speech 36

វាត់ to change dirèction 24

វាយ /way/ (reading pronunciation /wiəy/) to beat, hit, strike

វាយសម្លាប់ to kill 37

វារ to crawl on hands and knees 16

វាល field, plain

វាលភ្នំ plateau

វាលឡាន parking lot

វាលរាប a plain, flatland

វាលវង់ racetrack 27

វាលវង់ចាស់ place name (lit: former racetrack) 27

វាលស្រឡះ open field, plain 32

វាលស្រែ rice field

វាស់ to measure 24

វាស to scribble, make marks 24

វាស់ to measure (lineally) 24

វិចិត្រសិល្បៈ /wicət-sələpaq/ fine arts 29

វិច្ឆិកា /wɨccəkaa/ November 26

វិជ្ជា subject, study, field of learning

វិជ្ជាជាន់ខ្ពស់ higher education

វិជ្ជាពិសេស special trade, profession

វិជ្ជមាត្រ /wɨccəmaat/ diameter 33

វិញ again, on the other hand (contrastive particle)

វិញ្ញាណ /wiqñiən, wiñiən/ soul, spirit

វិញ្ញាណក្ខន្ធ /wiqñiənnəkhan/ soul, spirit

វិតក្ក /witɑq/ worry, anxiety; to be worried, anxious 37

វិថី street, way

វិទ្យាស្ថាន /wɨttyiəthaan/ institute 37

វិទ្យាស្ថានជាតិគរុកោសល្យ National Pedagogical Institute 37

វិទ្យាល័យ /wɨttyiəlay, wɨttyaalay/ secondary school, lycée

វិទ្យាល័យស៊ីសុវត្ថិ Lycée Sisowath

វិទ្យាល័យសីហនុ Lycée Sihanouk

វិទ្យុ /wɨttyuq/ radio

វិធី way, method 32

វិន័យ /winɨy/ discipline 32

វិនាស to ruin, destroy

វិនាសសាបសូន្យ to liquidate, wipe out, destroy completely 35

វិនិច្ឆ័យ /winɨcchay/ to justify, judge, rationalize 17

វិបត្តិ /wibat/ crisis 36

វិភាគទាន /wiphiəqkətiən/ contribution 34

វិមាន monument, mansion

វិមានរដ្ឋ state guest house 29

វិមានឯករាជ្យ Independence Monument

វិវត្ត /wiwoət/ to progress, develop, evolve 36

វិល to turn around, rotate 8

វិលចុះវិលឡើង back and forth, in circles, in flux 36

វិលត្រឡប់ to turn around, return

វិលវល់ to go around in circles (literally or figuratively) 22

វិវរ sad, melancholy 37

វិស័យ field (of endeavor) 33

វិស្សមកាល /wihsəmaqkaal/ vacation

វិសេស special, above all 37

វិស្ណុ /wihsnuq/ Vishnu 25

វិហារ /wihiə/ temple

វើយ! /wəəy!/ exclamation of surprise, or to attract attention 37

វៀតណាម Vietnam

វៀរពាក to be free of, without 20

វៀរលែងតែ except for, with the exception of 25

វេច to wrap up 14

វេទនា misery, strife; miserable

វេទិកា /weetikaa/ forum, podium, platform 36

វេលា time, period; when

វេហាស៍ air, space 37

វេះ /weh/ to sneak away 24

វែកញែក to explain in detail, to detail, to analyze 30

វែង long

វៃ keen, quick 37

វៃឆ្លាត sharp, quick 37

វៃតរណីនទី /wɨytəraqnəytənii/ Vaitaranidanî (hell for deceivers) 25

វាំង palace, enclosure, compound

វាំង Minister of Palace Affairs and of Finance 24

## ស

ស white

ស៊ក to insert (here: to slip on) 37

សក់ hair (of the head)

សក់ស្កូវ gray-haired

ស័ក /saq/ era

សកម្មភាព /saqkamməphiəp/ activities 33

សក្ការៈ /saqkaaraq/ worship, homage; idol 36

សក្តិ /saq/ rank, status, grade 25

សង to repay, to pay back

សងខាង the (two) sides, at the sides 25

សង់ to build

សង់ទីក្រាដ /sɑŋtikraat/ centigrade

សង់ទីម៉ែត្រ /sɑŋtimaet/ centimeter

សង្កត់ to push down, depress 4

សង្កត់សង្កិន to put pressure on, hold down, suppress 36

សង្កថា /sɑŋkəthaa/ a talk, impromptu speech 30

សង្កាត់ division, sector, quarter (apparently also used as an administrative division perhaps equivalent to /khum/) 34

សង្កេត to observe, consider

សង្កែ a plant whose leaves are used to roll local cigarettes 37

សង្ខារណ /sɑŋkəran/ building materials 32

សង្ខាង the (two) sides, at the sides

សង្ខេប /sɑŋkhaep/ to abbreviate; abbreviated 25

សង្គម /sɑŋkum/ society, party

សង្គម Sangkum (Reastr Niyum) 32

សង្គមកិច្ច /sɑŋkumməkəc/ welfare 31

សង្គមរាស្ត្រនិយម /sɑŋkum-riəh-niyum/ Sangkum Reastr Niyum (the Popular Socialist Community) 26

សង្គ្រាម war

សង្គ្រោះ to help, assist, support 26

សង្ឃ /sɑŋ/ the priesthood, the Sangha 24

សង្ឃឹម to hope, expect

សង្ឃឹមយ៉ាងមាំ to hope fervently 37

សង្រេងសង្រៃ to grieve (here: with grief, disconsolately) 24

សង្រែក a truss for carrying a basket 24

សង្រេង grief, distress; be distressed 37

សង្ស័យ /sɑŋsay/ to doubt, suspect, wonder 5

សង្សារ /sɑŋsaa/ sweetheart, beloved 37

សច្ចៈ /saccaq/ promise, oath 36

សច្ចា /saccaa/ to promise, to swear 19

សច្ចាប្រណិធាន oath of allegiance (to the king) 12

សញ្ជាតិ /sañciət/ nationality; race 32

សញ្ជឹង to reflect, to daydream 37

សញ្ជឹងសញ្ជប់ to daydream, be in a reverie, be preoccupied 37

សញ្ញា /saññaa/ sign, symbol

សញ្ញាបត្រ /saññaabat/ degree, diploma, certificate

សណ្ដា /sɑndɑɑ/ edge, border 32

សណ្ដាប់ custom, convention 24

សណ្ដូក to stretch out, lie down

សណ្ដែក bean(s)

សណ្ដែកដី peanut(s)

សណ្ដោង to tow 28

សណ្ឋាគារ /sɑnthaakiə, sɑnthəkiə/ hotel, guest house

សណ្ឋាគារខេត្ត governor's mansion 30

សណ្ឋាន shape, aspect 5

សតវត្ស /sattəwŏət/ century

សតវត្សទី ដប់ប្រាំ the 15th century

សត្រូវ /sattrəw/ enemy

សត្វ /sat/ animal, being (human or otherwise)

សត្វកំពូលអាចម៍ dung-beetle 22

សត្វនរក /sat-nɔrʉ̆əq/ creatures of hell 25

សត្វបក្សី /sat-baqsəy/ birds, the bird kingdom

សត្វបំរើ beast of burden, domesticated animal

សត្វពាហន /sat-piəhanaq/ livestock 34

សត្វរត្តិចរ /sat-rattəcɑɑ/ nocturnal birds 37

សត្វលោក the animal world, animals 1

សទ្ធា /satthiə/ generosity 37

សន្តាន /sɑndaan/ family, kin, lineage

សន្តានចិត្ត intention 17

សន្តិភាព /sɑnteqphiəp/ peace, tranquillity 36

សន្តិវិធី /sɑnteq-withii/ peaceful means 36

សន្តោស /sɑndaoh/ to pity 32

សន្ទភាព /sɑntĕəqphiəp/ density (of population) 32

សន្ទុះ boom, leap, increase 33; burst (of flame) 37

សន្ទូច fishhook

សន្ទប់ to close off, suppress 36

សន្ធឹក thunderous noise 37

សន្ធឹកសន្ធៃ dejected, weary 24

សន្ធឹង to spread out, extend

សន្និសីទ /sɑnnisət/ conference 29

សន្មត /sɑnnəmɑt/ to agree, allow, promise; tc presume

សន្យា /sɑnnəyaa/ to promise 8

សន្លប់ to faint, lose consciousness 24

សន្លឹកបើកបញ្ចូល shutter, movable covering 25

សន្សឹម ៗ slowly, laboriously

សន្សើម moisture, dew 22

សន្សំ to save, accumulate 33

សប្តាហ៍ /sappdaa/ week (Lit) 26

សប្បាយ /sapbaay, səbaay/ happy, pleasant

សប្បាយចិត្ត to be happy, content

សប្បុរស /sɑpborɑh/ kind, friendly; kindness, generosity 17

សប្បុរសជន /sɑpborɑh-cʉ̆ən/ generous people 34

សព /sɑp/ corpse

ស័ព្ទ /sap/ sound, word, speech 37

សព្វ /sɑp/ every

សព្វគ្រប់ all, entirely; every

សព្វគ្រប់ប្រការ in every detail, exhaustively 19

សព្វថ្ងៃនេះ nowadays, these days

សព្វតែ just, now (disparaging) 24

សព្វព្រះរាជហឫទ័យ /sɑp-prĕəh-riəccə-haqrɨtəy/ to be willing (to), pleased (to) (royalty) 30

សភា /saphiə, səphiə/ house, parliament, assembly

សភាព atmosphere, attitude, aspect

សម /sɑm/ proper, appropriate

សម /sɑm/ likely that 18

សម /sɑɑm/ fork

សមតែនឹករឭកខ្ញុំ (she) will surely miss me 24

សមគួរ /sɑm-kuə/ appropriate, proper 24

សមតែ it would be only appropriate that 37

សមទាំង plus the fact that 28

សមស័ក្តិ /sɑm-saq/ of proper status 37

សមសួន /sɑm-suən/ proper, appropriate (to), consistent (with) 37

សមត្ថកិច្ច /samattəkəc/ responsibility 34

សមត្ថភាព /samattəphiəp/ capability, ability 33

សមភាព /sɑmməphiəp/ equality 36

សម័យ /samay/ period, era

សម័យកណ្តាល the Middle Period

សម័យដំបូង in the beginning, the earliest times

សម័យមុនអង្គរ pre-Angkor period

សម័យមុន ៗ earlier times, in the past

សម័យអង្គរ the Angkor Period

សម័យអាណាព្យាបាល the colonial period, the Protectorate period

សមរភូមិ /samɑɑrəphuum/ battlefield 12

សមាគម /samaakum/ union, association 34

សមាជិក /samaacɨk/ member (of an organization)

សមិទ្ធិ /səməthiq/ achievements, accomplishments 30

សមុទ្រ /səmot/ sea, ocean

សម្ងាត់ secret, confidential 36

សម្ងំ to be quiet, still 17

សម្ដេច /sɑmdac/ title for royalty; sometimes also conferred

សម្ដេចព្រះមហាក្សត្រិយានី ជាម្ចាស់ជីវិតលើត្បូង Her Royal Highness the Queen (lit: royal queen, ruler of life over our heads) 30

សម្ដេចសហជីវិន ព្រះប្រមុខរដ្ឋ Royal Comrade Chief of State (i.e. Sihanouk) 29

សម្ដេចឪ Royal Father (term of affection for Prince Sihanouk) 30

សម្មាយ /sɑmmətiəy/ ordinary, common, general

សម្បក peel, skin, bark 22

សម្បត្តិ /sɑmbat/ wealth, possessions

សម្បុរ /sɑmbao, sɑmbol/ color, complexion

សម្បុរសម្បក /sɑmbao-sɑmbɑɑq/ color, complexion 24

សម្បូរណាញាសិទ្ធិរាជ /sɑmbourənaacñaa-səthiriəc/ absolute monarchy 36

សម្បូរ complete, plentiful, full, rich

សម្បើម grand, awesome, impressive 5

សម្ពៀង /sɑmpuəŋ/ formula for predicting conjugal success 24

សម្ពន្ធ /sɑmpoən/ tie, relationship, alliance 32

សម្ពាយ shoulder-bag 24

សម្ពោធ to dedicate, inaugurate 19

សម្ភារព្លឹក /sɑmphiə-plɨk/ magical formula 24

សម្ភារៈ /sɑmphiəreəq/ things, goods, provisions, merchandise 19

សម្រប to reconcile, to agree 7

សម្រាក to rest, relax, take a break 37

សម្រាកខ្លួនពួនកាយ tranquilly at rest 37

សម្រាប់ for the purpose of

សម្រាប់ set, suit

សម្រាល to lighten, relieve 37

សម្រាលបានកូនប្រុស to give birth to a boy 37

សម្រុះសម្រួល to conciliate, appease, reconcile 32

សម្រួល to ease, make easy, make comfortable, facilitate 37

សម្រេច /sɑmrac/ to settle, decide, resolve 37

សម្រេច /sɑmrac/ to achieve, finish, fulfill

សម្ល /sɑmlɑɑ/ stew, thick soup

សម្លម្ជូរ sour or pungent stew

សម្លក់ to stare at, scowl at 37

សម្លក់មុខទៅរក to face, stare at (here: facing, opposite) 37

សម្លប to fold, to bring together 3

សម្លាញ់ friend 37

សម្លាប់ to kill 23

សម្លាប់ខ្លួន to commit suicide 24

សម្លឹង to stare (at) 37

សម្លឹងមើលចិត្តគ្នាទៅវិញទៅមក to understand each other 37

សម្លៀកបំពាក់ clothing 37

សម្លេង voice, sound

សយនដ្ឋាន /sayyannəthaan/ dormitory

សរ /sɑɑ/ arrow 25

សរបូន /sɔɔbɔɔn/ Sorbonne (University)

សរពាង្គ /saarəpiəŋ/ body (Lit) 37

សរសើរ to praise, to flatter

សរសេរ /sɑsei, səsei, təsei/ to write

សរសៃ /sɑsay, səsay, təsay/ vein, thread; specifier for threads, strings, slender sticks 37

សល់ to remain, be left over; remains

សសរ pillar, post, column 10

សស្រាក់ profusely 37

សហករណ៍ /səhaqkɑɑ/ cooperative (organization) 31

សហករណ៍សាខា branch cooperative 31

សហការី /səhaqkaarəy/ colleague, associate 32

សហជីវិន /səhaqciiwɨn/ Comrade (a general title used especially with members of the Sangkum Reastr Niyum, regardless of rank) 27

សហប្រជាជាតិ /səhaq-prɑciəciət/ United Nations 26

សហប្រតិបត្តិការ /səhaq-prɑtebat-kaa/ cooperative effort 34

សហរដ្ឋ /səhaqroət/ union; the United States

សហរដ្ឋអាមេរិក /səhaqroət-qaamerɨc/ United States of America

សហាយ lover; to have an affair 8

សាកល /saakɑl/ universal, general 36

សាកលវិទ្យាល័យ /saakɑl-wɨttyiəlay/ university 29

សាកលវិទ្យាល័យភូមិន្ទវិចិត្រសិល្បៈ Royal University of Fine Arts 29

សាកល្បង to test, try, experiment 36

សាកសួរ to inquire, ask, interrogate 35

សាកសួរសុខទុក្ខ to inquire about the wellbeing (of) 35

សាខា spread out, bushy; branch, limb 14; division 31

សាង to build 6

សាច់ flesh, meat; texture 25

សាច់ក្រក sausage

សាច់គោ beef

សាច់ជ្រូក pork

សាច់ជ្រូកខ្វៃ roast pork

សាច់ឈាម complexion

សាច់រឿង facts, plot, subject matter

សាត្រា acronym for Service d'Achat, de Transportation, et de Reconditionnement 27

សាធារណៈ /saathiərənaq/ public 31

សាធារណការ /saathiərənaqkaa/ Public Works 27

សាធារណរដ្ឋ /saathiərənaqroət/ republic 36

សាធុការ /saathukaa/ good wishes 18

សាធុជន /saathucuən/ good people 37

សាប to broadcast; to spread, to sow

សាប bland, fresh (as opposed to salty)

សាប to weaken, dilute 24

សាបព្រោះ to spread, broadcast

សាបសូន្យ completely gone, non-existent 35

សាប៊ូ soap

សាមគ្គី /saaməkii/ unity, togetherness, affection; to unite 34

សាមគ្គីសាមគ្គា /saaməkii-saaməkiə/ unity, togetherness, affection; to unite 37

សាមសិប thirty

សាមសិបប្រាំ thirty-five

សមាជជាតិ /saamaac-ciət/ National People's Congress 36

សាមីខ្លួន /saaməy-kluən/ the person in question, himself, herself, themselves

សាមីខ្លួនខាងស្រី the bride 37

សារ cause, basis, reason 36

សារភាព /saarəphiəp/ to confess 34

សារ-សរ Sar Sor (personal name) 34

សារៈសំខាន់ /saareəq-sɑmkhan/ importance, matters of importance 32

សារាចរ /saraacɑɑ/ circular, memo 26

សារាចរ...លេខ ៧៤ នរម · ក៣ · សា Circular No. 74 NRM-K3-SA 26

សារាយ seaweed 3

សាល hall (Fr. salle) 29

សាលសន្និសីទចតុមុខ the Chatomuk Conference Hall 29

សាលា school, hall, pavilion

សាលាជំនុំ a court 24

សាលាព្រះជ័យចេស្ដា Preah Chey Chesda School 34

សាលារៀន school

សាលាវត្ត pagoda-school

សាលាសិក្សាវត្ត pagoda schools 31; resting place; public hall

សាលាសំណាក់ resting place; public hall

សាលាស្រុក district office 34

សាលាអនុត្ត teacher training school for clergy 31

សាសន៍ /sah/ nationality, race

សាសនា /sahsnaa/ religion

សាសនាព្រាហ្មណ៍ /sahsnaa-priəm/ Brahmanism 25

សាសនាឥស្លាម /sahsnaa-qehslaam/ Islam, the Moslem religion

សាស័ព្ទ to tell, relate 20

សាស្ត្រា /sahstraa, satraa/ palm-leaf manuscript (usually religious)

សាស្ត្រាចារ្យ /sahstraacaa/ professor 37

សាហស /sahah/ wicked, mean 25

សាហាវ vicious, mean 36

សាឡាង ferryboat (Fr. chaland) 28

សិក្សា to study, do research; education

សិក្សាធិការ /səksaathikaa/ education (administration) 33

សិត to pour out (of a small-necked container) 23

សីតា /seidaa/ Sîtâ (Râma's mate) 25

សិទ្ធិ /sətthiq, səthiq/ right, privilege 26

សិទ្ធិមនុស្ស Human Rights [Day] 26

សិន first, before; do (polite hortatory final particle)

ស៊ិនក្យាង /sɨnkyaaŋ/ Sinkiang (province of China) 32

សិរី /serəy/ beauty, charm, power 37

សិរីសួស្ដី /serəy-suəsdəy/ blessing, good fortune (here: goodness) 14

សិរីសោភ័ណ /serəy-saophŏən, siisəphon/ Sisophon (a district in Battambang Province) 37

សីលៈ /səlleəq, səllaq/ observation of Buddhist discipline 36

សិលា /səylaa/ stone, slab 35

សិលាចារឹក /səylaa-caarək/ stone inscription

សិល្បៈ /səlləpaq/ art, arts 29

សិល្បសាស្ត្រ /səl-saah/ science of magic 24

សិវៈ /səyweəq/ Siva 25

សិវលិង្គ /səywəlɨŋ/ Siva linga 6

សិស្ស /səh/ student

សិស្សអក្ខរកម្ម /səh-qaqkəraqkam/ literacy (program) students 34

សិស្សានុសិស្ស /səhsaanusəh/ students 27

ស៊ី to eat (familiar, or with reference to animals)

ស៊ីការ to hold a wedding feast

ស៊ីត្រប់ទាតែមួយស្អារ បំពង់កជល់ម្ល៉េះ? why does just one bitter eggplant irritate my throat so much? 22

ស៊ីផឹក to eat and drink (familiar or derogatory)

ស៊ីគុងទី Sei Kong Ti (personal name) 34

ស៊ីក្លូ cyclo, pedicab

ស៊ីបេរី /siibeirii/ Siberia 32

ស៊ីម៉ង់ត៍ /siimɑŋ/ cement

ស៊ីរ៉ូ /siirou/ syrup 33

ស៊ីវិល /siiwɨl/ civil, civilian 27

ស៊ីសុវត្ថិ /siisowat/ Sisowath

សីល /səl/ precept, principle 36

សីហ /səyhaq/ lion 6

សឹក war; army; military 13

សឹក to leave the monkhood 8

សឹង almost, just about, approximately 24

សឹងកើតមាន is possible, can happen

សឹងតែ almost, on the point of (here: generally, almost always) 37

សឹងត្រូវនឹងពាក្យគាត់និយាយ corresponds approximately with what he said 24

សឹម then 4

សឹមៗ slowly 37

សុខ to be healthy, happy; good health, happiness

សុខ Sok (personal name) 37

សុខចិត្ត to be willing (to), agree (to) 9

សុខទុក្ខជាការធម្មតា to be happy and sad as usual; to be so-so

សុខភាព /sokkəphiəp/ health 32

សុខសប្បាយ to be well and happy

សុខសប្បាយជាទេ? how are you; are you well?

សុខាភិបាល health (administration) 33

សុគ្រីព /sokrɨp/ Sugrîva, a monkey king 25

សុចរិត /soccərət/ honest, moral, just 35

សុទ្ធ /sot/ pure

សុទ្ធតែ exclusively, all without exception

សុទ្ធសាធ /sot-saat/ pure, unmitigated 32

សុទ្ធសឹងតែ all of them [being] 24

សុន្ទរកថា /sɑntərẽəqkəthaa/ speech 33

សុភមង្គល /sopheəq-mŭəŋkŭəl/ good fortune, prosperity and happiness

សុភា sage, wiseman, magistrate 22

សុភាទន្សាយ the Wise Hare 22

សុភាពរាបសារ polite, well-mannered, proper 36

សុរាការ distillery 32

សុវណ្ណភូមិ /sowannəphuum/ Suvarnabhûmi (Golden Land; ancient name of Indianized Southeast Asia) 36

សុវត្ថិភាព /sowattəphiəp/ safety, good health 30

ស៊ូ to be determined, persistent 12

ស៊ូ would rather 37

ស៊ូស្លាប់ would rather die 12

ស៊ូស្លាប់ទៅតាមបុបរលាយ it would be better to die and disappear 37

សូក to bribe, to entice with gifts 14

សូត្រ /sout/ silk

សូត្រ /sout/ to recite

សូត្រមន្ត /sout-mŭən/ to say prayers, recite scriptures, recite incantations 37

សូទិន Sotin (place name)

សូន to mold, shape 24

សូន្យ /soun/ zero; absent, lacking 37

សូន្យសុន completely 37

សូផាត /souphaat, sophaat/ Sophat, hero of the novel of the same name by Rim Kin; one of the first and best contemporary Cambodian novels and studied as literature at the secondary level 37

សុភាព gentle, polite 37

សុភាពរាបទាប meek, polite, gentle 37

សូម polite auxiliary: please, please may I

សូម to ask for, request 23

សូមជំរាប [I] beg to inform...; Dear...

សូមជំរាបមក...សូមបាទជ្រាប Dear... (stylized salutation used in formal letters)

សូមជំរាបមកលោកឪពុកសូមបាទជ្រាប Dear Father

សូមបាទជ្រាប please be advised

សូមទោស to ask forgiveness (in isolation: I'm sorry, excuse me)

សូមទ្រង់ជ្រាប please know, please be advised (to royalty) 23

សូមទ្រង់ព្រះមេត្តាប្រោស polite formula used in addressing royalty: If it please your Majesty 23

សូមលា goodby (polite)

សូម...លោក May God... 37

សូមស្ទះត្រឹមនេះសិន let me digress for a moment 24

សូមឲ្យគេរកឃើញទៅលោក May God have them find him! 37

សូម្បី /soumbəy/ even, although, even if 9

សូយ៉ា Soya (Sophat's mother) 37

សូយ៉ាស្រី the woman Soya 37

សូរ noise, sound

សូរស័ព្ទ /sou-sap/ to make a noise, to sound 7

សូរសំឡេង voice, noise, sound

សូរ្យ /sourəyeəq/ Sûrya (a Hindu god) 25

សួន garden

សួន Suon (name of Sophat's father) 37

សួនកុមារ playground, children's park

សួនច្បារ yard, decorative garden

សួនសត្វ zoo

សួរ to inquire, ask

សួរ to visit 24

សួរដោយគួរសម to inquire politely

សួស /suəh/ Suos (personal name) 37

សួស្តី /suəsdəy/ greetings, salutation (formal) 30

សើច to laugh

ស៊ើប to investigate 17

ស៊ើបសួរ to investigate, to inquire around 17

សៀង sound 37

សៀម Thailand; Thai (N, Adj) 6

សៀមរាប Siem Reap (province)

សៀវភៅ book(s)

សៀវភៅមើល books to read

សៀវភៅសរសេរ notebook(s)

សេក parrot 35

សេចក្តី /səc-kdəy/ subject, affair; composition

សេចក្តី matter of, quality of (forms abstract noun compounds when combined with verbs)

សេចក្តីក្នុងសំបុត្រ contents of the letter(s) 24

សេចក្តីគោរពខ្លាច respect, veneration

សេចក្តីគោរពខ្លាចចាស់ព្រឹទ្ធាចារ្យ respect for elders

សេចក្តីខិតខំ hard work, effort

សេចក្តីខ្វះខាត lack, need, deficiency 1

សេចក្តីខុសត្រូវ mistakes (lit: both good and bad points)

សេចក្តីខុសត្រូវសូម...មេត្តាអភ័យទោស please forgive my mistakes

សេចក្តីគោរព respect, honor

សេចក្តីចំរើន prosperity, success 1

សេចក្តីឈ្នានីស /səc-kdəy-cniənih/ malice, evil intentions 25

សេចក្តីតប revenge, retaliation, response 17

សេចក្តីទាល់ក្រ poverty, misery

សេចក្តីទុកចិត្ត confidence, consent

សេចក្តីនាំផ្លូវ guide, manual 2

សេចក្តីនាំផ្លូវទៅអង្គរ Guide to Angkor 2

សេចក្តីប្រាថ្នា desire, wish, intention, design

សេចក្តីព្យាយាម effort, endurance, perseverance

សេចក្តីរាយការណ៍ a report 33

សេចក្តីរីកចំរើន success, prosperity

សេចក្តីរំភើប emotion, excitement 5

សេចក្តីសង្កេត observation, opinion

សេចក្តីសង្ស័យ doubt, suspicion 5

សេចក្តីសុខ peace, tranquillity 35

សេចក្តីស្លាប់ death

សេចក្តីអធិប្បាយ explanation

សេដ្ឋកិច្ច /saettəkəc/ economics 32

សេដ្ឋី /saetthəy/ wealthy merchant, millionaire 8

សេនា /seinaa/ army, military 18

សេនាបតី /seinaapadəy/ military official 18

សេនាយោធាមាត្យ /seinaayoothiəmaat/ members of the king's entourage 18

សេពគប់ /saep-kup/ associate with, hang around with

សេពគប់ល្អជាកិច្ចគួរឲ្យប្រតិបត្តិណាស់ associating with virtuous [companions] is a thing which is to be recommended 37

សេរី /seirəy/ free 32

សេរីការ /seirəykaa/ liberation 32

សេរីភាព /seirəyphiəp/ freedom 36

សេសសល់ /saehəsɑl/ remaining, left over

សេះ horse

សេះចងកាន horse with saddle 24

សែង to carry between two persons 8

សែន unit of one hundred-thousand

សែន extremely, highly 30

សែន to make a propitiatory offering to spirits 37

សែនព្រេន to make a propitiatory offering to spirits 24

សែនមនោរម្យ /saen mənoorum/ Sen Monorom (capital of Mondulkiri Province) 32

សែសិប forty

សៃយ៉ាំ /sayyam/ a dance accompanied by drum beats

សោក to grieve, mourn

សោត whereas, while 3

សោភ័ណ /saophŏən/ beauty 37

សោយរាជ្យ to reign, to rule

សោ a lock 37

សោហ៊ុយ money to defray expenses (of travel, etc.) 34

សោះ after negatives: (not) at all

សោះ to get rid of, to obviate 22

សោះតែទាន minimally, just as a formality 24

សោះឡើយ after negatives: (not) at all

សោះអត់ឃ្លាន to be without hunger, to eradicate hunger 24

សុំ to ask for, to request

សុំខ្លួន to volunteer 24

សុំខ្លួនទៅធ្វើជាកូនក្មួយ ask to be an adopted nephew 24

សុំតថ្លៃ to bargain 8

សុំព្រះរាជទ្រព្យឲ្យថ្លៃខ្លួនខ្ញុំ ask the king to pay my price 11

សំខាន់ important

សំខាន់បំផុត the most important

សំគម frail, skinny; skinny person 22

សំគាល់ sign, indication, symbol 17

សំគាល់ to point out, announce

សំគាល់ to understand (that), agree (that) 17

សំចៃ to save, be frugal 14

សំដី speech, words 9

សំដីសំដៅ speech, manner of speech 24

សំដែង to show, to demonstrate 13; to say, declare 37

សំដៅ toward, directly toward 20

សំណង recompense, payment 23

សំណាក់ to rest; to stay temporarily

សំណាក់អាស្រ័យ to stay temporarily 2

សំណាង luck, fortune, chance

សំណាង Samnang (Man Yan's suitor) 37

សំណាញ់ a net

សំណើច laughter

សំណុំ small wrapped package 14

សំបក bark, skin, shell

សំបុក nest

សំបុត្រ /sɑmbot/ letter, ticket

សំបុត្រសំគាល់ identification card 37

សំបូរណ៍ /sɑmbou/ plentiful, full, rich, complete 32

សំប៉ាន sampan, skiff 24

សំពត់ sarong

សំពត់ cloth (for making sarongs)

សំពត់ចងក្បិន sarong caught up in a roll at the back

សំពត់ផាមួង plain (unpatterned) silk sarong

សំពត់ហូល a variegated silk sarong

សំពៅ sailing vessel (sea-going) 24

សំពះ to greet, salute, with palms together

សំពះព្រះខែ [ceremony of] salutation to the moon 4

សំពះមេបាចាស់ទុំ do obeisance to the elders 24

សំពះលា to bow out, bow and take leave 20

សំពះសួរ to greet (with palms joined) 37

សំយោគសញ្ញា /sanyook-saññaa/ the symbol ៑

សំរាក to rest, relax, take a break

សំរាកកំលាំង to rest, recuperate

សំរុក to thrust 7

សំរេច /samrac/ to succeed, achieve, complete 35

សំរែ the Samré (a tribal group)

សំរែក cry, shout, scream (N) 18

សំរោងទង a former province 19

សំលៀក clothing worn below the waist

សំលៀកបំពាក់ clothing (eleg)

សំស្ក្រឹត /saŋskrət/ Sanskrit

សំឡាប់ to kill 25

សំឡាញ់ friend 8

សំឡឹង to stare 37

សំឡេង sound, voice

សះ to heal, cure 37

សះស្បើយ to cure

ស្កន្ទ /skantèəq/ Skanda (a Hindu god) 25

ស្ករ sugar 27

ស្កូវ to be gray (of hair)

ស្កក have one's hunger abated 22

ស្គាំងស្គម thin, emaciated 24

ស្គម thin, slender

ស្គាល់ to know, be acquainted with

ស្ងប់ calm, becalmed 37

ស្ងប់ស្ងាត់មាត់ be quiet, say nothing, silent 37

ស្ងាត់ quiet, calm 17

ស្ងួត dry (of surface not normally wet) 37

ស្ងួន beloved, tender; beloved one 37

ស្ងើច to wonder at, admire, be impressed by 25

ស្ងោរ to boil; boiled soup 16

ស្ញេញ /sñəñ/ to grimace, draw the lips back 22

ស្ដាប់ to listen, obey

ស្ដាប់សម្លេង...បាន to recognize [her] voice 37

ស្ដាយ to be sorry for, regret 1

ស្ដាយក្រោយ to regret (afterward) 1

ស្ដាយគំនិតដែលគិតប្រាថ្នាខុស to regret one's futile hopes 37

ស្ដាយតែ [I] especially regret [that] 37

ស្ដី to say, to speak

ស្ដីបន្ទោស to scold, to blame 37

ស្ដីទី acting, temporary 37

ស្ដុកស្ដម្ភ /sdok-sdam/ impressive, grand

ស្ដូក extended, stretched out 22

ស្ដួច thin, worn, tattered

ស្ដួចស្ដើង minute, very little, insignificant

ស្ដើង thin, slight

ស្ដេច /sdac/ king; frequently precedes verbs describing royal action; it is not clear whether it is an auxiliary or a royal pronoun 29

ស្ដេចស្រី queen 21

ស្ដែង power 7

ស្ត្រី /sətrəy/ lady (formal)

ស្ត្រីខ្លះក៏ទទួលកម្មផលដូចគ្នា ខ្លះក៏ខុសពីគ្នា women (led astray by wicked men) are affected in various ways 37

ស្ថាន /sthaan, thaan/ place, stage 25

ស្ថាននរក /thaan-nɔrŭəq/ hell 25

ស្ថាននរកផ្សេងៗ the various stages of hell 25

ស្ថានភាព /sthaan-phiəp/ situation 32

ស្ថានមាតា mother's home 37

ស្ថានលោក the world, the temporal world 37

ឋានសួគ៌ /thaan-suə/ heaven, paradise 20

ស្ថានីយ /sthaanii/ station

ស្ថាបនា /sthaapənaa/ to build, to establish 33

ស្ថាពរ /sthaapɔɔ/ solid, firm, permanent 27

ស្ថិត /sthət, thət/ to place; be situated

ស្ថិតថេរ /thət-thei/ stable, durable, lasting 37

ស្ថិតថេរចិរកាល /thət-thei-ceirəkaal/ permanent, stable, lasting 37

ស្ទាក់ស្ទើរ barely, almost, not quite 32

ស្ទាត់ skilled (at) 17

ស្ទាប to touch, to caress 37

ស្ទាបតាមរឿងអ្វីមួយ to get onto something, discover something by stealth 37

ស្ទឹង river, tributary, stream

ស្ទុះ to jump up 4

ស្ទូង to transplant, set out (plants)

ស្ទូច to fish with a hook and line

ស្ទើរតែ on the point of 7

ស្ទើរតែនឹងផុតជញ្ជាំង extending almost beyond the wall 25

ស្ទើរតែនឹងស្លាប់ on the point of dying 24

ស្ទះ to block, obstruct, close off 25

ស្នា crossbow 4

ស្នាក់ to stay, stay over, stay temporarily 17

ស្នាដៃ handiwork, result or product of one's skill 37

ស្នាព្រះហស្ត /snaa-prĕəh-hŏəh/ skill, result of one's skill (roy); royal accomplishments 33

ស្នាម trace, mark, print 6

ស្និទ្ធស្នាល /snət-snaal/ close, intimate 37

ស្នូក turtle shell

ស្នៀត a wedge, insert; for inserting 22

ស្នេហា /snaehaa/ to love; love 37

ស្នែង (animal) horn

ស្នែង a carrying pole for two people 24

ស្នំ concubine 19

ស្បង់ monk's robes

ស្បង្កាច /sbɑŋkac/ an aquatic plant 24

ស្បថ /sbɑt/ to swear, promise 37

ស្បូវ thatching grass 17

ស្បើយ to abate, slacken, subside, diminish 37

ស្បៀង provisions, food, stores 24

ស្បែក skin, leather

ស្បែកជើង shoe(s)

ស្បៃ train, tail (of bridal outfit)

ស្ពាន bridge

ស្ពាយ to carry suspended from the shoulder 17

ស្ម័គ្រ /smaq/ to be devoted or attached (to) 37

ស្ម័គ្រចិត្ត to volunteer 27

ស្ម័គ្រស្មោះ sincere, devoted 37

ស្មា shoulder 22

ស្មាន to guess, assume, consider (that) 15

ស្មារតី /smaarədəy/ attention, consciousness, presence of mind 37

ស្មើ to be equal, even

ស្មៀន clerk, secretary

ស្មោញ a kind of fishing bird 3

ស្មោះ honest, sincere 20

ស្មោះចំពោះ direct; straightforwardly, faithfully 22

ស្មោះត្រង់ honest, sincere, faithful 20

ស្មោះស្ម័គ្រ sincere, heartfelt 34

ស្មៅ grass, hay

ស្យាមកុត /syaam-kot/ Syâm Kut (Syâm is translated 'Siamese' by Aymonier and 'black' by Briggs; Kut is not understood) 25

ស្រះ vowel

ស្រក់ to drip

ស្រក់ទឹកភ្នែកព្រោក to burst into tears 17

ស្រកា to scale (a fish) 22

ស្រគាំ dark 37

ស្រង់ to smell (tV) 11

ស្រង់ to take out, extract (from liquid) 37

ស្រងាត់ quiet, tranquil 37

ស្រងាត់ deep, rich (of color) 37

ស្រងូត sad, solemn 25

ស្រងូតស្រងាត់ sad, solemn, melancholic 25

ស្រណុក comfortable, convenient, easy 14

ស្រទប banana-tree bark

ស្រទំ dark, overcast

ស្រប parallel (with), in agreement (with) 31

ស្របក់ moment, instant 37

ស្រពោន wilted, withered 37

ស្រមុក /sramok, samok/ to snore 37

ស្រមេះៗ /srameh-meh/ dejected, resigned 22

ស្រមៃឃើញ to see in a dream, see a mirage, have a hallucination 37

ស្រមោច ant

ស្រមោល shadow 11

ស្រយុត stunned, shocked 37

ស្រស់ fresh

ស្រស់ស្រូប to eat something, to have a snack

ស្រឡាញ់ to love, to like

ស្រឡាញ់ចិត្ត to admire, to appreciate one's disposition) 37

ស្រឡះ clear

ស្រា alcohol, alcoholic beverage

ស្រាតំណើបខ្មៅ black-rice whiskey 33

ស្រាទឹកត្នោត palm sugar beer 33

ស្រាត naked; to take off the clothes 24

ស្រាន្ត get better, improve 37

ស្រាប់ provisions, accessories 24

ស្រាប់ /srap/ is a final adverbial whose translation, depending on context, is 'obviously, already, as a matter of fact, since the foregoing is true'; all its meanings include 'obviousness' 37

ស្រាប់តែ suddenly, unexpectedly, just 18

ស្រាយ to untie, unwrap, undo 14

ស្រាល to be light (in weight)

ស្រាវ to pull up, draw up

ស្រី woman; feminine

ស្រីៗ girls, women in general

ស្រីកំដរ bridesmaid

ស្រីក្រមុំ young girl, virgin

ស្រីជយេន្ទ្រវរ្ម័ន /srəy-cɨyyeentrəwarəman/ Sri Jayendravarman (name of a high official under Suryavarman II) 25

ស្រីមេម៉ាយចំណាយមាត់គេ a widow subject to malicious gossip 24

ស្រីអយុធ្យា /srəy-qayuttyiə/ proper name (lit: peaceful lady) 21

ស្រុក country, district, village; headword in compounds referring to countries or districts

ស្រុកកំណើត hometown 37

ស្រុកខ្មែរ Cambodia

ស្រុកទេស hometown, place of origin 37

ស្រុកពោធិ៍ចិនតុង /srok-poocəntoŋ/ town of Pochentong

ស្រុកស្រែ the country, rural area

ស្រុប descriptive of a sudden slump 37

ស្រុះស្រួល to agree 37

ស្រូត to hurry 20

ស្រូតរូត to hurry 37

ស្រូប to absorb; to suck 33

ស្រូវ /srəw/ paddy, unhusked rice

ស្រូវប្រាំង dry-season rice

ស្រូវវស្សា rainy-season rice

ស្រូវសំណាប rice sprouts, seedlings 22

ស្រួច pointed, sharp

ស្រួល easy, pleasant, comfortable; well (of patient)

ស្រួលខ្លួន to be well, feel well 37

ស្រួលបួល comfortable, pleasant

ស្រួលលើសពីដើមផង even better than before 37

ស្រេក to be thirsty, to thirst for 23

ស្រេច /srac/ to finish, complete 14

ស្រេចនៅលើចិត្ត...ស្រាប់ it's up to... 37

ស្រែ (wet) ricefield

ស្រែចំការ land, farmland

ស្រែក to yell, shout

ស្រែកទ្រហោយំ to cry loudly 24

ស្រែកយកជ័យ to exhort to victory 9

ស្រែកហៅ to call out loud 22

ស្រែកអំពាវនាវលក់ to shout one's wares, peddle by shouting

ស្រែង skin disease 17

ស្រែងឯងកើតតាំងពីតែ ពីជីដូនជីតាឯងមក your disease is inherited from your ancestors 22

ស្រោច to water, to sprinkle

ស្រោប to enclose, envelop 3

ស្រះ man-made pond, moat 13

ស្រះកែវ the Glass Pond 19

ស្ល to cook, stew, boil

ស្លកកូរ to make a kind of vegetable soup 16

ស្លស្លុក to cook, stew 24

ស្លន់ to panic, be terrified

ស្លា areca-nut 14

ស្លាប្រាំមាត់ five chews of betel 14

ស្លាកន areca bowl 24

ស្លាកស្នាម trace, mark, scar 17

ស្លាកែត place name (lit: the /kaet/ [variety of] betel) 27

ស្លាប wing

ស្លាប់ to die

ស្លាបព្រា spoon

ស្លឹក leaf

ស្លឹកឈើជ្រុះមិនដែល ឆ្ងាយពីគល់ទេ a leaf never falls far from the tree; like father, like son 37

ស្លឹករឹត palm-leaf manuscripts, palm leaves

ស្លឹង an old coin worth about 25 cents

ស្លុត stunned, stupified, terrified 37

ស្លូត good, polite, gentle

ស្លូតបូត modest, polite, proper 36

ស្លៀក to put on, to wear below the waist

ស្លៀកពាក់ to dress, to wear

ស្វេះ to digress, change the subject 24

ស្វ័យភាព /swayyəphiəp/ autonomy 32

ស្វា monkey

ស្វាទឹងចេក ក្អែកទឹងពងមាន់ I don't believe you (any more than I believe that a monkey would refuse a banana, or a crow an egg) 37

ស្វាង bright, clear

ស្វាមី husband (eleg) 20

ស្វាយ mango

ស្វាយរៀង Svay Rieng (province) 30

ស្វាស male sexual organ (Lit) 24

ស្វែង to search for 3

ស្អប់ to hate, detest, despise 37

ស្អាង to do, commit 37

ស្អាង to decorate, embellish 37

ស្អាត clean, attractive

ស្អាតៗ very neat and attractive (intensification of /sqaat/)

ស្អាតបាត clean, neat, attractive 37

ស្អារ to irritate, bother (the throat) 22

ស្អិតស្អាង to beautify, decorate 20

ស្អុយ foul-smelling, stinking, putrid 37

ស្អូច the Saoch (a tribal group)

ស្អែក tomorrow

## ហ

ហង្ស /haŋ/ Hamsa, a mythological bird (Brahma's mount) 25

ហត់ to be exhausted

ហត្ថករ /hattəkaa/ worker, laborer, hand 27

ហ៊ន-ហៀវ Hon Hew (personal name) 27

ហនុមាន /haqnumaan/ Hanumân (chief of the monkey army) 25

ហា to open (the mouth)

ហាក់ as if; almost 37

ហាក់កាន់តែ increasingly 5

ហាក់នឹង as if to 4

ហាង shop, store

ហាងបាយ restaurant

ហ៊ាន to dare (to), be brave

ហាម to prohibit, forbid 17

ហាម brim (of a hat) 37

ហាមប្រាម to prohibit, forbid 17

ហាល to expose to the sun

ហាលថ្ងៃ exposed to the sun, in the sun

ហាសិប fifty

ហិកតា /həctaa/ hectare (10,000 square meters) 32

ហិកតូលីត្រ /həctouliit/ hectoliter 33

ហិត to sniff, inhale 37

ហិប box, chest, trunk 14

ហិបសង្គមកិច្ច welfare fund 35

ហិមាទ្រិ /heqmatriq/ frosty mountain 10

ហិរញ្ញវត្ថុ /heqraññəwoətthoq/ finance (N) 31

ហិរិ /heqreq/ shame 36

ហឹង = ហ៊ឹង a kind of toad

ហីនយាន /hənnəyiən, hɨnnəyiən/ Hinayâna (Buddhism) 10

ហុកសិប sixty

ហុងកុង Hong Kong

ហុច to hand 14

ហូរ to flow

ហូរហែ continually, incessantly 36

ហូរទឹកភ្នែក to shed tears 37

ហូល patterned silk 24

ហួស to surpass, exceed

ហួសពី beyond, exceeding

ហើប to open; to be slightly open, ajar 37

ហើម swollen 37

ហើយ and, and then, then

ហើយ perfective particle: already

ហើយ to be finished 27

ហើយនឹង and

ហើយឬនៅ yet?, yet or not?

ហើរ to fly

ហៀបតែនឹង just about to 37

ហៀបនឹង just about to, nearly, almost 6

ហេ! Hey! (interjection used to attract attention or express surprise)

ហេតុ /haet/ reason, cause

ហេតុដូច្នេះហើយ for this reason, therefore

ហេតុតែ since, because, just because

ហេតុតែអកុសលផលកម្មស្ពាន់ក្រាស់ពីមុនមក due to many sins committed in the past 37

ហេតុនេះហើយបានជា this is the reason that

ហេតុអ្វីបានជា why is it that...? 17

ហេមស្រង្គេស /haemsrəŋkeeh/ name of a Brahman devatâ 7

ហែ to parade, accompany in procession

ហែ in succession, one after the other 24

ហែល to swim

ហែលចុះហែលឡើង swim back and forth 22

ហែលគាល់ to race (at swimming)

ហៃឡេសេឡាស៊ីយេ /haylei seilaasiiyee/ Haile Selassie 29

ហ៊ោ to yell, cheer 37

ហោង poetic final particle

ហោច bare, minimum 32

ហោជាង eaves, lintel 13

ហូតែល /houtael/ hotel 2

ហោប៉ៅ /hao-paw/ pocket 37

ហោរ fortuneteller, astrologer 4

ហោរាធិបតី /haoraathɨppədəy/ chief astrologer 19

ហោរាសាស្ត្រ /haoraasaah/ astrology 19

ហៅ to call, to name

ហៅ to invite

ហៅថា be called, is called; be considered as 37

ហៅពេញជាមានលាភ this is what you call luck 22

ហៅយក to order, have brought

ហោះ to fly

ហ្ន៎ា /nɑɑ!/ there!, look there! 24

ហ្ន៎ /nah, nəh/ hortatory final particle (solicits agreement or compliance) 37

ហ្នះ /nah, nəh/ final particle soliciting agreement or compliance

ហ្នឹង /nɨŋ, nəŋ/ right now, right there, there

ហ្នឹង /nɨŋ, nəŋ/ this, that (colloq. variant of /nih/ or /nuh/) 4

ហ្នឹងហើយ that's right, that's it, you've got it

ហ្មត់ /mɑt/ fine, powdered

ហ្មឺន /məɨn/ 10,000; the lowest title of the nobility 24

ហ្លួង /luəŋ/ king; royal 36

ហ្វីលីពីន /fiilipiin/ the Philippines

ហ្វីស៊ិក /fiizɨc/ physics

ហ្វឹក /fək/ to practice

ហ្វូង /wouŋ/ flock, herd, group

ហ្សឺណែវ /zəɨnaew/ Geneva (Fr. Genève) 32

## ឡ

ឡាន car

ឡានសម្រាប់សូច tow-truck 28

ឡឺរេស៊ីដង់ /ləɨ-reiziidɑŋ/ governor (Fr. le résident) 2

ឡូឡា loudly

ឡើង to ascend; go up, come up

ឡើង aspectual adverb: more, increasingly 37

ឡើងក្រហម to flush, blush, become red

ឡើងថ្នាក់ to be promoted, to advance in rank

ឡើងយសសក្តិ to advance in rank, be promoted 37

ឡើយ always; after a negative: (not) at all

ឡៅ balcony

ឡៅ to carve, cut designs on

ឡាំង a crate 14

## អ

អកប្បិយ /qaqkappəy/ improper, impure (in a religious sense) 25

អកុសល /qaqkosɑl/ past misdeeds, misfortune, negative karma 37

អកោធនៈ /qaqkaothənẽəq/ consideration, thoughtfulness 36

អក្ខរា /qaqkəraa/ letter, missive

អក្សរ /qaqsαα/ letters, writing

អក្សរខម a style of Cambodian script

អក្សរជ្រៀង slanted letters, oblique script

អក្សរឈរ standing letters, vertical script

អក្សរសាស្ត្រ /qaqsααsaah/ the study of letters; literature

អក្សរសាស្ត្រខ្មែរ Cambodian literature

អគារ building 34

អគ្គនាយក /qaqkeəq-niəyuəq/ managing director 33

អគ្គមគ្គុទ្ទេសក៍ /qaqkeəq-meəqkutteeh/ guide, leader 33

អគ្គមហេសី /qaqkeəq-mɔhaesəy/ first queen, official queen

អគ្គរាជទូត /qaqkeəq-riəccətuut/ ambassador

អគ្គសាវ័ក /qaqkeəqsaawaq, -weəq/ first disciple 25

អគ្គិសនី /qaqkihsənii/ electricity; electric 37

អគ្នេយ៍ /qaqknee/ southeast

អឃោសៈ /qaqkhoosaq/ voiceless; the first series of Cambodian consonants

អង់គ្លេស /qɑŋkleeh, qɑŋglee/ English; England

អង់អាច determined, persistent 32

អង្ករ uncooked rice

អង្កាល when? (in the future) 18

អង្កាំ beads 25

អង្គ /qɑŋ/ specifier for sacred persons or for Buddhist images 24

អង្គការ /qɑŋ-kaa/ organization 26

អង្គការសហប្រជាជាតិ United Nations Organization 26

អង្គការឥណទាន /qɑŋ-kaa-qənnətiən/ credit organization 31

អង្គឌួង /qɑŋ-duəŋ/ Ang Duong (king of Cambodia 1841-1860)

អង្គអញ /qɑŋ qañ/ I myself (roy) 17

អង្គរ /qɑŋkɔɔ/ Angkor

អង្គរធំ Angkor Thom

អង្គរវត្ត /qɑŋkɔɔ-wŏət/ Angkor Wat

អង្គុយ to sit

អង្គុយក្រោបក្បាលជង្គង់ to sit and hug one's knees in an attitude of dejection 37

អង្រឹង /qɑŋrɨŋ/ hammock

អង្រឹងស្នែង a hammock suspended from a carrying pole 24

អង្រុត /qɑŋrut/ a conical fishing basket 4

អង្រួន /qɑŋruən/ to shake, to rock 37

អង្វរ /qɑŋwαα/ to beg, plead

អង្វរចេក to plead (with) 37

អង្សា degree (of temperature)

អង្អែល to caress, rub, stroke 22

អចិន្ត្រៃយ៍ /qaacəntray/ indefinite 32

អញ /qañ/ I, me, my (first person pronoun used among intimates or by a superior to an inferior)

អញស្មានមកថា I had assumed that 37

អញ្ចឹង in that case; then, therefore (colloquial)

អញ្ចឹងឬ is that so?, really?

អះញ្ជើញ /qɑñcəəñ/ + verb: please, go ahead and

អញ្ជើញ to invite

អណ្តាត tongue (here: wick) 37

អណ្តូង a well, a mine

អណ្តូងរ៉ែ a mine, ore mine

អណ្តើក turtle

អណ្តែត to float (iV)

អណ្តែតត្រសែត to float (iV) 37

អត់ to withstand, resist

អត់ to do without, be without, lack

អត់ឃ្លាន to be hungry, be without food 24

អត់ចង្ហាន់ល្ងាច to fast in the afternoon 24

អត់ដង្ហើម to hold one's breath 24

អត់ទោស to excuse, forgive; pardon me, I'm sorry

អត់តាំងបាយទៅជាឈឺស្លាប់ even starve to death 24

អត់ទ្រាំ to withstand, endure, hold up 18

អត់ធន់ to endure, withstand

អត់មិនបាន unable to resist 22

អត់ឲ្យម្ដង I'll forget it this time 22

អតិបរមា /qateq-parəmaa/ extreme, maximum, highest degree 30

អតីត /qaqtəytaq, qadɨt/ past, the past 33

អតីតកាល /qadɨttəkaal/ the past, in the past 34

អតីតជាតិ /qadɨttəciət/ former life, former incarnation 37

អត្ត: /qattaq/ magical mathematical formula 24

អត្ថបទ /qattəbɑt/ article, composition

អត្ថប្រយោជន៍ /qatthaq-prɑyaoc/ usefulness 1

អត្ថាធិប្បាយ /qathaathibaay/ to explain, describe

អធឹកអធម /qathɨk-qathɔɔm/ grand, festive, gay 19

អធិការ /qathikaa/ supervisor, head, person in authority 34

អធិការកិច្ច /qathikaakəc/ administration, direction 34

អធិបតីភាព /qathɨppədəy-phiəp/ power, authority, presidency, leadership, direction 27

អធិបតីសេនា /qathɨppədəy-seinaa/ high-ranking official 37

អធិបតេយ្យ /qathɨppətay/ power

អធិប្បាយ /qathibaay/ to explain, describe

អធ្រាត្រ /qatriət/ night (Lit)

អន់ mediocre 21

អន់ចិត្ត to have hurt feelings 17

អនាគត /qanaakŭət/ future 32

អនាថា /qanaathaa/ derelict, vagabond, without help 17

អនិច្ចកម្ម /qanɨccəkam/ death; to die (eleg) 37

អនិច្ចា /qanɨccaa/ to pity, be compassionate toward 37

អនីតិភាព /qanəytephiəp/ minority (of legal age) 31

អនុគណស្រុក /qanuq-kŭən-srok/ eccles. head of a district 30

អនុញ្ញាត /qaqnuññaat/ to permit; permission

អនុម័ត /qaqnumat/ to approve, adopt, agree to 31

អនុលោម /qanulaom/ to conform, go along with 36

អនុវត្ត /qanuwŏət/ to comply with, to carry out 33

អនុវិទ្យាល័យ /qanuq-wɨttyiəlay/ junior high school, academy

អនុវិទ្យាល័យនរោត្តម Norodom Academy

អនេក /qanaek/ extremely, especially

អន្តរជាតិ /qɑntəraq-ciət/ international 33

អន្តរាយ /qɑntəraay/ danger 14

អន្ទង់ eel 16

អន្ទាក់ trap, snare (N) 14

អន្លើ /qɑnləə/ phase, stage (of a journey, etc.) 19

អន្លើ /qɑnləə/ place, section, location 3

អន្សម rice-cake 24

អប់រំ to train, discipline, educate 29

អបាយមុខ /qabaayyəmuk/ vice, sin 1

អប្បភាគ /qɑppəphiəq/ minority (in number or size) 32

អប្សរា /qɑpsaraa/ apsara, heavenly maiden

អផ្សុក /qɑpsok/ to be bored; boredom

អព្យាក្រឹត /qapyiəkrət/ neutral; neutrality

អភព្វ /qaqphŏəp/ unlucky, unfortunate 23

អភ័យ /qaqphɨy/ fearless

អភ័យទោស to forgive

អភិបាល /qaphibaal/ to govern, to regulate 13

អភិបាលខេត្ត governor 27

អភិបាលស្រុក district chief 27

អភិវន្ទ /qaqphiwŏən/ respect, veneration; to venerate 12

អម to accompany

អមនុស្ស /qaqmɔnuh/ supernatural

អម្ចាស់ /qɑmmcah/ lord, master, ruler 30

អម្បាញ់មិញ a moment ago, just now 37

អម្បូរ ethnic origin, background 32

អរបរអរប្រ occupation, trade 24

អង្រែក a shoulder-pole with two suspended baskets 24

អយស្ម័យយាន /qayeəhsmayyiən/ train (eleg)

អរ happy

អរគុណ to thank; in isolation: thank you

អរុណ /qarun/ dawn

អវលោកិតេស្វរៈ: /qawəlookəteeswaraq/ Avalokitesvara 13

អវសាន /qawəsaan/ last, final 37

អវសានកាល /qawəsaanəkaal/ end, conclusion 37

អវិរោធៈ /qawiqrootheəq/ respect for the law 36

អវិហិង្សា /qawiqhəŋsaa/ nonviolence, kindness, love 36

អវិចី /qawəcəy/ Avīcī (hell for wealthy sinners) 25

អវីតិក្កម័យភាព /qawəy-teqkəməyyəphiəp/ inviolability, integrity 32

អស់ to use up; entirely, all of

អស់កម្លាំង tired, exhausted 37

អស់កាលជាយូរអង្វែង for an extremely long time 1

អស់ចិត្ត to get over, forget about 37

អស់ជីវិត all one's life 24

អស់តម្លៃ at a cost of 33

អស់ទាំងកូន all the children 37

អស់ទាំងខ្លួន all over the body, the entire body 22

អស់មិនសល់ all of it, every bit of it 24

អស់មួយយប់មួយថ្ងៃ for a full 24 hours 24

អស់មួយរាជ្យ throughout the reign (of) 21

អស់លោកអ្នកស្រុក you villagers 22

អស់សំណើច to break out in laughter

អស់អ្នកគ្រប់គ្នា all of you, every one of you 24

អស់អាយុ to come to the end of one's days, to die 24

អសារឥតការ needlessly, uselessly, in vain 24

អសុរ /qasoraq/ ogre, giant, demon 13

អសោច /qasaoc/ to smell bad 37

អសោចកេរ្តិ៍ to be compromised, have a damaged reputation 37

អស្ចារ្យ /qahcaa/ extraordinary, marvelous

អស្តង្គត /qahsdaŋkŭət/ to set (of the sun; Lit) 6

អស្ថិភង្គ /qahsthephŭəŋ/ Asthibhanga (hell for those who destroy the property of others) 25

អស្មិមានះ /qahsmeqmiəneəh/ egoism 36

អស្រិក្បូរណាហ្រទ /qahsreqkəbourənahrəteəq/ hell for adulterers 25

អស្សុជ /qasoc/ September-October (lunar system)

អា a derogatory or diminutive prefix

អា you (derogatory) 22

អា derogatory pronoun: the one 24

អាណាមើលជា nobody could cure it (lit: who could cure it?) 22

អាទាំង young fellow, young man (as a term of address) 37

អាឯង you (disrespectful, condescending) 22

អាកប្បកិរិយា /qaakappaq-keriyaa/ conduct, behavior, characteristic

អាករ duty tax, tariff 31

អាក់អន់ចិត្ត to have hurt feelings, be displeased 24

អាការ action, situation, condition 3

អាការរោគ illness, disease 37

អាកាស /qaakaah, qakah/ air; atmosphere

អាកាសចរ /qaakahsəcαα/ air travel

អាកាសចរភូមិន្ទកម្ពុជា /qaakahsəcαα phuumin kampucciə/ Royal Cambodian Airways

អាកាសយាន /qaakahsəyiən/ airplane (eleg)

អាក្រក់ bad, wicked

អាក្រាត naked 24

អាក្រាតសំពត់ divested of clothing, naked 24

អាក្រាស coarse, crude, loud (here: loudly) 18

អាខ្វាក់ a blind person, the blind one

អាខ្វាក់អាខ្វិនវាយយក្ស the blind man and the lame man beat the ogre

អាខ្វិន a lame person, the lame one

អាគម /qaakum/ magical formula, incantation; magic 24

អាគមវិជ្ជាការ /qaakum-wɨcciəkaa/ the science of magic 24

អាង to depend on, rely on, refer to (as a basis or proof) 36

អាងថា rely on the fact that 37

អាច to be able to, likely to

អាចក្ក I, me, my (priest speaking) 22

អាចម៍ dung, manure 22

អាចារ្យ /qaacaa/ sage, astrologer

អាចារ្យលាក់ place name (lit: the sage Leak) 27

អាឆ្កួតហ្លួង that crazy king 36

អាជ័យ that Chey, that (rascal) Chey

អាជីវៈ /qaaciwĕəq/ honesty 36

អាណត្តិ /qaanat/ mandate 36

អាណានិគម /qaanaanikum/ colony 32

អាណានិគមកម្ម /qaanaanikummәkәc/ colonization 32

អាណាព្យាបាល /qaanaapyiəbaal/ protector, protectorate

អាណាម Annam

អាណិត to pity, take pity on

អាណោចអាធ័ម /qaanaoc-qaathŏəm/ to feel great compassion (for) 37

អាត្មា /qaatmaa/ self; I (priest to layman) 4

អាត្មានិយម /qaatmaa-niyum/ selfishness 36

អាទិត្យ /qaatɨt/ week, Sunday; sun (eleg)

អាទិត្យក្រោយ next week, the following week

អាទិត្យមុន last week, the week before

អាទិទេព /qaatiteep/ earthly god 36

អាន saddle 24

អានុភាព /qaanuphiəp/ power, influence, force 36

អាប់ foggy, dense

អាប់ឱន to degrade, compromise

អាពាហ៍ពិពាហ៍ /qaapiə-pipiə/ marriage, wedding

អាព្យាក្រឹត /qaapyiəkrət/ neutralism; neutralist (Adj) 33

អាមេរិក /qaamerɨc/ America

អាមេរិកាំង /qaamerikaŋ/ American (N, Adj) 32

អាយ nearby 2

អាយុ /qaayuq/ age; to have the age of

អាយុជីវិត vital, a matter of life or death 32

អាយុនៅថាកំពុងពេញ to be in the flower of youth 37

អាយ៉ៃ impromptu dialogue sung usually by a man and a woman

អារ to saw (wood, etc.)

អារម្មណ៍ /qaarɑm/ attention, mood, attitude

អារាម /qaaraam/ wat, pagoda 37

អារ្យធម៌ /qaarəyĕəqthɔə/ culture, civilization

អាល័យ to miss, think affectionately of 37

អាល័យនឹង preoccupied with 22

អាណោះអាល័យ to grieve for, to miss desperately 24

អាល្លឺម៉ង់ /qaaləmɑŋ/ Germany, German (Fr. Allemand) 33

អាវ shirt, coat; sleeve

អាវកត្រង់ a straight-collared jacket

អាវងូតទឹក bathing suit

អាវដៃវែង long-sleeve shirt

អាវ៉ាសែ vagrant, derelict 37

អាវុធ /qaawut/ weapon

អាស shameless 24

អាសន្ន /qaasɑn/ trouble, problem 37

អាសាឍ (អាសាធ) /qaasaat/ June-July (lunar system)

អាសាបង់ to lose; needlessly, uselessly 18

អាសិរ /qaasei/ fangs 17

អាសិរពិស /qaaseirəpɨh/ poison fangs 17

អាស៊ី /qaasii, qaazii/ Asia

អាស៊ីប៉ែកអាគ្នេយ៍ /qaazii-paek-qaqknee/ Southeast Asia

អាសុខ A-Sok (personal name with diminutive prefix)

អាសូរ to pity 37

អាស្រ័យ to eat (polite, rural); to take shelter, depend on 2

អាហារ food

អាហារូបករណ៍ /qaahaaruupəkαα/ scholarship, subvention

អាហារភោជន៍ /qaahaaphoocuən/ food (Lit) 2

អាឡេវ /qaaleiw, qaleiw/ Alev (name of the principal character of a famous Cambodian folktake) 24

អាឡេវទេវ /qaleiw-teiw/ Alev-Tev (a name suggesting a crippled or sottish person) 24

អាឡោះអាល័យ to grieve for, to miss desperately 17

ឥដ្ឋ /qət/ brick

ឥណទាន /qənnətiən/ credit 31

ឥណ្ឌូចិន /qəndoucən, qənduucən/ Indochina

ឥណ្ឌា /qəndiə/ India; Indian

ឥត negative auxiliary: not; to be without, to lack

ឥតគណនា /qət kuənnəniə/ infinite(ly) 32

ឥតគិតថ្ងៃយប់ / ឥតគិតស្អាល់យប់ paid no attention to whether it was day or night 37

ឥតល្ហើស flawless 37

ឥតបើ without 37

ឥតបើគិត heedlessly, thoughtlessly

ឥតមានអ្នកឯណាជាទីពឹង has nobody to depend on 24

ឥតឧបមា /qət quppəmaa/ incomparable, incomparably 37

ឥតអំពើ pointlessly 22

ឥទ្ធិពល /qətthipuəl/ influence

ឥន្ទ្រីយ៍ /qəntrii/ power

ឥន្ទ្រាទ្រិ /qəntriət/ Indra's mountain 6

ឥរិយាបថ /qeqriyaabαt/ attitude, demeanor 36

ឥសី /qəysəy/ hermit, sage 25

ឥស្លាម /qihslaam, qehslaam/ Islam; Moslem

ឥស្សរជន /qehsəraqcuən/ dignitary, high official 29

ឥស្សរភាព /qehsəraqphiəp/ freedom

ឥស្សរូ /qehsərou/ Essaro (personal name) 35

ឥឡូវ /qəyləw/ now

ឥឡូវនេះ nowadays; now, right now

អី what?; anything, something (colloquial variant of /qwəy/)

អី final negative imperative particle (/kom...qəy/)

អីវ៉ាន់ /qəywan/ things, baggage, merchandise

អ៊ី (= អុី) /qii!/ interjection of surprise

ឦសាន /qəysaan/ northeast 32

ឦសូរ /qəysou/ Siva

អឹកធឹក /qɨkkəthɨk/ gay, festive, splendid 33

អឹងកង tumultuous 37

អឺរ៉ុប /qəɨrop/ Europe; European

ឧកញ៉ា /qokñaa/ title for official of ministerial rank 19

ឧកញ៉ាក្រឡាហោម Minister of the Navy 19

ឧក្រិដ្ឋ /qokrət/ criminal (N, Adj) 36

អ៊ុង-ស៊ីម Ong Sim (personal name) 31

ឧច្ចវាស /quccwaasaq/ Ucchvâsa (hell for murderers and those who eat impure meat) 25

អុជ to ignite, to light

ឧត្តម /qutdαm, qotdαm/ expensive, significant, high 17

ឧត្តមគតិ /qutdαmkəteq/ ideal, principle 33

ឧត្តមសេនីយ៍ /qutdαm-seinəy/ General (military rank) 32

ឧត្តុង្គ /qutdoŋ/ Oudong (capital of Cambodia 1620-1867) 19

ឧត្តុង្គមានជ័យ Oudong the Victorious (place name) 19

ឧបទ្រព /qottəbaat/ harmful influence 24

ឧទាហរណ៍ /qutiəhαα/ example 6

ឧទ្ទិស /quttɨh, qaottɨh/ to dedicate, devote 6

ឧទ្យាន /qutyiən, qaotyiən/ park, garden 18

ឧបត្ថម្ភ /qoppəthɑm/ to assist 25

ឧបនាយករដ្ឋមន្ត្រីទី ២ /qoppaq-niəyuəq-roət-muəntrəy-tii-pii/ second vice prime minister 31

ឧបភោគ /quppəphook/ to use, consume 33

ឧបមា /quppəmaa, qoppəmaa/ example, like 5

ឧបមាដូចជា like, as if 5

ឧបសគ្គ /qoppəsaq/ obstacle, impediment, problem 32

ឧបាយ trick, stategem, device 17

ឧបាយកល /qubaay-kɑl/ trick, devious strategy 36

ឧបាសក /qobaasɑq, qaobaasɑq/ Buddhist layman; the laity 24

ឧបាសិកា /qobaasikaa/ female members of the laity 37

អុស firewood

ឧសភ /quhsəpheəq/ bull (Siva's mount) 25

ឧសភរាជ /quhsəpheəq-riəc/ royal oxen 30

ឧសភា /quhsəphiə/ May

ឧស្សាហ៍ /quhsaa/ diligent, industrious 37; often

ឧស្សាហកម្ម /quhsaahaqkam/ industry

ឧឡារិក /qolaarɨk/ gay, splendid, grandiose, boisterous

អៀន shy, embarrassed 36

ឪ /qəw/ father (familiar or affectionate term)

ឪនៅតែតាខាត់នឹងខ្ញុំ there remains only you (Father) and I 24

ឪពុក father

ឪពុកក្មេក father-in-law

ឪពុកចិញ្ចឹម foster father 37

ឪពុកធម៌ foster father 37

ឪពុកមា uncle (parents' younger brother)

ឪពុកម្ដាយ father and mother, parents

ឪពុកម្ដាយចិញ្ចឹម foster parents 37

អូ Oh! (interjection)

អូន I (wife to husband, or younger to older sibling); you (husband to wife, or older to younger sibling or friend) 37

ឯ...វិញ as for...on the other hand

ឯក one; first

ឯកា /qaekaa/ alone 37

ឯករាជ្យ /qaekkəriəc/ independent; independence

ឯកអគ្គរាជទូត /qaek-qaqkeəq-riəccətuut/ ambassador plenipotentiary

ឯកឧត្ដម /qaek-qutdɑm/ His Excellency

ឯង /qaeŋ/ reflexive pronoun: yourself, oneself, itself

ឯង familiar 2nd person pronoun

ឯប /qaep/ to stay close to, get alongside 17

ឯ.ឧ. (= ឯកឧត្ដម) (abbr. for /qaek-qutdɑm/) His Excellency 32

ឯរាវ័ណ /qayrəwoən/ Erawan, the tricephalic elephant 25

ឱ! /qao!/ interjection of surprise or excitement

ឱកម្មអ្វីបែសហើយនេះហ្ន៎! Oh, what have we done to deserve such a fate? 37

ឱកូនមេចឡើយចង់យំអី why do you want to cry, my child? 37

ឱស្រីក្រមុំល្ងង់ដល់ម្ល៉េះអើយ Oh how naive young girls are! 37

ឱកាស /qaokaah, qokaah/ chance, opportunity, occasion 17

ឱជ /qaot/ intelligence, facility of speech 24

ឱត្តប្បៈ /qaotappaq/ fear of evil 36

ឱន /qaon/ to bend, to bow

អោប to hug, embrace 37

ឱប /qaop/ to hug, embrace 24

ឱបបាទនេស to embrace the feet 37

ឲ្យ /qaoy/ to give; for, on behalf of

ឲ្យ to allow, let, cause, make

ឲ្យទាល់តែ to insure that 37

ឲ្យខ្ជាប់ tenaciously, firmly

ឲ្យឆេះឯណាបាន ? how can it burn? 37

ឲ្យតែ just for, provided that

ឲ្យតែច្រើន make sure it was a lot 24

ឲ្យថ្លៃ to pay, pay the price 11

ឲ្យទាន as a favor 22

ឲ្យបានជា to become 20; so that it would be 37

ឲ្យបានដូចគេ as the others did

ឲ្យបានរុងរឿង to embellish, to make splendid, to improve 37

ឲ្យបានរួសរាន់ quickly, immediately

ឲ្យពរ to bless

ឲ្យសំគាល់ថាជា indicating that 37

ឲ្យអស់សេចក្តី thoroughly, completely 18

ឱរស /qaoruəh, qoruəh/ child, offspring (Lit) 37

ឱរា /qaoraa/ chest, breast 37

ឱសថ /qaosot/ mericine, cure, solution 32

អុំ to paddle with a loose oar 24

អំណត់ endurance, patience 36

អំណរ happiness, gratitude

អំណរគុណ gratitude, show of gratitude

អំណរព្រះគុណ-អំណរគុណ gratitude to the clergy and laity 34

អំណាច power, control

អំណាចផ្តាច់ការ absolute power, dictatorship 36

អំណោយ gift 27

អំបោះ cotton; cotton thread

អំពាវនាវ to plead, beseech, appeal 30

អំពី of, about, from

អំពីថ្ងៃនេះទៅ from this day on 24

អំពើ conduct, actions 12

អំពៅ sugarcane

អាំង to roast, barbecue

អាំងភ្លើង to warm in front of a fire 22

អះ interjection of surprise 22

អះអាង to guarantee 32

អ្នក /neəq/ person; headword in compounds referring to persons

អ្នក /neəq/ you (between intimates, or by a superior to an inferior) 4

អ្នក /neəq/ 3rd person pronoun: he, she, they 37

អ្នក /neəq/ Madam 37

អ្នកកាច់ចង្កូត pilot, navigator 9

អ្នកក្រុង urbanite, city-dweller 37

អ្នកគ្រប់គ្រង overseer, supervisor 13

អ្នកគ្រូ (female) teacher 34

អ្នកងេះហើយជាមិនអ្នកងេះ of course it's Ngeh! 24

អ្នកចេះដឹង learned person, scholar 25

អ្នកចៅ term of address for one's grandchildren, or for children of one's grandchildren's generation

អ្នកចំណូល newcomer 37

អ្នកជំងឺ sick person, patient 37

អ្នកជាតិនិយម /neəq-ciət-niyum/ The Nationalist (a semi-official weekly news magazine) 26

អ្នកជិតខាង neighbor(s) 32

អ្នកជំនួញ businessman, merchant

អ្នកដទៃ other people, stranger(s) 25

អ្នកដើមចោទ plaintiff 23

អ្នកដំណើរ traveler

អ្នកដំណើរដែលដើររកស៊ីតែសព្វថ្ងៃ wandering tradesman 24

អ្នកតា guardian spirit

អ្នកតែងខ្លួន dressing-lady, bride's dressing assistant 37

អ្នកតំណាងរាស្ត្រ representative of the people 36

អ្នកថ្មើរជើង pedestrian 4

អ្នកទូក river people, boatmen 24

អ្នកទេសចរ /neəq-teehsəcaa/ sightseer, tourist

អ្នកធំ important person 37

អ្នកធ្វើចំការ gardener

អ្នកធ្វើបាយ cook, chef

អ្នកធ្វើស្រែ farmer, rice-farmer

អ្នកនគរ townspeople 24

អ្នកនិពន្ធ /nĕəq-nipŭən/ writer

អ្នកនេសាទ fisherman

អ្នកនាំផ្លូវ leader, guide 2

អ្នកបង you (respectful title, wife to husband or younger to older sibling or friend) 37

អ្នកបំរើ servant, waiter

អ្នកប្រាជ្ញ a sage, a wise man

អ្នកភ្នំពេញ a resident of Phnom Penh

អ្នកប្រុស respectful 2nd or 3rd person pronoun: you, he, him; man, young man 37

អ្នកដទៃ others, other people, the neighbors 24

អ្នកផ្លូវ female go-between in a marriage negotiation 24

អ្នកផ្សារ townspeople 24

អ្នកមាន wealthy person

អ្នកមានគុណ parents and teachers, benefactors 37

អ្នកមានពូជ aristocrat, person of good background 37

អ្នកមាសម៉ែ Mother's precious one 37

អ្នកមីង Aunt (title of respect for women of one's parents' generation)

អ្នកម៉ែ /nĕəq-mae/ Mother (respectful) 24

អ្នកម្ដាយ Mother (respectful)

អ្នករាជការ /nĕəq-riəcckaa/ civil servant, government employee 26

អ្នករាំ dancer

អ្នកលក់ salesman, merchant

អ្នកលក់ទំនិញ salesman

អ្នកលើ uplander, highlander, hill people 32

អ្នកលេង gambler, playboy, rogue

អ្នកស្រី title for women of ordinary rank 27

អ្នកស្រុក rural people, inhabitants

អ្នកស្រុកស្រីប្រុស the villagers, both men and women

អ្នកស្រុកភាយ local residents 2

អ្នកស្រែ farmer, rural people 37

អ្នកស្រែចំការ farmer, rural people 37

អ្នកអង្គម្ចាស់ /nĕəq-qɑŋ-mcah/ title for offspring of a prince and a non-royal wife 30

អ្នកអង្គម្ចាស់ក្សត្រី /nĕəq-qɑŋ-mcah-ksatrəy/ princess (daughter of a prince and a non-royal wife) 30

អ្នកអើយ you, you there 4

អ្នកឯង you (familiar) 22

អ្វី /qwəy/ what?; anything, something; whatever

អ្វីខ្លះ what (plural)?; what (specific) things?

+អ្ហះ /hah!/ derisive final particle

+អ្ហា /qaa!/ really?

# គន្ថនិទ្ទេស

[BIBLIOGRAPHY]

១. ក្រុមជំនុំទំនៀមទម្លាប់ខ្មែរ, **ប្រជុំរឿងព្រេងខ្មែរ**, **ភាគ ១-៤** (បោះពុម្ពលើកទី ២), ភ្នំពេញ, ពុទ្ធសាសនបណ្ឌិត្យ, គ.ស. ១៩៦៥

[Cambodian Culture Commission, Collection of Cambodian Folktales, Volumes 1-4 (2nd Printing), Phnom Penh: Buddhist Institute, 1965.]

២. ក្រុមជំនុំទំនៀមទម្លាប់ខ្មែរ, **ប្រជុំរឿងព្រេងខ្មែរ**, **ភាគ ៥** (បោះពុម្ពលើកទី ១), ភ្នំពេញ, ពុទ្ធសាសនបណ្ឌិត្យ, គ.ស. ១៩៦៣

[Cambodian Culture Commission, Collection of Cambodian Folktales, Volume 5 (1st Printing), Phnom Penh: Buddhist Institute, 1963.]

៣. ច. ឈុំ, **សេចក្ដីសំរាំង**; មើលសូត្រ-សរសេរតាមសូត្រ-តែងសេចក្ដី-ប្រែភាសា (បោះពុម្ពលើកទីដប់) ភ្នំពេញ, បណ្ណាគារ ជីង-ប៉ៅ-ហួត គ.ស. ១៩៦៤

[C. Chhum, Selected Pieces: Reading, Dictation, Composition, and Translation (10th Printing), Phnom Penh: Ching-Pao-Huot Bookstore, 1964.]

៤. រីម-គិន **រឿងសូផាត** (បោះពុម្ពលើកទី៣) ភ្នំពេញ បណ្ណាគារ គីម-សេង គ.ស. ១៩៦០

[Rim Kin, The Story of Sophat (7th Printing), Phnom Penh: Kim-Seng Bookstore, 1960.]

៥. **សុជីវធម៌** លេខ៨១០ ថ្ងៃពុធទី៥ មករា ១៩៦៦

[Savoir-vivre, No. 810, Wednesday, January 5, 1966.]

៦. ហួត-តាត ព្រះគ្រូសង្ឃវិជ្ជា **អំពីប្រាសាទខ្លះនៅអង្គរ** (បោះពុម្ពលើកទី២) ភ្នំពេញ ពុទ្ធសាសនបណ្ឌិត្យ ព.ស. ២៥០០

[Huot-Tath, Professor of Buddhist Studies, On Some Monuments at Angkor (2nd Printing), Phnom Penh: Buddhist Institute, 1957.]

៧. **អ្នកជាតិនិយម**, លេខ៤០៩, សប្តាហ៍ ២៩មេសា ៥ឧសភា ១៩៦៨
លេខ៤១១, សប្តាហ៍ ១៣-១៩ ឧសភា ១៩៦៨
លេខ៤១២, សប្តាហ៍ ២០-២៦ ឧសភា ១៩៦៨
លេខ៤១៤, សប្តាហ៍ ៣-៩ មិថុនា ១៩៦៨
លេខ៤៤០, សប្តាហ៍ ៩-១៥ ធ្នូ ១៩៦៨
លេខ៤៤៤, សប្តាហ៍ ៦-១២ មករា ១៩៦៩
លេខ៥៣០, សប្តាហ៍ ១២-១៨ តុលា ១៩៧០

[The Nationalist, No. 409, Week of April 29--May 5, 1968.
No. 411, Week of May 13-19, 1968.
No. 412, Week of May 20-26, 1968.
No. 414, Week of June 3-9, 1968.
No. 440, Week of December 9-15, 1968.
No. 444, Week of January 6-12, 1969.
No. 530, Week of October 12-18, 1970.]

www.ingramcontent.com/pod-product-compliance
Lightning Source LLC
Chambersburg PA
CBHW081131020726
47504CB00010B/2047

* 9 7 8 0 8 7 7 2 7 5 2 2 0 *